HANDBUCH
BABY

HANDBUCH BABY

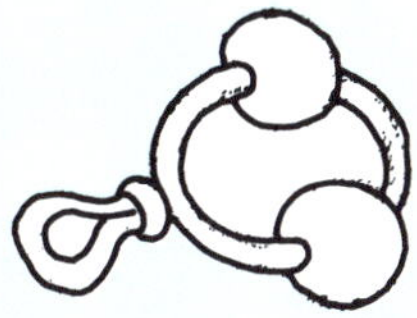

Der praktische Ratgeber
für den Alltag

Frances Wells Burck

Gondrom

Lizenzausgabe für Gondrom Verlag GmbH, Bindlach 1997

ISBN 3-8112-1542-6

Titelfoto: Mauritius Bildagentur, Mittenwald

INHALT

SEELISCHES UND KÖRPERLICHES WOHLBEFINDEN

DAS NEUE LEBEN ALS MUTTER

PROBLEM KINDERBETREUUNG

DAS BABY UND SEINE UMWELT

DIE GESUNDHEIT IHRES BABYS

Vorwort

In dieser zweiten Ausgabe von »Handbuch Baby« werden in erster Linie die Erfahrungen von Eltern zitiert. Die Ansichten bekannter Autoren, die Bücher zum Thema »Baby« geschrieben haben, werden nur gelegentlich angeführt. In den zwei Jahren, in denen ich mein Buch überarbeitet habe, wurde mir immer deutlicher bewußt, daß die eigentlichen Experten die Eltern sind. Sie sind es, die unablässig für ihre Kinder da sind, sich um sie sorgen und sich um sie kümmern. »Handbuch Baby« ist ein Buch von Eltern für Eltern. Es möchte eine Würdigung dessen sein, was Eltern wissen. Darin liegt die wichtigste Botschaft dieses Buches.

Die erste Ausgabe dieses Buches erschien in Amerika im Jahre 1979. Und schon damals war mir klar, daß ich noch weiteres hinzufügen wollte. Ich hatte bereits Fragebögen und neue Informationen gesammelt und dachte, daß nach zwei oder drei Jahren eine überarbeitete Neuausgabe erscheinen würde. Doch inzwischen ist bereits mehr als ein Jahrzehnt vergangen. Das Baby, das mich damals zu diesem Buch inspirierte, ist nun ein junges Mädchen und spielt für die Babys anderer Leute den Babysitter. Was ist in dieser Zeit alles geschehen?

Ich habe noch zwei Kinder bekommen und mir all die Zeit gesagt: »Wenn sie aus dem Gröbsten raus sind, werde ich an meinem Buch weiterarbeiten.« In sechs Jahren drei Kinder zu bekommen war eine ziemliche Herausforderung. Ich war völlig eingespannt: beschäftigt mit nächtlichem Aufstehen, dem Schlichten von Streitereien zwischen den Kindern, dem Bemühen um eine erfolgreiche Sauberkeitserziehung und dem Auskurieren von Mittelohrentzündungen und Windpocken; außerdem baute ich eine private Kindergartengruppe auf, befand mich ständig auf der Suche nach Babysittern und Haushaltshilfen, war in verschiedenen Organisationen aktiv und bereitete die Zeltlager im Sommer vor; ganz zu schweigen davon, daß ich auch die komplizierten gesellschaftlichen Beziehungen meiner Kinder steuern mußte – all das erforderte seinen Tribut an Zeit und emotionaler Energie. Und da ich aus der Stadt in einen Vorort gezogen war und das ganze Netzwerk hilfreicher Bekanntschaften zurückgelassen hatte, mußte ich auch erst einmal neue Freunde suchen.

Natürlich war es vor allem die Fülle meines Lebens, die einer Überarbeitung dieses Buches im Wege stand. Doch ich muß zugeben, daß ich es auch bewußt immer wieder hinauszögerte. Als ich schließlich Zeit hatte, mich wieder an die Arbeit zu setzen, waren meine Kinder aus dem Babyalter längst heraus. Und ich konnte nicht umhin, wehmütig an das erste Lebensjahr meiner erstgeborenen Tochter Caitlin zurückzudenken; im Rückblick erschien mir diese Zeit als eine relativ friedvolle und ruhige Phase. Zu diesen Zeitpunkt kam Caitlin gerade in die Pubertät, und ich fragte mich, was an ihrer Babyzeit eigentlich so bedrückend gewesen sein sollte, das ich mich veranlaßt sah, ein Buch darüber zu schreiben? Es war ein Zuckerschlecken im Vergleich zu heute. Jetzt brauchte ich Hilfe! In dieser Phase war mir »Handbuch Baby« nicht mehr wichtig. Statt dessen half mir »Mothers Talking«, ein Buch mit Interviews über die Herausforderungen und Freuden des Mutterseins. Und so verging mehr als ein Jahrzehnt.

Im Rückblick meine ich, daß diese Jahre gut waren für mich und für das Buch. Ich habe drei Babys großgezogen. Sie haben mich gelehrt, offener zu sein für ihre individuellen Temperamentsunterschiede. Ich erkannte, wie stark solche Unterschiede die Wahrnehmung der Babyzeit in den Augen der Eltern beeinflussen können. Doch ich habe nicht nur selbst als Mutter mehr Erfahrung und Selbstvertrauen gewonnen, sondern auch Hunderte neuer Eltern interviewt, die mir mit ihren Erfahrungen weitergeholfen haben. Diesen Eltern verdanke ich das meiste. Ich hatte die Babyphase schon hinter mir gelassen, sie aber waren noch mittendrin und hatten das Bedürfnis, davon zu sprechen. Und als ich mich schließlich an die Überarbeitung machte, die aufgezeichneten Interviews abhörte, die Fragebögen las und meine eigenen Aufzeichnungen hervorholte, da fühlte auch ich mich plötzlich wieder zurückversetzt. Ich sah mich wieder vor mir, eine etwas verwirrte junge Frau, noch ganz unter dem Eindruck der Geburt, wie ich mit meinem brandneuen Baby aus dem Auto steige. Meine Tochter ist in eine weiße Decke gewickelt, eine Faust hält sie an die Wange. Sie hat kleine Schweißperlen, die wie Tau auf den Augenbrauen hängen, und verschläft diesen schwülen Augustmorgen. Ein paar Nachbarn sind an unserer Tür zusammengekommen, um sie zu begrüßen. Sie lächeln aufgeregt. Anni, die gegenüber wohnt, hat ein Stück Leinen kunstvoll bestickt als Schmuck für Babys Kleiderschrank. Peter, Chef des Glasgeschäftes nebenan, beugt sich über Caitlin und streichelt ihre winzigen, zur Faust gebeugten Finger. »Die Hände hat sie von Ihnen«, sagt er, während er meinen Koffer die Treppe hoch trägt. Charlie ist mit Blumen und einer Tasche voller Geschenke beladen. Er kommt, um die Tür aufzuschließen. Bevor ich die Treppen hochgehe, sehe ich mich flüchtig in der Autoscheibe. Ich bin überwältigt von dem Anblick, wie ich ein Baby trage. Dann drehe ich mich um und gehe die Treppe hoch. Und wie ich lächelnd und zitternd die Schwelle übertrat, spürte ich wohl damals schon, daß dies nun der Beginn eines neuen Lebens war.

Jeder, der ein Baby hat, hat diesen Augenblick erlebt. Wir alle brauchen Zeit, um zu erfassen, was dies wirklich bedeutet, ein Kind zu bekommen. Manche Eltern haben mir gesagt: »Die Geburt meines Kindes brachte das, was ich im Innersten war, nach außen und holte das unterste nach oben.« Oder: »Mein Wesen hat sich vollkommen verändert.« Und am häufigsten: »Stimmt mit mir etwas nicht, weil ich es so schwer finde, Mutter dieses Babys zu sein?«

Was machen wir, wenn wir so empfinden? Wir kaufen Bücher, in der Überzeugung, daß sie uns helfen, unsere Besorgnis zu überwinden und unser Leben wieder in den Griff zu bekommen. Wir suchen nach einer Autorität, die uns sagt, was wir tun sollten. Aber ein Buch ist nicht die einzige Lösung, es gibt auch andere Möglichkeiten.

Als ich wieder mobiler wurde, begann ich mich mit anderen Eltern im Park zu treffen. Sie gaben bereitwillig Informationen und Ratschläge weiter. In unseren Gesprächen erkannte ich, daß ich allmählich differenzierter über das Muttersein dachte. Es war nicht nur die bloße praktische Hilfe, die mir andere Eltern boten, sondern auch ihre Menschlichkeit, die dazu beitrug, daß ich mich besser fühlte. Es braucht Zeit, dies zu erkennen, da jeder von uns Angst hat, den anderen seine Verletzlichkeit erkennen zu lassen. Am Anfang wollen wir nur unsere Kompetenz zeigen: Alles ist prima. Alles läuft glatt. Ein Baby zu haben ist nichts Besonderes. Aber wir wissen es besser.

Im Laufe der Zeit, als wir uns besser kennenlernten, begann ich diese anderen Frauen als vielschichtige, wirkliche Menschen zu betrachten. Auch sie waren mit der bloßen Logistik der Babypflege belastet. Sie hatten eine Stunde gebraucht, um aus dem Haus zu kommen und in den Park zu gehen. Ihre Wäsche war nicht gebügelt, und sie kochten für ihre Männer und Freunde keine Schlemmermahlzeiten. Manche von ihnen sprachen nicht einmal mit ihrem Partner. Auch sie durchlebten dieses Wechselbad der Gefühle: Liebe, Freude, Angst, Furcht und Verwirrung, das die größte Veränderung unseres Lebens begleitet. Als wir unsere Babys stillten und wiegten, bejammerten wir unser Schicksal. Wir fragten uns: »Warum haben wir das verdient?« Die Verantwortung und die Hingabe für ein Baby hatten uns bis ins Innerste erschüttert.

Auf unseren Parkbänken bestätigten wir einander die einfache, aber grundlegende Erkenntnis: Nur weil jeder Kinder hat und dies schon seit Jahrtausenden so ist, heißt das noch lange nicht, daß es nicht eine große Sache ist. EIN BABY ZU HABEN IST EINE RIESIGE ANGELEGENHEIT! Und die Unterstützung (und den Respekt), die wir brauchen und verdienen, entspricht der Bedeutung dieser Aufgabe. Doch wo können wir diese Unterstützung bekommen?

Die beste Quelle sind unsere »Leidensgenossen«. Wenn wir wissen, daß andere dasselbe schon vor uns durchgemacht haben und andere mit uns dies zur Zeit durchstehen, fühlen wir uns nicht allein. Das ist entscheidend. Es ist nicht nur so, daß andere junge Eltern uns helfen können, unsere Zweifel oder Fehler besser zu verkraften. Sie können uns auch helfen, indem sie unsere Erfahrungen bestätigen und somit eine Rückversicherung bieten, die wir in dieser Phase fundamentaler Veränderung brauchen.

Ich möchte allen Eltern danken, die zu diesem Buch beigetragen haben. Über die Elternschaft zu schreiben, bedeutet eine große Verantwortung, und ich habe sie sehr ernst genommen. Ich habe mir viele Gedanken gemacht. Kann ich der Fülle an Material, die ich bekommen habe, Gestalt und Stimme verleihen? Als der Abgabetermin für das Manuskript nahte, bemerkte ich kaum noch, wie es Frühling wurde, dann Sommer. Ich war als Mutter praktisch nicht mehr gegenwärtig, und die Ironie dieser Tatsache war mir bewußt. Es gab kaum noch saubere Wäsche, und zwei Geburtstagsfeiern wurden verschoben. Meine Töchter, die Fertigmahlzeiten und Pizzas in der Mikrowelle wärmten, brachten mir belegte Brote und Tee. Sie buken selber Kuchen für ihre Feste. Caitlin, der dieses Buch gewidmet ist, half ihren jüngeren Schwestern bei den Hausaufgaben.

Kinderhaben hat mich verändert – wie auch das Schreiben dieses Buches. Genauso, wie man die Schmerzen der Geburt vergißt, wenn sie vorüber ist, habe ich bereits die härtesten Momente dieses Projekts vergessen und betrachte diese Arbeit als das Privileg, das sie wohl auch ist. Schreiben ist eine einsame Angelegenheit. Daher ist es eine wunderbare und seltene Erfahrung, seine Leserschaft so genau zu kennen, wie es hier der Fall ist, und so direkt von ihrer Hilfe und Würdigung profitieren zu können. Ihnen allen vielen Dank.

Aller Anfang ist schwer

Warten auf die Geburt

Verwöhnen Sie sich!

Sie sind im zehnten Monat Ihrer Schwangerschaft und wiegen mehr als jemals zuvor in Ihrem Leben. An Ihrer Leibesfülle erkennt jeder, daß Sie in Kürze Mutter werden. Sie bemerken vielleicht, wie andere Mütter Sie anschauen und freundlich lächeln. Sie spüren, daß sie mit Ihnen sprechen wollen, und manchmal tun sie es auch. Sie möchten wissen, ob es Ihr erstes Baby ist. Sie wünschen Ihnen alles Gute. Sie erinnern sich, wie es bei ihnen war. Obwohl sie Fremde sind, wissen diese Frauen etwas ganz Bedeutsames über Sie und teilen Ihre Aufregung. Diese Mütter haben nicht vergessen, welch wunderbare Bewandtnis es mit einem Baby, das bald geboren werden wird, auf sich hat bzw. welches Wunder sich durch die Geburt eines Babys erfüllt. Vielleicht lächeln sie aus diesem Grunde so wissend.

Leute, die Kinder haben, werden Sie fragen: »Sind Sie gut vorbereitet?« Vielleicht haben sie taktvoll (oder auch weniger taktvoll) angedeutet, daß Ihr Leben sich dramatisch verändern wird. Sie geben Ihnen Ratschläge, die Ihnen lächerlich und komisch vorkommen: »Gehen Sie noch einmal toll essen.« »Schauen Sie sich im Kino noch einmal alle Filme an, die Sie schon immer sehen wollten.« »Machen Sie einen ausgiebigen Schaufensterbummel.« »Machen Sie noch eine mitternächtliche Vergnügungsfahrt durch die Stadt.« »Nehmen Sie noch ein zweistündiges Schaumbad.« »Vertrödeln Sie noch einmal einen ganzen Tag.« »Lieben Sie sich.« »Tun Sie einfach nichts.« »Erledigen Sie noch alles, was zu tun ist.« »Lassen Sie Ihren Mann einen Vertrag unterzeichnen, der festlegt, daß er sich an der Arbeit im Haushalt und an der Babypflege beteiligt!«

Doch in Ihrem Bauch ist kaum noch Platz für eine ausgiebige Mahlzeit, und auf Schnecken in Knoblauchsauce haben sie keinerlei Appetit. Können Sie zweieinhalb Stunden im Kino sitzen, ohne sechsmal zur Toilette laufen zu müssen? Ein Schaufensterbummel mag zwar Spaß machen, doch Rücken und Füße tun weh. Vergnügungen wie bis Mittag im Bett zu bleiben oder ausgiebige Schaumbäder sind einfach zu langweilig. Außerdem wollen Sie sich nicht gehen lassen. Lesen wäre nicht schlecht, aber das Haus ist so schmutzig. Plötzlich können Sie Schmutz oder Unordnung einfach nicht mehr ertragen. Und natürlich

fragen Sie Ihren Mann nicht, wie er sich das Leben mit dem Baby vorstellt und die spätere Aufgabenteilung. Sie sind zwei reife Menschen, die sich lieben und respektieren. Gemeinsam haben Sie die Entscheidung getroffen, ein Kind zu bekommen, und gemeinsam werden Sie dahinterstehen.

Was Sie können, ist, sich Ihren Tagträumen hinzugeben – über die Geburt selbst, die einmal Monate entfernt war und nun in wenigen Wochen bevorsteht oder vielleicht schon in wenigen Tagen. Vielleicht haben Sie auch schon den Punkt erreicht, an dem Sie stöhnen: »Jetzt reicht es mir. Wenn dieses Baby nur bald herauskäme!«. Eine andere Stimme in Ihnen äußert aber auch Angst und würde dieses Baby am liebsten für immer in Ihrem Bauch belassen. Was wird mit mir im Krankenhaus geschehen? Wie wird die Geburt sein? Werde ich die Schmerzen aushalten? Werde ich mich dumm anstellen und was dann! Und natürlich, die vorrangige Frage, die Ihnen durch den Kopf geht: Wird das Baby gesund sein? Sie versuchen sich vorzustellen, wie es sein wird, wenn Sie Ihr Baby in den Armen halten, für es sorgen und für immer mit ihm verbunden sein werden – aber es gelingt Ihnen nicht. Die Geburt ist im Moment das Wichtigste, und Sie kehren in Gedanken immer wieder zu diesem Ereignis zurück, das so viel konkreter und unmittelbarer erscheint als das, was danach kommen wird – das tatsächliche Leben mit einem eigenen lebendigen Kind.

Doch diese Eltern, die Ihnen all diese komisch klingenden Ratschläge erteilen, versuchen Ihnen etwas mitzuteilen: Ein Baby zu haben, wird Ihr Leben in einem Maße verändern wie kein Ereignis zuvor. Die unmittelbarste und direkteste Auswirkung wird es auf Ihre Zeit haben. Um es ganz offen zu sagen: Sie werden kaum mehr Zeit haben, zumindest nicht während der ersten Wochen und Monate. Die Leute, die sagen, »Genießen Sie jetzt noch alles«, erinnern sich einfach daran, wie es war, als sie ein Baby bekamen. Ein ganzer Tag konnte vergehen, ohne daß sie die Zeit hatten, ins Bad zu gehen, geschweige denn zu duschen, die Betten zu machen oder Geschirr abzuwaschen. Innerhalb von ein, zwei Wochen nach der Geburt Ihres Babys werden Sie verstehen, daß lange schlafen nicht bedeutet, sich gehen zu lassen, sondern ein kostbarer, seltener Luxus ist.

Stellen Sie sich selbst also ganz oben auf die Liste der Menschen, um die Sie sich jetzt noch kümmern müssen. Kosten Sie die Zeit aus, die letzten Momente »ohne Kind« – sie werden nie mehr zurückkommen. Gleichzeitig können Sie damit beginnen, die Vorbereitungen für die nahe Zukunft in Angriff zu nehmen. Einer der Gründe dafür, daß Sie nicht viel Zeit haben werden, besteht darin, daß die Anforderungen der Babypflege sich viel stärker auf Ihr Leben auswirken werden, als Sie es jemals für möglich gehalten hätten. Je weniger gut vorbereitet Sie in diese ersten Wochen gehen, desto größere Schwierigkeiten werden Sie haben. Sie brauchen keinen schriftlichen Vertrag mit Ihrem Partner, aber Sie sollten unbedingt darüber reden, wieviel Zeit er dem Baby widmen kann, denn Sie werden alle nur mögliche Unterstützung brauchen. In vielfältiger Weise müssen Sie sich organisieren. Sie müssen Vorräte anlegen und die Voraussetzungen für die Betreuung des Babys schaffen. Wenn Sie abergläubisch sind und vor der Geburt keine Babyausstattung im Haus haben wollen, setzen Sie sich zum jetzigen Zeitpunkt darüber hinweg. Es ist nun an der Zeit, sich darauf vorzubereiten, daß tatsächlich ein Baby kommt.

Geburtsvorbereitung: Kraft tanken für das große Ereignis

Sie sollten während der Schwangerschaft unbedingt einen Kurs zur Geburtsvorbereitung bzw. Schwangerschaftsgymnastik besuchen. Diese Kurse werden von Hebammen, Krankengymnastinnen, Kliniken, Mütterschulen und Familienberatungsstellen angeboten. Das Spektrum der Methoden reicht sehr weit, im Mittelpunkt steht aber immer das Einüben von Atemtechniken und Entspannungstraining. Dinge, die Ihnen bei der Geburt unschätzbare Dienste leisten werden! Die meisten Krankenkassen übernehmen jeweils die Kosten für zehn bis zwölf Stunden. Falls Ihr Partner am Kurs teilnehmen möchte, müssen Sie das leider selber bezahlen. Erkundigen Sie sich frühzeitig nach einem Kurs bei Ihrer Krankenkasse oder Ihrem Frauenarzt, denn die Kurse sind meist schon früh belegt.

Kurse zur Säuglingspflege

Damit Eltern mit den wichtigsten Handgriffen der Babypflege vertraut werden, gibt es spezielle Säuglingspflegekurse. Sie werden u. a. an Krankenhäusern und Volkshochschulen von ausgebildeten Säuglingsschwestern durchgeführt. Die Eltern lernen, ein Neugeborenes zu baden, es richtig zu halten und zu wickeln. Darüber hinaus erfahren Sie Grundlegendes über das Stillen oder die Ernährung mit der Flasche. Nicht zuletzt haben Sie die Möglichkeit, in einem zwanglosen Rahmen andere werdende Eltern kennenzulernen.

Um was Sie sich vor der Geburt noch kümmern sollten

Für das Baby brauchen Sie:

○ Als allerwichtigstes einen Kinderarzt oder erfahrenen Hausarzt. Suchen Sie schon vor der Geburt einen Arzt Ihres Vertrauens (siehe Seite 365).

○ Einen Autositz. Das erste Mal werden Sie ihn benötigen, wenn Sie mit dem Auto von der Klinik nach Hause fahren (siehe Seite 303).

○ Genügend Babybekleidung, damit Sie nicht jeden Tag waschen müssen (siehe Seite 189).

○ Eine Waschmöglichkeit. Falls Sie noch keine eigene Waschmaschine haben, sollten Sie sich jetzt eine anschaffen. Müssen Sie auswärts waschen, sollten Sie Babybekleidung für eine ganze Woche besitzen, denn zum Wäschewaschen außer Haus zu gehen, ist anfangs eine recht aufreibende Angelegenheit.

○ Wollen Sie mit Stoffwindeln wickeln, sollten Sie vier bis fünf Dutzend Windeln haben und einen speziellen Windeleimer für die gebrauchten Windeln (siehe Seite 194).

○ Wenn Sie einen Windelservice in Anspruch nehmen wollen, bringen Sie frühzeitig in Erfahrung, welche Angebote es in Ihrer Umgebung gibt. Vielleicht möchten Sie die Windeln für die erste Woche schon im voraus geliefert bekommen, damit Sie sich nicht auch noch darum direkt nach der Geburt kümmern müssen. Einen Stoffwindelservice gibt es vor allem in größeren Städten.

○ Wollen Sie mit wegwerfbaren Höschenwindeln wickeln, sollten Sie ein bis zwei

Pakete der kleinsten Größe auf Vorrat haben. Auch wenn Sie Stoffwindeln benutzen, ist es ratsam, ein Paket Wegwerfwindeln in Reserve zu haben.

○ Eine Kommode für die Babykleidung und einen Wickelplatz (siehe Seite 192).

○ Einen Schlafplatz für das Baby und Bettzeug.

○ Flaschen und Sauger, wenn Sie Ihr Baby nicht stillen wollen (siehe Seite 95).

○ Pflegeprodukte für das Baby: Windelcreme, Babylotion, Salbe für Windelausschlag und Nagelschere.

○ Zwei Schnuller (siehe Seite 147).

○ Eine gut ausgestattete Apotheke (siehe Seite 381).

○ Nach Wunsch: Ein Schaukelstuhl oder eine Hängematte leisten gute Dienste, wenn das Baby beruhigt werden soll und auch die Eltern etwas Entspannung finden wollen; auch in einem Tragesitz (Seite 298), einer Babyschaukel (Seite 359) und einer Wippe (Seite 297) fühlen sich Babys wohl.

○ Nach Wunsch: eine Wechselsprechanlage.

Was Sie für sich noch tun sollten:

○ Melden Sie sich für die bevorstehende Geburt beim Krankenhaus Ihrer Wahl an. Schauen Sie sich die Räumlichkeiten dort genau an. Meist gibt es spezielle Informationsabende für Schwangere, auf denen Sie einen Eindruck gewinnen und Fragen stellen können – etwa über die Möglichkeiten von Rooming-in, bzw. darüber, wie das Rooming-in in der Klinik gehandhabt wird (siehe Seite 20).

○ Wenn Sie Interesse daran haben, etwas über Babypflege, Erste Hilfe, Stillen usw. zu erfahren, ist die Spätschwangerschaft der richtige Zeitpunkt. Kurse dazu bieten Krankenhäuser, Volkshochschulen, Hebammen usw. an. Die La Leche Liga veranstaltet spezielle Diskussionsgruppen (siehe Seite 43). Diese Gruppenaktivitäten bieten eine gute Gelegenheit, andere junge Eltern kennenzulernen.

○ Die meisten Vorbereitungen vor der Geburt des Babys betreffen materielle Anschaffungen und Vorkehrungen für die Versorgung des Babys. Wenn Sie bisher berufstätig und noch nie ausschließlich zu Hause waren, sollten Sie sich aber auch bereits jetzt um Kontakte zu anderen Müttern bemühen. Die größte Stütze einer Mutter sind Freunde. Haben Sie erst Ihr Baby, kann es Wochen oder Monate dauern, bis Sie »ausgehbereit« sind; in diesen ersten Wochen und Monaten schaffen solche Kontakte die größte Sicherheit. Erkundigen Sie sich, ob es in Ihrer Gemeinde ein Mütterzentrum oder Mutter-und-Kind-Gruppen gibt. Auch Stillgruppen sind eine gute Anlaufstelle. Vielleicht wollen Sie nicht sofort an einer solchen Gruppe teilnehmen, aber es ist beruhigend zu wissen, daß es sie gibt (siehe Seite 240).

○ Kümmern Sie sich um Hilfe. Sorgen Sie dafür, daß entweder Ihr Partner, eine Verwandte, Freundin oder eine bezahlte Hilfe zur Verfügung steht, damit Sie sich voll auf die Pflege Ihres Babys konzentrieren können. Manche Mütter mögen es lieber, wenn diese Hilfe einige Tage oder Wochen nach ihrer Heimkehr aus dem Krankenhaus kommt. (Zu diesem Zeitpunkt zeigt der Haushalt allmählich erste Anzeichen der Vernachlässigung.) Auf diese Weise hatten sie Gelegenheit, sich in aller Ruhe mit dem Baby einzugewöhnen, ohne an irgend etwas anderes als das Baby denken zu müssen.

○ Legen Sie zu Hause Vorräte für mindestens zwei Wochen an. Optimal ist es, Mahlzeiten im voraus zuzubereiten und einzufrieren (selbst wenn Ihr Partner kochen will, wird er oft zu beschäftigt und zu müde sein). Halten Sie viele eiweißreiche Fertigprodukte, gesunde Zwischenmahlzeiten und Säfte griffbereit.

○ Wenn Sie stillen wollen, brauchen Sie zwei bis drei bequeme Stillbüstenhalter und eine Packung Stilleinlagen. Lesen Sie das Kapitel über Stillen in diesem Buch. Dort finden Sie Tips zum Kauf von Stillbüstenhalter und zur Abhärtung der Brustwarzen (siehe Seite 44).

○ Überlegen Sie, welche praktischen Dienstleistungen es in Ihrer Gemeinde oder Ihrem Stadtviertel gibt, wie z. B. Lebensmittelgeschäfte, Drogerien oder Restaurants, die ins Haus liefern, oder auch ein Reinigungsservice oder einen älteren Babysitter mit Auto.

○ Überlegen Sie, wie lange Sie Erziehungsurlaub nehmen wollen, wenn Sie berufstätig sind (siehe Seite 280).

○ Packen Sie Ihren Koffer (siehe unten).

○ Kümmern Sie sich um Ihr Haustier (siehe Seite 326).

Was Sie ins Krankenhaus mitnehmen sollten:

Nehmen Sie einen größeren Koffer, als Sie voraussichtlich benötigen. Sie brauchen zusätzlichen Platz, um bei der Heimkehr die Geschenke, die Ihnen Besucher mitbringen, unterzubringen. Einpacken sollten Sie folgendes:

○ Dieses Buch . . .

○ Mehrere Nachthemden, vorne aufknöpfbar, falls Sie stillen wollen. Einfache, kochfeste Baumwollhemden sind am besten, denn Sie werden stark schwitzen und die Hemden werden wahrscheinlich schnell schmutzig werden.

○ Ein Bademantel.

○ Hausschuhe.

○ Mindestens sechs Slips.

○ Zwei oder drei Stillbüstenhalter, wenn Sie stillen wollen (siehe Seite 45).

○ Zahnbürste, Zahnpasta, Shampoo, Körpermilch, Seife und Seifenbox, Handspiegel, Make-up und weitere Toilettenartikel nach Wunsch.

○ Adressen- bzw. Telefonnummernverzeichnis.

○ Kleidung für den Nachhauseweg, in der Sie sich schlank und elegant fühlen.

○ Babykleidung für den Nachhauseweg.

○ Ein Taschenradio.

○ Ihre Lieblingszeitschrift oder ein Buch.

○ Ein Schnuller (siehe Seite 147).

○ Handbeutel für die Geburt. Vielleicht wurde Ihnen bereits im Geburtsvorbereitungskurs empfohlen, zur Geburt einen Beutel mit verschiedenen Utensilien wie einen Lippenpflegestift, Lutschbonbons, Eisbeutel und einen Waschlappen wie auch eine Uhr mit Sekundenzeiger, um die Wehenabstände zu messen, mitzunehmen. Für Ihren Partner können Sie einen Snack einpacken. Wenn sich die Geburt lange hinzieht, wird er wahrscheinlich Hunger bekommen. Diese Dinge sollten Sie nicht in Ihren Koffer packen, der wahrscheinlich separat aufbewahrt wird, sondern griffbereit in einem kleinen Beutel bei sich haben.

○ Kleingeld für Telefon, Getränkeautomat usw.

○ Versicherungsnachweis.

P. S. Der folgende Rat mag schwer zu befolgen sein, doch denken Sie zumindest darüber nach: Die Versuchung ist groß, daß während des Aufenthalts auf der Entbindungsstation viele Besucher kommen und viel Trubel herrscht, um die Geburt des Babys zu feiern. Schließlich sind Sie erleichtert, stolz und aufgeregt. Versuchen Sie aber besser, die Telefonate und Besucher in Grenzen zu halten, sonst besteht die Gefahr, daß Sie zu sehr ermüden – und Sie versäumen die Chance, die Anleitungen, die Ihnen das Krankenhauspersonal im Bereich der Babypflege anbietet, zu nutzen. Diese ersten Tage mit Ihrem Baby sind eine ganz besondere Zeit und bieten die Gelegenheit, sich in einer Umgebung, in der für die Bedürfnisse von Ihnen beiden gesorgt wird, aneinander zu gewöhnen. Diese Tage voller Ruhe und Umsorgtwerden sind eine Rücklage für die folgenden Tage und Nächte. Verschwenden Sie sie nicht.

Rooming-in: Eine Idee setzt sich durch

Rooming-in bedeutet, daß Mutter und Kind den ganzen Tag über, und nicht nur zu bestimmten Stunden, im Zimmer der Mutter zusammen sein können. Nachts schläft das Baby auf der Neugeborenenstation. Die Mutter kann entscheiden, ob ihr das Kind entsprechend dem auf der Entbindungsstation herrschenden Zeitrhythmus oder »nach Bedarf« zum Stillen gebracht werden soll. Dieses Arrangement hat sich als besonders gut erwiesen, weil es nicht nur eine frühe Mutter-Kind-Bindung unterstützt, sondern sich auch positiv auf die Stillfähigkeit der Mütter auswirkt, da die Milchversorgung nur in Gang kommt, wenn nach Bedarf gestillt wird. Viele Krankenhäuser bieten inzwischen auch »full-time-rooming-in« an, d. h., das Baby kann den ganzen Tag und die ganze Nacht bei der Mutter bleiben. Manchmal wird es zu den Besuchszeiten ins Neugeborenenzimmer verlegt. Entscheiden Sie sich hierfür, können Sie einen Vorgeschmack darauf bekommen, wie das Leben mit einem Baby tatsächlich aussieht. Doch machen Sie sich nicht zum Märtyrer, wenn Sie im Grunde Ihren Schlaf nötig hätten. Dazu rät auch eine Mutter von vier Kindern:

Denken Sie daran, daß Ihre Entscheidung für Rooming-in nicht unabänderlich ist. Sie können Ihre Meinung ändern! Sie müssen nicht stur sein und den Märtyrer spielen. Wenn Sie tagsüber oder nachts zu müde sind und das Baby weint, können Sie es auf die Neugeborenenstation bringen und selbst ein wenig schlafen. Wenn Sie in der einen Nacht darum bitten, daß das Baby nach Bedarf zum Stillen gebracht wird, können Sie in der nächsten Nacht trotzdem Ihre Haltung ändern, und auch das ist in Ordnung. Seien Sie flexibel.
Meine Zimmernachbarin hatte 26 Stunden lang Wehen und wurde schließlich von einem neun Pfund schweren Jungen entbunden; sie war so fertig und erschöpft, daß sie vor Müdigkeit weinte. Trotzdem gab sie sich selbst nicht nach, weil sie sich im voraus für ein full-time-rooming-in entschieden hatte. Was wäre, wenn ihre Milchversorgung nicht ausreichend wäre? Wenn sie keine intensive Mutter-Kind-Beziehung herstellen könnte? Wie war es denn mit der Mutter im Nebenzimmer, die sich 24 Stunden am Tag um ihre Zwillinge kümmerte? Was, wenn das Personal dächte, sie sei eine schlechte Mutter? Ich sagte ihr: Wenn Sie den Märtyrer spielen, entwickeln Sie zwangsläufig einen Groll gegenüber Ihrem Baby, vielleicht nicht bewußt, aber unterbewußt. Gönnen Sie sich eine Pause. Nehmen Sie, was Sie für sich selbst brauchen, denn nächste Woche nachts um halb vier werden diese netten Säuglingsschwestern nicht mehr vor Ihrem Schlafzimmer stehen, um Sie zu entlasten.

Vorausplanen für die Zeit nach dem Krankenhaus – Mütter berichten von ihren Erfahrungen

Es ist eine persönliche Entscheidung, ob man eine Säuglingspflegerin oder eine *Perle*, die für Sie beide sorgt, anstellt oder eine Freundin, Schwester oder die Mutter um Unterstützung bittet. Gehen Sie aber sicher, daß es die *richtige* Person ist, daß sie weder zu aufdringlich noch zu dominant ist – oder im Gegenteil jemand, der sehr viel Anleitung braucht und zuviel Ihrer kostbaren Zeit und Gedanken beansprucht, die Sie besser für Ihre neue Familie aufbringen. Eines der besten Arrangements kann sein, wenn eine Hilfe täglich für einige Stunden kommt und all das erledigt, was getan werden muß – idealerweise, ohne daß Sie ausdrücklich Anweisungen geben müssen.

Wenn Sie die Hilfe einer fremden Person in Anspruch nehmen müssen, sollten Sie sie möglichst schon im voraus kennenlernen und schriftlich niederlegen, welches die Verantwortungsbereiche dieser Hilfskraft sein werden. Hier die Stimmen von Müttern, die aufgeführt haben, wie es bei ihnen funktionierte – und was nicht klappte:

Für mich war es sehr wichtig, zu Hause erst etwas Zeit nur mit meinem Baby und meinem Mann zu verbringen, bevor meine Mutter uns zu Hilfe kam. Vermutlich hatte ich das Gefühl, alles erst selbst nach meinen Vorstellungen in den Griff bekommen zu müssen, ohne daß meine Mutter mir hineinredete. Als meine Mutter dann vier oder fünf Tage später kam, genoß ich es sehr. Sie war eine enorme Hilfe.

⁂

Mein Baby kam zu früh zur Welt, und ich war lange im Krankenhaus. Mein Mann und ich waren in dieser Zeit sehr angespannt. Ich wollte mit Annie nach Hause, fürchtete mich aber vor dem Chaos und dem Schmutz dort. Es war Mai. Ich erinnere mich, wie ich die Treppen hochstieg, in meinen Armen Annie, die in eine rosa gepunktete Decke gewickelt war. Ich wartete auf Johannes, der mit dem Koffer kam und mir aufschließen sollte. Als wir in die Wohnung gingen, strömte mir der Duft frischer Lilien entgegen. Meine drei Nachbarinnen hatten meine Wohnung nicht nur perfekt aufgeräumt, sondern auch noch viele Vasen mit frischen Lilien aufgestellt.

⁂

Ich befolgte den Rat meiner Schwester und versuchte, Besucher während der ersten beiden Wochen hinzuhalten. Als Karl dann wieder arbeitete, war ich froh, daß jeden Tag jemand kam und mir Abwechslung verschaffte. Meine Schwester hatte mir gesagt, daß bei ihr in der ersten Woche alle Besucher gekommen waren und sie danach völlig alleine gewesen sei und deshalb Depressionen bekommen hatte.

⁂

Ich hatte zuviel Hilfe. Meine Mutter wie auch meine Schwiegermutter. Zu viele einquartierte Gäste zur gleichen Zeit. Zu viele Köche!

⁂

Ich stellte eine Frau an, die drei Stunden täglich kommen sollte, um zu kochen, einzukaufen, das Haus in Ordnung zu halten und die Wäsche zu besorgen. Es war eine perfekte Lösung. Ich wollte nicht, daß jemand den ganzen Tag da war, ich wollte mit dem Baby allein sein, war aber glücklich, einige Stunden am Tag Gesellschaft und Hilfe zu haben.

Meine Eltern bezahlten uns eine Säuglingspflegerin für zwei Wochen, aber wir ließen sie schon nach einer Woche wieder gehen, hauptsächlich deshalb, weil ich das Gefühl hatte, daß sie lästig war. Mich mit ihr auseinanderzusetzen, erzeugte bei mir eine Spannung, die ich nicht gebrauchen konnte. Ich wollte mich eigentlich selbst um Birthe kümmern. Die Pflegerin war keine Hilfe, was das Kochen oder das Waschen anbelangte. Sie aß mit uns, und die Mahlzeiten wurden dadurch sehr ungemütlich, denn sie redete ununterbrochen und hatte zu allem ihre dezidierte Meinung, angefangen beim Preis für Bohnen bis zur Europäischen Gemeinschaft. Sie gab vor, das Stillen zu unterstützen, beharrte aber auf einem festen Fütterungsplan. Kim hörte auch, wie sie zu dem Baby sagte, das zusätzliche Milchfläschchen sei wenigstens »etwas Richtiges«. Natürlich war es hilfreich, jemanden um sich zu haben, der wußte, was getan werden mußte. Sie zeigte mir, wie man eine doppelte Windel anlegt, und sie wußte wohl auch, wie man das Kind richtig anzog, so daß es ihm weder zu heiß noch zu kalt war. Aber alles in allem wären mir ein Buch über alle diese Dinge und etwas tägliche Unterstützung im Haushalt lieber gewesen.

⁂

Peter blieb eine Woche lang zu Hause. Wir drei verbrachten die meiste Zeit in unserem riesigen Bett mit Schmusen, Schlafen und Träumen. Peter kochte, putzte und kaufte ein, was ihn schließlich nervte. Am Ende der Woche gab er zu , daß er es in etwa so empfand, als sei ich die Königin und er der Diener. Er war dann glücklich, wieder zur Arbeit zu gehen. Sein Leben hatte sich ebenso dramatisch verändert wie meines. Im Rückblick glaube ich, er hätte auch etwas Aufmerksamkeit und Fürsorge gebraucht.

⁂

Ich hatte bereits eine Tochter von zwei Jahren und brauchte vor allen Dingen jemanden für sie, damit ich mich ausruhen und mich an das Baby gewöhnen konnte. Ich fand keine ausgebildete Kraft und engagierte schließlich zwei junge Teenager, zwei Kusinen, Jacqueline und Monika. Sie waren einfach toll! Sie arbeiteten im Team. Sie wechselten sich ab in der Betreuung von Henriette und der Erledigung von Haushaltspflichten wie Bettenmachen, Abwaschen, Mülleimerleeren, Kleider bürsten und Aufräumen und sogar ein bißchen Kochen. Es war eine perfekte Lösung. Sie waren begeistert, Geld zu verdienen und Verantwortung zu übernehmen. Sie leisteten sich gegenseitig Gesellschaft, mein Kind wurde gut behütet, und ich konnte mich dem Baby widmen.

⁂

Ich hatte eine idealisierte Vorstellung davon, diese ganz besondere Zeit nach der Geburt mit meiner Mutter zu teilen; aber Tatsache ist, daß wir überhaupt nicht miteinander klar kamen. Was in aller Welt veranlaßte mich zu glauben, dies sei der geeignete Zeitpunkt für ihren Besuch? Als wir Philip nach Hause brachten, sehnte ich mich danach, selbst umhegt zu werden. Doch alles, was sie konnte, war, mir zu zeigen, wie schlecht ich das Kind bemutterte; das machte mich sehr wütend.

⁂

Ich hatte eine Frau, die eine spezielle Ausbildung hatte und Erfahrung darin, junge Mütter zu unterstützen. Ich fand Louise durch eine Anzeige in einer Elternzeitschrift. Sie kam jeden Tag drei Stunden und war wunderbar. Sie gab mir Ratschläge zum Stillen, zur Ernährung und zur Babypflege. Sie zeigte mir, wie man Florian badete und ihn sein Bäuerchen machen ließ. Meine Brustwarzen waren entzündet. Aber sie wußte Abhilfe, brachte mir heiße Kompressen und Kissen, damit ich das Kind richtig anlegen konnte. Ich war sehr

weinerlich und sie sehr mitfühlend. Florian ist jetzt vier Monate alt. Ich denke oft an Louise und ihre wertvollen Dienste.

* * *

Mit Zwillingen brauchst du Hilfe, Hilfe und nochmals Hilfe! Du brauchst zwei extra Arme, um sie zu tragen und zu trösten oder sie in Hektik zu füttern. Du brauchst mehr moralische Unterstützung und jemanden, der dir hilft, dich zu organisieren, und der Buch führt, wer wann gegessen oder gebadet oder Stuhlgang gehabt hat – und jemanden, der darauf achtet, daß auch du etwas ißt! Du brauchst ein anderes menschliches Wesen, das dich daran erinnert, daß dein Leben nicht nur aus Babys, Babys, Babys besteht, auch wenn es so aussieht. Ich brauchte auch Hilfe, um mit ihnen zum Kinderarzt zu kommen. Mein Mann stand nicht zur Verfügung, weil er in der Handelsflotte beschäftigt ist und ausschiffen mußte, als Martha und Emilia gerade vier Tage alt waren. Glücklicherweise wohnt meine Mutter in der Nähe und auch meine jüngere Schwester, die eine Säuglingspflegeschule besucht. Sie halfen mir in den ersten zwei Wochen schichtweise bei den Babys, im Haushalt, beim Einkaufen, und das half mir da durch. Später engagierte ich eine ältere Schülerin, die jeden Nachmittag für ein oder zwei Stunden vorbeikam.

Professionelle Hilfe

Nicht jedem bzw. nicht immer stehen Partner, Mutter, Schwiegermutter, Schwestern, Freunde, Nachbarn oder auch eine ausgebildete Säuglingsschwester als Unterstützung zur Seite. Noch müssen sie zwangsläufig die beste Hilfe für eine junge Mutter sein. Es gibt auch noch andere Möglichkeiten:

Nachsorgehebammen: Sie können mit einer frei praktizierenden Hebamme Kontakt aufnehmen und sie bitten, in der ersten Zeit nach der Geburt regelmäßig bei Ihnen vorbeizuschauen. Sie kümmert sich um Ihr Wohlergehen und kann Ihnen für den Umgang mit dem Baby wertvolle Tips geben. Erkundigen Sie sich bei Ihrer Krankenkasse, ob und wie lange die Kosten für Hausbesuche von Hebammen übernommen werden.

Stillgruppen: Vielerorts werden von der Vereinigung Freier Stillgruppen oder der La Leche Liga Stillgruppen angeboten; Kontaktpersonen geben auch telefonisch mal einen Rat (siehe Seite 43).

Der Aufbau einer Elternbibliothek

Fast die ganze Literatur, die in diesem Buch empfohlen wird, betrifft Babys oder Themen, die damit in Zusammenhang stehen. Die folgenden Bücher können Ihnen während des Säuglingsalters Ihres Kindes immer wieder Unterstützung, Anregungen und Anleitungen geben.

Fraiberg, Selma H.: Die magischen Jahre in der Persönlichkeitsentwicklung des Vorschulkindes, Rowohlt 1972.
Gordon, Ira J.: Das Baby und seine Eltern. Die Eltern und ihr Baby, Hyperion 1979.
Klaus, Marshall H./Klaus, Phyllis H.: Neugeboren. Das Wunder der ersten Lebenswochen, Kösel 1988.
von Lenthe, S. (Hrsg.): Kinder verstehen. Ein psychologisches Lesebuch für Eltern, dtv 1991.
Lorie, Peter: Mit den Augen eines Kindes, Mosaik 1990.
Nitsch, Cornelia/von Schelling, Cornelia: Das andere Babybuch. Für selbstbewußte Mütter und Väter, Mosaik 1988.
Schwabenthan, Sabine/Weigert, Vivian: Damit Ihr Kind sich wohlfühlt, Orbis 1991.
Sichtermann, Barbara: Leben mit einem Neugeborenen, Fischer 1981.
Stoppard, Miriam: Das große Ravensburger Babybuch, Ravensburger 1992.
Theroux, Phyllis: Meine Kinder tun das auch. Gutenachtgeschichten für Eltern. Ratschläge, Erlebnisse, Erkenntnisse und Einsichten einer nicht perfekten Mutter, Scherz 1990.
Zimmer, Katharina: Das wichtigste Jahr. Die körperliche und seelische Entwicklung im ersten Lebensjahr, Kösel 1991.

DIE ERSTEN WOCHEN MIT DEM NEUGEBORENEN

Was geschieht, wenn das Baby geboren ist?

Kein Buch, Film oder Arzt kann Sie wirklich auf den Moment, in dem Ihr Baby nun tatsächlich geboren wird, vorbereiten. Dieses Ereignis ist eine ganz persönliche Erfahrung, und jede Geburt ist anders. Für manche Frauen bedeutet sie den Höhepunkt und den freudigsten Augenblick ihres Lebens. Für andere ist eine Geburt eine ruhige und friedliche Erfahrung, bei der das Baby eher sanft ins Leben gleitet als hineinplatzt. Unter den überwältigenden Gefühlen können auch pure Erleichterung und Erschöpfung sein. Manche Eltern empfinden die Geburt als einen Reinfall, sind verwirrt, enttäuscht oder erschreckt, weil es Komplikationen gibt.

Wie auch immer – wenn man sich inmitten dieses Wirrwarrs an Gefühlen wiederfindet, hilft es weiter, wenn man bereits eine ungefähre Vorstellung davon hat, was auf einen zukommt, und mit den Ereignissen und den Maßnahmen, die bevorstehen, vertraut ist.

Ist Ihr Baby geboren, vollzieht es zunächst eine fantastische Umstellung, die Loslösung von der völligen Abhängigkeit von den lebenserhaltenden Kräften Ihres Körpers hin zu einem eigenständigen Leben. Bis zur Geburt wurde das Baby von der Plazenta mit Nährstoffen und Sauerstoff versorgt. Hat es die wärmende und nährende Gebärmutter einmal verlassen, ist das Einsetzen der Atmung von vorrangiger Bedeutung. Der Arzt oder eine Schwester saugen dem Baby den Schleim aus Nase und Mund. Innerhalb von Sekunden wird sein Allgemeinzustand überprüft (siehe Seite 26) Dann wird es in eine wärmende Decke gehüllt. Oft wird das Baby auf den Bauch seiner Mutter gelegt, bevor die Nabelschnur durchtrennt wird. Bevor Sie und das Baby das Entbindungszimmer verlassen, bekommt das Baby ein Armband mit seinem Namen.

Doch vorher nehmen Sie ihr Baby in den Arm. So können Sie sich seiner tatsächlichen Existenz bewußt werden und den Bindungsprozeß einleiten. Während der ersten Stunde nach der Geburt ist das Baby gewöhnlich ruhig und aufmerksam; danach wird es tief schlafen und schwer aufzuwekken sein. Manche Frauen stillen das Baby auf dem Entbindungsbett auch zum ersten Mal.

Der Begriff der frühen Mutter-Kind-Bin-

dung fand seit den siebziger Jahren weite Verbreitung. Er geht auf den englischen Begriff »bonding« zurück, der durch das Buch »Maternal-Infant Bonding« von Dr. Marshall Klaus und Dr. John Kennel in weiten Kreisen bekannt wurde. Diese beiden Ärzte führten zahlreiche Untersuchungen ins Felde, die den langwährenden Nutzen eines frühen Mutter-Kind-Kontaktes erwiesen, sofern der Kontakt während einer entscheidenden Phase, nämlich der Stunde direkt nach der Geburt, begonnen hatte. Auch wenn einige ihrer Arbeiten nicht unumstritten sind, so war die breite Wirkung ihrer Forschung doch wichtig. Die Erkenntnis der Bedeutung dieser frühen Mutter-Kind-Bindung führte z. B. dazu, daß das Gebären im Krankenhaus heute viel flexibler gehandhabt wird und stärker auf die Bedürfnisse der Eltern abgestimmt ist.

Wir können uns wünschen, daß im Idealfall dieser Bindungsprozeß noch im Entbindungsbett beginnt, doch der Stellenwert, der diesem Ereignis zugemessen wird, wird inzwischen teilweise auch überbetont. Viele Frauen, die nicht in der Lage waren, diesen intimen Moment zu erleben, haben starke Versager- und Schuldgefühle, die ihr Selbstbewußtsein als Mutter zerstören. Wenn Sie nicht in der Lage sind, sofort in Augen- und Hautkontakt zu Ihrem Baby zu treten – wenn Sie zu erschöpft sind oder zu starke Schmerzen haben, wenn Sie einen Kaiserschnitt hatten oder das Baby sofort auf die Intensivstation gebracht werden mußte –, sind Sie verständlicherweise enttäuscht. Lassen Sie diese Gefühle zu, versinken Sie jedoch nicht in Schuldbewußtsein. Alle erfahrenen Mütter werden Ihnen erklären, daß die Art, wie wir uns an unsere Babys binden, ein langer, komplexer und geheimnisvoller Prozeß ist. Bindung vollzieht sich in jedem Augenblick, durch jede der kleinen, aber bedeutsamen Gedanken und Gesten, die in die Liebe zu einem Baby und in seine Pflege einfließen. Das Säuglingsalter ist nur der Anfang einer reichen Beziehung, die sich über ein ganzes Leben erstreckt.

Untersuchungen und Tests am Neugeborenen

Bevor Ihr Baby aus dem Krankenhaus entlassen wird, wird es gründlich untersucht, damit seine Gesundheit und sein Allgemeinzustand beurteilt werden können:

Apgar-Test. Der nach seiner Erfinderin, Virginia Apgar, benannte Test beurteilt fünf spezifische Anzeichen dafür, wie sich das Baby an das Leben außerhalb der Gebärmutter anpaßt: Herzschlag, Atmung, Bewegungen, Reflexreaktion und Hautfarbe. Sobald das Baby entbunden ist und selbst atmet, macht eine Schwester diesen Test zweimal, zuerst eine Minute nach der Geburt und dann fünf Minuten später. Manchmal wird eine dritte Untersuchung weitere fünfzehn Minuten später durchgeführt. Die höchste mögliche Bewertungszahl beträgt zehn und wird beim ersten Test sehr selten erreicht, meist liegt die Punktzahl bei acht. Fünf Minuten später liegt die Beurteilungsziffer in der Regel bei neun oder zehn. Ein niedrigerer Index bedeutet dabei nicht zwangsläufig, daß es Probleme gibt.

Guthrie-Test. Aus der Ferse des Babys wird etwas Blut abgenommen, um festzustellen, ob das Baby an Phenylketonurie, einem seltenen Stoffwechselleiden, leidet, das unbehandelt zu Gehirnschäden und verzögerter körperlicher Entwicklung führt. Wird sofort nach der Geburt mit einer speziellen Diät begonnen, kann der Erkrankte ein normales Leben führen.

Überprüfung der Schilddrüsenfunktion (Hypothyreosescreening). Bei Verdacht auf eine Fehlfunktion kann eine kleine Menge Blut aus der Ferse genommen werden. Durch diese Blutuntersuchung kann ermittelt werden, ob das Baby an Hypothyreoidismus, einer Unterfunktion der Schilddrüse (auch Kretinismus genannt), oder an einer Unterproduktion bestimmter Hormone, die für die normale geistige und körperliche Entwicklung wesentlich sind, leidet. Falls diese Krankheit besteht, wird sofort eine Hormontherapie eingeleitet, um ein körperliches und geistiges Zurückbleiben zu verhindern.

Weitere Bluttests. Das Kind kann auch auf eine Galaktose-Intoleranz, eine Abweichung des Blutzuckerstoffwechsels, und auf Sichelzellenanämie untersucht werden.

Hörtest. Ein Hörtest kann in folgenden Fällen empfohlen werden: 1) wenn das Baby weniger als zwei Kilo wiegt; 2) wenn es in der Familie schon Fälle von Gehörlosigkeit gegeben hat; 3) wenn das Baby eine schwere Gelbsucht hat; 4) wenn eine Mißbildung des Kopfes oder des Nackens besteht, und 5) wenn es vor, während oder nach der Entbindung unter Sauerstoffmangel gelitten hat.

Allgemeine Untersuchung. In der halben Stunde nach der Geburt wird das Baby gewogen und gemessen. Später, wenn es unter eine Wärmelampe gelegt wurde (Neugeborene verlieren schnell an Wärme), gebadet worden ist und Augentropfen bekommen hat, die es vor Infektionen schützen sollen, wird eine Säuglingsschwester oder ein Kinderarzt eine genauere Untersuchung, die erste Vorsorgeuntersuchung (U1), vornehmen. Dabei werden Pulsschlag, Blutdruck und Temperatur gemessen. Größe und Proportion des Kopfes im Verhältnis zum Körper werden bestimmt, und es wird überprüft, ob die Fontanellen, die weichen Stellen am Kopf, die das weitere Wachstum des Gehirns ermöglichen, offen sind. Der Arzt wird Herz, Lungen und auch Nasenatmung überprüfen, um sicherzustellen, daß das Baby keine Verwachsungen in der Nase hat. Er wird die Augen untersuchen, um sicherzugehen, daß sich das Kind beim Weg durch den Geburtskanal nicht mit einer Krankheit infiziert hat bzw. daß kein Grauer oder Grüner Star besteht. Er wird die Genitalien und die Gelenke überprüfen. Er wird Reflexe wie den Moro-Reflex testen. Eine anormale Reaktion kann auf eine Verletzung eines Gelenks oder eines Gliedes infolge einer schwierigen Geburt hinweisen. Die Säuglingsschwestern werden genau beobachten, ob das Baby Anzeichen einer Gelbsucht entwickelt, und sie werden immer wieder seinen Herzschlag überprüfen.

Bilirubin-Test. Die meisten Neugeborenen entwickeln eine gewisse Gelbsucht, die sich im Gelbwerden der Augäpfel und der Haut äußert. Verursacht wird sie durch den Anstieg des gelben Pigments Bilirubin. Bilirubin entsteht beim Abbau des Hämoglobins, das für die Sauerstoffversorgung des Babys durch die Plazenta nötig gewesen war. Sobald das Kind atmet und Sauerstoff aus der Luft aufnimmt, werden diese »alten«, roten Blutkörperchen nicht mehr gebraucht und müssen über die Leber abgebaut werden. Steigt der Bilirubinspiegel zu stark, in der Regel aufgrund einer zeitweiligen Unreife oder mangelnder Leistungsfähigkeit der Leber, kann das Pigment Verzögerungen in der geistigen Entwicklung verursachen. Aus diesem Grund wird der Bilirubinspiegel so sorgfältig überwacht. Ist er sehr hoch, wird das Baby unter eine spezielle Lampe gelegt. Durch das Licht wird das Pigment in eine harmlose Substanz, die ausgeschieden wird, abgebaut.

Der Brazelton-Verhaltenstest. T. Berry Brazelton, ein bekannter Wissenschaftler, Kinderarzt und Autor, entwickelte einen halbstündigen Test, der Eltern und Ärzten die Möglichkeit gibt, das Temperament ihres Neugeborenen festzustellen. Die 28 Kriterien, die dabei bestimmt werden, beinhalten die Reaktionen auf eine Vielzahl von Stimuli – Lichtquellen, Glöckchen, Rasseln, Farben und Formen. Dieser Test kann während des ersten Lebensmonats durchgeführt werden; Ziel ist es, eine Antwort zu geben auf Fragen wie: Welchen Interaktionsstil hat mein Baby? Was sieht und hört es, und wie äußert es seine Vorlieben? Wie gut kommt es mit einem Übermaß an visuellen, auditiven und motorischen Anregungen zurecht? Mit welchen Techniken versucht das Baby beispielsweise, sich selbst zu beruhigen; versucht es sich selbst zu trösten, indem es seine Hand zum Mund führt und daran saugt oder indem es sich zu einer beruhigenden Stimme hinwendet, und/oder reagiert es auf Berührung oder auf Tragen und Schmusen? Wie zeigt es, ob es die Art und Weise, wie man mit ihm umgeht, mag oder nicht mag? In vielen Ländern wird dieser Test, vor allem bei Frühgeborenen und bei Babys, bei denen der Verdacht auf Verhaltensstörungen besteht, durchgeführt. In Deutschland wird er von Kinderärzten in der Regel nicht automatisch praktiziert.

Das Aussehen des Neugeborenen

Ich glaube ganz ehrlich, daß ich noch nie ein neugeborenes Baby gesehen hatte, geschweige denn, es genau angeschaut hätte, bevor ich mein eigenes bekam; doch ich hatte das Bild eines rosigen , süßlich riechenden Babys mit fleischigen Handgelenken und Grübchen im Kopf, das an meine Schulter gekuschelt war. Es heißt, daß nur eine Mutter die wirkliche Schönheit ihres Kindes erkennt. Doch wenn ich an den Tag, an dem es geboren wurde, zurückdenke, bin ich mir da nicht so sicher. Zu meinem Mann sagte ich: »Ich weiß, es gibt kein Zurück. Ich werde es trotzdem lieben, aber schön ist dieses Kind nicht.« Das Baby sah aus wie ein unreifes, rotes Hühnchen mit einem kleinen Haarbüschel wie ein Bettelmönch. Ein Auge war zugeschwollen. Seine Ohren standen ab – das eine mehr als das andere –, und seine Nase war so plattgedrückt, daß ich sicher war, daß es kaum atmen konnte; und ein Kinn hatte es auch nicht. Mein Mann meinte: »Es schaut wahrlich nicht aus wie ein menschliches Wesen.« Ich will hier keinen falschen Eindruck erwecken. Ich fand auch keines der anderen Neugeborenen besonders hübsch.

Während Sie warten und sich ausmalen, wie Ihr Neugeborenes aussehen wird – und es wird immer eine Überraschung sein –, nutzen Sie jede sich bietende Gelegenheit, um andere Neugeborene zu betrachten und zu bewundern, zu untersuchen und zu tragen! Als Orientierungshilfe sind im folgenden Abschnitt einige typische Auffälligkeiten bei Neugeborenen angeführt.

Kopf

Der Kopf eines Neugeborenen erscheint im Verhältnis zu seinem zierlichen Körper

übermäßig groß. Durch Kaiserschnitt entbundene Babys haben oft schön geformte kleine Köpfe. Doch wenn sich das Baby durch den Geburtskanal hindurcharbeiten mußte, kann sein Kopf ziemlich mitgenommen aussehen; er kann in der Längsrichtung verformt oder sogar spitzförmig oder kegelförmig sein. Diese Verformungen verschwinden in der Regel zur großen Erleichterung der Eltern innerhalb des folgenden Tages.

Die Natur hat den Schädel eines Babys auf wundervolle Weise für den Durchgang ins Leben vorbereitet. Die Schädelknochen, die noch weich sind und sich noch nicht verbunden haben, schieben sich zusammen, wenn der Kopf in der engen Straße des Geburtskanals zusammengedrückt wird. Die weichen Knochen bilden zwei Stellen, die als Fontanellen bekannt sind und von einer dicken Schutzmembran bedeckt sind. Die größere der beiden Fonatanellen (die *vordere* Fontanelle) befindet sich in der Nähe der Stirn des Babys; die kleinere (die *hintere* Fontanelle) liegt weiter hinten in der Nähe des Kopfscheitels. Die hintere Fontanelle schließt sich in der Regel in den ersten vier Monaten, manchmal ist sie schon bei der Geburt geschlossen. Die vordere Fontanelle schließt sich zwischen dem neunten und achtzehnten Lebensmonat.

Wenn Sie genau hinsehen, werden Sie bemerken, wie sich die Fontanelle hebt und pulsiert. Das ist ganz normal und wird durch das Blut, das mit jedem Herzschlag in das Gehirn gepumpt wird, verursacht. Ist die Fontanelle eingesunken oder schlaff, kann dies bedeuten, daß das Baby unter einer Dehydrierung (Wasserverlust) leidet.

Zusätzlich zu dem etwas angeschlagenen Äußeren sind auch Pusteln und Hautflekken bei Neugeborenen häufig. Nach einer Zangengeburt kann das Baby durch den Druck der Zangen an der Seite und vorne am Schädel kleine rote Flecken haben. Sie verschwinden gewöhnlich innerhalb von ein, zwei Wochen. Andere Babys haben erdbeerfarbene Flecken oder »Storchenbisse« auf Stirn und Augenlidern; auch sie werden mit der Zeit verschwinden. Bei manchen Säuglingen treten auch harmlose Blutgefäßgeschwulste auf; sie können allerdings manchmal bis ins Erwachsenenalter bleiben. Am auffälligsten bei einem Neugeborenen sind Hämatome. Sie schauen zwar recht gefährlich aus, sind aber harmlos und verschwinden innerhalb einiger Wochen.

Haut

Bei der Geburt sind Babys von einer wächsernen oder käseartigen weißen, schmierigen Substanz, der Vernix oder Käseschmiere, bedeckt. Sie ist für das Baby ein natürlicher Schutz vor dem Wasser, denn es hat viele Monate in der Fruchtwasserflüssigkeit gelebt. Wenn die Käseschmiere eintrocknet, schält sie sich in dünnen Schuppen. Danach beginnt die äußere Schicht der Haut ebenfalls auszutrocknen und sich zu schälen; darunter kommt schuppige, gerötete Haut zum Vorschein. Dieser Vorgang ist völlig normal. Sie brauchen dem Baby deshalb keinesfalls schichtenweise Fettcreme aufzutragen. Dieser Prozeß der Hautschuppung ist ungefähr sieben bis zehn Tage nach der Geburt beendet. Danach kann Ihr Baby kleine rote Pusteln mit weißlichem oder gelblichem Mittelpunkt entwickeln. Sie sind zwar nicht schön, aber kein Grund zur Beunruhigung und werden verschwinden, sobald die Poren des Babys wirksamer arbeiten – gewöhnlich nach zwei oder drei Wochen.

Babys mit dunklerer Hauttönung haben unten am Rücken oft »Mongolenflecken«, die nichts anderes als eine Pigmentansammlung unter der Haut sind. Sie verblassen gewöhnlich und verschwinden mit der Zeit oft völlig.

Haare

Auch wenn es Babys gibt, die bei der Geburt schon den ganzen Kopf voller Haare haben, sind doch die meisten anderen kahl oder haben nur einen dünnen Flaum. Egal wie viele Haare das Baby hat, es wird sie verlieren – manchmal ganz dramatisch in kleinen Büscheln. Dieses erste Haar muß auch keine Ähnlichkeit mit dem späteren Haarwuchs haben. Bei manchen Neugeborenen sind auch Schultern und Rückgrat mit einem feinen Flaum (Lanugo) bedeckt. Er wird ein bis zwei Wochen nach der Geburt verschwinden.

Augen, Mund und Nase

Augen. Ihr Neugeborenes blinzelt Sie vielleicht aus verschwollenen, gereizten Augen an und schielt dabei auch noch. Die Schwellung, die durch den Druck im Geburtskanal zustande kam, wird in Kürze zurückgehen. Das Blinzeln ist in Wirklichkeit trügerisch und wird durch die Hautfalten in den inneren Augenwinkeln verursacht. Diese Falten, die sich in den folgenden Wochen zurückbilden, überdekken in der Umgebung der Nase sogar einen Teil des Weißen im Auge.

Wenn Sie Ihr Neugeborenes genauer ansehen, fragen Sie sich vielleicht, welche Augenfarbe es hat. Weiße Kinder werden mit dunklen, blau-grauen Augen geboren, die irgendwann zwischen dem dritten und zwölften Lebensmonat ihre eigentliche Farbe annehmen. Asiatische und dunkelhäutige Kinder werden gewöhnlich mit braunen Augen geboren, die diese Farbe auch behalten.

Mund. Das Baby kann auf der Oberlippe eine kleine Blase haben, die durchs Nukkeln in der Gebärmutter entstanden ist. Solche Blasen kommen und gehen und sollten in Ruhe gelassen werden.

Nase. Die Nase eines Neugeborenen kann so platt sein, daß man sich fragt, wie überhaupt Luft hinein- und hinausgelangen kann. Geraten Sie nicht in Panik. Es wird sich in der Regel lediglich um eine zeitweilige, durch die Geburt verursachte Verformung handeln. Auf jeden Fall wird sich die Nase Ihres Babys noch verändern. Es kann Jahre dauern, bis sich der endgültige Charakter einer Nase herausgebildet hat.

Es mag auch hilfreich sein, zu wissen, daß ein neugeborenes Baby tatsächlich durch die Nase atmet. Dies kann so geräuschvoll sein, daß es Sie am Schlafen hindert, oder im Gegenteil so ruhig oder scheinbar schwach vor sich gehen, daß Sie immer wieder nachschauen, ob das Baby noch lebt.

Hände

Nichts ist so faszinierend wie die winzigen, perfekt ausgebildeten Hände eines Neugeborenen, deren Ähnlichkeit mit der Hand eines Elternteils manchmal schon im Augenblick der Geburt ganz offensichtlich ist. Die Hände sind während der ersten Monate zu Fäusten geschlossen, daher müssen Sie die Finger öffnen, wenn Sie sie bewundern wollen. Seien Sie nicht beunruhigt, wenn die Nagelhaut ein wenig gerötet und geschwollen ist. Das liegt daran, daß das Gewebe um das Nagelbett sehr zart ist und sich entzünden kann, wenn der harte Nagel es eindrückt. Übrigens fühlen sich Hände – und Füße – eines Neugeborenen fast immer kalt an und können wegen der unzureichenden Blutzirkulation sogar bläulich aussehen. Darüber braucht man sich keine Sorgen zu machen.

Brüste und Genitalien

Schwellungen an den Brüsten und/oder Genitalien bei männlichen und weiblichen Neugeborenen sind nicht ungewöhnlich; sie werden von der großen Menge mütterlicher Hormone, die während der Schwangerschaft durch die Plazenta gelangen, verursacht. In manchen Fällen sondern die Brüste sogar ein wenig Milch ab. Dies kann einige Wochen andauern, erfordert aber keine Behandlung. Neugeborene Mädchen können auch einen vaginalen Ausfluß, seltener auch einen leicht blutigen Ausfluß haben.

Nabel

In den ersten ein bis zwei Wochen, bis der Nabel abgefallen ist, waschen Sie Ihr Baby besser nur mit einem Schwamm. Bei jedem Windelwechsel tupfen Sie den Nabel einfach mit einer sauberen, in eine spezielle Reinigungsflüssigkeit getauchten Kompresse ab. Ist der Nabelstumpf abgefallen, kann die zurückbleibende Vertiefung ein oder zwei Tage lang leicht bluten. Sobald der Nabel nicht mehr blutet, können Sie Ihr Baby in der Wanne baden.

Die Reflexe des Neugeborenen

Ihr Baby ist bei der Geburt mit einer Anzahl von Reflexen ausgestattet. Zwar ist uns heutzutage die Bedeutung einiger dieser Reflexe rätselhaft, von anderen dagegen wissen wir, daß sie eindeutig der Fähigkeit des Babys zu überleben dienen.

Der Suchreflex. Berühren Sie sanft eine Wange des Neugeborenen, dreht es seinen Kopf dorthin, wo Sie es berühren und öffnet dabei seinen Mund.

Der Saugreflex. Berühren Sie zart die Lippen des Babys, beginnt es mit heftigen Saugbewegungen.

Der Moro-Reflex. Wenn Sie das Baby heftig bewegen oder großen Lärm verursachen, wirft es vor Schreck seine Arme und Beine hoch und wölbt seinen Rücken.

Der Babinski-Reflex. Streichen Sie zart über die Fußsohle Ihres Babys von der Ferse zu den Zehen, wird es seine Zehen nach oben ausstrecken und seinen Fuß nach innen drehen.

Der »Fechtreflex«. Liegt das Baby mit zur Seite gedrehtem Kopf auf dem Rücken, kann sich sein ganzer Körper von der Seite, zu der es schaut, wegkrümmen. Es streckt einen Arm zu der Seite, zu der es schaut, aus und beugt den anderen Arm in »Fechtposition«. Dieser Reflex ist ein Vorläufer der Fähigkeit, jede Körperseite voneinander unabhängig zu gebrauchen.

Der Greifreflex. Berühren Sie die Handfläches des Babys mit einem Finger, umklammert das Baby ihn mit seinen Fingern und hält ihn fest.

Der Laufreflex. Wenn Sie das Baby unter den Armen fassen und es aufrecht auf Ihrem Schoß oder einer festen Fläche halten, hebt es seine Beine wie in einer Schrittbewegung.

Wie man ein Neugeborenes hochnimmt, hält und trägt

Neugeborene sind schlaff. Sie verfügen nur über eine geringe Muskelkontrolle und sind am zufriedensten, wenn Sie an einen menschlichen Körper oder auf eine Matraze geschmiegt sind. Sie mögen es nicht, wenn sie sich beim Getragenwerden nicht gut abgestützt fühlen, und sie mögen auch nicht durch den leeren Raum bewegt werden. Diese Ängste lösen bei ihnen den Moro-Reflex aus, d. h., das Baby wird Arme und Beine hochwerfen, als ob es sich instinktiv irgendwo anklammern wollte.

Sie beneiden die Säuglingsschwestern vielleicht um die Geschicklichkeit und Leichtigkeit, mit der sie mit Neugeborenen umgehen. Aber denken Sie daran, daß die Pflegerinnen schon Tausende von Malen Gelegenheit hatten, das Aufnehmen, Umdrehen, das unverkrampfte Tragen und einhändige Füttern zu üben. Der Neuling mag das Hochheben, Halten und Ablegen eines Neugeborenen zumindest als schwierig empfinden – wenn nicht als ausgesprochen schreckerregend. Doch seien Sie versichert, auch Sie werden es schaffen. Innerhalb einiger weniger Wochen, in denen Sie Ihr schlafendes Baby immer wieder ins Bett gelegt haben – mit angehaltenem Atem, auf Zehenspitzen fortschleichend –, werden Sie beherrschen, was wir im folgenden ausführlich beschreiben.

1. Lassen Sie das Baby wissen, daß Sie da sind, bevor Sie es hochnehmen. Denken Sie daran, daß es Ihr oberstes Ziel ist, das Baby fest, überall abgestützt und so nah wie möglich an Ihrem Körper zu halten (Sie wollen es nicht einfach nur nicht fallenlassen). Auf diese Weise strapazieren Sie auch Ihren Rücken am wenigsten.
2. Schieben Sie eine Hand unter den Nacken und den Kopf des Babys – das Handgelenk unter den Nacken, die gespreizten Finger unter den Kopf. Schieben Sie die andere Hand unter das Gesäß des Babys. Lassen Sie Ihre Hände einige Sekunden in dieser Stellung, so daß das Baby sich hineinschmiegen kann.
3. Beugen Sie sich hinunter, wobei Sie möglichst in die Knie gehen; stützen Sie mit Ihrem Arm den Rücken des Babys und heben Sie es langsam in eine aufrechte Stellung, während Sie es zu Ihrem Körper führen. Sie können es entweder in dieser halbliegenden Position

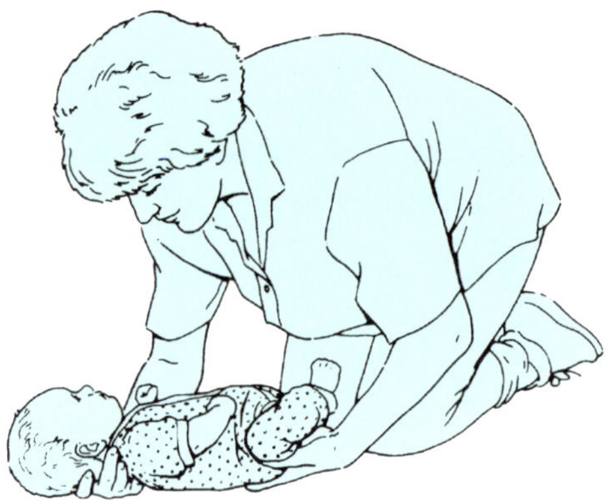

Schritt 2

Schritt 3

belassen oder die Aufwärtsbewegung fortführen, bis es bequem an Ihrer Schulter ruht.

4. Wollen Sie das Baby hinlegen, stützen Sie Kopf, Nacken und Po und legen es langsam ab, entweder mit dem Gesicht nach unten, aber zur Seite gedreht, wenn Sie gehen wollen – oder Sie legen es mit dem Gesicht nach oben auf den Rücken.

5. Wenn das Baby liegt, lassen Sie Ihre Hände noch einige Sekunden auf ihm ruhen, bis es sich an die neue Liegefläche gewöhnt hat.

6. Legen Sie das Baby nie mit dem Kopf nach unten auf eine sehr weiche Unterlage wie z. B. ein Kissen, in dem das Gesicht des Babys versinkt. Es kann darin ersticken.

Beine und Füße

Die Beine von Neugeborenen sind häufig nach innen gebogen und fast immer recht dürr; es dauert jedoch nicht lange, bis sie Fleisch ansetzen und prall und knuddelig werden. Alle Babys haben zunächst flache Fußsohlen und bilden erst allmählich mit dem Stehen- und Laufenlernen die Fußwölbung aus.

Ein Baby kann dich fertig machen – eine Mutter berichtet

Ich hatte in einem Buch gelesen, daß man mit der Zeit Unterschiede im Schreien des Babys feststellen könne. Gut, ich glaube, ich habe wirklich aufgepaßt, konnte aber keinerlei Unterschiede in diesem Geschrei heraushören. Ich konnte nicht sagen, ob sie hungrig war oder nicht. Wenn man auf ein falsches Bedürfnis schließt, wird man frustriert, und das kostet noch mehr Energie. Man wird müde und glaubt schließlich, daß dieses Baby einen vielleicht nicht mag oder man unfähig ist. Da stand ich nun, wo ich mich doch für so klug hielt. Ich hatte beruflich eine Beraterfunktion inne!

Ich trieb früher regelmäßig und viel Sport und kannte die verschiedenen Phasen der körperlichen Erschöpfung infolge körperlicher Anstrengung genau. Ich war auch schon durch geistige Beanspruchung und Anspannung erschöpft gewesen. Jetzt aber schaffte das Baby in mir eine grauenhafte Kombination dieser beiden Zustände, verbunden mit der ganz konkreten Angst, ich könnte im Begriff sein, etwas entsetzlich Falsches zu tun. Ein Baby ist so ein kleines Ding. Ich fürchtete, ich könnte so weit gehen, sie umzubringen, ich könnte unbeabsichtigt einen Mord begehen.

Der erste Tag, als das Baby aus dem Kran-

kenhaus nach Hause kam, war der schlimmste. Sie war keine gute Esserin und hatte bis zu diesem Morgen bei jeder Mahlzeit nur ungefähr 30 Gramm getrunken. Doch dann war ihr Appetit größer geworden, und um 9 Uhr morgens hatte sie 60 Gramm getrunken. Die Schwester sagte, sie würde wahrscheinlich um 13 Uhr hungrig sein. Als wir sie heimgebracht hatten, schaute sie sich einige Zeit um und »kippte« dann um – sie schlief wie bewußtlos. Wir schauten immer wieder nach ihr. Atmete sie noch? 13 Uhr verging, und das Baby wachte nicht auf. In den Büchern heißt es, daß kleine Babys aufwachen und schreien und man dadurch weiß, daß sie Hunger haben. Meine Tochter wachte nicht auf, also weckte ich sie. In den Büchern heißt es, Neugeborene sollten bei jeder Mahlzeit 100 Gramm zu sich nehmen, also rechnete ich aus, sie müßte irgendwie 600 Gramm an diesem Tag schaffen. Das Baby nahm drei Schluck und war nicht dazu zu bewegen, mehr zu trinken. Es schlief wieder ein, zwei Stunden vergingen, ich versuchte es wieder.

Ich erinnerte mich, gelesen zu haben, daß man ein Neugeborenes nachts nicht zehn Stunden durchschlafen lassen dürfe, weil es solange nicht ohne Wasser oder Milch auskommen könne. Man müsse es aufwecken. Ich versuchte es wieder. Ohne Erfolg. Ich wurde leicht nervös und versuchte den Arzt anzurufen. Ich konnte ihn nicht erreichen. Es war ständig belegt. Es wurde 16 Uhr, und schließlich geriet ich in Panik. Ich rief bei den Schwestern auf der Säuglingsstation im Krankenhaus an: »Es tut mir wirklich leid, Sie zu belästigen, aber ich frage mich, ob es einen Trick gibt oder ob irgend etwas nicht stimmt. Das Baby weigert sich zu trinken.«

Die Schwester antwortete: »Soll das heißen, daß das Baby seit neun Uhr heute morgen nichts mehr gegessen hat?«. Im Grunde sagte sie mir damit: »Versuchen Sie, dieses Kleine umzubringen?« Das sagte sie im Grunde doch, nicht wahr? Also rechtfertigte ich mich: »Ich weiß einfach nicht, was ich tun soll. Ich kann den Arzt nicht erreichen.« Die Schwester antwortete: »Wecken Sie sie. Spielen Sie mit ihren Füßen, um sicherzugehen, daß sie wach ist. Bringen Sie sie dazu, etwas zu trinken, nur 20 Gramm.« Sie versuchte, mir zu helfen. Trotzdem war ihre erste Reaktion, die ganz spontane, instinktive, mich anzuklagen. Aber können Sie sich vorstellen, wie ich mich dabei fühlte? Ich stand kurz davor, mein Baby umzubringen!

Meine Schwägerin war an diesem Tag da, um mir zu helfen. Sie hatte am Abend schon die Fläschchen für die Nacht vorbereitet, sie aber auf dem Küchentisch stehen lassen, und vielleicht war die Milch schon etwas schlecht geworden. Ich weiß nicht, ob das der Grund war, aber zwischen vier und sechs Uhr morgens ging es dem Baby fürchterlich schlecht. Mein zweiter Versuch, sie umzubringen, innerhalb von zwölf Stunden. Ich konnte es nicht glauben. Wenn man so verdammt gescheit ist, eine Powerfrau, die in einer Männerwelt den Ton angibt... Ich meine damit, dies ist eine völlig erniedrigende Erfahrung. Ich hatte zwei versuchte Mordanschläge auf meinem Konto, und ich war in höchster Panik.

Als Lucia ungefähr zweieinhalb Wochen alt war, kam meine Mutter. Ich schlief zwölf Stunden am Stück. Als sie wieder ging, kam das Baby in eine Phase, in der es 20 Gramm aß und dann den ganzen Tag wach und unruhig war. Ich mußte mich dazu zwingen, mich mit ihr zu unterhalten, wenn ich sie nicht fütterte. Ich hatte solche Angst, sie nicht zu füttern, wenn sie vielleicht hungrig war, denn ich wollte unbedingt, daß sie Appetit entwickelte. Wenn ich sie gerade nicht fütterte, wusch ich ihre Kleidung mit der Hand, denn unsere Waschmaschine war noch nicht geliefert worden, oder ich bereitete ihre verdammten Fläschchen zu.

Schließlich rief ich den Kinderarzt an und sagte: »Das Baby ist den ganzen Tag über völlig unglücklich. Es ist launisch, es bekommt nicht genug Schlaf. Ich will nicht, daß sich bei ihm der bleibende Eindruck entwickelt, daß Wachsein Unglücklichsein bedeutet.« Wir beschlossen, zu einem Milchpulver ohne zu-

gesetztes Eisen zu wechseln, weil der Arzt dachte, das Eisen würde bei ihr Blähungen verursachen. Also ging ich los und kaufte neue Großpackungen Milchpulver. Am nächsten Tag verwendete ich noch einmal das alte Milchpulver, obwohl ich das Neue schon hatte. Es ging ihr gut. Nach einer Theorie von Geselle und Ilg, zweier Fachleute auf dem Gebiet der Kindheitsentwicklung, durchlaufen Babys eine Phase der Unausgeglichenheit, während sie von einem Entwicklungsstadium ins nächste gelangen. Ich bin mir nicht sicher, ob ich genau weiß, was ein Entwicklungsstadium ist, aber ich kann mir ihr Verhalten nur so erklären.

Es ist außerordentlich frustrierend, sich mit jemandem abgeben zu müssen, der einem einfach deshalb, weil er sich etwas unwohl fühlt, wie ein Schrecken im Nacken sitzt. Es ist lästig. Wenn man sie schon dreimal umgezogen hat und sie dich vollgespuckt und angepieselt hat und nichts sie erheitern kann, dann ist das sehr frustrierend und macht keinen Spaß. Es gibt Zeiten, in denen ich eine Kindesmißhandlung nachvollziehen kann. Ich kann es förmlich vor mir sehen. Ich scherze mit ihr. Ich sage »Hey, hör auf damit, oder du fliegst zum Fenster raus.« Es gab Zeiten, in denen ich sie angeschrien habe – ich, die ich strikt gegen Gewalt bin. Meine Antwort auf Zorn ist brüllen. Im letzten Monat mag ich mir bestimmt sechsmal gesagt haben: »Hör zu, du mußt damit aufhören. Das ist wirklich widerwärtig!« Ich dachte, also wenn ich zur Gewalt neigen würde ... Aber es liegt nicht in meiner Natur, jemanden zu verletzen, daher tat ich es nicht.

Das Interessante dabei ist für mich jedoch keineswegs die Erkenntnis, wie verrückt ich bin, sondern die Tatsache, daß, wenn sie einmal ein Nickerchen machte und danach aufwachte und lächelte, ich den vierstündigen Kampf, der dem vorausgegangen war, völlig vergessen hatte. Die Wut war vergessen. Wenn man mit seinem Partner streitet, wenn man dabei schreit und außer sich gerät, kann man sich normalerweise am nächsten Morgen daran erinnern. Bei diesen kleinen Babys verschwindet der Zorn einfach. Mein Gefühl des Wohlbefindens ist mit dem Baby verbunden. Ich bin so innig mit meiner Tochter verbunden, daß ich automatisch auch glücklich bin, wenn sie es ist.

(Entnommen aus Frances Wells Burck, Mothers Talking: Sharing the Secret, St. Martin's Press, 1987)

Literatur, die Ihnen weiterhilft

Brazelton, T. Berry: Babys erstes Lebensjahr. Unterschiede in der geistigen und körperlichen Entwicklung, dtv 1975.

Greenspan, Stanley J./Greenspan, Nancy: Das Erwachen der Gefühle. Die emotionale Entwicklung des Kindes, Piper 1988.

Klaus, Marshall H./Klaus, Phyllis H.: Neugeboren. Das Wunder der ersten Lebenswochen, Kösel 1988.

Leach, Penelope: Die ersten Jahre deines Kindes, Hallwag 1989.

Stern, Daniel N.: Die Lebenserfahrung des Säuglings, Klett-Cotta 1992.

Stoppard, Miriam: Die ersten Lebenswochen, Ravensburger 1990.

ERNÄHRUNG

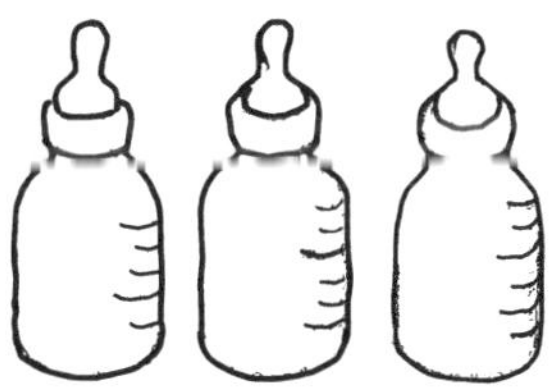

Informationen rund ums Stillen

Weshalb das Stillen so gesund ist

Die Frage, ob Sie Ihr Baby mit der Brust oder mit der Flasche ernähren wollen, sollte nur Sie selbst etwas angehen. Doch Sie werden feststellen, daß diese Frage praktisch von der Empfängnis an diskutiert wird. Es gibt Leute, die absolut dogmatisch die Vorteile des Stillens vertreten. Sie streichen die physischen und emotionalen Vorteile, die das Stillen für das Baby hat, so stark heraus, daß Sie den Eindruck gewinnen, daß das Stillen ein Muß ist, ein Test, der über Ihren Wert als Frau und Mutter entscheidet, und nicht lediglich eine einfache Entscheidung zwischen zwei Möglichkeiten.

Wobei es natürlich stimmt, daß die Muttermilch der industriellen Säuglingsmilch überlegen ist, weil sie genau den Bedürfnissen eines menschlichen Babys entspricht. Muttermilch ist eine »lebende«, sich verändernde Substanz, in dem Sinne, daß sich ihre Zusammensetzung während einer Stillmahlzeit und auch während der gesamten Stillzeit immer wieder verändert. Die Vormilch z.B. enthält weniger Fett als die Folgemilch. Gegen Ende der Mahlzeit führt der erhöhte Fettanteil zu einem Gefühl der Befriedigung und Sättigung. Die Muttermilch enthält auch Antikörper, die das Kind vor verschiedenen Magen-Darm-Störungen schützen. Sie ist leicht verdaulich, löst keine Allergien aus und führt nicht zu Verstopfung. Gestillte Babys sind seltener übergewichtig als Flaschenkinder. Das Baby reguliert seinen eigenen Milchbedarf, und man kann es nicht »überreden«, noch eine extra Portion zu nehmen.

Interessant ist auch die Erkenntnis, daß Erwachsene, die als Babys gestillt wurden, tendenziell einen niedrigeren Cholesterin-Spiegel haben als Erwachsene, die als Babys mit der Flasche ernährt wurden. Der letzte Beweis steht zwar noch aus, doch man vermutet, daß ein gestilltes Baby, das über die Muttermilch sogar mehr Cholesterin zu sich nimmt als ein Flaschenbaby, eine größere Stoffwechseltoleranz hinsichtlich des Cholesterins entwickelt. Darüber hinaus muß sich ein Baby an der Brust mehr anstrengen als an der Flasche. Das Saugen kostet Kraft, verschafft dem Baby aber dadurch nicht nur Befriedigung, sondern beruhigt es auch und hilft ihm, sein Verhalten zu regulieren. Das Saugen an der Brust unterstützt vermutlich eine bessere

Zahnstellung, da gestillte Kinder ihre Zunge nicht wie Flaschenkinder nach vorne schieben. Dieses Vorbringen der Zunge kann zu einer Gewohnheit werden, die später den geraden Wuchs der Zähne behindert.
Das Stillen ist überdies für Mutter und Kind von großer emotionaler Bedeutung. Es ist eine Fortsetzung der symbiotischen, körperlichen und seelischen Abhängigkeit, die während der Schwangerschaft zwischen Mutter und Kind aufgebaut worden ist. Die Vorteile für die Gesundheit der Mutter sind bekannt. Das Oxytozin, das Hormon, das den Milchspendereflex auslöst, verursacht das Zusammenziehen der Gebärmutter, die dadurch schneller die Größe, die sie vor der Schwangerschaft hatte, wiedererlangt. Gleichzeitig erfordert das Stillen täglich ungefähr 500 Kalorien, von denen ca. 300 aus dem Fettdepot, das der Körper während der Schwangerschaft angelegt hat, entzogen werden.
Stillen ist zudem bequem und praktisch. Die Nahrung ist gebrauchsfertig und jederzeit verfügbar; dies ist besonders nachts von Vorteil. Und sie kostet nichts.

Frage: Wenn Stillen für Mutter und Kind solche Vorteile hat, warum stillt dann nicht jede Mutter?
Antwort: Würden wir die Frage der Ernährung unseres Babys rein rational entscheiden, würden sich wohl die meisten Frauen für das Stillen entscheiden. Aber junge Mütter reagieren in den ersten Tagen und/oder Wochen nach der Geburt ihres ersten Kindes – dieser Zeitraum stellt eine der sensibelsten Perioden im Leben einer Frau dar – nicht immer rein verstandesmäßig.
Anstatt völlig rational vorzugehen, basieren unsere Entscheidungen auf allen möglichen Gefühlen und Einstellungen, die durch unsere individuelle Biographie begründet sind. Manche Menschen betrachten neue Erfahrungen als ein Abenteuer und eine Chance, etwas dazuzulernen. Andere begegnen Neuem mit Vorbehalt, Zweifel oder Angst. Unsere Entscheidung hängt auch davon ab, wie gut wir informiert sind und welche Unterstützung wir bekommen; wie wir den sexuellen wie auch den »nützlichen« Aspekten unseres Körpers gegenüber eingestellt sind; welches Verhalten wir von unserem Baby erwarten und wie unsere Planung im Bereich der Babypflege aussieht.
Egal welche Entscheidung Sie treffen, denken Sie daran, daß das Füttern ein körperliches Bedürfnis des Babys befriedigen und gleichzeitig eine liebevolle Beziehung zwischen zwei sensiblen und einzigartigen Menschen fördern soll. Das Trinken verschafft dem Baby nicht nur die Befriedigung des realen Hungergefühls, sondern es stellt eine Verbindung zum Familienleben dar, die Wärme und Leben vermittelt, und es verschafft dem Baby das Gefühl des Erfüllt- und Geborgenseins, das es aus der Gebärmutter kennt. Das Füttern ist auch eine sinnliche Erfahrung. Wenn das Baby saugt, schluckt, schmeckt, schaut, berührt und zuhört, sind alle seine Sinne gefordert. Das Füttern ist ein Augenblick der Intimität, in dem Mutter und Baby sich kennenlernen und ihre Bindung vertiefen. Für das Wohl von Baby und Mutter sollten die Mahlzeiten in einer entspannten und angenehmen Atmosphäre stattfinden.
Hat die Mutter den Wunsch zu stillen, ist sie gut informiert und wird unterstützt, hat sie keine starken Schmerzen und ist nicht zu erschöpft und hat sie den Eindruck, daß das Baby genug Milch bekommt, kann sie Ihr Baby mit der gesamten körperlichen und seelischen Nahrung, die es braucht, versor-

gen. Aber das kann auch eine Mutter, die ihr Baby mit der Flasche füttert – es erfordert nur etwas mehr Arbeit und Ausstattung.

Erscheint Ihnen die Vorstellung, Ihr Kind zu stillen, völlig abwegig, sollten Sie es auch nicht tun. Haben Sie aber zumindest ein gewisses Interesse, warum versuchen Sie es dann nicht einfach einmal? Sie können immer noch zur Flasche wechseln oder einen Mittelweg gehen, der beides umfaßt. Sind Sie zum Stillen entschlossen, sollten Sie auch alles in Ihren Möglichkeiten Stehende tun, um sich den Erfolg zu garantieren.

Als erstes können Sie Kontakt zu anderen stillenden Müttern aufnehmen (siehe Stillgruppen, Seite 43). Zwar stillen heutzutage in den Industriestaaten immer mehr Frauen, aber Tatsache ist, daß viele von uns noch nie eine stillende Frau gesehen haben, bevor sie selbst ihr eigenes Baby stillen. Wenn Sie eine Freundin haben, die gerade stillt, bitten Sie sie, einmal dabei sein zu dürfen. Werden Sie sich dabei über Ihre eigenen Gefühle klar. Sind Sie neugierig, verwirrt, oder begeistert Sie irgend etwas besonders? Sind Sie verlegen bzw. ist es Ihnen unangenehm? Befragen Sie Ihre Freundin. Wie empfindet sie das Stillen? Welche Informationen waren für sie nützlich, und wo fand sie am meisten Unterstützung?

Kennen Sie persönlich keine Frau, die stillt, bitten Sie die Leiterin der Schwangerschaftsgymnastik oder Ihren späteren Kinderarzt um Unterstützung. Oder wenden Sie sich an eine Stillgruppe, die es in den meisten größeren Städten gibt. Die weltweit größte Vereinigung zur Förderung des Stillens ist die La Leche Liga. Sie gibt Auskünfte, unterhält Stillgruppen und verbreitet Literatur über das Stillen. Auch von der Arbeitsgemeinschaft Freier Stillgruppen gibt es in den meisten Städten Selbsthilfegruppen, die regelmäßige Treffs veranstalten und Erfahrungen und Auskünfte anbieten (Adressen siehe Seite 43).

Verbreitete Mythen und Mißverständnisse

Mythos: Seit Beginn der Menschheitsgeschichte haben die Frauen ihre Babys gestillt; dies ist ein ganz natürlicher Vorgang, den Mutter und Kind instinktiv beherrschen.

In Wirklichkeit: Jede Mutter und jedes Baby sind einzigartig. Während für manche das Stillen ganz einfach ist, stellt es für andere eine erlernte Fertigkeit dar, die Übung, Geduld, Vertrauen, Unterstützung und hilfreiche Anleitungen erfordert. Denken Sie auch daran, daß das Stillen eine »Fertigkeit« ist, die auch das Baby erlernen muß. In der Gebärmutter wird das Baby ständig durch die Nabelschnur ernährt. Es erfährt niemals dieses Gefühl des Leerseins, das wir als Hunger bezeichnen. Obwohl das Baby mit dem Suchreflex geboren wird – das bedeutet, daß es den Kopf zur Brust wendet, den Mund öffnet und die Brustwarze faßt – wie auch mit dem Saug- und Schluckreflex, braucht es Zeit, bis es versteht, daß diese Bewegungen zur Nahrungsaufnahme führen, die wiederum Wohlbehagen verschafft. Sobald das Baby dies einmal begriffen hat, wird es seine eigene »Stilltechnik« entwickeln (siehe auch Seite 55).

Mythos: Beim Stillen muß man mit Leib und Seele dabeisein, man muß vom Erfolg überzeugt sein.

In Wirklichkeit: In der Literatur zum Thema Stillen wird überwiegend der freudige Aspekt des Stillens herausgestrichen. Für viele Frauen kommt zuvor aber ein steiniger Weg. Und auch dann ist es noch völlig normal, ambivalente Gefühle zu haben. Der Erfolg ist nicht immer lediglich das Resultat einer bloßen Entscheidung und intensiver Anstrengung. Manchmal erfordert es das Gegenteil – die Fähigkeit zu entspannen, sich gehen zu lassen, zu vertrauen oder einfach abzuwarten. Doch Vorsicht: Auch wenn man nicht hundertprozentig hinter dem Stillen stehen muß, sollte man nicht ins gegenteilige Extrem verfallen und das Stillen als Vorwand benutzen für andere Nöte und Sorgen, die man mit dem Baby hat.

Mythos: Stillen ist rationell und bequem.
In Wirklichkeit: Befürworter des Stillens stellen ständig die Bequemlichkeit und die Verfügbarkeit der immer richtig temperierten Muttermilch heraus. Das stimmt. Aber seien wir ehrlich, was die ersten Wochen anbelangt. Das Stillen eines Neugeborenen kann sehr zeitraubend sein, vor allem, wenn man ein Baby hat, das nicht schnell und kräftig saugt, sondern immer wieder einschläft, Schluckauf bekommt, Stuhlgang hat usw. Eine Mahlzeit kann bis zu vierzig Minuten dauern, wenn nicht eine Stunde. Wenn man zehn- bis zwölfmal täglich stillt, bekommt man schnell den Eindruck, für nichts anderes mehr Zeit zu haben, und so ist es auch. Vielleicht hilft Ihnen der Standpunkt einer Mutter:
»Anfangs war ich sehr streng mit mir. Warum schaffte ich es nicht, noch irgend etwas zu erledigen? In diesen ersten Wochen war das einzige, das ich den ganzen Tag über tat, Jessica zu stillen. Dann erkannte ich, daß ich zuviel von mir erwartete. Meine eigentliche Aufgabe war jetzt eben, das Stillen in Gang zu bringen, und wenn das Stillen solche Mühe erforderte, dann mußte es eben sein.«

Mythos: Das Stillen nimmt einen total in Anspruch.
In Wirklichkeit: Jedes neugeborene Baby nimmt seine Eltern völlig in Anspruch. In Wirklichkeit gilt das für Kinder jeden Alters. Diese Erkenntnis ist ein Schock für die meisten Eltern, und es kann Jahre dauern, bis man sich daran gewöhnt hat. Neugeborene, egal ob gestillt oder mit der Flasche ernährt, brauchen häufige Mahlzeiten; aber dieses grundlegende körperliche Bedürfnis stellt auch sicher, daß das Baby emotionale Nahrung, d. h. Kontakt, Fürsorge und Anregungen erhält.

Mythos: Wenn man stillt, kann man dem Baby kein Fläschchen geben.
In Wirklichkeit: Es gibt keinen Grund, warum man Stillen und Flaschenernährung nicht kombinieren könnte. Dies kann positive Auswirkungen für Eltern und Kind haben.

Mythos: Das Stillen verändert die Form der Brüste.
In Wirklichkeit: Sämtliche Veränderungen der Brüste sind das Ergebnis der Schwangerschaft, nicht des Stillens. Bestimmte Übungen, die man sowohl vor wie auch nach der Geburt macht, helfen, ihre ursprüngliche Form zu erhalten (siehe Seite 207).

Mythos: Erfolgreiches Stillen hängt von der Größe und der Form der Brust und der Brustwarzen ab.
In Wirklichkeit: Die Größe der Brüste hat nichts mit der Menge der Milch, die gebildet wird, zu tun. Die Form der Brustwarze ist kein Problem, solange Sie keine Hohl- oder Schlupfwarzen haben. Ein Brustschild, das z. B. bei der La Leche Liga erhältlich ist, kann, vor allem, wenn man es be-

reits während der Schwangerschaft trägt, helfen, dieses Problem zu lösen.

Mythos: Das Stillen ist eine zuverlässige Art der Empfängnisverhütung.
In Wirklichkeit: Theoretisch findet während der ersten beiden Monate der Milchbildung kein Eisprung statt. Aber verlassen Sie sich nicht darauf! Wenden Sie eine zuverlässige Methode der Verhütung an. Aber nehmen Sie während der Stillzeit nicht die Pille. Sie verringert die Milchmenge, und ihre Auswirkung auf das sich entwickelnde Hormonsystem des Babys ist noch nicht genau bekannt.

Mythos: Das Stillen schließt den Vater aus.
In Wirklichkeit: Das muß überhaupt nicht der Fall sein. Bei der Babypflege gibt es viele Arbeiten und viel Spaß für beide Elternteile.

Mythos: Das Stillen wirkt sich negativ auf das Sexualleben aus.
In Wirklichkeit: Es ist nicht das Stillen, das das Sexualleben der frischgebackenen Eltern lähmt – auch wenn stillende Mütter ein Gefühl der Trockenheit in der Scheide verspüren können, das auf die hormonellen Veränderungen zurückgeht. Es sind die ständigen und unmittelbaren Bedürfnisse des Babys, die – zeitweilig – das Liebesleben eines Paares stören können (siehe hierzu Seite 233).

Stillgruppen: Hier finden Sie Rat und Unterstützung

Bei folgenden Kontaktadressen erhalten Sie Informationen und Auskünfte über Selbsthilfegruppen in Ihrer Nähe. Bitte legen Sie bei Anfragen Rückporto bei.

La Leche Liga Deutschland e.V.
Postfach 96
8000 München 65

Arbeitsgemeinschaft Freier Stillgruppen Bundesverband e.V.
Postfach 31 11 12
7500 Karlsruhe 31

Die **La Leche Liga** ist eine gemeinnützige, internationale, weitgehend ehrenamtlich arbeitende Vereinigung, die jeder Mutter, die ihr Baby stillen will, auf Wunsch Informationen und Unterstützung bietet. Gruppen und Kontaktpersonnen gibt es sowohl in der Stadt wie auf dem Land. Wenn Sie in einer großen Stadt leben, finden Sie sicherlich im Telefonbuch eine Eintragung. Auch in Krankenhäusern oder bei Kinderärzten oder Krankenkassen kann man Adressen erfragen. Die Liga publiziert sowohl Bücher wie Rundbriefe, die Sie erhalten, wenn Sie der Organisation beitreten und einen kleinen Mitgliedsbeitrag entrichten.
Im **Bundesverband der Arbeitsgemeinschaft Freier Stillgruppen** sind über 500 Selbsthilfegruppen und Einzelpersonen zusammengeschlossen, deren Anliegen die Förderung des Stillens und der Muttermilchernährung ist. Vorrangiges Ziel ist die Beratung von stillenden Müttern sowie die Unterstützung bei Neugründungen von Stillgruppen. Das Engagement der Mitarbeiter erfolgt ehrenamtlich, erarbeitet werden regelmäßige Rundbriefe, Broschüren sowie Literaturempfehlungen.

Barracuda oder Genießer – welcher Stilltyp ist Ihr Baby?

An der amerikanischen Yale Universität haben Forscher den Stil, den Babys beim Stillen entwickeln, untersucht und sind zu folgenden Klassifizierungen gekommen:

Barracudas, der Name sagt es schon, zieren sich nicht lange. Sie saugen energisch zehn bis zwanzig Minuten lang mit solcher Kraft, daß sich die Brustwarzen der Mutter entzünden.
Dann gibt es aufgeregte, schusselige Babys, die zwar die Brustwarze schnell fassen, sie aber immer wieder aus dem Mund verlieren und schließlich weinen. Die Mutter muß das Stillen unterbrechen und das Baby erst beruhigen, bevor sie die Mahlzeit fortsetzen kann. Das ist naturgemäß wenig effektiv!
Die Zauderer entschließen sich vielleicht erst am zweiten oder dritten Tag nach der Geburt, wenn die Milch einschießt, zum Saugen. Vorher zeigen sie kein Interesse. Dr. George Barnes, der die Untersuchung in Yale leitete, betont: »Es ist wichtig, diese Kinder nicht zu zwingen, wenn sie nicht wollen. Sie werden schon noch anfangen.«
Die Genießer lassen sich Zeit, bis sie trinken. Sie trödeln und probieren erst ein bißchen Milch, schlecken sich die Lippen ab. Treibt man sie an, werden sie wütend und fangen an zu weinen. Mit der Zeit lassen sie sich aber auf die Sache ein.
Pausierer sind, wie der Name schon sagt, Babys, die einmal saugen, sich dann ausruhen, saugen, ausruhen. Für die Mutter kann das sehr anstrengend sein, weil das Stillen meist lange dauert. Doch man kann ein Baby nicht ändern. Dieses will einfach nicht gedrängt werden.

Wie Sie sich aufs Stillen vorbereiten

Vorbereitung der Brustwarzen

Noch vor zehn Jahren wurde jeder Mutter, die zu stillen beabsichtigte, routinemäßig geraten, ihre Brustwarzen darauf vorzubereiten – sie mit verschiedenen Techniken abzuhärten, so daß sie sich später beim Stillen nicht entzünden würden. Untersuchungen während der letzten Jahre lassen vermuten, daß nicht die Vorbereitung der Brustwarzen Entzündungen vorbeugt – sondern daß entscheidend ist, wie man das Baby anlegt. In seltenen Fällen wurde das Manipulieren und damit Stimulieren der Brustwarzen mit einem verfrühten Einsetzen der Wehen in Verbindung gebracht. Meine eigene Erfahrung nach dem Stillen von drei Babys ist, daß ich mich viel besser fühlte, wenn ich die Ratschläge zur Vorbereitung der Brustwarzen befolgte *und* das Baby richtig an die Brust anlegte. Ich habe die folgenden Ratschläge aufgenommen, weil sie mir und vielen anderen, die zu diesem Buch beigetragen haben, gute Dienste geleistet haben. Bevor Sie sich jedoch zu irgendeiner Art der Vorbereitung der Brüste entschließen, sollten Sie die Vor- und Nachteile mit Ihrem Frauenarzt oder mit einer Hebamme besprechen.

- Verwenden Sie für die Brustwarzen keine Seife oder andere austrocknende Pflegeprodukte (wie Puder oder alkoholhaltige Cremes). Sie trocknen die körpereigenen Öle aus, die die Brüste geschmeidig halten und schützen.
- Beim Duschen oder Baden reiben Sie Ihre Brustwarzen täglich zart, aber kräftig

mit einem Waschlappen ab. Benutzen Sie keine Bürste. Dies kann die Brustwarzen reizen und sie anfälliger für Risse machen.

○ Verzichten Sie so oft wie möglich auf einen Büstenhalter, wenn Sie können. Oder schneiden Sie Löcher in die Körbchen Ihres Büstenhalters. Die Reibung an der Kleidung härtet die Brustwarzen ab.

○ Setzen Sie die Brustwarzen, wann immer möglich, Luft und Sonne aus (natürlich mit Bedacht). Wenn Sie ein Sonnenbad nehmen, fetten Sie sie anschließend mit ein wenig Fettcreme oder reinem Lanolin ein (nicht, wenn Sie auf Wolle allergisch reagieren).

○ Rollen Sie die Brustwarzen zweimal am Tag zwischen Ihren Fingern. Dies härtet sie nicht nur ab, sondern sie richten sich dadurch auch stärker auf, so daß das Baby sie besser fassen kann. Stützen Sie die Brust mit einer Hand, nehmen Sie dann die Brustwarze zwischen Daumen und Zeigefinger der anderen Hand und ziehen Sie sie fest, aber sachte heraus, soweit, bis Sie einen leichten Druck verspüren, aber nicht soweit, daß es schmerzt. Rollen Sie die Brustwarze leicht zwischen den Fingern.

○ Überprüfen Sie während der Schwangerschaft, ob sie Hohlwarzen haben. Die Spitze einer Hohlwarze ist flach oder nach innen gesunken wie ein Schlitz. Nehmen Sie Ihre Brust zwischen Daumen und Zeigefinger und drücken Sie sanft, aber fest um den Warzenhof. Sinkt die Spitze ein, haben Sie Hohlwarzen. Sind Sie sich nicht sicher, fragen Sie Ihren Arzt oder eine Hebamme. Oft verbessern sich Hohlwarzen während einer Schwangerschaft von selbst. Sie können diesen Prozeß unterstützen, indem Sie mehrmals täglich Ihre Finger um den Warzenhof legen und nach außen ziehen. Während der Schwangerschaft können Sie auch Brustschilder aus Plastik tragen, die eine Saugwirkung auf die Brust ausüben und dadurch helfen, die Warze herauszuziehen. Sie sind über die La Leche Liga oder in Fachgeschäften erhältlich.

○ Manche Ärzte empfehlen schwangeren Frauen, mit der Hand Kolostrum auszudrücken. Es mag zwar beruhigend sein, wenn man sieht, daß die Milchbildung funktioniert, aber es herrscht Uneinigkeit darüber, ob dies überhaupt notwendig ist. Manche glauben, daß man dadurch blokkierten Milchgängen, die Unbehagen verursachen können, vorbeugen kann. Durch das Ausdrücken von Kolostrum kann man sich auch mit der nützlichen Kunst des manuellen Ausdrückens von Milch vertraut machen. Entscheiden Sie sich dazu, brauchen Sie sich keine Sorgen zu machen, daß Ihrem Baby später dieses »verschwendete« Kolostrum fehlen wird. Die endgültige Zusammensetzung des Kolostrums erfolgt erst nach der Geburt des Babys und der Austreibung der Plazenta (siehe auch Seite 46).

○ Und wieder: Außer diesen einfachen Maßnahmen ist die hilfreichste Vorbereitung, mit Frauen zu sprechen, die ihre Babys stillen und dies genießen. Gehen Sie auch sicher, daß Ihr Kinderarzt das Stillen wirklich unterstützt. Und denken Sie daran, daß das Stillen um so besser klappen wird, je öfter Sie im Krankenhaus mit Ihrem Baby zusammen sind. Versuchen Sie, ein Rooming-in zu arrangieren.

Der richtige Büstenhalter

Eine stillende Mutter braucht unbedingt bequeme, gut sitzende Büstenhalter. Sie sollten sich beizeiten zwei oder drei Stück kaufen. Der Büstenhalter muß die Brüste gut abstützen, darf aber nicht einschneiden.

Achten Sie auf breite Träger und Verschlüsse, die mit einer Hand bedient werden können, während Sie beim Stillen mit der anderen Hand das Baby halten. Praktisch sind auch Bustiers, die einfach nach oben geschoben werden. Verzichten Sie auf Büstenhalter mit Plastikbügel. Vielleicht wollen Sie waschbare oder wegwerfbare Stilleinlagen in den Büstenhalter legen, die die auslaufende Milch aufsaugen. Kaufen Sie zwei verschiedene BH-Modelle. Schreiben Sie sich den Hersteller und den Namen und die Nummer der Modelle auf. In den ersten Wochen nach der Geburt stellen Sie vielleicht fest, daß Sie ein Modell bevorzugen. Dann können Sie jemanden losschikken, der Ihnen das gewünschte Modell besorgt.

Bequeme Kleidung

Beim Stillen brauchen Sie bequeme Kleidung. Denken Sie daran schon im voraus. In der Zeit nach der Geburt sollte man nicht völlig vernachlässigt herumlaufen oder erst losgehen müssen, um etwas zum Anziehen zu kaufen. Zweiteiler sind ideal – Hausanzüge oder weite Röcke und locker sitzende Oberteile, die leicht hochgeschoben werden können, sich vorne leicht öffnen lassen oder seitlich geschlitzt sind. Ein großer Schal, ein Tuch oder ein Poncho ermöglichen diskretes Stillen in der Öffentlichkeit.

Ein Vergleich von Muttermilch mit industrieller Säuglingsmilch

Im Jahre 1979 gaben die amerikanische Akademie der Kinderärzte und die kanadische Vereinigung der Kinderärzte eine gemeinsame Erklärung heraus. »Wir glauben«, befanden die Mediziner, »daß Muttermilch der industriellen Säuglingsmilch ernährungswissenschaftlich überlegen ist.« Auch wenn die Muttermilch nicht besser aussieht – sie ist dünn, wässerig und wirkt ziemlich gehaltlos im Vergleich zum cremigen Aussehen von industrieller Säuglingsmilch –, ist sie eine höchst komplexe, feine Substanz. Manche ihrer Eigenschaften können von den Herstellern von Milchpulver imitiert werden, andere nicht. Die übliche Säuglingsmilch wird auf der Basis von Kuhmilch, deren Eiweiß- und Mineralstoffgehalt gesenkt wurde, hergestellt; der Kohlenhydratanteil wird erhöht und das Butterfett durch pflanzliche Fette, die vom Baby leichter aufgenommen und verwertet werden können, ersetzt. Genauere Unterscheidungen im folgenden.

Kolostrum. Sogar wenn Sie nur einige Tage stillen, profitiert Ihr Baby von den schützenden Eigenschaften dieser gelblichen, eiweißreichen Vormilch, die von den Brüsten abgesondert wird, bis die eigentliche Muttermilch ein bis drei Tage nach der Geburt einschießt. In der Gebärmutter erhält jedes Baby einige schützende Antikörper, die über die Plazenta von der Mutter auf das Baby übergehen. Wissenschaftler nehmen an, daß dieser Schutz nur die ersten Lebensmonate vorhält, aber möglicherweise durch bestimmte schützende Elemente im Kolostrum ergänzt wird. Hierzu gehören Antikörper gegen Bakterien und Viren wie E. coli, ein verbreiteter Erreger von Darminfektionen bei Neugeborenen; Polio, Mumps und Grippe. Die abführende Wirkung des Kolostrums hilft dem Baby, das Mekonium, den ersten dicken, dunklen Stuhlgang, der in den Därmen des Ungeborenen vorhanden ist, auszuscheiden. Dies wirkt vorbeugend gegen die Neugeborenengelbsucht. Bis heute gibt es keinen industriellen Ersatz für das Kolostrum.

Eiweiß. Der Anteil an Eiweiß in Säuglingsmilch ist annährend gleich wie in Muttermilch, aber es handelt sich dabei um andere Eiweißarten. Das Eiweiß der Muttermilch besteht hauptsächlich aus Lactalbulmin oder Molkeeiweiß, das äußerst gut verdaulich ist. Die meisten Milchpulver enthalten Kasein, das eine festere Milch bildet und mehr Zeit zur Verdauung erfordert. Deshalb sind mit der Flasche ernährte Babys »satter«, und der Abstand zwischen den Mahlzeiten ist größer als bei gestillten Babys.

Alle Eiweiße müssen in Aminosäuren zerlegt werden, bevor der Körper sie verwerten kann. Muttermilch enthält Kombinationen von Aminosäuren, die sich von denen des Milchpulvers unterscheiden. Z. B. enthält sie einen größeren Anteil an den Aminosäuren Cystin und Taurin, die eine wichtige Rolle bei der Entwicklung des Nervensystems, des Gehirns und der visuellen Wahrnehmung spielen. Muttermilch enthält zudem eine größere Menge an Nukleotiden, Substanzen, die den Körper in die Lage versetzen, Eiweiße aufzubauen. Und schließlich noch gehen sehr kleine Mengen der Eiweiße aus der Ernährung der Mutter unverändert in ihre Milch über und erreichen so das Baby. Diese frühzeitige Gewöhnung an die heimische Ernährung, so glaubt man, beugt manchen Lebensmittelallergien vor.

Fett. Muttermilch und industrielle Säuglingsmilch enthalten ungefähr gleich viel Fett, das eine wichtige Energiequelle für das Baby ist. Milchpulver enthält pflanzliches Fett, das das Baby relativ leicht aufnehmen kann. Muttermilch enthält mehr Cholesterin – was von Vorteil ist. Obwohl Erwachsene die Cholesterinzufuhr beschränken sollten, brauchen Kinder diese Substanz. Cholesterin bildet einen Teil des Myelins (Nervenmarks), das die Nerven umgibt und die Muskelkoordination ermöglicht. Der hohe natürliche Cholesteringehalt der Muttermilch ist möglichweise auch wichtig dafür, daß das Baby in seinem späteren Leben Cholesterin problemlos verwerten kann.

Kohlenhydrate. Muttermilch und die meisten Milchpulver enthalten die gleiche Art von Kohlenhydraten, die Zuckerart Laktose, ein wichtiger Lieferant für langsame, gleichmäßige Energiezufuhr. Laktose, die am wenigsten süße Zuckerart, schafft im Verdauungstrakt eine saure Umgebung. Dadurch werden Bakterien, die Infektionen verursachen, ferngehalten. Der Bifidus, eine Komponente der Laktose in der Muttermilch, ist verantwortlich für den andersartigen, nicht unangenehmen, eher hefeartigen Geruch des Stuhlgangs von vollgestillten Babys.

Vitamine und Mineralstoffe. Muttermilch enthält alle wichtigen Mineralstoffe, jedoch in geringerer Menge als Säuglingsmilch. Muttermilch enthält sehr wenig Eisen, aber das Eisen wird anscheinend vollständig und leicht aufgenommen und entspricht den Bedürfnissen während der ersten sechs Monate. Während dieser Zeit verbraucht das Baby noch die Eisendepots, mit denen es geboren wurde. Milchpulver enthält mehr Kalzium als Muttermilch und ist angereichert mit Vitamin D, das eine bessere Verwertung des Kalziums garantiert. Nimmt die Mutter viele Vitamin-D-haltige Nahrungsmittel zu sich, steigt auch der Vitamin D-Gehalt ihrer Milch. Vitamin C ist wichtig zur Unterstützung des Wachstums von neuem Gewebe. Gestillte Babys, deren Mütter ausreichend Vitamin C zu sich nehmen, werden gut damit versorgt.

Die Angst vor den Schadstoffen in der Muttermilch

Die Vergiftung unserer Umwelt wirkt sich auch auf die Muttermilch aus. Immer wieder gibt es Schreckensmeldungen in der Presse über eine hohe Dioxin-, PCB- oder Schwermetallbelastung der Muttermilch. Man muß es ganz klar sagen: Die Umweltgifte, die heute in fast allen Nahrungsmitteln vorkommen, gehen auch in die Muttermilch über. Einen großen Einfluß auf die Belastung der Milch hat die individuelle Lebensweise der Mutter. Am wenigsten belastet ist die Milch von Frauen, die sich vorwiegend laktovegetabil bzw. vegetarisch ernähren. Allerdings nützt hier keine kurzzeitige Ernährungsumstellung. Nur eine langfristige Ernährung mit vorwiegend pflanzlichen Nahrungsmitteln, möglichst aus ökologischem Landbau, ermöglicht eine Schadstoffreduzierung in der Muttermilch. Besonders hoch belastet ist Muttermilch von Frauen, die häufigen Kontakt zu Schadstoffen haben, z. B. an Arbeitsplätzen in der chemischen Industrie oder im konventionellen Landbau.

Trotz der nicht unproblematischen Schadstoffwerte, die natürlich von Frau zu Frau stark schwanken, empfehlen Bundesgesundheitsamt und der Rat der Sachverständigen für Umweltfragen eine Stillzeit von mindestens vier Monaten. Die Vorteile überwiegen in dieser Zeit klar die Nachteile. Empfehlenswert, insbesondere für Mütter, die über einen längeren Zeitraum stillen wollen, ist eine Untersuchung der Muttermilch auf Schadstoffe. Staatliche Untersuchungsämter oder Forschungsinstitute der jeweiligen Bundesländer bieten Milchuntersuchungen an, allerdings nicht überall kostenlos. Auskünft erhalten Sie in der Regel auf dem Gesundheitsamt oder auch in Stillgruppen.

Die »Technik« des Stillens

Wie das Stillen funktioniert

Die Brust ist fantastisch konstruiert. Um Milch zu bekommen, muß das Baby nicht eigentlich an der Brustwarze saugen, sondern vielmehr die Brust drücken, pumpen, oder auf dem Warzenhof, der die Spitze der Brustwarze umgibt, »kauen«.

Dieser Pumpvorgang übt auf den Warzenhof Druck aus und sendet die Botschaft »Milch liefern« an die Schilddrüse. Die Schilddrüse wiederum setzt zwei Hormone frei. Das erste, das Prolaktin, regt die Milchbildung in den Alveolen an, den traubenförmigen Ansammlungen dehnbarer »Säcke«, die kreisförmig um die Brust herum angeordnet sind. Das Prolaktin, als »natürliches Beruhigungsmittel« bekannt, ist dasselbe Hormon, das während eines Orgasmus freigesetzt wird; es schafft ein Gefühl von Ruhe und Wohlbefinden.

Das zweite Hormon, das Oxytozin, veranlaßt die Zellen in den Milchgängen, die mit den Alveolen verbunden sind, sich zusammenzuziehen und die Milch durch die Milchgänge zu den 15 oder 20 Milchseen (die hinter dem Warzenhof liegen) zu pressen. Von dort gelangen sie in kleinen Spritzern durch die Brustwarze zum Baby. Beim Stillen verursacht das Oxytozin bei der Mutter das Zusammenziehen der Gebärmutter, das sie manchmal als Nachwehen spürt.

Wie das Stillen in Gang kommt

Wenn ich auf die ersten Wochen des Stillens zurückschaue, kann ich kaum mehr glauben, wie schrecklich und wie »krank« ich mich fühlte. Ich bin 38 und habe in meinem Beruf die Dinge immer voll im Griff. Ich war nicht gewohnt, etwas Neues lernen zu müssen, das man eher gefühlsmäßig als rein verstandesmäßig erfassen muß.

***

Anfangs war das Stillen ungefähr so wie Fahrradfahren lernen. Jede Handlung erfolgte sehr bewußt, war schrecklich, sogar irgendwie zermürbend. Zuerst brauchte ich die vertrauten Hände meines Mannes, der mir half, Christopher an die Brust zu legen und die Seiten zu wechseln. Hatten wir ihn schließlich angelegt, konnte es sein, daß er sich abwendete oder einschlief oder Schluckauf bekam, ein Bäuerchen machen mußte oder Stuhlgang hatte, und dann konnten wir wieder von vorne anfangen. Ich stillte ihn oft siebzehn- bis zwanzigmal täglich! Eines Tages merkte ich, daß das Baby ruhig und zufrieden saugte. Keiner von uns dachte gerade ans Stillen. Wir taten es einfach.

Noch bevor Sie Ihr Baby an die Brust legen, sollten Sie einige Dinge wissen, die Ihnen helfen werden. Am wichtigsten und wahrscheinlich im ersten Moment am schwersten zu glauben, ist, daß Ihre ersten Erfahrungen, auch wenn sie schwierig oder enttäuschend sind, nicht zwangsläufig typisch für Ihre weitere Stillerfahrung sein müssen. Vergessen Sie das nicht und seien Sie freundlich, nachsichtig und geduldig mit sich selbst. Denken Sie als nächstes daran, daß das Stillen nach dem Prinzip von Angebot und Nachfrage funktioniert. Entscheidend für die Milchbildung ist die Zeitspanne, in der Ihr Baby saugt. Das heißt, daß direkte Stimulation am wirkungsvollsten ist. Das Abpumpen oder das Ausdrükken von Milch mit der Hand ist nützlich, aber kein gleichwertiger Ersatz. Sie sollten ebenfalls wissen, daß Sie um so weniger Milch bilden, je weiter der Tag fortschreitet.

Die drittwichtigste Tatsache, die man im Kopf behalten sollte, ist, daß es über das »Wie« des Stillens keine absolut gültigen Regeln gibt. Jede Mutter bildet mit ihrem Kind ein einzigartiges Paar. Lesen Sie viel über das Stillen, zögern Sie aber gleichzeitig nicht, Ihr eigenes System und Ihren eigenen Stil herauszuarbeiten. Mit anderen Worten, tun Sie das, was bei Ihnen am besten funktioniert.

Wenn Sie das Stillen erst einmal heraushaben, werden Sie sich fragen, warum man so viele Worte zur Beschreibung einer so einfachen Sache vergeudet. In der Zeit, die Sie benötigen, um das hier zu lesen, könnten Sie vier Babys stillen! Bitte lassen Sie sich von der Komplexität und der Länge der folgenden Ausführungen nicht abschrekken. Betrachten Sie zunächst die Abbildung

Wie die Brust funktioniert: Die Schilddrüse setzt Prolaktin frei, das die Milchbildung anregt, und Oxytozin, das dafür sorgt, daß die Milch zur Brustwarze transportiert wird.

»Wie die Brust funktioniert« (Seite 49), so daß Sie sich ein Bild von der Schönheit des milchbildenden Systems machen können. Gehen Sie dann einige Male die folgenden Punkte Schritt für Schritt durch, bis Sie sie sich angeeignet haben.

Gönnen Sie sich etwas Ruhe. Verabschieden Sie Besucher und schließen Sie die Tür. Weint Ihr Baby, versuchen Sie, es zu beruhigen, bevor Sie beginnen. Klappt es anfangs mit dem Füttern überhaupt nicht, entspannen Sie sich und versuchen Sie es noch einmal. Verändern Sie Ihre Stellung, so daß das Baby verschiedene Teile Ihrer Brust stimuliert und jeweils einen anderen Blickwinkel hat. Schläft das Baby, befolgen Sie die auf Seite 51 angeführten Möglichkeiten, ein schlafendes Baby zu wecken.

1. Lesen Sie zunächst den Abschnitt über die Förderung des Milchspendereflexes (siehe Seite 59).

2. Waschen Sie sich die Hände. Die Brüste brauchen Sie nicht zu waschen.

3. Halten Sie etwas zu trinken griffbereit. Stillende Mütter brauchen täglich sechs bis acht Gläser Flüssigkeit.

4. Zögern Sie nicht, jemanden um Hilfe zu bitten. Extra-Hände können zum Anlegen des Babys nützlich sein und sind nach einem Kaiserschnitt unentbehrlich.

5. Nehmen Sie und das Baby eine bequeme Stellung ein (siehe unten »Wie man das Baby beim Stillen hält«). Sind die Hände des Babys bedeckt, legen Sie sie frei, so daß es Sie beim Stillen berühren kann.

6. Haben Sie eine bequeme Stellung gefunden, nehmen Sie die Brust in Ihre Hand, indem Sie sie unten mit den Fingern und oben mit dem Daumen stützen – so daß Daumen und Finger ein »C« bilden.

7. Leiten Sie den Suchreflex ein. Streichen Sie anfangs zart über die Wange Ihres Babys. Das Baby wird sich zu den Fingern und der Brust hinwenden. Berühren Sie mit der Spitze der Brustwarze den Mund des Babys und stupsen Sie ihn leicht an, bis das Baby den Mund weit öffnet. Dadurch richtet sich die Brustwarze auf, und das Baby kann sie leichter im Mund halten.

8. Bringen Sie das Baby nun an Ihren Körper; bewegen Sie es aber nur ganz sachte und halten Sie es dabei fest im Arm; eine starke Bewegung könnte es irritieren, vor allem wenn Sie große Brüste haben. Während Sie das Baby an sich herannehmen, ziehen Sie den Warzenhof leicht nach oben (dadurch bleibt auch die Brustwarze aufgerichtet) und schieben Sie ihn so weit wie möglich in den Mund des Babys. Dieses »Hineinstopfen« ist notwendig, damit auf alle Milchgänge Druck ausgeübt wird, so daß sie sich gleichmäßig und allmählich entleeren. Denken Sie daran, daß Warzenhof und Brustwarze den Gaumen des Babys berühren müssen (dieser Kontakt veranlaßt das Baby zu saugen) und daß die Zunge darunter liegen muß, damit das Baby richtig pumpen, saugen und schlucken kann. Saugt das Baby nur die Spitze der Brustwarze an, wird es die Milchgänge nicht »melken«. Sie werden daraufhin hart werden und sich entzünden.

9. Überprüfen Sie, ob das Baby während des Saugens durch die Nase atmen kann. Sonst könnte es in Panik geraten und die Brust zurückweisen. Vielleicht müssen Sie Ihre Brust an der Nase des Babys vorsichtig mit zwei Fingern leicht eindrücken.

10. Die ersten Saugbewegungen können etwas schmerzhaft sein, egal, ob die Brüste spannen oder nicht. Das ist normal. Atmen Sie tief durch und entspannen Sie sich. Betrachten Sie das Baby und spüren Sie, wie es saugt. Das Saugen ist produktive Arbeit. Der Kiefer, die Wangen und sogar die Schläfen und die Ohren des Babys bewegen sich recht kräftig. Sie können das Baby in einem regelmäßigen Rhythmus schlucken und atmen hören. Stillen Sie anfangs fünf Minuten.

11. Nehmen Sie das Baby von der Brust. Unterbrechen Sie das Saugen, indem Sie die Fingerspitze sachte zwischen den Warzenhof und die Lippen des Babys schieben. Ziehen Sie das Baby niemals von der Brust weg. Dies verletzt die Brustwarzen.

12. Lassen Sie das Baby aufstoßen (siehe die Abbildungen auf Seite 53).

13. Ist das Baby wach und willig, legen Sie es an die andere Brust. Ist es nicht mehr wach, geben Sie bei der nächsten Mahlzeit zuerst die andere Brust. Am besten beginnen Sie bei jeder Mahlzeit mit der anderen Brust als beim letzten Stillen, so daß Sie sicherstellen, daß während des Tages jede Brust ausreichend angeregt und leergetrunken wird. Außerdem schaut das Baby an jeder Brust von einem anderen Blickwinkel auf Sie; dies stimuliert es visuell. Damit Sie wissen, an welcher Brust Sie bei der letzten Mahlzeit gestillt haben, können Sie am Büstenhalter auf der entsprechenden Seite ein Schleifchen anbringen.

14. Stillen Sie nun an der anderen Brust.

Wie man das Baby beim Stillen hält

Das Baby sollte immer direkt auf Ihre Brust schauen; stellen Sie sicher, daß es sich nicht anstrengen muß, sich nicht vorbeugen oder den Kopf verdrehen muß, um die Brust zu erreichen. Eine ungeschickte Stellung verhindert ein effektives Saugen und vermindert die Befriedigung, die das Baby verspürt. Darüber hinaus können Ihre Brustwarzen entzünden. Kitty Frantz, Forscherin und Fachfrau auf dem Gebiet des Stillens, befragte ca. 300 stillende Mütter und resümierte: »Als wir den Müttern mit entzündeten Brustwarzen die Techniken, die wir bei den Müttern ohne entzündete Brustwarzen beobachtet hatten, beibrachten, gaben beinahe alle an, daß der Schmerz bedeutend nachließ bzw. in den meisten Fällen ganz verschwand.«

Wie Sie ein schlafendes Baby wecken

Neugeborene Babys brauchen Zeit, um sich von den Strapazen der Geburt zu erholen; es kann sehr schwierig sein, sie zu einer Mahlzeit zu wecken. Haben Sie im Krankenhaus Rooming-in, können Sie das Baby in dem Moment, in dem es aufwacht, stillen. Wenn nicht, kann es sein, daß Ihr Baby nicht wach ist, wenn es von der Neugeborenenstation zu einer Mahlzeit gebracht wird. Versuchen Sie zu erreichen, daß die Schwestern Sie benachrichtigen, wenn das Baby aufwacht. Sie können anbieten, es selbst zu holen und wieder zurückzubringen, um die Schwestern zu entlasten.

Schläft das Baby während der ersten Tage an der Brust ein, geraten Sie nicht in Panik. Setzen Sie lediglich Ihre Versuche fort. Wechseln Sie zunächst die Brust. Die Bewegung und die Positionsveränderung können bereits ausreichen, um beim Baby Interesse zu wecken. Sie können auch versuchen, es aufstoßen zu lassen. Hat sich im Magen eine Luftblase gebildet, fühlt es sich gesättigter, als es eigentlich ist. Eine andere Methode, ein Baby behutsam zu stimulieren, besteht darin, mit einem Schnuller seinen Gaumen zu streicheln. Als letzte Möglichkeit können Sie das Baby zum Wickeln ausziehen – der Temperaturschock wirkt Wunder.

Liegende Stillposition

Sitzende Stillposition

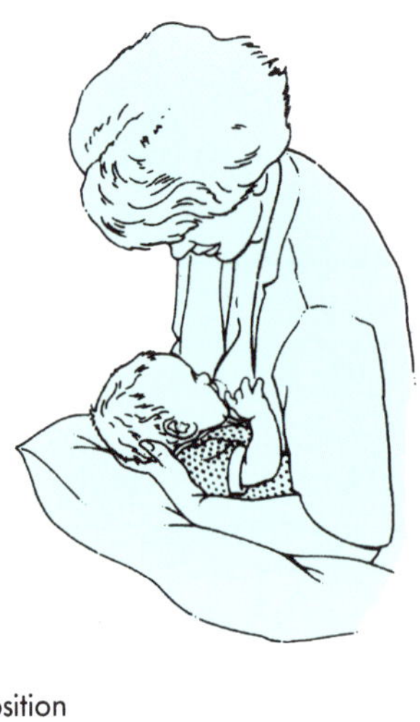

Abgestützte Stillposition

Im folgenden Positionen, die Sie beim Stillen einnehmen können:

Im Liegen. Eine gute Position zum Stillen im Krankenhausbett oder bei nächtlichen Mahlzeiten. Ordnen Sie Ihre Kissen zunächst so an, daß Nacken und Arme abgestützt sind. Schmiegen Sie das Baby in die warme Biegung Ihres Arms, wobei der Kopf des Babys höher liegt als seine Füße, so daß beim Saugen verschluckte Luft leichter hochsteigen und später beim Aufstoßen herausgebracht werden kann. Stellen Sie nun sicher, daß der ganze Körper des Babys Ihnen zugewandt ist, so daß das Baby seinen Kopf nicht drehen muß. Versichern Sie sich auch, daß es hoch genug liegt und sich nicht nach oben zur Brustwarze strecken muß und daß es nicht flach auf dem Rücken liegt und deshalb beim Saugen den Kopf drehen muß.

Im Sitzen. Halten Sie Kissen griffbereit, um Rücken und Ellenbogen abzustützen, so daß Sie sich weder über das Baby lehnen noch das Baby zu weit hoch heben müssen. Stellen Sie einen Fuß auf einen Schemel, um Ihr Knie zu erhöhen, oder setzen Sie sich im Schneidersitz auf das Bett oder den Boden.

Abgestützte Stellung. Eine ausgezeichnete Stellung für Mütter, die einen Kaiserschnitt hatten. Das Baby liegt nicht auf der Naht, und Sie können auf diese Weise im Liegen oder Sitzen stillen. Um das Baby hochzulegen und sein Gewicht abzustützen, legen Sie auf der Seite, auf der Sie das Baby halten, ein Kissen unter das Kind. Diese Stellung ist anfangs auch sehr gut, wenn Sie große Brüste haben, weil die Brüste dabei die Atmung des Kindes nicht behindern können.

Schulterlage zum Aufstoßen

Über die Knie legen zum Aufstoßen

Sitzende Position zum Aufstoßen

Das Baby aufstoßen lassen

Manche Babys müssen häufiger aufstoßen als andere. Sie werden bald herausfinden, zu welchem Typ Ihr Baby gehört. Lassen Sie es anfangs während einer Mahlzeit mindestens zweimal aufstoßen. Sie können es entweder über Ihre Schulter oder über Ihre Knie legen. Eine weitere Methode besteht darin, das Baby auf den Schoß zu setzen und dabei seinen Köper über den Unterarm zu beugen. Klopfen Sie dann sachte zwischen die Schulterblätter. Versuchen Sie es ungefähr eine Minute lang. Passiert nichts, hören Sie auf, und machen Sie sich keine Sorgen. Ein gestilltes Baby aufstoßen zu lassen, bietet dem Vater übrigens eine gute Gelegenheit, an der Mahlzeit teilzunehmen.

Gehört Ihr Baby zu den Kindern, die sehr kräftig und fest an der Brustwarze saugen, sind die Luftblasen, die es verschluckt, sehr klein. Es kann bis zu einer Stunde dauern, bis sich die Luftblasen zu einer großen zusammengeschlossen haben; diese Luftblase kann ein wenig Milch enthalten. Manche Mütter finden es besser, das Baby nach einer Mahlzeit in eine Wippe zu setzen und es nicht flach auf den Bauch oder den Rücken ins Bett zu legen. Auf diese Weise hilft die Schwerkraft dabei, daß die Milch sich setzt und die Luft aufsteigt. Stößt das Baby schließlich auf, kann es etwas Milch spucken. Dies ist kein Erbrechen, und gewöhnlich sieht es nach mehr aus, als es eigentlich ist. Machen Sie sich also auch deshalb keine Sorgen.

Erste Stillversuche – Ratschläge von Müttern

Versuchen Sie sobald wie möglich zu stillen, am besten schon auf dem Entbindungsbett. Unmittelbar nach der Geburt ist das Baby in der Regel wach und aufnahmebereit. Ist die Plazenta noch nicht ausgetrieben, kann das Stillen die Austreibung der Plazenta unterstützen, denn es regt die Freisetzung von Oxytozin an, das die Gebärmutter zum Zusammenziehen veranlaßt. Können oder wollen Sie auf dem Entbindungsbett noch nicht stillen, sollten Sie aber kein schlechtes Gewissen haben! Denn dies bedeutet nicht, daß Sie die frühe Bindung zu Ihrem Baby versäumt haben.

⁂

Ich bin selbst Säuglingsschwester. Als ich bei der Geburt von Lukas im Krankenhaus war, wurde zu jeder Mahlzeit ein Fläschchen mit Wassser mitgeliefert. Viele Schwestern glauben, daß ein Baby etwas Wasser trinken muß, weil es sonst auf der Säuglingsstation unruhig ist. Wird das Fläschchen voll zurückgebracht, geben die Schwestern es selbst dem Baby. Indem ich das Fläschchen selbst halb austrank, stellte ich sicher, daß Lukas wirklich nur Muttermilch bekam.

⁂

Lassen Sie sich im Krankenhaus nicht entmutigen. Ich muß sagen, meine Erfahrung war völlig negativ. Das Baby saugte in den ersten drei Tagen kaum und bekam auf der Säuglingsstation Milchfläschchen. Bei der einzigen Stillmahlzeit schlief ich ein, und meine Brustwarzen waren fürchterlich entzündet. Ich glaubte, niemals stillen zu können. Das ist jetzt alles vorbei. Warum wohl! Es spielte sich alles von selbst ein.

⁂

Ich habe nie einen Tropfen von meiner Milch gesehen. Sie spritzte nicht quer durch den Raum, so wie bei meiner Zimmernachbarin. Das ist völlig normal, aber ich erwartete wohl, daß sie herausschießen würde, wie es bei der Kuhmilch der Fall ist.

⁂

Im Kinderzimmer haben wir ein Klappbett. Nachts lege ich mich zum Stillen dorthin, und oft döse ich dann ein. Morgens fühle ich mich recht ausgeruht.

⁂

Schreit Ihr Baby häufig, obwohl Sie es oft stillen, bitten Sie Ihren Arzt, sein Gewicht zu überprüfen. Er macht dies in der Regel gern, und Ihnen kann es eine große Beruhigung sein.

⁂

Stillen Sie an der einen Brust, kann an der anderen Brust Milch auslaufen. Um dieses Auslaufen zu stoppen, drücken sie mit der freien Hand oder dem Unteram fest gegen die Brust.

⁂

Mein einziger Rat ist, dem Baby oft genug eine zusätzliche Flasche anzubieten, so daß es die Flasche nicht grundsätzlich ablehnt. Ich habe das nicht gemacht und muß meine Tochter jetzt den ganzen Tag stillen. Sie ist fünf Monate alt. Sie verweigert die Flasche völlig, ich habe alles versucht. Ich erinnere mich an einen Abend, als es mir gesundheitlich nicht gut ging und ich sie nicht stillen wollte. Sie wachte heulend auf und ich sagte meinem Mann, er solle »irgend etwas« mit ihr machen, weil ich zu fertig war, um sie zu stillen. Aber es ging einfach nicht, also versuchte ich, sie zu stillen, wobei ich zwischendurch immer wieder ins Badezimmer laufen mußte. Es war eine fürcherliche Erfahrung, und ich bete, daß dies nicht noch einmal vorkommt, bevor sie abgestillt ist.

⁂

Wenn Sie das Gefühl haben, daß Ihnen das Baby im Krankenhaus nicht oft genug zum Stillen gebracht wird, sprechen Sie umgehend mit dem Krankenhauspersonal bzw. bitten Sie den Kinderarzt dies zu tun. Bleiben Sie aber immer freundlich und höflich.

Antworten auf häufige Fragen zum Stillen

Frage: Wie weiß man, daß das Baby richtig saugt?
Antwort: Schauen Sie sich die Illustrationen über die richtige Stellung der Zunge beim Stillen an. Achten Sie dann darauf, ob sich die Ohren Ihres Babys beim Saugen bewegen und seine Unterlippe eher nach außen als nach innen geschoben ist. Ziehen Sie seine Lippen behutsam auseinander, um zu sehen, ob die Zunge sichtbar ist. Da sie unter der Brustwarze liegen müßte, sollten Sie sie nicht sehen. Kann das Baby leicht von der Brust genommen werden, ist seine Saugtechnik nicht richtig.

Frage: Was kann man tun, wenn das Baby schon die Flasche bekommen hat oder man ein Brustschild benutzt hat und es nun die Brust verweigert?
Antwort: Die amerikanische Autorin Ilene S. Rice empfiehlt folgendes Vorgehen bei Babys, die an einen konventionellen Sauger gewöhnt sind: »Das Baby ist auf eine rundere, festere und stärker ausgeprägte (Gummi-)Warze programmiert. Ein Baby

Die richtige Stellung der Zunge beim Stillen

Diese beiden Illustrationen zeigen die unterschiedlichen Stellungen, die die Zunge des Babys beim Trinken an der Brust (oben) und beim Trinken aus der Flasche (unten) einnimmt. Damit die Milch fließt, muß das Baby den Warzenhof drücken oder zusammenschieben, so daß er gegen seinen Gaumen stößt. Das ist harte Arbeit. Um sich eine Vorstellung davon zu machen, beugen Sie Ihren Zeigefinger im Gelenk, nehmen ihn in den Mund und saugen daran. Stecken Sie nun den ungebeugten Finger in den Mund und saugen Sie daran. Das erstere ist viel schwieriger als das zweite. Dies trifft den Unterschied, den das Baby beim Saugen an der Brust und beim Saugen an einem konventionellen, kiefergerecht geformten Sauger erfährt.
Diese beiden verschiedenen Stellungen der Zunge, die eine jeweils andere Saugtechnik erfordern, können beim Baby Verwirrung hervorrufen. Mütter, die ihre Babys stillen möchten, sollten von vorneherein darum bitten, daß ihrem Baby keine Flasche mit einem konventionellen Sauger gegeben wird.

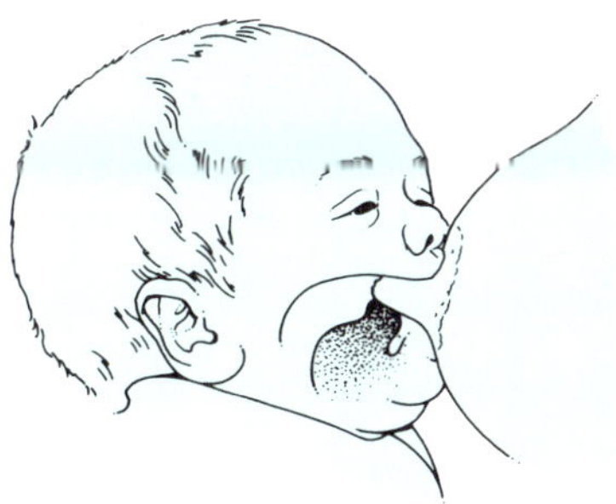

wird stärker zum Saugen angeregt, wenn sein Gaumen gestreichelt wird. Ist das Baby jedoch an das Saugen an einer künstlichen Warze gewöhnt, wird es, wenn es an die Brust gelegt wird, durch Bewegungen der Zunge und der Backenmuskeln (mit wenig Anstrengung) versuchen, an die Milch zu kommen. Kommt keine Milch, oder nicht sofort, läßt es von der Brust ab und schreit.« Die Autorin empfiehlt in diesem Fall, einen speziellen NUK-Sauger (siehe Seite 97) zu verwenden, um das Baby umzugewöhnen. »Sprechen Sie leise mit Ihrem Baby und streichen Sie dabei mit dem NUK-Sauger gegen seinen Gaumen. Belassen Sie den Sauger dort und streichen Sie weiter am Gaumen entlang. Oft spuckt das Baby den Sauger aus. Versuchen Sie es noch einmal. Es kann auch helfen, zunächst Milch auszudrücken und auf den Sauger zu geben, bevor man ihn dem Baby anbietet. Bei jedem Versuch wird das Baby lernen, diese Umgewöhnung mit weniger Frustration und Geschrei zu akzeptieren. Wollen Sie das Baby wieder stillen, massieren Sie zunächst Ihre Brust, um Milch auszudrücken, sobald Sie das Baby anlegen und um den Milchspendereflex anzuregen.« (Aus »Breastfeeding: A Heartstart«, New York: Dell, 1987)

Frage: Wie lange sollte ich das Baby an jeder Seite anlegen?
Anwort: In der Regel empfiehlt man, mit kurzen, häufigen Mahlzeiten zu beginnen, damit sich die Brustwarzen nicht entzünden. Legen Sie zunächst das Baby fünf Minuten an jeder Seite an. Auf diese Weise können Sie sicher sein, daß der Milchspendereflex eingesetzt hat und das Baby auch eine gewisse Menge der reichhaltigeren Hauptmilch bekommen hat. Verlängern Sie die Stilldauer jeden Tag um fünf Minuten an jeder Brust, bis Sie an jeder Brust zwanzig Minuten stillen. Entzünden sich Ihre Brustwarzen, stillen Sie das Baby kürzer, aber häufiger (siehe Seite 67).

Frage: Wie lange dauert es, bis das Baby eine Brust leergetrunken hat?
Antwort: Ein hungriges Baby kann in ungefähr fünf Minuten die meiste Milch trinken und eine Brust in sieben oder acht Minuten beinahe vollständig leertrinken. (Sie wird nie ganz leer.) Babys wollen aber oft viel länger nuckeln und sollten dies, wenn möglich, auch dürfen. Das Saugen beruhigt und tröstet sie nicht nur, es baut auch Ihre Milchversorgung auf.

Frage: Wie oft sollte ich das Baby stillen?
Antwort: In den ersten Wochen macht man sich am besten gar keine Gedanken über die Häufigkeit der Mahlzeiten. Jedes Baby ist anders. Manche trinken nach einem geregelten Zwei- oder Drei-Stunden-Rhythmus. Andere versetzen Sie in Erstaunen, weil sie zwischen den Mahlzeiten fünf Stunden schlafen und dann wieder stündlich gestillt werden wollen. Und es gibt Wachstumsschübe, über die Sie sich wundern werden. Wenn Sie sich im ersten Monat einfach dem Rhythmus des Babys überlassen, wird danach schon eine gewisse Regelmäßigkeit eintreten.

Frage: Welches ist der wichtigste Faktor, der die Milchbildung beeinflußt?
Antwort: Der wichtigste Faktor ist die Stimulation der Brustwarzen, die ihrerseits die Freisetzung von Prolaktin, dem milchbildenden Hormon, anregt. Häufiges, uneingeschränktes Saugen bildet Milch. Ein Neugeborenes kann zwölf- oder fünfzehnmal am Tag gestillt werden wollen. Der Prolaktinspiegel ist in den ersten zwei Wochen nach der Geburt am höchsten.

Frage: Wo liegt der Schlüssel für ein erfolgreiches Stillen?
Antwort: Viel Saugen und ein gut funktionierender Milchspendereflex, der die Milch vorwärts bewegt. Um reibungslos zu funktionieren, braucht der Milchspendereflex Übung und Gewöhnung. Seien Sie also geduldig, geben Sie der Milchbildung eine Chance. Außerdem sollten Sie immer daran denken, daß die Schilddrüse, die das Oxytozin freisetzt, mit dem Hypothalamus zusammenhängt, dem »Sitz der Emotionen«, und die Ausschüttung von Hormonen nicht automatisch erfolgt. Vielmehr hängt sie zu einem gewissen Grad von der emotionalen Verfassung der Frau ab. Eine stillende Mutter bildet fast immer ausreichend Milch in den Alveolen, solange das Baby saugt und dadurch die Freisetzung von Prolaktion sicherstellt. Ist die Mutter jedoch emotional völlig erledigt, weil sie übermüdet oder angespannt ist, kann der Milchspendereflex nicht mehr funktionieren. Aus diesem Grund sind Ruhe und Entspannung so wichtig.

Frage: Wie empfindet man den Milchspendereflex?
Antwort: Manche Frauen verspüren nichts Besonderes, wenn die Milch fließt, aber viele bemerken, daß an der anderen Brust Milch ausläuft. Beschreibungen reichen von der Empfindung eines leichten Stechens wie von Nadeln bis hin zu einem stärkeren, schmerzhafteren Gefühl, begleitet von Nachwehen. Wieder andere empfinden es als erotisches Gefühl. Denken Sie daran, daß der Milchspendereflex in beiden Brüsten gleichzeitig funktioniert. Diese Information kann wichtig sein, wenn bestimmte Probleme wie z. B. ein Milchstau auftreten und wenn Sie Milch abpumpen möchten.

Frage: Wie lange dauert es, bis die Milch fließt?
Antwort: Dies ist von Frau zu Frau verschieden. Manche, in der Regel Frauen, die einen guten Stillrhythmus gefunden haben, verspüren den Milchspendereflex bereits, bevor sie das Baby an die Brust legen. Das Schreien oder auch nur der Gedanke an das Baby können ihn auslösen. Bei der Stillanfängerin muß der Milchspendereflex jedoch erst zu einer konditionierten Reaktion werden. Anfangs kann es erforderlich sein, die Brustwarzen erst drei bis fünf Minuten zu stimulieren, bevor die Milch fließt. Auch aus diesem Grund ist es wichtig, das Baby anfangs mindestens fünf Minuten an jeder Brust anzulegen.

Wie weiß man, daß das Baby genug Milch bekommt?

Ja, verstandesmäßig weiß ich, daß das Stillen auf der Basis von Angebot und Nachfrage funktioniert. Je mehr das Baby braucht, um so öfter saugt es und um so mehr Milch wird der Körper bilden, um den Bedürfnissen des Babys zu entsprechen. Aber es ist schwierig, cool zu bleiben, wenn man nervös ist und das Baby unruhig, und wenn man sich klarmacht, daß das Leben dieses sechs Pfund leichten Menschen völlig von einem abhängig ist. Man will das Kind nicht verhungern lassen und sollte sich doch immer wieder zurücklehnen und sich sagen »Vertrau auf deinen Körper! Vertrau auf deinen Körper!«

Was Experten meinen: »Manche Mütter sind beunruhigt, weil sie überhaupt keine Ahnung haben, wieviel Milch ihr Baby bekommt. Der richtige Ratschlag lautet: Überlassen Sie es dem Baby. Es wird nehmen, was es braucht, wenn Sie es einfach immer dann stillen, wenn es danach verlangt.

Doch wenn Sie sich sehr sorgen, kann es Ihnen schwerfallen, diesen Rat zu befolgen. Und tatsächlich ist die Sorge darüber, ob das Baby genug Milch bekommt, einer der häufigsten Gründe dafür, daß Mütter zur Flasche wechseln: Es erleichtert eine Mutter ungeheuer, wenn sie sieht, wie das Baby 90 oder 120 Gramm Milch zu sich nimmt.«
(Penelope Leach: Your Baby and Child. From Birth to Age five)

»Eine schnelle, einfache Möglichkeit, zu überprüfen, ob der Säugling genug Milch bekommt, besteht darin, die Anzahl der nassen Windeln zu kontrollieren. Durchnäßt er am Tag sechs bis acht Windeln, trinkt er offensichtlich genug Milch. Auch häufiger Stuhlgang ist ein Zeichen, daß das Baby genügend Nahrung zu sich nimmt. In den ersten sechs Wochen hat ein gestilltes Baby gewöhnlich zwei- bis fünfmal täglich Stuhlgang.
Bei den Vorsorgeuntersuchungen wird der Arzt Ihr Baby wiegen, um seine körperlichen Fortschritte zu beurteilen. Es gibt Babys, die von Geburt an nie ein Gramm an Gewicht verlieren und ganz leicht zunehmen. Doch die meisten Babys nehmen in der ersten Lebenswoche leicht ab und erreichen ihr Geburtsgewicht erst wieder in der zweiten oder dritten Lebenswoche. Danach liegt die wöchentliche Gewichtszunahme bei ca. 110 bis 140 Gramm bzw. ca. 500 Gramm im Monat. Es gibt aber auch Babys, die in der Woche ein Pfund zunehmen. Hier spielen familiäre Veranlagung und die individuellen, zeitweilig schwankenden Bedürfnisse des Babys eine Rolle. Denken Sie daran – gesunde, glückliche Babys gibt es in allen Größen und Körperformen.«
(La Leche Liga International: The Womanly Art of Breastfeeding)

Was Mütter raten: *Meine Mutter, die zur Unterstützung gekommen war, machte mich wahnsinnig. Jedesmal, wenn Hans schrie, fing sie wieder an, daß er eben nicht genug Milch bekäme. Sie sagte, ich sähe verkrampft und müde aus, und sie sei da, um mir zu helfen, ein wenig Ruhe zu finden. Ihre Besorgnis war ansteckend. Ich begann, ihr zu glauben. Schließlich rief ich meinen Kinderarzt an. Er meinte: »Wenn Sie so besorgt darüber sind, ob Ihr Baby zunimmt, bringen Sie es zur Gewichtskontrolle her; wiegen Sie es aber nicht zu Hause. Zu Hause gebräuchliche Waagen sind nicht exakt.« Als er zwei Wochen alt war, brachten wir ihn hin. Er hatte zugenommen. Welche Erleichterung!*

⁂

Testen Sie auf keinen Fall nach dem Stillen mit einer Flasche Wasser oder Tee, ob Ihr Baby noch Hunger hat! Auch wenn Sie jemand bedrängt, ignorieren Sie es. Das Saugbedürfnis ist bei den meisten Babys so stark und das Saugen an einem konventionellen Sauger so leicht, daß die meisten Babys einfach alles in sich hineinschlingen, was ihnen angeboten wird; Sie als Mutter bekommen dann aber Schuldgefühle, werden entmutigt und verwirrt.

⁂

Leben Sie nicht nach der Uhr und sorgen Sie sich nicht um Stillrhythmen. Ihre Freundin, die ihr Baby mit der Flasche ernährt, berichtet vielleicht, daß das Baby alle vier Stunden etwas bekommt oder nachts fünf oder sechs Stunden durchschläft. Aber Stillen braucht Zeit. Mein Baby schlief immer wieder ein. Ihre Einstellung zur Zeit muß sich ändern. Machen Sie langsam, fügen Sie sich; Stillen ist kein Produktivitätswettbewerb.

Wie Sie den Milchspendereflex in Gang bringen

Ganz wichtig sind Ungestörtsein und Ruhe. Zögern Sie nicht, Besucher hinauszubitten, den Fernseher abzuschalten und ein Schild »Bitte nicht stören« an der Tür außen anzubringen. Zumindest anfangs ist es am besten, nichts anderes als das Stillen im Kopf zu haben. Später kann man alles mögliche nebenher tun. Sie hätten mich sehen sollen! Ich habe mit einer Hand sogar Kuchen gebakken, während ich Jonathan stillte.

⁂

Ich machte im Krankenhaus die Erfahrung, daß eine warme Dusche, die direkt auf meine Brüste gerichtet war, dabei half, den Milchspendereflex in Gang zu bringen. Auch das Auflegen eines feuchten, warmen Waschlappens auf die Brüste fünfzehn Minuten, bevor ich voraussichtlich stillen würde, half allem Anschein nach.

⁂

Ich massiere meine Brüste, um die Milch buchstäblich herauszubewegen. Die Bewegungen sind so ähnlich wie bei einer Selbstuntersuchung der Brust. Beginnen Sie oben auf der Brust und pressen Sie fest gegen den Brustkasten, bewegen Sie Ihre Finger in einer Kreisbewegung auf einer Stelle, machen Sie dann auf einer anderen Stelle weiter und bewegen Sie die Hand mit diesen Bewegungen spiralenförmig zum Warzenhof hin.

⁂

Ich massierte mit einer schiebenden, streichenden Bewegung von der Spitze der Brust abwärts zum Warzenhof hin.

⁂

Ich kann mich nicht entspannen, wenn ich Durst habe, und Stillen macht durstig. Also stelle ich vor dem Stillen ein Glas Wasser, Fruchtsaft oder Kräutertee neben mich.

⁂

Ich bemühe mich bewußt, mich zu entspannen, indem ich die Augen schließe, tief durchatme und mir vorstelle, wie die Milch in den schönen, traubenartigen Alveolenansammlungen gebildet wird, wie sie dann durch die Milchgänge zu meinem Baby fließt. Manche Leute haben durch diese Art der Visualisierung schon Krankheiten besiegt. Warum sollte ich dieselbe Technik nicht anwenden, um das Stillen zu fördern?

⁂

Ich war sehr, sehr angespannt. Ein Syntocinon-Nasenspray, eine synthetische Form des Oxytozins, brachte meinen Milchspendereflex sofort in Gang. Mein Arzt verschrieb es mir auf Rezept. Ich brauchte dieses Spray nur in der ersten Woche. Er war nicht nur körperlich hilfreich, sondern stärkte mein Vertrauen enorm.

Wachstumsschübe machen Durst

Es kann sehr, sehr hilfreich sein, wenn man weiß, daß es Zeiten gibt, in denen die meisten Babys – auch mit Säuglingsmilch ernährte – mit ziemlicher Sicherheit einen Wachstumsschub erleben. Der erste erfolgt zwischen dem siebten und zehnten Lebenstag, der nächste zwischen drei und sechs Wochen und nochmals mit ungefähr drei Monaten. Es gibt feine Unterschiede in der Art und Weise, wie wir uns darauf einstellen. Anstatt zu glauben, daß Sie nicht in der Lage sind, das Baby mit dem zu versorgen, was es in einer solchen Phase braucht, sollten Sie daran denken, daß

Sie einem größeren Bedürfnis des Babys gegenüber flexibel sind und es einfach häufiger stillen. Trinken Sie weiterhin viel – täglich mindestens acht Gläser koffeinfreie Getränke – und ruhen Sie viel. Diese Schübe kommen dann, wenn man glaubt, sich von der Geburt erholt zu haben, und meint, wieder einige Aktivitäten des früheren Lebens ohne Baby aufnehmen zu können. Doch seien Sie auf der Hut. Sie müssen sich bewußt anstrengen, kürzer zu treten und sich auszuruhen.

Ernährung: Was Sie in der Stillzeit essen sollten und was nicht

Was braucht man, um Muttermilch zu bilden? Informationen, Unterstützung, guten Willen, ein gebündeltes Maß an Ruhe und Entspannung – und gute Eßgewohnheiten. Die meisten schwangeren Frauen sind sehr besorgt um die Gesundheit ihres ungeborenen Babys und essen sehr bewußt. Doch allzuoft beginnen sie ihre Ernährung zu vernachlässigen, wenn das Baby erst geboren ist. Sie haben nicht die Zeit und Muße, jetzt, wo ihre ganzen Gedanken auf das Baby gerichtet sind, auch noch an sich selbst zu denken.

Stillen erfordert 400 bis 500 Kalorien täglich; bei Zwillingen ist es das Doppelte. Frauen benötigen während der Zeit der Milchbildung 2200 bis 2500 Kalorien täglich, einschließlich sechs bis acht Gläsern Flüssigkeit. Egal ob Sie stillen oder nicht, es ist keinesfalls eine gute Idee, jetzt eine Diät zu beginnen. Es funktioniert nicht, und es ist nicht gut für den Körper. Eine strikte Diät baut das Körperfett ab und setzt chemische und toxische Substanzen, die dort gespeichert waren, frei, so z. B. PCB und Pestizide, die in die Muttermilch übergehen. Eine Diät baut auch die Reserven an Kalzium und Eiweiß ab, die zur Versorgung von Knochen, Muskeln und lebenswichtigen Organen gebraucht werden. Wenn Sie nicht ausreichend essen, riskieren Sie darüber hinaus, noch stärker zu ermüden; dies wirkt sich auf die Art und Weise aus, wie Sie sich selbst fühlen und wie Sie dem Baby und der Mutterschaft im allgemeinen gegenüber empfinden.

Dennoch muß es nicht schwierig sein, gut zu essen und gleichzeitig das Gewicht, das Sie in der Schwangerschaft zugelegt haben, wieder zu verlieren. Wählen Sie hochwertige, energiereiche, nicht zu fette Nahrungsmittel, die keine leeren Kalorien enthalten. Denken Sie daran, daß es in Ordnung – und auch realistisch – ist, ungefähr 250 Gramm pro Woche abzunehmen. Dies erreichen Sie schon, wenn Sie täglich nur 100 Kalorien weniger zu sich nehmen und Ihre körperliche Aktivität steigern. Auf diese Weise verliert man das Gewicht allmählich. Im folgenden finden Sie einige Empfehlungen für eine gute, gesunde Ernährung, die der Ernährungsweise, die für die Schwangerschaft empfohlen wird, sehr ähnlich ist. Der größte Unterschied besteht darin, daß eine stillende Frau weniger Eiweiß braucht als eine schwangere.

Eiweiß. Sie benötigen täglich zwei bis drei Portionen Eiweiß. Jede der im folgenden angeführten Nahrungsmittel entspricht einer Portion:

60 g mageres Fleisch, Fisch oder Geflügel
2 Eier
1 Tasse getrocknete Bohnen oder Erbsen
240 g Tofu

½ Tasse Hüttenkäse
2 Tassen Milch, Joghurt oder Sojamilch
¼ bis ½ Tasse Kürbis- oder Sonnenblumenkerne, Mandeln oder Walnüsse

Fett. Fett hat in unserer heutigen Ernährung einen schlechten Ruf; doch während Sie stillen, sollten Sie keine fettreduzierte Diät befolgen. Wenn Sie zu wenig Fett essen, beeinträchtigt dies die Qualität Ihrer Milch. Muttermilch mit einem zu geringen Fettanteil hat weniger Kalorien und sättigt daher das Baby weniger. Fett spielt auch eine lebenswichtige Rolle bei der Entwicklung des Gehirns Ihres Babys . Zwischen 20 und 30 Gramm Fett sollten Sie sich deshalb täglich schon gönnen. Wenn Sie das im Kopf behalten, können Sie Ihren Fettkonsum überwachen, indem Sie sorgfältig die Zutatenliste der Produkte lesen und sich auch vor Augen führen, daß manche Nahrungsmittel wie Nüsse, Schokolade und Avocados sehr viel Fett enthalten. Essen Sie von diesen Nahrungsmitteln nur wenig und reduzieren Sie Ihre Portionen an Butter, Margarine, Mayonnaise oder Pflanzenöl auf einen Eßlöffel.

Getreide und Brot. Vollkorngetreideprodukte und Vollkornbrot haben nicht nur den Vorteil, sehr gute Energielieferanten zu sein; sie enthalten auch Eisen, das die stillende Mutter braucht, um sich fit zu fühlen. Vier Portionen täglich sind das Minimum. Die folgenden Nahrungsmittelvorschläge entsprechen jeweils einer Portion:
1 Scheibe Vollkornbrot
1 Vollkornbrötchen
½ Vollkornschnecke
1 ½ Tassen Weizenkeime
¼ Tasse Kleie
½ Tasse gekochte Linsen, Bohnen oder Erbsen
30 g Nudeln
½ Tasse gekochter Reis oder anderes Getreide wie Buchweizen, Weizen oder Hafermehl

Kalziumreiche Nahrungsmittel. Um Milch zu bilden, braucht man nicht literweise Milch zu trinken, doch der Körper benötigt täglich vier bis fünf Portionen kalziumreicher Nahrungsmittel. Wählen Sie unter den folgenden Vorschlägen, sie entsprechen jeweils einer Portion:
1 Tasse entrahmte Milch oder Buttermilch
1 Tasse fettarmer Naturjoghurt
50 g Hartkäse
1 ½ Tassen Hüttenkäse
¼ Tasse geriebener Parmesamkäse
90 g Lachs aus der Dose
240 g Tofu
1 Tasse gekochter Grünkohl, grüne Bohnen, Brokkoli
¼ Tasse Tahini (Sesampaste)

Vitamin-C-reiche Nahrungsmittel. Ihr Körper benötigt täglich mindestens zwei Portionen eines Vitamin-C-reichen Nahrungsmittels. Sind Ihre Brustwarzen entzündet, nehmen Sie eine zusätzliche Portion zu sich, da dieses lebenswichtige Vitamin die Gewebeheilung unterstützt. Jeder der folgenden Vorschläge entspricht einer Portion:
1 Orange oder 150 ml Orangensaft
½ Grapefruit
½ Tasse Erdbeeren
¼ Papaya
1 Tomate oder 1 Tasse Tomatensaft
1 Tasse gekochter Brokkoli, Rosenkohl, oder Sauerkraut
1 grüne Pfefferschote oder ½ rote Pfefferschote
1 Tasse zerkleinerter Weißkohl

Vitamin-A-reiche Nahrungsmittel.
Wählen Sie unter den folgenden Sorten an grünem Blattgemüse und gelbem Gemüse und an Früchten täglich zwei bis drei Portionen aus:

1 Tasse roher oder ¾ Tasse gekochter Kürbis, Winterkürbis, Süßkartoffeln, Karotten, Brokkoli, Spinat, Spargel oder grüner Pfeffer
1 Tasse Papaya, Pfirsich oder Wassermelone
2 Aprikosen

Anderes Obst und Gemüse. Zur Abrundung einer gesunden Ernährung nehmen Sie von den folgenden Nahrungsmitteln täglich eine bis zwei Portionen zu sich:
¼ Kopfsalat
1 Tasse Bohnensprossen oder Erbsen
1 kleine Kartoffel
½ Tasse Zucchini
1 Apfel, Banane, Pfirsich oder Birne
1 mittelgroße Scheibe Ananas

Eisenhaltige Nahrungsmittel. Um sich fit und energiegeladen zu fühlen, sollten Sie Ihre Eisenreserven aufbauen. Folgende Nahrungsmittel sind gute Eisenlieferanten:
Fleisch und Innereien
Melasse
Alle Arten getrockneter Bohnen
Trockenfrüchte (insbesondere Pflaumen und Aprikosen)
Spinat, Erbsen und Rote Beete
Vollkornprodukte und Weizenkeime

Flüssigkeit. Immer wieder wird stillenden Müttern auch heute noch empfohlen, täglich literweise zu trinken, um die Milchversorgung aufrechtzuerhalten. Doch Forschungen haben ergeben, daß eine übermäßige Flüssigkeitszufuhr die Milchproduktion nicht beeinflußt. Nehmen Sie täglich mindestens sechs bis acht Gläser Flüssigkeit zu sich, zusätzliche Getränke aber nur, wenn Sie durstig sind. Damit man das Trinken nicht vergißt, kann man beim Stillen ein Glas Wasser, Selters, fettarme Milch oder Fruchtsaft neben sich stellen.

Vitaminpräparate. Nehmen Sie während der Stillzeit weiterhin die während der Schwangerschaft verordneten Präparate, um die tägliche Grundversorgung an Vitaminen zu gewährleisten. Aber denken Sie daran: Vitaminpräparate sind kein Ersatz für eine gesunde, gute Ernährungsweise. Sie sollten darüber hinaus auch Vitaminpräparate nur nach Rücksprache mit Ihrem Arzt einnehmen.

Was tun bei Babys mit geringem Geburtsgewicht?

Muttermilch enthält zwar Antikörper gegen bestimmte Krankheiten, ist aber oft nicht nahrhaft genug, um die Nahrungsbedürfnisse von Babys mit niedrigem Geburtsgewicht zu befriedigen. Am Children's Research Center am Baylor College of Medicine in Housten wurde folgender Versuch durchgeführt: zehn Mütter, deren Babys bei der Geburt höchstens 3,5 Pfund wogen, erhielten eine spezielle Diät, die sehr fettarm, aber sehr kohlenhydratreich war: fünf Prozent der gesamten Kalorienmenge bestand aus Fett und 80 Prozent aus komplexen Kohlenhydraten. Um eine solche Zusammensetzung zu erreichen, verzichteten die Frauen weitgehend auf vollfette Milchprodukte, rohes Fleisch und reichhaltige Süßspeisen und ersetzten diese Nahrungsmittel durch Obst, Gemüse und Getreideprodukte. Es wird nicht überraschen, daß sich diese veränderte Kost auf die Milch auswirkte. Die Milch enthielt einen größeren Anteil an mittelkettigen Fettsäuren, von denen man annimmt, daß sie die Fettverwertung bei niedergewichtigen Babys verbessern. Diese Diät hat keine Vorteile für Babys mit normalem Geburtsgewicht, aber wenn Ihr Baby untergewichtig ist und Sie es stillen, lohnt es sich, eine Ernährungsumstellung mit dem Kinderarzt zu besprechen.

Antworten auf häufige Fragen zum Thema Ernährung und Stillen

Frage: Braucht ein gestilltes Baby zusätzliche Vitaminpräparate?
Antwort: Laut einer amerikanischen Fachzeitschrift für Kinderärzte gibt es Berichte über gestillte Kinder, die an Rachitis litten, einer Krankheit, bei der die Verkalkung der Knorpelgrundsubstanz der Knochen gestört ist. Der Grund dafür: Muttermilch enthält wenig Vitamin D. Die Verabreichung von Vitamin-D-Tabletten gewährleistet die Versorgung mit diesem wichtigen Vitamin. Eine andere Möglichkeit besteht darin, das Baby der Sonne auszusetzen, da die Sonne die Bildung von körpereigenem Vitamin D durch die Haut unterstützt. Wieviel Sonne ist ausreichend? Ärzte schätzen, daß bei einem Säugling, der nur mit einer Windel bekleidet ist, ungefähr 30 Minuten pro Woche ausreichen. Vollständig bekleidet, jedoch ohne Hut, sind ungefähr zwei Stunden Sonnenexposition pro Woche nötig, damit die erforderliche Menge Vitamin D gebildet werden kann. Durch die Abnahme der Ozonschicht in der Atmosphäre dringen jedoch auch die schädlichen UV-Strahlen inzwischen in viel größerer Menge zur Erde durch. Daher ist das Sonnenbaden nur noch in Maßen und unter größten Vorbehalten zu rechtfertigen. Dies gilt insbesondere für Babys und Kinder. Sprechen Sie mit Ihrem Kinderarzt über den richtigen Umgang mit der Sonne. In jedem Fall sollten Sie eine Sonnencreme benutzen, um die Haut des Babys vor den schädlichen Wirkungen der ultravioletten Strahlen zu schützen.

Frage: Muß man viel Milch trinken, um Muttermilch bilden zu können?
Antwort: Nein. Zwar ist Muttermilch ein guter Kalziumlieferant, sie löst aber bei vielen Erwachsenen, wie auch bei manchen gestillten Babys, deren Mütter große Mengen Milch trinken, Allergien aus. Andere gute Kalziumlieferanten sind Joghurt, Hartkäse, Hüttenkäse, Melasse, Tofu, Kohl, Sesam, Leber, Mandeln, Paranüsse, Sardinen in Dosen und Lachs in Dosen.

Frage: Gibt es nicht auch bestimmte Nahrungsmittel, auf die man während der Stillzeit verzichten sollte?
Antwort: Ungefähr vier bis sechs Stunden nach dem Verzehr können Spuren aller Speisen und Getränke, die Sie zu sich genommen haben, in Ihrer Milch vorkommen. Wie oben erwähnt, scheint Kuhmilch die meisten Probleme zu bereiten, vor allem, wenn Sie auf Milch empfindlich reagieren. Andere Nahrungsmittel, die Allergien auslösen können, sind Zitrusfrüchte, Eier und Weizenprodukte. Manche Mütter verzichten auf Zwiebeln und Knoblauch wie auch auf manche Kohlsorten z. B. Brokkoli und Rosenkohl. Es gibt jedoch keinen klaren Beweis dafür, daß Babys darauf reagieren. Allerdings werden oft Blähungen beim Baby auf diese Nahrungsmittel zurückgeführt.

Frage: Ich habe gehört, daß Bier für stillende Mütter gut sein soll. Stimmt das?
Antwort: Bier und Malzbier enthalten Hefe, die reich an den Vitaminen des B-Komplexes, an Eisen und Eiweiß ist – alles Substanzen, die vor Müdigkeit schützen. Trotzdem brauchen Sie kein Bier zu trinken. Bierhefe kann man im Reformhaus oder Naturkostladen kaufen. Aber seien Sie vorsichtig. Bierhefe bekommt nicht jedem, und sie kann beim Baby Blähungen verursachen.

Schädliche Substanzen, die in die Muttermilch übergehen

Medikamente

Die Einnahme von Medikamenten während der Stillzeit beeinträchtigt ein Baby nicht annähernd so stark wie während der Schwangerschaft. Schätzungsweise gehen nur ein bis zwei Prozent eines verabreichten Medikaments durch die Milch auf das Baby über. Daher ist es nicht völlig unverantwortlich, wenn man gelegentlich mal ein Aspirin einnimmt. Seien Sie aber bei allen anderen Medikamenten besonders vorsichtig, besprechen Sie eine regelmäßige Einnahme immer erst mit dem Arzt.

Nehmen Sie ein Medikament immer nach dem Stillen. Auf diese Weise hat das Medikament genug Zeit, sich im Körper zu verteilen, bevor Sie wieder stillen. Wenn Sie das Stillen unterbrechen müssen, weil Sie eine Zeitlang besondere Medikamente einnehmen, können Sie die Milch abpumpen und weggießen und dem Baby industrielle Säuglingsmilch oder Muttermilch von einer Milchbank füttern oder eigene Milch, die Sie schon vorher abgepumpt und eingefroren haben (siehe auch Seite 80).

Koffein

Diese Substanz, die in Kaffee, Tee, Limonaden und Schokolade vorkommt, geht ebenfalls durch die Muttermilch aufs Baby über. Große Mengen können dazu führen, daß das Baby angespannt und unruhig ist. Versuchen Sie, Ihren Konsum an diesen Getränken auf ein oder zwei Tassen täglich zu beschränken. Wenn Ihnen dieses »Aufputschmittel« fehlt, versuchen Sie es statt dessen mit körperlicher Betätigung.

Zigaretten

Können Sie rauchen und Ihr Baby stillen? Natürlich können Sie es, und manche Mütter tun es auch – wohlwissend, daß es für ihre eigene wie auch für die Gesundheit ihres Babys besser wäre, sie würden nicht rauchen. Wie jede andere aufgenommene Substanz gelangt auch das Nikotin in Spuren zum Baby. Auch wenn noch kein stichhaltiger Beweis dafür vorliegt, daß das Rauchen während der Stillzeit für das Baby sehr schädlich ist, vermutet man doch, daß es Spannungs- und Reizzustände beim Baby verursacht. Es besteht auch der Verdacht, daß das Rauchen sowohl die Milchbildung reduziert wie auch den Vitamin-C-Gehalt der Muttermilch verringert.

Eindeutig schädlich für das Baby sind die Auswirkungen des »Passivrauchens«. Das Einatmen von Zigaretten-, Zigarren- oder Pfeifenrauch anderer Raucher erhöht die Wahrscheinlichkeit, daß das Baby Atemwegsinfektionen bekommt. Es besteht immer auch die Gefahr, daß Asche auf das Baby fällt, egal wie vorsichtig Sie sein mögen. Wenn Sie das Rauchen nicht völlig aufgeben können, versuchen Sie wenigstens, unter zehn Zigaretten täglich zu bleiben. Rauchen Sie nur nach dem Stillen, und zwar im Freien oder in einem Raum, in dem sich das Baby nicht aufhält.

Alkohol

Das Schlüsselwort heißt Mäßigung. In der Vergangenheit riet man jungen Müttern oft, sich beim Stillen ein Glas Wein oder Bier als Entspannungsmittel zu gönnen. Dies ist natürlich nicht der beste Ratschlag. Kleine Mengen Alkohol gehen aufs Baby über; dies ist kein Problem, solange Sie nur mäßig trinken. Doch was heißt mäßig? Gewiß nicht mehr als zwei Drinks täglich. Eine Gefahr besteht auch darin, daß der Alkohol bei der Mutter als Beruhigungsmittel wirken kann oder zu einer Flucht vor dem nur allzu realen Streß der neuen Elternschaft werden kann. Auch wenn es gewiß nicht einfach ist, sollte man sich dennoch diesem Streß stellen und versuchen, damit klarzukommen, statt vor ihm davonzulaufen.

Marihuana

Warum ein Risiko eingehen? Auch wenn der Beweis noch nicht eindeutig ist, wissen wir doch alle, daß sich bei starken Marihuana-Rauchern im Erwachsenenalter die chemischen Vorgänge in den Gehirnzellen verändern. Wir wissen auch, daß selbst bei nur gelegentlichem Rauchen bestimmte schädigende Elemente, einschließlich THC (Tetrahydrocannabinol), in den Fettzellen gespeichert werden und lange Zeit im Körper verbleiben. Diese Elemente werden in kleinen Mengen auch in der Muttermilch vorkommen. Außerdem verursacht das THC einen niedrigeren Prolaktinspiegel, dem Hormon, das für die Milchbildung verantwortlich ist.

Kokain

Zwar wissen wir noch nicht genau, wie schädlich Kokain für ein gestilltes Baby ist, wir wissen aber, daß schon eine einzige Dosis für einen Erwachsenen tödlich sein kann. Diese starke Droge geht ebenfalls in die Muttermilch über und stellt für die gesunde Entwicklung des noch verletzlichen Nervensystems des Babys ein enormes Risiko dar. NEHMEN SIE KEIN KOKAIN ZU SICH; VOR ALLEM NICHT WÄHREND DER STILLZEIT. Wenn doch, hören Sie sofort auf zu stillen und gehen Sie zur Drogenberatung. Dort erhalten Sie Unterstützung, damit Sie Ihre Sucht überwinden, den Problemen Ihres Lebens gegenübertreten und mit den Möglichkeiten, die die Elternschaft bietet, umgehen lernen.

Die häufigsten Probleme während der Stillzeit

Die gesamte Literatur zum Thema Stillen bietet Unterstützung und Ermutigung, spricht davon, wie es sein sollte. Das Stillen eines Babys kann eine wunderbar intime und befriedigende Erfahrung sein, mit ebenso vielen Vorteilen für die Mutter wie für das Baby. Aber es kann auch eine verborgene, dunkle Seite geben, die in die Kategorie »verbreitete Probleme« fällt. Es gibt gewöhnlich viele gute, praktische Vorschläge zum Umgang mit diesen Problemen, die meistens auch funktionieren. Aber es wird kaum erwähnt, wie tief diese normalen Probleme das Selbstbewußtsein einer jungen Mutter, die sich stark am Erfolgsprinzip orientiert und gewohnt ist, Erfolg zu haben, wenn sie intensiv und sorgfältig arbeitet, unterminieren kann. Ihr Gefühl der Kompetenz und des Wohlbefindens kann nachhaltig erschüttert werden, wenn die Dinge nicht so laufen, wie sie es geplant hat.

Wenn diese Probleme nicht mit dem anfänglichen Schock der Elternschaft und den Anforderungen zusammenfielen, die die Pflege eines Neugeborenen stellt, erschienen sie vielleicht nicht so bedeutend, und wir könnten besser mit ihnen umgehen. Doch leider stellen sie sich meist gleich zu Anfang ein! Es gibt einige praktische Möglichkeiten, diesen Problemen zu begegnen, aber auch Ihre Einstellung zur Thematik ist wichtig. Seien Sie nicht zu streng mit sich selbst! Führen Sie sich vor Augen, daß es nicht nur Ihnen so geht. Bevor Sie eine der vorgeschlagenen Lösungsmöglichkeiten versuchen, machen Sie erst mal Pause und hören Sie auf die folgenden Ratschläge erfahrener Frauen.

Probleme sind in den ersten Tagen und Wochen die Regel. Beinahe jede Mutter, die ich kenne, hatte zumindest eines und bewältigte es. Meine Brustwarzen waren stark entzündet. Ich heulte sogar vor Schmerz. Ich dachte, es würde niemals aufhören. Eines Tages bemerkte ich, daß ich nicht zusammenzuckte, als ich Lena an die Brust anlegte. Alles war besser geworden. Die Wonne, von der man liest, kann Wirklichkeit werden. Ich verspürte es bei vielen Gelegenheiten, aber erst, als sich das Stillen gut eingespielt hatte.

***

Beim Stillen braucht man Unterstützung. Man braucht wirkliche Unterstützung, wenn man ein Problem hat. Suchen Sie die Gesellschaft von positiv eingestellten Menschen, die Ihnen nicht zum Aufgeben raten. Seien Sie erbarmungslos! Halten Sie sich von Zweiflern fern. Lassen Sie sie nicht ins Haus. Sie können sie nicht brauchen.

Stillen ist kein Test zur Wahl der »Mutter des Jahres«. Sie brauchen nicht ständig voller Begeisterung zu stillen. Es wird Tage geben, an denen Sie überhaupt keine Lust dazu haben. Und es ist völlig in Ordnung, wenn Sie dies eingestehen. Das bedeutet keineswegs, daß Sie nicht hinter dem Stillen stehen oder keinen Erfolg haben.

***

Ich hatte eine Brustentzündung und war sicher, mit dem Stillen aufhören zu müssen. Die Leiterin der La Leche Liga-Gruppe, an der ich teilnahm, gab mir folgenden Rat: »Wenn Sie mit dem Arzt sprechen, sagen Sie ihm was los ist, aber sagen Sie ihm klar, daß Sie wissen, daß es möglich ist, trotzdem weiterzustillen. Streichen Sie heraus, daß Sie ein spezielles Problem haben, das mit seiner Hilfe behandelt werden muß.« Ich befolgte diesen Rat, und das Ergebnis war positiv. Wenn man voller Zweifel daherkommt, wird ein Arzt, der sich mit dem Stillen nicht sehr gut auskennt, glauben, daß er einem hilft, wenn er zum Abstillen rät. Doch man will weniger ein Ende des Stillens als vielmehr Hilfe und Unterstützung.

***

Es gibt genauso viele Möglichkeiten zu stillen, wie es Mütter und Babys gibt. Ich habe drei Babys gestillt. Das erste Mal war ich nicht konsequent. Meine Tochter bekam viele Fläschchen. Es war mein Vorteil, nicht ihrer. Ich hatte kein Vertrauen. Sobald sie schrie, schob ich es auf das unzureichende Stillen. Und sie gedieh trotzdem. Den anderen gab ich nie ein Fläschchen. Auch sie entwickelten sich prächtig.

***

Anita wurde sieben Wochen zu früh geboren. Ich war entschlossen, sie zu stillen, und tat es, indem ich mit einer geliehenen elektrischen

Pumpe Milch abpumpte. Der Weg zum Erfolg war anstrengend, und ich möchte meine Hilfe anderen Müttern in der gleichen Situation anbieten. Wenn man ein Frühgeborenes hat, muß man sich selbst stärken gegen Leute, die nicht verstehen, warum man sich so anstrengt, um dieses Kind zu stillen. In ihren Augen sollte man doch glücklich sein, dieses Baby überhaupt noch zu haben. Mit anderen Worten, wer bist du denn, daß du so aufgeregt, so »fanatisch« bist, wie es eine Verwandte ausdrückte, wenn es um die Ernährung deines Babys geht. Sie glauben auch nicht, daß das Baby genug Milch bekommt. Warum sagt niemand: »Es ist toll, daß du es versuchst!« Anita machte einige Hochs und Tiefs durch, bevor wir sie nach Hause holen konnten. Wenn ich meine Milch abpumpte, heulte ich manchmal vor Angst, Zorn und Müdigkeit. Ich glaube, was mich durchhalten ließ, war, daß ich mir immer wieder sagte: »Ich mache es richtig! Ich mache es richtig!!!« Ich wünschte, ich könnte persönlich jeder Mutter, die Verständnis braucht, meinen Arm um die Schulter legen. Glauben Sie mir, Sie sind großartig, wenn Sie es versuchen.

⁂

Geben Sie dem Stillen eine Chance. Ich hatte der ganzen Sache gegenüber große Zweifel. Manchmal stillte ich nur einmal täglich. Ich hatte Probleme. Ich hatte einen Milchstau und verstopfte Milchgänge, und das Baby trank nicht richtig. Später dann nahm mein Sohn nicht so zu, wie er nach Meinung des Arztes sollte. Ich setzte mir kleine Ziele. Ich sagte mir: »Wir werden sehen, ob wir das in den Griff bekommen. In drei Tagen oder nächste Woche, wenn es noch nicht besser ist, können wir ja aufhören.« Ich wußte immer, daß ich zum Fläschchen wechseln konnte. Diese Möglichkeit half mir. Ich sah das Stillen nie als eine Frage des »Alles oder Nichts«. Ich sah es als eine Möglichkeit, nicht als ein »Muß« oder »Sollte«. Hängen Sie sich rein. Es kommen bessere Zeiten.

⁂

Sagen Sie allen Frauen, die dieses Buch lesen, daß es besser wird. Sagen Sie ihnen nicht, es wird irgendwann einmal besser. Sagen Sie einfach, es wird besser! Es wird besser! Es wird besser! Sagen Sie es ihnen hundertmal.

Mit welchen Schwierigkeiten Sie möglicherweise zu kämpfen haben, lesen Sie im folgenden.

Entzündete Brüste

Entzündete Brüste können vielerlei Ursachen haben, doch die Behandlung ist fast immer die gleiche. In dem »Handbuch für die stillende Mutter« rät die La Leche Liga, die schon Tausenden von stillenden Müttern bei entzündeten Brüsten geholfen hat: »Egal welche Ursachen entzündete Brüste haben, es gibt drei grundlegende Schritte der Behandlung: warm halten, viel ruhen, und die Brust durch häufiges Stillen immer möglichst leer halten. Diese Maßnahmen klingen vielleicht enttäuschend einfach, doch ein sofortiges Handeln kann verhindern, daß aus einigen Stunden Unwohlsein eine mehrtägige Bettlägrigkeit wird.« Ich stimme mit diesem Rat überein und ebenso all die anderen Frauen, die zu diesem Buch beigetragen haben.

Milchstau

Wenn die Milch am zweiten oder dritten Tag nach der Geburt einschießt, kommt es sehr oft zu einem Milchstau und einem starken Anschwellen der Brüste. Ein Milchstau kann auch entstehen, wenn das Baby eine Mahlzeit verschläft oder wenn man beim Abstillen eine Mahlzeit ausläßt. Das schmerzhafte Gefühl des Übervollseins wird durch den erhöhten Blut- und Lymphflüssigkeitsfluß verursacht sowie durch sehr hohe Mengen des Hormons Prolaktin. Das Prolaktin ist für die Bildung der Milch in den Alveolen verantwortlich. Die Brüste fühlen sich hart und warm an und schmerzen. Sie können so voll sein, daß die Brustwarze flach wird und das Baby Schwierigkeiten hat, sie zu fassen. Und auch das tut weh! Wird der Milchstau nicht gelindert, kann das angeschwollene Gewebe tatsächlich die Milchbildung wie auch die Freisetzung der Milch behindern. Dies kann für Mutter und Kind frustrierend sein; das Baby wird immer wieder an der Brust ziehen und dadurch die Brustwarzen entzünden.

Doch dieses Problem hört sich schlimmer an, als es ist! Ein Milchstau ist kein ernstes Problem, aber er kann Ihr Wohlbefinden und Ihr Vertrauen ins Stillen beeinträchtigen und zum Auslöser unangenehmer Folgeerscheinungen werden.

Bei einem Milchstau sind sich Vorbeugung und Heilung sehr ähnlich. Die beste Vorbeugung ist häufiges Stillen, und zwar so bald und so oft wie möglich nach der Geburt. Stillen Sie in verschiedenen Stellungen, an beiden Brüsten, damit sie auch bestimmt leergetrunken werden. Dadurch werden alle Milchgänge hinter dem Warzenhof »gemolken«. Besteht bereits ein Milchstau, kann es Erleichterung verschaffen, wenn es gelingt, Milch »auslaufen« zu lassen. Zu diesem Zweck beginnen Sie fünfzehn Minuten vor dem Stillen den Milchspendereflex (siehe Seite 59) anzuregen. Wärme regt ihn am besten an; dadurch wird gewöhnlich die Milch spontan freigesetzt. Legen Sie warme, feuchte Kompressen auf die Brüste auf. Verwenden Sie niemals Eis! Haben Sie dazu im Moment nicht die Möglichkeit, können Sie die Brüste mit einer kontinuierlichen Bewegung zart massieren, bis Milch ausfließt.

Diese Freisetzung von Milch wird das Völlegefühl lindern; die Brustwarzen werden dadurch geschmeidiger und richten sich wieder auf, so daß das Baby sie fassen kann. Wird das Baby an die Brust gelegt, fließt die Milch bereits, und das Baby muß sich beim Saugen nicht so sehr anstrengen. Alle diese Maßnahmen regen die Zirkulation des Blutes und der Lymphflüssigkeit an und machen die Milchgänge wieder frei.

Tragen Sie bei einem Milchstau weiterhin einen Büstenhalter. Er wirkt wie ein leichter Kompressor und verhindert, daß die Flüssigkeit ins Gewebe dringt. Überprüfen Sie jedoch, ob der Büstenhalter nirgends einengt. Trinken Sie nicht zu viel Flüssigkeit. Bleiben Sie bei sechs bis acht Gläsern täglich. Pumpen Sie die Milch nicht mit einer Milchpumpe ab, um sich Linderung zu verschaffen. Dies stimuliert nur die Brustwarzen und sendet die Botschaft »Milch bilden« ans Gehirn. Bei einem Milchstau wollen Sie die Milchproduktion nicht noch erhöhen. Verwenden Sie kein Brustschild (siehe Seite 71).

Verstopfte Milchgänge

Manchmal ist nur eine Partie der Brust verstopft, weil das Baby die Milchgänge dort nicht »gemolken« hat. Diese Stelle wird dann rot und fühlt sich hart oder knotig an. Das kann schmerzhaft sein, ist aber nichts Ernstes, sofern man es behandelt. Bleibt es unbehandelt, kann daraus allerdings eine Brustentzündung entstehen, die für Mutter und Kind Probleme bringt. Haben Sie einen verstopften Milchgang, betrachten Sie es als eine Warnung, kürzer zu treten, zu ruhen und sich Zeit zu lassen, auf beiden Seiten ausgiebig zu stillen.

Die Behandlung besteht im Aufbringen von Wärme und einem leichten Druck oder einer Massage der verstopften Stelle mehrmals am Tag. Stillen Sie häufig, und zwar mit der betroffenen Brust zuerst, um sicherzustellen, daß sie leergetrunken wird. Überprüfen Sie, ob das Baby richtig angelegt ist (siehe »Wie man das Baby beim Stillen hält«, Seite 51) und den Warzenhof möglichst weit im Mund hält, so daß es alle Milchgänge »melkt«. Die La Leche Liga empfiehlt, sich auf Händen und Knien abzustützen, so daß man über dem Baby »hängt« und von oben stillt. Hier hilft die Schwerkraft dabei, den Milchgang freizulegen. Tun Sie, was immer Ihnen hilft! Und überprüfen Sie schließlich auch, ob Ihr Büstenhalter Ihre Brüste nicht einzwängt.

Brustdrüsenentzündung

Haben Sie eine entzündete oder harte Brust mit den Symptomen, die oben beim Milchstau beschrieben wurden, oder einen verstopften Milchgang sowie grippeähnliche Symptome, besteht wahrscheinlich eine Brustdrüsenentzündung. Brechen Sie nicht in Panik aus! Dies bedeutet nicht, daß Sie mit dem Stillen aufhören oder es auch nur unterbrechen müssen. Ihr Baby wird dank der Antikörper in Ihrer Milch keinen Schaden nehmen. Die Behandlung ist dieselbe wie bei verstopften Milchgängen. Ihr Arzt oder der Kinderarzt kann ein Antibiotikum verschreiben, das für ein gestilltes Baby weitgehend ungefährlich ist. Denken Sie daran, daß der Stuhl des Babys weicher sein kann, wenn Sie Antibiotika nehmen, und daß es einen Windelausschlag bekommen kann. Nehmen Sie das Antibiotikum auf jeden Fall so lange, wie es verordnet wurde. Man ist versucht, es abzusetzen, sobald die Symptome verschwunden sind; tun Sie dies aber nicht, denn es besteht die Gefahr eines Rückfalls.

Entzündete Brustwarzen

Eines der häufigsten Probleme beim Stillen sind entzündete Brustwarzen – besonders wenn Sie hellhäutig sind. Die Brustwarzen sind zart und schmerzen, wenn das Baby daran saugt. Auch wenn es sich dabei um kein echtes Krankheitsbild handelt, empfindet man gewiß körperliches Unbehagen. Wenn es überhaupt einen Trost gibt, dann den, daß die Entzündung fast immer mit der Zeit verschwindet.

Bisher ging man in der Regel davon aus, daß eine Entzündung hauptsächlich deswegen auftritt, weil die Brustwarzen während der Schwangerschaft nicht ausreichend abgehärtet wurden bzw. die Stilldauer nicht langsam genug erhöht wurde. Doch inzwischen gibt es Untersuchungen, die nahelegen, daß das falsche Anlegen des Babys am Warzenhof die eigentliche Ursache ist (siehe Seite 51).

Eine Entzündung kann zu anderen Problemen führen. Schmerzen oder auch nur der Gedanke an Schmerzen lösen Angst aus. Diese Angst kann den Milchspendereflex beeinträchtigen. Fließt die Milch nicht, erfährt das Baby keine Befriedigung. Es zieht stärker an der Brust und verursacht dadurch noch stärkere Schmerzen.

Wenn Sie Ihre Brüste aufs Stillen vorbereitet haben, einem Milchstau konsequent vorbeugen und das Baby bei jedem Stillen richtig anlegen, besteht kaum die Gefahr, entzündete Brustwarzen zu bekommen. Ist es bereits zu spät, fassen Sie Mut. Kombinieren Sie die folgenden sieben Schritte mit der Arznei »Zeit«. Beides zusammen bringt sicherlich Hilfe.

1. Der Muttermilch selbst werden, wird sie vorsichtig in die entzündete Brustwarze einmassiert, wunderbar heilende Kräfte nachgesagt. Regen Sie durch Wärme den Milchspendereflex an, so daß ein wenig Milch ausläuft. Bei anderen Müttern half das Einreiben der Brustwarze mit etwas Heilsalbe oder Vitamin-E-Öl.

2. Überprüfen Sie Ihre Ernährung und achten Sie darauf, viel Vitamin C zu sich zu nehmen, das die Gewebeheilung unterstützt. Seien Sie kein Märtyrer. Ihr Ziel ist es, das Stillen aufzubauen, nicht zu leiden. Denken Sie daran, daß Sie auch mal ein Aspirin zur Schmerzlinderung nehmen können. Langsames, tiefes Durchatmen kann ebenfalls Linderung verschaffen.

3. Lassen Sie nach jedem Stillen Ihre Brustwarzen an der Luft trocknen, indem Sie die Körbchen des Büstenhalters offen lassen. Sie können die Brüste auch drei- oder viermal täglich für fünf Minuten dem Sonnenlicht aussetzen. Oder Sie können eine Höhensonne verwenden. Benutzen Sie keine Seifen oder andere austrocknende Pflegeprodukte für Ihre Brüste.

4. Lesen Sie sorgfältig die Hinweise zum richtigen Anlegen des Babys an der Brust (siehe Seite 50). Es kann nicht oft genug betont werden, wie wichtig die richtige Stellung ist. Schläft das Baby an der Brust ein, kann die Zunge des Babys an der Spitze der Brustwarze reiben. Dieses verkehrte Saugen oder Nuckeln kann große Schmerzen verursachen. Überprüfen Sie also die Stellung der Zunge. Hat das Baby ein zusätzliches Saugbedürfnis, geben Sie ihm einen kiefergerechten Schnuller.

5. Unglücklicherweise können entzündete Brustwarzen so stark schmerzen, daß man versucht ist, Stillzeiten auszulassen, um die Brustwarzen ausheilen zu lassen. Doch das ist keine gute Lösung. Stillen Sie statt dessen öfter, aber kürzer, und denken Sie daran, daß das Baby die Brust innerhalb von sieben Minuten leertrinken kann. Warten Sie nicht, bis das Baby riesigen Hunger hat. Denn dann saugt es viel stärker oder zieht sogar an der Brust, und der Schmerz wird noch intensiver.

6. Schauen Sie nach, ob das Baby an Soor, einer Mundinfektion, leidet, mit der es sich im Geburtskanal infizieren kann. Dabei treten weiße, milchige Flecken auf der Zunge und den Backenschleimhäuten auf. Wenn Sie versuchen, den Soor wegzuwischen, kommt darunter rohe Haut zum Vorschein. Soor kann nicht nur den Mund des Babys entzünden und das Saugen stören, sondern auch die Brustwarzen der Mutter befallen. Sowohl der Mund des Babys wie auch die Brustwarzen der Mutter müssen deshalb mit einem Fungizid behandelt werden, so daß der Soor nicht immer wieder gegenseitig übertragen wird.

7. Verwenden Sie keine Brusthütchen! Manchmal werden Sie stillenden Müttern im Krankenhaus angeboten mit der Begründung, daß entzündete Brustwarzen leichter abheilen, wenn sie geschont werden.

Verwenden Sie nach Möglichkeit keine Brusthütchen!

Brusthütchen sehen aus wie Flaschensauger, die über die Brust gezogen werden. Manchmal werden sie als Schutz bei entzündeten Brüsten empfohlen. Auch bei verstopften, flachen oder Hohlwarzen werden sie angeboten, um dem Baby das Fassen der Brustwarze zu erleichtern.
Was also spricht gegen Brusthütchen? Sie erscheinen sinnvoll, sind es aber nicht, weil sie keine Probleme lösen. Sie verzögern eine effektive Lösung nur und können dadurch Folgeprobleme verursachen. Warum? Weil die Brustwarze ohne direkten Kontakt mit dem Mund des Babys nicht genug angeregt wird, um die Botschaft »Milch bilden« an Ihr Gehirn zu senden. Dies wiederum wird sich auf Ihre Milchversorgung auswirken. Des weiteren können die wie ein Flaschensauger geformten Brusthütchen beim Baby »Verwirrung« auslösen, die bis zur Verweigerung der Brust führen kann. Ist es unbedingt erforderlich, ein Brustschild zu verwenden, suchen Sie nach einem mit einem kiefergerechten NUK-Sauger.

Unzureichende Milchversorgung

Ich lebte im Glauben, dieses Stillen sei ein Klacks. Einfach toll. Ist der Anfang einmal geschafft, ist es so leicht. Wir gingen überall hin. Wir konnten alles tun. Ich fühlte mich wie Mutter Erde selbst, wenn ich meinen Sohn auf Partys, auf Parkbänken stillte. Wir gingen sogar ins Kino. Wollen Sie wissen, was Schuldgefühle sind? Er hatte 200 Gramm abgenommen, als wir zur Vorsorgeuntersuchung zum Arzt gingen.

***

Meine Mutter beharrte darauf, daß das Baby hungrig sei, und ich glaubte, sie hätte recht. Ich war so niedergeschlagen.

Ist der Arzt mit der Gewichtszunahme Ihres gestillten Babys nicht zufrieden, befürchten Sie wahrscheinlich, nicht genug Milch zu haben. Bevor Sie in Panik ausbrechen, halten Sie einen Moment inne und machen Sie sich klar, daß Ihnen das Beste für Ihr Baby am Herzen liegt und daß Sie es nicht verhungern lassen. Verschwenden Sie keine Zeit mit Schuldgefühlen. Richten Sie statt dessen Ihre Energie darauf, mit dem Problem fertigzuwerden und halten Sie sich vor allem von negativ denkenden Menschen fern. Dies ist genau die Gelegenheit, auf die Zweifler warten. Im folgenden finden Sie einige Aspekte, die Sie in Betracht ziehen sollten, und Maßnahmen, die Sie ergreifen können.

○ Hat Ihr Baby gerade einen Wachstumsschub? Wachstumsschübe kommen mit ca. zehn Tagen, drei Wochen, sechs Wochen und drei Monaten vor, können aber auch zu einem anderen Zeitpunkt auftreten. Das Baby wird größeren Hunger haben. Eine logische Reaktion ist, es öfter zu stillen. Tun

Sie das und versuchen Sie gleichzeitig, viel zu ruhen, zu entspannen und gut zu essen.

○ Überdenken Sie sorgfältig Ihre eigenen Aktivitäten. Vielleicht hat sich hier etwas geändert. Oft widmet sich die Mutter in der ersten Zeit völlig dem Stillen und der Erholung von der Geburt. In den ersten Wochen nach der Geburt lebt sie in einer Art »Zeitlosigkeit« – sie ist nachts auf, schläft morgens lange, macht immer wieder ein Nickerchen, läuft bis Mittags um zwei im Bademantel herum. Hat das Baby dann einen gewissen Rhythmus gefunden und fühlt die Mutter sich nicht mehr so gelähmt, kommt sie langsam wieder zurück auf die Erde und findet in die Realität zurück. Das Einkaufen und das Kochen waren vernachlässigt worden und ebenso die Pflanzen. Wahrscheinlich fühlt sie sich inzwischen auch ein bißchen isoliert und will mal herauskommen. Sie beginnt wieder zusätzlich zu ihrem normalen Tagesablauf einige Aktivitäten ihres früheren Lebens aufzunehmen – ihres »wirklichen« Lebens. Auch wenn ihr Schlaf nachts noch unterbrochen wird, hat sie vielleicht nicht das Bedürfnis, oder genauer, glaubt das Bedürfnis nach einem Nickerchen tagsüber nicht rechtfertigen zu können. Ohne sich dessen bewußt zu werden, bildet sie dann nicht mehr so viel Milch, wie das Baby braucht, einfach weil sie übermüdet ist.

Die beste Lösung ist, kürzer zu treten. Man sollte sich zunächst ein bis zwei Tage lang nur der Erhöhung der Milchbildung widmen. Das heißt, man sollte im Grunde nur stillen und ausruhen, ausreichend essen und trinken. Vielleicht sollten Sie um Hilfe bitten – im Haushalt, bei der Betreuung Ihrer anderen Kinder, wenn Sie schon welche haben, oder für sich selbst. Für sich selbst um Hilfe zu bitten, kann für eine selbständige Frau, die gewohnt ist, mit allem selbst fertig zu werden und auch noch für alle anderen zu sorgen, besonders schwer sein. Lassen wir es zu, denn Babys lehren uns, Prioritäten zu setzen. Prinzipiell gesehen, was ist wichtiger – ein sauberes Haus, eine warme Mahlzeit, ein Besuch bei einer Freundin, eine zu Ende gebrachte Arbeit oder der gegenwärtige Augenblick Ihres Lebens mit diesem Baby, eine Zeit, die nie wiederkehren wird?

○ Schreiben Sie auf, wie oft Sie das Baby stillen. Die beste Methode, mehr Milch zu bilden, ist die Anregung der Brust durch das Saugen. Ist Ihr Baby schläfrig (es schläft während der Mahlzeiten ein und kommt lange Zeit ohne Stillen aus), ist es gut möglich, daß Ihre Brüste nicht genug stimuliert werden. Auch wenn es verkehrt erscheinen mag, ein schlafendes Baby zu wecken, sollte man es in diesem Fall tun. Stillen Sie das Baby tagsüber mindestens alle drei Stunden und lassen Sie es nachts nicht länger als fünf Stunden am Stück schlafen. Arbeiten Sie außer Haus und können Ihr Baby zwischendurch nicht sehen, versuchen Sie öfters Milch abzupumpen.

○ Beachten Sie bei entzündeten Brustwarzen: Reduzieren Sie die Stillmahlzeiten nicht, da dies die Milchbildung beeinträchtigen kann. Stillen Sie statt dessen öfter und kürzer und befolgen Sie die Ratschläge zur Linderung der Beschwerden (siehe Seite 70).

○ Auch ein Milchstau kann die Milchbildung beeinträchtigen. Lesen Sie auf Seite 68 nach, was bei einem Milchstau zu tun ist.

○ Überprüfen Sie, ob das Baby kräftig saugt (siehe Seite 50 und Seite 55). Seine Zunge sollte unter Ihrer Brust liegen, so daß es den Warzenhof so weit wie möglich im Mund hält und darauf »herumkauen« kann. Auf diese Weise »melkt« es die Milchgänge und stimuliert die Brust, mehr Milch zu bilden. Wurde es bereits mit einem Fläschchen mit gewöhnlichem Sauger gefüttert, leidet es vielleicht an einer »Saugerverwirrung«. Fragen Sie in diesem Fall bei einer Stillgruppe nach.

○ Stellen Sie sicher, daß das Baby an beiden Brüsten trinkt. Um die weitere Milchproduktion anzuregen, wechseln Sie bei jeder Mahlzeit mindestens zweimal die Seite. Beobachten Sie sorgfältig, ob das Saugen und Schlucken des Babys langsamer wird, und legen Sie es dann an die andere Brust, auch wenn es nur vier oder fünf Minuten getrunken hat.

○ Stillt das Baby sein zusätzliches Saugbedürfnis mit einem Schnuller und nicht an Ihrer Brust? Versuchen Sie es an die Brust zu legen, wenn es unruhig ist, selbst wenn es gerade erst getrunken hat.

○ Bekommt Ihr Baby ein Fläschchen? Wenn ja, versuchen Sie darauf zu verzichten und stillen Sie es statt dessen; oder versuchen Sie eine Stillhilfe (siehe Zeichnung).

Frage: Sollte ich dem Baby zusätzliche Fläschchen geben, wenn es beim Stillen nicht genug bekommt?

Antwort: Das können Sie immer noch tun. Warum warten Sie nicht erst einmal ab und versuchen, die Milchbildung zu verbessern? Manche Fachleute halten einen Zeitraum von zwei Wochen für angemessen: eine Woche, um die Milchbildung zu erhöhen, und eine Woche, um mögliche Veränderungen im Verhalten des Babys beobachten zu können. Das Problem mit den Fläschchen besteht darin, daß das erste Fläschchen meist unweigerlich zum Verabreichen des nächsten führt. Fläschchen unterminieren auf subtile Weise sowohl Ihre Hingabe wie auch Ihr Vertrauen ins Stillen. Und an dem Gummisauger kann das Baby viel leichter trinken als an Ihrer Brust. Ihr Baby kann verwirrt werden oder, genauso problematisch, lieber aus der Flasche trinken und die Brust verweigern. Dann sind Sie in der schwierigen Situation, dem Baby etwas verweigern zu müssen, was es offensichtlich will.

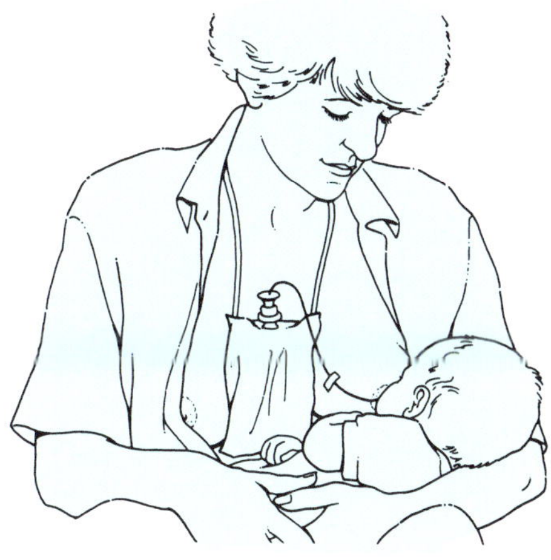

Stillhilfe (Lact-Aid). Dieses gut durchdachte Gerät erlaubt der stillenden Mutter, beim Stillen ihre Milch durch abgepumpte Milch, Milch von einer Milchbank oder Fertigmilch zu ergänzen, wobei das Baby weiterhin ihre Brüste durch sein Saugen anregt. Dünne Schläuche, die an dem Lact-Aid-Sack angebracht sind, verlaufen zu ihren Brüsten. Wenn das Baby saugt, erhält es Milch sowohl aus der Brust wie aus dem Schlauch, ohne daß die Gefahr bestünde, daß es an einen Sauger gewöhnt würde, wie es beim Trinken aus der Flasche der Fall ist.

Einfach entspannen: Streß schadet der Milchbildung

»Einfach entspannen« ist ein Standard-Rat an Mütter, die mit dem Stillen beginnen. Aber kommt es darauf wirklich an? Laut einer amerikanischen Untersuchung heißt die Antwort »ja«. In einem Versuch hörte eine Gruppe von stillenden Müttern eine Kassette, bevor sie Milch für ihre im Krankenhaus liegenden Frühgeborenen ausdrückte. Diese Mütter drückten im Durchschnitt 63 Prozent mehr Milch aus als Frauen, die zuvor keine Musik hörten. Wenn Mütter die Kassette hörten, deren Kinder künstlich beatmet wurden und die dadurch unter noch größerem Streß standen, stieg die Menge der danach ausgedrückten Milch sogar um 121 Prozent.

Stillen nach einem Kaiserschnitt

Es gibt keinen Grund, warum man nach einem Kaiserschnitt nicht stillen könnte. Zunächst mag es schwierig erscheinen, beim Stillen die Naht zu schützen. Aber es ist möglich, ebenso wie das Umdrehen, das Aufsitzen und das Stehen. Sie müssen anfangs nur langsam machen und Hilfe annehmen. Der bemerkenswerteste Aspekt eines Kaiserschnitts ist die rasche Heilung. Beim Verlassen des Krankenhauses werden Sie bereits über Ihre Agilität und Unabhängigkeit staunen.

Stillen Sie sobald wie möglich. Zwar hört man auch von Müttern, die trotz Kaiserschnitt bereits auf dem Entbindungsbett gestillt haben, aber die meisten frischentbundenen Mütter, die einem chirurgischen Eingriff unterzogen wurden, brauchen erst einige Zeit, bis sie sich dazu in der Lage fühlen. Denken Sie daran, daß kein Grund besteht, zum Märtyrer zu werden. Versichern Sie sich, daß Ihr Arzt weiß, daß Sie stillen. Nehmen Sie erst dann die angebotenenen Schmerzmittel. Sie werden dem Baby nicht schaden. Die meisten Kinderärzte vertreten die Position, daß die Vorteile des Stillens die Auswirkungen eventuell eingenommener Medikamente auf das Baby bei weitem übertreffen. Auch tiefes Atmen hilft, die Beschwerden zu lindern. Stehen Sie sobald wie möglich auf und gehen Sie umher. Dies hilft, Blähungen zu beseitigen, den Kreislauf anzuregen und die Rekonvaleszenz insgesamt zu beschleunigen. Hören Sie auf die Ratschläge und den Zuspruch von Müttern, die einen Kaiserschnitt hatten:

Mir war es eine große Hilfe, daß mein Mann tagsüber bei mir im Krankenhaus war. Ich schlief die meiste Zeit, aber wenn das Baby sich rührte, war er da, um mich zu wecken und mir zu helfen, es anzulegen. Als er wieder arbeiten mußte, kam meine Schwiegermutter nachmittags. Danach kam ich alleine zurecht.

⁂

Zuerst ging es mir wirklich schlecht, ich war weinerlich und fühlte mich alleine in meinem Einzelzimmer. Besser war es, wenn Katrin bei mir war. Anstatt über mich und mein Elend nachzudenken, dachte ich an sie. Trotz meiner Ungeschicklichkeit wußte sie anscheinend, wie man richtig saugte, und so klappte es gleich anfangs besser, als ich mir jemals vorgestellt hätte.

⁂

Glücklicherweise war man in dem Krankenhaus, in dem ich entband, sehr mitfühlend mit Müttern, die einen Kaiserschnitt hatten. Wir lagen zusammen in einem Zimmer und hatten das Gefühl einer echten Gemeinschaft, wenn wir mit unseren Nähten, unseren Haltestangen und unseren Bettpfannen hantierten. Es ist tödlich, die eigene Geburtserfahrung mit der von Frauen, die normal entbunden haben, zu vergleichen. Sie tanzen schon zwei Stunden nach der Geburt auf den Gängen herum und trinken Champagner.

⁂

Ich muß zugeben, daß ich enttäuscht war, auch wenn ein gesundes Baby natürlich das wichtigste ist. Glücklicherweise habe ich die Einstellung, daß jede Enttäuschung meist auch eine positive Seite hat, und in diesem Fall war dies die frühe und intensive Beziehung von Thomas zu dem Baby. Ich bin normalerweise ein »Macher«-Typ und halte mich selbst für kompetenter als die meisten anderen Menschen. Am ersten Tag war ich wirklich nicht fit, aber ich fand es wunderbar zu wissen, daß Thomas all das für Emilie tat, was ich nicht tun konnte. Er durfte einen Großteil des Tages bei uns im Zimmer bleiben. Während ich döste, hielt er sie und stellte sich voll auf sie ein. Er beobachtete, wie sie schlief, und bemerkte es genau, wenn sie langsam aufwachte. Seine großen Hände waren echt hilfreich, wenn es Zeit wurde, sie an die Brust zu legen. Er ließ sie aufstoßen und wickelte sie. Es war tatsächlich so, daß er es war, der mir stolz zeigte, wie man sie richtig wickelte. Er war in gewisser Weise auch mein Anwalt und sorgte dafür, daß ich vom Krankenhauspersonal mit allem versorgt wurde, was ich brauchte, seien es zusätzliche Kissen oder ein Termin mit dem Kinderarzt. Ich liebte ihn mehr als jemals zuvor, und das kam teilweise daher, daß ich es zuließ, daß er sich sowohl um mich wie auch um das Baby kümmerte. Als wir nach Hause kamen, waren wir drei sehr eng miteinander verbunden.

⁂

Sagen Sie allen Frauen, daß sie zu Hause erst einmal alles locker nehmen sollen. Ich tat es nicht. Ich glaube, ich versuchte zu bald eine Superfrau zu sein. Sie haben eine große Erfahrung gemacht. Denken Sie an die enormen Veränderungen, die Körper und Psyche durchgemacht haben, erst in der Schwangerschaft, dann beim Kaiserschnitt und schließlich beim Stillen. Sie haben es wirklich nötig, sich Ruhe zu gönnen und nichts anderes zu tun, als sich um das Baby zu kümmern. Dies ist in der ersten Woche zu Hause ziemlich leicht, wenn Sie jeder darin bestärkt mit seinem »Oh, komm, ich mach das für dich«, doch auch wenn die anfängliche Aufregung vorbei ist, sollten Sie um Hilfe bitten und vieles einfach laufen lassen.

Bequeme Stillpositionen nach einem Kaiserschnitt

Zögern Sie nicht, an den ersten beiden Tagen nach der Entbindung die Krankenschwester oder Ihren Partner um Unterstützung zu bitten. Legen Sie sich auf die Seite, das Bett sollte leicht erhöht sein und die Haltestange hochgestellt. Legen Sie ein Kissen zwischen ihre Beine, um den Druck von Ihrem Bauch zu nehmen. Mit einem weiteren Kissen polstern Sie Ihren Rücken gegen das Bettgestell ab. Stellen Sie sicher, daß das Baby auf der Höhe Ihrer Brust liegt und sein Gesicht Ihnen direkt gegenüber ist, so daß es seinen Kopf nicht drehen muß. Stillen Sie an der ersten Brust fünf Minuten. Um das Baby an die andere Seite zu legen, bitten Sie Ihren Helfer, das Baby zu halten, während Sie sich mit Hilfe der Haltestange umdrehen und auf die andere Seite legen. Wenn Sie wieder zu Kräften gekommen sind, werden Sie sich umdrehen *und* Ihr Baby halten können.
Andere bequeme Stellungen, sobald Sie wieder etwas beweglicher sind, sind die unterstützte Stellung (siehe Seite 52) und die übliche Stillposition in einem Sessel sitzend. Benutzen Sie viele Kissen, um Ihre Naht zu schützen und das Baby hochzulegen, so daß es bequem an die Brust kommt.

Arbeiten und Stillen

Es gibt keinen Grund, warum Sie nicht versuchen sollten, Berufstätigkeit und Stillen zu vereinbaren. Lassen Sie sich darauf ein und verstärken Sie so dieses komplexe und geheimnisvolle Band, das Sie mit Ihrem Baby verbindet. Stillen, seine körperlichen und emotionalen Vorteile, sind Gaben, die nur Sie als Mutter schenken können. Für viele Mütter ist es eine bedeutungsvolle Kompensation dafür, daß sie das Baby zeitweise jemand anderem überlassen. Stillen kann auch eine entspannende, friedvolle und willkommene Pause vom Trubel des Arbeitslebens sein. Es bietet eine direkte Möglichkeit der Kommunikation mit dem Baby, bevor man es verläßt, um zur Arbeit zu gehen, und um die Bindung abends wieder aufzunehmen.
Sicher, Stillen und Berufsleben unter einen Hut zu bringen, das erfordert Zeit, Anstrengung und wirkliche Hingabe von seiten der Mutter. Die entscheidenden Faktoren sind Entschlossenheit, Timing, ein gewisses Maß an Flexibilität, Vorbereitung und Übung und die Überzeugung, daß Sie Ihr eigenes Stillsystem ausarbeiten können. Untersuchungen zeigen, daß die besten Voraussetzungen für gutes Gelingen eine Teilzeitbeschäftigung und das Abpumpen von Milch von der sechzehnten Lebenswoche des Babys an sind; aber viele Frauen gehen auch anders vor. Am besten ist immer das, was bei Ihnen klappt, sei es das Abpumpen und ausschließliche Füttern von Muttermilch oder ein teilweises Entwöhnen und Zufüttern von Säuglingsmilch.
Unabhängig davon, welche Methode Sie wählen, lesen Sie auf jeden Fall das Kapitel über berufstätige Mütter (Seite 280) und rationalisieren Sie Ihr Leben so weit wie möglich. Das Wissen, daß das Säuglingsal-

ter Ihres Kindes eine sehr kurze Periode in der gesamten Erziehungszeit ist, hilft allen jungen Eltern – aber ganz besonders berufstätigen, stillenden Müttern. Später wird wieder Zeit sein, all die unerledigten Aufgaben auszuführen und sich wieder anderen Menschen zu widmen, nicht nur dem Baby und dem Partner. Doch bis es soweit ist, muß die Mutter zu allen Extraverpflichtungen nein sagen.

Frage: Wie wirkt sich eine berufliche Beschäftigung auf das Stillen aus?
Antwort: Um dies herauszufinden, beobachtete Dr. Kathleen Auerbach 567 verheiratete und alleinstehende berufstätige, stillende Mütter. Der wichtigste Faktor dabei war ihrer Ansicht nach, wie bald nach der Geburt die Mutter in ihren Beruf zurückkehrte. Mütter, die ihre Arbeit wiederaufnahmen, als ihr Baby mindestens sechzehn Wochen alt war, stillten normalerweise länger als diejenigen, die schon früher wieder arbeiteten – höchstwahrscheinlich deshalb, weil sie im Stillen erfahrener waren und ihre Milchbildung gut eingespielt war.
Es ist nicht überraschend, daß Dr. Auerbach auch herausfand, daß Mütter, die nur in Teilzeit arbeiteten, weniger Stillzeiten versäumten und ihre Babys tendenziell länger stillten als voll berufstätige Mütter. Eine dritte Variable stellte die Frage dar, ob die Mutter ihre Milch ausdrückte, wenn sie eine Mahlzeit versäumte, oder nicht. Mütter, die Milch abpumpten, stillten länger als diejenigen, die keine Milch ausdrückten und dem Baby statt dessen Säuglingsmilch füttern ließen.

Vorbereitungen und praktische Erwägungen

○ In einigen europäischen Ländern, in denen das Stillen immer die Regel gewesen ist, können stillende Mütter zusätzliche Pausen einlegen, in denen sie ihre Kinder, die in nahegelegenen Einrichtungen betreut werden, stillen. Auch wenn eine solche Einrichtung nicht vorhanden ist, das Baby aber in der Nähe, z. B. bei einer Tagesmutter, untergebracht ist, sollte man sich nicht scheuen, den Arbeitgeber zu fragen, ob er sich in dieser Frage flexibel zeigt und zu Zugeständnissen bereit ist. Vielleicht kann man auch Arbeit mit nach Hause nehmen und/oder die Arbeitszeit allmählich erhöhen. Jede Mutter, die es schafft, mit ihrem Arbeitgeber eine zufriedenstellende Lösung auszuarbeiten, bietet ein Vorbild für alle nachfolgenden Mütter.
○ Haben Sie vor, wieder zu arbeiten und zu stillen, kümmern Sie sich um eine Form der Babybetreuung, die Ihnen entgegenkommt. Eine Betreuungsperson, die nachvollziehen kann, wie wichtig das Stillen für Sie ist, macht bestimmt auch mal eine extra Anstrengung, um das hungrige Baby noch zu beruhigen, bis Sie nach Arbeitsschluß mit vollen Brüsten nach Hause kommen. Fragen Sie z. B., wenn Sie eine Tagesmutter suchen, ob Sie beizeiten kommen können, um bei ihr das Baby noch zu stillen, bevor Sie zur Arbeit gehen. Wenn Sie eine Betreuung in der Nähe des Arbeitsplatzes finden, können Sie z. B. während der Mittagspause zum Stillen gehen.
○ Essen Sie gut und denken Sie daran, während der Arbeit genug zu trinken, vorzugsweise koffeinfreie Getränke.
○ Tragen Sie einfache, weite, waschbare Kleidung. Wenn Sie Milch abpumpen, sind Zweiteiler, die man leicht hochheben kann

und die nicht verzogen aussehen, von Vorteil. Läuft Milch aus, legen Sie Stilleinlagen in Ihren Büstenhalter. Bewahren Sie davon einen Vorrat am Arbeitsplatz auf, ebenso wie eine Bluse als Reserve.

○ Es ist nützlich, die Kunst des Milchausdrückens mit der Hand zu beherrschen – um Milch zu sammeln, um die Spannung in übervollen Brüsten zu lindern oder um die Milchbildung anzuregen (siehe auch Seite 80).

○ Wollen Sie Milch abpumpen, lassen Sie sich Zeit, um die für Sie geeignete Milchpumpe zu finden. Sprechen Sie mit Freundinnen darüber, was bei ihnen am besten funktioniert hat, oder setzen Sie sich mit einer Stillgruppe in Verbindung (siehe auch Seite 43).

○ Haben Sie eine Pumpe ausgewählt, üben Sie im voraus. Es wird Ihnen anfangs wahrscheinlich fürchterlich vorkommen, genauso wie es auch zu Beginn des Stillens war. Lassen Sie sich einige Wochen Zeit, bis Sie die Technik des Abpumpens in Ihrer privaten, ruhigen und friedlichen Sphäre zu Hause beherrschen.

Seien Sie geduldig! Lassen Sie sich nicht entmutigen von der kleinen Menge, die Sie bei den ersten Versuchen abpumpen. Sie brauchen Zeit, um sich körperlich und emotional an diesen Vorgang zu gewöhnen. Denken Sie daran, daß Sie keine Maschine sind! Sie sind ein lebendiges, atmendes, sensibles menschliches Wesen. Wenn Sie Ihr Baby stillen, lösen sowohl die Stimulation durch das Saugen des Babys wie auch Ihre emotionale Reaktion den Milchspendereflex aus. Doch wenn das Baby nicht da ist, muß dieser Reflex künstlich ausgelöst werden.

Haben Sie das Abpumpen zu Hause trainiert, überlegen Sie, wo Sie am Arbeitsplatz einen ruhigen, intimen Ort finden können. Sind Sie an Ihren Arbeitsplatz zurückgekehrt, suchen Sie zum Abpumpen diesen Ort auf. Machen Sie einige Minuten lang Atemübungen und massieren Sie Ihre Brüste leicht, bevor Sie beginnen. Ein warmer Waschlappen hilft, den Milchspendereflex auszulösen, ebenso wie ein Bild Ihres Babys. Manche Mütter nehmen sogar eine Kassette mit den Geräuschen, die das Baby während des Stillens macht, auf. Haben Sie Probleme, sich so zu entspannen, daß der Milchspendereflex funktioniert, können Sie auch auf ein Syntocinon-Nasenspray zurückgreifen. Diese synthetische Form des Oxytozins wird den Milchfluß auslösen.

○ Gewöhnen Sie Ihr Baby allmählich an zusätzliche Milchfläschchen oder an Beikost. Die Frage, zu welchem Zeitpunkt das Fläschchen am besten eingeführt wird, wird kontrovers dikutiert. Wenn Ihr Baby älter als fünf Monate ist, können Sie es bereits mit einer Tasse versuchen und möglicherweise aufs Fläschchen verzichten.

○ Wenn Sie glauben, nicht mehr genügend Milch zu haben, um die Bedürfnisse Ihres Babys zu befriedigen, brauchen Sie das Stillen trotzdem nicht aufzugeben. Die emotionalen Vorteile bestehen weiter, auch wenn Sie sich entscheiden, nicht mehr voll zu stillen. Stillen Sie das Baby zuerst und bieten Sie ihm dann ein Fläschchen an.

Frage: Was tun, wenn das Baby die Flasche verweigert?

Antworten: *Stillen Sie das Baby, wenn es schläfrig ist. Nehmen Sie es dann ganz langsam von der Brust. Schieben Sie sachte den Flaschensauger in seinen Mund und streicheln Sie damit seinen Gaumen.*

Seien Sie geduldig! Lassen Sie es jemanden anders versuchen. Erzwingen Sie nichts.

⁂

Ich nahm ein ganz kleines bißchen Honig, um den Sauger zu versüßen.

⁂

Ich gab ausgedrückte Muttermilch auf den Sauger, so daß er »richtig« schmeckte.

⁂

Ich ließ meinen Mann Jenny ein Fläschchen mit Muttermilch geben. Zunächst verweigerte sie es. Nach drei Versuchen nahm sie es an.

Brustmahlzeiten auslassen

Wenn Sie versäumte Stillmahlzeiten durch Fertigmilch ersetzen, beginnen Sie damit bereits mit dem Abstillen (siehe dazu Seite 85). Am besten für Ihre Gesundheit und die Ihres Kindes ist ein langsames Abstillen. Lassen Sie sich mindestens fünf, besser sieben Tage Zeit, um jeweils eine Mahlzeit zu ersetzen, die in Ihre Arbeitszeit fällt. Auf diese Weise lernt Ihr Körper allmählich, während dieser Tageszeiten weniger Milch zu bilden. Viele Frauen, deren Babys auch Fertigmilch trinken, stillen ausschließlich nachts und am Wochenende. Montags sind ihre Brüste recht voll, aber sie kommen damit zurecht, indem sie etwas Milch ausdrücken und Stilleinlagen tragen, die die auslaufende Milch aufsaugen. Überprüfen Sie immer wieder, ob sich keine verstopften Milchgänge bilden und denken Sie daran, verschiedene Stillpositionen einzunehmen, damit alle Teile des Warzenhofes optimal angeregt werden.

Wie überrede ich mein Brustkind zur Flasche? Drei Standpunkte:

»Sie brauchen das Baby nicht gleich in den ersten Wochen ans Fläschchen zu gewöhnen, nur weil Sie später wieder arbeiten wollen. Manche Babys weigern sich, von der Mutter ein Fläschchen anzunehmen, denn sie wissen, daß die Brust ja auch in Reichweite ist; aber sie gewöhnen sich bald daran, das Fläschchen von einer anderen Betreuungsperson anzunehmen.«
(La Leche Liga International: The Womanly Art of Breastfeeding)

»In der Regel ist es am unproblematischsten, das Fläschchen mit ungefähr sechs Monaten einzuführen. In diesem Alter verfügt das Baby über eine große Stillroutine und ist noch flexibel genug, etwas Neues zu versuchen. Außerdem ist die Milchbildung der Mutter nun gut eingespielt, und die Milch fließt leicht genug, um das Baby zufriedenzustellen.«
(Marvin S. Eiger und Sally W. Olds: The Complete Book of Breastfeeding)

»Während viele Befürworter des Stillens die Meinung vertreten, ein Fläschchen sollte erst gar nicht ins Haus kommen, stimme ich mit dieser Haltung nicht überein.
Am Anfang wissen Sie ganz einfach nicht, was Sie vom vollen Stillen halten werden, wenn das Baby sechs oder acht Monate alt ist. Ist das Baby aber in den ersten drei Monaten nicht an den Flaschensauger gewöhnt worden, kann es später streiken. Ist es dann noch nicht in der Lage, aus einer Tasse zu trinken, werden Sie immer da sein müssen, wenn es hungrig ist. Wenn Sie aber regelmäßig ein- oder zweimal wöchentlich ein Fläschchen anbieten, dann haben Sie die Sicherheit, daß eine andere Ernährung möglich ist, wenn Sie mal nicht da sein können.
(Frances Wells Burck in der ersten amerikanischen Ausgabe von »Handbuch Baby«)

Wie Sie mit der Hand Milch ausdrücken

Die Beherrschung dieser Technik ist nützlich, wenn man sich einmal vom Baby trennen muß. Oft wird das Ausdrücken auch bei Stillproblemen wie entzündeten Brustwarzen, übervollen Brüsten und unzureichender Milchbildung empfohlen. Wenn Sie zum ersten Mal Milch ausdrücken oder abpumpen, sollten Sie dies tun, bevor Sie Ihr Baby stillen, weil dann Ihre Brüste voll sind. Dadurch gewinnen Sie Vertrauen in diese Methode. Lesen Sie, bevor Sie anfangen, die Vorschläge zur Anregung des Milchspendereflexes auf Seite 59. Trinken Sie, bevor Sie beginnen, ein Glas Wasser, Milch oder Fruchtsaft.

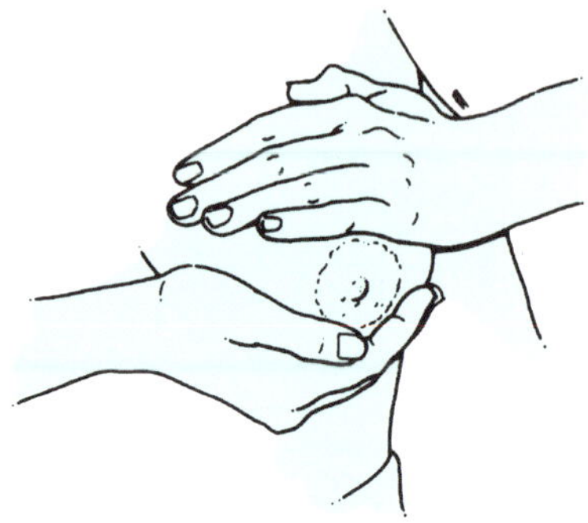

Schritt 2

Schritt 1: Waschen Sie Ihre Hände. Stellen Sie dann eine saubere Plastiktasse, ein Marmeladenglas oder eine Thermoskanne mit breiter Öffnung unter Ihre Brust; das Gefäß sollte so hoch stehen, daß Sie Ihren Rücken nicht beugen müssen. (Verwenden Sie Plastik. Die Leukozyten oder weißen Blutkörperchen, die in der Muttermilch vorkommen und Infektionen vorbeugen, haften am Glas leicht fest und gehen damit in einem Glasgefäß für das Baby verloren.)

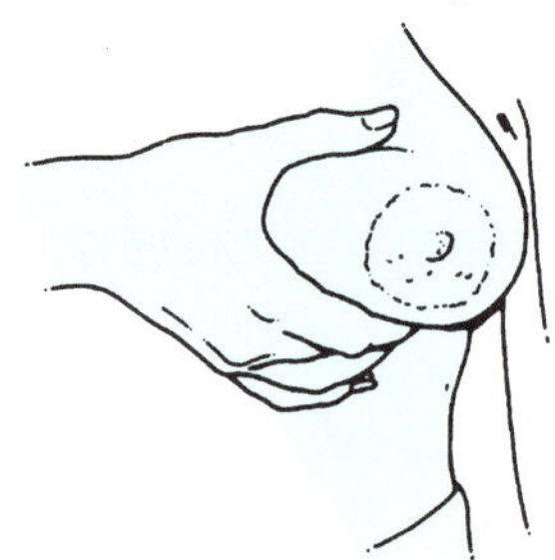

Schritt 3

Schritt 2: Legen Sie Ihre Brust in die Handfläche und streichen oder »kämmen« Sie mit der anderen Hand behutsam vom oberen Teil der Brust nach unten, wobei Sie den Warzenhof aussparen. Bearbeiten Sie im Uhrzeigersinn die Brust mit dieser Bewegung.

Schritt 3: Legen Sie ungefähr in Brustmitte den Daumen oben und zwei Finger unten an die Brust.

Schritt 4: Lassen Sie Finger und Daumen mit einer festen, drückenden Bewegung zum Rand des Warzenhofes hingleiten und drücken Sie dabei gegen den Brustkasten (leichter zu tun als zu beschreiben!). Die Milch sollte in kleinen Spritzern heraussprudeln.

Schritt 5: Bearbeiten Sie die Brust an verschiedenen Stellen im Uhrzeigersinn mit der gleichen gleitenden, pressenden und drückenden Bewegung.

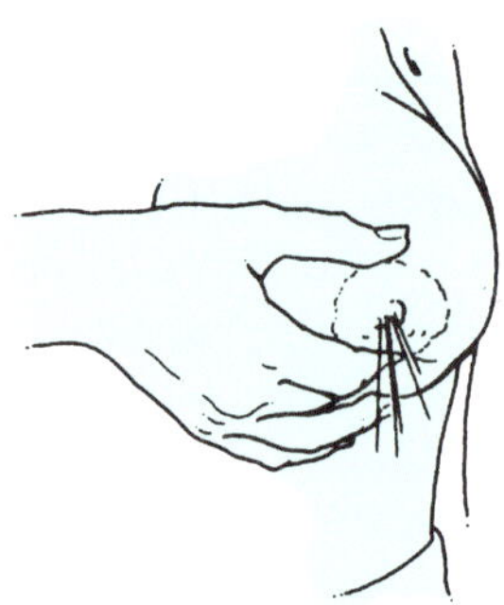

Schritt 4

Die Wahl einer Milchpumpe

Milchpumpen sind in verschiedenen Größen, Ausführungen und Preislagen erhältlich. Wenn Sie voraussichtlich monatelang jeden Tag eine Milchpumpe verwenden, sollten Sie eine wohlüberlegte Wahl treffen. Sie werden viel eher zum Weiterstillen bereit sein, wenn Sie eine Pumpe haben, mit der Sie gut zurechtkommen. Berücksichtigen Sie neben dem Preis auch Faktoren wie die Frage, ob die Pumpe leicht zu transportieren und gut zu säubern ist, ob sie unzerbrechlich und leicht handhabbar ist.

Handpumpe. Sie besteht aus einem Behälter mit Gummiball. Durch rhythmische Druckbewegungen auf den Gummiball wird die Milch aus der Brust in den angelegten Milchbehälter gepumpt. Die Saugkraft kann beliebig durch schwache oder starke Saugbewegungen gesteuert werden.
Kolbenpumpe. Sie besteht aus zwei Zylindern. Der eine wird an die Brust gelegt, der andere, der sich im größeren Kolben befindet, vor- und zurückgezogen, um eine Saugwirkung auszulösen und die Milch in den Behälter zu pumpen.
Milchpumpe mit Druckhebel. Die Milch wird hier durch das Drücken eines mit einer Pumpe verbundenen Hebels abgepumpt. Sie kann mit einer Hand bedient werden. Solange der Hebel gedrückt wird, fließt die Milch in das Fläschchen.
Elektrische Milchpumpen. Diese Pumpen sind effizent, schnell und leicht zu bedienen, jedoch sehr teuer; daher werden sie meist nur in Krankenhäusern verwendet. Sie können aber auch in manchen Apotheken ausgeliehen werden.

Anmerkung: Lesen Sie vor dem Gebrauch jeder Pumpe zunächst die Gebrauchsanweisung sorgfältig durch. Waschen Sie vor Beginn des Abpumpens die Hände und säubern Sie die Pumpe nach jedem Gebrauch gründlich. Um noch mehr Milch aufzufangen, können Sie sich überlegen, Plastikschalen anzulegen. Während Sie die Milch an der einen Brust abpumpen, können Sie die Milch, die an der anderen ausläuft, in einer sterilen Brustschale sammeln. Diese tassenförmigen Vorrichtungen – sogenannte Milchauffänger –, die in Apotheken oder in Fachgeschäften erhältlich sind, sollten allerdings nur während der zehn oder fünfzehn Minuten, die das Abpumpen dauert, getragen werden. Denn die Körperwärme kann das Wachstum von Bakterien in der gesammelten Milch beschleunigen.

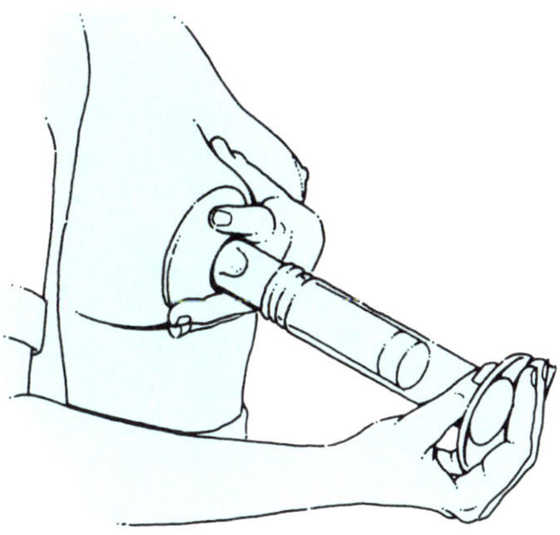

Kolbenpumpe

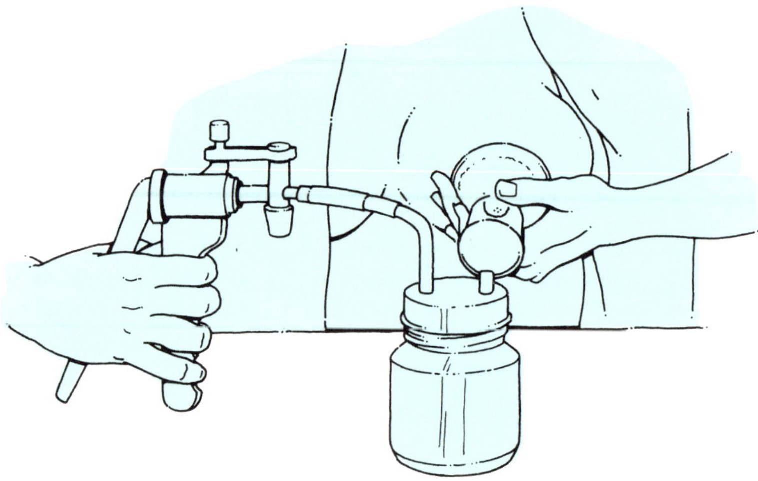

Milchpumpe mit Druckhebel

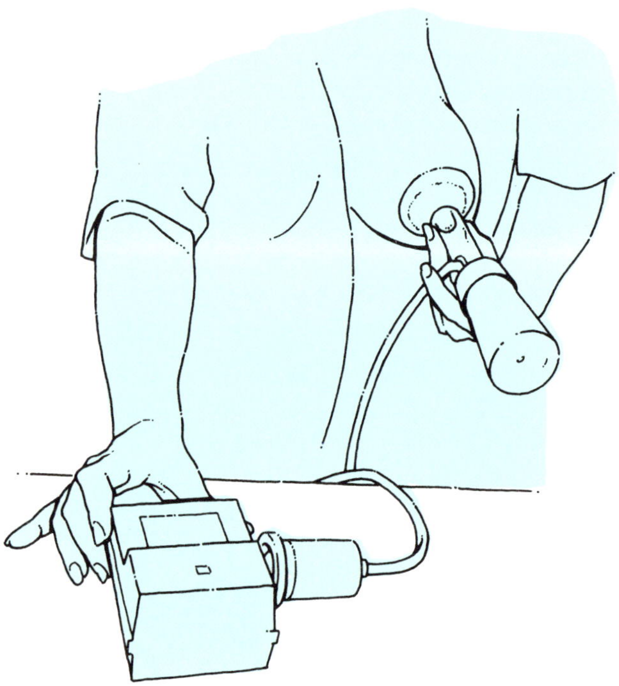

Elektrische Milchpumpe

Die Lagerung von Muttermilch – Fragen und Antworten

Frage: Wie lange hält sich Muttermilch, wenn sie nicht im Kühlschrank aufbewahrt wird?
Antwort: Wenn es nicht zu heiß ist, kann ausgedrückte Muttermilch unbedenklich bis zu sechs Stunden ungekühlt aufbewahrt werden. Die natürlichen bakteriostatischen Eigenschaften der Muttermilch verhindern das Wachstum von Bakterien.

Frage: Wie lange kann Muttermilch im Kühlschrank gelagert werden?
Antwort: Muttermilch kann im Kühlschrank bis zu 48 Stunden aufbewahrt werden. Sie behält ihre Leukozyten oder Antikörper, die als Schutz vor Infektionen dienen. Drücken Sie die Milch in einen sterilen Behälter aus und geben Sie sie dann in einen sterilen Vorratsbehälter, in eine Flasche oder eine Stillhilfe (Lact-Aid). Denken Sie daran, daß sich die Bestandteile der Muttermilch trennen. Schütteln Sie sie daher gründlich, bevor Sie sie Ihrem Baby geben.

Frage: Wie lange hält sich Muttermilch in der Tiefkühltruhe?
Antwort: Milch, die länger als 48 Stunden aufbewahrt werden soll, muß tiefgefroren werden.
Im Eisfach des Kühlschranks kann sie bis zu zwei Wochen gelagert werden. In einer Tiefkühltruhe, deren Temperatur konstant unter – 18 Grad liegt, kann sie bis zu zwei Jahren aufbewahrt werden. Kennzeichnen Sie die Behälter mit dem Datum.

Frage: Wie friert man Muttermilch ein?
Antwort: Nach dem Ausdrücken kühlen Sie die Milch im Kühlschrank. Die mögliche Verschwendung ist geringer, wenn Sie kleine Mengen einfrieren – 60 bis 120 Gramm. Sie können zu der gefrorenen auch frische Milch hinzufügen. Solange die Menge der frischen Milch die der gefrorenen nicht übersteigt, taut die gefrorene Milch nicht auf. Wenn Sie Tiefkühlbeutel verwenden, sollten Sie sie doppelt nehmen. Bevor Sie sie verschließen, drücken Sie die Luft oben aus. Lassen Sie zwischen der Milch und dem Verschluß mindestens einen halben Zentimeter Platz, damit sich die Milch ausdehnen kann. Stellen Sie den Beutel aufrecht in einen Behälter, bis die Milch fest durchgefroren ist. Auch wenn Sie Flaschen verwenden, sollten Sie an die Ausdehnung denken. Schrauben Sie die Verschlüsse erst zu, wenn die Milch völlig gefroren ist.

Frage: Wie taut man gefrorene Muttermilch auf?
Antwort: Halten Sie den Behälter zunächst unter fließend kaltes Wasser. Beginnt die Milch aufzutauen, geben Sie dem fließenden Wasser warmes Wasser zu, dann heißes Wasser, bis die Milch leicht erwärmt ist. Schütteln Sie sie dann vorsichtig. Muttermilch ist nicht homogenisiert, und die Bestandteile werden sich daher trennen. Stellen Sie die Milch nicht auf den Ofen oder in die Mikrowelle. Beides schwächt die keimabwehrenden Eigenschaften der Muttermilch.

Frage: Wie lange kann aufgetaute Muttermilch verwendet werden?
Antwort: Aufgetaute Muttermilch, die nicht erhitzt worden ist, kann bis zu zwölf Stunden verwendet werden, sofern sie im Kühlschrank gelagert wird. Bei Zimmertemperatur hält sie sich nur eine halbe Stunde.

Frage: Kann man aufgetaute Muttermilch wieder einfrieren?
Antwort: Nein, aber wenn sie im Kühlschrank aufbewahrt wird, kann sie dem Baby innerhalb von zwölf Stunden gegeben werden.

Frage: Wie wird Muttermilch transportiert?
Antwort: Am bequemsten in einer sauberen Thermoskanne aus Plastik mit einer breiten Öffnung. (Wollen Sie die Milch einfrieren, muß die Thermoskanne steril sein. Spülen Sie sie in der Geschirrspülmaschine oder befolgen Sie die Anleitungen zur Sterilisation auf Seite 99.) Geben Sie Eiswürfel in die Thermoskanne, um sie abzukühlen. Schütten Sie die Eiswürfel vor Gebrauch aus. Können Sie die Milch nicht innerhalb von sechs Stunden in einen Kühlschrank stellen, bewahren Sie sie in einer isolierten Tasche oder einer Tiefkühltasche, mit Eisbeuteln gekühlt, auf.

Wie andere Mütter Berufstätigkeit und Stillen vereinbart haben

Ich arbeite ganztags als Abteilungsleiterin in einer kleinen Fabrik. Wir brauchen das Geld. Mein erstes Kind habe ich nicht gestillt, weil ich dachte, daß man arbeiten und stillen nicht vereinbaren kann. Dieses Baby hatte schlimme Allergien, und ich entschloß mich dazu, dies beim zweiten nicht noch einmal zu riskieren. Als Alexander geboren wurde, hatte eine andere Mutter in meiner Abteilung ihr Baby schon sechs Monate lang gestillt. Ich rief sie an, und sie erzählte mir genau, wie sie es angegangen war. Sie gab mir Tips bis hin zu der Frage, welche Milchpumpe ich kaufen sollte, wie ich die Milch transportieren konnte und wie ich mit dem Chef verhandeln sollte. Wir hatten zwei Kaffeepausen von je fünfzehn Minuten und eine Mittagspause. Diese Mutter hatte gebeten, die Kaffepausen verlängern und dafür die Mittagspause verkürzen zu dürfen. In diesen Pausen ist sie auf die Krankenstation gegangen und hat dort ihre Milch abgepumpt. Sie bewahrte die Milch in einer Kühltasche auf, die mit Kühlaggregaten ausgestattet war, und stellte sie in ihren Schrank. Zuerst brauchte ich zum Abpumpen recht lange, aber nach ungefähr zwei Wochen dauerte es an jeder Brust nur noch fünf oder sechs Minuten. Freitags hatte ich nicht mehr so viel Milch, weil ich da immer ziemlich kaputt war. Aber dann stillte ich das ganze Wochenende hindurch, und montags war die Milchproduktion wieder auf Hochtouren. Denken Sie daran, bei der Arbeit genügend zu trinken. Ich bin stolz auf mich, denn Alex hatte dieses Jahr höchstens mal eine Erkältung, aber nie eine ernste Krankheit.

⁂

Ich habe eine anspruchsvolle Stelle in einer Kanzlei. Ich bin der Hauptverdiener unserer Familie und könnte es mir nicht leisten, meine Arbeit aufzugeben. Glücklicherweise ist mein Mann Künstler und sehr flexibel. Hatte ich eine wichtige Besprechung, die ich nicht verlegen konnte, schloß ich kurz meine Bürotür, schlang ein Tuch um mich, um auslaufende Milch aufzufangen und pumpte meine Milch in einen großen Meßbecher ab. Dann goß ich sie in eine gekühlte Thermoskanne, um sie nach Hause mitzunehmen. Auch am Wochenende pumpte ich ab und fror Milch auf Vorrat ein.
Gewöhnlich machte ich jedoch früh eine kurze Mittagspause. Mein Mann kam mit Lena und holte mich unten am Büro ab, und dann fuhren wir in den Park. Ich stillte, streichelte und umhegte mein Baby mit der einen Hand, während ich mit der anderen mein belegtes Brot aß. Dann setzte Martin mich wieder ab. Manchmal traf ich meine lieben Kollegen, wie sie zu einem opulenten Mittagsmahl gingen. Ich sagte ihnen niemals, wo

ich hinging und warum. Ich genoß mein Geheimnis. Humor ist das wichtigste.

***

Ich arbeite als Grafik-Designerin zu Hause. Während des letzten Drittels meiner Schwangerschaft begann ich mit der Planung, wie ich weiterhin arbeiten und mein Baby stillen könnte. Ich entschloß mich, auf verschiedene meiner Kunden zu verzichten, aber einen Großkunden, der alle drei Monate einen Katalog brauchte, zu behalten. Ich wußte genau, was in jeder Arbeitsphase getan werden mußte, und ich wußte, daß ich dies nachts, wenn Patrick da war, um auf das Baby aufzupassen, erledigen konnte. Viel hängt davon ab, welchen Typ von Baby man hat. Es stellte sich heraus, daß Oliver ein Baby war, das viel schlief. Ich konnte ihn stillen, dann in die Wiege zurücklegen und die Überwachungsanlage anschalten. Dann ging ich hinunter zum Arbeiten. Als er älter wurde, stellte ich eine Frau an, die sich um ihn kümmern sollte, wenn er wach war. Aber ich mußte sie wieder entlassen, weil sie ihn nicht zum Stillen zu mir brachte, sondern ihm statt dessen ein Fläschchen gab. Egal wie deutlich ich ihr darlegte, was ich wollte, sie hinterging mich weiterhin. Also schaute ich mich nach jemandem anderen um. Schließlich habe ich eine großartige Frau gefunden, die heute noch bei uns ist.

***

Ich bin der Meinung, daß man als alleinerziehende, berufstätige Mutter jede mögliche Unterstützung und jeden Zuspruch braucht. Ich hatte lange gezögert, ein Baby zu bekommen, und war nun entschlossen, Liane zu stillen, um die Nähe zwischen uns aufrechtzuerhalten. Ich wußte, daß ich wieder arbeiten mußte. In dem Sommer, in dem sie geboren wurde, verwendete ich viel Zeit darauf, einen Babysitter in der Nähe der Schule, an der ich unterrichtete, zu finden. Durch die La Leche Liga fand ich eine liebevolle Frau, die selber kleine Kinder hatte und zu Hause war. Ich stillte Liane morgens im Bett. Bei der Tagesmutter Gail konnte ich sie noch einmal stillen. Während der Mittagspause kam ich mit einem belegten Brot in der Tasche zum Stillen und dann gleich wieder am Spätnachmittag nach Schulschluß. Bevor wir ins Auto stiegen, um heim zu fahren, stillte ich sie wieder. Diese Phase eines intensiven Stillkontaktes dauerte nicht ewig an, aber manchmal empfand ich es so.

Aber es gab auch Tage, an denen ich das Gefühl hatte, der Aufwand lohne sich nicht. Ich war manchmal hundemüde, aber Gail war eine so große Hilfe. Sie sagte nie: »Siehst du, du warst verrückt danach, ein Kind zu bekommen und es dann auch noch stillen zu wollen.« Sie erlaubte mir, mich auch einmal negativ zu äußern; dagegen hatte ich manchmal das Gefühl, einige meiner Lehrerkollegen warteten nur darauf, daß ich es nicht schaffte. Ich werde immer daran denken, wie Gail einmal, als ich aus irgendeinem Grund die Schule nicht verlassen konnte, um zu ihr zu gehen, das Baby zu mir ins Lehrerzimmer brachte. Ich werde dieses Entgegenkommen nie vergessen. Manchmal verblüfft mich wirklich, was Frauen füreinander tun. Wenn ich daran denke, bin ich sehr stolz auf uns beide.

Abstillen

Während der Schwangerschaft werden Sie bestimmt immer wieder gefragt, ob Sie Ihr Baby stillen wollen. Und dann, nur wenige Monate nach der Geburt, wenn Ihr Baby zufrieden und ruhig an Ihrer Brust trinkt, wollen die gleichen Leute wissen, wann Sie endlich abstillen werden. Sie werden feststellen, daß jede Antwort (einschließlich eines »Ich weiß es nicht«) eine Geschichte oder eine Meinung hervorruft. Man kann daraus nur schließen, daß das Abstillen eines Babys genauso einen Streitpunkt darstellt wie das Stillen selbst.

Dennoch gibt es einige unverrückbare Wahrheiten über das Abstillen. Eine davon ist, daß jedes Stillen, egal wie lange es dauert, gut ist und daß die Vorteile des Stillens keineswegs zu einem bestimmten Zeitpunkt aufhören. Sie sind keine Versagerin, wenn Sie nur sehr kurze Zeit stillen. Sie haben dem Baby einen guten Start ermöglicht, indem Sie es mit Kolostrum, das reich an Nährstoffen und Antikörpern ist, versorgt haben. Sie haben auch sich selbst etwas gegeben: eine neue Erfahrung, durch die Sie gewachsen sind und aus der Sie gelernt haben – auch wenn sie negativ gewesen sein sollte. Und wenn Sie andererseits entscheiden, Ihr Baby länger stillen zu wollen, ist natürlich auch das gut. Es gibt nichts, das darauf schließen ließe, daß ein zu kurzes oder ein zu langes Stillen entweder unsichere oder außergewöhnlich sichere Menschen schaffen würde. Egal was Sie tun, Sie müssen Ihr Tun niemandem gegenüber rechtfertigen. Es ist leicht gesagt, aber nicht immer einfach durchzuhalten – niemand sollte für Sie die Entscheidung treffen, wann Sie abstillen.

Die zweite Wahrheit lautet: Das Wie des Abstillens und die Berücksichtigung der eigenen Gefühle sind viel wichtiger als der Zeitpunkt oder der Grund des Abstillens. Man sollte das Abstillen als einen Prozeß und nicht einfach als ein Ende des Stillens betrachten. Abstillen muß kein Synonym für »Wegnehmen« oder »Aufgeben« sein. Abstillen bedeutet vielmehr das Ersetzen – oder Ergänzen – von Muttermilch durch Säuglingsmilch, Kuhmilch, Fruchtsäfte oder feste Nahrung. Am besten ist es, diesen Prozeß langsam und behutsam zu vollziehen – d. h. über einen Zeitraum von Wochen oder Monaten jeweils eine Mahlzeit zu ersetzen. Auf diese Weise kann sich das Baby allmählich an eine andere Ernährungsweise gewöhnen, und Sie werden weniger unter körperlichem Unbehagen, das durch Milchstau und abrupte hormonelle Veränderungen verursacht wird, leiden.

Die dritte Wahrheit über das Abstillen ist, daß ambivalente Gefühle dabei völlig normal sind. Sie wollen das Stillen vielleicht aus allen möglichen Gründen ganz oder teilweise aufgeben – manche Gründe sind ernsthaft begründet, andere recht willkürlich. Mit anderen Worten, diese Entscheidung muß nicht völlig rational oder logisch begründet sein.

Denken Sie auch daran, daß es keine festen Gesetze hinsichtlich des Abstillens gibt. Seien Sie flexibel. Wenn Sie auf die Bereitschaft des Babys achten und auf Ihre eigenen Gefühle hören, entscheiden Sie sich vielleicht für einen anderen Rhythmus als ursprünglich beabsichtigt, oder Sie ändern sogar Ihre Meinung völlig. So mag z. B. das Abstillen bei einem von Koliken geplagten Baby plötzlich nicht mehr so dringend erscheinen, wenn das Baby mal einen ruhigen Tag hatte und die Mutter einige Dinge erledigen konnte oder mal einige Augenblicke Zeit für sich selbst hatte. Aus diesem Grund kann man nur dazu raten, langsam vorzugehen.

Frage: Wie entstand Ihr Entschluß, das Baby abzustillen?

Antworten: *Ich habe jedes meiner vier Kinder nur einen Monat lang gestillt, aus heutiger Sicht ein ziemlich unverantwortliches Versäumnis. Doch meine Theorie lautet, daß das Stillen während dieses Monats die meisten gesundheitlichen Vorteile für Mutter und Kind bringt.*

Ich stillte Caroline einen Monat lang und hörte dann auf, weil ich so müde und kaputt war. Ich dachte, daß das Stillen zu diesem Zustand beitragen würde. Doch danach war ich immer noch müde und kaputt und hatte auch noch Schuldgefühle. Ich glaube, jede junge Mutter darf sich den Luxus leisten, zu sagen, »beim zweiten Kind mache ich alles anders«. Und das sage ich auch. Übrigens ist mir klar, daß es blöd ist, Schuldgefühle zu haben.

⁂

Meine Brustwarzen waren sehr entzündet, und ich hörte nach sechs Wochen auf. Ich ließ alle drei Tage eine Mahlzeit aus. Es war sehr schmerzhaft, weil ich einen Milchstau hatte.

⁂

Mein Mann drängte mich sehr dazu, aufzuhören, als Jessica drei Monate alt war. Unser Sexualleben litt sehr – weil ich so müde war –, deshalb sagte er, »entweder das Fläschchen oder die Scheidung«. Ich hatte gehofft, ich würde mich weniger müde und körperlich besser fühlen, wenn ich Jessica abgestillt hätte, aber ehrlich gesagt war das keineswegs der Fall. Ich war immer noch übergewichtig, erschöpft, deprimiert. Schließlich suchten wir eine Beratungsstelle auf, und das war es, was am meisten half.

⁂

Ich habe nicht das Gefühl, daß es meine Entscheidung war. Ich fing wieder an zu arbeiten, als Ellie vier Monate alt war. Ich versuchte, Milch abzupumpen, aber ich empfand dies als eine weitere Last zu all dem, was ich sowieso schon alles tun mußte. Am Ende einer langen Konferenz mußte ich aufspringen und zur Toilette laufen, dann klopfte ein Kollege an die Tür, der mich sprechen wollte und fragte, wie lange das denn noch dauern würde. Glücklicherweise schien meine Tochter nicht darunter zu leiden. Zu diesem Zeitpunkt hatte sie am Stillen kein so großes Interesse mehr. Nach zwei Minuten ließ sie von der Brust ab, schaute sich um, spielte mit meiner Bluse oder mit ihren Händen. Weil ich keine Milch abpumpte und sie bei ihrer morgendlichen und abendlichen Stillmahlzeit nicht kräftig genug trank, hatte ich bald nicht mehr genug Milch. So endete das Stillen schließlich viel abrupter, als ich gehofft oder geahnt hätte. Ungefähr eine Woche lang war ich deswegen traurig und weinte auch, aber danach ging es mir gut.

⁂

Als Rachel fünf Monate alt war, begann ich wieder zu arbeiten. Ich stillte sie noch, aber sie bekam auch Fläschchen. Ich habe dies nicht als Abstillen betrachtet. Mit vierzehn Monaten trinkt sie jetzt nur noch morgens an der Brust oder nimmt tagsüber mal ein paar Schluck, wenn sie einen schlechten Tag hat.

⁂

Ich habe Katja mit sechs Monaten abgestillt. Eine Freundin von mir bekam während meiner Schwangerschaft ein Baby. Sie hatte vor, sechs Monate zu stillen, und ich glaube, ich übernahm das als eine auch für mich richtige Entscheidung. Ich sagte mir auch, daß ich danach nicht mehr gebunden sein wollte. Natürlich weiß ich heute, daß es nicht das Stillen ist, was einen bindet. Es ist das Baby selbst. Ich wünschte, ich hätte mich nicht so willkürlich entschieden.

⁂

Andrea stillte sich selbst mit zehn Monaten ab. Ich mußte zu einer Beerdigung gehen und ließ sie den ganzen Tag bei ihrer Großmutter, was ich vorher noch nie getan hatte. Als ich nach Hause kam – mit Schmerzen, weil meine Brüste so voll waren –, verweigerte sie die Brust und drehte jedes Mal, wenn ich meine

Bluse hochhob, ärgerlich den Kopf weg. Es war für mich ein Schock, aber das war's. Sie war nicht mehr zum Stillen zu bewegen.

***

Ich war sehr gespalten, was das Abstillen von Andreas anbelangte, denn er liebte das Stillen und ich auch. Es war so einfach und leicht. Es mag verrückt klingen, aber ich wollte ihn nicht überbehüten, so wie es die Mutter meines Mannes mit Adam gemacht hat. Irgendwie brachten Adam und ich ein zu langes Stillen mit diesem Überbehütetsein in Verbindung. Aber andererseits wollte ich wirklich weiterstillen, weil ich dachte: »Was ist, wenn wir nur ein Kind haben werden und dies die einzige Zeit in meinem Leben ist, in der ich diese Erfahrung machen kann?«

Als Andreas dreizehn Monate alt war, entwickelte er ein wirkliches Interesse daran, beim Frühstück von unserem Orangensaft zu kosten. Adam fragte immer wieder: »Warum gibst du ihm nicht so eine Schnabeltasse?« Ich tat es, und Andreas haßte sie. Er warf sie jedes Mal auf den Boden. Dann meinte Adam, daß Andreas ein Glas wolle und keine Tasse. Er bekam ein Plastikglas, das leicht zu halten war. Das Baby war so begeistert. Er war so stolz, wie er da saß mit seinem eigenen Glas. Er war nun bereit dazu, zu etwas Neuem überzugehen.

Als ich dies erkannt hatte, war es für mich in Ordnung, abzustillen. Ich glaube, ich habe das Abstillen so betrachtet, als würde ich ihm etwas vorenthalten, was er verdiente – und das ich, natürlich, genoß. Dabei bot sich ihm in Wirklichkeit etwas Neues und Aufregendes, die Kontrolle, die er über dieses Plastikglas hatte, und der Spaß, den es ihm machte. Ist es nicht unglaublich, was wir alles durchstehen können, wenn wir Eltern werden? Auf der einen Seite lache ich viel über mich selbst, weil ich mich bei vielen Sachen so dumm anstelle. Aber dann sage ich mir auch, daß es berechtigt ist, Zweifel und auch eigene Bedürfnisse zu haben.

Der Zeitpunkt des Abstillens: verschiedene Standpunkte

»Es gibt keinen allgemeingültigen, bestimmten Zeitpunkt für das Abstillen; Beweis dafür ist, wie groß der Altersunterschied der Kinder zum Zeitpunkt des Abstillens in verschiedenen Teilen der Welt ist.«
(Marvin S. Eiger/Sally W. Olds: The Complete Book of Breastfeeding)

»Es gibt viele Mütter, die entweder nicht in der Lage oder nicht willens sind, das Kind so lange zu stillen, bis es im Alter von fünf oder sechs Monaten abgestillt und an eine Tasse gewöhnt werden kann... Die körperlichen Vorteile der Muttermilch, seine Reinheit, seine leichte Verdaulichkeit sind für das Baby anfangs am wertvollsten. Aber es gibt kein Alter, in dem diese Vorteile plötzlich wertlos würden. Auch die emotionalen Vorteile des Stillens hören nicht zu einem bestimmten Zeitpunkt plötzlich auf. Ein möglicher Zeitpunkt, vom Stillen zum Fläschchen zu wechseln, bietet sich mit ungefähr drei Monaten an. In diesem Alter hat sich das Verdauungssystem des Babys entwickelt. Es hat die Zeit der Koliken überwunden. Es ist nun recht robust und nimmt schnell zu. Doch wenn eine Mutter schon mit einem oder zwei Monaten abstillen will, kann sie auch dies tun. Unproblematischer ist es, nicht gerade dann abzustillen, wenn das Wetter sehr heiß ist.«
(Benjamin M. Spock / Michael B. Rothenberg: Dr. Spock's Baby and Child Care)

»Es gibt mindestens drei Phasen, in denen das Baby am Stillen nicht so interessiert ist. Die erste tritt mit vier oder fünf Monaten ein und hängt mit dem plötzlich zunehmenden Interesse an seiner Umgebung zusammen. Die zweite Phase geht mit dem enormen motorischen Wachstumsschub mit ungefähr sieben Monaten einher. Die dritte Phase kommt bei den meisten Babys zwischen neun und zwölf Monaten. Einige verlieren das Interesse nie; bei ihnen muß wahrscheinlich nachge-

holfen werden. Erscheint einem neunmonatigen Baby das Stillen allmählich nicht mehr so wichtig, so erscheint es mir angemessen, darauf einzugehen. Es hat genug wichtige Nährstoffe bekommen, und meiner Meinung nach braucht es aus ernährungsphysiologischen Gründen in diesem Alter nicht mehr an der Brust zu trinken. Die schnelle motorische Entwicklung und Unabhängigkeit, die mit ungefähr einem Jahr einsetzt, ist auf eine natürliche Trennung von der Mutter ausgerichtet, und das Abstillen erscheint zu diesem Zeitpunkt angezeigt.«
(T. Berry Brazelton: Infants and Mothers. Differences in Development)

»Da das Baby emotionale Bedürfnisse hat, die durch die Vertrautheit des Stillens leicht befriedigt werden können ..., ist es schwierig zu verstehen, warum man einen bestimmten Zeitpunkt vorgeben sollte, zu dem diese wichtige, intime Beziehung enden sollte.
(La Leche Liga International: The Womanly Art of Breastfeeding)

Vorschläge zum Abstillen

Im folgenden finden Sie einige Punkte, die Sie überdenken sollten, bevor Sie den Entwöhnungsprozeß beginnen.

○ Wenn Sie Ihr Kind abstillen wollen, bevor es feste Nahrungsmittel zu sich nimmt (mit ungefähr sechs Monaten), dann müssen Sie zunächst ein Fläschchen einführen. Je früher Sie dies tun, sobald das Stillen einmal zur Routine geworden ist, um so sicherer können Sie sein, daß das Baby die Flasche auch annehmen wird. Jedes Baby ist anders, aber um sicherzugehen, sollten Sie, sobald Ihre Milchbildung stabil ist, mindestens einmal wöchentlich ein Fläschchen anbieten, damit das Baby nicht vergißt, was eine Flasche ist, und sie nicht zurückweist.
Wenn Sie nicht wollen, daß Ihr Baby ein Fläschchen bekommt, versuchen Sie es mit ungefähr fünf Monaten daran zu gewöhnen, kleine Schlucke aus einer Tasse zu nehmen. Sind Sie besorgt, daß Ihr Baby auf diese Weise nur eine sehr geringe Menge Milch zu sich nimmt, können Sie als Ergänzung andere Milchprodukte wie Käse geben.

○ Schauen Sie sich Ihren Stillrhythmus an und überlegen Sie, welche Mahlzeit für Sie und für das Baby am leichtesten aufzugeben ist. Der Gedanke, an einem dunklen Novembermorgen in der Kälte aufstehen und ein Fläschchen zubereiten zu müssen, mag eine sehr abschreckende Vorstellung sein im Vergleich zu einem gemütlichen Stillen und Kuscheln im warmen Bett. Eine späte Abendmahlzeit dagegen kann dem Vater eine ideale Möglichkeit bieten, einem Kind, das oft gestillt werden will, ein Fläschchen anzubieten. Wenn Sie beabsichtigen, wieder arbeiten zu gehen, wollen Sie sicherlich die Mahlzeiten, zu denen Sie abwesend sind, ersetzen. Versuchen Sie dies langsam zu tun, so daß Sie pro Woche nicht mehr als eine Stillzeit aufgeben.

○ Achten Sie auf eine eventuelle Bereitschaft des Babys und das Nachlassen seines Interesses am Stillen. Auch ein Baby, das immer so kräftig saugte, daß Schweißperlen auf seiner Stirn standen, kommt einmal in eine Phase, wo es scheinbar nur noch Blödsinn an der Brust treibt. Dies ist ein guter Zeitpunkt zum Abstillen.

○ Stillen kann so viel mehr sein als eine bloße Ernährungsweise des Babys; meist wird es zu einem festen Bestandteil der Babypflege. Durch das Stillen stellen wir eine Kommunikation her, empfinden

Nähe, Zufriedenheit und Behaglichkeit, wir werden ruhig, und das Baby schläft zufrieden ein. Aus diesen Gründen sorgen sich viele Mütter, wie sie ohne das Stillen diese Atmosphäre schaffen sollen.

Ersatzbefriedigungen für die Brust – Ratschläge von Müttern

Die meisten Befürchtungen hegte ich hinsichtlich des Mittagschläfchens. Ich hatte mich mit Zacharias nach seiner Mittagsmahlzeit immer in mein Bett gelegt und ihn dort noch gestillt. Dabei schliefen wir beide für ungefähr eine Stunde ein. Als er sieben Monate war, wollte ich mit dem Abstillen beginnen. Mir wurde klar, daß ich das Einschlafritual ändern mußte – zunächst begann ich damit, ihn im Schaukelstuhl in seinem Zimmer zu stillen. Dabei blieb zumindest ich aufrecht! Wenn er schläfrig wurde, legte ich ihn sofort in sein Bettchen. Nach einer Woche ersetzte ich dann die Brust durch ein Fläschchen, wobei ich immer noch mit ihm im Schaukelstuhl saß. Dann hatte er eine Erkältung und wollte kein Fläschchen, also stillte ich ihn eben wieder eine Woche lang. Aber als das überstanden war, hatte ich den Eindruck, daß er einverstanden war, direkt nach dem Mittagessen ein Fläschchen zu bekommen. Manchmal wollte er es sogar selbst halten.

***

Am schlimmsten war für Johannes die abendliche Schlafenszeit. Als es daran ging, diese letzte Stillmahlzeit aufzugeben, ließ ich meinen Mann die Sache übernehmen. Er las Johannes eine Geschichte vor, sang ihm ein Liedchen, zog die Spieluhr auf, deckte ihn mit seiner Lieblingsdecke zu und tätschelte ihn, bis er schlief. Dieses Ritual dauerte immer recht lange; eines Abends war mir das alles zuviel. Ich verließ das Haus und fuhr lange mit dem Auto durch die Gegend; ich fühlte mich gemein und war voller Schuldgefühle. Es tut weh, seinem Kind etwas zu verweigern, das man ihm geben könnte.

***

Mein Baby war noch mit vierzehn Monaten ein eifriges Stillkind. Ihr Interesse ließ nie nach, und ich fühlte mich langsam wie eine menschliche Milchmaschine. Eine Freundin meinte, ich solle mit dem Abstillen beginnen, sobald das Wetter schön würde und wir mit anderen Babys zusammen in den Park gehen könnten. Es stellte sich heraus, daß dieser Vorschlag sehr gut funktionierte. Ich nahm einen kleinen Imbiß und eine Flasche Apfelsaft mit und hatte immer zwei kleine Tassen vom Puppengeschirr dabei. Diese waren besonders gut, weil meine Tochter sie leicht halten konnte. Da saß sie dann auf der Parkbank wie ein richtiges kleines Mädchen.

***

Ich hatte vor, Ariane sechs Monate zu stillen, daraus wurden aber schließlich achtzehn Monate. Zu diesem Zeitpunkt konnten wir schließlich darüber diskutieren. Sie hatte großes Interesse an Babys, weil meine Schwester gerade eins bekommen hatte. Wir sprachen darüber, wie Willy gestillt wurde, wie klein er war und wie groß sie war. Ich bot ihr die Brust nicht mehr an. Dann schenkte ich ihr eine Puppe, die sie stillte. Eine Woche später wurde mir bewußt, daß sie nicht mehr zum Stillen gekommen war. Normalerweise kam sie und zog an meinem T-Shirt. Das war's. Das Ende einer Ära!

***

Ich glaube, Ablenkung funktioniert beim Abstillen eines älteren Babys oder eines Kleinkindes am besten. Wir schauten in dieser Zeit viele Bücher an und betrachteten die Kühe im Stall unseres Nachbarn. Gott sei Dank war Sommer. Das Plantschbecken half auch.

Wenn das Stillen vorbei ist – das Ende einer Ära

Manche Mütter, jedoch keinesfalls alle, durchleben eine leichte Depression oder sind traurig, wenn sie ihr Baby abstillen. Dies kann durch die hormonellen Veränderungen, bedingt durch die geringere Nachfrage nach Milch im Körper, verursacht werden. Hat das Stillen nicht Ihren Vorstellungen entsprochen, kann die Traurigkeit in Zusammenhang stehen mit Gefühlen der Unzufriedenheit. Wahrscheinlich hilft es nicht, wenn man Ihnen sagt, daß diese Gefühle zwecklos sind. Aber bedenken Sie, daß das Stillen in der Beziehung zu Ihrem Kind nur ein Faktor unter vielen ist und die Stillzeit nur eine kurze Zeit im Leben des Babys ausmacht. Sie werden noch zahlreiche andere Gelegenheiten haben, intensiv auf Ihr Kind einzugehen.

Wurde das Stillen als positive Erfahrung erlebt, empfindet man vielleicht weniger Traurigkeit als Schmerz. Schließlich findet ein komplexer und geheimnisvoller Aspekt Ihrer Beziehung zum Baby mit dem Abstillen ein Ende. Das Abstillen bedeutet letztlich das Ende des Schwangerschaftszyklus, das Ende einer Ära, in der Sie Ihren Körper im eigentlichen Sinne mit einem anderen menschlichen Wesen geteilt haben. Denken Sie trotzdem daran, daß das Entwöhnen nicht als ein Verlust angesehen werden sollte, sondern vielmehr als eine Erfüllung und als Ausgangspunkt zu neuen Erfahrungen.

Das Kind sagt Ihnen, wann es bereit ist zum Abstillen

Ich versuchte Anna mit fünfeinhalb Monaten abzustillen, aber sie nahm kein Fläschchen. Ich versuchte alles: Ich gab ein wenig von meiner eigenen Milch auf den Sauger, probierte verschiedene Typen von Saugern, versuchte es mit Saft, ließ den Vater das Fläschchen geben. Ich versüßte auch den Sauger mit Honig. Sie wies alles zurück. Sie lachte, dann weinte sie, schließlich schrie sie. Es war ein wirklicher Kampf, und ich erinnere mich, wie ich einen ganzen Nachmittag mit dem Versuch zubrachte, ihr 120 Gramm Milch einzuflößen. Ich war wütend. Schließlich fragte eine Freundin: »Lohnt sich dieser Aufwand? Das Baby ist offensichtlich genauso stur wie du. Ihr habt so eine schöne Stillzeit erlebt, warum soll das mit einem Kampf enden?« Sie hatte recht. Ich gab es auf. Ich wartete einige Wochen ab. Eines Tages gab ich Anna die Flasche einfach zum Spielen. Sie nahm sie in den Mund, so wie sie alles in den Mund steckte. Als ich wußte, daß sie sie nehmen würde, war ich überhaupt nicht mehr so erpicht auf das Abstillen und stillte sie noch weitere zwei Monate, wobei ich ihr zweimal wöchentlich ein Fläschchen anbot.

***

Max begann selbst mit dem Abstillen, als er seinen ersten Zahn bekam. Er schien einfach keine Lust mehr zum Saugen zu haben.

***

André nahm einige Schlucke, wurde dann abgelenkt, ließ die Brust los, lächelte mich an, betrachtete seine Hände oder den Hund oder seine Brüder. Er konnte kaum mehr zum Stillen bewegt werden, weil es so viel zum Betrachten gab. Er blieb nicht an der Brust liegen, sondern drehte und wendete sich, bis er möglichst aufrecht war. Ich beschloß, auf das Stillen tagsüber zu verzichten und ihn nur noch morgens und abends beim Schlafengehen zu stillen.

***

Mit zehneinhalb Monaten bestimmte Diana ihre Ernährung selber. Eines Morgens ließ Bernhard seinen Orangensaft auf der Anrichte neben dem Hochstuhl stehen. Ich drehte mich eine Sekunde lang um, und als ich wieder hinsah, trank sie ihn schon und grinste dabei verschmitzt.

Literatur über das Stillen

Brunn, Sylvia/Eberhard Schmidt: Die Kunst des Stillens, Falken 1990.

Dörpinghaus, Eva: Stillen. Jede Mutter kann es, keine muß es. Kunstmann 1990.

Kitzinger, Sheila: Alles über das Stillen, Bastei Lübbe 1990.

Kitzinger, Sheila: Ich stille mein Baby, Kösel 1989.

La Leche Liga: Handbuch für die stillende Mutter, Neuauflage 1990.

Lothrop, Hanny: Das Stillbuch, Kösel 1991.

Messenger, Maire: Stillen, Ravensburger 1990.

Mitchell, Ingrid: Stillen, rororo 1980.

Spock Benjamin M./Rothenberg Michael B.: Säuglings- und Kinderpflege. Ullstein 1986.

WENN DAS BABY DIE FLASCHE BEKOMMT

Stehen Sie zu Ihrer Entscheidung!

Die Ernährung eines Babys mit der Flasche ist eine feine Sache, und es gibt immer noch eine Menge Mütter, die sich nichts anderes vorstellen können. Diese Form der Ernährung hat einige eindeutige Vorteile. Sie können genau sehen, wieviel Ihr Baby trinkt. Dadurch fällt eines der größten Probleme des Stillens, die Ungewißheit, ob das Baby genug Milch bekommt, weg. Ein mit der Flasche ernährtes Baby ist in der Regel länger satt als ein gestilltes, da die industrielle Säuglingsmilch schwerer verdaulich ist als Muttermilch. Ein Fläschchen kann auch der Vater, die Großmutter oder ein Babysitter geben, so daß Sie schlafen oder sogar tanzen gehen können, ohne sich sorgen zu müssen, ob das Baby Hunger hat. Sie können auch anziehen, was Sie wollen, brauchen nicht in der Öffentlichkeit zu stillen oder darauf achten, ob Milch ausläuft. Natürlich ist es für Ihre Gesundheit immer wichtig, daß Sie vernünftig essen und trinken, aber wenn Sie nicht stillen, können Sie alle Nahrungsmittel, auf die Sie Lust haben, zu sich nehmen oder auch eine Diät machen. Der Körper einer Mutter, die die Flasche gibt, gehört nur ihr. Auch wenn sie vielleicht noch zu müde ist, um häufig und leidenschaftlich Liebe zu machen, kann sie doch wieder die Pille nehmen, ohne dem Baby zu schaden. Und da ihr Körper mit dem Ende des Wochenflusses wieder so ist wie vor der Schwangerschaft, leidet sie nicht an einer trockenen Scheide wie eine stillende Mutter aufgrund der hormonellen Veränderungen.

Wenn Sie sich für die Ernährung mit der Flasche entscheiden, ist es am wichtigsten, daß jede Mahlzeit zu einem entspannten und freudigen Ereignis wird, zu einem Augenblick der Nähe und Übereinstimmung zwischen Baby und Erwachsenem. Heutzutage besteht ein gewisser Druck zu stillen. Entscheiden Sie sich für die Flasche, wird es immer wieder Menschen geben, die Ihre Entscheidung hinterfragen und versuchen, Ihnen Schuldgefühle einzureden. Lassen Sie dies nicht zu! Ihre Unzufriedenheit wird sonst eine Spannung zwischen Ihnen und Ihrem Baby schaffen. Mehr als die Ernährungsmethode zählen beim Füttern die Einstellung und die Qualität der Aufmerksamkeit. Ihr Baby wird gedeihen, wenn Sie glücklich sind.

Mütter sprechen über ihre Entscheidung, ihrem Baby die Flasche zu geben.

Frage: Warum haben Sie sich dafür entschieden, Ihrem Baby die Flasche zu geben?

Antworten: *Wir gaben Aaron das Fläschchen, weil dies in unserem Bekanntenkreis so üblich war. Ich war mit der Flasche ernährt worden und ebenso meine Geschwister und alle meine Cousins. Auch meine Freundinnen gaben ihren Kindern die Flasche. Es ist einfach das, was die Leute, die ich kenne, tun.*

⁂

Wir gaben unseren beiden adoptierten Kindern das Fläschchen. Es war eine wunderbare, gemütliche Schmusezeit für die Babys, für mich und für meinen Mann. Wenn ich müde war oder mein älteres Kind meine Aufmerksamkeit brauchte, war es besonders schön, daß Papi in der Lage war, das Einschlafritual mit Maria zu übernehmen. Auch ein älterer Säugling kann daran teilnehmen, was dazu beiträgt, eine Beziehung zwischen den Kindern aufzubauen.

⁂

Trotz gewisser Zweifel hatte ich vor zu stillen. Dann hatte ich einen Kaiserschnitt und war sehr schwach, hatte Schmerzen und Schwierigkeiten, eine bequeme Stellung zum Stillen zu finden. Meine Brustwarzen brachen auf und bluteten, und das Baby schrie ständig. Alle vorherigen Befürchtungen wurden weit übertroffen. Nach fünf Tagen beschloß ich, aufzugeben und heulte die ganze Nacht. Ich hatte so viele Bücher gelesen, und überall hieß es: »Wenn Du nicht stillst, vergiß es!« Ich fühlte mich so egoistisch. Eine meiner Zimmergenossinnen hatte das gleiche Problem. Wir redeten immer wieder darüber, und das half uns.

Die ersten sechs Wochen waren für mich sehr schwierig – eine schwere Geburt, ein kleines Becken, und als Ergebnis davon gezerrte und überdehnte Bänder in den Hüften. Es dauerte eine Woche, bis ich wieder gehen konnte, und einen Monat, bis ich auf dem Bauch schlafen konnte. Nach zehn Tagen auch noch offene Blasen auf meinen Brustwarzen, ein schwacher Milchspendereflex und null Schlaf – da wechselte ich zum Fläschchen, und das war für uns alle drei eine kluge Entscheidung. Mein Mann konnte einspringen. Ich ärgere mich über all diese empörten Reaktionen der Still-Befürworter. Ich glaube auch, daß die Brust das Beste ist, aber es gibt eben auch Ausnahmen – so wie bei mir. Ich mag nicht, wenn andere über mich urteilen.

⁂

Ich wußte, daß ich nach sechs Wochen wieder arbeiten mußte. Ich stillte den ersten Monat und ersetzte das Stillen während der nächsten zwei Wochen vollständig durch Flaschennahrung. Dies erwies sich für das Baby, für mich und für den Babysitter als richtig.

⁂

Lucy kam zu früh zur Welt. Obwohl ich sie gerne gestillt hätte, schaffte ich es mit der Zeit einfach nicht mehr, dieses Hin- und Hergerenne zum Krankenhaus. Ich war so dankbar, daß ich mein eigenes Baby ohne irgendwelche Schläuche oder angeschlossene Monitoren im Arm halten und füttern konnte, daß mir nichts ferner gelegen hätte, als mir ein schlechtes Gewissen zu machen, weil ich ihr das Fläschchen und nicht die Brust gab. Liebe und Nähe zu empfinden ist das, was zählt.

Was Sie alles brauchen

In den ersten vier bis sechs Monaten muß die Milch sämtliche Nahrungsbedürfnisse des Babys befriedigen. Stillen Sie Ihr Baby nicht, so können Sie unter einer Vielzahl verschiedener industrieller Milchnahrungen wählen. Diese Milchnahrungen enthalten die erforderlichen Mengen an Kalorien, an Eiweiß, Kohlenhydraten und Fetten im jeweils richtigen Verhältnis. Wenn in Ihrer Familie schon Fälle einer Milchunverträglichkeit bzw. Allergie aufgetreten sind, sollten Sie darüber unbedingt mit Ihrem Kinderarzt sprechen. Wechseln Sie nicht ohne ärztlichen Rat zu einer Heilnahrung auf Sojabasis. Industriellem Milchpulver ist Eisen zugesetzt; Vitamin D und Flour erhält das Baby extra in Form von Tabletten, die der Kinderarzt verschreibt. Pasteurisierte Kuhmilch, egal ob Vollfett, fettarm oder entrahmt, kann Ihr Baby noch nicht verdauen. Kuhmilch enthält zuviel Eiweiß und ist zu schwer verdaulich. Die Zubereitung industrieller Milchnahrungen ist sehr einfach. Das Milchpulver muß entsprechend den auf der Packung aufgedruckten Anleitungen mit abgekochtem Wasser zubereitet werden.

Die richtige Ausstattung

- ○ Sechs bis acht Glas- oder Plastikfläschchen mit Saugerhalterung und Verschluß.
- ○ Mindestens ein Dutzend Sauger (siehe auch Seite 97)
- ○ Eine robuste Flaschen- und Saugerbürste.
- ○ Ein hitzebeständiger Meßbecher.
- ○ Löffel mit langem Stiel.
- ○ Ein großer Topf mit Deckel oder ein Sterilisiergerät für die Flaschen.
- ○ Greifzangen, um heiße Flaschen herauszuholen.
- ○ Ein kleines Glas mit Schraubverschluß und Löchern zum Aufbewahren der sterilisierten Sauger.

Anmerkung: Sauger und Schnuller bestehen entweder aus Kautschuk oder aus Silikon. Bei Kautschuk-Saugern können Probleme auftreten, die die Eltern möglicherweise gar nicht bemerken. Hitze, Sonnenlicht und Speichel zerstören sie nach zwei bis drei Monaten Gebrauch; sie werden klebrig. Es gibt auch Vermutungen, daß die Nitrosamine, die dem Kautschuk zugegeben werden, damit er fest und unverwüstlich wird, Krebs auslösen. Zwar gibt es keine Beweise, daß diese Chemikalien dem Baby schaden, doch werden in letzter Zeit die Nitrosaminmengen bei der Herstellung verringert. Bis größere Klarheit über mögliche Gefahren besteht, geht man sicherer, wenn man diese Sauger vor Gebrauch fünf- oder sechsmal jeweils fünf Minuten auskocht und dabei jedesmal frisches Wasser verwendet.

Silikonsauger sind hitzebeständig und frei von Nitrosaminen. Weil sie fest sind, werden sie nicht klebrig und porös und damit nicht zu Bakteriensammlern wie Gummisauger. Sie halten sich auch in der Geschirrspülmaschine gut. Sie können jedoch platzen und vom Baby zerbissen werden. Aus Gründen der Sicherheit sollte man daher diese Sauger vor jeder Mahlzeit gründlich auf Risse und Bißspuren untersuchen.

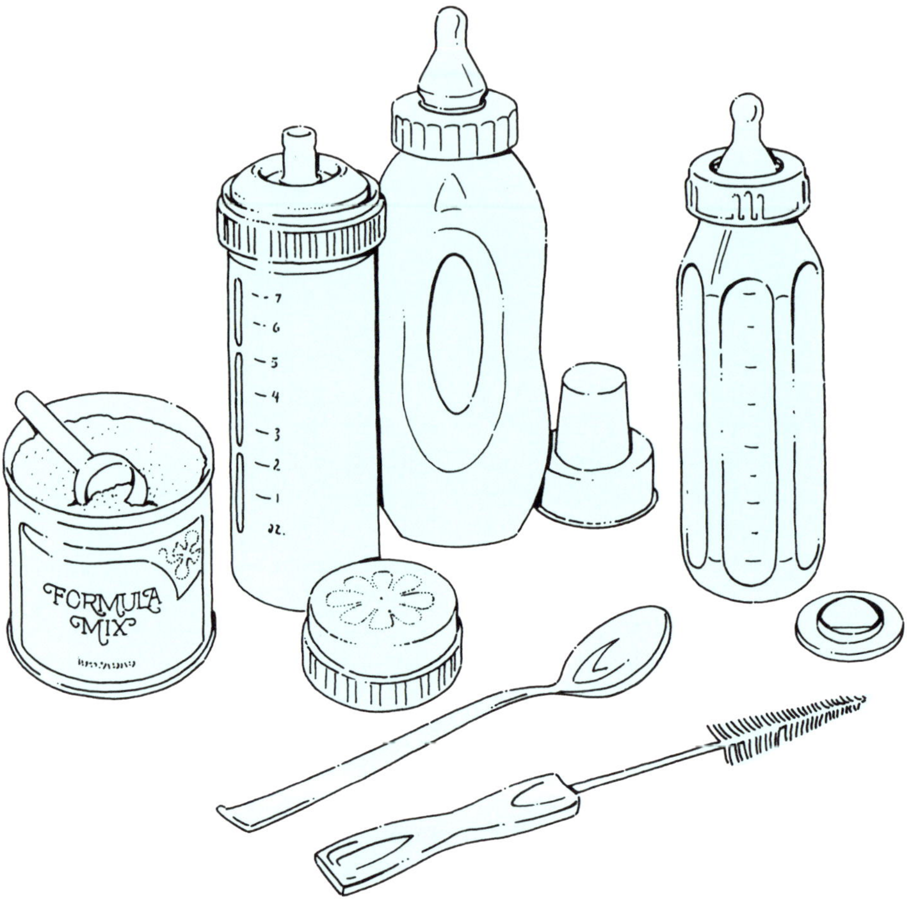

Die richtige Ausstattung: Vorratsbehälter mit Milchpulver, Plastikflasche, Flasche mit kindgerechtem Griff zum Selberhalten, Glasflasche, Verschlüsse für die Flaschen, Löffel mit langem Stiel, Saugerbürste.

Geben Sie Keimen keine Chance

Babys entwickeln erst mit der Zeit eine Immunität gegen die in ihrer Umgebung vorkommenden Keime. Ein Neugeborenes, das nicht gestillt wird, verfügt nicht über die stark keimabwehrenden Eigenschaften des Kolostrums. Egal ob Sie die Fläschchen sterilisieren oder nicht, Sie müssen sich auf jeden Fall immer konsequent und ganz bewußt darum bemühen, eine möglichst bakterienfreie Umgebung zu schaffen. Bevor Sie die Mahlzeit zubereiten, waschen Sie auf jeden Fall Ihre Hände mit Seife und trocknen Sie sie mit einem sauberen Handtuch ab. Im Spülstein finden Bakterien ideale Wachstumsbedingungen. Säubern Sie ihn daher gründlich, bevor Sie dort die Fläschchen des Babys spülen, oder verwenden Sie zu diesem Zweck eine spezielle große Spülschüssel. Verwenden Sie die Flaschen- oder Saugerbürste für nichts anderes und hängen Sie sie mit der Bürste nach unten auf, so daß sie nach Gebrauch schneller trocknet.

Sobald das Fläschchen leer ist, füllen Sie es mit kaltem Wasser, bis Sie Zeit haben, es zu säubern. Ein Eßlöffel Essig, den Sie dem Wasser zugeben, löst den Belag an Fläschchen, die in hartem Wasser ausgekocht wurden. Egal ob Sie die Fläschchen sterilisiert haben oder nicht, Sie müssen sie auf jeden Fall gründlich mit Spülmittel und heißem Wasser waschen, bevor Sie die Milch einfüllen. Aber achten Sie darauf, daß keine Spülmittelreste zurückbleiben.

Alles über Sauger

Überprüfen Sie die Sauger immer sorgfältig, da das Butterfett der Milch den Kautschuk zerstört. Empfehlenswert ist, die Sauger abzuspülen, bevor man sie gründlich wäscht oder sterilisiert. Eine Messerspitze Salz bindet das Butterfett; damit lassen sich auch verstopfte Trinklöcher öffnen. Geben Sie das Salz in den nassen Sauger und schütteln Sie, bis es sich zu einer Masse verbindet. Dann drücken und rollen Sie den Sauger zwischen Ihren Fingern, so daß die Paste durch das Saugerloch gedrückt wird. Schrubben Sie den Sauger mit einer Saugerbürste, stülpen Sie dann das Innere nach außen und spülen Sie es gründlich ab. Drehen Sie Flaschen und Sauger um und lassen Sie sie auf einem sauberen Tuch trocknen. Bewahren Sie die trokkenen Sauger in einem sauberen, verschließbaren Gefäß auf.

Frage: Wie schnell sollte die Milch aus dem Sauger fließen?

Antwort: Ist die Flasche umgedreht, sollte das Loch so groß sein, daß die Milch in einer Abfolge von schnellen Tropfen herausläuft, aber nicht in einem ununterbrochenen Strahl. Ist das Loch zu klein, kann das Baby vom Saugen müde werden und einschlafen, bevor es wirklich satt ist. Ist es zu groß, fließt die Milch so schnell heraus, daß das Baby erschrickt und mit der Milch auch Luft verschluckt. Es trinkt dann vielleicht auch so schnell, daß sein Saugbedürfnis nicht befriedigt wird. Dann ist es nach der Mahlzeit zwar satt, aber immer noch unruhig und unzufrieden. Sie fragen sich dann vielleicht, ob es immer noch Hunger hat. Das gestillte Baby saugt im Durchschnitt mindestens 20 Minuten. Man geht davon aus, daß dies den Bedürfnissen eines

Babys entspricht. Denn das Trinken muß nicht nur das Bedürfnis nach Nahrungsaufnahme, sondern auch das Saugbedürfnis befriedigen.

Frage: Wie kann man ein Loch der richtigen Größe in den Sauger machen?
Antwort: Um ein kleines Loch zu vergrößern, bohren Sie das obere Ende einer Nadel in einen Korken und erhitzen dann die Spitze über einer Flamme, bis sie rotglühend ist. Stechen Sie die Nadel langsam in den Sauger, ziehen Sie sie dann schnell heraus. Wiederholen Sie diesen Vorgang, bis das Loch, wenn Sie es überprüfen, so groß ist, daß die Milch gleichmäßig heraustropft. Schwieriger ist es, ein großes Loch zu verkleinern. Versuchen Sie es, indem Sie den Sauger drei Minuten lang auskochen.

Wie man Milchnahrung zubereitet

Bei der Zubereitung von Säuglingsmilch aus Milchpulver müssen Sie unbedingt die auf der Packung aufgedruckte Anleitung befolgen. Verwenden Sie zum Abmessen den der Packung beiliegenden Meßlöffel; streichen Sie das Pulver mit einem sauberen Messer ab.
Wenn Sie die Milchnahrung zu sehr konzentrieren, indem Sie zu wenig Wasser zufügen, schadet dies Ihrem Baby. Es nimmt zuviel Fett, Eiweiß und Mineralstoffe und auch Kalorien zu sich, aber nicht genügend Flüssigkeit, um seinen Durst zu stillen. Es wird weinen, und Sie werden annehmen. daß es immer noch Hunger hat und ihm wahrscheinlich wiederum Milch, vielleicht noch stärker konzentriert, anbieten. Der entgegengesetzte Fehler, die Zubereitung der Milchnahrung mit zuviel Wasser, führt dazu, daß das Baby nicht genug Kalorien bekommt und nicht satt wird.

Frage: Ist es nötig, das Fläschchen anzuwärmen?
Antwort: Nein. Vor einigen Jahren wurde in einem Krankenhaus in New York City eine Untersuchung mit Frühgeborenen durchgeführt, um festzustellen, ob das Anwärmen der Fläschchen das Wohlergehen der Babys verbesserte. Ein Teil der Babys bekam angewärmte Milchnahrung, die Milch für die anderen wurde direkt aus dem Kühlschrank genommen. Die Ergebnisse: Es gab keine signifikanten Unterschiede hinsichtlich der Häufigkeit von Erbrechen, Durchfällen, Krämpfen oder der Gewichtszunahme bei den beiden Gruppen.
Wenn Sie das Fläschchen anwärmen, dann sollten Sie dies direkt vor dem Füttern tun, weil warme Milch ein idealer Nährboden für Bakterien ist. Ein Fläschchen läßt sich einfach wärmen, indem man es in eine mit heißem Wasser gefüllte Kaffekanne stellt; oder man hält es einfach unter laufendes warmes Wasser. Überprüfen Sie die Temperatur, indem Sie einige Tropfen auf Ihr Handgelenk geben. Sie sollten nur lauwarm sein. Es gibt spezielle Fläschchenwärmer zu kaufen, die besonders nachts praktisch sind. Sie können im Schlafzimmer an der Steckdose angeschlossen werden, und man braucht das Fläschchen nur hineinzustellen.
Anmerkung: Wärmen Sie das Fläschchen fürs Baby nicht in der Mikrowelle auf, da die Hitze dort ungleichmäßig ist. Die Flüssigkeit wird nicht gleichmäßig erwärmt, und selbst wenn Sie das Fläschchen schütteln, kann die Milch stellenweise noch sehr heiß sein. Sogar wenn Sie einige Tropfen

auf dem Handgelenk überprüfen, kann es sein, daß die Milch an einer anderen Stelle im Fläschchen so heiß ist, daß sich Ihr Baby daran die Zunge verbrennt.

Sterilisiermethoden

Es gibt im wesentlichen zwei Methoden der Sterilisation: die Kalt- und die Heißsterilisation. Bei der Kaltsterilisation werden in einem Desinfektionsbad Fläschchen und Sauger schnell keimfrei gemacht. Allerdings sind dafür chemische Zusätze erforderlich. Die einfachste Methode der Heißsterilisation ist das Auskochen (25 Minuten) der gesamten Ausrüstung in einem zugedeckten Topf. Daneben gibt es spezielle Geräte zur Dampfsterilisation. Auch in einer Geschirrspülmaschine werden die Fläschchen ausreichend sauber, sofern die Wassertemperatur 70 Grad erreicht und die Maschine ständig spült.

Wie sicher ist das schnelle Fläschchen für unterwegs?

Frage: Wie lange kann ein Fläschchen verwendet werden, nachdem es aus dem Kühlschrank genommen wurde?

Antwort: »Bei Trink- oder Zimmertemperatur oder auch bei milden Temperaturen im Freien vermehren sich alle Bakterien, die in die Flasche gekommen sind, sehr schnell. Aus diesem Grund ist es nicht ratsam, dem Baby ein Fläschchen zu geben, das schon mehrere Stunden im Auto, im Kinderwagen oder irgendwo im Haus gestanden hat, egal ob es sich um ein volles oder ein teilweise schon ausgetrunkenes Fläschchen handelt. Müssen Sie das Baby zwei Stunden, nachdem Sie fortgegangen sind, füttern, stellen Sie die Flasche, gleich nachdem Sie sie aus dem Kühlschrank genommen haben, in eine Kühltasche oder wickeln sie in zehn Lagen Zeitungspapier ein. (Dies ist ein sehr gutes Isolationsmaterial!)

Schläft Ihr nur wenige Wochen altes Baby oft ein, wenn es das halbe Fläschen getrunken hat, und wacht dann nach zwei Stunden auf, um den Rest zu trinken, sollten Sie das halbvolle Fläschchen gleich zurück in den Kühlschrank stellen. Ich würde ein solches Fläschchen nicht mehr als zweimal verwenden.«

(Benjamin M. Spock/Michael B. Rothenberg: Dr. Spock's Baby and Child Care)

Alternative: Sie können das Kühlproblem umgehen, wenn Sie das abgemessene Milchpulver ins Fläschchen geben und eine Thermoskanne mit abgekochtem Wasser mitnehmen. Bereiten Sie dann die Milch frisch zu, wenn Sie sie brauchen.

Sterilisieren oder nicht: zwei Standpunkte

»Wer über sauberes Trinkwasser und zuverlässige Kühlmöglichkeiten verfügt, muß die Milchnahrung und das Fläschchen nicht unbedingt sterilisieren. Sind Sie nicht sicher, ob Ihr Trinkwasser gut ist oder ob Ihre Kühlmöglichkeiten ausreichend sind, fragen Sie bei Ihrem Arzt oder dem Gesundheitsamt nach, ob Sie sterilisieren sollten oder nicht. Ist es nicht nötig, reicht ein gründliches Säubern mit Geschirrspülmittel und Wasser und ausgiebiges Nachspülen. Flaschen und Schraubverschlüsse kann man in der Spülmaschine reinigen, die Sauger jedoch sollte man mit der Hand säubern.«

(Benjamin M. Spock / Michael B. Rothenberg: Dr. Spock's Baby and Child Care)

»Bakterien gibt es überall. Sie sind an unseren Händen und unserer Kleidung. Wir atmen sie ein, nehmen sie mit der Nahrung zu uns und scheiden sie aus. Die meisten Bakterien sind harmlos. Einige wenige jedoch können Krankheiten verursachen, wenn wir davon auf einmal so viel aufnehmen, daß unsere Abwehrkräfte überfordert sind.
Ein neugeborenes Baby hat, besonders wenn es nicht gestillt wird, wenig Abwehrkräfte gegen die üblichen Keime. Es braucht Zeit, bis es eine Immunität entwickelt. In einem normal sauberen Haushalt wird es mit den Keimen, die es von seiner Hand saugt oder die es einatmet, fertigwerden. Doch beim Füttern ist es anders. Milch, vor allem wenn sie bei Zimmertemperatur aufbewahrt wird, ist ein idealer Nährboden für Keime. Kommt das Baby also mit den paar Keimen, die es von seinen Fingern abschleckt, noch recht gut zurecht, werden seine Abwehrkräfte von der enormen Menge, die es mit der Milch aufnimmt, die in einem warmen Raum gestanden hat, möglicherweise überfordert ... Sterilisieren Sie alles, was Sie zum Abmessen, Anrühren oder Aufbewahren der fertigen Milch verwenden. Das heißt Meßbecher, Rührbecher und das zur Zubereitung verwendete Wasser. Sterilisieren Sie Fläschchen, Sauger und Kappen.«
(Penelope Leach: Your Baby and Child: From Birth to Age Five)

Lösung: Treffen Sie die für Sie selbst richtige Entscheidung, nachdem Sie sich bei Ihrem Kinderarzt oder einer Beratungsstelle informiert und auch das Verhalten Ihres Babys und Ihr eigenes Temperament berücksichtigt haben. Macht es Sie nervös, die Fläschchen Ihres Babys nicht zu sterilisieren, dann sollten Sie dies besser tun. Sind Sie darüber nicht beunruhigt, dann können Sie es bleiben lassen.

Die keimfreie Methode

Bei dieser Methode wird die gesamte Ausstattung (Flaschen, Sauger, Verschlüsse, Löffel, Trichter, Greifzangen, Meßbecher usw.) sterilisiert, bevor Sie die Flaschen mit steriler Milchnahrung (zubereitet mit abgekochtem, abgekühltem Wasser) füllen.

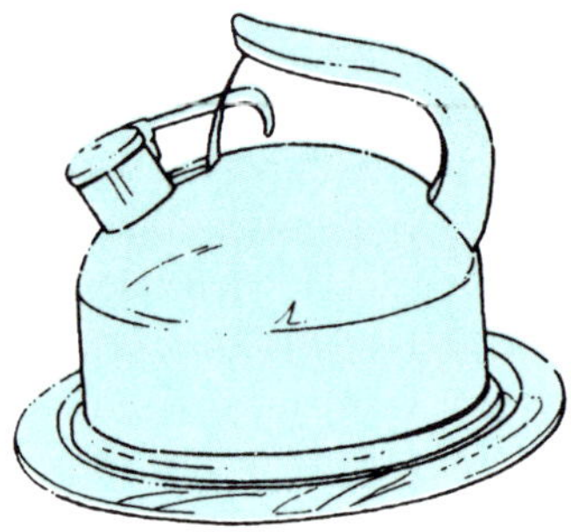

1. Bevor Sie mit der Sterilisierung der Teile beginnen, setzen Sie das Wasser, das Sie zur Zubereitung der Milchnahrung benötigen, auf. Rechnen Sie ca. 20 Gramm zusätzliches Wasser, da etwas Wasser verdampft. Lassen Sie das Wasser drei Minuten kochen, stellen Sie es dann zum Abkühlen beiseite.

4. Haben Sie die Milchnahrung in das Fläschchen gefüllt, schrauben Sie den Sauger umgedreht auf. Achten Sie darauf, nur den äußeren Rand des Saugers zu berühren.

2. Kochen Sie die Ausrüstung 25 Minuten in einem Sterilisiergerät oder einem abgedeckten großen Topf.

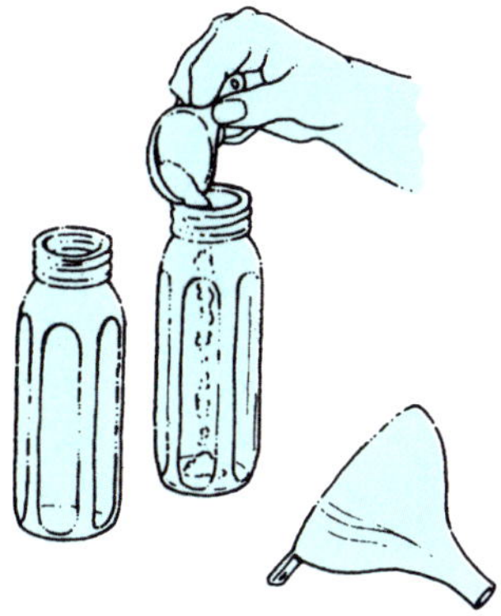

3. Nachdem Sie die Teile ausgekocht haben, rühren Sie das Milchpulver an. Milchpulver und abgekochtes Wasser können entweder direkt im Fläschchen zubereitet werden oder in einem großen Meßbecher mit einem langen Löffel angerührt werden. Mit einem Trichter kann die Milch dann in das Fläschchen gefüllt werden.

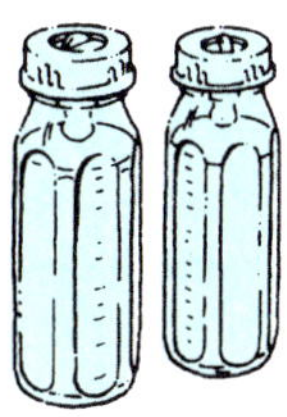

5. Zur Aufbewahrung schrauben Sie die Verschlüsse fest zu oder legen die auflegbaren Plättchen auf und stellen die Fläschchen sofort in den Kühlschrank.

Kiefergerechte Sauger und Schnuller

Es gibt spezielle, kiefergerecht geformte Sauger, außerdem auch Sauger, die der Mutterbrust nachempfunden sind. Sie werden von Kinderärzten empfohlen, weil sie den harten Gaumen des Babys besser stimulieren. Dadurch wird das Saugen anstrengend. Es übt nicht nur den Kiefer, sondern ist für das Baby angenehm und baut Spannungen ab. Der Sauger dehnt und weitet sich leicht und erlaubt dem Baby, durch die Stärke der Zungenbewegung den Milchfluß zu beeinflussen. Da eine Seite abgeflacht ist, schließt das Baby seine Lippen eng um den Sauger und atmet stärker durch die Nase als durch den Mund. Diese Sauger passen auf alle üblichen Fläschchen. Es gibt auch Schnuller in dieser Form. Durch ihre anatomische Form passen sie sich dem Gaumen an, ohne ihn zu verformen. Dadurch fallen sie dem Baby auch nicht ständig aus dem Mund.

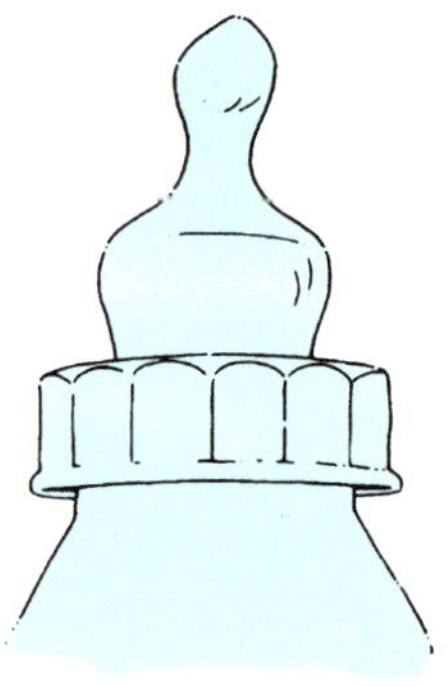

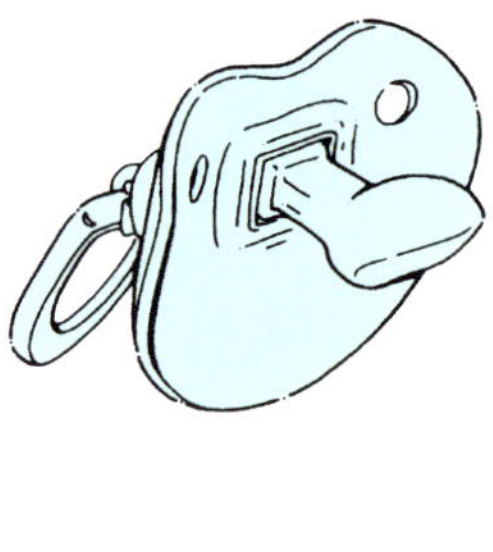

Mit Liebe und Hingabe das Fläschchen geben

Das Füttern ist für das Baby ein bedeutsames Ereignis. Es ist gleichbedeutend mit Wärme, Berührung und Kommunikation; dabei sind alle seine Sinne gefordert. Es erlebt das Vergnügen des Saugens und der Sättigung, es hört zu, erfährt Berührungen und lernt eine (oder mehrere) wichtige Person in seinem Leben kennen und ihnen zu vertrauen. Damit die Flaschenmahlzeit zu einem intimen und entspannten Augenblick wird, können Sie folgendes versuchen.

1. Setzen Sie sich so in einen Sessel oder auf das Bett, daß sowohl Ihr Rücken wie Ihr Arm, in dem der Kopf des Babys ruht, gut abgestützt sind.

2. Falls die Hände des Babys bedeckt sind, sollten Sie sie frei machen; wenn Sie es beide bequem haben, knöpfen Sie Ihre Bluse auf, damit das Baby Hautkontakt hat.

3. Schmiegen Sie das Baby in Ihren Arm und achten Sie darauf, daß es leicht schräg liegt, so daß der Kopf höher liegt als sein Magen. Füttern Sie das Baby nie, wenn es flach auf dem Rücken liegt. In dieser Lage fällt nicht nur das Schlucken schwer, man vermutet auch, daß Babys, die in dieser Stellung gefüttert werden, anfälliger sind für Infektionen des inneren Ohres.

4. Während Sie das Fläschchen halten, streicheln Sie mit dem Zeigefinger dieser Hand sanft die Ihrem Körper zugewandte Backe des Babys. Das Baby sollte dann den Kopf zu Ihrem Finger hinwenden. Berühren Sie nun behutsam die Lippen des Babys mit dem Sauger, wobei Sie die Flasche schräg halten, damit die Milch in den Sauger fließt.

5. Das Baby wird den Sauger in den Mund ziehen. (Überprüfen Sie, daß er weit hinten im Mund liegt.) Dann beginnt es zu saugen. Zieht sich der Sauger durch das starke Saugen zusammen, ziehen Sie leicht daran, um das Vakuum aufzulösen; dann kann wieder Luft einströmen.

6. Lassen Sie das Baby während der Mahlzeit zwischendurch einmal aufstoßen (siehe Seite 53).

7. Nach einer Pause, in der Sie das Baby haben aufstoßen lassen oder es frisch gewickelt haben, wechseln Sie die Seite, so wie es eine stillende Mutter macht, wenn sie das Baby an die andere Brust legt. Dies regt das Baby an, indem es ihm einen anderen Blickwinkel bietet.

Frage: Ist es in Ordnung, eine Flaschenhalterung zu verwenden?

Antwort: Nein. Außer der Tatsache, daß dies gefährlich sein kann, fehlen dem Baby dabei die Liebe und das Schmusen, die es braucht, um Vertrauen entwickeln zu können.

Die richtige Haltung beim Fläschchengeben.

Wie oft muß ein Flaschenkind gefüttert werden?

Ich fütterte Laura mit der Flasche, damit ich sehen konnte, wieviel sie trank. Schien sie mehr oder weniger zu wollen als das, was ich für »richtig« hielt, glaubte ich sofort, daß etwas nicht stimmte. Warum trinkt sie so wenig? Stimmt etwas nicht mit dem Milchpulver? Bekommt sie eine Erkältung? Trank sie mehr als »normal«, bekam ich Schuldgefühle. Vielleicht hatte ich ihr anfangs nicht genug gegeben? Ist das nicht lächerlich?

***

Am hilfreichsten für mich war der Rat meines Kinderarztes, in den ersten Wochen einen festen Mahlzeitenrhythmus zu vergessen. Gestillte Babys nehmen in den ersten Tagen nicht viel zu sich, warum sollte ich mich also damit verrückt machen, immer wieder zu versuchen, meinem schlafenden Baby ein Fläschchen zu verabreichen.

Einer der besten Aspekte des Stillens, auch wenn es für viele Mütter eine der größten Schwierigkeiten darstellt, ist die Tatsache, daß wir einfach nicht wissen, wieviel das Baby trinkt. Es mag schwer hinzunehmen sein, aber die Natur läßt das Baby seinen Hunger selbst regulieren. Es verlangt viel, wenn es sehr hungrig ist, und weniger, wenn es kaum Hunger hat. So sollte es auch bei einem Flaschenkind sein. Bieten Sie dem Baby ein Fläschchen an, wenn es hungrig scheint. Hat es kräftig gesaugt und macht dann eine Pause, warten Sie einige Sekunden und nehmen die Flasche zurück. Wackeln Sie nicht mit der Flasche hin und her oder drehen Sie sie in seinem Mund herum, in der Hoffnung, daß es doch noch ein paar Gramm mehr trinken wird. Überlassen Sie die Entscheidung dem Baby.

Denken Sie daran, daß ein Neugeborenes daran gewohnt ist, seinen Hunger kontinuierlich durch die Nabelschnur befriedigt zu bekommen. Es weiß gar nicht, wie es sich anfühlt, einen leeren Magen zu haben. Anfangs entspricht sein Bedürfnis nach Nahrung nicht unbedingt dem, was wir für normal erachten. Gewöhnt es sich dann an diese neue Form der Nahrungsaufnahme, wird es im Laufe der Wochen in der Lage sein, ein echtes Hungergefühl deutlich zu verspüren und dies auch klarer zum Ausdruck zu bringen. Aber denken Sie daran, daß dies Zeit braucht.

Frage: Wie weiß ich, wann das Baby satt ist?
Antwort: Wir müssen offen sein für das, was unser Baby uns mitzuteilen versucht. Mit der Zeit werden wir immer sensibler für das, was es uns »sagen« will. Lesen Sie, was Mütter berichten...

Wenn Lucy satt ist, saugt sie immer langsamer. Der Sauger rutscht ein wenig nach vorne. Dann hören wir auf.

⁂

Bei Marc ist es ganz klar, wenn er genug hat. Er spuckt den Sauger aus und hält seinen kleinen Mund fest geschlossen.

⁂

Jakob schläft ein, wenn er satt ist. Kein Schaukeln oder Rütteln kann ihn aufwecken.

⁂

Ich habe Schwierigkeiten, genau zu sagen, was los ist; Katrin trinkt, hört auf und schaut zufrieden drein. Es ist nur ein Blick. Ich kann ihn wirklich nicht beschreiben, ich kann nur sagen, daß sie zufrieden aussieht.

Severin ist ein Gierhals. Seine Flasche ist in zwei Sekunden leer. Dann stößt er auf. Das war's. Er hat genug.

Frage: Warum sollte das Baby nicht in einem Vier-Stunden-Rhythmus gefüttert werden wie im Krankenhaus?
Antwort: »Wird dem Baby in bestimmten Intervallen – 6 Uhr, 10 Uhr, 14 Uhr, 18 Uhr und 22 Uhr – eine Mahlzeit angeboten, wird ihm von außen ein Rhythmus auferlegt, der nicht seinen Hungergefühlen entspricht. Die ersten Wochen werden dann für alle schlimm werden. Das Baby wacht auf und schreit. Wenn Sie es nicht füttern, weil es noch nicht Zeit ist, werden Sie jede andere Methode versuchen, um es zu beruhigen, was sehr anstrengend wird. Denn was es wirklich will, ist Nahrung, und weil es immer hungriger wird, läßt es sich trotz aller Ihrer Anstrengungen durch nichts beruhigen. Am Ende empfinden Sie eine ungesunde Mischung aus Schuld und Zorn und hilfloser Verzweiflung. Zur Krönung des Ganzen wird es wahrscheinlich, wenn die Uhr schließlich die richtige Zeit für das Fläschchen anzeigt, nicht richtig saugen oder nicht genug Milch trinken, um bis zur nächsten Mahlzeit satt zu sein. Das Schreien hat es ermüdet und seinen Magen mit Luft gefüllt. Es wird nach 30 Gramm erschöpft einschlafen und wenig später aufwachen und die gleiche Vorstellung geben.
Verfallen Sie also nicht dem Irrtum zu glauben, daß Ihr Baby an zu häufige Mahlzeiten gewöhnt wird, wenn Sie es dann füttern, wenn es offensichtlich Hunger hat. Es wacht nicht aus Gewohnheit, sondern aus Hunger auf. Ist es erst einmal älter und braucht nicht mehr so häufig Milch, wird es auch nicht mehr aufwachen und schreien.« (Penelope Leach: Your Baby and Child: From Birth to Age Five)

Frage: Kann man ein Neugeborenes überfüttern?

Antwort: *Ich mußte feststellen, daß ich unser zweimonatiges Baby tatsächlich überfütterte. Er war sehr gierig und und verschlang sein Fläschchen mit 250 Gramm Milch in zehn Minuten. Dann heulte und jammerte er. Ich nahm an, daß er immer noch Hunger hatte, und wenn ich das Geschrei nicht mehr aushalten konnte, bekam er noch einmal ein Milchfläschchen. Eines Tages trank er 1,5 Liter. Die Kinderärztin war entsetzt. Sie erklärte mir, daß sogar ein vier-, fünf- oder sechsmonatiges Kind nur ca. ¾ Liter Milchnahrung pro Tag benötigte.*

Sie sagte: »Stellen Sie sich vor, daß der Magen eines Baby so groß ist wie eine Zitrone.« *(Siehe Illustration auf Seite 144).* *»Stellen Sie sich nun vor, Sie würden versuchen, eine solche Menge Milch dort hinein zu füllen. Die Überdehnung bereitet Schmerzen. Also schreit das Baby. Aus einem Mißverständnis heraus wollen Sie es wieder füttern. Schauen Sie sich an, welch ein verhängnisvoller Kreislauf beginnt.«*

Frage: Sollte ich meinem Flaschenkind auch Wasser geben?

Antwort: Sowohl Muttermilch wie auch Milchnahrung versorgen das Baby in der Regel mit genügend Wasser. Bei einem gestillten Baby kann die unterschiedliche Saugtechnik beim Trinken aus einem Flaschensauger Verwirrung auslösen, und es kann auch das Saugbedürfnis des Babys an der Brust schwächen. In manchen Fällen erfordern medizinische Gründe die Verabreichung von Wasser. Ist dies der Fall, wird Sie Ihr Kinderarzt darüber informieren. Wenn Sie Ihrem Kind Wasser geben, sollte es aber keinesfalls Zuckerwasser sein. Es besteht keine Veranlaßung, das Baby an Süßes zu gewöhnen.

Frage: Schaden Fläschchen den Zähnen des Babys?

Antwort: Ja. Wenn Sie Ihr Baby regelmäßig mit einem Milch- oder Saftfläschchen ins Bett legen, wird dies Teil des Einschlafrituals. Bekommt es Zähne und will sein Fläschchen immer noch zum Einschlafen, wird es zu einem Karieskandidaten: Denn wenn das Baby mit dem Fläschchen einschläft, können sich die Bakterien in seinem Mund von den Resten der Milchnahrung an seinem Gaumen ernähren. Die Produktion von Speichel, der normalerweise die Zähne umspült, ist nachts verringert, so daß diese Bakterien Säuren bilden können, die die Zähne des Babys angreifen. Um dies zu verhindern, sollten Sie dem Baby höchstens ein Fläschchen mit purem Wasser mit ins Bett geben. Bei gestillten Kindern, die nachts immer wieder bei der Mutter trinken, besteht ebenso die Gefahr, daß sie Karies bekommen.

Die Einführung von Beikost

Der richtige Zeitpunkt

Gerade wenn Sie und Ihr Baby einen gewissen Rhythmus gefunden haben und das Baby bewiesen hat, daß Sie beide fünf herrliche Stunden lang durchschlafen können (vielleicht), werden Sie möglicherweise von wohlmeinenden Menschen bedrängt, endlich mit dem Füttern von festen, »richtigen« Nahrungsmitteln zu beginnen.

Vor noch nicht allzu langer Zeit war es üblich, daß bereits einmonatige Babys Getreidebreie bekamen, man dann mit drei Monaten Obst und Gemüse und mit vier Monaten Fleisch einführte. Vielleicht war dies Ausdruck des dringenden Wunsches, daß das Baby möglichst schnell wachsen sollte, denn dies wurde als eine positive Entwicklung betrachtet. Oder es zeigte sich darin die Vorstellung, daß Nahrung und Liebe ein und dasselbe sind, d. h., daß man die Liebe zum Baby um so besser demonstrieren könnte, je aufwendiger und abwechslungsreicher man die Mahlzeiten des Kindes zubereitete.

Und dann gibt es noch die übermüdeten Eltern, die glauben möchten, daß es irgend etwas geben muß – wie z. B. ein paar Getreideflocken –, das ihre Kinder nachts länger durchschlafen läßt. Eine große Versuchung, diese Theorie! Wer spricht darauf nicht an? Aber Untersuchungen haben erwiesen, daß es keinen Zusammenhang gibt zwischen dem Füttern von Beikost und der Länge des nächtlichen Schlafs.

Frage: Wann ist der geeignete Zeitpunkt, um Beikost einzuführen?

Antwort: Fachleute sind sich einig, daß ein Baby frühestens ab dem vierten Monat feste Nahrungsmittel benötigt. Bis dahin ist Muttermilch bzw. Fertigmilch völlig ausreichend. Milch ist ein »wirkliches« Nahrungsmittel, das das Baby im richtigen Verhältnis mit Eiweiß, Fett und Kohlenhydraten in leicht verdaulicher Form versorgt.

Muttermilch und industrielle Milchnahrungen versorgen den Säugling auch mit den Vitaminen und den meisten Mineralstoffen, die er braucht. (Eine Ausnahme bildet das Vitamin D; siehe Seite 118.) Muttermilch enthält zwar nur geringe Mengen an Eisen, und Eisen ist unerläßlich für die Bildung von Hämoglobin, das den Sauerstoff von den Lungen zu allen Zellen im ganzen Körper transportiert. Doch die Natur gleicht diesen Mangel aus, indem das Kind in der

Leber genug Eisenreserven für die ersten vier bis sechs Lebensmonate angelegt hat. Außerdem wird das Eisen, das durch die Muttermilch zum Baby gelangt, von diesem optimal aufgenommen. Ab dem vierten Monat kann der Kinderarzt durch einen Bluttest den Eisengehalt des Babys bestimmen, und, wenn nötig, die Einführung eisenhaltiger Nahrungsmittel empfehlen oder auch Eisentropfen verschreiben.

Die Einführung von Beikost vor dem vierten Lebensmonat ist nicht eigentlich schädlich, aber sie ist weder nötig, noch bringt sie Vorteile. Beikost kann das Saugbedürfnis beeinträchtigen; dadurch kann wiederum die Milchbildung bei der Mutter verringert werden, so daß sie ihre Befürchtungen, das Baby bekäme nicht genug Milch, bestätigt sieht. Beikost kann auch dazu führen, daß das Baby weniger Milch trinkt, gleichzeitig ersetzt sie aber nicht die dadurch fehlenden Nährstoffe. Bis zum Alter von ungefähr drei Monaten passieren diese komplexeren Nahrungsmittel weitgehend unverdaut den Organismus des Kindes – und damit werden die Vitamine und Mineralstoffe nicht verwertet. Die Nieren werden stärker belastet, da sie mehr Abbaustoffe als bei Milchnahrung verarbeiten müssen. Viele Fachleute sind auch der Meinung, daß der möglichst lange Verzicht auf allergieauslösende Nahrungsmittel die Wahrscheinlichkeit einer Allergie verringert.

Doch genauso wichtig ist die Tatsache, daß die frühen Brust- und Flaschenmahlzeiten die so wichtige Nähe zwischen Mutter und Kind – das Gehaltenwerden, das Wiegen und Schmusen – sichern. Sitzt das Kind erst im Hochstuhl und ißt vom Löffel, werden die Mahlzeiten nicht nur anstrengender, sondern auch nüchterner und weniger intim.

Frage: Wenn Milch so gut ist, wie entwikkelt sich dann die Bereitschaft des Kindes für Beikost?

Antwort: Milch ist hervorragend in dem Sinne, daß es ernährungsphysiologisch gesehen ein vollwertiges Nahrungsmittel ist. Aber Milch besteht zum größten Teil aus Wasser. Der Magen des Babys ist klein, und er kann jeweils nur eine bestimmte Menge Flüssigkeit aufnehmen. Nach und nach benötigt das Baby jedoch eine konzentriertere Kalorienzufuhr, um seinen Hunger zu befriedigen. Und das bietet die Beikost – eine konzentrierte Kalorienzufuhr.

Genauso wichtig wie die physiologische Bereitschaft für Beikost ist der Entwicklungsstand des Babys. Im Alter zwischen vier und sechs Monaten läßt sein größtes Saugbedürfnis allmählich nach. Der Schnuller wird vielleicht abgelehnt (ohne ersichtlichen Grund), und die Stillzeiten werden kürzer. Das Baby kann leicht abgelenkt werden und nimmt möglicherweise lieber am Geschehen in der Umgebung teil, als sich auf das Stillen zu konzentrieren. In diesem Alter sind die Muskeln, die zum Schlucken benötigt werden, durch das Saugen sehr kräftig geworden. Mit ein bißchen Übung ist das Baby nun in der Lage, Nahrungsmittel vom vorderen Teil des Mundes zum hinteren Teil zu bewegen. Das jüngere Baby, das Nahrungsmittel direkt nach hinten schiebt, zeigt Ihnen dadurch, daß es für Beikost noch nicht reif genug ist.

Auch das Interesse des Babys an seiner Umgebung ist enorm gewachsen. Es sitzt vielleicht gern längere Zeit einfach da; es greift nach Gegenständen – zunächst packt es einen Gegenstand mit der ganzen Handfläche und bringt ihn etwas ungeschickt zum Mund. Mit der Zeit verfeinert sich diese Aktion, und das Baby greift schließlich den Gegenstand im Pinzettengriff zwischen Daumen und Zeigefinger. Es beginnt auch, Vokale zu bilden und »Gespräche« zu führen, es dreht sich hin und her, kickt mit den Füßen; alles erweckt seine Neugierde, alles will es ausprobieren. Auch seine Eltern fühlen sich jetzt wahrscheinlich etwas entspannter und erfahrener.

Feste Nahrungsmittel, Stuhlgang und Windelausschlag

Mit der Einführung von Beikost wird sich der Stuhlgang des Babys verändern. Er bekommt eine andere Konsistenz, Farbe, Beschaffenheit, Geruch und Häufigkeit. Einzelheiten hierzu siehe Seite 393. Damit wird gleichzeitig die Gefahr eines Windelausschlags (siehe Seite 196) größer!

Gehen Sie nach Ihrem Baby, nicht nach dem Kalender

Zum ersten Mal versuchte ich Benedikt mit fünf Monaten etwas Getreidebrei zu geben. Langsam wurde ich ein bißchen nervös bei dem Gedanken, seine einzige Nahrungsquelle zu sein, auch wenn er sich prima entwickelte. Ich gab ihm einen Löffel voll Milchflocken, er spuckte alles aus und schrie. Ich wartete zwei Tage und versuchte es wieder. Er verabscheute den Brei immer noch. Ich veränderte die Konsistenz. Ohne Erfolg. Ich versuchte es mit Apfelbrei. Kein Glück. Er heulte. Dann versuchte ich es mit Bananen. Er wollte sie nicht. Meine Mutter sagte: »Ich habe noch nie ein Baby erlebt, das keine Bananen mag! Irgendwas stimmt nicht mit ihm. Geh zum Arzt!« Ich hatte schon Visionen, ihn nie abstillen zu können. Nach drei Wochen Herumexperimentieren wünschte ich das alles zur Hölle und gab es auf. Zwei Wochen später bot Wolfgang ihm beiläufig einen Löffel von seinem Naturjoghurt an. Er war begeistert. Seitdem sind die Wogen geglättet.

***

Ich ließ mich bei Harry nicht drängen. Doch mit fünfeinhalb Monaten schnappte er sich den Löffel von seinem großen Bruder und hämmerte mit solcher Wucht herum, daß mein Mann sagte: »Ich glaube, er versucht uns etwas zu sagen. Er will das, was wir haben.« Wir aßen gerade Haferbrei.

***

Als Jessica zwei Monate alt war, sagte meine Schwägerin immer wieder: »Gib ihr einen Brei. Wenn du zu lange wartest, wird sie ihn nicht mehr nehmen.« Also sprach ich mit meiner Freundin, die sechs Kinder hat. »Quatsch!« sagte sie. Dann sprach ich bei einer Vorsorgeuntersuchung mit dem Kinderarzt darüber. Er meinte, er hätte noch nie erlebt, daß ein Baby heikel geworden sei, weil die Eltern zu lange gewartet hätten. Wenn ein Baby heikel sei, dann hätte dies eher etwas mit seiner Persönlichkeit oder seinem Temperament zu tun als mit dem Zeitpunkt der Einführung von Beikost. Jessica hatte absolut kein Interesse an den pürierten Nahrungsmitteln, die ich ihr mit sechs Monaten nach und nach anbot. Als sie beinahe sieben Monate alt war, nahm sie ein Stück Brot und kaute darauf herum. Von da an war sie bereit, alles zu probieren, vorausgesetzt, ich zwang es ihr nicht auf.

Wie und mit welchen Nahrungsmitteln Sie beginnen sollten

Es gibt keine ehernen Gesetze darüber, welche Nahrungsmittel man zu welchem Zeitpunkt einführen muß. Vielleicht gibt Ihnen Ihr Kinderarzt einige Richtlinien, abhängig von Alter, Gewicht, Entwicklungsstand und der Anzahl der Milchmahlzeiten. Diese Faktoren können Sie berücksichtigen, aber versuchen Sie dennoch offen und flexibel zu sein. Denken Sie daran, daß Ihr Baby während seines ersten Lebensjahres vor allem Vertrauen entwickeln muß und daß die Fütterungszeiten dafür eine ideale Gelegenheit bieten. Erfolgen die Mahlzeiten in einer angespannten Atmosphäre, sind sie mit Frustrationen verbunden und folgen sie einem strikten Fahrplan, so können daraus Einstellungen und Verhaltensweisen gegenüber der Nahrungsaufnahme erwachsen, die möglicherweise ein Leben lang andauern.

Es ist hilfreich, wenn Sie die erste Beikost als bloße Erfahrung betrachten. Die Phase der Gewöhnung an feste Nahrungsmittel ist noch keineswegs dazu gedacht, dem Baby die korrekte Menge an Nahrungsmitteln zu verabreichen. Beikost bedeutet zunächst einmal eine weitere Möglichkeit, die Entdeckung der Welt durch alle Sinne zu erweitern – durch Sehen, Schmecken, Riechen, Berühren und sogar durch das Hören der Geräusche, die das Kind beim Essen und Spielen erzeugt.

Man sollte die Einführung von Beikost als einen mehrmonatigen Übergangsprozeß betrachten, dessen Ziel es ist, daß das Baby schließlich tatsächlich selbständig am Familientisch mitißt. Wichtigster Anhaltspunkt sollte, ebenso wie bei der Flaschenfütterung oder dem Stillen, sein, dem Baby die Möglichkeit zu geben, seinen eigenen Weg zu finden und sich »selbst zu regulieren«. Betrachten Sie diese Zeitspanne zwischen ausschließlicher Milchnahrung und selbständigem Alleineessen als eine reine Übergangszeit; dann fällt es Ihnen bestimmt leichter, flexibel zu bleiben. Es bedeutet z. B. keinen Rückschritt, wenn das Baby plötzlich beschließt, daß es Bananen überhaupt nicht mehr mag oder es zum Mitagessen nur noch gestillt werden will – verfallen Sie nicht in den Glauben, daß jeder Fortschritt in erster Linie von Ihnen oder Ihrer Erfindungsgabe und weniger von den Wünschen ihres Babys abhängt. Ihre Aufgabe ist es nicht, das Baby zum Essen zu bewegen; sie besteht vielmehr darin, Ihrem Baby in einer entspannten Atmosphäre eine vernünftige Auswahl gesunder Nahrungsmittel anzubieten, so daß es Lust zum Ausprobieren bekommt.

Frage: Mit welchen Nahrungsmitteln fängt man am besten an?

Antwort: Lange Zeit wurde empfohlen, Babys als erste Beikost einen Getreidebrei zu geben. Und auch heute noch ist ein Milchbrei für viele Babys die erste Beikost. Aus ernährungsphysiologischen Gründen raten Fachleute heute aber dazu, Babys als erstes Gemüsebrei zu geben und erst in der zweiten Phase Getreidebrei. Beginnen Sie ab dem vierten Monat mit Karottenbrei, geben Sie allmählich etwas Kartoffelbrei zu. Dann können Sie andere Gemüsesorten ausprobieren, jedoch nur ganz langsam und jeweils nur eine Sorte. Reichern Sie diesen Gemüse-Kartoffelbrei mit ca. 20 Gramm püriertem Fleisch an, damit das Baby mit Eisen versorgt wird. Auch milde Früchte (Bananen, reife Birnen oder Pfirsiche) können allmählich gegeben werden.

Allgemein wird empfohlen, als nächstes, ungefähr im fünften Monat, eine weitere Milchmahlzeit durch einen Getreide-Milchbrei (in der Regel als Abendmahlzeit) zu ersetzen. Beginnen Sie mit Reisflocken, versuchen Sie dann Hafer, Gerste, erst später Weizen. Es gibt eine Vielzahl von Babybreien zu kaufen; die meisten enthalten bereits Milchpulver und müssen nur noch mit Wasser angerührt werden. Diese Getreideprodukte sind leicht verdaulich. Sie versorgen das Baby mit Kohlenhydraten und liefern dadurch zusätzliche Energie; viele sind auch mit Vitaminen und Mineralstoffen (Eisen) angereichert. Viele industrielle Produkte enthalten jedoch zugesetzten Zucker und gewöhnen das Baby frühzeitig an Süßes.

Geben Sie dem Baby von jedem neuen Nahrungsmittel zunächst nur einen Eßlöffel voll und erhöhen Sie die Menge langsam. Achten Sie sorgfältig auf Anzeichen einer möglichen allergischen Reaktion. Führen Sie Buch darüber, welches Nahrungsmittel Sie dem Baby wann zum ersten Mal gegeben haben.

Warnung!

Mischen Sie feste Nahrungsmittel nie mit Milch, um sie dem Baby aus einer Flasche mit einem vergrößerten Saugerloch zu füttern. Das Baby kann sich verschlucken. Außerdem wird dadurch das Baby zum Essen gezwungen, und dies schadet ihm körperlich und psychisch.

Der Kampf mit dem Löffel

»Ich glaube es ist ein großer Fehler, sich mit dem Baby wegen der ersten Beikost auf einen Kampf einzulassen. Manchmal beginnt auf diese Weise ein langandauerndes Eßproblem. Und auch wenn es nicht andauert, schadet ein so unnötiger Kampf Eltern und Kind.«
(Benjamin M. Spock/Michael B. Rothenberg: Dr. Spock's Baby and Child Care)

Das Essen ist ein Thema, das Mütter total verrückt machen kann. Ich weiß das, weil ich auch so eine Mutter war. Ich wollte, daß mein Baby gesund und gut ernährt wurde. Ich tat alles Erdenkliche, damit mein erstes Baby Gemüse aß, weil Gemüse für mich gleichbedeutend war mit guter Ernährung – und mit gutem Muttersein! Weigerte sich meine Tochter, ihre Erbsen oder Karotten zu essen, machte ich mir Sorgen. Ich umschmeichelte sie, redete ihr gut zu und spielte Flugzeug mit dem Löffel. Wenn das nichts nützte, dämpfte und pürierte ich die Karotten und versteckte sie im Fleisch oder im Hüttenkäse oder dem Apfelbrei. Es kam mir nie in den Sinn, daß das Obst, das sie so gerne aß, sie auch mit den Vitaminen und Kohlenhydraten versorgte, die meiner Meinung nach nur in Gemüse vorhanden waren. Bei meinen anderen Babys hatte ich keine Zeit mehr, einen solchen Aufwand zu treiben. Ich bot Ihnen einfach das an, was da war, und machte mir weiter keine Sorgen. Das jüngste liebte Gemüse und Pilze. Das mittlere dagegen konnte genauso wenig wie die ältere Schwester dazu bewegt werden, Gemüse zu versuchen.

Frage: Zu welchem Zeitpunkt einer Still- oder Flaschenmahlzeit sollte ich Beikost anbieten?

Antwort: Betrachten Sie zunächst einmal Beikost als eine Ergänzung der Milchnahrung. Bieten Sie dem Baby zunächst Milch an. Dann wird das Baby nicht mehr so hungrig sein, wenn Sie ihm feste Nahrungsmittel anbieten; es wird zufrieden sein und eher bereit, etwas Neues auszuprobieren. Die Beikost, die Sie ihm anbieten, sollten Sie lediglich als eine neue Erfahrung für das Baby betrachten. Passen Sie sich der Eßweise Ihres Babys einfach an, so wie Sie es auch beim Stillen oder beim Fläschchengeben gemacht haben. Mag das Baby nicht in einem Hochstuhl sitzen, nehmen Sie es auf den Schoß oder versuchen es mit einer Wippe. Passen Sie das Tempo dem Interesse oder der Begeisterung Ihres Babys an. Und achten Sie auf Signale des Babys, die Ihnen sagen, daß es genug hat.

Frage: Was versteht man unter der richtigen Ernährungsweise eines Babys?

Antwort: Überlassen Sie dem Baby die Führung. Achten Sie auf seine Bereitschaft. Lesen Sie, welche Erfahrungen andere Eltern gemacht haben …

Lucia wollte, daß ich das Essen in sie hineinschaufelte. Sie war ungeduldig, schmatzte voller Entzücken. Ich hatte beinahe das Gefühl, ich müßte sie mit zwei Löffeln gleichzeitig füttern.

***

Anfangs mußte ich Willy halten, wenn ich ihm Beikost gab. Er wollte nicht in seinem Sitz bleiben. Er schrie. Er war nur bereit, kleinste Mengen Reisschleim von der Spitze eines Mokkalöffels zu probieren und vorsichtig abzusaugen.

Lara schaute gelangweilt und begann nach ein oder zwei Löffelchen mit ihren Händen zu spielen. Ich machte mir Sorgen und rief den Kinderarzt an. Ich fragte ihn: »Warum will dieses Kind nicht mehr essen? In meiner Familie essen alle gern, und das gleiche gilt für die Familie meines Mannes. Wir sind alle gute Esser.« Der Arzt erinnerte mich daran, daß ich auch gefragt hätte, warum das Stillen bei ihr so lange dauerte. Er erinnerte daran, daß wir damals festgestellt hätten, daß sie sehr vorsichtig und auch dickköpfig sei. So war Lara eben, und hatten wir sie nicht gerade deshalb so gern – dafür, daß sie nicht nachgab? Der Kinderarzt erklärte auch, daß das Wachstum eines Babys sich im zweiten Lebenshalbjahr rapide verlangsamt. Das muß so sein. Sonst würde das Baby ein Riese werden.

***

Die Stillberaterin empfahl, mit Reisbrei zu beginnen, weil dabei die geringste Gefahr einer Allergie bestünde. Markus haßte Reisbrei aber offensichtlich und spuckte mehr aus, als er zu sich nahm. Ich versuchte es statt dessen mit Pfirsichen, und schon spuckte er weniger. Also mochte er Reisbrei eben nicht. Ich schimpfte ihn deswegen nicht. Dieser Brei schmeckte wirklich wie Pappe.

Achten Sie genau darauf, wann Ihr Baby genug hat. Mütter erkannten folgende Anzeichen dafür:

Meine Baby preßt den Mund zusammen. Das ist alles. Sonst nichts!

***

Sie spuckt mehr aus, als sie ißt. Da weiß ich, daß Cäcilia fertig ist.

***

Johanna wird immer langsamer und dreht ihren Kopf zur Seite. Normalerweise brummt sie ein bißchen, wenn sie ißt. Wenn sie genug hat, wird sie ruhig.

⁂

Er läßt sich ständig ablenken und guckt sich überall um, was er jetzt noch anstellen könnte.

⁂

Für mich ist es schwierig zu bestimmen, wann Annette genug hat, weil sie gerne viel ißt. Ich mache langsamer. Wenn sie nicht protestiert, höre ich auf.

Grundlagen der Babyernährung

Ist ein Baby in der Familie, fangen die Eltern an, sich Gedanken über eine gesunde Ernährung zu machen. Eine gute Ernährung ist einer der wichtigsten Faktoren im Leben Ihres Babys. Eine gesunde Ernährung ist die beste Art der Präventivmedizin und schafft das Fundament für spätere Ernährungsgewohnheiten. Nahrung ist das Rohmaterial für das Wachstum. Im ersten Lebensjahr wächst das Baby im Verhältnis mehr als jemals wieder, und es verbraucht enorme Mengen an Energie zur Informationsspeicherung, wenn es greifen, sich drehen, krabbeln, sitzen, stehen und schließlich laufen lernt. Dadurch, daß wir uns Gedanken machen über die Ernährung des Babys, werden uns auch unsere eigenen Ernährungsgewohnheiten und unsere Bedürfnisse bewußter. Wenn Sie nicht schon ein Anhänger einer gesunden Lebensweise sind, dann fangen Sie jetzt an!

Nahrungsmittelallergien bei Babys

Oft ist es schwer zu erkennen, ob ein bestimmtes Nahrungsmittel Ihrem Baby Probleme bereitet. Aus diesem Grund sollten Sie neue Nahrungsmittel nur langsam einführen. Testen Sie jeweils nur eine Nahrungsmittelsorte und machen Sie sich Notizen. Am häufigsten führen Kuhmilch, Weizenprodukte, Rindfleisch, Soja, Mais, Zitrusfrüchte und Schokolade zu Allergien. Säuglinge sind jedoch sehr empfindlich und können auch auf viele andere Substanzen reagieren, auch auf sehr geringe Mengen an Chemikalien und Pestiziden, die bei der Herstellung vieler Lebensmittel verwendet werden.

Nahrungsmittelallergien äußern sich in vielfältiger Form. Manchmal durch Beschwerden der oberen Atemwege. Das Baby hat eine laufende Nase, Husten oder sogar eine Ohrentzündung oder Kruppanfälle. Auch das Verdauungssystem kann reagieren; das Baby kann sich erbrechen, oder der Stuhlgang kann sich plötzlich verändern, sei es, daß es Durchfälle bzw. häufigen, wässerigen Stuhl oder auch Verstopfung hat. Bei manchen Babys äußern sich Allergien durch Hautprobleme: Ausschläge, auch Windelausschlag, Pusteln, Nesselausschlag, Ekzeme oder Schwellungen an den Augen. Die Augen können wässerig, rot, verkrustet sein oder triefen.

Wenn Sie vermuten, daß Ihr Baby auf ein bestimmtes Nahrungsmittel allergisch reagiert, sprechen Sie mit Ihrem Kinderarzt darüber, wie Sie dieses Nahrungsmittel durch ein gleichwertiges ersetzen können. (Anmerkung: Vermuten Sie eine Kuhmilchallergie, wechseln Sie nicht automatisch ohne Rücksprache mit dem Arzt zu Milchpulver auf Sojabasis. Viele, die auf Kuhmilch allergisch reagieren, sind auch empfindlich gegenüber Soja. Außerdem muß der Milchpulverersatz genau die Bedürfnisse des Babys treffen.)

Verbannen Sie die Leckereien, die künstlichen Süßstoffe, die koffeinhaltigen Getränke sowie übermäßig fette und stark gesalzene Nahrungsmittel von Ihrem Speiseplan.

Hat sich das Baby erst einmal an eine gewisse Auswahl fester Nahrungsmittel gewöhnt, machen sich die Eltern bald Gedanken darüber, wie sie gute Mahlzeiten und Zwischenmahlzeiten in der richtigen Zusammensetzung zusammenstellen können. Der Ernährungsfachmann und Kinderarzt Dr. Myron Winick empfiehlt den Eltern, ihren Kindern in der zweiten Hälfte des ersten Lebensjahres eine gemischte Kost anzubieten, bei der ungefähr 30 Prozent der Kalorien durch Eiweiß abgedeckt werden, 30 Prozent durch Kohlenhydrate und 40 Prozent durch Fett. Machen Sie sich klar, daß sich dieses Verhältnis beträchtlich von den für Erwachsene empfohlenen Mengen unterscheidet. Weil sie noch so schnell wachsen, brauchen Kinder einen größeren Anteil an Eiweiß und Fett als Erwachsene.

Zwar sind diese Richtlinien nützlich, aber oft scheinen sie mit der Realität nur wenig gemein zu haben. Eltern werden schnell feststellen, daß ihre Babys, genauso wie Erwachsene, Vorlieben und Abneigungen haben und ihren eigenen Eßstil entwickeln. Sie müssen nicht zwangsläugfig von der Vorstellung einer ausgewogenen Mahlzeit entzückt sein. Es ist gut, wenn man sich immer wieder vor Augen führt, daß Flexibilität – statt Dogmatik und Panik – gefragt ist. Säuglinge, Krabbelkinder und Kleinkinder müssen häufig essen, um ihre kleinen Mägen zu füllen und ihre Reserven aufzutanken. Nahrhafte Zwischenmahlzeiten können ausgleichen, was bei einer Hauptmahlzeit verweigert worden ist.

An den Tagen, an denen Ihr Baby nur trokken Brot ißt, erinnern Sie sich am besten an

Drei Dinge braucht das Kind: Löffel, Teller und Lätzchen

Löffel. Es gibt spezielles Babybesteck – Gabel und kleiner Löffel –, das kindgerecht geformt ist. Es eignet sich für Babys erste eigene Eßversuche. Zum Füttern können Sie jeden Teelöffel verwenden; Löffel aus Plastik sind nicht scharfkantig und daher vorzuziehen. Geben Sie eine kleine Menge Brei auf die Löffelspitze und legen Sie den Löffel zwischen die gespitzten Lippen des Babys. Lassen Sie es den Brei vom Löffel saugen. Wenn etwas danebentropft, macht das nichts. Das Baby muß die Fertigkeit, die Nahrungsmittel nach hinten in den Mund zu bewegen, erst noch erwerben. Nach dem ersten Geburtstag möchte das Baby meist selber essen. Doch lassen Sie es auch vorher schon mit einem Löffel spielen und üben.

Teller. Vielleicht liebt ihr Baby das »Runter-Werf-Spiel«. Es genießt sein neues Machtgefühl und übt seine neu entwickelte Fähigkeit, Gegenstände loszulassen. Es wirft Nahrungsmittel, Löffel, Teller und alles, was Sie außerdem in seine Reichweite stellen, auf den Boden. Aus diesem Grund sind Plastikteller und -schüsselchen ein Muß. Besser noch sind Teller mit Saugnäpfen an der Unterseite.

Lätzchen. Feste Plastiklätzchen mit einem Rand unten sehen zwar aus wie eine Rüstung, aber davon sollten Sie sich nicht abschrecken lassen. Sie sind äußerst praktisch. Sie brauchen nicht gewaschen, sondern müssen nur abgeputzt werden. Wenn Sie und Ihr Baby diese Plastiklätzchen nicht mögen, benutzen Sie Lätzchen mit Ärmeln zum Reinschlüpfen. Achten Sie immer darauf, daß Sie das Lätzchen nicht zu fest zubinden und Ihr Baby es nicht zuzieht.

das vielzitierte Experiment von Dr. Clara Davis. Diese unerschrockene Frau erlaubte einer Gruppe von einjährigen Kindern, ihre freie Wahl zwischen einer Anzahl gesunder, natürlicher Nahrungsmittel zu treffen. Ohne Eingreifen eines Erwachsenen wählten die Babys, was sie wollten. Betrachtete man diese Auswahl nur für den jeweiligen Tag, so war sie sehr einseitig, doch über den Zeitraum von einem Monat gesehen, war sie gut ausgewogen. Mit anderen Worten, Vorlieben und Abneigungen bewegen sich fast immer im Rahmen einer Ernährungsweise, die für das Baby richtig ist, wenn wir uns nur zurückhalten, Vertrauen haben und dem Baby eine Chance geben.

Zu den schönsten Erlebnissen im Leben mit einem Baby gehört die Teilhabe am Wunder des Wachstums. Auch wenn das Wachstum des Babys teilweise durch die Gene bestimmt ist, so sind es doch die Nahrungsmittel, die mit Liebe, Sorgfalt und Fürsorge angeboten werden, die den Treibstoff für dieses Wachstum bilden. Nahrungsmittel – Eiweiße, Kohlenhydrate, Fette, Vitamine und Mineralstoffe – zusammen mit Sauerstoff bilden das Rohmaterial. Von diesen Nährstoffen sind nur zwei – Vitamine und Mineralstoffe – direkt verwertbar. Die anderen müssen chemisch aufgespalten und in einfachere Komponenten zerlegt werden, bevor die Zellen sie verwerten können. Wie der Körper die Nahrungsmittel verwertet, ist ein weiteres dieser »normalen« Wunder, die wir als selbstverständlich hinnehmen. Die Verdauung, die im Mund beginnt, vorwiegend aber im Magen und im Dünndarm erfolgt, verwandelt diese großen Nährstoffe in verwendbare kleine Einheiten. Eiweiße werden in Aminosäuren abgebaut, Kohlenhydrate in einfache Zuckerarten zerlegt (Glukose) und Fette zu Fettsäuren und Glycerin abgebaut. Vom Verdauungstrakt werden die verarbeiteten Stoffe ebenso wie die unverarbeiteten Vitamine und Mineralstoffe in die Blutbahn oder das Lymphsystem aufgenommen und zu den Zellen transportiert. In den Zellen werden die Aminosäuren, Fettsäuren, das Glycerin und die Mineralstoffe zu neuen Komponenten umgebaut, die zum Beispiel dem Aufbau von Zellmembranen dienen. Die Glukose wird hauptsächlich verwendet, um die Energie für diesen komplexen Aufbauprozeß zu liefern. Die Vitamine dienen als Katalysatoren zur Beschleunigung der Synthese dieser neuen Bestandteile.

Eiweiße

Die Eiweiße bilden die wichtigste Gruppe der körpereigenen Verbindungen; sie sind die Bausteine der Zellen. Sie stellen die hauptsächlichen Strukturelemente des Körpers dar und bilden die Enzyme, die Tausende von chemischen Reaktionen kontrollieren und ermöglichen und die dabei helfen, die Nahrungsmittel in Bestandteile zu verwandeln, die die Zellen verwerten können. Zum Beispiel stehen Eiweiße am Anfang jedes Schrittes in dem komplexen Prozeß, durch den Zucker aufgespalten und zu verwertbarer Energie umgewandelt wird. Eiweiße bilden auch Antikörper gegen Infektionen und bilden das Hämoglobin, das Sauerstoff zu sämtlichen Körperzellen transportiert.

Die größten Mengen an Eiweiß werden benötigt, wenn der Körper neues Gewebe aufbaut – während der Schwangerschaft, der Milchbildung und insbesondere während der Säuglingszeit. Im Unterschied zu anderen Nährstoffen können Eiweiße nicht in großen Mengen für längere Zeit im Körper gespeichert werden. Aus diesem Grunde ist es so wichtig, daß ein Baby jeden Tag genug Eiweiß zu sich nimmt.

Damit sie vom Körper verwertet werden können, werden Eiweiße während der Verdauung in Aminosäuren aufgespalten und danach vom Blut aufgenommen. Diese Aminosäuren (insgesamt 22) werden als Bausteine der Zellen verwendet, die sich selbst kopieren. Von diesen Aminosäuren werden 14 durch den menschlichen Stoffwechsel gebildet, man nennt diese die nichtessentiellen Aminosäuren. Die anderen acht sind die essentiellen Aminosäuren; auf diese muß man besonders achten, da sie durch die Nahrung aufgenommen werden müssen.

Nahrungsmittel, die alle acht essentiellen Aminosäuren im richtigen Verhältnis liefern, sind vollständige oder hochwertige Eiweißträger. Dazu zählen Muttermilch, Säuglingsmilchnahrung, Kuhmilch, Eier (geben Sie zunächst Eigelb und Eiweiß getrennt, damit Sie sehen können, ob das Eiweiß Allergien hervorruft), Käse, Joghurt, Fleisch, Geflügel und Fisch. Milch ist wohl der wichtigste hochwertige Eiweißträger für die Ernährung im ersten Lebensjahr. Damit Sie die Ernährung des Babys abwechslungsreicher gestalten können, hier ein Überblick, wie Sie Milch durch gleichwertige Milchprodukte ersetzen können:

Ein kleiner Würfel Cheddar-Käse	= ½ Tasse Milch
½ Tasse Joghurt	= ½ Tasse Milch
½ Tasse Hüttenkäse	= ⅓ Tasse Milch
2 Eßlöffel Frischkäse	= 1 Eßlöffel Milch
½ Tasse Eiscreme	= ⅓ Tasse Milch

Bei unvollständigen oder qualitativ minderwertigen Eiweißarten fehlt entweder eine oder mehrere Aminosäuren, und das Verhältnis der Aminosäuren zueinander ist nicht ausgewogen. Zu diesen Eiweißträgern zählen einige Gemüsesorten, Sprossen und Körner. Durch die Kombination von zwei dieser unvollständigen Eiweißsorten kann man die Menge des verwertbaren Eiweißes erhöhen und dem Baby zusätzliche Abwechslung bieten. In speziellen Kochbüchern für Babys und Kleinkinder finden Sie hierzu entsprechende Angaben. Zum Beispiel steigt die Menge des verwertbaren Eiweißes um 20 Prozent, wenn man 35 Gramm Käse zusammen mit einer ¾ Tasse gekochtem Reis serviert. Andere gute Kombinationen mit nicht vollständigen Eiweißträgern sind Getreideflocken mit Milch, Nudeln mit Käse, mit Käse überbackenes Vollkornbrot, Milchreis. Auch Getreide und Gemüse ergänzen sich (Reis mit Bohnen, Linsen mit Vollkornbrot, dicke Bohnen mit Brot). Samen ergänzen sich mit Gemüse (z. B. Sesampaste mit Kidney-Bohnen).

Kohlenhydrate

Kohlenhydrate liefern die Stärke und den Zucker für die Energie, die der Körper für die Eiweißsynthese braucht, sowie die Ballaststoffe, die für die Verdauung und den Abtransport der Giftstoffe nötig sind. Viele wichtige Funktionen sind von den Kohlenhydraten als Energielieferanten abhängig. Das Gehirn z. B. baut unter anderem bei der Produktion der chemischen Transmitter und der Energie für die Gehirntätigkeit auf Glukose auf.

Wie alle anderen Energieformen, die die Menschen verbrauchen, kommt die Energie in unserer Nahrung ursprünglich von der Sonne: Sie wird in Sprossen, Körnern, Wurzeln, Knollen und Früchten gespeichert. Kohlenhydratreiche Nahrung, mit der Ausnahme von Industriezucker, liefert viele lebenswichtige Vitamine und Mineralstoffe wie Eisen, Kalzium, Vitamin B, Vitamin A und Vitamin C, die ein Baby braucht. Kohlenhydrate können als Bewahrer der Eiweiße betrachtet werden. Werden täglich zu wenige »Energielieferanten« aufgenommen, wird wertvolles Eiweiß als Energielieferant in Kohlenhydrate verwandelt, anstatt zum Wachstum und zur Reparatur des Gewebes verwendet zu werden. Eiweiße und Kohlenhydrate sollten bei jeder Mahlzeit gemeinsam aufgenommen werden, damit die Verwertung des Eiweißes effizient erfolgt – solange das Baby Milch trinkt, ist dies automatisch gewährleistet. Die ersten Kohlenhydrate, die ein Baby zu sich nimmt, sind Zuckerarten, Laktose, die in Muttermilch und in industrieller Säuglingsmilch vorkommt. Später müssen diese Kohlenhydrate mit Getreideprodukten wie Reis und Gerstenflocken, Vollkornbrot, Gemüse und gedämpften oder frischen Früchten kombiniert werden.

Kaufen Sie so oft wie möglich Vollkornbrot und Vollkorntcigwaren. Die meisten Brot- und Teigwarensorten werden heutzutage nicht aus dem vollen Korn hergestellt. Statt dessen wird manchmal Mehl, das mit Vitaminen angereichert ist, verwendet; doch selbst dabei sind über ein Drittel des Eisens und des Niacins (eines der Vitamine des B-Komplexes) beim Raffinieren verlorengegangen. Andere Nährstoffe wie Kalzium, Kalium und Magnesium gehen gänzlich verloren. Auch das Eiweiß des Weizenkeims, das reich an Aminosäuren und Vitaminen des B-Komplexes ist, wird beim Herstellungsprozeß von »weißem« Brot und Teigwaren ausgesondert.

Auch der Unterschied im ernährungsphysiologischen Wert zwischen weißem und braunem Reis ist erstaunlich. Brauner Reis hat einen beinahe viermal höheren Gehalt an Eiweiß und Kalzium als weißer, angereicherter Reis und mehr als doppelt soviel Eisen.

Ein anderes hervorragendes Vollkornprodukt sind Weizenkeime. Der Keim des Samenkorns des Weizens ist der nährstoffreichste Teil der Pflanze. Er ist reich an Vitaminen des B-Komplexes und die bekannteste Quelle an Vitamin E sowie ein guter Lieferant vollwertigen Eiweißes. Weizenkeime müssen im Kühlschrank aufbewahrt werden, da sich sonst der Sauerstoff mit den Ölen verbindet, die das Vitamin E enthalten, und es ranzig wird. Geben Sie Weizenkeime Getreidespeisen, Joghurt, Frikadellen, Eintöpfen, Pfannkuchen usw. zu. Falls Ihr Baby jedoch eine allergische Reaktion gegen Weizenprodukte zeigt, müssen Sie darauf verzichten.

Zucker

Eine Vorliebe für Süßes ist uns allen angeboren. Unmittelbar nach der Geburt bevorzugt ein Neugeborenes Zuckerwasser gegenüber reinem, abgekochtem Wasser. Doch versuchen Sie auf die natürlichen Süßstoffe in Früchten und Gemüsesorten wie Karotten zurückzugreifen. Ein frischer Pfirsich enthält viel mehr wertvolle Nährstoffe als Pfirsichsaft aus dem Supermarkt. Raffinierter Haushaltszucker ist eines der wenigen Nahrungsmittel, das keine Vitamine oder Mineralstoffe liefert – nur leere Kalorien, die den Platz von anderen wertvollen Nahrungsmitteln einnehmen, den Appetit verderben, Heißhungeranfälle verursachen und ein Baby dick werden lassen. Er kann auch den Bedarf des Körpers an Thiamin (einem Vitamin des B-Komplexes) sowie an dem Spurenelement Chrom erhöhen.

Fett

Wir sind eine sehr fett-bewußte Gesellschaft geworden! Diese Botschaft ist allgegenwärtig. »Eßt mehr Ballaststoffe, weniger Fett und achtet auf den Cholesterinspiegel.« Dies ist ein guter Rat für Erwachsene, nicht aber für Säuglinge, die einen größeren Anteil von Fett in ihrer Ernährung brauchen als Erwachsene. Fett ist ein Teil jeder Körperzelle. Fette sind konzentrierte Energielieferanten – sie enthalten zweimal soviel Energie wie Eiweiße oder Kohlenhydrate. Sie enthalten auch die fettlöslichen Vitamine A, E und K sowie Fettsäuren, die für die Entwicklung des Nervensystems und für eine gesunde Haut nötig sind. Fett ist auch erforderlich, um die lebenswichtigen Organe abzupolstern und den Körper vor Wärmeverlust zu schützen. Frühgeborene hatten noch nicht die Zeit, eine schützende Fettschicht anzulegen; deshalb muß solche Sorgfalt darauf verwendet werden, sie warmzuhalten.

Babys erhalten das meiste Fett, das sie benötigen, aus Milchprodukten, einschließlich Muttermilch und Fertigmilch, und aus Fleisch. Kinder, bei denen Muttermilch oder Säuglingsmilch durch normale pasteurisierte Milch ersetzt wird, sollten bis mindestens zum achtzehnten Lebensmonat Vollmilch (und nicht fettarme oder entrahmte Milch) bekommen. Entrahmte Milch kann eine Todesgefahr für den Säugling bedeuten. Sie ist eine sehr konzentrierte Eiweißquelle, die die unreifen Nieren eines Babys überfordert.

Cholesterin ist heutzutage ein umstrittenes Thema. Eine gewisse Menge an Cholesterin ist für den Stoffwechsel unerläßlich, doch der Körper bildet selbst das gesamte Cholesterin, das er braucht. Cholesterin bildet das Rohmaterial, aus dem Vitamin D, Gallenflüssigkeit sowie die Sexual- und die Adrenalinhormone gebildet werden. Wir wissen heute aber auch, daß Cholesterin durch verschiedene Arten von Lipoproteinen oder Blutfetten ins Blut transportiert wird. Ein hoher Spiegel an den Lipoproteinen mit hoher Dichte (HDL) reduziert das Risiko einer Herzkrankheit oder eines Schlaganfalls. Ein hoher Spiegel an Lipoproteinen mit geringer Dichte (LDL) andererseits kann zu einem erhöhten Risiko führen. Nur ein Bluttest, der die HDL- und die LDL-Menge bestimmt, kann zeigen, ob Sie Ihre Ernährung oder die Ihres Kindes ändern müssen. Ist Cholesterin in Ihrer Familie bereits ein Problem, bitten Sie Ihren Kinderarzt auf jeden Fall, einen Test durchzuführen. Viele Ernährungswissenschaftler und Kinderärzte empfehlen, den Verzehr von Eigelb, das besonders cholesterinreich ist, auf zwei oder drei Stück pro Woche zu begrenzen.

Vitamine und Mineralstoffe

Der Mensch kann Vitamine im Körper nicht speichern und muß sie aus verschiedenen Nahrungsmitteln oder auch in synthetischer Form zu sich nehmen. Vitamine unterstützen die Verwertung der Nährstoffe und gewährleisten ein normales Gewebewachstum. Sie sind unerläßlich für das richtige Funktionieren von Nerven und Muskeln. Darüber hinaus sind sie Teil des Fortpflanzungs- und des Verdauungsprozesses und stärken die Abwehrkraft des Körpers. Mineralstoffe verleihen dem Körpergewebe Stärke und Festigkeit und unterstützen eine Anzahl weiterer Körperfunktionen. Vitamine und Mineralstoffe arbeiten in vielen Kombinationen zusammen, wie aus der Übersicht auf den Seiten 120 bis 122 ersichtlich ist. Auch wenn dort jedes in seiner speziellen Funktion beschrieben wird, so funktionieren sie doch kaum unabhängig voneinander.

Frage: Brauchen Babys Vitaminpräparate?
Antwort: Vitamin-D-Präparate werden für alle Babys empfohlen. Manchmal gibt man gestillten Babys zusätzlich Vitamin C. Industrielle Milchnahrung ist mit Vitaminen angereichert. Sprechen Sie mit Ihrem Kinderarzt über diese Frage. Ißt das gestillte Baby abwechslungsreiche Beikost, sind diese Ergänzungen in der Regel nicht mehr erforderlich. Meist sind die Vitamin-D-Tabletten mit Fluor kombiniert, das der frühen Kariesprophylaxe dient.

Wie sich Mahlzeiten besser überstehen lassen …

Wenn Ihr Baby schon schreit, sobald es nur das Lätzchen auf sich zukommen sieht, versuchen Sie es mit einem Trick. Stellen Sie sich hinter den Hochstuhl und erklären Sie dem Baby dabei ruhig, was Sie tun. Auf diese Weise können Sie das Lätzchen auch besser binden.

⁂

Krempeln Sie Ihrem Baby die Ärmel hoch, wenn es beginnt, selber zu essen; bei schönem Wetter können Sie es ohne Hemd essen lassen und es danach am Spülstein abwaschen.

⁂

Verteilen Sie alte Zeitungen im Umfeld von einem Meter unter dem Hochstuhl und nehmen Sie nach jeder Mahlzeit eine Schicht weg. Oder legen Sie einen alten Duschvorhang drunter. Waschen Sie ihn abends in der Dusche ab.

⁂

Um angetrocknete Babynahrung vom Hochstuhl zu entfernen, geben Sie einen Teelöffel Spülmittel auf einen Viertelliter heißes Wasser. Schrubben Sie den Stuhl mit einer Topfbürste aus Plastik oder einem Schwamm aus Stahlwolle. Dann spülen Sie ihn gründlich ab.

⁂

Einmal wöchentlich stellte ich den Hochstuhl in die Badewanne, schrubbte ihn und duschte ihn dann ab.

⁂

Katrin ruschte immer wieder aus dem Hochstuhl. Ein Stück Schaumstoff unter dem Po gab ihr genug Halt, daß sie sitzen blieb.

⁂

Ich weiß, das klingt bekloppt, aber ich sag's trotzdem. Ich setzte Matthias vor jeder Mahlzeit einen Hut auf. (Er hat ihn immer noch zum Essen auf!) Besser den Hut waschen, als ihm jeden Tag die Haare waschen.

⁂

Ich gab Peter zum Abendessen nie ein neues Nahrungsmittel. Wenn er eines nicht verträgt, dann will ich das lieber tagsüber erfahren!

⁂

Ich bereitete für Marissa selbst ein gesundes Müsli zu. Ich vermischte zwei Teile Babyflokken mit einem Teil Weizenkeime. Dann gab ich etwas Banane oder ungesüßtes Apfelmus dazu. Sie liebte dieses Müsli.

⁂

Beschriften und datieren Sie die Behälter mit selbstzubereiteter Babynahrung. Alles sieht gleich aus!

⁂

Auf den Rat meiner Schwester kaufte ich eine Knoblauchpresse und eine Moulinette, extra um die kleinen Mengen von Alexanders Mahlzeiten zu pürieren. (Ein angefrorenes Stück Fleisch ist leichter zu zerkleinern als ein warmes, frisch gekochtes Stück.) Diese handlichen Geräte sind auch ideal für die Reise, weil sie noch in die Wickeltasche passen.

Die Freuden des Joghurt

Joghurt gehört zu den gesündesten, verträglichsten und bequemsten Nahrungsmitteln für (ältere) Babys. Sein Wert an Eiweiß entspricht in etwa dem der Milch, er ist reich an Vitaminen des B-Komplexes und enthält gesunde Bakterien, die im Verdauungstrakt ein Milieu schaffen, das für schädliche Bakterien unwirtlich ist. Bevorzugen Sie Biogurt mit den Bifidus-Bakterien. Da Joghurt durch die Bakterien bereits vorverdaut ist, ist er leicht verdaulich und kann schon innerhalb einer Stunde verwertet werden; Milch braucht drei bis vier Stunden zur Verdauung. Joghurt hält sich im Kühlschrank gut und kann zu jeder Mahlzeit serviert werden; zusammen mit Getreideflocken, Früchten, Gemüse, zum Strekken von püriertem Fleisch oder als Basis für ein Getränk. Und was das Baby nicht ißt, können Sie essen. Auch für unterwegs ist er ideal.

Vegetarische Babys

Immer mehr Eltern, die Vegetarier sind, möchten auch ihr Baby vegetarisch ernähren. In den ersten Monaten ist das Stillen, zusammen mit einem Vitaminpräparat, das beste. Wird es Zeit für Beikost, kann auch ein vegetarisches Baby gut gedeihen, sofern seine Ernährung genau überlegt ist. Die vegetarische Ernährung hat eine geringe Kaloriendichte, da sie im Verhältnis zum Fett sehr viele Ballaststoffe enthält. Sofern nicht bestimmte Fett- und Milchprodukte in seine Nahrung aufgenommen werden, muß das Baby viel mehr essen, um genügende Mengen an Eiweiß und Fett aufzunehmen. Eine vegetarische Ernährung, die auch Milchprodukte und Eier umfaßt (speziell Eigelb), liefert jedoch genug vollwertiges Eiweiß, Vitamin B_{12} und Kalzium sowie etwas Eisen, das für das Wachstum des Gewebes, der Muskeln und der Knochen unentbehrlich ist. Als Ergänzung zu diesen Nahrungsmitteln geben Sie Ihrem Kind kalziumreichen Tofu, Vollkornbrot und Getreideflocken, einschließlich Weizenkeimen, braunem Reis und Pasten auf der Basis von Vollkorn und Gemüse. Dunkles Blattgemüse kann viele notwendige Vitamine und Mineralstoffe liefern; ge-

Nährstoff-Tabelle

Nährstoff	Wichtigste Funktionen	Wichtigste Quellen
Vitamin A (fettlöslich) Überschüssiges Vitamin A wird in der Leber gespeichert – aus diesem Grund ist Tierleber ein so guter Vitamin-A-Lieferant.	Unterstützt die Infektionsabwehr. Hilft bei der Adaption der Augen von heller zu dunkler Lichtintensität (schützt vor Nachtblindheit). Wichtig für eine gesunde Haut und bestimmtes Körpergewebe, z. B. von Augen und Lungen.	Leber, Vollmilch, angereicherte Margarine (Vitamin A wird zugesetzt), Butter, die meisten Käsesorten (insbesondere Schweizer Käse und Cheddar), Eigelb, dunkelgrünes und gelbes Gemüse (insbesondere Karotten, Petersilie, Kohl und Orangensaft), Aprikosen.
Vitamin D (fettlöslich)	Wichtig für feste Knochen und Zähne (reguliert die Kalzium- und Phosphoraufnahme bei der Knochenbildung). Unerläßlich für die Kalziumabsorption aus dem Blut.	Sonnenbestrahlung auf bloße Haut, Lebertran, Sardinen, Thunfisch in Dosen.
Vitamin E (fettlöslich)	Hilft beim Schutz bestimmter Vitamine und ungesättigter Fettsäuren (wirkt als Antioxidationsmittel). Unterstützt die Stabilität biologischer Membranen.	Pflanzenöle (insbesondere Weizenkeimöl und Sojaöl), Weizenkeime, Eier, brauner Reis.
Vitamin C oder Ascorbinsäure (wasserlöslich) Vitamin C wird durch Luft und Wärme leicht zerstört. Wie viele andere wasserlösliche Vitamine wird Vitamin C im Körper nicht gespeichert, daher müssen wir es täglich zu uns nehmen.	Wichtig für gesundes Collagen (ein Eiweiß, das die Zellen zusammenhält). Fördert die Wundheilung. Nötig für die normale Blutgerinnung und gesunde Blutgefäße. Nötig für die Eisenabsorption. Bewahrt oder schützt Vitamin A und E sowie einige der B-Vitamine. Wichtig für feste Zähne und Knochen.	Zitrusfrüchte, grüner und roter Pfeffer, grünes Blattgemüse, Petersilie, Tomaten, Kartoffeln, Erdbeeren, Kantalupe, Bohnenkeime (insbesondere Mung- und Sojabohnen).

Nährstoff-Tabelle

Nährstoff	Wichtigste Funktionen	Wichtigste Quellen
Vitamine des B-Komplexes, einschließlich Thiamin (B_1), Riboflavin (B_2), Niacin, Pyridoxin (B_6), Folsäure, Kobalamin (B_{12}), Cholin usw. Folsäuremangel kommt während einer Schwangerschaft häufig vor. Er kann auch durch die Pille verursacht werden. Riboflavin wird durch Sonnenlicht zerstört; verwenden Sie daher Milchbehälter, die lichtgeschützt sind. Müdigkeit, Anspannung, Depressionen sind oft Anzeichen eines Mangels an Vitamin B.	Wichtig für gute Nerven, geistige Fitness, gute Verdauung, Energieproduktion, gesunde Haut und Augen und bestimmte Enzyme, die bei der Synthese der Aminosäuren eine Rolle spielen, sowie bei der Blutbildung.	Vollkornbrot und -flocken, Leber, Weizenkeime, Nährhefe, grünes Blattgemüse, mageres Fleisch, Milch, Melasse, Erdnüsse, getrocknete Erbsen und Bohnen.
Kalzium Kalzium wird leichter verwertet, wenn es zusammen mit sauren Nahrungsmittel (wie Joghurt oder Sauermilch) gegessen wird.	Wichtig für die Knochen- und Zahnbildung, für die Blutgerinnung, die Regulierung der Nerven- und Muskelaktivität und die Aufnahme von Eisen.	Vollmilch und entrahmte Milch, Buttermilch, Käse, Joghurt, grünes Gemüse, Eigelb, Knochenmehlpulver.
Phosphor	Nötig zur Umwandlung von Eiweißen, Fetten und Kohlenhydraten in Energie. Bildet einen Teil der Körperzellen. Nötig für die Knochen- und Zahnbildung.	Milch, Käse, mageres Fleisch, Eigelb.
Eisen Wichtig für die tägliche Zufuhr. Kinder, Teenager, Schwangere und menstruierende Frauen haben besonders häufig Mangelerscheinungen.	Bildet einen wichtigen Teil des Hämoglobulins, das im Blut den Sauerstoff von den Lungen zu den Körperzellen transportiert.	Mageres Fleisch, Leber, Eigelb, grünes Blattgemüse, Nährhefe, Weizenkeime, Vollkornbrot und -flocken, Sojamehl, Rosinen.

Nährstoff-Tabelle

Nährstoff	Wichtigste Funktionen	Wichtigste Quellen
Jod	Ein wichtiger Bestandteil des Thyroxins; hilft bei der Regulation der Geschwindigkeit, mit der der Körper aufgrund der Schilddrüsenaktivität Energie verbrennt. Beeinflußt das Wachstum, den Flüssigkeitshaushalt, das Nervensystem, das Muskelsystem und den Kreislauf.	Jodiertes Salz, Meerestiere, pflanzliche Nahrungsmittel, die in Meeresnähe gewachsen sind.
Magnesium	Erforderlich für bestimmte Enzymaktivitäten. Unterstützt die Knochenbildung.	Körner, Gemüse, Getreideflocken, Früchte, Milch, Nüsse.
Kalium	Wichtig für gesunde Nerven und Muskeln.	Meerestiere, Milch, Gemüse, Obst.
Natrium, Chlor, Fluorid und andere Spurenelemente Heutzutage enthält unsere Ernährung meist zuviel Natrium, in erster Linie aufgrund der großen Natriummengen in industriellen Fertiggerichten und einem zu großen Verbrauch von Speisesalz.	Vielfältige Funktionen, von denen viele noch nicht genau erforscht sind.	Fleisch, Käse, Eier, Meerestiere, grünes Blattgemüse, fluoridiertes Wasser, Meersalz.

mahlene Nüsse oder Nußbutter versorgen das Baby mit lebenswichtigen Fetten. Sind Milchprodukte und Eier tabu, müssen die Eltern ein Kalziumpräparat geben und wahrscheinlich auch ein Vitamin-B_{12}-Präparat. In jedem Fall sollte eine vegetarische Ernährung mit dem Kinderarzt abgesprochen werden. Um Gemüse richtig zu kochen, beachten Sie die Hinweise auf Seite 127.

Gläschenkost

Industrielle Babykost in portionsgerechten Gläschen war immer wieder harter Kritik ausgesetzt. Das eine Mal waren es Hormone im Kalbfleisch, das andere Mal war der Babynahrung Salz zugesetzt, dann fand man zuviel Zucker darin. Doch inzwischen gehört die Gläschenkost zu den »sichersten« Nahrungsmitteln überhaupt, denn die Betriebe werden laufend strengen Kontrollen unterzogen. Allerdings enthalten Gläschen mit Süßspeisen wie Obstbreien oder Desserts zum Teil immer noch relativ viel zugesetzten Zucker.

Aber wenn Sie die Zutatenliste jeweils genau überprüfen, können Gläschen eine wirkliche Hilfe sein, vor allem zu Beginn der Beikostzeit, wenn das Baby nur kleine Mengen einzelner Nahrungsmittel ißt. Die Zutaten für Gläschenkost werden so frisch wie möglich und durch spezielle Zubereitungsmethoden vitaminschonend zubereitet, so daß möglichst wenig Nährstoffe zerstört werden. Achten Sie bei den Gläschen auf das Haltbarkeitsdatum. Beim Aufschrauben muß der Deckel knacken, denn nur dann war der Vakuumverschluß unversehrt. Am empfehlenswertesten sind reine Gemüse- bzw. Fleischzubereitungen. »Gemischte« Mahlzeiten enthalten oft auch unnötige Zusätze wie Gewürze und Stärke. Führen Sie die Beikost langsam in den Speiseplan ein, indem Sie alle vier bis sieben Tage ein neues Nahrungsmittel geben. Füllen Sie die Menge, die Ihr Baby voraussichtlich ißt, aus dem Gläschen in einen Teller; füttern Sie es nicht direkt aus dem Gläschen, denn die Enzyme im Speichel verderben den verbleibenden Rest, und Sie können ihn dann nicht mehr aufheben. Die Portionen sind so beschaffen, daß ein Baby auch noch von Gläschen ernährt werden kann, wenn es bereits am Familientisch mitessen dürfte. Lassen Sie das Baby daher gegen Ende des ersten Lebensjahres allmählich auch die ersten Häppchen von Ihren Mahlzeiten kosten.

Zentrale Fragen zum Thema Gläschenkost

Frage: Wie lange kann ich ein geöffnetes Gläschen im Kühlschrank aufbewahren?
Antwort: Obst- und Saftgläschen halten sich dort ein bis drei Tage; Fleisch und Gemüsegläschen ein bis zwei Tage. Ein guter Kühlschrank sollte eine Temperatur von 2 bis 5 Grad halten; bei dieser Temperatur können frische Nahrungsmittel am längsten aufbewahrt werden; in einem Kühlschrank, der nur bis 10 Grad kühlt, gilt die geringste angegebene Lagerdauer.

Frage: Kann ich die Mahlzeit im Gläschen anwärmen?
Antwort: Wenn Sie das gesamte Gläschen füttern wollen, können Sie es im Wasserbad anwärmen. Besser ist es jedoch, wenn Sie die Menge, die das Baby voraussichtlich ißt, in eine Tasse geben und diese im Wasserbad erwärmen. Dadurch können Sie die im

Gläschen verbliebene Menge bis zur nächsten Mahlzeit aufheben; hat Ihr Baby doch mehr Appetit, ist der Rest schnell im Gläschen erwärmt. Denken Sie daran, daß starkes Erhitzen zu einem Vitaminverlust führt und die angewärmte Kost ein günstiges Klima für das Bakterienwachstum bildet.

Frage: Wie kann ich es erkennen, wenn die Babykost verdorben ist?

Antwort: Verdorbene Babykost riecht oder schmeckt nicht notwendigerweise schlecht. Haben Sie Babykost länger als empfohlen aufgehoben, sollten Sie sie nicht mehr verwenden. Ist die Gläschenkost dünn geworden oder finden Sie irgendwelche Anzeichen von Schimmel, werfen Sie sie weg.

Babynahrung selber zubereiten

Wenn Ihnen die Vorstellung, industrielle Babykost zu verwenden, nicht behagt und Sie Zeit und Lust dazu haben, können Sie natürlich die Babynahrung jederzeit auch selbst zubereiten. Die Herstellung von Babykost ist keineswegs geheimnisvoll oder kompliziert, und selbstzubereitete Nahrung bietet auch einige Vorteile. Beispielsweise wissen Sie genau, was Sie verwenden. Es sollte sich eigentlich von selbst verstehen, aber ich erwähne es trotzdem: Geben Sie keinesfalls Zucker oder Salz bei. Sie können qualitativ gutes Obst, Gemüse, Getreideprodukte und Fleisch wählen und auf unnötige Füllstoffe wie Wasser und Stärke, die in manchen Gläschen immer noch zu finden sind, verzichten. Fertiggekaufte Babykost hat in der Regel immer die gleiche Konsistenz. Doch wir wollen unsere Babys ja auch mit den verschiedenen Farben und Beschaffenheiten der Nahrungsmittel vertraut machen – das Baby eine weiche Banane fühlen und schmecken lassen, einen knackigen Apfel oder einen saftigen Pfirsich. Und wenn Sie von den Nahrungsmitteln, die Sie essen, einen Teil für das Baby pürieren, bevor Sie den Rest würzen, stehen die Chancen gut, daß das Baby sich leicht an Ihre Familienmahlzeiten gewöhnt. Und diese Gewöhnung ist ja letztlich das Ziel.

Außerdem sparen Sie Geld, wenn Sie Babykost selber zubereiten. Sie benötigen lediglich einige gewöhnliche Küchengeräte, die Sie wahrscheinlich sowieso besitzen und/oder einen billigen und handlichen Pürierstab oder einen Blitzhacker, die beide so klein sind, daß sie auch in die Wickeltasche passen. Natürlich kostet Selberkochen Zeit. Doch wenn Sie vorkochen und kleine Portionen einfrieren oder einen Teil Ihrer eigenen Mahlzeit vor dem Würzen abnehmen, ist es halb so wild. Denken Sie auch daran, daß die Zeit, in der Ihr Baby feinpürierte Mahlzeiten braucht, um so kürzer sein wird, je später Sie Beikost einführen.

Im folgenden finden Sie nur einige wenige Rezepte. Jeder weiß, wie man eine Banane zerdrückt und sie mit etwas Flüssigkeit verdünnt, wenn sie zu fest ist. Kein Baby zieht Nutzen daraus, wenn es aufwendige süße Desserts wie Pudding oder Eierschaumspeisen bekommt, wie es sie als Gläschenkost zu kaufen gibt. Viele der Gerichte, die Sie für Ihre Familie zubereiten, wie Eintöpfe und Suppen, können püriert werden und zu einer »gemischten« Mahlzeit werden. Getreideflocken, Rührei, Hüttenkäse, zerdrückte Kartoffeln und Joghurt bilden mit Gemüse hervorragende Kombinationen.

Es sind nur sehr wenige Monate, in denen

die Eltern die Ernährung Ihres Babys überhaupt kontrollieren können – d. h. in denen sie ihnen pürierte Nahrung mit einem Löffel in den Mund schieben. Das gilt insbesondere, wenn Sie das Selberessen unterstützen, sobald Ihr Baby sich bereit zeigt, selbst etwas zu nehmen und in den Mund zu stecken. Aus diesem Grunde empfiehlt es sich nicht, viel Geld für besondere Küchengerätschaften auszugeben.

Nützliche Küchengeräte zur Zubereitung hausgemachter Babykost

○ Ein Passiersieb (der auch Haut und Kerne zurückhält), ein Mixer, eine Moulinette oder auch eine neue Knoblauchpresse zum Pürieren und/oder ein Sieb zum Durchgeben zerkleinerter Nahrungen, wenn eine noch weichere Konsistenz gewünscht wird.

○ Ein kleiner Gemüsedampfkochtopf, ein Siebeinsatz, um Gemüse und Früchte zu dämpfen, statt sie in Wasser zu kochen. Viele Gemüse- und Obstsorten enthalten Vitamin C und A, die wasserlöslich sind und beim Kochen leicht zerstört werden.

○ Ein Topf mit einem festschließenden Deckel oder ein Schnellkochtopf, der Zeit spart, und /oder eine Pfanne, um Fleisch zu schmoren oder zu dämpfen.

Einfache Richtlinien zur Selbstzubereitung von Babykost

Alle Vorteile, die das Selbstzubereiten von Babykost mit sich bringt, können verlorengehen, wenn Sie nicht sorgfältig genug sind. Arbeiten Sie mit sauberen Händen, sauberen Gerätschaften und insbesondere einem sauberen Schneidebrett oder Holzbrett. Die Kratzer in diesen Oberflächen sind Bakterienfallen, auch für Salmonellen, die in rohen Eiern, Geflügel und Fisch vorkommen. Schrubben Sie diese Oberflächen täglich mit heißem Seifenwasser, spülen Sie sie gut nach und trocknen Sie sie sorgfältig. Bakterien gedeihen an feuchten Orten. Achten Sie auch auf angeschlagenes Emailgeschirr und angeschlagenes Porzellan, weil saure Nahrungsmittel wie Tomatensauce, Säfte, Früchte, Essig und Tee giftige Substanzen in dem offenen Porzellan oder Metall freilösen können. Überprüfen Sie, ob Ihr Dosenöffner sauber ist und säubern Sie die Deckel von Konserven mit heißem Wasser. Wenn Sie die Babykost probieren, so geben Sie den Löffel nicht wieder in die Nahrung, ohne ihn abgespült zu haben.

Zum Verdünnen. Gläschenkosthersteller geben pures Wasser zu, bis die gewünschte Konsistenz erreicht ist. Sie können statt dessen das Kochwasser von Obst und Gemüse verwenden, das die beim Kochen verlorengegangenen Vitamine enthält. Sie können auch Muttermilch zugeben oder andere Milchnahrung, Kuhmilch, Joghurt; Fleisch-, Gemüse- oder Suppenbrühe oder die Brühe vom Eintopf. Zum Süßen können Sie Apfel- oder Orangensaft verwenden.

Zum Andicken. Gläschenkosthersteller verwenden modifizierte Stärke, die für Babys weder besonders gut verdaulich noch nahrhaft ist. Sie können statt dessen Weizenkeime, Vollkornflocken, Hüttenkäse, gekochtes Eigelb, Joghurt oder zerdrückte Kartoffeln zugeben. Geben Sie jeweils nur wenig zu, bis die gewünschte Konsistenz erreicht ist.

Obst. Gehen Sie mit Obst behutsam um. Das Zerkleinern oder Zerdrücken setzt Enzyme frei, die das Vitamin C zerstören.

Bananen sind meist das erste Babyobst. Wählen Sie Bananen mit braunen Flecken in der Schale, denn sie sind am reifsten. Zerdrücken Sie sie einfach mit einer Gabel und verdünnen oder dicken Sie sie wie gewünscht an. Oft müssen frische Früchte durch Dämpfen oder Backen weich gemacht werden. Wenn möglich, dämpfen Sie die gesamte Frucht in der Schale, dadurch können lösliche Nährstoffe nicht ins Kochwasser übergehen. Bratäpfel z. B. sind eine Köstlichkeit (siehe Seite 127). Wenn Sie nicht die gesamte Frucht kochen wollen, schälen, schneiden und dämpfen Sie die Stücke in einem Gemüsedampftopf über sehr wenig Wasser mit fest geschlossenem Deckel, um die Vitamine zu erhalten. Dämpfen Sie die Frucht, bis sie so weich ist, daß sie mit einer Gabel zerdrückt werden kann, drücken Sie sie dann durch ein Sieb, eine Babykostmühle oder ähnliches. Pürieren Sie das Obst entsprechend der Bereitschaft oder der Fähigkeit des Babys, schon mit kleineren Stückchen fertigzuwerden.

Gemüse. Versuchen Sie es zuerst mit Karotten, Zucchini und anderen Kürbisarten, mit Erbsen, Bohnen und Süßkartoffeln. Kartoffeln können Sie backen. Schneiden Sie das Gemüse in kleine Stücke und dämpfen Sie es im Schnellkochtopf über einem Zentimeter Wasser im fest verschlossenen Topf. Verwenden Sie das Kochwasser zum Verdünnen der Pürees. Das ungefähre Verhältnis von Gemüse zu Flüssigkeit beträgt 2 Tassen frisches Gemüse zu ⅓ bis ½ Tasse Flüssigkeit.

Bestimmte Gemüsesorten wie Spinat, Kopfsalat, Karotten, rote Beete, weiße Rüben, Sellerie können viel Nitrat enthalten. Bei Babys unter vier Monaten verhindert das Nitrat die Fähigkeit des Bluts, Sauerstoff zu transportieren. Denken Sie auch daran, daß bestimmte Gemüsesorten wie Rote Beete und Spinat die Farbe des Stuhls verändern. An Stücken von rohem Gemüse jeder Art kann das Baby ersticken. Auch an gekochtem Mais kann das Baby, wenn er nicht püriert wird, ersticken.

Fleisch, Fisch und Hülsenfrüchte. Fleisch kann gedämpft, gegrillt, pochiert, gekocht, soll aber nicht gebraten werden. Hühnerfleisch ist für den Anfang sehr gut, da es leicht verdaulich ist. Waschen Sie nach dem Umgang mit rohem Geflügel oder Fisch sorgfältig die Hände, das Spülbecken und die Gerätschaften. Fleisch, das in Suppen oder Eintöpfen gekocht wurde, ist zart und geschmackvoll. Es ist sehr schwierig, aber auch unnötig, die breiige Konsistenz von gekauften Fleischpürees zu erreichen. In den meisten Fällen müssen Sie etwas Flüssigkeit zugeben.

Weichen Sie getrocknete Hülsenfrüchte nicht zu lange ein und kochen Sie sie auch nicht zu lange, da sonst Vitamine zerstört werden. Kochen Sie Hülsenfrüchte zwei Minuten und lassen Sie sie dann zwei Stunden stehen. Dies entspricht einer Einweichzeit von fünfzehn Stunden. Spülen Sie sie nach dem Einweichen nicht ab.

Erwärmen von Babykost

Warmes Essen ist geschmackvoller als kaltes Essen. Sie können das Essen in einen speziellen Babyteller stellen, in dem es gewärmt wird, oder es in einer Tasse in einen Topf warmes Wasser geben oder im Backofen erwärmen. Erwärmen Sie Babykost nicht in der Mikrowelle, da dort die Nahrungsmittel ungleichmäßig erhitzt werden. Selbst durch Umrühren haben Sie keine Garantie, daß nicht doch noch heiße Stellen vorhanden sind.

Vorratshaltung, Tieffrieren und Auftauen von Babykost

Nach der Zubereitung der Babynahrung kühlen Sie sie schnell im Kühlschrank ab; in einer kalten Umgebung ist es am unwahrscheinlichsten, daß sich Bakterien entwickeln. Frieren Sie Babynahrung in Tiefkühlbeuteln oder kleinen Aluminiumbehältern ein. Achten Sie darauf, die Behälter sorgfältig zu beschriften und zu datieren; verschließen Sie sie dann vakuumdicht in Plastikbeuteln. In der Tiefkühltruhe aufbewahrte Babykost hält sich einen Monat. Beim Tieffrierprozeß geht eine kleine Menge an Vitamin A und C verloren, jedoch viel weniger als bei der mehrtägigen Aufbewahrung im Kühlschrank.

Lassen Sie eingefrorene Babykost im Kühlschrank auftauen. Bei Zimmertemperatur entwickeln sich leicht Bakterien. Haben Sie es eilig, können Sie die Babynahrung in einem Plastikbeutel in kaltes Wasser legen und langsam heißes Wasser zugeben.

Was Ihrem Baby jetzt schon schmeckt

Bratäpfel. Heizen Sie den Ofen auf 175 Grad vor, waschen Sie die Äpfel und entfernen Sie den Butzen. Wickeln Sie jeden Apfel in ein quadratförmiges Stück Aluminiumfolie und verschließen Sie es fest. Backen Sie die Äpfel 30 bis 45 Minuten und prüfen Sie mit einer Gabel, ob sie weich sind. Entfernen Sie die Folie und die Schale. Zerdrücken Sie die Äpfel. Rechnen Sie zwei bis drei Äpfel für eine Tasse Apfelbrei. Sie können auf dieselbe Weise Pfirsiche zubereiten, die nach 15 bis 30 Minuten gar sind.

Püriertes Fleisch. Schneiden Sie das Fleisch in ein Zentimeter große Würfel. Entfernen Sie alles Fett. Geben Sie zu einer Tasse Fleisch eine Tasse Brühe (entweder Gemüse- oder Fleischbrühe). Lassen Sie das Fleisch köcheln, bis es weich ist – 45 Minuten bis eine Stunde. Gießen Sie die Fleischbrühe ab, heben Sie sie aber auf. Zum Pürieren verwenden Sie ½ Tasse Flüssigkeit pro Tasse Fleisch. Frieren Sie Extra-Portionen sofort ein.

Pürierte Hülsenfrüchte. Spülen und verlesen Sie sorgfältig eine Tasse Hülsenfrüchte nach Wahl. Weichen Sie sie über Nacht ein oder lassen Sie sie zwei Minuten kochen und dann zwei Stunden stehen. Geben Sie dann drei Tassen frisches Wasser dazu und bringen Sie die Hülsenfrüchte zum Kochen. Reduzieren Sie die Hitze und lassen Sie die Hülsenfrüchte zugedeckt leicht köcheln, bis sie weich sind (das dauert zwischen 30 Minuten und zwei Stunden, je nach Sorte). Rühren Sie sie immer wieder um. Pürieren Sie sie dann mit ¾ Tasse Milch. Frieren Sie übrige Portionen sofort ein.

Süßkartoffeln. Bürsten Sie die Kartoffeln und backen Sie sie bei 225 Grad 40 bis 50 Minuten; prüfen Sie mit einer Gabel, ob sie weich sind. Lassen Sie sie abkühlen. Schälen und zerdrücken Sie sie mit einer Gabel und geben Sie das Kochwasser von Gemüse, Milch oder ein wenig Apfelsaft zu.

Gemüsepüree. Befolgen Sie die Anleitungen zum Dämpfen von Gemüse auf Seite 126. Geben Sie das gedämpfte Gemüse und ein wenig vom Kochwasser in einen Mixer oder einen Blitzhacker und pürieren Sie es. Zur Geschmacks- und Eiweißanreicherung können Sie die gleiche Menge gebackene oder gedämpfte Kartoffel zugeben und zusammen pürieren. Zum Verdünnen geben Sie Milch zu, bis die gewünschte Konsistenz erreicht ist. Frieren Sie übrige Portionen sofort ein.

Gemischte Mahlzeiten. Geben Sie eine Tasse gekochtes Fleisch, ⅔ Tasse gekochtes Gemüse, ⅓ Tasse gekochten weißen oder braunen Reis und eine Tasse Brühe in den Mixer oder die Kostmühle. Pürieren Sie es; übrige Portionen frieren Sie sofort ein. Die Menge ergibt ca. 3 Tassen.

Hochstühle und Tischsitze

Sie werden den Hochstuhl während der gesamten Kleinkindzeit sehr viel benutzen. Es gibt verschiedene Modelle, zum Teil mit kombiniertem Tischchen. Es lohnt sich, eine überlegte Wahl zu treffen. Das wichtigste Kriterium ist die Sicherheit. Unfälle mit dem Hochstuhl sind sehr häufig, sei es, daß das Kind heraussteigt und hinunterfällt oder daß der Hochstuhl umkippt. Ein Kind, das unbeaufsichtigt und/oder unangeschnallt im Hochstuhl sitzt, kann aufstehen und herauskippen. Hat der Hochstuhl ein bewegliches Tablett, kann sich das Kind die Finger einklemmen, wenn es nicht richtig eingeschnappt ist. Ein Baby, das herumkrabbelt oder sich überall hochzieht, kann an einem Hochstuhl, der nicht stabil ist, ziehen, so daß er auf das Kind kippt. Ein weiterer wichtiger Punkt ist die Sauberhaltung. Je geradliniger der Stuhl ist, um so weniger Stellen gibt es, die mit Essen vollgekleckert werden können. Im folgenden einige Punkte, die Sie berücksichtigen sollten:

Lassen Sie sich nicht vom Aussehen blenden! Meine Schwester schenkte mir einen wunderschönen Hochstuhl aus Holz, der völlig unpraktisch war. Er war schwierig sauberzumachen, der Sitz war zu tief, und Johannes rutschte immer wieder nach unten, so daß er sein Kinn auf dem Tablett hatte. Die Fußstange war nicht verstellbar, und seine Füße hingen einfach herunter. Ich gab den Stuhl zurück und kaufte einen Stuhl aus Metall und Vinyl, dessen Tablett leicht abzunehmen war und den ich bequem einmal in der Woche in der Dusche abschrubben konnte.

Meine Schwester lieh mir ihren Luxusstuhl mit verstellbarem Sitz. Für Babys, die noch nicht sitzen können, würde ich nicht extra Geld ausgeben. Ein tragbarer Sitz erfüllt den gleichen Zweck; außerdem müssen Babys auch noch keine Beikost essen, bevor sie sitzen können.

○ Kaufen Sie nur ein geprüftes Modell. Das bedeutet, daß der Hochstuhl das GS-Zeichen für Geprüfte Sicherheit erhalten hat; darüber hinaus sind manche Hochstühle auch vom TÜV geprüft, auch das ist angegeben. Diese Hochstühle erfüllen bestimmte Sicherheitsstandards hinsichtlich Stabilität, Anschnallsystem und Sicherheit des Tabletts.

○ Damit der Stuhl sicher steht, sollten die Füße breiter sein als der Sitz. Hier gibt es enorme Unterschiede zwischen den Modellen. Rütteln Sie am Stuhl, um die Standfestigkeit zu überprüfen.

○ Zusätzlich können Sie einen Anschnallgurt anbringen, um zu verhindern, daß Ihr Baby aufsteht und aus dem Stuhl herausklettert. Zwischen den Beinen des Babys muß auf jeden Fall ein Gurt verlaufen, so daß es nicht unten herausrutschen kann. Zusätzlichen Halt verleiht ein Stück Schaumstoff oder ein Einlegekissen, auf das das Baby gesetzt wird.

○ Viele Hochstühle haben ein festes Tablett, auf das das Gedeck des Babys gestellt werden kann. Der Nachteil ist, daß das Baby später nicht direkt am Tisch mitessen kann, sondern sein Gedeck immer auf das Tablett gestellt bekommen muß.

○ Überprüfen Sie, ob die Rückenlehne hoch genug ist, um den Kopf des Babys zu stützen. Der Kunststoffüberzug des Sitzes sollte recht dick sein, damit er nicht einreißt.

○ Es gibt spezielle Kombihochstühle, die

sich später in Kinderstuhl mit Tisch verwandeln lassen. Außerdem gibt es auch höhenverstellbare Hochstühle oder Hochstühle auf Rollen.

○ Wünschen Sie einen Klapp-Hochstuhl, so achten Sie darauf, daß der Klappmechanismus sicher ist. Klappen Sie den Stuhl im Geschäft zusammen, um zu sehen, wie groß er zusammengeklappt ist. Es gibt verschiedene Modelle, die auch in den Kofferraum eines Autos passen.

Hochstuhl

Der sicherste Hochstuhl ist nicht sicher genug, wenn Sie nicht immer mit größter Umsicht Ihr Kind darin unterbringen. Am besten ist es, das Kind immer anzugurten; es darf nie unbeaufsichtigt bleiben. Überprüfen Sie bei einem Klapp-Hochstuhl jedesmal, ob der Mechanismus verriegelt ist, und passen Sie auf die Finger auf – auf Ihre und auf die des Babys. Stellen Sie den Stuhl nie in die Nähe gefährlicher Gerätschaften, von Steckdosen oder Vorhangschnüren.

Auch bei Tischsitzen sollten Sie vor allem auf die Sicherheit achten. Tischsitze sind ideal für die Reise und funktionieren nach dem Trägerprinzip. Das Gestell, in der Regel aus Stahlrohr, kann am Tisch »eingehängt« werden und wird durch Saugpropfen und dem Gewicht des Kindes gehalten. Wollen Sie einen dieser transportablen Sitze kaufen, so wählen Sie ihn sehr sorgfältig aus. Achten Sie auf ein gutes, festes Gestell, das den Sitz unverrückbar festhält, auf Riemen, die zwischen den Beinen verlaufen, und möglichst auf Anschnallgurte. Die Sitzoberfläche darf nicht rutschig sein, und es dürfen keine kleinen Teile abbrechen können, die das Baby verschlucken könnte.

Wenn Sie den Sitz benutzen, befolgen Sie die Anweisungen exakt. Laut einer amerikanischen Verbraucherzeitschrift passieren

Tischsitz

die häufigsten Unfälle, wenn die Eltern einen normalen Stuhl unter den Tischsitz stellen, in der Hoffnung, daß dies zusätzlichen Halt für das Kind bietet. Das Kind kann sich jedoch von diesem Stuhl abstoßen und seinen Sitz dadurch in die Höhe bringen, so daß er sich vom Tisch löst. Diese Sitze können auch gefährlich werden, wenn sie auf Glastischen, einfüßigen Tischen, Spieltischen, an einem ausgezogenen Tisch oder einem zu dicken Tisch angebracht werden.

Selberessen

Bevor Sie sich fragen müssen, ob Sie Ihr Baby zum Selberessen anleiten sollten, wird es wahrscheinlich von selbst seine Bereitschaft zu ersten Versuchen signalisieren. Vielleicht weigert es sich einfach, sich von Ihnen einen Löffel pürierter Erbsen in den Mund schieben zu lassen, indem es den Mund zusammenpreßt und den Kopf schüttelt. Oder es nimmt Ihnen einfach den Löffel aus der Hand. Oder es äußerst ganz allmählich über einen Zeitraum von einigen Monaten sein wachsendes Interesse am Selberessen.

Anzeichen seiner Bereitschaft können zwischen dem siebten und zehnten Lebensmonat auftreten und gehen mit der neu erworbenen Mobilität und Geschicklichkeit einher. Das Sitzen vergrößert seinen Aktionsbereich und seinen Blickwinkel auf die Welt, das Kriechen und Krabbeln ermöglichen das Erforschen neuer Territorien. Die verfeinerten motorischen Fähigkeiten und die Koordinationsfähigkeit zwischen Augen und Hand verbinden sich nun und schaffen die Voraussetzung dafür, daß das Kind kleine Gegenstände aufheben und in den Mund stecken kann. Alles wird nun in den Mund gesteckt, einschließlich Staubfuseln. Wenn sich Babys beim Selberessen nur ebenso eifrig bemühen würden wie beim Saubermachen der Böden – dann gäbe es nicht so viele Dramen im Hochstuhl!

Das Selberessen ist ein großer Schritt vorwärts in der Entwicklung des Babys und in seiner Unabhängigkeit, und man sollte das Baby dazu ermutigen. Dies kann den Eltern, die es bisher gewohnt waren, ihrem Baby schön sauber jeden Löffel in den Mund zu stecken, Probleme bereiten. Zuallererst bedeutet das Selberessen eine Matscherei. Für das Baby bedeutet das Essen ein sinnliches Vergnügen – es patscht mit den Händen hinein, verschmiert es, quetscht es durch die Finger und bringt es dann als Kosmetik auf Gesicht und Haaren auf. Man braucht einen guten Magen – und Sinn für Humor –, um einer solchen Mahlzeit beizuwohnen.

Sagen Sie sich immer wieder, daß Essen ein Vergnügen sein sollte, nicht eine harte Pflicht, die wir unseren Kindern auferlegen. Lassen Sie Ihr Baby seine Hand in die Joghurt- oder Apfelmusschüssel tunken, während Sie ihm weiterhin etwas davon auf dem Löffel anbieten. Setzen Sie dem Baby auch nicht zuviel Nahrungsmittel vor. Geben Sie ihm zwei oder drei Stücke eines weichen, »kaubaren« Nahrungsmittels auf sein Tablett (siehe Seite 132). Lassen Sie Ihr Baby bei diesen ersten Versuchen nie aus den Augen, weil es würgen oder sich verschlucken könnte (siehe auch Seite 133). Sie werden auch feststellen, daß ein Großteil des Essens auf dem Boden landet. Das Baby tut dies nicht, um Sie zu ärgern. Hat es erst die Fähigkeit des Greifens erworben, beginnt es, auch das Loslassen zu üben. Es lernt, den Zusammenhang von Ursache und Wirkung zu erkennen: Läßt es einen Löffel fallen, folgt darauf ein scheppterndes

Geräusch. Wirft es ein Stück Toast auf den Boden, stürzt sich der Hund darauf. Es wird auch bemerken, wenn Sie sich über seine Eßweise aufregen. Machen Sie also gute Miene zum bösen Spiel und beenden Sie die Mahlzeit sofort, wenn das Kind nur noch herumspielt.

Eine andere große Sorge beim Selberessen betrifft die Nahrungsmenge, die das Baby schließlich zu sich nimmt. Babys, die selber essen, essen weniger, als sie gegessen haben, als sie gefüttert wurden. Das ist normal (auch wenn es schwer zu glauben ist) und entspricht dem, was das Baby nun für sein Wachstum und seine Entwicklung braucht. Erinnern Sie sich, daß ein Baby im ersten Lebensjahr sein Geburtsgewicht verdreifacht, indem es täglich ca. 50 kcal pro Pfund Körpergewicht zu sich nimmt. Danach verlangsamt sich die Gewichtszunahme. Wäre dies nicht so, würde das Kind mit drei Jahren 180 Pfund wiegen! Im zweiten Lebensjahr braucht das Kind 30 bis 40 Kalorien pro Pfund Körpergewicht und danach 20 bis 35 Kalorien .

Eine andere Sorge vieler Eltern besteht darin, daß auch der Milchkonsum zurückgehen kann oder er von Tag zu Tag sehr unterschiedlich ist. Ein gestilltes Baby macht nun vielleicht den Eindruck, daß es die Welt interessanter findet als die Wonnen an Ihrer Brust. Das Flaschenkind trinkt vielleicht einige zehn Gramm und stößt dann die Flasche weg. Das ist normal. Laut der Ernährungswissenschaftlerin Ellyn Satter genügen einem Kind, das 30 Gramm Fleisch am Tag ißt, 450 Gramm Milch. Denken Sie auch daran, daß Sie die Milch durch andere kalziumreiche Nahrungsmittel ersetzen können (siehe Seite 121).

Ab dem siebten Lebensmonat wachsen die Neugierde und die Erregung über alles, was die Welt dem Baby zu bieten hat. Das Selberessen bildet einen Teil dieser Entdeckungsreise. Wir neigen dazu, uns übermäßig viel Sorgen zu machen, ob das Baby die richtigen Nährstoffe bekommt; doch was wir wirklich tun sollten, ist, das Baby gewähren zu lassen, ihm qualitativ hochwertige Nahrungsmittel anzubieten und ihm die Entscheidung zu überlassen. Es wird nicht verhungern, selbst wenn es von Luft und Brotkrumen zu leben scheint. Um sich zu versichern, brauchen Sie Ihr Baby nur genau anzuschauen. Ist es neugierig, energiegeladen und vital?

Vorsicht bei diesen Nahrungsmitteln

Jährlich sterben ebensoviele kleine Kinder an Erstickungsanfällen wie an Vergiftungen. Im folgenden finden Sie eine Liste der häufigsten Nahrungsmittel, an denen ein Kind ersticken kann. Zeigen Sie diese Liste auch Ihrem Babysitter oder anderen Betreuungspersonen Ihres Kindes.

- Hot dogs.
- Bonbons.
- Nüsse.
- Trauben.
- Popcorn.
- Rohe Apfelstücke.
- Rohe Karottenstücke.
- Kekse, Brotsorten, die sich nicht sofort im Mund des Babys auflösen.
- Trockenfrüchte.

Knabbereien zum Selberessen

Bei vielen Babys ist der Weg zum endgültigen Selberessen ein allmählicher und unregelmäßiger Prozeß. Am einen Tag hat das Baby Interesse, am anderen Tag vielleicht nicht. Legen Sie ein oder zwei der im folgenden aufgeführten weichen, »kaubaren« Nahrungsmittel auf das Tablett seines Hochstuhls. Bieten Sie ihm weiterhin pürierte Lieblingsspeisen vom Löffel an, aber reden oder zwingen Sie dem Baby nichts auf.

- Käse, feste Eierschaumspeise.
- Kleine Würfel Weichkäse, große Brocken Hüttenkäse.
- Käsemakkaroni oder andere weichgekochte Teigwaren (versuchen Sie es auch einmal mit Vollkorn- oder Spinatnudeln).
- Geschmolzener Käse auf Weizenvollkornbrot.
- Kleingeschnittene Rind-, Lamm- oder Kalbfleischbällchen, die in Brühe pochiert wurden; dabei bleibt das Fleisch weicher als beim Dämpfen.
- Sehr weich gekochtes oder gegrilltes Rind-, Hühner-, Kalb- oder Lammfleisch.
- Jede Sorte weicher, sorgfältig entgräteter Fisch (Seezunge ist besonders zu empfehlen).
- Eiertoast aus Vollkorntoast (achten Sie darauf, daß die Eier ganz durchgebraten sind).
- Vollkornpfannkuchen.
- Tofustücke.
- Bananen.
- Avocados.
- Tomaten, enthäutet und die Samen entfernt.
- Kartoffeln und Kürbis, weichgekocht und in kleine Stücke geschnitten.
- Kleine Stücke gedämpfte Zucchini.
- Kleine Stücke gedämpfte Karotten.
- Kleine Stücke gedämpfter Brokkoli und Blumenkohl (nicht den Strunk).
- Erbsen mit eingeschnittener Schale.
- Kleine Stücke gedämpfte grüne Bohnen (die Fäden entfernen).
- Kleine Stücke ungesüßte, getrocknete Getreideflocken, die im Mund schnell weich werden.
- Kleine Stücke Reispudding.
- Gekochte, zu kleinen Kugeln geformte Getreideflocken.

Was tun, wenn das Baby würgt oder etwas verschluckt?

Frage: Ihr zehnmonatiges Baby ißt ein Stück Brot. Plötzlich beginnt es zu würgen. Was tun Sie?

Antwort: Zuallererst: Brechen Sie nicht in Panik aus. Denken Sie daran, daß es recht häufig vorkommt, daß ein Baby etwas verschluckt und würgt. In der Regel kommt es dabei zu keiner Blockierung der Atemwege. Handeln Sie nach folgender Vorgehensweise:

1. Stellen Sie fest, ob das Kind atmen, schreien oder sprechen kann. Prüfen Sie, ob das Kind stark husten kann. (Ist dies der Fall, sind die Atemwege nur wenig oder gar nicht blockiert. Das Husten kann den Gegenstand freisetzen.)

2. Atmet, hustet oder spricht das Kind, beobachten Sie es sorgfältig. Führen Sie keine Erste Hilfe durch, wenn es stark hustet oder die Atemwege nicht oder nur wenig blokkiert sind. Dies könnte dazu führen, daß der Gegenstand noch tiefer rutscht und die Atemwege vollständig blockiert.

3. Beginnen Sie mit den folgenden Erste-Hilfe-Maßnahmen wenn: (1) das Kind überhaupt nicht atmet oder (2) die Luftwege so blockiert sind, daß es nur schwach hustet und Farbe verliert.

WAS TUN, WENN DAS BABY WÜRGT ODER ETWAS VERSCHLUCKT?

Bei Säuglingen unter einem Jahr

1. Rufen Sie oder eine andere Person als erstes den Notarzt.

2. Legen Sie das Kind mit dem Gesicht nach unten über Ihren Unterarm. Stützen Sie seinen Hals. Unterstützen Sie seinen Oberkörper, indem Sie ihren Unterarm fest dagegen pressen.

Anmerkung: Ist das Kind groß, können Sie es mit dem Gesicht nach unten über Ihren Schoß legen. Halten Sie den Kopf, der tiefer als der Körper liegt, gut fest.

3. Schlagen Sie mit der Handfläche vier Mal schnell oben zwischen den Schulterblättern auf den Rücken.

4. Wird der Gegenstand nicht freigesetzt, drehen Sie das Kind um. Legen Sie es hin, mit dem Gesicht nach oben auf eine feste Oberfläche. Drücken Sie vier Mal mit zwei Fingern auf die Stelle oberhalb des Brustbeins.

5. Setzt die Atmung nicht ein, öffnen Sie seinen Mund; halten Sie mit dem Daumen die Zunge nach unten und umfassen Sie mit den Fingern den unteren Kiefer. Dadurch wird die Zunge hinten vom Rachen weggenommen. Das verbessert die Freilegung der Luftwege. Können Sie den Fremdkörper sehen, kann er vielleicht mit einer seitlichen Wischbewegung eines Fingers beseitigt werden. Aber seien Sie dabei äußerst vorsichtig, da sonst die Gefahr besteht, daß der Gegenstand noch weiter in den Rachen rutscht. Stecken Sie den Finger nie direkt in den Rachen.

6. Beginnt das Kind nicht sofort zu atmen, legen Sie Ihren Mund um Mund und Nase des Kindes. Machen Sie zwei schnelle flache Atemzüge. Beatmen Sie es nur mit schnellen, kurzen Atemzügen.

7. Wiederholen Sie Schritt eins bis sieben.

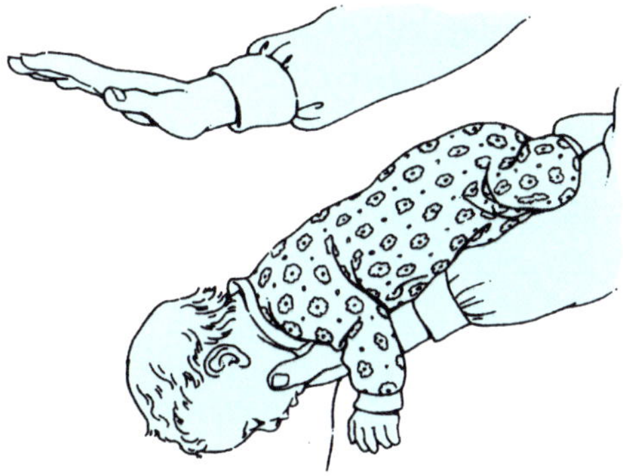

Halten Sie das Baby so, daß sein Kopf tiefer liegt als der Körper.

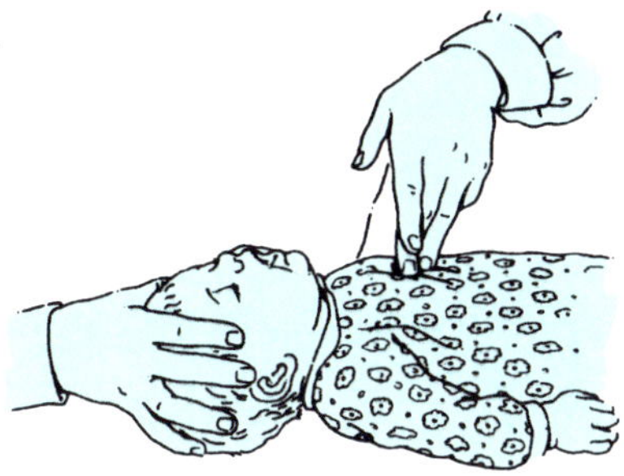

Drücken Sie mit zwei Fingern viermal schnell auf das Brustbein.

Beginnt das Kind nicht sofort zu atmen, umfassen Sie mit Ihrem Mund Mund und Nase des Babys und beatmen Sie es mit zwei schnellen, leichten Atemzügen.

Bei Kindern über einem Jahr

1. Rufen Sie oder eine andere Person als erstes den Notarzt.
2. Legen Sie das Kind auf den Rücken. Knien Sie sich daneben. Legen Sie Ihre Handfläche in die Mittellinie zwischen Nabel und Brustkasten. Legen Sie Ihre andere Hand darauf. Drücken Sie dann fest, aber behutsam in den Magen mit einer schnellen auf- und abgehenden Schubbewegung. Wiederholen Sie dies sechs- bis zehnmal. Man nennt diese Druckbewegungen auf den Magen die Heimlich-Methode.
3. Setzt die Atmung nicht ein, öffnen Sie die Luftwege, indem Sie mit Ihrem Daumen die Zunge nach unten halten und mit den Fingern den Unterkiefer umfassen. Wenn Sie den Fremdkörper sehen, können Sie versuchen, ihn mit einer seitlichen Wischbewegung zu lösen. Seien Sie jedoch äußerst vorsichtig, da durch Fingerbewegungen der Gegenstand tiefer in die Luftwege gebracht werden kann.
4. Beginnt das Kind nicht sofort zu atmen, versuchen Sie die Atmung mit der Mund-zu-Mund-Beatmung wiederherzustellen. Gelingt dies nicht, wiederholen Sie die Heimlich-Methode. Anmerkung: Bei einem größeren Kind können Sie die Heimlich-Methode anwenden, wenn das Kind steht, sitzt oder liegt.
5. Wiederholen Sie die Schritte eins bis vier.

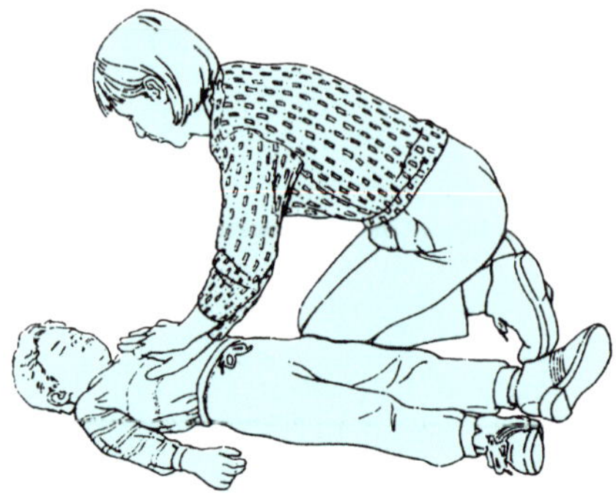

Drücken Sie fest auf die Linie zwischen Nabel und Brustkasten. Führen Sie diese Bewegung sechs- bis zehnmal hintereinander schnell aus.

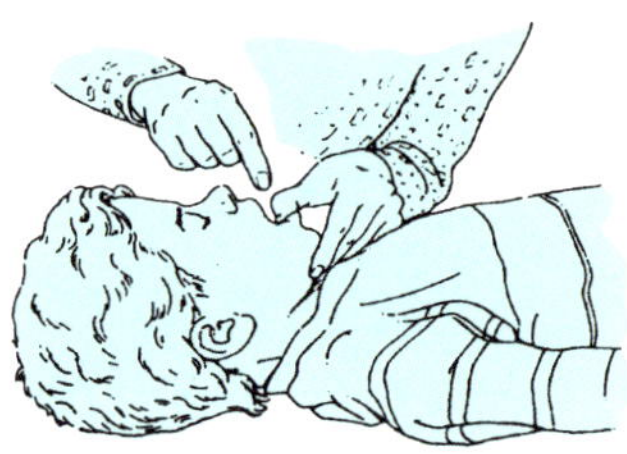

Freilegen des Rachens: Legen Sie Ihre Finger um den Unterkiefer des Kindes, öffnen Sie den Mund und halten Sie mit Ihrem Daumen die Zunge nach unten.

Die Technik der Mund-zu-Mund-Beatmung ist bei einem Kleinkind dieselbe wie bei einem Säugling.

Tips von Müttern zur »ausgewogenen« Ernährung

Melanies Speisezettel wurde immer kleiner. Zuletzt wollte sie nur noch püriertes Hühnchen, Bananen und Kekse essen. Ich gab ihr Vitaminpräparate, war aber so frustriert, daß ich ihr sonst nicht mehr viel anbot. Als sie einmal einen Tag mit meiner Mutter verbrachte, erzählte mir meine Mutter, daß Melanie ganz wild auf Gemüse gewesen sei. Ich hatte solche Schuldgefühle! Selbst wenn das Baby anscheinend eindeutige Vorlieben hat, sollten Sie ihm trotzdem immer wieder etwas anderes anbieten. Eines Tages wird es das annehmen.

⁂

Manche Ernährungswissenschaftler sagen, man solle stärker darauf achten, daß das Nahrungsmittelangebot über den Tag gesehen ausgewogen ist als während einer einzelnen Mahlzeit. Bei unserem Baby war es eher so, daß es darum ging, daß es über die ganze Woche gesehen ausgewogen aß.

⁂

Ich ertappte mich dabei, wie ich mit dem Baby spielte: »Mach den Mund auf, hier kommt die Tsch-tsch-Bahn mit Spinat.« Warum versucht eine 42jährige Frau, die ihr Leben lang ein zwiespältiges Verhältnis zum Essen hatte – und auch eine Mutter, die ihr das Essen aufdrängte –, ihre achtmonatige Tochter mit Spinat vollzustopfen? Ich beschloß, daß ich diese alten Muster nicht wiederholen wollte.

⁂

Ich erkannte schließlich, daß eine Mahlzeit aus nur einem Nahrungsmittel – oder auch aus gar keinem – bestehen konnte. Ein Baby muß nicht jeden Tag bei jeder Mahlzeit alle wichtigen Nährstoffe aufnehmen, so wie es uns Ernährungstabellen glauben machen wollen. Ich hatte immer noch diese Grundkapitel über Ernährungslehre vor Augen, mit denen ich aufgewachsen bin – die hellen, leuchtenden Eier neben den ansprechenden Scheiben weißem, und nicht dunklem, Brot und die herrlichen frischen Früchte! Wenn ich meine Tochter nicht dazu bewegen konnte, ein Stück frisches Obst zu essen, geriet ich schon fast in Panik. Wenn sie sich auf Gemüse konzentrierte, wollte ich, daß sie Fleisch aß. Ich konnte sie nie einfach das essen lassen, was sie wollte. Ich habe schließlich erkannt, daß Anna auf ihre Art schon alles zu sich nehmen wird, was sie braucht, auch wenn sie bei einigen Mahlzeiten scheinbar nur Kohlenhydrate ißt. Es ist schwierig, sich von diesem Kontrollzwang zu befreien. Ich wollte eine »gute Mutter« sein und sie mit guten Nahrungsmitteln versorgen. Ich hatte Schwierigkeiten zu akzeptieren, daß meine Aufgabe als »gute Mutter« damit endete, ihr das »Gute« anzubieten.

⁂

Außer daß sie praktisch nichts aß und das meiste auf den Boden warf, wollte Elisabeth, zehn Monate alt, auch nicht im Hochstuhl sitzen bleiben. Sie wollte immer nur aufstehen. Eine Zeitlang fütterte ich sie in ihrem Geher. Dann versuchten wir es wieder im Hochstuhl. Jetzt scheint sie recht froh zu sein, dort sitzen zu dürfen.

⁂

Ich spreche immer sehr gern über mein fünftes Baby, wenn ich mich daran erinnere, wie ich mich beim ersten fühlte. Damals glaubte ich wirklich, daß ein Baby ohne drei richtige Mahlzeiten zu genau festgelegten Zeiten nicht überleben könnte. Ich sang und tanzte und redete meinem ersten Sohn gut zu. Die Mahlzeiten waren sehr angespannt, und ich fütterte Johannes nie zwischen den Mahlzeiten, weil ich wollte, daß er bei der nächsten Mahlzeit Hunger hatte. Bei jedem folgenden Baby wurde ich flexibler. Ich gab ihnen gesunde Zwischenmahlzeiten oder einen Teil des Essens, das sie bei den festen Mahlzeiten nicht gegessen hatten. Mag sein, daß ich von der Mutterschaft einfach ausgelaugt bin, auf jeden Fall mache ich mir keine Sorgen mehr. Ich breite um den Hochstuhl fünf Lagen Zeitungspapier aus und nehme nach jeder Mahlzeit eine Schicht weg. Steht das Baby in seinem Hochstuhl auf, nehme ich es heraus, und die Mahlzeit ist beendet.

⁂

Meine Zwillinge haben völlig unterschiedliche Vorlieben beim Essen. Emma ist auf dem Eier-Trip, d. h., sie will nur Eigelb. Sie trägt es sogar im Haar. Jonathan will nichts außer Joghurt und reifen Bananen. Er liebt es, mit Joghurt zu malen, aber in seinem Mund landet nur sehr wenig. Ich habe keine Zeit, nervös zu werden oder ihnen spezielle Schlemmermahlzeiten zuzubereiten. Auf der Straße aber halten mich die Leute an und sagen »Was haben Sie für schöne, gesunde Kinder!« Ich finde das auch. Irgend etwas zeigt seine Wirkung, aber das sind sicher nicht meine Kochkünste!

⁂

Im nachhinein glaube ich, daß ich mir um Nathalies Ernährung übermäßig Sorgen machte, weil sie bei der Geburt sehr wenig wog. In diesen ersten Wochen bedeutete jedes Gramm Gewichtszunahme eine Art Sieg in ihrem Kampf ums Überleben. Und dann gab es Rückschläge, als sie nicht zunahm. Diese Erfahrung blieb mir, als ich mit Beikost anfing. Ich überwachte sie und machte mir ständig mehr oder weniger Sorgen. Statt darüber mit meinem Kinderarzt zu sprechen, behielt ich meine Sorgen für mich. Ich hätte von ihm sicherlich Unterstützung erfahren, wenn ich in der Lage gewesen wäre, meine Sorgen offen zur Sprache zu bringen.

⁂

»Heutzutage braucht niemand ein Ernährungsproblem zu konstruieren. Es gibt so viele Ersatzmöglichkeiten für alle Nahrungsmittel, die ein Kind braucht. Dadurch wird es jeder Mutter möglich, Eßkonflikte zu umgehen. Der Nährstoffbedarf wird gedeckt durch (1) einen halben Liter Milch oder die entsprechende Menge Käse; (2) 30 ml frischen Fruchtsaft oder ein Stück Obst; (3) 60 g eisenhaltiges Eiweiß wie ein Ei oder 60 g Fleisch; und (4) eine Multi-Vitamin-Ergänzung. (Letzteres mag sogar unnötig sein, aber ich habe dadurch das Gefühl, daß ich mich nicht weiter darum zu sorgen brauche, ob das Kind heute ein bißchen grünes, gelbes oder sonst ein Gemüse gegessen hat.) Sind diese vier Erfordernisse erfüllt, wird das Kind normal wachsen und zunehmen. Mehr braucht es nicht.«
(T. Berry Brazelton: Infants and Mothers: Differences in Development)

Von der Brust oder der Flasche zur Tasse

Viele Eltern möchten ihr Kind von der Brust direkt an die Tasse gewöhnen. Auf diese Weise können sie auf das Fläschchen ganz verzichten, das ein fragwürdiger Segen ist. Das Fläschchen, das die Befriedigung des Hungers und des Saugbedürfnisses bedeutet, kann zu einem übergroßen Trostspender werden, zu einem Hilfsmittel, um ein unruhiges Baby oder Kleinkind ruhigzustellen. Es gibt bestimmt nicht viele Zwei-, Drei- und Vierjährige, die ihre Tasse als Ersatzobjekt mit sich herumtragen. Zwar liegt die Sauberkeitserziehung noch in weiter Ferne, wenn Sie gerade ein Baby haben, doch berücksichtigen Sie auch, daß ein Zweijähriges, das aus der Tasse trinkt, sich hier leichter tut als ein Kind, das den ganzen Tag eine Flasche mit sich herumschleppt und immer wieder einen Schluck nimmt. Es gibt auch noch andere Vorteile. Vergessen Sie einmal ein Fläschchen, sind Sie verloren. Eine Tasse ist ersetzbar, und eine kleine Thermoskanne läßt sich leicht überallhin mitnehmen.

Ein Kind, das an die Flasche gewöhnt ist, macht vielleicht gar keine ernsthaften Versuche, aus der Tasse zu trinken; wenn Sie also Ihr Baby mit der Flasche füttern, versuchen Sie die Tasse bereits mit fünf Monaten einzuführen – bevor das Baby zu eigenwillig wird. Weist es sie zurück, versuchen Sie es einige Tage später noch einmal. Wenn es sich wieder weigert, warten Sie einige Wochen. Bieten Sie ihm in der Badewanne Plastiktassen zum Spielen an. Sie werden erstaunt sein, was in dieser entspannten Atmosphäre geschieht. Und auch wenn die ganze Sache mit der Tasse zu einem Fiasko wird, seien Sie nicht entmutigt. Denken Sie daran, daß bisher noch jeder gelernt hat, aus einer Tasse zu trinken. Irgendwann ist es auch bei Ihrem Baby so weit.

○ Wählen Sie zunächst eine unzerbrechliche Tasse aus, da sie sicherlich auf dem Boden landet. Es gibt Babytassen ohne Henkel und welche mit zwei Henkeln, die das Baby leicher fassen kann. Bringt man um die Tasse ein oder zwei Gummibänder an, kann das Baby sie mit nassen Händen besser festhalten. Es gibt auch Schnabeltassen. Dabei wird zwar nur wenig verschüttet, aber sie erfordern eine halb saugende Trinkbewegung, die Ihr Baby entweder mag oder nicht mag. Geben Sie nur wenig Flüssigkeit in die Tasse.

○ Manche Mütter behalten Fruchtsaft für die Tasse vor. Sein guter, süßer Geschmack ist ein Ansporn, das Trinken aus der Tasse zu versuchen. Auch Muttermilch oder Milchnahrung sind hierfür geeignet.

○ Setzen Sie das Baby zum Trinken aufrecht hin und decken Sie es mit einem Tuch ab. Am Anfang wird mehr Flüssigkeit aus dem Mund heraustropfen, als hineingelangt.

○ Die Badewanne ist ein guter Ort für erste Versuche mit der Tasse. Das Interesse des Kindes ist dort wahrscheinlich groß, und wenn etwas verschüttet wird, ist das nicht weiter schlimm.

○ Hören Sie auf, sobald das Baby kein Interesse mehr zeigt.

Ist Ihr Baby ein Saft-aholic?

Würden Sie Ihr Baby einen Schluck süßes Cola nehmen lassen? Wahrscheinlich nicht, aber wenn es den ganzen Tag an einem Fläschchen mit Apfelsaft nuckelt, nimmt es genausoviel Zucker zu sich. Große Mengen Fruchtsaft verursachen überdies Bauchweh, Blähungen und Durchfall. Zuviel Saft kann den Hunger auf Milchnahrung verderben, Milch jedoch ist unerläßlich, da es das Kind mit wichtigen Fetten versorgt. Bei den meisten Babys hören Durchfälle auf, wenn ihre Ernährung ausgewogen ist; das heißt, wenn es höchstens 200 ml Fruchtsaft am Tag trinkt und zwischen 500 und 700 ml Milch bekommt. Hat es darüber hinaus noch Durst, bieten Sie ihm Wasser an.

Hilfreiche Bücher zur Ernährung von Babys und Kleinkindern

Blume, Christhilde: Ernährung des Säuglings. Die Umwelt des Kleinkindes, Verein für erweitertes Heilwesen 1984.

Bustorf-Hirsch, Maren: Gesunde Ernährung für mein Kind, Falken 1988.

von Cramm, Dagmar: Was Babys schmeckt und gut bekommt, Gräfe und Unzer 1991.

Gesund genießen – Ernährung für Kinder, von: Vital, Ceres 1990.

Hunter, Carol: Naturkost fürs Baby, Ravensburger 1990.

Karmel, Anabel: Kochen für Babys und Kleinkinder, Mosaik 1992.

Maussner, Elfriede M.: Der gesunde Säugling und seine Ernährung, Focus/PRO 1991.

Renzenbrink, Udo: Die Ernährung des Kleinkindes, Philosophisch-Anthroposophischer Verlag 1988.

SEELISCHES UND KÖRPERLICHES WOHLBEFINDEN

WAS TUN, WENN DAS BABY SCHREIT?

Die Suche nach den Ursachen

Wie wünschte ich, daß es eine Zauberkraft gäbe, die das Schreien meines Babys beenden könnte!

Nichts ist so unverwechselbar wie das anhaltende Schreien Ihres eigenen Babys! Durchdringend, hartnäckig, nervtötend und zermürbend, wenn es einfach nicht aufhört. Wenn es doch endlich aufhören würde zu schreien – und doch ist uns klar, daß es sein einziges Mittel ist, seine Bedürfnisse mitzuteilen. Nur wenige Eltern können (oder wollen) den Kummer ihres Babys ignorieren. Meistens werden wir vom Schreien des Babys aus tiefstem Schlaf gerissen; dieses Schreien durchdringt geschlossene Türen und ist über viele Zimmer hinweg zu hören. Wir werden so sensibel für dieses Signal, daß wir das Schreien des Babys manchmal sogar »hören«, wenn wir gerade mal alleine schnell um den Block gehen.

So hart es ist, mitempfinden zu müssen, daß das Baby Kummer hat, hat das Schreien doch seinen Zweck. Das Neugeborene ist noch sehr unkoordiniert, seine komplexen Körpersysteme haben sich noch nicht an das Leben außerhalb der Gebärmutter angepaßt. Hinzu kommt, daß eine Vielzahl neuer und überwältigender Eindrücke auf es einwirken. Das Schreien dient als Ventil für diese Spannungen. Es ist auch ein Mittel, die störenden Einflüsse, mit denen es noch nicht zurechtkommt, auszuschalten. Schreien und Schlafen sind die beiden Pole desselben Spektrums und bilden einen Schutz vor übermäßigen Reizen und, so seltsam es klingen mag, sind Versuche des Babys, seine Welt zu ordnen.

Eine der brennendsten Fragen hinsichtlich des Schreiens lautet, ob man sofort zum Baby eilen sollte, um es zu beruhigen, oder ob es »alles herausschreien« sollte. Manchmal brauchen Babys das Schreien einfach. Doch wenn Sie dieses Kapitel lesen, werden Sie sehen, daß zumindest bei jüngeren Babys alles eher für das Trösten spricht.

Frage: Wie fühlen sich Eltern, wenn ihr Baby schreit?

Antworten: *In den ersten beiden Monaten rief ich den Kinderarzt beinahe täglich an. Ich fühlte mich ebenso hilflos wie das Baby. Eines Tages verlor der Arzt schließlich die Geduld und sagte: »Ich weiß auch nicht besser als Sie, warum Ihr Baby schreit. Manchmal* *schreien Babys einfach, weil das Leben so hart ist!«*

⁂

Jedesmal, wenn sie schrie, bekam ich Angst und geriet in Panik. Ich hatte gelesen, daß Mütter verschiedene Arten des Schreiens unterscheiden könnten. Ich konnte das nie und fühlte mich deshalb als völliger Versager.

⁂

»Ein untröstliches Baby wird sogar den ausgeglichensten Erwachsenen in einen Zustand völliger Hilflosigkeit versetzen.«
(T. Berry Brazelton: What Every Baby Knows)

Zwar kann ein Baby sich immer bemerkbar machen, doch muß es nicht immer auch verstanden werden. Wenn Sie nicht jedesmal den Grund des Schreiens erkennen, machen Sie sich nichts draus. Sie gehören deshalb nicht in die Kategorie »Eltern ohne richtiges Instinktverhalten«. Es gibt Fachleute auf dem Gebiet der frühkindlichen Entwicklung, die uns weismachen wollen, daß Eltern in nur drei Wochen in der Lage sein sollten, zu unterscheiden, ob ein Baby aus Hunger, aus Übermüdung oder aus Schmerzen schreit. Sicherlich ist etwas Wahres daran, aber diese Kenntnis entwickelt sich erst nach und nach, und am Anfang müssen sich die meisten Eltern einfach auf die Logik von Versuch und Irrtum verlassen. Das Gespür dafür, die Bedürfnisse des Babys zu erahnen, entwickelt sich auf zweierlei Weise. Mit jedem Tag wird das Verhalten des Babys ein wenig koordinierter und seine Forderungen analog zu seiner Anpassung an das Leben außerhalb der Gebärmutter klarer. Und mit jedem Tag haben die Eltern mehr Übung darin, die Signale des Babys zu verstehen, und reagieren entspannter.
Bis es soweit ist, seien Sie versichert, daß Ihre Bemühungen in jedem Falle wertvoll sind, selbst wenn Sie beim Versuch, das Baby zu beruhigen, den »falschen« Weg gehen – wenn Sie es z. B. wickeln, obwohl es einfach nur schlafen will, oder es aufstoßen lassen, obwohl es eigentlich riesigen Hunger hat. Das sofortige und zuverlässige Reagieren auf das Schreien des Babys, und nicht das Schreienlassen, vermitteln ihm die Sicherheit, daß es nicht allein ist und daß Sie sich um es kümmern.

Die Angst vor dem Verwöhnen

Ein Gespräch zwischen zwei Müttern:

Anne: *Alle sagen mir: »Du verwöhnst sie, wenn du sie immer wieder hochnimmst. Sie hat keinen Hunger.« Alle sind gegen mich, meine Mutter, meine Schwiegermutter und mein Mann. Sogar meine Schwester, die schon ältere Kinder hat, ist dieser Meinung. Natürlich bin ich dann immer total fertig.*
Martha: *Sag deinen wichtigtuerischen Verwandten, sie sollen sich da raushalten!*
Anne: *Aber sie haben zusammen schon vierzehn Babys großgezogen, und sie machen sich Sorgen, weil ich so müde bin.*
Martha: *Sag ihnen, wenn sie sich solche Sorgen um dich machen, sollen sie dir lieber das Geschirr abspülen oder den Mülleimer leeren, statt dir gute Ratschläge zu erteilen.*
Anne: *Und wenn ich das Baby eben doch verwöhne . . .*
Martha: *Bist du eine schlechte Mutter, weil du dein eigenes, schreiendes Baby in den Arm nehmen willst, damit es ihm besser geht?*

Es scheint zwei grundlegend unterschiedliche Ansichten darüber zu geben, warum ein Baby schreit. Die eine besagt, daß ein Baby nie ohne Grund schreit und daß es Zuwendung braucht. Die andere lautet, daß es grundlos schreit und durch zuviel Zuwendung verwöhnt wird. Ich glaube instinktiv an die erste Theorie. Wer sein Baby schreien hört, dem fällt es sehr schwer, nicht zu ihm hinzugehen, es hochzunehmen und es, so gut man es vermag, zu trösten. Und doch ist es erstaunlich, wie viele Eltern glauben, daß es falsch ist, diesem Instinkt zu folgen.

Bei einer Umfrage waren beinahe zwei Drittel der befragten Mütter und vier Fünftel der Väter der Meinung, daß ein Baby unter einem Jahr verwöhnt werden kann. Die Mehrheit dieser Eltern glaubt, daß dies geschieht, wenn man »das Baby seinen Willen durchsetzen läßt«. Die meisten der befragten Eltern meinten auch, daß es zwar keine langfristigen krankhaften Auswirkungen des »Verwöhnens« gäbe, kurzfristig diese Babys jedoch anspruchsvoll, unbeliebt und verzogen seien. Durch das Eingehen auf das Kind und insbesondere dadurch, daß man es hochnimmt, wenn es schreit, beginnt in den Augen vieler Eltern das Verwöhnen.

»Anspruchsvoll, unbeliebt, und verzogen«. Mit anderen Worten, das Baby ist in der Lage, einen Erwachsenen so zu manipulieren, daß er ihm etwas gibt, das ihm nicht gut tut. Daher ist es für das Baby besser, unglücklich zu sein. Gibt das einen Sinn? Diese Überlegung mag für den Wutanfall eines älteren Kindes zutreffen, aber bei einem Baby setzt es ein rationales Überlegen voraus, zu dem es noch gar nicht in der Lage ist. Babys haben schlichtweg – noch – nicht die geistigen Fähigkeiten, um ihre Eltern zu manipulieren.

Vielleicht schreiben die Eltern dem Baby diese Kraft zu, weil es einfacher ist, ein Baby als verwöhnt zu betrachten, als sich diesen äußerst unangenehmen Gefühlen zu stellen, die sein Geschrei in uns wachruft. Die Hilflosigkeit eines Säuglings führt uns die enorme Verantwortung vor Augen, die wir mit der Entscheidung für ein Kind übernommen haben. Dies kann beängstigend sein, und es kann uns auch an unsere eigene Machtlosigkeit erinnern. Manche Eltern geben lieber dem Baby die Schuld, statt diese negativen Gefühle, die völlig legitim sind, zu akzeptieren.

Was Experten meinen

Immer mehr Forschungsprojekte mit Säuglingen stützen die Auffassung, daß Babys nicht verwöhnt werden, wenn wir sie trösten, sobald sie schreien. Eine bekannte amerikanische Untersuchung von Mary Ainsworth und Sylvia Bell bestätigt, daß Babys, auf deren Schreien man schnell reagiert, weniger oder kürzer schreien als andere. Die Wissenschaftlerinnen stellten ebenfalls fest, daß diese Babys gegen Ende des ersten Lebensjahres unabhängiger waren und es eher verstanden, die Aufmerksamkeit der Erwachsenen durch andere Mittel als das Schreien zu erwerben.

Frage: Wie lange schreien Neugeborene durchschnittlich am Tag?

Antwort: Viel. Der bekannte Kinderarzt T. Berry Brazelton hat zu dieser Frage Untersuchungen durchgeführt. Sie zeigen, daß normale Babys bis zum Alter von drei Wochen täglich ein bis eineinhalb Stunden schreien. Mit sechs Wochen steigern sie sich bis auf zwei Stunden (und manche bis auf vier Stunden).

Füttern nach Bedarf oder nach festen Regeln?

»Du meinst, er hat keinen Rhythmus?« fragte meine Mutter, die zu Besuch war, immer wieder. »Aber im Krankenhaus gab es doch auch feste Zeiten, zu denen er gefüttert wurde, nicht wahr? Wenn du ihn jedesmal, wenn er schreit, hochnimmst und fütterst, ist es kein Wunder, wenn er Bauchweh hat. Dann ist es ja klar, daß er wieder hochgenommen und die ganze Zeit getragen werden will – sogar wenn er keinen Hunger hat.« Aber ich muß ihn doch füttern, wenn er Hunger hat, oder? Wenn ich versuche, ihn zu füttern, und er trinkt, muß ich dann nicht daraus schließen, daß er Hunger hatte? Man kann ein Baby, das keinen Hunger hat, nicht zum Trinken zwingen, oder? Wie kann man einen zwei Wochen alten gestillten Säugling überfüttern?

Frage: Kann ich ein Baby überfüttern?
Antworten: »Nein, jedes Baby wird mit dem Saugen aufhören, wenn es genug hat. Sie werden es nicht schaffen, ihm auch nur noch einen Tropfen aufzuzwingen. Versuchen Sie ihm darüber hinaus noch Nahrung aufzuzwingen, wird es sich nur erbrechen.«
(Virginia E. Pomeranz / Dodi Schultz: The First Five Years: The Relaxed Approach to Child Care)

»In einer im englischen Cambridge durchgeführten Untersuchung fanden Martin Richards und ich heraus, daß es große Unterschiede darin gibt, wie Mütter das Schreien ihres Babys interpretieren. Am größten war die Gruppe der Mütter, die um eine Erklärung verlegen war, vor allem wenn es sich um ein anhaltendes, abendliches Schreien handelte. An zweiter Stelle standen stillende Mütter, die dazu neigten, das Schreien als Hunger zu deuten. Es gab unter ihnen einige Mütter, die unabhängig davon, wie lange die letzte Stillmahlzeit her war, das Baby stillten; die meisten jedoch glaubten, daß das Baby, wenn es richtig getrunken hätte, drei oder vier Stunden zufrieden sein müßte; sie meinten, daß dieses häufigere Schreien ein Zeichen dafür sein müßte, daß ihre Milchversorgung unzureichend war. Diese ›Unzulänglichkeit‹ war der häufigste Grund für das Abstillen. Doch in Wirklichkeit schrien die Babys der Mütter, die ihr Baby erfolgreich über sechs Monate stillten, in den ersten Wochen genauso häufig wie die Babys, deren Mütter das Stillen aufgaben: Es ist anscheinend ganz normal, daß in der ersten Zeit des Stillens die Babys nur kurze Zeit schlafen und häufige Mahlzeiten brauchen. Wir fanden heraus, daß Mütter, die gewillt waren, ihr Neugeborenes immer dann zu stillen, wenn es schrie, mit größerer Wahrscheinlickeit später erfolgreich stillten.«
(Judy Dunn: Distress and Comfort)

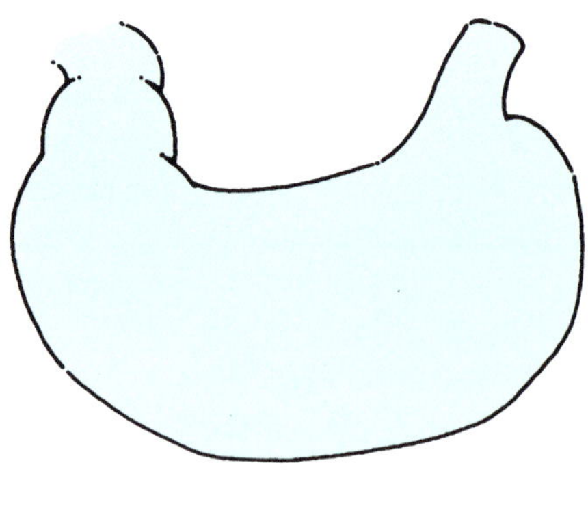

So groß ist der Magen eines Säuglings bei der Geburt in Wirklichkeit. (Manchmal sagt ein Bild mehr als tausend Worte!)

»Die Verdauung eines Babys funktioniert so, daß eine vollständige Mahlzeit, die in einer vernünftigen Zeitspanne eingenommen worden ist, d. h. in ungefähr 25 Minuten und nicht in kleinen Schlucken auf eine Stunde verteilt, zwischen drei und vier Stunden vorhält. Aber das gilt erst, wenn das Baby sich bereits etwas an das Leben außerhalb der Gebärmutter angepaßt hat und seine Verdauung allmählich einen Rhythmus bekommt. Es muß schließlich lernen, das Gefühl angenehmer Sättigung sowie eines leeren Magens zu empfinden. Diese Gefühle kennt es noch nicht, da es in der Gebärmutter ständig mit Nährstoffen versorgt worden ist. Darüber hinaus muß es unseren Tagesrhythmus akzeptieren und eine lange Zeit ohne Nahrungsaufnahme während der Nacht zubringen. All dies braucht Zeit. Und daher macht die vieldiskutierte Frage, ob Babys nach Bedarf oder nach Zeitplan gefüttert werden sollten, wenig Sinn.«
(Penelope Leach: Babyhood)

Schreit das Baby, weil es Hunger hat?

Während der ersten Monate werden Sie sich wahrscheinlich immer wieder fragen, warum Ihr Baby schreit. Der erste und einfachste Grund, der einem einfällt, ist Hunger.

Frage: Wie fühlt sich das Baby, wenn es Hunger hat?
Antwort: »Sein Hunger ist ein Heißhunger, er erzeugt eine unerträgliche Spannung, und die Befriedigung dieses Hungers ist zwingend.«
(Selma Frailberg: The Magic Years)

Wenn ein Baby Hunger hat, wird kein Schnuller, kein Zuckerwasser, kein Schaukeln, Singen, Spielen oder Ablenken sein Bedürfnis befriedigen. Nur wenige von uns haben jemals wirkliche Hungerschmerzen verspürt – für ein Baby ist dies unerträglich. Wären wir sicher, daß das Baby Hunger hat, würden wir es uns nicht zweimal überlegen, es zu füttern. Die Existenz von Zeitplänen, insbesondere im Krankenhaus, wo Babys im Drei- oder Vier-Stunden-Rhythmus gefüttert werden, kann ein verzerrtes Bild davon geben, wie das Nahrungsbedürfnis eines Neugeborenen wirklich aussieht. Während der ersten zwei oder drei Tage ist das Baby vielleicht zu schläfrig, um so oft zu trinken, wie es später der Fall sein wird: Denken Sie auch daran, daß ein Baby in der Gebärmutter immer das Gefühl der Sättigung hatte. Alles was davon abweicht, ist ein neues und sogar schmerzhaftes Gefühl. Insbesondere ein gestilltes Baby kann in den ersten Wochen in der Regel nicht vier Stunden ohne Mahlzeit auskommen.
Weil eine stillende Mutter nicht sehen kann, wieviel das Baby trinkt, ist ihr erster Gedanke, wenn sie das Baby zum zehnten Mal am Tag stillt, daß sie nicht genug Milch hat. Beinahe jede Mutter sorgt sich am Anfang deswegen; erst mit der Zeit gewinnt man diesbezüglich eine gewisse Sicherheit. Es kann nicht oft genug betont werden, daß ein Abstand von zwei Stunden, ja sogar von einer Stunde, in den ersten Wochen nicht ungewöhnlich ist. Wenn das Baby beginnt, nachts längere Zeit ohne Mahlzeit auszukommen, kann es gut sein, daß es dies wettmacht, indem es tagsüber öfter trinkt.

Schreit das Baby, weil es aufstoßen muß?

Ich ließ Andreas immer viel zu selten aufstoßen. Zweimal während einer Mahlzeit reichten nicht aus. Der Kinderarzt meinte, ich sollte ihn alle drei bis fünf Minuten aufstoßen lassen, eventuell schon nach einer Minute. Nach einigen Wochen, als sich Andreas' Verdauungssystem angepaßt hatte, mußte ich nicht mehr so vorsichtig sein.

Manchmal schreit ein Baby, weil es aufstoßen muß. Dies kann auch der Fall sein, wenn Sie es schon vor einer halben Stunde, als Sie es gefüttert haben, haben aufstoßen lassen. Ein Neugeborenes kann sehr hastig trinken und viel Luft verschlucken. Die Luft bildet kleine Blasen, die sich mit der Zeit zu einer großen Blase vereinigen. Haben Sie die Vermutung, daß dies bei Ihrem Baby der Fall ist, so können Sie ihm dadurch helfen, indem Sie es nach einer Mahlzeit aufrecht an Ihre Schulter legen oder es halbaufrecht in einen Kindersitz setzen. Auch ein Schnuller kann helfen, die Luft auszustoßen.

Schreit das Baby, weil sein Saugbedürfnis nicht befriedigt ist?

Babys haben ein großes Saugbedürfnis. Das Saugen, das in Zusammenhang steht mit Nahrung und dem Empfinden von Wärme und Sattsein, verschafft dem Baby Befriedigung. Es ist eine gute körperliche Übung und scheint Spannungen zu lösen. Das Saugen hilft, die Atmung zu vertiefen und zu regulieren, die Muskelspannung zu lösen und motorische Unruhe zu besänftigen. Der Verhaltensforscher Jerome Brunner merkt an, daß das Saugen auch die Darmbewegungen beruhigt und die Anzahl der Augenbewegungen reduziert, die das Baby macht, wenn ihm ein Muster zum Betrachten vorgelegt wird. Saugen kann überdies Schlafunterbrechungen verhindern. Untersuchungen zeigen, daß Lärm und andere Störungen, die ein Baby gewöhnlich aufwecken und es schreien lassen, bei einem Baby, das einen Schnuller hat, lediglich ein kräftigeres Saugen verursachen.

Bevor Sie einen Schnuller einführen, ermutigen Sie Ihr Baby, an seinem Fäustchen zu saugen. Beherrscht es dies, hat es die Freiheit, sich, wann immer nötig, selbst zu beruhigen. Legen Sie das Baby beispielsweise auf den Bauch und legen Sie seine Hand behutsam neben seinen Mund; dann berühren Sie damit seine Lippen, um festzustellen, ob Sie den Saugreflex initiieren können.

Haben Ihre Versuche, dem Baby das Saugen an der Faust beizubringen, keinen Erfolg, versuchen Sie es weiter! Zögern Sie gleichzeitig nicht, zwischen den Mahlzeiten einen Schnuller zu benutzen. Die kiefergerecht geformten Modelle sind dabei sowohl für Flaschenkinder wie für gestillte Babys vorzuziehen. Sie erfordern ein kräftiges Saugen, das wiederum dazu beiträgt, Spannungen zu lösen und das Verhalten zu koordinieren. Diese Schnuller fallen dem Baby auch nicht so leicht aus dem Mund wie konventionell geformte Sauger.

Manche Fachleute empfehlen, daß die Eltern dem Baby den Schnuller aus dem Mund nehmen sollten, sobald es schläft. Auf diese Weise gewöhnt es sich nicht so sehr daran, daß es ihn zum Weiterschlafen braucht, und die Eltern müssen den Schnuller dem Baby nicht ständig in den

Mund schieben. Wenn dies funktioniert, prima. Aber wenn nicht, lassen Sie Ihrem Baby seinen Schnuller, auch wenn es schläft, und sorgen Sie sich nicht weiter über diese Abhängigkeit.

Erscheint Ihnen diese Haltung nicht richtig, so sollten Sie einmal genauer untersuchen, was Sie hinsichtlich dieser sogenannten Abhängigkeit empfinden. Betrachten Sie den Schnuller als ein leichtes Hilfsmittel? Oder finden Sie den Anblick eines Zwei- oder Dreijährigen mit einem »Stöpsel« im Mund abstoßend? Es mag nützlich sein zu wissen, daß das intensivste Saugbedürfnis in den ersten vier bis sechs Monaten besteht. Danach verlieren viele Babys ganz von alleine das Interesse am Schnuller, und zwar in dem Maße, wie ihr Interesse an der äußeren Welt wächst. Es können die Eltern sein, die auf diesem »Stöpsel« beharren, um ihr Kind ruhigzustellen. Sie können dies verhindern, indem Sie den Schnuller nicht automatisch verpassen und ab dem vierten Lebensmonat auf Anzeichen mangelnden Interesses am Schnuller achten. Ist das Baby unruhig, gibt es jede Menge anderer Möglichkeiten, es zu trösten.

Frage: Behindert das Saugen am Schnuller oder am Daumen die richtige Zahnbildung?

Antwort: Das Saugen ist einer der natürlichen Reflexe des Babys. Das Daumenlutschen verliert sich in der Regel im Alter von zwei Jahren. Erst wenn diese Angewohnheit auch noch mit vier Jahren besteht, kann sie Probleme bei der Zahnbildung verursachen.

Sichere Schnuller

Bevor Sie sich für einen Schnuller entscheiden, ziehen Sie zunächst vorsichtig, aber fest daran, um sicherzugehen, daß er stabil ist. Jedes Teil, das nicht fest ist, kann sich lösen und ist damit eine Gefahr für Ihr Baby. Der Schild sollte so groß sein, daß das Baby nicht den ganzen Schnuller in den Mund stecken kann. Die Luftlöcher im Schild sollten klein sein, damit das Baby nicht seinen Finger durchstecken kann.

Verwenden Sie nie einen Flaschensauger oder einen anderen Notbehelf als Ersatz. BINDEN SIE NIE EINEN SCHNULLER MIT EINEM BAND ODER EINER KORDEL AM HALS DES BABYS FEST! Befestigen Sie den Schnuller auch nirgendwo anders. Überprüfen Sie die Schnuller regelmäßig auf Verschleißerscheinungen, denn es könnten sich kleine Stücke lösen, die das Baby verschlukken kann. Entdecken Sie Kratzer, Risse oder ist der Sauger klebrig, werfen Sie den Schnuller sofort weg. Denken Sie auch daran, den Schnuller ebenso sauber zu halten wie einen Flaschensauger. Hat Ihr Baby Soor, ist es besser, ihm keinen Schnuller zu geben, bis die Infektion abgeheilt ist. Die alten Schnuller sollten Sie dann wegwerfen oder gründlich auskochen.

Schreit das Baby, weil es eine frische Windel braucht?

Ein Neugeborenes braucht fast immer eine neue Windel, wenn Sie eine »feuchte« Windel als eine volle Windel betrachten. Es ist wahrscheinlich nicht die Windel, die das Baby stört, sofern sie ihm nicht kalt ist oder sie einen Windelausschlag verursacht. Trotzdem mag ein Windelwechsel helfen. In einem Experiment mit unruhigen, aber gesättigten Babys nahmen die Kinder-

schwestern alle Babys und wickelten sie neu. Bei der einen Hälfte nahmen sie die nasse Windel zwar zunächst weg, legten sie dann aber wieder an; die anderen Babys wickelten sie in eine neue, trockene Windel. Alle Babys beruhigten sich. Die feuchte Windel machte keinen Unterschied. Die Babys kamen offensichtlich dank der warmen Berührungen der Kinderschwester, durch die Bewegung und die Lageveränderung zur Ruhe. In jedem Fall also: Wechseln Sie dem Baby die Windel!

Schreit das Baby, weil ihm zu warm oder zu kalt ist?

Als Katrin das erste Mal länger als drei Stunden durchschlief, dachte ich, sie sei tot! Wir hatten sie eingewickelt in einen Korb gelegt und ihn in unserem Landhaus, wo wir einen Holzofen haben, auf den Küchentisch gestellt. Der Holzofen brannte den ganzen Nachmittag, während wir Freunde zu Besuch hatten. Es muß wohl das Zusammenwirken dieser verschiedenen Faktoren gewesen sein: das gemütliche Beisammensitzen, unsere Entspannung und die Wärme des Ofens. Das gibt für mich auch einen Sinn. Immerhin lebte sie ja auch neun Monate in mir bei einer konstanten Temperatur von 37 Grad.

Die meisten Eltern neigen dazu, ihr Baby eher zu warm als zu leicht anzuziehen. Das ist auch richtig, weil dies für Neugeborene im Zweifelsfall immer besser ist. Neugeborene haben nur eine unzureichende Fähigkeit, ihre Körpertemperatur entsprechend der Wetterlage zu regulieren. Zudem haben sie nur sehr wenig Fett gespeichert, um sich warm zu halten. Der englische Forscher Peter Wolff, der eine der gründlichsten Untersuchungen darüber, warum Babys schreien, durchgeführt hat, fand heraus, daß Babys bei einer Temperatur von 31 bis 33 Grad seltener schrien und mehr schliefen als bei 25 Grad. Wolff folgerte, daß wohl weniger die warmen Temperaturen die Ursache für das seltenere Schreien waren, sondern vielmehr die Tatsache, daß Babys im Warmen tiefer schlafen und daher nicht so empfänglich für Störungen sind. Sie werden also nicht so leicht geweckt und erschreckt.

Dr. Spock, der fest an frische Luft und kühle Raumtemperaturen glaubt, empfiehlt eine Zimmertemperatur von 20 bis 22 Grad. Ist es bei Ihnen eher kühl, denken Sie daran, daß sich das Baby, wenn Sie es zum Wickeln ausziehen, erkälten kann. Will man ein ausgekühltes Baby aufwärmen, so genügt es nicht, ihm einfach weitere Kleidung überzuziehen, da diese die Kälte nur stauen würde. Wärmen Sie das Baby auf, indem Sie es eng an Ihren Körper nehmen, und wikkeln Sie es dann wieder ein. Und zögern Sie nicht, Ihrem Neugeborenen auch ein kleines Mützchen aufzusetzen. Neugeborene, insbesondere wenn sie wenig Haare haben, verlieren über den Kopf mehr Wärme als über jeden anderen Körperteil.

Schreit das Baby, weil es erschreckt wurde?

Manchmal schreit ein Baby, weil sein Moro-Reflex ausgelöst wurde. Ein Neugeborenes kann durch ein lautes Geräusch erschrekken oder durch eine plötzliche Stellungsänderung – insbesondere, wenn sein Kopf nach hinten fällt. Geschieht dies, wirft es Arme und Beine auseinander, schreit und verschränkt dann die Arme vorne, als ob es sich an seine Mutter klammern wollte.

Diese Reaktionen hält man für ein Relikt aus primitiveren Entwicklungsstufen, als der Säugling sich an seine behaarte Mutter klammern mußte, um überleben zu können und um Schutz, Trost und Mobilität zu erfahren. Auch durch sein eigenes Schreien kann das Baby erschrecken; es wird noch stärker aufgewühlt und schreit aufs neue. So kann sich der Kreislauf verselbständigen. Nehmen Sie das Baby hoch, halten Sie es fest. Wiegen Sie es oder legen Sie einfach fest Ihre Hand auf seine Gliedmaßen. Ruhe und Wärme helfen ihm jetzt am besten.

Schreit das Baby, weil es überfordert ist?

Manchmal vergessen wir, daß ein Baby durch die Hektik seiner Umgebung und ironischerweise auch durch unsere ganzen Beruhigungsversuche übererregt und überfordert werden kann. Jedes Baby hat seine eigene Reizschwelle. Während manche Babys eine laute Festlichkeit einfach verschlafen können, werden andere durch etwas scheinbar so Unbedeutendes wie ein helles Licht oder die Bewegungen eines Kindes oder eines Hundes im Zimmer aus der Fassung gebracht. Sie werden vielleicht nur noch unruhiger, wenn man sie umherträgt oder schaukelt. Anzeichen der Überreiztheit sind das Krümmen des Rückens, das Abwenden des Blickes, Schluckauf und sogar unerwartetes Erbrechen. Wenn Sie solche Anzeichen bei Ihrem Baby bemerken, sollten Sie es an einen ruhigen Ort bringen, bevor es überreizt wird. Ist die Toleranzschwelle bereits überschritten, braucht es vielleicht eine Möglichkeit, allein Dampf abzulassen, ohne Eingriff der Eltern.

Schreit das Baby, weil es hochgenommen und getragen werden will?

Dank der Arbeiten von René Spitz und John Bowlby wissen wir inzwischen sehr genau, daß das menschliche Bedürfnis nach Berührung ebenso wichtig ist wie das nach Nahrung, Wärme und Schutz. Spitz und Bowlby untersuchten verwaiste Säuglinge, die in Heimen lebten. Die Babys wurden warm und sauber gehalten und gut ernährt, doch wegen des Mangels an Pflegepersonal fehlte ihnen andererseits Körperkontakt – das Schmusen, Streicheln und Tragen. Jedes dritte Baby war teilnahmslos, auf sich selbst bezogen und entwickelte sich geistig und körperlich sehr langsam. Manche starben sogar an dem, was offensichtlich emotionale Vernächlässigung und Hoffnungslosigkeit war.

Neue Forschungen bestätigen ebenfalls, was Bowlby, Spitz und viele Mütter schon immer wußten: Babys, die in Tragetüchern oder Tragesitzen getragen werden, schreien offensichtlich weniger als Babys, bei denen dies nicht der Fall ist. Das bloße ruhige und körpernahe Getragenwerden, ohne daß notwendigerweise mit dem Baby gesprochen wird oder Blickkontakt besteht, kann ein unruhiges Baby beruhigen. Es kann auch für die Eltern beruhigend sein, diese körperliche und emotionale Nähe zu erfahren und die Gewißheit zu haben, daß man sich um das Baby kümmert und dennoch die Hände für andere Aufgaben frei hat.

Schreit das Baby, weil die Eltern angespannt sind?

Wir streiten viel. Mir scheint es, als ob Jessica den ganzen Tag nichts anderes macht als schreien, trinken und ihre Windeln vollmachen. Erst nachmittags um vier schaffte ich es, mich anzuziehen. Mein Frühstücksgeschirr stand mit einer halb ausgetrunkenen Kaffeetasse im Spülstein. Johannes kam müde nach Hause. Das Baby drehte gerade auf, als er hereinkam. Ist er liebevoll, ärgert mich das. Wie kann er so verdammt nett sein? Ist er müde, ärgert mich das auch. Denn wie könnte er nur so müde sein, wie ich es bin? Es macht mich so fürchterlich wütend, wenn er sagt, daß es mein Ärger ist, der das Baby so unmöglich macht. Anscheinend hat er das in irgendeinem Buch gelesen. Kennen Sie irgend jemanden, der es schafft, sich in der Nähe eines heulenden Baby zu entspannen?

Es gibt keinen klaren Beweis, daß angespannte Eltern die Ursache sind für das Schreien ihres Babys, aber man vermutet, daß die Anspannung der Eltern nicht gerade hilfreich ist. Die einzige Lösung ist, sich ein wenig Zeit zu nehmen – entweder gemeinsam als Paar oder jeder für sich allein. Ein Spaziergang um den Block, ein Bad, eine halbe Stunde Lesen wirken oft Wunder.

Schreit das Baby aus unerklärlichen Gründen?

Sie haben jeden erdenklichen Grund des Schreiens erwogen. Das Baby hat keinen Hunger, weil es vor 45 Minuten gefüttert worden ist, die Windel drückt es nicht, sie ist auch nicht naß, es ist ihm weder zu kalt noch zu warm, und ihm ist auch nicht langweilig, denn Sie haben es gerade vom Rücken auf den Bauch gelegt und die Wiege umgedreht. Sie haben es aufstoßen lassen oder es versucht, mehrere Male sogar, und es schreit immer noch. Zur Ablenkung haben Sie ihm auch schon die Aussicht aus jedem Fenster gezeigt.
Sie sind müde und fühlen sich allmählich völlig unfähig. Die Sonne geht schon unter oder ist vielleicht schon am Horizont verschwunden. Das Wort »Kolik« kommt Ihnen in den Sinn. Aber Sie können dies nicht so richtig glauben. Schließlich geht dies nicht jeden Tag so – vielleicht jeden zweiten Tag, manchmal zwanzig Minuten lang, manchmal zwei Stunden. Die einzige Antwort ist »periodisches, nervöses Schreien«, das gewöhnlich im weiteren als »unerklärlich« erklärt wird. Im folgenden finden Sie eine Anzahl altbewährter Beruhigungsmethoden (manche werden Ihnen wahrscheinlich vertraut sein) und Erklärungen, warum sie Wirkung zeigen.

Altbewährte Beruhigungsmethoden

Einwickeln

Sie können das Baby nicht ständig umhertragen, wenn es unruhig ist. Das Einwickeln kann eine wirksame Alternative sein, weil es dem Baby das Gefühl konstanter Berührung und Wärme verschafft. Eine Untersuchung der Fachfrau für Säuglingsprobleme Yvonne Brackbill zeigte, daß die konstante Stimulation durch Geräusche, Licht, Einwickeln oder warme Temperaturen die Schlafdauer erhöhte, die Schreiphasen verringerte, die Herz- und Atemfrequenz her-

untersetzte und ziellose Bewegungen reduzierte.
Brackbill fand auch heraus, daß die Ergebnisse noch besser waren, wenn zwei oder mehr Maßnahmen kombiniert wurden. Als sie die Wirkungen der verschiedenen Arten konstanter Stimulation verglich, zeigte sich, daß das Einwickeln mit Abstand die erfolgreichste Methode war (siehe auch Seite 154).

Schaukeln

Die althergebrachte Sitte, ein unruhiges Baby zu wiegen, ist sicherlich einen Versuch wert. Wie das Einwickeln verschafft das Schaukeln eine dauerhafte, leichte Stimulation. Es vermittelt die sanfte Bewegung, die das Baby in der Gebärmutter erfuhr. Asley Montagu, Autor des Buches »Körperkontakt. Die Bedeutung der Haut für die Entwicklung des Menschen«, ist der Ansicht, daß die schaukelnde Bewegung die Funktionsweise des Magen-Darm-Traktes des Babys fördert, indem es den Muskeltonus der Eingeweide verbessert.
Wenn Sie eine Wiege besitzen, aber dennoch das Gefühl haben, Ihr Baby ständig im Flur auf und abzutragen, schaukeln Sie das Baby vielleicht nicht fest genug. Der wirksamste Schaukelrhythmus liegt bei sechzig Bewegungen pro Minute – eine ziemlich schnelle Geschwindigkeit zum Schaukeln. Andererseits entspricht dies bei einem Erwachsenen einem relativ langsamen Gehen. Rollt das Baby umher, statt daß es schaukelt, legen Sie links und rechts von ihm je ein zusammengerolltes Handtuch.

Babymassage

Eine sanfte Massage kann beruhigen, entspannen und auch als Präventivmaßnahme wirken. Das Einreiben der Babyhaut mit etwas Öl ist nicht nur angenehm, es regt auch den Kreislauf, die Verdauung und das Atemsystem an. Sie müssen dabei nicht nach einem starren Stundenplan vorgehen. Nutzen Sie einen ruhigen Moment zwischen zwei Mahlzeiten, nach einem Bad oder beim Windelwechseln, wenn das Baby zufrieden ist. Achten Sie darauf, daß der Raum warm ist. Viele Neugeborene mögen es nicht, wenn sie ausgezogen werden. Versuchen Sie, zunächst jeweils nur einen Körperteil des Babys zu massieren und den übrigen Körper bekleidet zu lassen. Egal welches Öl Sie verwenden – Babyöl, Kokosnußöl oder auch Pflanzenöl –, testen Sie erst eine kleine Menge auf der Haut des Babys und warten Sie ungefähr eine halbe Stunde, um sicherzugehen, daß das Baby nicht allergisch reagiert. Wärmen Sie dann das Öl in Ihren Händen an, bevor Sie beginnen. Legen Sie das Baby auf eine bequeme Fläche – den Wickeltisch, Ihr Bett oder auf Ihre eigenen Oberschenkel. Bewegen Sie Ihre eingeölten Finger mit langsamen, sachten Kreisbewegungen über die Haut des Babys. Beginnen Sie mit Schultern und Armen. Bewegen Sie sich dann zum Brustkasten, zum Bauch, den Oberschenkeln, den Unterschenkeln und den Füßen. Genießt das Baby die Berührungen, drehen Sie es um und massieren den Rücken. Hören Sie auf, sobald es unruhig wird.

Warum Sie Ihr Baby so oft wie möglich tragen sollten

Die Erfahrung zeigt immer wieder, daß das Tragen eines Babys viele positive kurz- wie langfristige Auswirkungen hat.

○ In einer amerikanischen Untersuchung wurden 99 Mutter-Säugling-Paare in zwei Gruppen unterteilt: In der einen Gruppe wurden die Babys besonders viel getragen, in der anderen nicht. Vier bis zwölf Wochen alte Säuglinge, die zusätzlich drei Stunden täglich getragen wurden, schrien um 50 Prozent weniger als die Babys der Kontrollgruppe. Die getragenen Babys tranken auch häufiger und waren insgesamt zufriedener.

○ Der Autor Dr. William Sears vermutet, daß das Tragen sich positiv auf den Vestibularapparat auswirkt. Dieses Gleichgewichtsorgan, eine Funktionseinheit, die hinter jedem Ohr liegt, ähnelt drei winzigen Setzwaagen – die eine ausgerichtet zur seitlichen Balance, die andere zum Auf und Nieder und die dritte zum Vor und Zurück. Ein Baby, das umhergetragen wird, bewegt sich in alle diese drei Richtungen, und die Flüssigkeit in diesen »Waagen« regt kleine haarähnliche Fasern an, Botschaften zu den Muskeln im Körper senden, um ihn im Gleichgewicht zu halten. Das ungeborene Baby hat einen sehr empfindlichen Vestibularapparat, der ständig angeregt wird, weil der Fötus in einer beinahe ständigen Bewegung ist. Vereinfacht ausgedrückt, Dr. Sears glaubt, daß das Tragen ein Trost ist, weil es das Baby an die Gebärmutter »erinnert«.

○ Das Tragen des Babys scheint auch noch weitere Vorteile zu bringen. Über das Beruhigen hinaus scheint es die zukünftige Mutter-Kind-Bindung zu stärken. In einer Untersuchung gaben Nicholas Cunningham und Elizabeth Anisfeld einer Gruppe von Müttern weiche Babytragen und einer anderen Gruppe Plastikkindersitze. Als sie die Kinder ein Jahr später beurteilten, stellten sie fest, daß 83 Prozent derjenigen, die die Stofftragen benutzten, an ihre Mütter »fest gebunden« waren, gegenüber nur 38 Prozent der Babys, die die Sitze benutzten. Wichtig für alle Mütter, die die Flasche geben: Die Forscher entdeckten auch, daß die Art des Tragens einen größeren positiven Effekt auf die Mutter-Kind-Bindung hat als das Stillen allein.

○ Untersuchungen an Tieren lehren uns sogar noch mehr über die lebenslangen gesunden Auswirkungen von Berührungen. Der Neurobiologe Robert Sapolsky fand heraus, daß Ratten, die im Säuglingsalter viel berührt worden waren, gescheiter waren – d. h., sie kamen, als sie älter waren, in Labyrinthen besser zurecht als Ratten, die nicht angefaßt worden waren. Autopsien zeigten, daß die gehätschelten Ratten nur an einer geringen Degeneration jenes Teils des Gehirns litten, der für das Lernen und das Gedächtnis verantwortlich ist. Diese Ratten waren offensichtlich besser in der Lage, mit Streß umzugehen und die Ausschüttung von »Streßhormonen«, die normalerweise Zellen schädigen, zu verhindern.

○ Dies steht in Einklang mit Untersuchungen von Marshall Klaus und John Kenell. Sie sind bekannt geworden durch ihre Untersuchungen der Mutter-Kind-Bindung; in diesem Fall untersuchten sie den Zusammenhang zwischen Berührung und intellektueller Entwicklung. Sie stellten Kontrollgruppen von Säuglingen auf, deren Mütter innerhalb der ersten zwölf Stunden nach der Geburt mit ihren Kindern viel geschmust und sie gehalten hatten, und solche mit Kindern, die nicht so viel Körperkontakt hatten. In bestimmten Intervallen in ihrem Leben wurden diese Kinder wieder beobachtet, und es zeigte sich, daß die Kinder, die mehr berührt wurden, größere sprachliche Fähigkeiten, eine höhere Lesebereitschaft und bedeutend höhere Intelligenzquotienten aufwiesen.

○ In einer anderen Untersuchung zeigte sich, daß Rattenbabys, die von ihren Müttern getrennt wurden und denen das instinktive mütterliche Ablecken fehlte, keine Wachstumshormone produzierten. Die Forscher vermuteten, daß die verwaisten Ratten einen hohen Spiegel an Endorphinen, natürlichen Schmerzmitteln, produziert hatten, die ihnen dabei halfen, den Verlust der Mutter zu überleben. Diese Endorphine, so vermuten sie, blockieren die Wachstumshormone.

○ Experten debattieren darüber, ob die Ergebnisse von Untersuchungen an Tieren, wie oben angeführt, auf Menschen übertragbar sind. Doch auch eine Untersuchung an menschlichen Frühgeborenen scheint nahezulegen, daß Berührung und Wachstum zusammenhängen. Eine Forschungsgruppe an der Duke Universität und der Universität von Miami fand heraus, daß das Massieren von Frühgeborenen zu einer 50prozentigen Steigerung ihres Körpergewichts führte und ihre neurologische Entwicklung begünstigte.

Babyschaukeln: Machen Spaß und beruhigen

Wird Ihr Baby in dem Moment unruhig, in dem Sie sich zum Mittagessen hinsetzen? Viele Eltern verschaffen sich einen Moment Ruhe, indem sie ihr Baby in eine Schaukel setzen. Das Schaukeln bietet eine oft hilfreiche beruhigende, rhythmische Bewegung. Babyschaukeln sind meist aus strapazierfähigem und festem Baumwollgewebe und bieten Sicherheit durch rundum geschlossene Seitenteile. Die Seile können an einer Stange, die im Türrahmen befestigt wird, angebracht werden. Geeignet sind solche Schaukeln für Kleinkinder von ca. acht Monaten bis zu 2½ Jahren.

Besonders in Amerika verbreitet, aber auch bei uns zu haben, sind daneben automatische Babyschaukeln, die aus einem Babysitz bestehen, der an einem A-förmigen Gestell aufgehängt ist. Das mechanische Schaukelsystem ist oben an einem Querbalken eingebaut und wird entweder durch Batterien oder durch einen Aufziehmechanismus betrieben. Es gibt auch Modelle, die statt einem Sitz eine Wiege haben.

Bevor Sie eine Schaukel kaufen, versuchen Sie zunächst probeweise eine auszuleihen. Mag Ihr Baby dieses sanfte Schaukeln, ist es dort für einige Zeit auch gut aufgehoben, wenn Sie Ihre Hausarbeit verrichten wollen. Allerdings darf das Kind nie unbeaufsichtigt darin sitzen. Und denken Sie daran, daß die Schaukel kein Ersatz ist für das Tragen am Körper und die Nähe und Wärme des Körperkontaktes zwischen Eltern und Kind.

Wie man ein Baby einwickelt

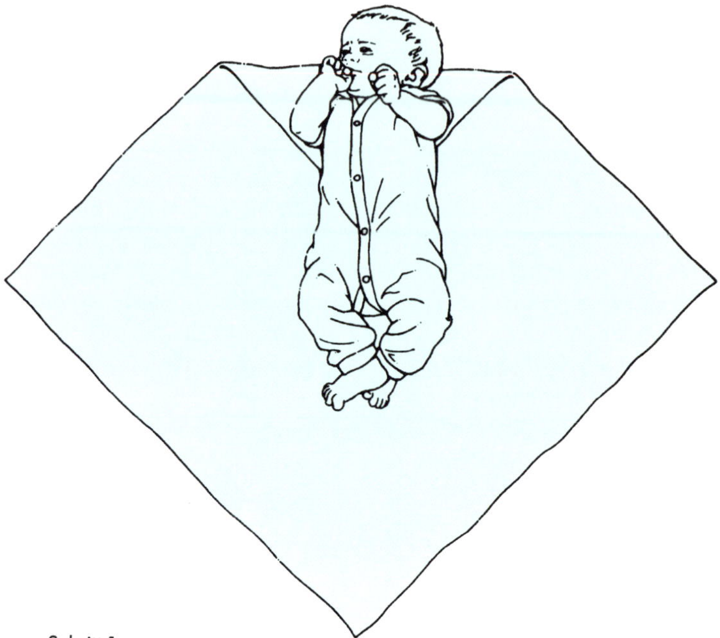

Schritt 1

Schritt 2

Schritt 3

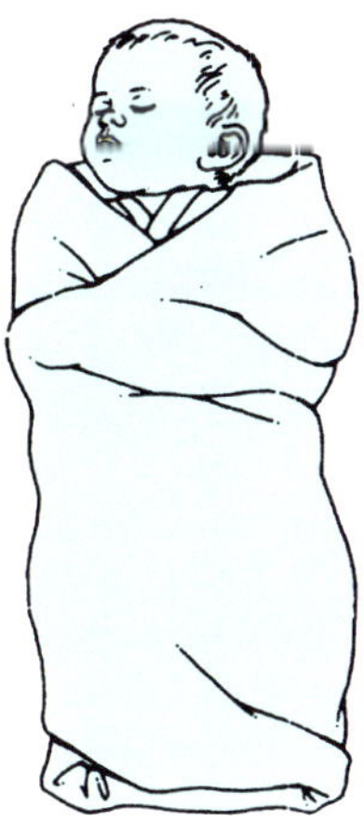

Schritt 4

Wie man ein schreiendes Baby beruhigt – Ratschläge von Eltern

Frage: Was kann man tun, wenn das Baby aus unerklärlichen Gründen immer weiter schreit?

Antworten: *Ich habe Jakob die ganze Zeit gestillt. Ob er Hunger hatte oder nicht, durch das Stillen kam er zur Ruhe.*

***

Wir hatten eine wunderschöne antike Wiege, die wir auf einer Auktion für Benjamin gekauft hatten. Doch statt zu schaukeln, rollte er darin hin und her. Er mochte sie überhaupt nicht. Also trugen wir ihn abwechselnd herum. Manchmal ließen wir ihn einfach schreien, weil wir nicht mehr weiterwußten. Eines Nachts war ich so erschöpft, entmutigt und entsetzt von diesem acht Pfund schweren Kraftbündel, das mein Leben so verändert hatte, daß ich ein langes Telefongespräch mit meiner Schwester führte. Wir diskutierten jeden möglichen Grund für sein Schreien. Schließlich empfahl sie, daß wir mit ihm einen Spaziergang machen sollten. Es funktionierte, zumindest in dieser Nacht.

***

Harry liebte seinen Schnuller. Bei meinem ersten Baby war ich noch strikt gegen einen Schnuller gewesen. Dieses Mal war ich froh, irgend etwas ausprobieren zu können, das half. Aber Gott stehe dir bei, wenn du diesen Schnuller verlierst!

***

Wir probierten verschiedene Schnuller aus, bis wir schließlich einen hatten, den Jenny mochte. Er war ganz weich. Wir kauften gleich fünf davon!

Unsere Tochter saugte an ihrer Faust. Wenn sie sehr unruhig war, versuchte ich, mit ihrer Hand ihren Mund zu berühren, so daß sie drauf kam, sich selbst zu trösten.

***

Wir entwickelten eine »Zwangsjacke«, um Katharina von ihrem zwiespältigen Elend zu kurieren. Wir wickelten sie fest ein, legten sie auf die Seite mit dem Rücken gegen die Wand des Korbes und klemmten einen Stoffhasen gegen ihren Bauch, damit sie so liegen blieb. Offensichtlich gab ihr das Sicherheit, doch bis wir darauf kamen, tobte sie immer so herum, daß wir sie kaum beruhigen konnten. Man muß das Baby aber richtig einwickeln, sonst wird es nur noch wütender.

***

Ich ging mit Nicki ins Bad und drehte den Wasserhahn an der Badewanne voll auf, um ein schönes, warmes Bad einlaufen zu lassen. Manchmal beruhigte ihn das Geräusch des Wassers, war dies nicht der Fall, setzte ich mich mit ihm zusammen in die Badewanne und hielt ihn auf meinen Knien. Das Wasser half sehr. Natürlich konnten wir dort nicht ewig bleiben, aber wenigstens für eine Weile war es dort besser.

***

Anna war zweifellos ein zappeliges Baby. Die einzige Möglichkeit, sie zur Ruhe zu bringen, bestand darin, sie zu schaukeln und zu halten, ihr vorzusingen, und zwar vor allem Lieder, die ich für sie gedichtet hatte wie » Sei ruhig, sei ruhig, sei ruhig, ich bin so müde« auf die Melodie eines bekannten Wiegenliedes. Ich hatte einen Schaukelstuhl, der sich im Rhythmus der Melodie bewegte und dazu quietschte. Das einzige Problem war, daß ich überhaupt nichts anderes tun konnte, solange ich sie schaukelte. Ich konnte nicht einmal lesen, weil der Stuhl keine Armlehnen hatte. Als wir ein Tragetuch kauften, wurde es bedeutend angenehmer für mich, weil ich sie ganz nah bei mir haben konnte, ohne sie halten zu müssen. Dabei konnte ich lesen oder häkeln, manchmal sogar ein bißchen schlafen.

***

David schaukelte Matthias in seiner Wiege hin und her. Er lernte für sein Abschlußexamen und las oft mit monotoner Stimme etwas laut vor.
Er saß an seinem Schreibtisch und bewegte die Schaukel mit seinem Fuß hin und her. Seine ungeheure Konzentrationsfähigkeit erstaunte mich. Ich glaube, er langweilte das Baby so, daß es einschlief.

***

Ich trug Tamara beinahe ständig in meinem Snuggli-Babysack. Es war die absolut einzige Sache, die funktionierte. Ich kochte auf diese Weise, machte die Hausarbeiten, und manchmal schlief ich nachts sogar so.

***

Wir liefen und liefen und liefen und liefen – hin und her, ziemlich schnell. Wenn ich müde wurde, versuchte ich mich hinzusetzen und machte mit den Beinen Gehbewegungen, aber ich konnte Bernd nicht täuschen. Es mußte richtig sein, ein Babymarsch.

***

Die Leiterin der La Leche Liga-Gruppe schlug vor, daß ich entweder staubsaugen und das Baby dabei im Tragesitz haben sollte oder es im Babysitz auf den Trockner stellen sollte. Ein Baby mag anscheinend diese Kombination von Wärme und Geräuschkulisse. Schnallen Sie es aber im Sitz an und bleiben Sie in der Nähe, denn die Vibrationen können den Sitz bewegen.

Bei meinem ersten Baby war ich immer fürchterlich gereizt, wenn es schrie. Ich versuchte dies, ich versuchte jenes, in einer beinahe krampfhaften Anstrengung, es zur Ruhe zu bringen, als ob sein Schreien mich verschlingen würde. Meine typische Erinnerung an diese Zeit ist heute die Bewegung, wie ich sie in ihr Bettchen zurücklege und dabei dieses Gefühl der Erleichterung darüber verspüre, daß sie endlich still ist. Bei meinen beiden anderen Babys erinnert sich mein Körper an die Bewegung des Vorbeugens, mit der ich sie hochnahm, sie dann eng am Körper hielt. Das war alles, was ich bei ihnen tat; damit gab ich ihnen alles, was sie brauchten und auch was ich brauchte. Jetzt, da sie älter sind, ist es dieser enge körperliche Kontakt, an den ich mich erinnere – und nicht ihr Schreien.

Was ein Experte meint

Dr. T. Berry Brazelton glaubt, daß Babys am Ende des Tages als allgemeine Reaktion auf das, was er ein überreiztes Nervensystem nennt, »Dampf ablassen« müssen. Das Rezept, das er in »Die ganz normalen Katastrophen« (Piper 1990) empfiehlt, beinhaltet die folgenden vier Punkte:

1. Versuchen Sie den Grund des Schreiens herauszufinden und trösten Sie sich selbst damit, daß es wohl kaum etwas gibt, das dieses Schreien sofort beenden könnte.
2. Kommen Sie zur Ruhe und zwingen Sie sich dazu, damit aufzuhören, nervös am Kind herumzumachen.
3. Ist es ein nur wenige Wochen altes Baby, legen Sie es zehn Minuten hin. Lassen Sie es während dieser Zeit unruhig sein, nehmen Sie es danach hoch, halten und umfassen Sie es fest, geben Sie ihm etwas Wasser und schmusen Sie mit ihm. Ist es immer noch nervös und unruhig, legen Sie es wieder hin und lassen es wiederum zehn Minuten toben, dann beginnen Sie wieder von vorne. Ist der Punkt erreicht, an dem Sie das Gefühl haben, daß es sich freigeschrien hat, wickeln Sie es ein oder legen es auf den Bauch, damit es einschlafen kann. Vielleicht braucht es eine Milchmahlzeit, bevor Sie es ins Bett legen. Ist das der Fall, füttern Sie es in einem ruhigen, verdunkelten Raum und beruhigen es danach. Dies funktioniert aber erst, wenn das Baby dazu bereit ist, daher müssen Sie lernen, auf seine Sigale zu achten.
4. Ist das Kind schon älter, versuchen Sie es eine Zeitlang allein zu lassen. Beginnen Sie dann mit einer ruhigen Aktivität. Versuchen Sie dies für eine kurze Zeitspanne, selbst wenn das Baby nicht darauf anspricht. Versuchen Sie vor den Mahlzeiten, dem Schlafengehen oder gemeinsamen Familienaktivitäten vertraute, beruhigende Rituale einzuführen wie Vorlesen, Schaukeln oder Musik. Achten Sie auf Anzeichen der Überforderung.

Schlußfolgerung

Das neugeborene Baby hat den größten Teil seines bisherigen Lebens in der Gebärmutter verbracht, zusammengerollt an einem kleinen, warmen Ort, eingetaucht in Fruchtwasser. Es hat den Rhythmus des Herzens seiner Mutter gehört und die Bewegungen ihres Körpers gefühlt. Es ist daher nicht überraschend, daß Einwickeln, Laufen, Schaukeln, Tätscheln oder sogar ein gemeinsames Bad ein Baby beruhigen können. Diese Empfindungen sind vertraut und vermitteln daher Sicherheit. Wer weiß, ob sie tatsächlich das Unbehagen lindern oder einfach das Baby, oder genauer, seinen Körper davon ablenken?

Oft betrachten wir solche Trostspender in erster Linie als Möglichkeiten zur Beruhigung eines schreienden Babys. Aber auch ein Baby, das nicht besonders nervös oder fordernd ist, braucht diese Erfahrungen. Berühren, Sprechen, Halten, Schmusen und Schaukeln sind liebevolle Arten der Kommunikation und der Stimulation. Sie helfen, das Gefühl des »Selbst« zu vermitteln, wenn der Säugling beginnt, seinen Platz in der Welt zu finden.

Es mag eine schwer nachvollziehbare und geheimnisvolle Vorstellung sein, daß das Baby am Anfang seines Lebens außerhalb der Gebärmutter noch nicht zwischen seinen eigenen körperlichen Empfindungen und denen, die von außen auf es einwirken, unterscheidet. Durch die häufige Erfahrung von Körperkontakt zu einer anderen Person, die die Grundbedürfnisse des Babys nach Nahrung, Wärme und Bewegung befriedigt, beginnt das Baby, sich selbst von dieser Quelle des Trostes oder des Wohlbehagens zu unterscheiden. Sobald seine Individualität beginnt, fängt es an, das »Ich« vom »Du« und von allen anderen zu unterscheiden. Es erkennt allmählich, daß es einen Einfluß auf seine Umgebung hat und daß es für sich Trost finden kann.

Jedesmal, wenn sein Schreien beantwortet wird, lernt es, daß die Welt ein zuverlässiger und fürsorgender Ort ist. Wenn Sie Ihr Baby halten und füttern oder mit ihm schmusen, bieten Sie ihm eine enge Gemeinschaft, Zuneigung, Unterhaltung und spielerisches Vergnügen.

Diese emotionale Nahrung ist genauso wichtig wie die körperliche, weil sie die Basis schafft für Vertrauen und Liebe. Steht das Baby auf diesem sicheren Fundament, ist es bereit, weiterzugehen und seine Welt zu erforschen.

KEINE ANGST VOR KOLIKEN

Was sind Koliken?

Eine Kolik ist eine Sache, die viele Eltern fürchten. Man ist versucht, zu fragen: »Warum passiert das gerade uns? Was machen wir verkehrt?« Koliken sind jedoch noch immer weitgehend rätselhaft. Niemand weiß genau, um was es sich dabei wirklich handelt oder wie man sie heilen kann. Manche Methoden scheinen bei manchen Babys manchmal zu funktionieren; aber im Grunde sind Koliken wohl etwas, das man einfach ertragen muß.

Frage: Was sind Koliken?
Antworten: »Man vermutet, daß beide Zustände (nervöses Schreien und Koliken) auf eine zeitweilige Spannung des noch unreifen Nervensystems des Babys zurückzuführen sind.«
(Benjamin M. Spock / Michael B. Rothenberg: Dr. Spock's Baby and Child Care)

»Ein für Koliken anfälliges Kind ist ein aktives, lebhaftes Baby, das übersensibel auf die Atmosphäre und die Reize aus seiner Umgebung reagiert. Da die daraus resultierende Unruhe des Babys wiederum Nervosität bei den Menschen in seiner Umgebung erzeugt, reagieren auch diese mit hektischer Betriebsamkeit. Sie versuchen zu viele Dinge, um das Baby zu beruhigen, in dem Glauben, es müßte irgendein geheimnisvolles Mittel geben oder sie müßten irgendein falsches Verhalten ihrerseits korrigieren. Oft sind es drei Generationen, die sich hier bemühen. Die Spannung im Hause steigt, das Baby reagiert darauf, indem seine eigene Spannung größer wird, sein Verdauungssystem beginnt, diese übermäßige Spannung auszudrücken – und was als eine Schreiphase von zwei Stunden begann, mündet schnell in Schreiphasen von vier, acht oder sogar zwölf Stunden Dauer. Die Därme des Babys sind ebenso hyperaktiv und überregt wie sein ganzes Wesen ...«
(T. Berry Brazelton: Infants and Mothers)

»Kolik bedeutet: untröstliches Schreien, für das keine körperliche Ursache gefunden werden kann und das mindestens drei Stunden täglich andauert, mindestens dreimal wöchentlich auftritt und mindestens drei Wochen anhält.«
(Marc Weissbluth: Cry Babies – Coping with Colic: What to Do When Your Baby Won't Stop Crying)

Was sind Koliken? Sie bedeuten für das Baby ein fürcherliches Elend. Ich habe meine Tochter gefüttert, aber sie schreit immer noch – stößt schrille Schreie aus, und dies geht stundenlang so weiter. Sie erreichen einen Höhepunkt, und ich denke, für heute nacht ist es sicher vorbei. Vielleicht ist sie einige Minuten lang ruhig, während sie nach Luft schnappt und sich ihr ganzer kleiner Körper schüttelt. Dann verzieht sich ihr Gesicht wieder, und ihre Fäuste verkrampfen sich. Ihr Körper wird knallrot, und sie wirft Arme und Beine von sich. Wenn ich sie stille, saugt sie einen Moment lang kräftig, stößt dann meine Brust weg, erbost, als ob ich versucht hätte, sie auszutricksen. Und das habe ich wohl auch, weil ich weiß, daß sie keinen Hunger hat. Sie in diesem Zustand aufstoßen zu lassen, ist beinahe unmöglich, weil sie ihren Rücken krümmt und noch lauter schreit. Der Schnuller bleibt nicht in ihrem Mund, weil der Mund durch das Heulen immer offen ist. Manchmal spricht sie auf Umhertragen und sanftes Wiegen an. Tagsüber ist sie wirklich fantastisch. Wenn ich mit ihr ausgehe, sagt mir jeder, was für ein schönes, liebenswertes Baby ich hätte. Sie lächelt jeden an. Aber Fritz und ich sind total fertig.

***

Niemand weiß genau, was Koliken sind. Aber ganz egal was sie sind, für mich waren Benedikts Koliken die schwierigste Erfahrung, die ich in meinem Leben gemacht habe. Manchmal schrie er sechs oder sieben Stunden am Stück. Ich brauchte die ständige Versicherung meiner Kinderärztin, daß er in Ordnung war, daß eines von fünf Babys daran leiden und daß es sich auswachsen würde. Das Wichtigste aber war, immer wieder versichert zu bekommen, daß ich keine schlechte Mutter war, daß ich nicht die Ursache der Koliken war. Meine Kinderärztin war prima. Sie sagte mir immer wieder, daß ich eine Heldin sei und einen Orden verdiente. Und wissen Sie was? Sie hatte völlig recht.

Ich war nervlich am Ende und Dieter genauso. Wir schliefen in getrennten Zimmern und bewegten uns wie Zombies im Zeitlupentempo. Das Kolikgebrüll eines Babys ist unglaublich. Wenn sich andere Mütter über das Schreien ihrer Babys beklagen, haben sie keine Ahnung. Dieser Krach ist unerträglich. Dieses Schreien hat eine höhere Frequenz und ist markerschütternd. Sie wissen nicht, wie unglaublich frustrierend es ist, nicht helfen zu können. Wer es nicht erlebt hat, kann es nicht verstehen. Außer daß es mir jegliches Selbstbewußtsein als Mutter genommen hat und mich körperlich fertig gemacht hat, empfand ich die Unvorhersehbarkeit der Koliken als schrecklich. Wir wußten nie, wann es kommen würde. Manchmal morgens um 10 Uhr. An anderen Tagen steigerte es sich von 16 Uhr nachmittags bis 22 Uhr abends. Wir konnten nichts mehr planen.

***

Was sagen Sie den Leuten, die Sie nach dem Kind fragen, das Sie geplant hatten und sich schon jahrelang gewünscht hatten? Wir bekamen eine Nervensäge.

Die Geschichte einer Kolik – ein Vater erzählt

Je fester ich sie hielt, um so mehr versteifte sie sich, krümmte ihren Rücken und stieß mir mit ihren Fersen in den Bauch. Ihr ununterbrochenes hohes Kreischen hallte in meinem Schädel wider. Es ging so seit beinahe fünf Stunden. Selten in meinem Leben hatte ich mich von jemandem so zurückgestoßen gefühlt. Meine sechs Wochen alte Tochter hatte Koliken.

In den vergangenen sieben Jahren, in denen ich als Arzt und Familientherapeut gearbeitet habe, habe ich Hunderte besorgter Eltern beraten, wie sie mit Kolik-Kindern umgehen

sollten. Ich habe ihnen versichert, daß Koliken immer harmlos sind; daß es keine wirklich zuverlässige Behandlungsmethode gibt und daß Koliken immer wie durch ein Wunder verschwinden, wenn das Baby vier Monate alt ist. Diese Tatsachen halfen mir im Moment überhaupt nichts. Leg sie hin! erinnerte mich eine leise innere Stimme. Dein Frust macht es nur noch schlimmer. Ja, richtig, erinnerte ich mich. Ich lockerte meinen Griff um ihren dünnen Arm und bemerkte mit Schrecken den Abdruck meiner Fingernägel in ihrer Haut. Gott, dachte ich, wie kann ein so kleines, hilfloses Wesen, mein eigen Fleisch und Blut, eine solche, beinahe unkontrollierbare Feindseligkeit in mir, ihrem Vater, einem Arzt, auslösen?

Von Anfang an war Julia ein anderes Kind als ihre ältere Schwester Laura, die als Neugeborenes ruhig und zufrieden gewesen war. Lauras Schreien war sanft und flehentlich gewesen, sie starrte mich an, damit ich sie hochnahm und mit ihr schmuste; aber wenn Julia schrie, standen mir die Haare zu Berge, und am liebsten hätte ich das Zimmer verlassen.

»Ich hasse sie!« hörte ich mich selbst beichten. Ich saß mit sechs vertrauten Kollegen während einer Sitzung unserer Therapiegruppe im Krankenhaus zusammen. Unter der geschickten und behutsamen Leitung eines klinischen Psychologen trafen wir uns einmal wöchentlich, um die psychologischen Aspekte der Krankheiten unserer Patienten zu diskutieren. Kürzlich wurde die Gruppe in ein Forum zur Erforschung auch unserer eigenen persönlichen und familiären Belastungen erweitert. »Es ist mir peinlich, dies zu sagen, aber wenn sie heult, würde ich sie am liebsten so lange schütteln, bis sie aufhört!« Sogar innerhalb dieses privilegierten und sicheren Rahmens klangen meine Worte beinahe kriminell. Meine Kollegen hörten voller Anteilnahme zu und stellten ruhig Fragen. Keiner verurteilte mich, aber es war offensichtlich, daß sonst niemand in diesem Raum über so lange Zeit hinweg negative Gefühle für sein eigenes kleines Kind empfunden hatte. Ich fühlte mich schrecklich einsam.

Eine seltsame Wolke überschattete meine ärztliche Praxis. Der übliche Enthusiasmus, den ich gewöhnlich im Umgang mit meinen Patienten hatte, wurde von einem vagen Gefühl des Unvermögens und der Illegitimität verdrängt. Ich fühlte mich wie ein Betrüger in meiner eigenen Praxis. Besonders gegenüber den Eltern meiner kleinen Patienten hatte ich Probleme. Wie könnte ich, ein ausgewiesener Tochter-Hasser, mir anmaßen, andere Eltern bei Koliken zu beraten – oder auch bei anderen Themen in diesem Zusammenhang? Es fiel mir jeden Morgen schwerer, meinen weißen Kittel anzuziehen. Und dann begann etwas Unbestimmteres an mir zu nagen. Unmerklich zuerst, wurde der Terror bald greifbar. Ich kämpfte, seine Ursache zu ergründen. Wieder in der Therapiegruppe:

»Wovor hast du Angst?«

»Ich weiß es nicht. Ich habe das Gefühl, keine Kontrolle mehr zu haben. Das ist sehr erschreckend für mich, besonders in meiner Situation als Arzt.«

»Was meinst du, kontrollieren zu müssen? Deine Patienten?«

»Nein, nein! Ihre Krankheiten. Ihr Leiden. Mir ist schon klar, daß das nur eine Illusion ist«, setzte ich schnell hinzu. »Aber ich bin sicher, daß dies ein großer Reiz war, den die Medizin schon immer auf mich ausgeübt hat. Und jetzt hat meine Familie die erste diesbezügliche ›Krise‹, und ich stelle fest, daß ich nicht einmal einen einfachen Fall von Kolik unter Kontrolle bringen kann! Was wird passieren, wenn jemand, den ich liebe, einmal wirklich krank wird? Ich werde wahrscheinlich genauso machtlos und erschrocken sein wie jeder andere.« Ich machte eine Pause. Schweißperlen hatten sich auf meinen Augenbrauen gebildet.

»Was fühlst du in diesem Moment?« fragte mich unser Psychologe. Lange Pause. Mein Herz raste.

»Ich fühle mich wie damals, als ich acht Jahre alt war und nachts bis drei Uhr aufblieb und mir schlecht war vor Angst, jemand könnte *sterben: meine Eltern, mein bester Freund, ich...« So, das war es also! Nach und nach begann ich zu verstehen, was geschehen war. Hinter der Feindseligkeit und den Selbstzweifeln, die ich empfunden hatte, verbarg sich ein tiefergehendes emotionales Problem. Julias Koliken hatten unbewußt wieder meine Kindheitsängste vor dem Tod wachgerufen. Mit Hilfe der Gruppe trat mein Unterbewußtsein langsam zutage. Ich fühlte, wie der Griff des Schreckens sich langsam lockerte. Mein Herz wurde ruhiger. Und am Ende der Stunde fühlte ich mich besser als jemals seit Wochen.*

In dieser Nacht hatte ich einen Traum, in dem mich ein verhutzelter Universitätsprofessor auf meinem Sterbebett untersuchte und seinem Gefolge von Assistenzärzten und Studenten verkündete: »Der Bursche leidet offensichtlich an einem Fall von existenzieller Kolik, armer Kerl. Es gibt keine Heilung!« Ich wachte auf und lachte laut. Vielleicht war der Bann der Kolik gebrochen.

Während der nächsten Wochen ebbte die Intensität der Koliken allmählich ab, so wie wenn ein heftiger Sturm langsam abflaut. Aber auch danach zeigte Julia nur sehr langsam Liebe und Zuneigung. Sie wurde nie ein Schmusekind. Sie schrie auch weiterhin, um ihre Bedürfnisse erfüllt zu bekommen. Wir waren wirklich ein wenig besorgt.

Aber nun, mit zwei Jahren, hat sie sich wie durch ein Wunder seltsamerweise nur positiv entwickelt. Sie ist ein wildes Kleinkind mit einem ansteckenden Lachen und einem schelmischen Grinsen. Sie probiert voller Entzükken ihre eigenen Grenzen und die ihrer Eltern aus. Sie liebt ganz eindeutig das Leben.

Die Angst ihres Vaters vor dem Tod ist natürlich nicht verschwunden. Sie nagt immer noch an mir. Doch ich habe festgestellt, daß ich jetzt, wo sie zutage getreten ist, mit ihr leben kann. Ich stelle erleichtert fest, daß sie die Macht, mich zu lähmen, so wie sie es in meiner Kindheit vermochte, verloren hat und daß sie auch keine unbemerkt in meinem Erwachsenenleben lauernde Gefahr mehr ist.

Ich bin von Ehrfurcht ergriffen angesichts der Macht dessen, was geschehen ist. Ich wundere mich immer noch, daß eine Unregelmäßigkeit, die ich gewöhnlich als »durchweg harmlos« beschrieben hatte, mich auf einen so intensiven emotionalen Trip schicken konnte. Nun versichere ich den Eltern, die mit einem unruhigen Säugling zu mir kommen, nicht mehr fröhlich, daß dies ein einfacher Fall einer Kolik ist. Wenn das eigene Kind betroffen ist, ist eine Kolik oft gar nicht mehr so harmlos.

(Dr. Joel C. Berman ist praktizierender Familientherapeut in Penacook, New Hampshire. Dieser Bericht erschien ursprünglich in der Reihe »About Men« im New York Times Magazine vom 29. November 1987)

Wie man mit Koliken umgeht

Aus den Definitionen der Kolik wird klar, daß es sich nicht um eine Krankheit, sondern um einen Zustand handelt – ein Extrem dessen, was als normales Verhalten eines Säuglings betrachtet wird. Alle Babys schreien manchmal aus Gründen, die wir nicht verstehen. Eines von fünf jedoch schreit so oft aus »unerklärlichen Gründen« und mit solcher Intensität, daß dieses Verhalten »Kolik« genannt wird.

Koliken treten gewöhnlich innerhalb einiger Wochen nach der Geburt in Erscheinung, wenn der Schreirhythmus des Babys so lang, intensiv und lähmend wird, daß er nicht mehr länger als allgemeines, unreguliertes Verhalten des Neugeborenen interpretiert werden kann.

Wenn Ihr Baby wirklich an Koliken leidet und Sie Ihren Kinderarzt noch nicht konsultiert haben, sollten Sie dies auf jeden Fall tun. Koliken sollten nicht zu Hause selbst diagnostiziert werden, einfach aus dem Grund, weil noch etwas anderes dahinterstecken könnte. Es gibt auch Medikamente (z. B. Buscopan), die bei Koliken helfen können. Der Kinderarzt wird Sie beraten, ob die Einnahme bei Ihrem Baby sinnvoll ist.

Frage: Was empfinden Eltern bei Koliken?
Antwort: Es ist außerordentlich schwierig, nicht stark emotional zu reagieren – mit Frustration, Wut, Angst –, wenn man sich stundenlang das Schreien seines Kindes anhören muß. Man würde das Baby am liebsten schütteln, was sicher eine weniger gewalttätige Handlung ist als das Hinwerfen oder Schlagen des Babys. Sie dürfen natürlich diesen Gefühlen niemals nachgeben, aber Sie sollten sie sich durchaus eingestehen.
Auch das starke Schütteln eines Babys ist wie das Schlagen eine gefährliche Form der Gewaltanwendung, die eine Verletzung hervorrufen kann. Ähnlich wie bei einem Schleudertrauma bei einem Unfall kann es dabei zu Halswirbelsäulenverletzungen kommen. Dabei können bleibende Hirnschädigungen auftreten. Verletzungen durch Schütteln können ebenso schwer sein wie Verletzungen durch Schläge, selbst wenn sie auf dem Körper des Kindes kein sichtbares Mal hinterlassen. Wird ein Säugling an den Armen oder Schultern gepackt und geschüttelt, fällt der Kopf vor und zurück. Kinder unter zwei Jahren haben schwache Nackenmuskeln, die nicht in der Lage sind, den Kopf ausreichend zu stützen. Sie haben auch einen unverhältnismäßig großen Schädel, damit das Gehirn genügend Raum zur Entwicklung hat. Symptome einer Verletzung durch heftiges Schütteln sind Schlaflosigkeit, Reizbarkeit, Erbrechen und Appetitlosigkeit. Wenn Sie Angst haben, Sie könnten Ihr Baby verletzen, verlassen Sie das Zimmer und kommen Sie zur Ruhe. Sind Sie alleine, rufen Sie jemanden an, dem Sie vertrauen. Die vertraute Stimme eines Erwachsenen kann für den Moment schon Unterstützung genug sein. Wenn die negativen Gefühle für das Baby überhandnehmen, sollten Sie professionelle Hilfe suchen. Elternberatungsstellen gibt es in den meisten größeren Städten. Die Adresse finden Sie meist im Telefonbuch. Hinweise geben auch immer wieder lokale Zeitungen.

Frage: Was verursacht Koliken?
Antwort: Es gibt einige Spekulationen darüber, ob Koliken durch unkoordinierte Schlafrhythmen oder asynchrone Schlafrhythmen, die nicht in Übereinstimmung stehen mit anderen lebenswichtigen Funktionen wie dem Atmen ausgelöst werden. Dr. Marc Weissbluth, Arzt und Autor, stellt die Überlegung an, ob manche Babys vielleicht stärkere Asynchronien aufweisen als andere. »Diese Babys sind möglicherweise nicht in der Lage, regelmäßig genug zu atmen, um durchzuschlafen«, sagt er. »Sie müssen manchmal um Luft kämpfen.« Dr. Weissbluth meint, daß das Schreien eine Art der Kompensation ist, wenn die Atmung während des Schlafs durcheinandergerät. Wenn das Baby schreit, füllt es seine Lungen mit Luft, und kann dadurch viel lebenswichtigen Sauerstoff in den Blutstrom aufnehmen. Das Kolikgeschrei ist daher vielleicht nicht ein Schmerzensgeschrei, wie wir Erwachsenen glauben, sondern ein atemloses Luftschnappen. Wenn wir davon ausgehen, daß die Schreikrämpfe – so nervtötend sie sind – einer sehr wichtigen Funktion dienen, ertragen wir sie möglicherweise ein bißchen leichter.

Koliken: Mythen und Realität

Mythos: *Alle unterstellten, daß Lilly deshalb jede Nacht drei Stunden lang aus vollem Halse brüllte, weil ich als frischgebackene Mutter mir zu viele Sorgen um sie machte.*
In Wirklichkeit: Untersuchungen geben keinen Beleg dafür, daß Erstgeborene häufiger von Koliken betroffen sind als zweite, dritte oder vierte Kinder. Laut Dr. Marc Weissbluth, der die vielleicht gründlichsten Untersuchungen über Koliken durchgeführt hat, ist »die Theorie, daß ein Säugling die Spannung von seinen Eltern ›übernehmen‹ kann ... eine dieser vielzitierten Vorstellungen, denen in Wirklichkeit jegliche Basis fehlt. Brazelton sagt, daß die Spannung der Menschen, die den schreienden Säugling umsorgen, dazu führt, daß der Verdauungsapparat des Kindes überreagiert und die Schmerzen, die Blähungen, die angezogenen Knie usw., also alle Symptome einer Kolik verursacht, so, als ob Kolik eine Art kindlicher Krebs wäre! (Allison Clarke) Stewart behauptet, daß die Spannung angespannter, ängstlicher oder zwiespältiger Eltern auf das Baby über alle seine Sinne (einschließlich des Geschmacks!) übertragen wird. Im besten Falle ist das Volksmedizin. Im schlimmsten Falle ist es eine weitere Verdrehtheit, um das Verhalten der Mutter zu kritisieren, ihre Persönlichkeit oder ihre ganz natürliche Besorgnis in Frage zu stellen.«

Mythos: *Meine Schwester beharrte darauf, daß Jonathan Koliken hatte, weil ich ihn nicht stillte. Ein gestilltes Baby hätte nicht so leiden müssen wie er.*
In Wirklichkeit: Es gibt keinen Beweis, daß gestillte Babys gegen Koliken immun sind. Es scheint, daß ebenso viele daran leiden wie bei den Flaschenbabys.

Mythos: *Mein Kinderarzt ließ uns zweimal das Milchpulver wechseln. Er versicherte uns jedesmal, daß die Koliken aufhören würden. Wir hatten tatsächlich jeweils einen ruhigen Abend und dachten schon, wir hätten es überstanden. Aber am nächsten Abend begann Diana wieder von neuem.*
In Wirklichkeit: Es gibt keine Hinweise darauf, daß die Zusammensetzung der Milchnahrung Auswirkungen hat auf die Häufigkeit von Koliken.

Mythos: *Mir wurde als stillender Mutter geraten, bestimmte Nahrungsmittel in meiner eigenen Ernährung wegzulassen. Es waren Schokolade, Eier, Nüsse und Schellfisch. Zitrusfrüchte seien tabu und auch blähende Gemüsesorten wie Brokkoli, Kohl und Blumenkohl.*
In Wirklichkeit: Dieses ist einer der häufigsten Mythen, die Sie hören werden, wenn sie ein an Koliken leidendes Baby stillen. Es gibt absolut keinen eindeutigen Beweis, daß Nahrungsmittel, die bei der Mutter Blähungen verursachen, dies auch beim Baby tun.

So können Sie Ihrem Kind helfen

Denken Sie daran, daß Koliken nicht Ihre Schuld sind. Sie haben nichts getan, womit Sie ein an Koliken leidendes Baby verdient hätten. Koliken sind ein Zustand, der vorübergeht. Sie sind das Ergebnis einer Unreife, die sich mit der Zeit auswächst. Kolik-Babys sind gesunde Babys. Sie trinken und wachsen ganz normal. Wie jedes schreiende Baby sollten auch sie nicht allein gelassen werden, um sich »auszuschreien«. Je nachdem, welche Einstellung Sie zu Ihrem an Koliken leidenden Baby haben, werden Sie wahrscheinlich mit dieser Situation un-

terschiedlich umgehen. Wenn wir ein derartiges Baby einfach als unglücklich, anstrengend oder sogar »unfolgsam« abtun, sprechen wir damit ein negatives Werturteil aus.

Versuchen Sie statt dessen in neutraleren Begriffen zu denken. Es gibt den Begriff des »anspruchsvollen Babys«. Alle Babys haben Bedürfnisse, und wir versuchen, sie zu erfüllen. Kolik-Babys durchleben eine Phase besonders starker Bedürfnisse. Natürlich ist es schwer, damit klarzukommen. Hohe Bedürfnissse stellen enorme Anforderungen an die Eltern. Es bedeutet für sie eine wirkliche Herausforderung, den notwendigen Heroismus, die Geduld und die Reife aufzubieten. Lassen Sie den Ärger darüber, daß Ihnen der Schlaf fehlt und Ihre Nerven am Ende sind, zu, aber lassen Sie sich dadurch nicht davon abhalten, auf das Baby einzugehen.

Im folgenden finden Sie einige altbewährte Techniken, die Sie anwenden können, um Schreiphasen zu verhindern oder jedenfalls zu mildern. Eine Auswahl oder Kombination dieser Techniken kann Abhilfe schaffen – zumindest manchmal.

Frage: Wie bekamen Sie die Koliken Ihres Babys in den Griff?

Antworten: *Ich lernte aus Fehlern. Mein Kinderarzt empfahl uns, wir sollten versuchen, alle Stimulationen auf ein Minimum zu begrenzen; also fütterte ich Amelie in einem abgedunkelten Raum, wickelte sie ein und bewegte sie ganz behutsam, wenn ich sie hochnahm. Wir spielten auch eine Schallplatte mit Herztönen ab. Ich glaube, dieser monotone, rhythmische Klang beruhigte sie.*

⁂

Am wichtigsten ist es, daß sich die Eltern nicht gegenseitig Vorwürfe machen. Niemand ist an dieser Situation schuld; Sie brauchen einander, um miteinander zu reden, und nicht, um Ihre Gefühle aneinander auszulassen. Koliken bringen eine enorme Spannung ins Haus.

⁂

Mein Rat lautet, zu schlafen, wenn das Baby schläft, oder sich zumindest hinzulegen und zu entspannen. Zur Hölle mit der Hausarbeit. Sie brauchen Ihre ganze Energie, die mentale ebenso wie die körperliche, um diesem armen Wurm durch die Nacht zu helfen. Aber es wird vorbeigehen.

⁂

Einer der belastendsten Aspekte von Christophs Koliken war, daß mein Mann einfach abtauchte. Die Koliken waren meine Sache. Ich fühlte mich im Stich gelassen, und Hans fühlte sich nutzlos. Alle Eltern sollten daran denken, daß jeder ein schreiendes Baby herumtragen kann. Es muß nicht immer die Mami sein! Wir brauchten Monate, um die Situation in den Griff zu bekommen. Jetzt ist Christoph sechs Monate alt, und langsam fangen Vater und Sohn an, miteinander Spaß zu haben.

⁂

Sobald ich mich davon überzeugt hatte, daß Patrick völlig gesund war, ging ich jeden Tag einmal aus dem Haus. Ich nahm mein schreiendes Baby im Snuggli mit. Manchmal lief ich einfach immer wieder über die Promenade. Ja, manchmal glotzten mich die Leute an, aber ich hielt durch. Ich mußte auch weiterhin mein Leben führen, denn ich wußte, daß sonst das Ressentiment gegen das Baby immer stärker werden würde.

⁂

Wir fanden heraus, daß uns ein fester Plan half. Ich war so erschöpft und sagte schließlich zu Christian: »Du mußt dich mit mir hinsetzen und mir helfen, diesen Tagesplan aufzustellen.« Beim Frühstück machte ich diesen verrückten Zeitplan und notierte alles, was ich tun wollte. Christian rief dann vom Büro aus an und meldete sich, so daß ich mich mit Annikas Schreien nicht so allein fühlte.

⁂

Ich brauchte die Liebe zu diesem Baby so sehr. Er war so anders, als ich erwartet hatte. Ich hatte gelesen, daß Babys, die getragen werden, weniger schreien würden. Ich trug Matthias sogar, wenn er nicht schrie, und erledigte währenddessen meine Haushaltspflichten. Ich fühlte mich dabei gut, und ich glaube, daß es auch ihm gut tat.

⁂

Nein, ich werde Jessicas Koliken nie vergessen. Meine liebste Erinnerung ist natürlich die letzte Kolik-Nacht. Fritz war in dieser Nacht dran, und ich durfte schlafen. Aber es war so laut, daß ich aufstehen und nachsehen mußte. Ich ging ins Wohnzimmer. Auf dem Tisch standen eine Flasche Sekt und ein Glas mit einer ausgedrückten Zigarette drin. Das Mondlicht schien durchs Fenster und beleuchtete die Wiege. Jessica schlief tief. Fritz bewegte sich in seinen Boxershorts und seinen blauen Socken vor und zurück und stieß die Wiege an, während er Gitarre spielte. Er sang »Deine Zeit ist vorbei. Deine Zeit ist vorbei. Deine drei Monate sind vorüber, oder wir geben dich weg« im schönsten Country-Stil. Sie werden es nicht glauben, aber das war, drei Monate auf den Tag oder besser auf die Nacht genau, das Ende einer der schrecklichsten Phasen meines Lebens.

P. S. Haben Eltern erst einmal das Neugeborenenalter, ob mit oder ohne Koliken, durchgemacht, haben sie auch mehr Erfahrung im Interpretieren der Schreie ihres Babys. Dies liegt nicht nur daran, daß wir das Baby dann besser kennen und unseren Instinkten eher vertrauen. Auch das Baby ist ein besserer Kommunikationspartner geworden.

Mit drei Monaten verändert sich die Qualität des Schreiens. Das Baby schreit, macht dann aber eine Pause und schaut zu den Eltern oder der Pflegeperson, um festzustellen, ob sein Schreien zur Kenntnis genommen wurde. Mit sechs Monaten schaut es Sie, während es schreit, direkt an, als ob es sagen wollte, »tröste mich jetzt sofort«. Zwischen sechs und zwölf Monaten wird das Schreien noch elaborierter. Das Baby schreit, schaut und gestikuliert zugleich. Es streckt z. B., wenn es schluchzt, auch die Arme aus, um hochgenommen und getragen zu werden.

Können Sie nicht sofort zum Baby gehen, wird ihm ein beruhigendes Wort etwas Trost spenden. Genauso wichtig ist, daß das Baby erfährt, daß seine Bedürfnisse wichtig sind und seine Anstrengungen zu kommunizieren wahrgenommen werden. Dies baut Vertrauen und Selbstwertgefühl auf.

Versuchen Sie's mit Fencheltee

Im folgenden ein altes deutsches Rezept für einen »Anti-Kolik-Tee«. Manche Eltern schwören darauf. Übergießen Sie 1 Teelöffel Fenchelsamen mit 4½ Tassen heißem Wasser. Lassen Sie den Samen 10 Minuten quellen. Gießen Sie den Samen sorgfältig ab und geben Sie, wenn der Tee abgekühlt ist, dem Baby 50 ml davon aus der Flasche. Das ätherische Öl des Fenchelsamens soll eine blähungslindernde Wirkung haben; es weitet die Blutgefäße im Verdauungskanal, wodurch Gas ausgeschieden, die Verdauung erleichtert und eine wärmende Wirkung erzeugt wird.

Gönnen Sie sich eine Autofahrt zur Beruhigung

Ein weitverbreitetes Hausmittel zur Beruhigung eines unruhigen Babys ist schon seit geraumer Zeit eine Autofahrt. Inzwischen gibt es in Amerika auch ein Gerät, das die beruhigende Bewegung einer Autofahrt simuliert. Es besteht aus einem Vibrationsgerät, das unter dem Bettchen befestigt wird, und einem Geräuschapparat, der an der Seite des Bettes angebracht wird. Gemeinsam simulieren die Apparate Geräusch und Vibration eines mit 80 km/h fahrenden Autos. In einer dreijährigen Untersuchung an der Ohio State Universität wurde dieser Apparat an 60 Kolik-Babys getestet. Viele hörten innerhalb von sieben Sekunden, nachdem der Apparat angeschaltet worden war, zu schreien auf. 85 Prozent beruhigten sich innerhalb von zwanzig Minuten, und 97 Prozent zeigten »weniger Streß«, d. h. ihr Schluchzen ging in ein Wimmern über und hörte schließlich ganz auf. Hauptsache, es hilft!

Schwierige Babys sind intelligenter!

Nach einer im American Journal of Psychiatry veröffentlichten Untersuchung fand eine Forschergruppe im kanadischen Quebec heraus, daß »schwierige« Babys bei Intelligenztests oft höhere Punktzahlen erreichen als ihre ruhigeren Kollegen; dabei handelte es sich allerdings jeweils um Babys aus Familien mit mittlerem oder höherem Einkommen oder um Familien mit »überdurchschnittlichen Kommunikationsleistungen«. Dr. Michael Maziade unterteilte 75 viermonatige Babys entsprechend ihrem Temperament: »einfach«, »mittel«, oder »schwierig«. Schwierige Babys wurden definiert als launisch, untröstlich, mit intensiven emotionalen Reaktionen und ohne Reaktion auf neue Stimuli.
Die Forscher stellten die Theorie auf, daß die Eltern den anspruchsvollen Babys mehr Aufmerksamkeit entgegenbrächten als den »pflegeleichten« Babys. Die zusätzliche verbale Stimulation unterstütze die Geschwindigkeit der intellektuellen Entwicklung.

Hilfreiche Bücher zum Thema Koliken

Jones, Sandy: Schreiende Babys, schlaflose Nächte, Ravensburger 1988.
Kitzinger, Sheila: Wenn mein Baby weint, Kösel 1991.

WIE MAN SCHLAFPROBLEME BEWÄLTIGT

Nachts durchschlafen – ein unerreichbarer Traum?

Frage: Über welches Problem bei Babys wird am häufigsten gesprochen?
Antwort: Über das Schlafen.

Frage: Warum ist der Schlaf ein so wichtiger Aspekt des Babylebens?
Antwort: Quantität und Qualität des Schlafs wirken sich auf die Gesundheit, die Aufgewecktheit und das Wohlbefinden aus. Ja, natürlich wissen wir das! Doch stoßen wir mal zum Kern der Sache vor. Je nachdem, wieviel das Baby schläft, kümmern sich entweder fröhliche, muntere Eltern um das Baby oder halbtote Familienmitglieder, die sich mühsam, in teilnahmsloser, gequälter Lethargie durch den Tag schleppen und herumbrummeln. Wie lange Ihr Baby schläft, kann Auswirkungen auf alle Bereiche Ihres Lebens haben – auf die Arbeitsteilung in der Familie, auf Ihre Arbeit, Ihre Kreativität, Ihre Fähigkeiten, Probleme zu lösen, Ihr Selbstwertgefühl, Ihre Ehe, Ihr Sexualleben, Ihr soziales Leben, Ihre Beziehung zu Freunden und Ihren Sinn für Gemeinschaft. Kurz, die Art und Weise, wie Ihr Baby schläft – gut oder nicht so gut –, wirkt sich auf Ihre allgemeine Effektivität als menschliches Wesen aus.

Frage: Wieviel schlafen Neugeborene?
Antwort: Viele Eltern haben bestimmte Erwartungen darüber, wie lange ihr Neugeborenes schlafen sollte, und mehr noch, darüber, was sie in der freien Zeit, die sie so verzweifelt brauchen, tun wollen. Das »durchschnittliche« Baby, so lesen wir immer wieder, schläft täglich ungefähr sechzehn Stunden, und zwar aufgeteilt in drei oder vier Phasen mit dazwischen liegenden Wachphasen. Aber ein Baby kann z. B. zwar sechzehn Stunden am Tag schlafen, jedoch verteilt auf sehr kurze Phasen, die von vielen Schreiphasen unterbrochen werden, so daß die Eltern nicht den Eindruck haben, daß es insgesamt tatsächlich sechzehn Stunden schläft. Oder Ihr Baby verblüfft Sie, indem es an einem Tag sechs Stunden am Stück schläft – und Sie deshalb ständig nachschauen, ob es noch lebt. Dadurch können Sie diese Pause nicht für sich nutzen – und danach kommt eine solche Schlafperiode wochenlang nicht mehr vor. Dann gibt es Babys, die gerade mal zehn Stunden täglich schlafen, und am anderen Ende der Skala solche, die insgesamt 22

Stunden schlafen. Mit anderen Worten, bei Neugeborenen gibt es keine Durchschnittswerte. Solange das Baby gesund ist, ist alles möglich.

Frage: Was bedeutet der Begriff »durchschlafen«?
Antwort: »Nachts durchschlafen« bedeutet, wenn man ein Kind hat, nicht mehr dasselbe wie früher, als Sie noch kein Baby hatten. Es ist ein Euphemismus dafür, daß ein Baby von, sagen wir mal, Mitternacht bis fünf Uhr morgens am Stück schläft.

Frage: Schlafen nicht die meisten Babys mit sechs Wochen, oder sobald sie ein bestimmtes Gewicht ereicht haben, durch?
Antwort: Das ist wirklich individuell ganz verschieden. Nach einer amerikanischen Untersuchung brauchen 70 Prozent der Babys nachts eine Mahlzeit, bis sie mindestens drei Monate alt sind. Ungefähr 13 Prozent wachen, bis sie sechs Monate alt sind, nachts auf und schreien. Und sprechen wir lieber nicht von den restlichen 17 Prozent!

Frage: Gibt es nichts, was ich tun könnte, damit mein Baby nachts durchschläft?
Antwort: Sie können sehr früh schon einige Maßnahmen ergreifen, um gute Schlafgewohnheiten zu fördern (siehe Seite 174). In den meisten Fällen aber gilt, daß das Baby soviel schlafen wird, wie es nötig hat. Darüber hinaus gibt es in der Regel nichts, was Sie tun könnten, außer auf sein Schreien zu reagieren und zu warten, daß dies vorübergeht. Längere Schlafphasen treten in dem Maße ein, wie sein neurologisches System reift und sich an die Welt außerhalb der Gebärmutter anpaßt.

Frage: Sollte ich mein Neugeborenes nachts nicht schreien lassen?
Antwort: Nein. Ihr Neugeborenes ist noch nicht reif genug, seinen Kummer durch Schreien abzureagieren, und es kennt noch nicht den Unterschied zwischen Tag und Nacht. Dieses »Schreien-lassen« bezieht sich auf das ältere, größere Baby, das nicht so häufige Mahlzeiten braucht wie das Neugeborene und mehr Möglichkeiten besitzt, sich selbst zu trösten. Solche Fähigkeiten hat ein Neugeborenes noch gar nicht entwickelt. Wenn Sie stillen, ist es wichtig, das Baby oft an die Brust zu legen, egal ob tags oder nachts, um Ihre Milchbildung in Gang zu bringen. Auch wenn dies ermüdend sein kann, wird eine gute Milchbildung letztlich dabei helfen, daß Ihr Baby nachts durchschläft, sobald es dazu physiologisch reif ist.

Frage: Könnte nicht das Füttern von Getreidebrei das Durchschlafen fördern?
Antwort: Nein. Es gibt jedoch einige Hinweise, wonach das Halten und Tragen dazu beitragen, daß ein Baby weniger schreit und nachts längere Zeit schläft.

Frage: Welches ist die beste Schlafposition für ein Neugeborenes?
Antwort: Die Meinungen hierüber gehen auseinander. Früher dachte man, daß das Neugeborene am besten auf einer festen Matratze auf dem Bauch liegt, mit dem Kopf zur Seite. Inzwischen gibt es Untersuchungen, wonach diese Schlafposition eventuell in Zusammenhang steht mit dem plötzlichen Kindstod. Viele Ärzte raten deshalb, das Neugeborene in eine »stabile Seitenlage« zu bringen, d. h. es auf die eine oder andere Seite zu legen und den Rücken mit einer zusammengerollten Stoffwindel abzustützen. Sobald Ihr Baby beweglicher wird, bestimmt es die Schlafposition ohnehin selber.

Frage: Wenn das Neugeborene in meinen Armen eingeschlafen ist, wie kann ich es dann hinlegen, ohne daß es aufwacht?

Antwort: Dies muß sehr trickreich erfolgen, und jeder muß dabei seine eigene Methode entwickeln – indem man das Baby etappenweise ablegt, den richtigen Zeitpunkt abwartet, leise summt, immer wieder seine Fehler analysiert und bereit ist, von vorne zu beginnen. Eine Mutter macht folgenden Vorschlag:

Bereiten Sie alles, was Sie für Ihre Methode und Ihre Strategie benötigen, vor. Bei uns geht es folgendermaßen: Noch bevor wir beginnen, dreht mein Mann im Kinderzimmer leise klassische Musik an und wärmt das Bett mit einer Bettflasche vor. Ich habe lernen müssen, daß schon ein kaltes Leintuch ausreicht, ein Baby aufzuwecken. Egal ob ich im Stehen, im Schaukelstuhl oder wiegend gestillt habe, alles belastet den Rücken. Stillen oder geben Sie also dem Baby in der Nähe seines Bettes die Flasche, und zwar in einem Stuhl, aus dem Sie leicht aufstehen können, ohne es aufzuwecken, und es nicht weit tragen müssen, um es hinzulegen. Benutzen Sie einen Stubenwagen, so stellen Sie ihn direkt neben sich. Haben Sie ein normales Kinderbett, so stellen Sie die Matratze ganz nach oben, damit Sie sich nicht so weit nach unten beugen müssen. Halten Sie das Baby eng an ihren Körper, wenn Sie es hinlegen wollen, und beugen Sie sich ganz langsam nach unten. Ich mache das Hinlegen einfacher, indem ich das Baby einwickele, bevor ich es, wie ich hoffe, zum letzen Mal abends stille. Auf diese Weise ist das Baby zu einem weichen, handlichen Bündel gepackt, und die Gefahr, daß es sich durch seine unruhigen Bewegungen selbst wieder aufweckt, ist gering.

Egal was Sie tun, machen Sie nicht alles zunichte, indem sie im Dunklen über irgend etwas stolpern, wenn Sie mit angehaltenem Atem auf Zehenspitzen umherschleichen. Lassen Sie immer ein Nachtlicht brennen. Dies wird zuerst angeschaltet, und zwar gleichzeitig mit dem Anwärmen des Betts. Und stellen Sie das Telefon leiser oder den Anrufbeantworter an, wenn Sie einen haben.

Wie das Zubettgehen ablaufen kann, wenn das Baby älter als sechs Monate ist

Das Baby zieht an seinem Ohr, ein Zeichen dafür, daß es nach einem langen Tag müde ist – und Sie sind sogar noch müder. Sie sehnen sich nach der Gesellschaft eines Erwachsenen und einer Unterhaltung, einem bißchen Zeit für sich und Ihren Partner oder einem anderen Erwachsenen, der Möglichkeit, die Füße hochzulegen, eine Zeitschrift zu lesen und ein angenehmes, spätes Abendessen einzunehmen, das nicht ständig unterbrochen wird. Oder Sie wollen einfach einmal abschalten und sich vom Fernseher berieseln lassen.

Nach dem Füttern und Wickeln haben Sie das Baby hochgenommen und mit ihm geschmust, dann die Spieluhr aufgezogen, die ein sanftes Wiegenlied spielt. Seine Augen sehen ein bißchen wässrig aus, als Sie ihm einen Gutenachtkuß geben und es in seinem kuscheligen Bettchen in seine Lieblingsposition legen. Dann schalten Sie leise das Licht aus und drehen sich allmählich um, um auf Zehenspitzen hinauszuschleichen. Vielleicht hören Sie, noch bevor Sie ganz draußen sind und erleichtert aufatmen können, ein Schluchzen. Ihr Herz schlägt schneller, während Sie, ohne sich umzudrehen, hastig hinaushuschen. Sobald Sie die Küche erreicht und wütend ein

oder zwei Töpfe aufgesetzt haben, haben Sie schon keinen Zweifel mehr. Das Baby schläft nicht. Es ist wach und stößt kurze, halbherzige Schreie aus.
Ihr Kinn verkrampft sich. Aber Sie haben Hoffnung. Es wird sich schon beruhigen. Sie gucken immer wieder auf die Uhr. Die Schreie kommen nicht mehr länger nur periodisch, und sie sind lauter geworden. Sie drehen in der Küche den Wasserhahn auf, so daß Sie das Geschrei nicht so gut hören können. Sie hantieren wieder mit den Töpfen und Pfannen herum und schauen wieder zur Uhr. Drei Minuten sind vergangen. Sie drehen das Wasser aus. Das Schreien ist hartnäckiger geworden.
Sie fragen Ihren Partner um Rat. »Wie spät ist es?« Das Baby schreit jetzt durchdringend. Sie setzen sich hin, atmen tief durch und kämpfen gegen die Tränen der Wut und Enttäuschung an, die Ihre Sicht verschleiern. Sie suchen nach dem Besteck. Fünf Minuten sind vergangen. »Mir reicht's«, knurren Sie, »das ist nicht fair. Deck du den Tisch.« Szenen Ihres früheren Lebens tauchen vor Ihrem Geiste auf – ein spontanes Abendessen beim Chinesen um die Ecke, ein unbeschwerter Bummel danach, oder vielleicht ein Besuch bei Freunden oder ein Kinobesuch, hinterher noch ein Bier.
Nun ist das Schreien zu einem lauten, pathetischen Wehklagen geworden. Es gibt Sekunden der Ruhe, in denen Sie wissen, daß das Baby schaudert und nach Luft ringt. Sie sagen sich selbst: »Wir müssen hart bleiben!« Bevor Sie Eltern wurden, hatten Sie Leute besucht, die kein Rückgrat hatten und deren »verwöhnte« Babys nicht ins Bett gingen, immer auf waren, die Aufmerksamkeit der Eltern beanspruchten und die Abende verdarben. Das war ziemlich unangenehm. Vielleicht war dies sogar der Grund für das Ende dieser Freundschaft. Sie hatten sich geschworen: »Das wird uns nie passieren.«
Ihr Partner hat den Tisch gedeckt und etwas zögernd den Ratgeber zur »Säuglings- und Kinderpflege« von Dr. Spock gebracht. Er zitiert: »Absatz 346. Chronischer Widerstand des Säuglings gegen das Schlafen – Einschlaftyp. Dieses Problem schleicht sich langsam und hinterhältig ein. In den meisten Fällen entwickelt es sich aus einer Kolik oder nervösem Schreien. Es kann als eine Form der Verwöhnung betrachtet werden. Ein kleines Mädchen litt während der ersten zwei oder drei Monate beinahe jeden Abend an Koliken. Ihre Eltern fanden heraus, daß es ihr besser ging, wenn sie sie herumtrugen. Auch ihnen ging es dann besser. Aber als das Kind schließlich drei oder vier Monate war, dämmerte es ihnen langsam, daß es wohl keine so großen Schmerzen mehr hatte – sein Schreien war nun wütend und fordernd. Sie wollte herumgetragen werden, weil sie es so gewohnt war und glaubte, dieses Recht zu haben. Sie starrte ihre Mutter regelrecht an, wenn diese sich einmal hinsetzte, um sich auszuruhen, so als ob sie sagen wollte, ›Hey, Frau, lauf weiter!‹ Ein Baby, das in einen nächtlichen Kampf darum verwickelt wird, die Eltern zum Laufen anzutreiben, muß sich selbst zum Wachbleiben zwingen, und im Laufe der Monate gelingt ihm das auch – zunächst bis 21 Uhr, dann bis 22, 23 Uhr, ja bis Mitternacht. Seine Eltern erleben oft, daß seine Augen zufallen und der Kopf zur Seite fällt, wenn sie es tragen; aber sobald sie es hinlegen wollen, wacht es mit einem empörten Brüllen auf.«
»Nein, nein«, rufen Sie flehentlich und wischen eine Träne der Frustration aus Ihrem Gesicht. »Sag mir doch, so schlimm ist es noch nicht – nicht wahr?«

Ihr Partner liest, ohne zu antworten, weiter. »Diese Gewohnheit läßt sich in der Regel leicht durchbrechen, sobald die Eltern einmal erkannt haben, daß dies für das Baby ebenso schlecht ist wie für sie selber. Die Kur ist einfach. Legen Sie das Baby zu einer vernünftigen Zeit ins Bett, sagen Sie ihm liebevoll, aber bestimmt, gute Nacht; verlassen Sie den Raum und gehen Sie nicht zurück. Die meisten Babys, die dieses Verhaltensmuster entwickelt haben, schreien in der ersten Nacht 20 bis 30 Minuten wütend, und wenn sie feststellen, daß nichts passiert, schlafen sie ein! In der zweiten Nacht dauert das Schreien meistens nur noch zehn Minuten. In der dritten Nacht schreit es gewöhnlich schon gar nicht mehr.« Er endet mit Dr. Spocks letztlichem Ratschlag. »Manchmal empfiehlt es sich, dieses Programm den Nachbarn zu erläutern, um ihnen zu versichern, daß dieses Schreien nur einige Nächte dauern wird, und sie um Nachsicht zu bitten.«

»Was hältst du davon?«, fragt er Sie. Sie starren ihn an. »Ich glaube, da ist schon was dran«, sagt Ihr Partner.

»Sei still!« fahren Sie ihn an. Er hätte es nicht vorlesen zu brauchen. Sie kennen den Abschnitt schon auswendig. Sie kennen aber auch das wirkliche Leben: es ist nicht das gleiche, wenn es einem selbst passiert. Die spitzen Schreie des Babys werden nun durch ein Keuchen akzentuiert. Sie schauen wieder zur Uhr. Sieben Minuten. Es kommt Ihnen wie eine Ewigkeit vor. »Tut mir leid«, seufzen Sie, »daß ich wütend geworden bin. Komm, laß uns nicht auch noch streiten. Wir brauchen einander.«

Der Reis ist fertig, weich und dampfend. Als Sie nach einer Servierschüssel und einem Löffel greifen, merken Sie, daß Sie keinen Appetit haben. Es ist diese Brüllerei. Ihr Herz hämmert. Das Kind würgt, vielleicht stirbt es schon. Wie können Sie unter diesen Umständen zu Abend essen? Immerhin ist es noch ein kleines Baby. Jetzt machen Sie sich Sorgen. Ganz sicher leidet es. Das Baby will Sie. Wie grausam können Sie sein? Dr. Spock mag ein renommierter Kinderarzt sein, aber er ist kein Psychoanalytiker. Diese frühen Gefühle der Verlassenheit werden seine Psyche für den Rest seines Lebens formen. Ganz bestimmt.

Jetzt wird es schlimm. Sie beginnen im Sumpf der Verzweiflung zu versinken. Sie fühlen, wie die harte Linie Ihres Vorsatzes bröckelt und Sie dieses gefährliche, graue Gebiet der Ambivalenz betreten.

Der Reis ist in der Schüssel. Ihr Tag hat um 5.02 Uhr begonnen. Sie brauchen und verdienen eine Mahlzeit und Ruhe. Warum keucht das Baby nun und hat Hustenanfälle? Sie stellen Töpfe und Pfannen ins Spülbecken. Sie drehen sich um, suchen Unterstützung bei Ihrem Partner, aber auch er ist unschlüssig. Er fragt: « Glaubst du, daß irgend etwas nicht stimmt?« Sie schauen zur Uhr. Volle neun Minuten sind vergangen – Sie haben es noch nie so lange schreien lassen. Ihr Partner sagt: »Er ist schließlich erst ein Baby, und er ist mein Sohn.« Dr. Spock ist ein Ungeheuer. Was weiß er über Babys? Er hat schließlich nicht jahrelang mit einem Baby gelebt.

Das Baby schreien lassen oder nicht? Seien Sie versichert, nicht nur Sie stellen sich diese Frage …

Mein Hauptproblem mit Gabriele ist das Schlafen in der Nacht. Und doch muß ich eine Lösung oder die richtige Einstellung finden. Ich bin nicht bereit, zwei Stunden damit zuzubringen, sie zum Schlafen zu bringen, und ich bin ebenfalls nicht bereit, sie schreien zu lassen. Sie kann sich in alle möglichen Zustände hineinsteigern, angsterfüllt, schreckhaft, hy-

sterisch usw. Meistens stille ich sie zum Einschlafen (sie ist sieben Monate alt); aber man sagte mir, damit habe ich ihr eine schlechte Gewohnheit beigebracht. Aber sie wacht oft auf, wenn ich sie in ihr Bett lege, und dann stehe ich da mit ihr. Wenn sie schläfrig ist und zu schreien anfängt, reibe ich sie zart, bis sie schläft. Aber manchmal tut ihr das Reiben überhaupt nicht gut; dann gehe ich nach einer Weile und lasse sie sich in den Schlaf schreien. Aber manchmal kann ich das Schreien nicht aushalten, oder sie fängt an hysterisch zu werden, und ich gehe zu ihr zurück. Manchmal ist sie mehr als gefügig und schläft ein, manchmal löst mein Zurückkommen den ganzen Kreislauf von neuem aus, und manchmal reicht mein Zurückkommen nicht aus, tröstet sie anscheinend nicht, und so nehme ich sie hoch. Entweder hilft das, und sie wird ruhig und schläft ein (häufig nur, um wieder aufzuwachen, sobald ich sie in ihr Bett lege ... oh Gott, oh Gott) oder nicht, und ich breche vor Frust in Tränen aus, und wir weinen beide zusammen. Das geschieht nicht jedes Mal, nicht einmal sehr häufig, aber gerade oft genug, damit ich das Gefühl habe, daß ich im Grunde überhaupt nicht weiß, was zum Teufel eigentlich mit ihr los ist!

Ratschläge von Eltern

Die nächtlichen Mahlzeiten sind eine rein geschäftsmäßige Angelegenheit, und die Stimulationen werden dabei auf ein Minimum beschränkt. Ich mache kein Licht. Ich stille sehr kurz, nur sechs oder sieben Minuten an jeder Brust, lasse ihn dann aufstoßen und lege ihn zurück in sein Bett.

⁂

Ich organisiere schon im voraus alles für die Nacht. Die Flasche steht fertig zubereitet in einer Kühltasche, daneben eine Thermoskanne mit warmem Wasser, um die Flasche zu wärmen, und eine elektrische Wärmedecke für den Schaukelstuhl in seinem Zimmer.

⁂

Ich will, daß Fabian sein Bett mit dem nächtlichen Schlafen in Zusammenhang bringt; daher lasse ich ihn seine Schläfchen tagsüber im Stubenwagen machen. Ist er wach, kommt er in den Kindersitz oder in den Snuggli.

⁂

Beim zweiten Baby lernte ich, nicht jedes Mal, wenn ich einen Mucks hörte, hochzufahren. Manchmal wacht sie kurzzeitig auf, quietscht ein bißchen und schläft dann wieder für eine Stunde ein.

⁂

Nach der letzten Mahlzeit vor Mitternacht lasse ich Jonathan sehr sorgfältig aufstoßen und ihn einige Minuten in seiner Babywippe sitzen, in der Hoffnung, daß sein Magen so zur Ruhe kommt.

⁂

Wir wecken Matthias um Mitternacht, um ihn zu füttern, selbst wenn die letzte Mahlzeit noch nicht lange her ist. Dann hoffen wir, daß es mindestens drei oder vier Stunden vorhält.

⁂

Christine liegt bei uns im Bett. Ich habe herausgefunden, daß wir beide besser schlafen, wenn ich sie an die Brust lege und stille, noch bevor sie oder ich völlig wach sind. Es gibt Untersuchungen über die Schlafzyklen von stillenden Müttern. Offensichtlich haben Baby und Mutter mehr oder weniger die gleichen Perioden von tiefem und von leichtem Schlaf. Sie reißt mich nie aus einem tiefen Schlaf, daher fühle ich mich am nächsten Tag ausgeruht.

Ich wechsle nachts nur die Windel, wenn Lena Stuhlgang hatte, weil ich festgestellt habe, daß das Ausziehen sie völlig wach macht. Ich trage ihr bei der letzten Mahlzeit vor Mitternacht, bevor ich schlafen gehe, eine dicke Schicht Vaseline auf den Po auf, um sie vor Windelausschlag zu schützen.

⁂

Am dritten oder vierten Tag nach der Heimkehr aus dem Krankenhaus bemerkte ich, daß Aaron an seiner Faust saugte. Immer wenn ich ihn nach einer Mahlzeit in seinen Stubenwagen lege, achte ich nun darauf, daß seine Hand nahe bei seinem Mund liegt. Auf diese Weise kann er saugen, wenn er Trost braucht.

⁂

Es macht mir nichts aus, nachts mit Johannes aufzustehen. Ich arbeite den ganzen Tag und habe noch zwei Kinder. Am frühen Abend ist es in unserem Haus ziemlich chaotisch. Zu den Nachtmahlzeiten aber ist es friedlich, und das genieße ich. Ich bin tagsüber auch so beschäftigt, daß dies die einzige Zeit ist, zu der ich ihn wirklich lange, ununterbrochen stillen kann und meine Milchbildung aufrechterhalten kann. Wir genießen diese gemeinsame Zeit. Ich funktioniere trotz unterbrochenem Schlaf ganz gut, vielleicht weil ich weiß, daß dies nicht ewig dauern wird. Bei meinem ersten Baby wußte ich dies noch nicht.

⁂

Ich habe eine Methode ausgearbeitet. Ich übernehme alle Mahlzeiten während der Woche, so daß Klaus ausgeruht aufstehen und zur Arbeit gehen kann. Am Wochenende gibt er entweder ein Fläschchen oder bringt mir das Baby zum Stillen. Samstags und sonntags mache ich lange Nickerchen, um Schlaf aufzutanken.

Ich glaube, die eigene Einstellung ist sehr wichtig. Bevor ich ein Baby hatte, hatte ich eine sehr klare Vorstellung über die Menge Schlaf, die ich brauchte. Es mußten nachts mindestens sieben Stunden sein, sonst war ich recht unausstehlich. Und dann bekomme ich ein Baby! Welch ein Schock! Anneli schläft überhaupt nicht viel. Ich beklage mich bei jedem, der mir zuhört. Aber ich hatte keine Wahl, sondern mußte lernen, daß ich mit viel weniger Schlaf leben kann und immer noch recht gut funktioniere.

⁂

Als Roman drei Monate alt war, war ich ziemlich fertig von den zwei oder drei Stillzeiten jede Nacht. Der Kinderarzt schlug vor, wir sollten versuchen, diese Mahlzeiten hinauszuzögern. Mein Mann sollte Roman jedes Mal nehmen und beruhigen. Denn Roman war inzwischen daran gewöhnt, nächtliches Aufwachen und Stillen miteinander zu verbinden. Dies half tatsächlich – zumindest soweit, daß er nur noch einmal aufwachte.

Einige Anregungen zum Thema Schlafen

»Ist das Baby zur Schlafenszeit noch umtriebig, ruhelos, zappelig, obgleich Sie wissen, daß es den Schlaf nötig hätte, überprüfen Sie einmal, ob Sie nicht auch noch beschäftigt sind – mit tausenderlei Gedanken. Diese Gedanken können verschiedenster Art sein – das Baby muß jetzt schlafen, es braucht seinen Schlaf; es muß jetzt schlafen, ich habe das auch nötig; ich brauche ein bißchen Zeit für mich; vielleicht sollte ich dies versuchen; vielleicht will es jenes; warum schläft es nicht? Stimmt das? Versuchen Sie in diesem Fall einzusehen, daß, zumindest für den Moment, weder Sie noch das Kind irgendein anderes

Bedürfnis als hingebungsvolle Liebe haben. Das klingt kitschig? Na gut, aber versuchen Sie es ... Denken Sie nur einige Minuten lang nicht daran, was Sie tun müssen oder was Sie tun wollen oder was das Baby braucht.«
(Polly Berends: Whole Child – Whole Parent)

»Wir verstehen, daß der ältere Säugling eine Trennung von geliebten Menschen als schmerzhaft empfindet. Wir gestehen ihm das Recht zu protestieren zu; gleichzeitig sind dieser Schmerz, dieses Unbehagen, sofern sie nicht übermäßig stark sind, etwas, das er ertragen lernen kann. Wir müssen ihm helfen zu lernen, mit einem gewissen Maß an Unbehagen und Frustrationen umgehen zu können.«
(Selma Fraiberg: The Magic Years: Understanding and Handling The Problems of Early Childhood)

Anmerkung: Versuchen Sie sich – egal, wie müde oder ungeduldig Sie sind – dem Baby am Abend, bevor es einschläft, uneingeschränkt zu widmen. Ihre volle Gegenwart, Ihre Ruhe und liebende Aufmerksamkeit, in Verbindung mit einem Einschlafritual sind der erste und beste Weg, Probleme beim Schlafengehen zu überwinden. Dies wird es nicht nur für das Baby einfacher machen, auf die Dauer wird es dadurch auch für Sie leichter. Wenn das Baby schreit und protestiert, wissen Sie immerhin, daß Sie sich ganz dem Kind gewidmet haben, und bekommen dadurch weniger Schuldgefühle. Damit ist die Schlacht schon halb gewonnen.
Viele Einschlafprobleme beginnen in der zweiten Hälfte des ersten Lebensjahres. In diesem Alter ist das Baby sicher an Sie gebunden; es verspürt vielleicht ein echtes Verlustgefühl, wenn es Sie abends zum Schlafengehen verlassen muß. Hinzu kommen die großen Fortschritte in der motorischen Entwicklung, die einen enormen Energieaufwand erfordern. In dieser Situation wird das Baby leicht überreizt, und dadurch wird das Einschlafen zusätzlich erschwert.

Das abendliche Einschlafritual

Mit ein wenig Unterstützung und Verständnis unsererseits kann das Baby den Übergang vom Wachsein in den Schlaf meistern. Am hilfreichsten ist dabei ein abendliches Einschlafritual. Planen Sie dafür ungefähr eine halbe Stunde ein. Es lohnt sich! Zum Ritual können z. B. eine Massage oder ein warmes Bad gehören, ein Gang durchs Zimmer, wobei allen Spielsachen und Stofftieren gute Nacht gesagt wird. Oder Sie können gemeinsam ein Bilderbuch anschauen. Ziehen Sie eine Spieluhr auf oder spielen Sie eine Kassette mit einem gern gehörten Wiegenlied.
Wenn Ihnen keiner dieser Vorschläge gefällt, überlegen Sie sich etwas anderes. Denn auch Sie müssen Gefallen an diesem Einschlafritual finden. Anderenfalls wird das Baby Ihre Ungeduld spüren. Haben Sie den Eindruck, daß es Ihrem Baby hilft, wenn Sie ein Nachtlicht brennen lassen oder die Tür einen Spalt offen stehen lassen, dann sollten Sie dies tun.

Frage: Viele Mütter schwören darauf, daß das Baby am besten einschläft, wenn Sie es noch einmal stillen oder ihm sein Fläschchen geben. Ist das richtig?
Antwort: Es ist schwer, dieses Ritual aufzugeben, vor allem, wenn es nicht nur funktioniert, sondern alle Beteiligten damit zufrieden sind. Das Problem besteht darin, daß das Baby von diesen Aktivitäten abhängig werden kann. Dies mag zum Zeitpunkt des Zubettgehens in Ordnung sein, nicht aber wenn das Baby nachts aufwacht, wie es bei vielen Babys in der zweiten Hälfte des ersten Lebensjahres noch der Fall ist. Ein Baby, das gewöhnt ist, beim Stillen einzu-

schlafen, weiß nicht, wie es sich selbst beruhigen kann, wenn es nachts aufwacht. Es wird nach Ihnen schreien und all die Aktivitäten, dic es mit dem Einschlafen in Zusammenhang bringt, fordern.
Wenn Sie die Wärme und Nähe des Haltens, Wiegens oder Fütterns zum Einschlafen genießen und für die möglichen Konsequenzen gerüstet sind, dann lassen Sie es geschehen. Sie sollten jedoch wissen, daß es für Sie beide, für das Baby wie für Sie selber, problematisch werden kann, falls Sie diese Routine ändern wollen.

Frage: Welche Alternativen gibt es zum Stillen, Halten, Wiegen und Schmusen als Einschlafrituale?
Antwort: Sie können zur Schlafenszeit den Gebrauch eines »Ersatzobjektes« fördern. Geben Sie dem Baby immer dieselbe spezielle Decke, Stoffwindel, Puppe, Stofftier usw. mit ins Bett. Auch wenn Gegenstände nie ein wirklicher Ersatz für menschlichen Kontakt und Trost sind, können sie doch hilfreich sein, vor allem zu Zeiten einer Trennung wie beim Einschlafen. Denken Sie auch daran, daß der Daumen ein »eingebautes« Ersatzobjekt ist, das dem Baby immer zur Verfügung steht. Das Saugen verschafft ihm Trost, wenn es den Tag und das Vergnügen, mit den geliebten Menschen zusammenzusein, verlassen muß.

Frage: Ist ein Fläschchen ein gutes Ersatzobjekt?
Antwort: Man ist sich weitgehend einig darüber, daß es keine gute Gewohnheit ist, ein Baby mit einem Fläschchen ins Bett zu legen. Liegt das Baby flach auf dem Rücken und trinkt, kann die Milch in die Eustachische Röhre, die die Ohren mit der Kehle verbindet, laufen. Das kann zu einer Ohrentzündung führen. Die Milchsäure der Milch kann Karies verursachen. Ein Schnuller oder ein Fläschchen mit Wasser sind vorzuziehen. Aber denken Sie daran, daß beides leicht verloren gehen oder aus dem Bettchen fallen kann. Das Baby, das mit der Zeit immer eigensinniger wird, kann ein Spiel daraus machen, den Schnuller immer wieder hinauszuwerfen, um Ihre Aufmerksamkeit zu erringen. Wollen Sie später diese Objekte ersetzen oder »abgewöhnen«, kann es Ärger geben – und, schlimmer noch, Sie regen das Baby möglicherweise zu noch längerem Wachbleiben an.

Frage: Was tun, wenn das Baby immer noch Schwierigkeiten hat, zur Ruhe zu finden, obwohl Sie schon das Einschlafritual absolviert haben und ein Schmusetier neben ihm liegt?
Antwort: Vielleicht haben Sie unrealistische Vorstellungen darüber, wieviel Schlaf Ihr Baby braucht. Achten Sie einmal darauf, wie häufig es tagsüber schläft. Babys, die nachmittags spät schlafen, können am frühen Abend noch einmal richtig aufdrehen. Feiert das Baby bald seinen ersten Geburtstag, kann es an der Zeit sein, zwei oder drei kleine Schläfchen zu einem langen Mittagsschlaf nach dem Mittagsessen zusammenzufassen. Es mag schwer zu akzeptieren sein, aber ziehen Sie auch in Erwägung, ob Sie vielleicht Ihre eigenen Bedürfnisse nach Privatsphäre und Ruhe mit dem Schlafbedürfnis Ihres Babys verwechseln. Wenn Sie den ganzen Tag im Einsatz waren und eine Pause vom Baby brauchen, stekken Sie Ihr Kind möglicherweise ins Bett, obwohl es eigentlich noch nicht wirklich müde ist. In diesem Fall werden Sie noch eine weitere Stunde damit zubringen, hin- und herzulaufen, und dabei immer verärgerter werden, wenn alle Versuche, das

Kind zur Ruhe zu bringen, keinen Erfolg haben. Stellen Sie sich einmal die Frage, ob Sie sich selbst genug Freizeit gönnen. Kann Ihr Partner oder jemand anders das Baby ins Bett bringen, so daß Sie ein bißchen Zeit für sich haben? Kommen Sie auch einmal ohne das Baby raus? Sobald Ihr Baby sechs Monate alt ist, sollten Sie das auf jeden Fall wieder regelmäßig tun.

Wenn ein Baby nachts aufwacht, das älter als sechs Monate ist

Frage: Warum wachen Babys mitten in der Nacht auf?

Antwort: »Nach neuen Untersuchungen sind die Schlafzyklen von Säuglingen regelmäßig und charakteristisch. Ein aktives, lebhaftes Baby kann auch im Schlaf aktiv und lebhaft sein. Der nächtliche Schlaf setzt sich gewöhnlich aus Zyklen von drei bis vier Stunden Dauer zusammen. Jeder Zyklus besteht aus verschiedenen Schlafphasen. In der Mitte jedes Zyklus liegen ungefähr sechzig Minuten Tiefschlaf. Vor und nach diesem Tiefschlaf kommt ein Zustand leichteren Schlafs, in dem das Baby träumt und in dem es sich bewegen kann. Außerdem verfällt ein Säugling während der Nacht in regelmäßigen Intervallen in einen halbbewußten, halbwachen Zustand. Während dieser Phase kann es an seinen Fingern saugen, aufschreien, seinen Kopf hin und her werfen, im Bett herumkriechen, seine neu erlernten Tricks ausprobieren, unruhig sein oder mit sich selber sprechen, um sich dann wieder in seine Schlafposition zu begeben und von alleine wieder einzuschlafen. Sind seine Eltern in der Nähe und reagieren auf dieses Schreien und diese Aktivitäten, wird sich das Kind schnell daran gewöhnen und nicht mehr allein in den Schlaf finden. Es ist wichtig, daß wir das Baby so früh wie möglich darauf ›konditionieren‹, seine eigenen Möglichkeiten, wieder in den Schlaf zu finden, zu benutzen. Dies ist ein wichtiger Teil der Sozialisierung.«
(T. Berry Brazelton: Infants and Mothers: Differences in Development)

Trotz aller guter Ratschläge schläft Ihr Baby nachts immer noch nicht durch. Wenn es die ersten beiden Male aufwacht, gehen Sie vielleicht hin und beruhigen es entweder durch Stillen oder ein Fläschchen, legen ihm ein Kissen in den Rücken oder Schmusen mit ihm im Schaukelstuhl. Vielleicht sind Sie sogar einmal mit ihm durchs Haus gegangen und haben auch noch nach den Sternen geschaut. Vielleicht versuchen Sie's auf die harte Tour und lassen es fünf, zehn, ja sogar unendlich lange 20 Minuten schreien. Dann haben Sie Schuldgefühle, weil Sie so grausam und herzlos waren, geben nach und gehen das Baby trösten. Gleichzeitig fragen Sie sich, ob es nicht doch aufgehört hätte zu schreien, wenn Sie nur noch zwei Minuten gewartet hätten ...
Nun sind Sie so müde, daß Sie nur eine Lösung sehen: das Baby zu nehmen und mit ihm in den Armen in Ihr eigenes Bett zu kriechen. Aber das ist auch nicht gerade ideal, wenn Sie es nicht gewöhnt sind. Schließlich ist das Baby unruhig und verschwitzt, und es schnarcht, wenn auch zart. Die Angst, daß es aus dem Bett fallen könnte oder daß Sie auf es rollen und es erdrücken, erfüllt Ihre Träume und läßt Sie immer halbwach bleiben – weit entfernt von dem tiefen, entspannenden Zustand, den Sie so verzweifelt brauchen und herbeisehnen.

Es ist jetzt eindeutig, daß Sie unter den vielen unterbrochenen Nächten leiden. Sie haben Ringe unter den Augen. Ihre Konzentrationsfähigkeit und Ihre Geduld haben stark nachgelassen. Sie haben Ihren Humor verloren, und das Leben erscheint Ihnen grau. Sie sind bereit einzugestehen, daß Sie vielleicht auf die Warnungen oder auf das Buch, das Sie gelesen haben (es gibt Bücher, die speziell dem Thema »Babys und Schlafen« gewidmet sind), hätten hören sollen. Sie hätten wohl auch den Rat Ihres Kinderarztes oder den von Freunden oder Verwandten befolgen sollen, deren hochgezogene Augenbrauen und deren schwindendes Mitgefühl für Ihre Müdigkeit langsam beleidigend werden. »Wir haben es dir gesagt«, lassen sie wissen, wenn nicht mit Worten, dann durch ihren Ton und mit ihren Blicken. »Wir haben es dir gesagt«, sagen sie wieder. »Du hast nicht auf uns gehört!« Schließlich gestehen Sie sich im Innersten ein, daß bei Ihrem Baby ein Schlafproblem besteht.

Im folgenden der beste Rat, den Sie bekommen können: Verschwenden Sie nicht einen einzigen Moment damit, sich zu bestrafen oder sich von diesen Hausdrachen schuldig sprechen zu lassen! Werfen Sie Ihre in bester Absicht begangenen Fehler, Ihre in die Irre führenden Entscheidungen, Ihren guten Willen, Ihren Großmut, Ihren Wunsch zu gefallen, diesen ganzen Rattenschwanz hinter sich. Sie sind nicht die ersten Eltern, denen das passiert ist. Es ist möglich, von vorne anzufangen!

Verschiedene Wege, mit nächtlichem Aufwachen umzugehen

Es gibt verschiedene Möglichkeiten, auf nächtliches Aufwachen zu reagieren, und jede Familie muß entscheiden, welche Möglichkeit sie für sich und ihr Baby als die beste betrachtet. Es gibt Eltern und Fachleute, die Ihnen sagen werden, daß Sie die Sache innerhalb von drei Nächten bis höchstens zwei Wochen in den Griff bekommen können. Das stimmt wahrscheinlich – wenn Ihre Einstellung zu dieser Frage ganz klar und unwiderruflich ist. Es lohnt sich deshalb, das Ganze sorgfältig zu durchdenken. Achten Sie auf Ihre eigene Ambiguität und legen Sie Ihre Zweifel offen. Auf diese Weise können Sie sich dem Problem mit mehr Klarheit und Selbstvertrauen nähern.

Die harte Linie. Die harte Linie besteht darin, daß man ein Baby, das nachts aufwacht, schreien läßt, bis es wieder schläft. In ihrem Handbuch zur »Säuglings- und Kinderpflege« erläutern Spock und Rothenberg die harte Linie, bei der man dem Schreien des Babys nicht nachgibt: »Dieses Problem kann in der Regel in zwei oder drei Nächten gelöst werden, wenn man das Baby schreien läßt und nicht zu ihm geht ... Das Baby darf die Eltern nicht sehen, wenn es aufwacht. Denn wenn es die Eltern sieht, selbst wenn sie schlafen, wird es wütend und schreit endlos weiter.« Schläft das Baby im selben Raum mit den Eltern, sollte sein Bettchen abgeschirmt sein.

Der Mittelweg. Im Groben besteht dieser Weg darin, das Baby zu wecken, bevor die Eltern zu Bett gehen, und es zu füttern. Wacht es dann später in der Nacht auf und schreit, wissen die Eltern zumindest, daß es keinen Hunger haben kann. Hinter dieser

Haltung steht wie bei der harten Linie die Überlegung, daß man das Baby dazu erziehen kann, selbstgenügsam zu sein und von alleine wieder einzuschlafen. Dieser Weg unterscheidet sich von der harten Linie insofern, als daß ein Elternteil da ist, um das Kind zu trösten, wenn es schreit; wenn es aufwacht, geht ein Elternteil zu ihm und spricht, ohne es hochzunehmen, kurze Zeit beruhigend auf es ein. Dann geht die Mutter bzw. der Vater wieder. Schreit das Baby weiter, kommt die Mutter/der Vater zurück, um nachzusehen, ob alles in Ordnung ist, spricht noch einmal kurz mit dem Baby und geht wieder. Die Zeitspannen, in denen die Eltern reagieren, werden allmählich größer. Das Baby, das schrittweise und damit auf humane Weise von der Stimme und Gegenwart der Mutter oder des Vaters entwöhnt wird, lernt schließlich, daß es alleine wieder einschlafen kann.

Das Familienbett. Am anderen Ende des Spektrums stehen die Leute, die glauben, daß Schlafprobleme verhindert werden können, wenn Eltern und Baby zusammen im gleichen Raum, wenn nicht sogar im gleichen Bett schlafen. Befürworter des Familienbetts argumentieren, daß wir Wesen sind, die Körperkontakt brauchen. Unsere nächsten Verwandten, die Affen, lassen Ihre Babys kaum einmal allein, weder tags noch in der Nacht. Die körperliche Bindung, zunächst ein Mittel, die Bedrohung durch Angreifer zu überleben, ist zu einem Fundament einer gesunden emotionalen Entwicklung geworden. Entgegen möglichen Befürchtungen wird ein Baby, das seine Eltern Tag und Nacht verfügbar hat, nicht übermäßig anhänglich werden. In Wirklichkeit tritt das Gegenteil ein. Letztlich wird dieses Kind leichter loslassen können, weil es genug Sicherheit und Bindung erfahren hat. In der geschäftigen und komplexen Welt, in der wir leben, ist das Teilen eines Bettes auch eine Möglichkeit, »qualitativ hochwertige« Zeit miteinander als Familie zu verbringen: Väter wie Mütter können körperlich und emotional ihren Kindern nahe sein. Diese Methode funktioniert gut bei Eltern, die in dieser Frage nicht zwiespältig empfinden und die in der Lage sind, ihre eigenen Bedürfnisse nach Intimität außerhalb des Familienbetts zu befriedigen.

Was Sie sich zunächst fragen sollten, bevor Sie eine Maßnahme ergreifen:

○ Fühlt sich das Baby körperlich wohl? Warm genug? Nicht zu warm? Kann es seine Lage verändern? Hat es Hunger, zahnt es, leidet es an Windelausschlag, bekommt es eine Erkältung, oder brütet es eine Krankheit aus? Wurde es kürzlich geimpft? Gibt es irgendwelche Anzeichen, daß es auf ein Nahrungsmittel oder eine Substanz in seiner Umgebung allergisch reagiert? Gab es Veränderungen in seiner Betreuung? Waren Sie länger als üblich von ihm getrennt? Waren Sie mit ihm in Urlaub, wo es in einem fremden Bett geschlafen hat? Hat es kürzlich einen großen motorischen Fortschritt gemacht, z. B. gelernt, sich zum Stehen hochzuziehen, zu laufen usw? Jeder dieser Faktoren kann zum nächtlichen Aufwachen beitragen. Es hilft, wenn man sie sich bewußt macht.

○ Schläft das Baby tagsüber mehr als zweimal? Vielleicht braucht es deswegen nachts weniger Schlaf. Schläft es tagsüber zuviel, bedeutet dies auch, daß ihm Aktivitäten und Anregungen fehlen. Sind die Schläfchen des Babys die einzige Zeit, die Sie für sich selber haben? Gibt es eine andere Möglichkeit, Zeit für sich selbst zu finden? Oder macht das Baby gar kein richtiges Schläfchen? Döst es nur so vor sich hin – in seinem Autositz oder im Buggy?

○ Schadet das nächtliche Aufwachen dem Baby? Scheint es am nächsten Tag müde und launisch? Ein solches Baby ist sicherlich nicht so empfänglich und aufmerksam gegenüber all den wundervollen, stimulierenden Aspekten des Lebens wie ein ausgeruhtes Baby.

○ Es herrscht wohl weitgehend Einigkeit darüber, daß sich ein Baby irgendwie unglücklich fühlt, wenn es nachts aufwacht und schreit. Schadet es dem Baby emotional, wenn wir nicht eingreifen? Weder Fachleute noch Eltern können darauf wirklich Antwort geben. Manche Menschen können mit der Ungewißheit leben. Andere nicht. Noch andere sagen: »Auch wenn ich nicht weiß, ob es dem Baby schadet, weiß ich doch, daß es mir weh tut. Ich kann meine Aufgaben als Mutter/Vater tagsüber nicht gut erfüllen, wenn ich nachts nicht richtig schlafe.« Wo ordnen Sie sich ein? Und warum?

○ Die schwierigste Frage, die man sich stellen muß, ist eine sehr überraschende. Welche Rolle spielt dabei die Mami? Welche Rolle spielt dabei der Papi? Es gibt nur wenige Eltern, die nicht anfällig sind für Schuldgefühle und eine gewisse Ambivalenz empfinden hinsichtlich ihrer Rolle als Eltern. Z. B. können unzählige versteckte Probleme Anteil daran haben, daß eine berufstätige Mutter und ihr Baby nicht genug Schlaf bekommen. Versucht die Mutter sich selbst davon zu überzeugen, daß sie eine aufmerksame Mutter ist, wenn sie nachts für ihr waches Baby da ist? Oder sind die Schlafprobleme des Babys der Beweis dafür, daß es sie vermißt? Will sie eigentlich bei ihrem Baby zu Hause bleiben? Wenn sie müde und kaputt ist von ihrem Job und ihn nicht effekttiv ausüben kann, rechtfertigt das nicht, ihn aufzugeben?

○ Steht das ständige nächtliche Aufwachen zwischen den Eltern? Beeinträchtigt es ihre Ehe? Ohne sich dessen bewußt zu sein, können Mann und Frau die Schlafprobleme ihres Kindes vorschieben, um dem eigentlichen Problem auszuweichen – der Intimität zwischen ihnen. Kinder verändern uns und bringen unsere Gewohnheiten völlig durcheinander. Solange wir ein klares Problem wie das nächtliche Aufwachen haben, das uns beschäftigt und trennt, müssen wir uns selber und unsere Beziehung nicht genauer unter die Lupe nehmen. Doch wenn wir die eigentlichen Probleme verdrängen, versäumen wir die Gelegenheit, in unserer Beziehung und in unserer Rolle als Eltern etwas dazu zu lernen.

Frühes morgendliches Aufwachen

Die Sonne ist gerade am Horizont aufgetaucht, als Sie aus dem so dringend benötigten Tiefschlaf gerissen werden. Das Baby ist wach, das Bettchen klappert, und Sie können hören, wie das Spielzeug auf den Boden fliegt. Auf den letzten Schlag folgt ein langer süßer Moment der Ruhe. Während Sie ihn genießen, wissen Sie schon, daß Ihre Zeit jetzt gekommen ist. In diesem Moment überlegen Sie, wie Sie sich abschotten könnten. Oder Sie wünschen, sie hätten Ihre Kinder schon früher bekommen. Dann wären sie jetzt bereits sieben Jahre alt, könnten sich ihr Frühstück selber machen und würden Ihnen vielleicht sogar ein Glas Orangensaft ans Bett bringen. Sie

hätten es wahrlich verdient! Bis aber die jetzige Phase überwunden ist – und es scheint, daß sie zyklisch auftritt, vielleicht weil sie etwas mit den Jahreszeiten, dem Zahnen, einer neuen Betreuungsperson oder mit dem Erwerb neuer motorischer Fähigkeiten zu tun hat –, besteht die einzige faire und vernünftige Lösung darin, daß sich die Eltern beim frühen Aufstehen abwechseln. Sind Sie alleinerziehend, müssen Sie es allein ertragen. Versuchen Sie sich als Ausgleich für dieses wirkliche Opfer in anderer Hinsicht etwas Gutes zu tun. Bitten und akzeptieren Sie die Hilfe von Freunden und Verwandten. Können Sie drei Dinge anführen, die Sie gerne tun würden? Machen Sie einen konkreten Plan, wie Sie innerhalb einer Woche mindestens einen dieser Pläne verwirklichen können.

Ein Platz zum Schlafen: Wiege, Stubenwagen oder Kinderbett?

Viele Eltern fragen sich, ob Sie eine Wiege oder einen Stubenwagen anschaffen sollten. Praktischer ist ein Stubenwagen. Seine Räder und die geschlossenen Seiten bieten sowohl Mobilität wie Sicherheit. Achten Sie auf eine große Liegefläche und eine feste Unterlage. Wiegen, auch wenn sie schlicht und romantisch sind, sind meist teuer. Außerdem wird darin das Baby von Seite zu Seite gerollt, anstatt von Kopf bis zur Zeh gewiegt, eine Bewegung, die Babys lieber mögen. Wenn Sie unbedingt eine Wiege haben wollen (so war es bei mir beim ersten Baby!), wählen Sie eine mit einer großen Liegefläche und einer festen Unterlage. Wenn Sie eine antike Wiege kaufen, überprüfen Sie, ob die Stäbe nicht mehr als sechs Zentimeter auseinander stehen. Sie darf auch keine gefährlichen Klappen oder Endstücke haben, an denen sich das Baby verletzen könnte. Überlegen Sie sich, ob Sie nicht statt einer Wiege einen Schaukelstuhl kaufen sollten, den die ganze Familie jahrelang nutzen kann.

Noch sorgfältiger sollten Sie an den Kauf eines Kinderbettes gehen. Babys verbringen einen beträchtlichen Teil ihrer Zeit allein in ihrem Bettchen. Aus diesem Grund muß das Bett, das Sie auswählen, absolut sicher sein – Sie werden nicht ständig da sein, um zu überwachen, was da vor sich geht. Es gibt Sicherheitsbestimmungen, die ein Kinderbett erfüllen muß, so ist z. B. der Abstand zwischen den Gitterstäben festgelegt, wie auch die Seitenhöhe, die Sicherheit der Oberflächen und Kriterien der Konstruktion. Viele Betten tragen das Zeichen GS für Geprüfte Sicherheit oder das TÜV-Siegel, außerdem werden Kinderbetten zusätzlich von der Stiftung Warentest getestet und beurteilt.

Dennoch gibt es immer wieder Unfälle in Kinderbetten. Ist aus Ihrem Baby erst einmal ein Kleinkind geworden, hat sein Bett schon sehr viel aushalten müssen – das Kind hat an den Stäben gerüttelt, dagegen geboxt usw. Die Eltern sollten daher täglich den Zustand des Bettes überprüfen. Im folgenden einige Richtlinien, die Ihnen bei der Auswahl eines Bettchens und beim sicheren Gebrauch helfen sollen.

- Viele Betten haben an einer Seite herausnehmbare Schlupfsprossen, damit das Kind später allein heraussteigen kann. Versichern Sie sich, daß das Kind diese Sprossen nicht alleine herausnehmen kann.
- Hat das Bett Rollen, achten Sie darauf, daß sie immer gut fixiert sind, wenn das Bett steht.

○ Wenn Sie eine antike Wiege kaufen oder ein altes Bettchen oder sich ein Bett selber bauen, achten Sie darauf, daß die heutigen Sicherheitsbestimmungen eingehalten werden.

○ Achten Sie darauf, daß keine Pfosten oder andere Teile abstehen. Daran kann sich die Kleidung des Babys verfangen und das Baby strangulieren. Achten Sie darauf, daß alle Ecken abgerundet sind. Das Bett sollte auch keine dekorativen Elemente enthalten, an denen sich das Baby verletzen kann.

○ Viele Betten haben eine bis zu vier Stufen höhenverstellbare Matratze. So können Sie die Matratze weiter nach unten verstellen, wenn das Baby größer wird und oben herausklettern könnte. Überprüfen Sie immer wieder, ob der Aufhängemechanismus gut eingerastet ist. Falls ein Verschluß sich öffnet, kann die Matratze zur Seite kippen und das Baby einklemmen.

○ Wenn Sie eine neue Matratze kaufen, muß dies nicht unbedingt die teuerste sein. Babys sind leicht, und eine preiswertere Matratze aus Schaumstoff ist genau das richtige, auch im Hinblick auf mögliche Allergien. Achten Sie darauf, daß die Matratze genau paßt. In eventuellen Spalten zwischen Matratze und Bettgestell könnte das Baby Arme, Beine oder sogar den Kopf einklemmen. Sinnvoll ist, auf die Matratze und unter das Bettuch eine wasserfeste Unterlage zu legen, die in Babygeschäften erhältlich ist.

○ Verwenden Sie nie Plastiktüten, um die Matratze zu schützen. Das Baby könnte hineinkriechen und ersticken.

○ Ältere Kinderbetten können mit bleihaltigen Farben gestrichen sein. Manche Babys kauen auf allen Oberflächen herum, und dies wäre in diesem Fall sehr gesundheitsschädlich. Haben Sie diesbezüglich Zweifel, überstreichen Sie das Bettchen mit einer ungiftigen, speichelfesten Farbe.

○ Vor dem Kauf überprüfen Sie, ob das Bettchen einfach montierbar ist. Wenn Sie nicht sehr geschickt sind, erwägen Sie, ob Sie es fertig aufgebaut transportieren können. Bewahren Sie die Aufbauanleitung auf. Bauen Sie ein Second-hand-Bettchen auf, ersetzen Sie Holzschrauben und achten Sie genau auf eventuelle Verschleißerscheinungen.

Zusätzliche Ausstattungsgegenstände:

Bett-Kopfschutz (Nestchen). Diese Polster, die am Kopfende am Gitter befestigt werden, schützen den Kopf des Babys. Sie polstern die Ecken aus, in die sich Babys gerne kuscheln, und verhindern, daß Arme und Beine sich zwischen den Stäben verfangen können. Polster mit bunten Mustern sind für das Baby interessanter zu betrachten als einfarbige. Die Nestchen sind einfach zu befestigen und für jedes Bett passend. Sobald das Baby stehen kann, sollten Sie das Nestchen entfernen, denn das Baby könnte sich darauf stellen, um aus dem Bett zu klettern.

Bettücher. Sie brauchen mindestens drei passende Bettücher – eines fürs Bett, eines, das gerade trocknet, und eines, das in der Wäsche ist. Bewegt sich das Baby wenig, können auch kleine stoffüberzogene Plastikdeckchen das Leintuch am Gesicht und in der Windelgegend schützen.

Betthimmel. Ein Betthimmel läßt sich mit einem Gestänge am Bett anbringen und kann dem Baby größere Geborgenheit und Ungestörtheit verschaffen. Wenn es allerdings älter wird, sollte man dem Baby den Blick auf seine Umgebung freigeben.

Reisebetten

Zusammenklappbare und tragbare Reisebetten sind kleiner und leichter als normale Kinderbetten. Sie bestehen in der Regel aus einem Gestell aus Leichtmetall und einem Bezug, entweder aus Baumwolle oder aus einem netzartigen reißfesten Gewebe. Sie können mit wenigen Handgriffen zusammengeklappt werden und passen in jeden Kofferraum. Bei diesen Betten ist es jedoch besonders wichtig, auf die Sicherheitsstandards zu achten. Viele Modelle sind GS- und/oder TÜV-geprüft.

Wenn Sie viel unterwegs sind, ist ein Reisebett sicherlich empfehlenswert, da das Baby so auch in einer fremden Umgebung einen sicheren und vertrauten Schlafplatz findet. Neben den Reisebetten gibt es Netzlaufgitter, wobei die Übergänge manchmal fließend sind. Diese Netzlaufgitter sind ein leichter, ebenfalls zusammenklappbarer und transportabler Laufstall. Sie unterscheiden sich von den Reisebetten vor allem dadurch, daß sie keine Schlafmatratze haben. Wenn Sie jedoch in ein Netzlaufgitter eine mehrfach gefaltete Decke legen, kann Ihr Kind auch darin mal ein Schläfchen halten.

Verwenden Sie weder Reisebett noch Netzlaufgitter als ständigen »Aufbewahrungsort« für Ihr Baby. Bei einem Reisebettchen ist es sinnvoll, es nur zum Schlafen zu benutzen, damit Ihr Baby Schlafen und Bett in Verbindung bringt. Achten Sie immer darauf, daß der Klappmechanismus sicher verriegelt ist. Sobald das Baby stehen kann, sollten Sie ihm keine großen Spielsachen hineingeben, da es sie als »Schemel« benutzen und aus dem »Ställchen« klettern kann.

Vorsicht Spielzeug!

Um ihrem Baby Anregungen zu verschaffen, hängen viele Eltern Mobile und Baby-Trapeze über das Bettchen. Bei einem noch immobilen Baby ist das in Ordnung. Doch sobald das Kind knien und an das Spielzeug herankommen kann, kann es darin hängenbleiben. Nehmen Sie dieses Spielzeug zu diesem Zeitpunkt ab. Lassen Sie keine Stofftiere mit Teilen, die das Baby abreißen oder auf denen es herumkauen kann, in seinem Bettchen – und keine großen Spielsachen, die als Schemelchen dienen können, sobald es stehen kann. Stellen Sie darüber hinaus ein Kinderbett nie in die Nähe eines Fensters. Das Baby könnte sich an den Schnüren von Vorhängen oder Rollos strangulieren.

Hilfreiche Bücher zum Thema Schlaf

Douglas, Jo/Richman, Naomi: Mein Kind will nicht schlafen, Fischer 1989.
Haslam, David: Schlaflose Kinder – unruhige Nächte. Wenn Kinder nicht schlafen können, Kösel 1989.
Jackson, Deborah: Drei in einem Bett, rororo 1991.

BADEN UND ANZIEHEN

Das Baden eines Neugeborenen

Es gibt Eltern, die es genießen, ihr Neugeborenes zu baden. Für andere jedoch kann das Baden zu einer nervenaufreibenden Tortur werden. Es kann nicht schaden, wenn Sie schon vor der Geburt einen Kurs über Babypflege mitmachen. Dort zeigt man Ihnen auch, wie man ein Baby beim Baden richtig hält. Wahrscheinlich werden Sie in der ersten Zeit trotzdem noch Unbehagen beim Baden Ihres Neugeborenen empfinden. Das ist normal. Überdies ist es nicht nötig, das Baby täglich von Kopf bis Fuß zu schrubben. Wichtig ist jedoch, daß der Windelbereich immer gründlich gereinigt wird.

Wenn das Baby beim Baden schreit, dann nicht aufgrund Ihrer Unfähigkeit. Wahrscheinlich mag es einfach das Ausziehen nicht. Schließlich hat es gerade neun Monate in einer konstant körperwarmen Umgebung verbracht. Das Baden bietet dem Vater eine gute Gelegenheit, sich an der Babypflege zu beteiligen. Männerhände sind meist größer als die Hände einer Frau, und daher kann der Vater das Baby leichter in der Rückenlage halten (siehe Seite 188).

Vorbereitungen auf das Bad

Das Bad wird entspannter verlaufen, wenn Sie zunächst alles bereitlegen, was Sie brauchen, bevor sie das Baby ausziehen. Am einfachsten ist es, wenn die benötigten Utensilien in einem Korb oder einer Kiste aufbewahrt werden. Verfallen Sie nicht in Hektik. Lassen Sie sich zum Baden des Babys viel Zeit. Achten Sie nicht darauf, wenn das Telefon klingelt, oder wickeln Sie das Baby in eine Decke und nehmen Sie es mit, wenn Sie zum Telefon gehen. Lassen Sie das Kind nie unbeaufsichtigt.

Frage: Wann ist die beste Zeit zum Baden?
Antwort: Am besten badet man das Baby kurze Zeit nach einer Mahlzeit; zu diesem Zeitpunkt ist es weder hungrig noch so gesättigt, daß es aufgrund der Bewegungen und der Aufregung spucken könnte.

Was Sie griffbereit haben sollten:

- ○ Eine milde Seife.
- ○ Babyshampoo, das nicht in den Augen brennt.
- ○ Einen feinzinkigen Babykamm.

- ○ Einen weichen Waschlappen.
- ○ Ein Handtuch, am besten ein Kapuzentuch für Babys.
- ○ Eine Rutscheinlage für die Badewanne.
- ○ Kleidung.
- ○ Windeln.
- ○ Heilsalbe für Windelausschlag, wenn nötig.
- ○ Eine spezielle Nagelschere.

Wie man das Baby wäscht, solange der Nabel noch nicht abgeheilt ist

Legen Sie das Baby an einem warmen, zugfreien Ort auf einen Tisch oder eine andere Unterlage in Taillenhöhe. Legen Sie alles griffbereit, bevor Sie beginnen. Legen Sie das Baby auf ein Handtuch und stellen Sie eine Schüssel warmes Wasser neben sich, wenn Sie nicht in Reichweite des Wasch- oder Spülbeckens sind. Manche Neugeborene brechen in Panik aus, wenn sie völlig nackt sind. Ist dies bei Ihrem Baby der Fall, lassen Sie ihm die Windel an, während Sie seinen Oberkörper waschen, und ziehen Sie ihm ein Hemdchen über, wenn Sie den Po säubern.

Das Gesicht. Verwenden Sie für das Gesicht des Babys keine Seife. Nehmen Sie einen sauberen Wattebausch und tauchen Sie ihn in warmes Wasser. Wischen Sie behutsam vom inneren Augenwinkel nach außen. Säubern Sie ebenso das andere Auge mit einem neuen Wattebausch. Vergessen Sie nicht die Hautfalten unter dem Kinn des Babys.

Ohren. Die Ohren reinigen sich natürlicherweise von selber. Stecken Sie nichts, das kleiner ist als ihr Ellbogen, in die Ohren des Babys! Keine Wattestäbchen! Wischen Sie mit einem Waschlappen, den Sie um Ihren Finger gewickelt haben, über den äußeren Gehörgang; vergessen Sie die Stellen hinter den Ohren nicht.

Nase. Sie können angetrockneten Schleim mit einem feuchten Waschlappen aufweichen und vorsichtig entfernen.

Arme und Hände. Säubern Sie sorgfältig alle Hautfalten an den Händen, Gelenken und Ellbogen. Hier können sich erstaunlich viel Fusseln sammeln. Trocknen Sie die Haut sorgfältig.

Rücken und Hals. Drehen Sie das Baby behutsam auf den Bauch und waschen Sie seinen Rücken und Hals. Achten Sie darauf, daß Sie die Hautfalten am Hals nicht vergessen. Nachdem Sie das Baby wieder umgedreht haben, können Sie ihm sein Hemdchen wieder anziehen.

Nabel. Er darf, bevor er abgeheilt ist, nicht mit Wasser gewaschen werden. Tupfen Sie ihn mit einem Wattebausch, der in eine spezielle Reinigungsflüssigkeit getaucht ist, mehrmals am Tag ab. Ist der Nabel abgeheilt, sollte er bei jedem Bad gewaschen werden. Sie werden überrascht sein, was sich hier alles ansammelt!

Po und Beine. Achten Sie darauf, daß Sie alle Hautfalten an Beinen und Po gründlich säubern und mit einem Handtuch gut abtrocknen.

Genitalien (Mädchen). Ziehen Sie die Schamlippen vorsichtig auseinander und waschen Sie von vorne nach hinten. Gewöhnlich sammelt sich in den Schamlippen eine weißliche, käseartige Substanz. Das ist völlig normal und verschwindet von selbst. Sie muß nicht weggewischt werden.

Genitalien (Jungen). Der Penis wird ganz normal wie der übrige Körper abgewaschen. Es besteht keine Notwendigkeit, die Vorhaut zurückzuziehen. Der Penis reinigt sich von selber.

Kopf und Haare. Sie müssen Ihrem Neugeborenen die Haare nicht mehr als ein- oder zweimal wöchentlich waschen. Sie können sie zu Anfang oder am Ende des Bades waschen. Vor dem Einschampoonieren können Sie ein wenig Öl auf die Kopfhaut geben, damit sich eventuelle Krusten, der sogenannte Milchschorf, auskämmen lassen.

Um das Baby beim Haarewaschen warm zu halten und ihm ein Gefühl der Sicherheit zu vermitteln, können Sie es in ein Handtuch wickeln, so daß nur der Kopf unbedeckt ist. Nehmen Sie das Baby unter Ihren Arm und stützen Sie den Kopf ab oder legen Sie es auf dem Rücken neben das Waschbecken (wenn Platz vorhanden ist). Tragen Sie mildes Babyshampoo auf. Haben Sie keine Angst, auch die Fontanelle einzureiben – sie ist durch eine feste Membran geschützt. Spülen Sie das Haar ab. Halten Sie dabei den Kopf des Babys in Ihrer Hand.

Fingernägel. Schneiden Sie die Fingernägel des Babys kurz, damit es sich nicht kratzen kann. Schneiden Sie sie, wenn es schläfrig ist oder schläft. Kleine Babys haben dünne, beinahe transparente Nägel.

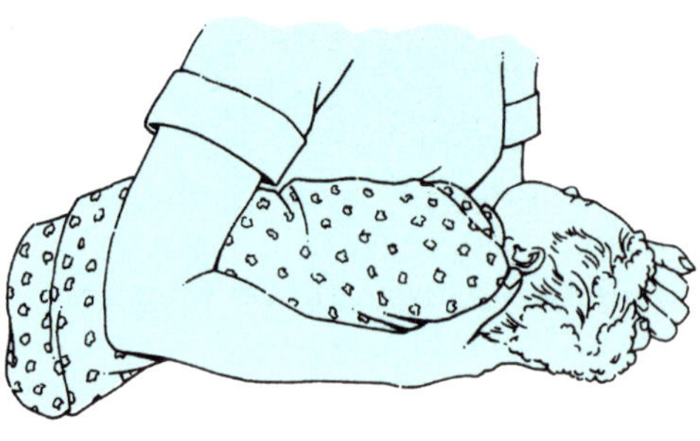

Wie man das Baby beim Haarewaschen hält

Baden in der großen Badewanne

Sobald das Baby gut sitzen kann, können Sie es in der großen Wanne baden. Vielleicht stellen Sie fest, daß es vom Wasser völlig fasziniert ist. Wasser ist für die meisten Babys das herrlichste Spielzeug. Ein Bad, so alltäglich es scheinen mag, stellt für das Baby eine wahrhaft lehrreiche Erfahrung dar. Denken Sie daran, wie viele verschiedene Empfindungen ihm alleine das Wasser vermittelt. Die Berührungsreize – der Temperaturunterschied zwischen Wasser und Luft oder die sinnliche, freie, scheinbare Gewichtslosigkeit des Körpers. Wasser bietet auch einige der dramatischsten Beispiele für das Zusammenspiel von Ursache und Wirkung. Welche Macht, seine Umgebung zu beeinflussen, hat das Baby doch, wenn es planscht und Wellen macht. Und wenn Sie an seiner Fähigkeit, aus einer Tasse zu trinken, zweifeln, dann geben Sie ihm eine Tasse in die Badewanne und schauen, wie es damit umgeht.

Bevor Sie beginnen, legen Sie alles, was Sie benötigen, griffbereit, am besten neben sich auf den Boden. Haben Sie bisher eine kleine Babybadewanne benutzt und glauben Sie, daß Ihr Baby in der großen Wanne Angst haben könnte, stellen Sie zunächst die kleine Wanne in die große. Sie müssen sich dabei auf eine weiche Unterlage knien und über die Badewanne beugen. Bis das Baby wirklich sicher sitzen kann, müssen Sie Ihren Unterarm oben um seinen Rükken legen und eine Schulter abstützen. Dabei ist auch der Kopf des Babys durch Ihren Arm abgestützt. Das Baby fühlt sich sicher, und Sie können es mit der anderen Hand waschen.

Frage: Was kann ich tun, wenn das Baby Angst vor dem Wasser hat?

Antwort: Gehen Sie nicht davon aus, daß das Baby seine Angst verliert, wenn Sie es immer wieder mit Wasser in Berührung bringen. Es wird nur noch mehr Angst bekommen. Nehmen Sie es hin. Waschen Sie es statt dessen einfach. Babys verändern sich schnell und vergessen ihre Ängste. In drei oder vier Wochen wird es »erwachsener« sein und seine Angst vielleicht überwunden haben.

Achten Sie auf die Sicherheit in der Badewanne

- Lassen Sie das Baby niemals alleine in der Badewanne. Wenn das Telefon oder die Haustürglocke klingelt, wickeln Sie es in ein Handtuch und nehmen Sie es mit. Oder aber ignorieren Sie das Klingeln einfach.
- Entfernen Sie alle Gegenstände wie Seife, Rasierzeug und Shampoo vom Seitenrand der Wanne.
- Überprüfen Sie, ob die Wassertemperatur 37 Grad beträgt. Drehen Sie immer erst das heiße Wasser an und dann das kalte. Falls der Wasserhahn noch etwas tropft, wenn das Baby in der Wanne sitzt, ist das Wasser in diesem Fall kalt und nicht heiß.
- Überlegen Sie, ob Sie nicht eine rutschfeste Gummimatte auf den Boden der Badewanne legen wollen.
- Spezielle Baby-Badehilfen aus reißfestem Baumwollgewebe können in einer Babybadewanne angebracht werden. Sie verhindern, daß das Baby während des Waschens wegrutschen kann. Trotzdem sollten Sie das Baby keine Sekunde aus den Augen lassen.
- Das Badezimmer ist ein äußerst gefährlicher Ort. Machen Sie ihn soweit wie möglich kindersicher (siehe dazu die Vorschläge auf Seite 325).

Eltern verraten ihre Badetricks

Sobald der Nabel abgeheilt ist, kann das Baby in der Badewanne gebadet werden. Wenn es erst strampeln und kicken kann, wird das Bad oft zum Höhepunkt des Tages. Eltern haben folgende Prozeduren entwikkelt:

Nach dem Ausziehen habe ich mein Baby immer sofort in ein angewärmtes Handtuch gewickelt, um es wieder aufzuwärmen, bevor ich es ins Wasser setzte.

***

Ich fand es am bequemsten, das kleine Baby im Waschbecken im Bad oder im Spülstein in der Küche zu baden. Spezielle Babybadewannen sind, wenn sie voll sind, sehr schwer zu heben und auszuleeren. Sie werden auch nicht sehr lange gebraucht und müssen irgendwo untergebracht werden. Lassen Sie ein wenig Wasser in das Waschbecken einlaufen und überprüfen Sie die Temperatur mit Ihrem Ellenbogen. Die Finger sind kein genauer Anzeiger. Legen Sie in das Waschbekken ein Handtuch, etwas Schaumstoff oder eine Gummimatte, damit das Baby nicht wegrutschen kann. Gießen Sie etwas Wasser zu, zunächst heißes Wasser. Umwickeln Sie dann den Wasserhahn mit einem Handtuch, damit sich das Baby nicht weh tun kann, falls es dagegen stößt. Nehmen Sie das Baby, wobei Sie eine Hand unter seinen Rücken schieben und dabei seinen Kopf mit Ihrem Handgelenk oder Arm stützen und mit den Fingern seitlich die Achselhöhle umfassen. Auf diese Weise haben Sie die andere Hand frei, um das Baby einzuseifen und abzuwaschen, einen Körperteil nach dem anderen. Ein Baby, das ganz eingeseift ist, kann man unmöglich festhalten.

***

Wie man ein Baby beim Baden am sichersten hält

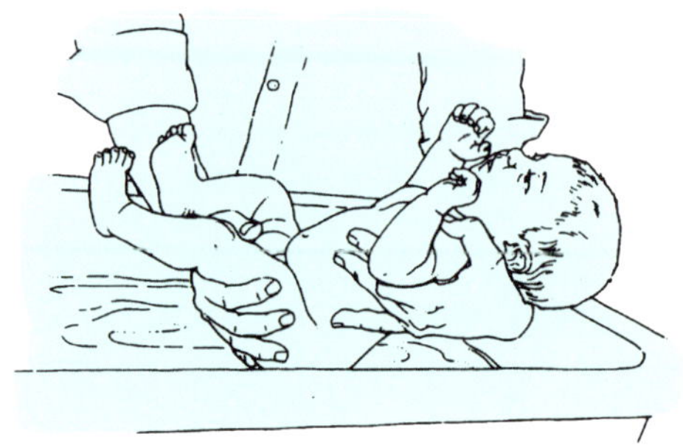

1. Das Baby in die Badewanne hineinsetzen: Stützen Sie Kopf und Schultern, indem Sie Ihren Daumen um die linke Schulter des Babys und die Finger unter seinen Arm legen; mit der rechten Hand umfassen Sie seinen linken Oberschenkel.

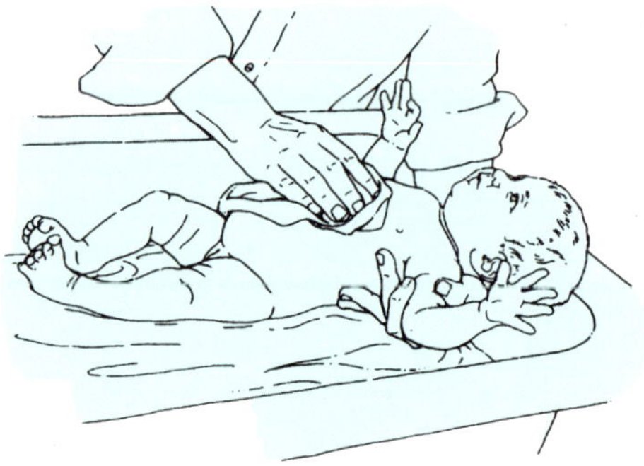

2. Die vordere Körperseite waschen: Lassen Sie das Baby sich erst einen Moment ans Wasser gewöhnen, bevor Sie es einseifen. Säubern Sie die Hautfalten am Hals, an den Armen, Beinen und Beugen. Waschen Sie die Seife gut ab.

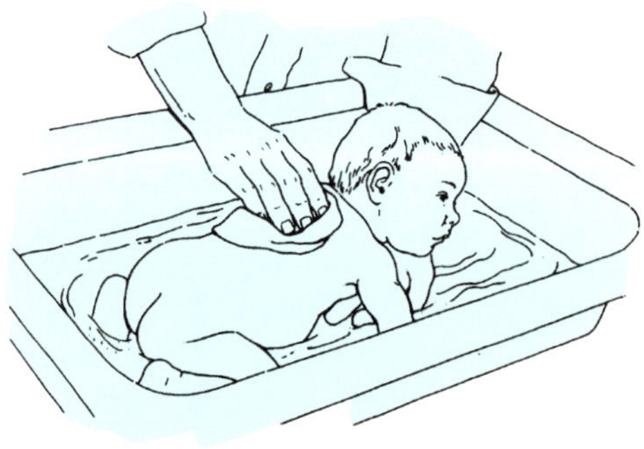

3. Den Rücken des Babys waschen: Drehen Sie das Baby um und legen Sie seine Brust über Ihren Unterarm und halten es unter der Achselhöhle fest. Seifen Sie Rücken und Po ein. Spülen Sie gut mit Wasser nach. In dieser Stellung können Sie das Baby aus der Wanne nehmen.

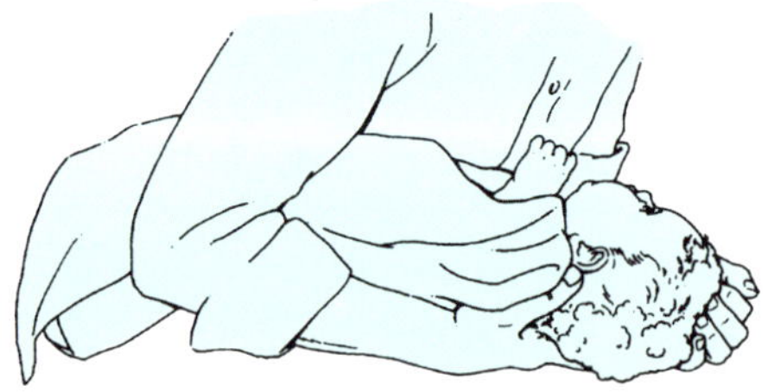

4. Zum Haarewaschen halten Sie das Baby in folgender Position: Das Baby liegt mit Kopf und Körper auf Ihrem rechten Arm. Seine Hüften sind gegen Ihre Seite gepreßt. Benutzen Sie Ihre linke Hand zum Haarewaschen; spülen Sie das Shampoo gut aus.

Zum Baden stellte ich Jessica in ihrem Kindersitz in das Spülbecken in der Küche. Der Sitz war aus Plastik. Es machte nichts, wenn er naß wurde. Zum Auspolstern verwendete ich statt dem Kissen ein Handtuch.

⁂

Kaltes Shampoo kann für ein Baby ein richtiger Schock sein. Ich wärme die Plastikflasche an, indem ich sie in das warme Badewasser tauche.

⁂

Ich nahm Nikolas mit mir in die Badewanne. Zwar mußte ich bei der Wassertemperatur Kompromisse machen, aber mitten im August war dies kein großes Opfer. Ihre Beine sind ein perfektes Ruhekissen für das Baby. Legen Sie ein dickes Handtuch auf den Boden neben die Badewanne, auf das Sie das Baby legen können, bevor Sie aus der Wanne steigen.

⁂

Ich liebe unser kleines aufblasbares Planschbecken. Darin habe ich Karina immer gebadet. Jetzt mit zehn Monaten mag sie, wenn es heiß ist, immer noch darin spielen. Weil es aufblasbar ist, kann man es leicht wegräumen und auch gut zum Strand mitnehmen.

Das Einkleiden des Neugeborenen

Es ist schwer, bei der Auswahl von Babykleidung nicht dem Kaufrausch zu erliegen. Diese kleinen Hemdchen, Kleidchen und Strampler sind so süß, daß man leicht zuviel davon kauft. Wer empfindet in der Spätschwangerschaft nicht das Bedürfnis, gerüstet zu sein? Aber es ist wirklich nicht nötig, alles auf einmal zu kaufen. Zügeln Sie sich. Die Garderobe Ihres Babys ist abhängig von Ihrem Budget, der Jahreszeit der Geburt, den Geschenken und ausgeliehenen Kleidungsstücken, der Zeit, die Sie für die Pflege der Kleidung haben, und – am wichtigsten – der Möglichkeit, eine Waschmaschine zu benutzen.

Steht bei Ihnen das Sparen an oberster Stelle, so sollten Sie sich auf den Bazaren und Kleiderbörsen, die vielerorts im Frühjahr und Herbst durchgeführt werden, umschauen. Fast überall gibt es inzwischen auch Second-hand-Shops. Second-hand-Kleidung ist weich und bequem, läuft nicht mehr ein und verfärbt sich nicht mehr. Tips, wie Sie Second-hand-Kleidung aufbessern können, finden Sie auf Seite 203. Wissenwertes zum Thema Windeln finden Sie auf den Seiten 194 bis 197.

Tatsachen und Meinungen zum Thema Babykleidung

Das »Durchschnittsbaby« verdoppelt sein Gewicht in den ersten fünf Monaten, verdreifacht es innerhalb eines Jahres; und es wächst überdies im ersten Jahr ungefähr 25 Zentimeter.

Ich habe keine Freunde oder Verwandten, die Babys haben, also mußte ich mir die gesamte Kleidung selber besorgen. Das kostete mich einige hundert Mark, denn ich kaufte von jedem Teil drei Stück in Gelb-, Weiß- und Blautönen. Als Bettina geboren wurde, brauchte ich mindestens eine Woche, um festzustellen, was ich ihr leicht an- und ausziehen konnte und was hübsch aussah. Die anderen Kleidungsstücke legte ich beiseite, damit ich nicht ständig an meine Dummheit erinnert wurde. Ich kann heute nur den Rat geben, am Anfang lediglich einige wirklich nützliche Teile wie Frottestrampler und aufknöpfbare T-Shirts zu kaufen; von allen anderen Kleidungsstücken genügt es, ein Teil im voraus zu kaufen.

***

Halten Sie sich beim Einkaufen möglichst zurück. Wenn Sie von Bekannten gefragt werden, was Sie sich wünschen, antworten Sie ehrlich. Ich wünschte mir einen guten Schneeanzug. Die sind teuer, aber zwei meiner Freunde taten sich zusammen und kauften mir einen. Zum Einkaufen nehmen Sie besser keine Kreditkarte mit, sondern lediglich einen bestimmten Betrag Bargeld. Kaufen Sie zunächst nur einige wenige Stücke und warten Sie, was Ihnen zur Geburt noch alles geschenkt wird.

Auf was Sie achten sollten beim Kauf von Babykleidung

○ Wenn Sie Babykleidung kaufen, überspringen Sie die kleinste Größe und kaufen Sie gleich die nächste, passend für sechs Monate. Zugegeben, die Stücke werden zunächst ein bißchen groß sein, aber Ihr Baby wird schnell hineinwachsen. Kaufen Sie immer entsprechend der Größe und nicht nach Altersangaben.

○ Wählen Sie Kleidung, bei der man den Windelbereich leicht freilegen kann. Das Kleidungsstück sollte vorne ganz zu öffnen sein. Muß ein Stück über den Kopf gezogen werden, achten Sie darauf, daß der Halsausschnitt sehr weit ist oder an der Schulter zu öffnen ist.

○ Achten Sie auf Druckknöpfe und Metallreißverschlüsse. Plastikreißverschlüsse klemmen, wenn sie naß sind. Kleine Knöpfe sind schwierig zu handhaben. Klettverschlüsse erscheinen zwar praktisch, verschleißen aber bei häufigem Waschen – wie bei Babybekleidung erforderlich – schnell.

○ Wichtig ist auch, daß die Kleidungsstücke hübsch und bequem sind. Sind die Säume gut genäht und weich? Überprüfen Sie Schlafanzüge sorgfältig auf rauhe Säume und lose Fäden, die sich um einen kleinen Finger oder Zeh wickeln können. Kräftige Farben findet man für Neugeborene selten, aber für das Baby sind sie interessanter zu betrachten. Sie sehen auch länger frisch aus als Pastelltöne.

○ Kleidung, die Platz läßt zum Wachsen, ist ideal. Schauen Sie, ob man Säume, Falten und Passen auslassen kann, ob man Manschetten runterschlagen kann und Träger herunterlassen.

○ Leider fallen die Größen bei Babykleidung immer wieder unterschiedlich aus. Das eine Teil, das für sechs Monate angegeben ist, kann so groß sein, daß es einem Einjährigen paßt, ein anderes wiederum paßt gerade noch Ihrem viermonatigen Baby. Am besten ist es, wenn Sie Ihr Baby zum Einkaufen mitnehmen und ihm das Kleidungsstück anhalten. Waschen Sie neue Kleidungsstücke bald – selbst wenn das Teil noch viel zu groß erscheint. Manche Teile laufen ein gutes Stück ein und passen dem Baby dann früher als gedacht.

Die Babyausstattung

Grundausstattung

4 bis 6 Flügelhemdchen oder Hemdhöschen. Im Sommer braucht man dem Baby nur ein Unterhemdchen und eine Windel anzuziehen; darin fühlt es sich wohl und hat viel Bewegungsfreiheit. Im Winter schafft ein Hemd unter dem Strampelanzug oder Overall zusätzliche Wärme. Flügelhemdchen oder aufknöpfbare Hemdchen sind für Neugeborene ideal. Hemden, die über den Kopf gezogen werden, sind für ältere Babys richtig.

4 bis 6 Strampelanzüge. Die meisten Mütter, mit denen ich gesprochen habe, sind der Meinung, daß ein Frottestrampelanzug der beste Kauf ist. Der Strampler besteht aus einem Stück und hat einen durchgehenden Reißverschluß. Auf diese Weise ersetzt er Strumpfhose, Pullover und Schühchen.

Strampelanzüge können Tag und Nacht getragen werden; sie sind dehnbar und passen daher allen Babys. Damit sie noch länger passen, können Sie später sogar das Fußteil aufschneiden. Strampelanzüge gibt es in verschiedenen Qualitäten, aus leichter Baumwolle für den Sommer oder dickem Frottee für den Winter. Qualitätsunterschiede sind auch am Preis erkennbar. Sie bekommen das, was Sie bezahlen. Wenn es Ihr erstes Baby ist und Sie noch mehr Kinder haben wollen, mag es sich lohnen, in qualitativ hochwertigere Strampler zu investieren.

1 bis 2 Schlafsäcke. Sie sind sehr nützlich, sobald das Baby nachts in seinem Bettchen umherkriecht oder stark strampelt. Decken fallen dann leicht herunter, aber in einem Schlafsack bleibt das Baby warm. Es gibt auch Schlafsäcke mit langen Ärmeln. Spezielle Wickelschlafsäcke, die einen Reißverschluß haben, der vom Fuß ganz unten bis hoch zum Hals reicht, ermöglichen, daß das Baby im Schlafsack gewickelt werden kann. Daneben gibt es Schlafoveralls mit Polyesterfüllung, die so warm halten wie ein Schlafsack, in denen das (ältere) Baby aber auch laufen kann. (Viele Eltern bevorzugen Baumwolle bei Schlafanzügen oder ähnlichem, weil dies das natürlichste und atmungsaktivste Material ist. Baumwolle ist auch unter dem Sicherheitsaspekt am empfehlenswertesten, da Synthetik leicht brennt.)

1 bis 2 Pullover. Ein typisches Geschenk. Dicke Pullis (Sweater) sind sehr nützlich, besonders während der Übergangszeit. Strickpullis sollten fest gestrickt sein, damit sich das Baby mit seinen Finger nicht in den Maschen verfangen kann. Sind Knöpfe angebracht, überprüfen Sie regelmäßig, ob sie noch fest sind. Winterpullis lassen sich manchmal im Rücken öffnen und können eine angenähte Mütze haben.

1 bis 2 Hüte oder Mützen. Eine Mütze ist ein Muß. Im Sommer muß der gesamte Körper, einschließlich des Kopfes, vor der Sonne geschützt werden. Wählen Sie für diesen Zweck einen Hut mit breiter Krempe. Leider haben fast alle Babyhütchen Gummis, die unter dem Kinn des Babys verlaufen. Babys hassen das! Im Winter ist eine Schlupfmütze mit angesetztem Halsstück, die eine Öffnung für den Kopf hat, sehr praktisch – es müssen keine Bänder gebunden werden.

1 bis 2 Paar Babyschühchen. Babyschühchen gibt es gestrickt, als Mokassins, als Lammfellschuhe oder aus Leder. Eine gute Alternative für drinnen sind Frotteesöckchen, die über den Stramplerfuß gezogen werden.

1 Schneeanzug. Ein Schneeanzug ist leicht anzuziehen und im Winter unverzichtbar. Manche Schneeanzüge haben integrierte Schühchen. Achten Sie darauf, daß das Material nicht zu glatt ist; es ist schwierig genug, ein strampelndes Baby im Schneeanzug zu tragen. Achten Sie auch auf gute Reißverschlüsse.

2 bis 5 Overalls. Sie werden meist erst später verwendet, also brauchen Sie sie nicht gleich zu kaufen. Wenn das Baby anfängt, im Haus herumzukrabbeln, bieten Overalls genug Knieschutz und halten warm. Es gibt entweder ganze Overallanzüge mit langen Ärmeln oder Latzhosen, bei denen oft die Träger von den Schultern rutschen. Praktisch ist allerdings, daß man bei Latzhosen die Knöpfe versetzen kann, so daß sie länger passen. Umgekehrt kann man die Träger verkürzen, indem man sie mehrere Male miteinander verdreht, dann rutschen sie auch nicht mehr.

Jogging-Anzüge. Kleine Jogging-Anzüge für Babys sind ein beliebtes Geschenk; sie sehen zwar nett aus, sind aber nicht sehr praktisch. Ohne eine darunter gezogene Strumpfhose sind sie während der kühleren Jahreszeiten zu leicht, außerdem strampelt sich das Baby darin oft frei, so daß Bauch und Rücken unbedeckt sind.

Handtücher und Bettwäsche

- ○ 2 oder 3 dünne Decken, nützlich zum Einwickeln, zum Abdunkeln des Lichts oder als tragbare Wickelunterlage.
- ○ 3 Bettücher für das Kinderbett.
- ○ 1 bis 2 wasserdichte Unterlagen.
- ○ 1 bis 2 Krabbeldecken (vielleicht bekommen Sie eine geschenkt).
- ○ 2 Kapuzenhandtücher.
- ○ 2 Babywaschlappen.
- ○ 1 Dutzend Stoffwindeln als Schutz der Kleidung beim Aufstoßen, als Wickelunterlage usw.

Frage: Sollte ich neue Babykleidung vor dem ersten Tragen waschen?

Antwort: Ja, das ist eine gute Idee. Die meisten Kleidungsstücke werden mit Chemikalien behandelt, manche davon bleiben ganz im Stoff, andere nur kurzzeitig. Die meisten davon sind nicht schädlich, eine Ausnahme stellt das Formaldehyd dar, das verwendet wird, um die Bügeleigenschaften praktisch jeder Baumwoll- und Reyonkleidung, die auf dem Markt erhältlich ist, zu verbessern. Seit die negativen Auswirkungen des Formaldehyds bekannt sind, verwenden die Textilhersteller bedeutend weniger. Dennoch gibt es Menschen, die auch auf geringe Mengen empfindlich reagieren; nach einigen Waschgängen sind beinahe alle Rückstände entfernt. Außerdem läuft Baumwollkleidung beim Waschen meist noch ein. Je früher Sie waschen, desto besser also: Erst dann wissen Sie genau, wie groß das Kleidungsstück wirklich ist.

Der Wickelplatz

Zum Wickeln gibt es verschiedene Möglichkeiten. Wollen Sie Ihr Baby im Kinderzimmer wickeln, so können Sie eine Kommode mit Wickelaufsatz erwerben. Diese Kommoden, die Bestandteil jedes Kinderzimmerprogramms sind, bestehen aus Schubkästen und Schränken; der Wickelaufsatz kann später als Wandregal verwendet werden. Praktischer mag es sein, das Baby im Badezimmer zu wickeln, da hier auch Wasser zur Verfügung steht und das Baby in der

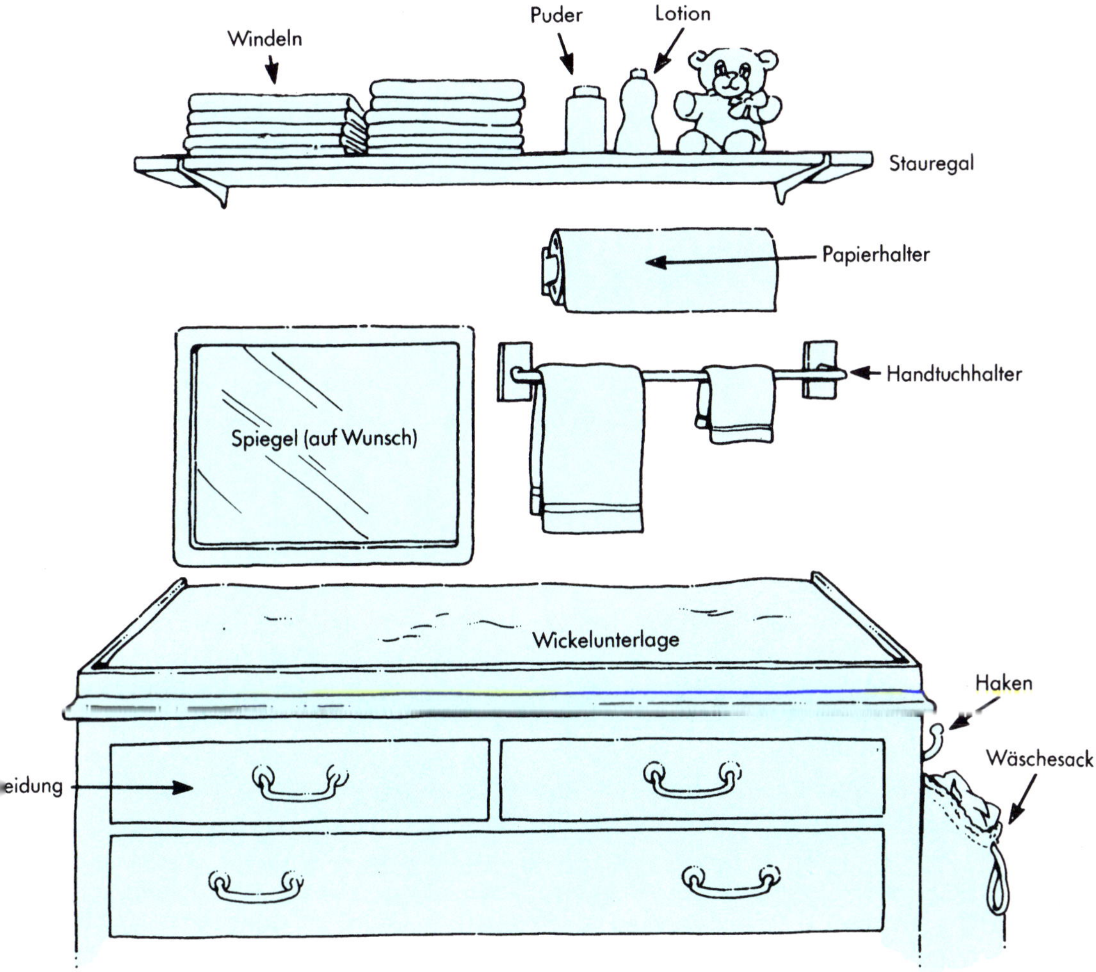

Der ideale Wickelplatz

Regel hier gebadet wird. Fürs Badezimmer gibt es eine Auswahl verschiedener Wickelaufsätze, die über der Badewanne angebracht werden können. Sie bestehen aus einem Gestell, das mit Haftfüßen und Saugnäpfen auf dem Badewannenrand angebracht wird, und einer Wickelfläche mit Schutzrand. Manche Modelle sind kombiniert mit einer Babybadewanne. Auch ein Ablagekorb gehört in der Regel dazu. Daneben gibt es Wickeltürme, das sind freistehende, oft mit Rollen versehene Gestelle, die eine weichgepolsterte Wickelunterlage sowie herausziehbare Staukästen und zum Teil auch eine Halterung für die Badewanne haben. Bei Nichtgebrauch können die Wickeltürme platzsparend zusammengeschoben werden.

Natürlich können Sie das Baby auch auf einer anderen Unterlage, auf einem Tisch oder auf einer Matratze auf dem Boden, wickeln. Wichtig ist, daß Sie die Kleidung zum Wechseln, Windeln sowie Pflegeprodukte griffbereit in der Nähe haben. Lassen Sie ein Baby, auch ein Neugeborenes, nie auch nur für einen Moment unbeaufsichtigt auf dem Wickelplatz liegen! Bringen Sie nach Möglichkeit über dem Wickelplatz ein Regal an, auf dem Sie einen Windelvorrat stapeln können. Praktisch sind auch ein Handtuchhalter und ein Spiegel, der die Aufmerksamkeit des Babys fesselt. Wichtig ist eine Spendebox für Papiertücher oder eine aufgehängte Papierrolle und ein Wäschesack für gebrauchte Kleidung.

Wichtigste Kriterien für einen Wickelplatz sind Stabilität und Robustheit. Achten Sie beim Kauf darauf, daß das Gestell massiv ist und eine breite Standfläche hat. Rütteln Sie daran. Achten Sie darauf, daß ein Wickelturm immer sicher steht bzw. daß ein auf der Badewanne anzubringendes Modell immer sicher aufliegt.

Es kommt immer wieder vor, daß ein Baby vom Wickelplatz fällt. Lassen Sie das Baby deshalb nie unbeaufsichtigt. Legen Sie vor dem Wickeln alles griffbereit. Wenn das Telefon oder die Haustürglocke schellt, nehmen Sie das Baby mit oder ignorieren Sie es.

Was Sie schon immer über Windeln wissen wollten

Windeln machen einen beträchtlichen Teil der Babygarderobe aus. Auch wenn Sie zu Anfang noch kein Experte im Wickeln sind, so werden Sie sich doch innerhalb einer Woche dazu entwickelt haben. Stellen Sie sich einmal vor, daß Sie Ihr Baby sechs- bis siebentausendmal wickeln werden, bevor es sauber ist. Ein Neugeborenes braucht täglich bis zu zwölf oder dreizehn Windeln, d. h. in der Woche an die hundert Windeln. Glücklicherweise werden es weniger, wenn das Baby älter wird.

Es gibt drei Möglichkeiten des Wickelns. Die billigste und zeitaufwendigste Methode ist das Wickeln mit Stoffwindeln und das Selberwaschen. Ein Mittelweg ist ein Windelservice, den es in vielen größeren Städten gibt. Am bequemsten sind wegwerfbare Höschenwindeln. Sie können natürlich alle drei Methoden kombinieren. Manche Eltern benutzen einen Windelservice in den ersten Monaten, kaufen dann Stoffwindeln und waschen sie selber, bis das Baby sauber ist, und verwenden Wegwerfwindeln bei Ausflügen. Doch bei weitem die meisten Eltern entscheiden sich auf die Dauer für die bequemen Wegwerfwindeln.

Wollen Sie einen Windelservice in Anspruch nehmen, sollten Sie sich darum schon vor der Geburt Ihres Babys kümmern. Wollen Sie Wegwerfwindeln verwenden, ist es praktisch, dennoch ein Dutzend Stoffwindeln zu besitzen. Sie sind in Notfällen nützlich, können bei Bedarf mal als Handtuch verwendet werden oder als Kleidungsschutz beim Aufstoßen oder als Nässeschutz für das Bett.

Stoffwindeln

Stoffwindeln sind die preisgünstigste Wickelmethode. Sie brauchen ungefähr vier Dutzend Windeln. Außer dem Preisargument sprechen für Stoffwindeln auch ökologische Vorteile. Zwar gibt es inzwischen auch Ökowindeln aus ungebleichtem Zellstoff, aber trotzdem werden für die Herstellung von Windeln noch ganze Wälder gerodet. Ganz zu schweigen von dem Müllproblem, das die Unmengen gebrauchter Windeln verursachen. Allerdings muß man berücksichtigen, daß auch das Waschen (Auskochen) von Stoffwindeln umweltbelastend ist. Beim Windelwaschen sollte man deshalb unbedingt biologisch abbaubare Waschmittel verwenden.
Die traditionelle Wickelmethode für Neugeborene besteht aus der Kombination von kochfesten Mullwindeln, weichen Molton-Einlagen und molligen Wickeltüchern aus Flanell. Tips zum Waschen von Windeln finden Sie auf Seite 201.

Ein Lob dem Windelservice

Wenn Sie sich für Stoffwindeln entschieden haben, sollten Sie sich einmal überlegen, ob Sie nicht einen Windelservice in Anspruch nehmen wollen. Er kann Ihnen viel Zeit sparen, die Sie sonst mit Waschen, Trocknen und Zusammenlegen schwerer Windelpakete zubringen müßten. Windelservices verwenden spezielle Seifen, Bakteriostatika und Spülsubstanzen, die Bakterien vorbeugen. Sie liefern in der Regel auch spezielle Größen für Neugeborene, ein Vorteil für jede Mutter, die zuvor noch nie ein Baby gewickelt hat. Windeldienste sind oft preisgünstiger, als Eltern glauben; die Preise liegen nur wenig über den Kosten für die Anschaffung eigener Windeln und dem Waschen. Seit den Eltern in immer stärkeren Maße die ökologischen und ökonomischen Vorteile von Stoffwindeln bewußt werden, entstehen vielerorts Windelservices. Schauen Sie im Telefonbuch nach oder erkundigen Sie sich bei Freunden, die bereits Kinder haben.

Wegwerfwindeln

Wegwerfwindeln beherrschen den Windelmarkt aus dem eindeutigen Grund, daß ihre Verwendung am bequemsten ist. Sie ersparen Arbeit, Zeit und Ausstattung. Der größte Nachteil ist, daß sie teuer sind. Vor allem, wenn sie viel Nässe aufnehmen, gut sitzen und nicht durchnässen sollen.
Falten Sie die gebrauchten Windeln, bevor Sie sie wegwerfen, so zusammen, daß die Plastikfolie außen ist, und sammeln Sie sie in verschließbaren Plastikbeuteln. Eine Studie einer amerikanischen Umweltbehörde ergab, daß im Stuhl von Babys, die gerade gegen Polio geimpft worden waren, eine bedeutende Anzahl von Darm- und Poliovi-

ren vorkam. Dies kann für die öffentliche Hygiene und für Tiere eine echte Bedrohung darstellen.

Vorsicht vor Puder und Reinigungsmitteln

Viele Kinderärzte sind der Meinung, daß Puder, Öle und Lotionen aus medizinischer Sicht absolut wirkungslos sind. Wird Puder eingeatmet, kann er eine Lungenentzündung verursachen. Wollen Sie bei der Babypflege Puder verwenden, benutzen Sie ein Produkt auf Stärkebasis und kein Talkum. Schütteln Sie die Dose nicht über dem Baby. Geben Sie statt dessen etwas Puder auf Ihre Hand und reiben Sie es dann auf die Haut des Babys. Verschließen Sie den Behälter wieder. Lassen Sie niemals das Baby die Puderdose halten.
Für den Windelbereich sollten Sie kein Reinigungsmittel, das Alkohol enthält, verwenden. Alkohol trocknet die Haut des Babys aus. Billige Alternativen sind warmes Wasser und Seife, ein feuchter Waschlappen oder Papiertücher. Wenn Ihr Baby einen wunden Po hat, hilft übrigens auch Muttermilch: einfach ein wenig Milch ausstreichen und die entzündete Stelle damit einreiben.

Vorbeugung gegen Windelausschlag

Nasse und volle Windeln sind die hauptsächliche Ursache für Windelausschlag bei Babys. Hält der Windelausschlag Ihres gestillten Babys an, sollten Sie Ihre Ernährung überdenken. Bei einem nicht gestillten Baby müssen Sie dessen Ernährung überprüfen. Z. B. kann die Säure in Fruchtsäften die Haut reizen. Vorbeugung ist die beste Hilfe bei Windelausschlag. Wechseln Sie nasse Windeln oft. Hatte das Baby Stuhlgang, sollten Sie es so schnell wie möglich von seiner schmutzigen Windel befreien. Wischen Sie den Po mit einem warmen, nassen Waschlappen sauber, spülen Sie mit warmem Wasser nach. Trocknen Sie den Windelbereich sorgfältig ab. Bekommt das Baby einen Windelausschlag, machen Sie Sitzbäder mit Eichenrindeextrakt. Lassen Sie das Baby nach Möglichkeit immer wieder einige Zeit ohne Windeln, damit der Po »an die frische Luft kommt«.
Zink- oder Lebertransalbe helfen ebenfalls. Wenn der Windelausschlag nicht besser wird, sollten Sie mit Ihrem Kinderarzt sprechen. Es gibt auch Pilzinfektionen, die nur mit einer Spezialsalbe behandelt werden können (siehe Seite 397).

Tips von Eltern zum Thema Wickeln

Vergleichen Sie in verschiedenen Geschäften die Preise für Höschenwindeln. Es lohnt sich. Achten Sie auch auf Sonderangebote.

***

Wir kauften immer die Windeln im Sonderangebot und immer die billigste Marke. Probieren Sie verschiedene Marken in den verschiedenen Alterstufen aus. Z. B. können bei der einen Marke die Windeln für Neugeborene nicht so gut sein, dafür aber die für die nächste Altersstufe. Die teuersten müssen nicht immer die besten sein.

***

Wickeln Sie das Baby oft. Extrem saugfähige Windeln können Trockenheit vortäuschen. Sie scheinen noch trocken zu sein, und deshalb wickeln Sie das Baby nicht so oft wie

nötig, und das Baby bekommt einen Windelausschlag.

⁂

Ich kaufte drei Dutzend Stoffwindeln im Second-hand-Laden, und sie bewährten sich sehr. Nach einem Jahr Gebrauch habe ich nur eine einzige weggeworfen.

⁂

Ich verwende Mullwindeln und Schaffwollhosen. Ich würde nie mehr ein Plastikhöschen verwenden. Ich rate dazu, zunächst von jeder Sorte Windeln ein oder zwei Stück zu kaufen und dann zu entscheiden, mit welcher Art man am besten zurechtkommt und worin sich das Baby am wohlsten fühlt.

⁂

Ich lege in die Stoffwindel eine Vlieswindel ein. Dadurch wird die Stoffwindel nicht so verschmutzt.

⁂

Ich habe den Wickelplatz im Bad. Dort ist es im Winter warm, und ich kann schmutzige Windeln leicht in die Toilette abspülen. Außerdem habe ich dort das Waschbecken mit warmem Wasser.

⁂

Ich habe drei kleine Körbe über den Wickeltisch gehängt, einen für Windeln, einen für Pflegeprodukte und einen für Unterwäsche.

⁂

Ich benutze keinen Wickeltisch. Statt dessen lege ich eine kleine Matratze auf den Boden. Es ist sicherer, und für mich bedeutet das Aufstehen und Bücken eine gute sportliche Übung.

Wie Sie das Baby anziehen, ohne in Panik zu geraten

Beim Anziehen eines Neugeborenen stellen sich viele Eltern zunächst recht unbeholfen an. Meist geht man recht verkrampft an diese Aufgabe heran. Man wünscht, man hätte ein Paar zusätzliche Hände, um diesen wackeligen, kleinen Kopf zu halten, diese winzigen Fingerchen durch enge Ärmel zu führen und gleichzeitig das Baby zugedeckt zu halten. (Neugeborene sind nicht gern nackt!) Im folgenden finden Sie einige Ratschläge von Müttern, wie das Anziehen von Babys jeden Alters leichter fällt.

Ich wechsle auf dem Wickeltisch die Windeln, habe aber festgestellt, daß mein Sohn weniger brüllt, wenn ich ihn zum Umziehen in meinen Schoß schmiege. Das hält ihn warm und gibt ihm Sicherheit. Wenn Sie Ihrem Baby ein Sweat-Shirt anziehen wollen, dehnen Sie den Halsausschnitt so weit wie möglich, beugen seinen Hals nach vorne und ziehen das Shirt von hinten über seinen Kopf, ohne das Gesicht zu berühren. Ziehen Sie dann die Ärmel an. Ich greife mit meiner Hand von unten in den Ärmel, nehme seine Hand und ziehe sie hinunter. Das ist leichter als zu versuchen, eine kleine Hand von oben durch den Ärmel hinabzuschieben.

⁂

Hängen Sie einen bruchsicheren Babyspiegel über oder neben den Wickelplatz. Er wird Ihnen sehr nutzen. Sie können damit eine Menge lustiger Spiele machen.

⁂

Als Lara ins Strampelalter kam, fiel sie vom Wickeltisch, als der Babysitter, ein Mädchen im Teenageralter, sie anzog. Das Mädchen

Vier Möglichkeiten, eine Windel zu falten

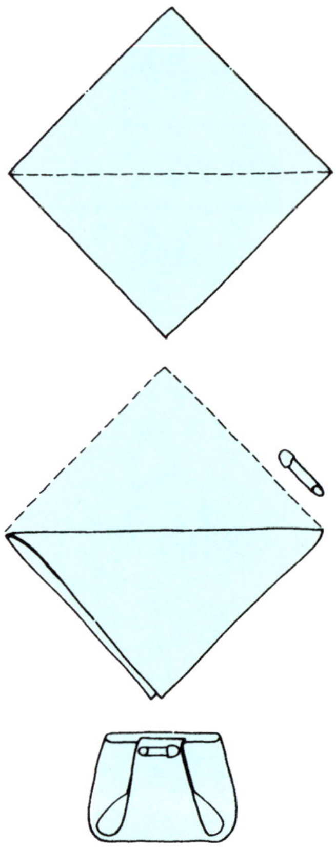

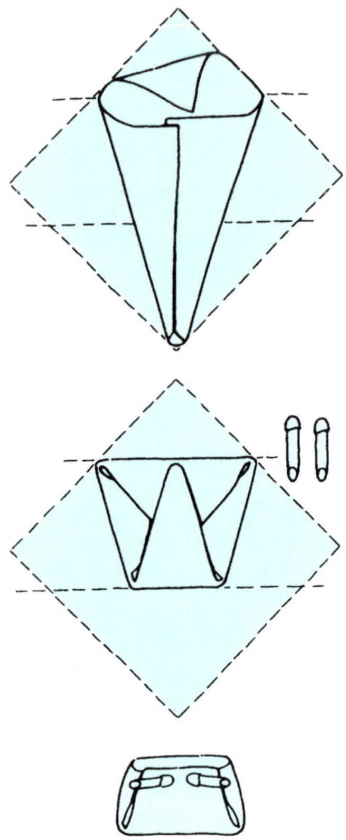

1. Dreiecksfaltung. Legen Sie die Windel zu einem Dreieck und befestigen Sie die drei Ecken mit einer einzigen Sicherheitsnadel.

2. Drachenfaltung. Schlagen Sie zwei Seiten nach innen, so daß sich eine längliche, zugespitzte Form ergibt. Schlagen Sie die untere und obere Spitze nach innen; befestigen Sie sie mit zwei Sicherheitsnadeln. Bei dieser Methode entsteht eine dicke Mittelschicht.

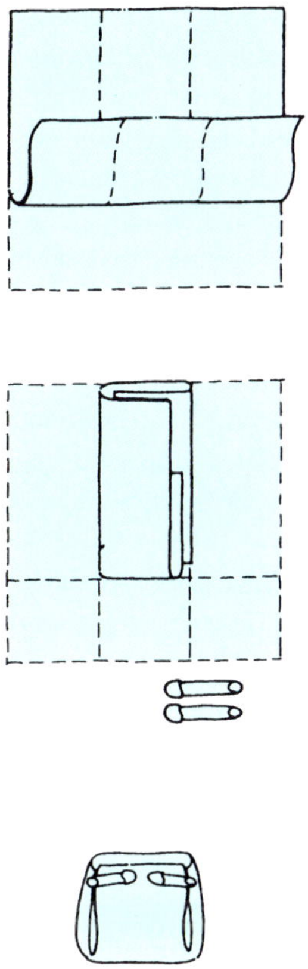

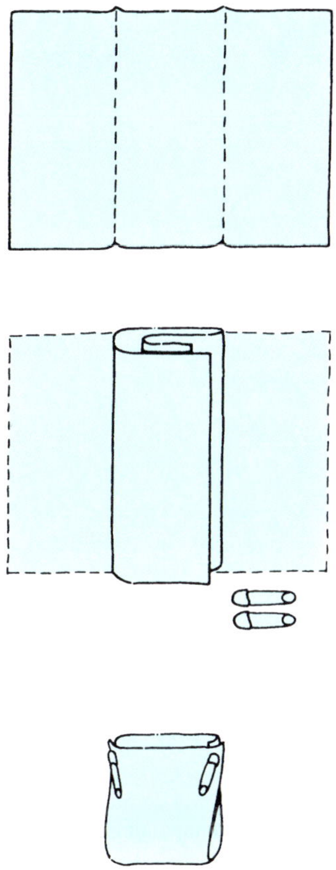

3. Dreifachfaltung. Falten Sie ein Drittel der Windel nach innen. Legen Sie dann dieses Rechteck gedrittelt zusammen, so wie einen Brief. Befestigen Sie die Windel mit zwei Sicherheitsnadeln. Die mehrfache Faltung kommt bei einem Mädchen weiter nach hinten wie bei einem Jungen, jeweils dort, wo der meiste Urin aufgenommen werden muß.

4. Parallelfaltung. Schlagen Sie das rechte Ende einer rechteckigen Windel nach innen, bis es ca. 20 Zentimeter vom linken Ende entfernt ist. Schlagen Sie das rechte Ende ca. 8 Zentimeter breit über sich selbst, legen Sie dann die linke Seite auf das äußere rechte Ende, wie wenn Sie ein Buch zuschlagen würden.

hatte sich eine Sekunde lang umgedreht, um den Puder aufzuheben, der auf den Boden gefallen war. Mir ist es schon zur zweiten Natur geworden, immer eine Hand auf Lara zu lassen; denken Sie aber daran, auch Ihren Babysitter zu warnen. Oder Sie legen eine Krabbeldecke auf den Boden und wickeln das Baby dort.

***

Ich singe und spiele mit Stefanie immer, wenn ich sie anziehe. Ich blase auf ihren Bauch, ich zähle ihre Zehen, ich küsse ihre Nasenspitze. In der Regel wird das Wickeln und Anziehen dadurch zu einer angenehmen Zeit. Wir lieben beide diese Momente.

***

Wenn es warm ist, brauchen Sie Ihr Baby nicht immer anzuziehen. Mein Sohn Kevin ist sehr empfindsam und liebt es, nackt zu sein.

***

Ich habe einen kleinen Korb mit Spielsachen neben den Wickelplatz gehängt und gebe meiner Tochter immer ein Spielzeug, um sie zu beschäftigen. Ich lege immer wieder andere Spielsachen hinein, so daß es ihr nie langweilig wird.

***

Ich habe aufgegeben! Mit zehn Monaten ist Markus so zappelig, daß das Anziehen ein Kampf ist. Ich versuche ihn jetzt im Stehen in seinem Bettchen anzuziehen. Zumindest kann dabei nichts passieren.

Frage: Wie weiß man, wie warm man das Baby anziehen muß?

Antwort: Als Faustregel gilt, das Baby so warm anzuziehen, wie man sich selbst anzieht. Ist es heiß, müssen Sie daran denken, daß es bei einem Neugeborenen einige Zeit dauert, bis die Schweißdrüsen und Poren richtig funktionieren. Das Baby bekommt wahrscheinlich zunächst einige Hitzepickelchen. Auch wenn es zu warm angezogen ist, kann es Hitzepickelchen bekommen. Wenn Sie ein Sommerkleid und einen Strohhut tragen, ist ein Spielanzug und ein Mützchen mit breiter Krempe das Richtige für Ihr Baby. Denken Sie auch daran, daß ein Baby schnell einen Sonnenbrand bekommt. In den ersten sechs Monaten sollte es nicht direkt der Sonne ausgesetzt werden; ziehen Sie dem Baby daher leichte, helle Kleidung über. Vor allem sein Kopf muß vor direkter Sonneneinstrahlung geschützt werden, wenn es sich länger als einige Minuten in der Sonne aufhält. Setzen Sie ihm einen Sonnenhut mit breiter Krempe auf.

Bis zum Alter von sechs Monaten können Babys noch nicht vor Kälte zittern – um Ihnen dadurch zu zeigen, daß ihnen kalt ist, und um mehr Körperwärme zu erzeugen. Bedecken Sie immer den Kopf des Babys, da ein bloßer Kopf Körperwärme abgibt. Am praktischsten und angenehmsten ist es, dem Baby mehrere dünne Kleidungsstücke übereinanderzuziehen. Wenn Sie das Baby z. B. ins Auto setzen, brauchen Sie nur das Jäckchen auszuziehen und den Hut abzunehmen.

Schneeanzüge mit angebrachten Handschuhen und Füßchen halten Hände und Füße warm; aber Sie sollten daran denken, daß Hände und Füße nie so warm sein werden wie der übrige Körper. Der Kinderarzt wird Ihnen versichern, daß Sie sich deswegen keine Sorgen zu machen brauchen.

Immer nur waschen ...

Ich wußte nicht, was schmutzige Wäsche bedeutet, bis ich Johannes aus dem Krankenhaus nach Hause brachte. Es ist kaum zu glauben, daß ein sechs Pfund schweres Wesen aus einer Routineaufgabe, an die ich nie einen Gedanken verschwendet habe, eine solche große Arbeit machen kann. Wie bin ich heute froh über meine Waschmaschine und den Trockner!

Wie man Windeln wäscht

Waschen Sie die Windeln wenigstens jeden zweiten Tag. Hier eine bewährte Methode:

1. Spülen Sie verschmutzte Windeln in die Toilette aus und wringen Sie sie aus. Sammeln Sie sie dann in einem Windeleimer, in den Sie ein desinfizierendes Einweichmittel gegeben haben.
2. Geben Sie die Windeln und die Einweichlösung in die Waschmaschine und machen Sie den Schleudergang an, um die Flüssigkeit abzupumpen. Schalten Sie dann die Maschine auf Einweichen oder Vorwäsche. Geben Sie das Waschmittel zu.
3. Geben Sie das Waschmittel für den Hauptwaschgang in die entsprechende Kammer und stellen Sie die Temperatur ein. Die Waschtemperatur sollte mindestens 60 Grad betragen.
4. Wenn Sie wollen, können Sie die Windeln noch einmal zusätzlich spülen. Manche Eltern geben dem letzten Spülgang ¼ Tasse Essig zu, um Waschmittelreste zu entfernen. Auf Weichspüler verzichten Sie zum Schutz der Umwelt und als Vorbeugung gegen allergische Reaktionen.

Verschiedene Tips zum Wäschewaschen

Sobald Ihr Baby feste Nahrung zu sich nimmt, wird das Waschen nochmals komplizierter: die verschiedensten Flecken sollen entfernt werden. Im folgenden einige Tips zur Fleckenentfernung:

Vitaminpräparate und Medizin. Weichen Sie diese Flecken mit einem Fleckenlöser oder Gallseife ein oder reiben Sie das Waschmittel direkt in den Flecken. Waschen Sie die Kleidungsstücke in heißem Wasser mit Waschmittel und Bleichmittel.
Babykost und Erbrochenes. Weichen Sie das Kleidungsstück in kaltem Wasser ein. Reiben Sie das Waschmittel in das nasse Kleidungssstück. Waschen Sie es in heißem Wasser mit Bleichmittel. Kann das Kleidungsstück nicht mit Bleichmittel gewaschen werden, weichen Sie es in warmem Wasser mit einem Fleckenlöser ein.
Milchnahrung oder Milch. Weichen Sie das Kleidungsstück in kaltem Wasser ein, waschen Sie es dann in heißem Wasser mit Bleichmittel.
Fruchtsaft. Weichen Sie das Kleidungsstück zuerst in kaltem Wasser ein. Wird es nicht sauber, weichen Sie es mit einem Fleckenlöser in warmem Wasser ein.

Kaufen Sie Second-hand!

Als Anna drei Monate alt war, hatte ich langsam das Gefühl, verrückt zu werden. Wegen des schlechten Wetters kam ich nicht nach draußen, war durch das nächtliche Aufstehen müde und sehr einsam. Ich hatte mich noch nicht an das Leben als Hausfrau gewöhnt und vermißte den Berufsalltag und meine Kollegen.

Die Leiterin der La Leche Liga-Gruppe vermittelte mir einen Kontakt zu einer Nachbarin, Judi Weber, die auch ein Baby hatte, Justin, ungefähr so alt wie Anna. Judi, die früher an der Börse gearbeitet hatte, hatte erst kürzlich ein Geschäft für gebrauchte Baby- und Kinderkleidung eröffnet. Sie hatte einen kleinen Laden gemietet und ihn zunächst mit Kleidung aus Konkursmassen und von befreundeten Müttern ausgestattet. Sie nahm auch einige neue, selbstgemachte Kleidungsstücke, die Mütter aus der Gemeinde angefertigt hatten, an – gebatikte Hemden, gestrickte Mützchen, Taschen und Pullis. Auch gebrauchtes Spielzeug und größere Teile der Babyausstattung wie Bettchen, Hochstühle, Autositze und Schaukelstühle wurden auf Anfrage verkauft.

Ich war begeistert, als Judi mir anbot, zwei Nachmittage in der Woche bei ihr zu arbeiten. Ich konnte Anna mitnehmen, was für uns beide wichtig war. Im hinteren Raum machte sie mit Justin ihre Schläfchen in einem Reisebett. Die Teppichböden im Geschäft waren für Krabbelkinder geeignet, und wir mußten uns nie darum sorgen, daß das Second-hand-Spielzeug mal einen Kratzer abbekam.

Im Laufe der Monate wurden Anna und Justin dicke Freunde, und es war ihnen miteinander oder mit den Kunden selten langweilig.

Dieses Geschäft für gebrauchte Babykleidung hatte auch für Eltern viel zu bieten. Weil wir es unterstützten, daß die Eltern herumstöberten und sich unterhielten, wurde unser Laden bald zum Treffpunkt. Wir hatten eine bequeme, alte Hollywoodschaukel hereingestellt, in der die Mütter ihre Babys stillen und wiegen konnten, sich unterhalten konnten oder ihr Vesperbrot essen konnten. An einem schwarzen Brett fand man Informationen über Babysitter, Tagespflegestellen, Spielgruppen, Kinderärzte und Kliniken, Sportgruppen usw. Nach und nach nahm Judi auch Bücher über Babypflege und Ernährung in das Angebot auf. Einen Abend in der Woche stellte sie einem Psychologen, der eine Müttergruppe leitete, die Räumlichkeiten zur Verfügung.

Mein Gehalt war nicht üppig, aber ich genoß es, meine Phantasie spielen lassen zu können, um manche der alten Kleidungsstücke, die wir hereinbekamen, aufzumöbeln. Während all der Jahre, in denen ich vor Annas Geburt ganztags gearbeitet hatte, hatte ich zum Stricken, Häkeln, Sticken und Nähen keine Zeit gehabt, und mir gefiel es sehr, diese Fähigkeiten wieder einzusetzen.

Doch noch wichtiger war, daß mir der Laden die Möglichkeit gab, unter den Frauen des Ortes neue Freundinnen zu gewinnen. Die Spielgruppe, an der Anna über ein Jahr lang teilnahm, entstand aus diesem Geschäft, und die gemeinsame Tagesstätte, in die sie nächstes Jahr gehen wird, wurde auch mit Eltern gegründet, die ich im Laden getroffen habe.

Was mich selbst betrifft, so überzeugte mich die Arbeit im Geschäft davon, daß ich das Geschäftsleben mag und vielleicht sogar mit einem eigenen Unternehmen erfolgreich sein könnte.

Ich habe kürzlich einen Abendkurs über das Management eines Betriebes abgeschlossen und habe die Absicht, einen Naturladen für gesunde Nahrungsmittel, mit einem Restaurant speziell auf Kinder ausgerichtet, zu eröffnen. Ich bin sicher, daß jede Gemeinde und jeder Stadtteil von einem Geschäft wie dem unseren profitieren könnte. Gibt es in Ihrem Ort ein Geschäft für gebrauchte Babykleidung?

Tips für gebrauchte Babykleidung

Wenn Sie Kleidung ausleihen oder gebrauchte Babykleidung kaufen, werden Sie eine Menge Geld sparen. Ein Baby trägt seine Kleidung so kurze Zeit, daß sie in der Regel nicht abgetragen ist, so wie es bei einem älteren Kind der Fall ist. Allerdings kann sie natürlich nicht mehr wie neu sein.

○ Wenn Druckknöpfe nicht mehr richtig funktionieren, klopfen Sie mit einem Hammer behutsam drauf. Versuchen Sie sie dann wieder zu verschließen.

○ Verwenden Sie leere Windelschachteln zum Aufbewahren von ausgewachsener Babykleidung. Die Windelgrößen auf der Schachtel ermöglichen gleichzeitig die Größenzuordnung der Kleidung. Beschriften ist nicht nötig. Legen Sie ein Duftholz dazu, damit die Kleidung frisch riecht.

○ Ein spezieller Fleckenentferner, wenn alle anderen Mittel versagen und Sie einen Flecken unbedingt entfernen wollen: Halten Sie den verschmutzten Stoff über einen Topf kochendes Wasser. Geben Sie einige Tropfen Oxalsäure (1 Teelöffel Kristalle, erhältlich in der Apotheke, aufgelöst in einer Tasse Wasser) auf den Flecken. Spülen Sie den Stoff schnell und gründlich, indem Sie ihn in heißes Wasser tauchen.

Der Kauf von Schuhen – ein heikles Thema

Frage: Warum sind Babyschuhe oft steif, hochgeschnitten und haben eine harte Sohle und sind überdies schwer anzuziehen?

Antwort: Dafür gibt es keinen Grund. Babys brauchen keinen Halt für den Knöchel. Wenn dies so wäre, hätte die Natur eine solche Stütze geschaffen.
Da die Füße des Babys ebenso viele sensorische Reize vermitteln wie die Hände, macht es keinen Sinn, sie unnötig einzupacken. Babys brauchen erst dann Schuhe, wenn sie draußen laufen. Dann sind Schuhe, die den bloßen Fuß stimulieren, am besten. Leichte Turnschuhe sind eine gute Wahl. Sie haben eine gute Reibung, sie sind biegsam und billig. Wenn Sie billige Schuhe kaufen, sind Sie viel eher bereit, sie rechtzeitig gegen neue auszutauschen. Dies ist alle zwei bis drei Monate nötig.

»Sobald ein Baby stehen und laufen kann, sollte man es so viel wie möglich barfuß lassen. Die Fußwölbung ist zunächst noch kaum ausgeprägt. Das Baby bildet diese Wölbung allmählich aus und kräftigt die Knöchel, indem es sie beim Stehen und Laufen intensiv benutzt. Wenn Sie das Baby immer nur auf einem flachen Boden laufen lassen und die Füße immer in Schuhe mit weichem Futter und harten Sohlen einsperren, strengt das Kind seine Fußmuskulatur nicht an und läuft plattfüßig.«
(Benjamin M. Spock / Michael B. Rothenberg: Dr. Spock's Baby and Child Care)

Damit die Schuhe passen

○ Nehmen Sie das Baby zum Schuhkauf immer mit, so daß es die Schuhe anprobieren kann. Das Kind ist viel entspannter, wenn Sie ihm die Schuhe anziehen und es halten, als wenn ein Fremder das tut.

○ Wichtig für den Schuhkauf sind die richtigen Strümpfe. Wenn Sie Winterstiefel kaufen, nehmen Sie ein Paar dicke Socken mit, damit die Schuhe dann auch wirklich passen.

○ Nachdem es beide Schuhe angezogen hat, lassen Sie das Kind durch das Geschäft gehen, so daß Sie sehen können, ob es normal läuft.

○ Überprüfen Sie, ob vor dem großen Zeh ca. ein Zentimeter Platz ist und an der Ferse ein knapper Fingerbreit. Füße wachsen in beide Richtungen.

Wenn Sie den Zehenspielraum nicht fühlen können, ist der Schuh zu hart und unbiegsam.

○ Achten Sie auf lange Schuhbändel, mit denen man leichter einen doppelten Knoten binden kann.

DAS NEUE LEBEN ALS MUTTER

Das Wochenbett (Postpartum)

Akzeptieren Sie Veränderungen

Sehr viele Mütter durchleben die Phase des sogenannten Wochenbettes, ohne die dramatischen körperlichen und emotionalen Umwälzungen, die sie dabei erfahren, ganz zu erfassen. Als Wochenbett bezeichnet man den Zeitraum der ersten sechs bis zwölf Wochen nach der Geburt, in dem der Körper allmählich wieder so funktioniert wie vor der Schwangerschaft. Nach der Geburt vollziehen sich im Körper ebenso viele physische Veränderungen wie während der Schwangerschaft; sie erfolgen jedoch in viel schnellerem Tempo, und sie werden weit weniger wahrgenommen. Während sich eine schwangere Frau sehr bewußt mit den körperlichen und seelischen Veränderungen auseinandersetzt, denen sie unterworfen ist, rückt nach der Geburt das Kind ins Zentrum des Interesses.

Die Zeit des Wochenbetts ist dabei mit sehr viel größerem emotionalen Streß verbunden als die Schwangerschaft. Die junge Mutter muß nicht nur mit den Nachwirkungen der Geburt fertigwerden und den konstanten physischen und psychischen Bedürfnissen des Babys Rechnung tragen, sondern sie hat gerade auch einen der größten Reifeprozesse ihres Lebens durchgemacht. Um diese dramatische Zeit zu meistern, sollten Sie wissen, was in Ihrem Körper vor sich geht. Wichtig ist dies vor allem im Hinblick auf Ihre Gesundheit. Wir wissen alle, daß unser körperliches Wohlbefinden mit unserem emotionalen Wohlbefinden zusammenhängt. Jetzt, da Sie Mutter eines Kindes sind, steht noch viel mehr auf dem Spiel.

Welche Veränderungen vollziehen sich während des Wochenbetts im Körper?

Hormonelle Veränderungen. Während der Schwangerschaft produziert die Plazenta sehr viel Östrogen und Progesteron, das die Einnistung des Babys in der Gebärmutter sicherstellt. Nach der Ausstoßung der Plazenta fallen diese Hormonspiegel sofort dramatisch ab, während die Menge an Prolaktin, dem milchbildenden Hormon, steigt. Die Menge der Hormone, die von der Schilddrüse produziert werden, verringert sich ebenfalls daramatisch. Das Hormonsystem ist während der gesamten Stillzeit nicht im Gleichgewicht. Aufgrund der ungewöhnlich hohen Mengen an Prolaktin und der verminderten Menge an Östrogen kann es zu einer Trockenheit der Scheide kommen. Obwohl es keine endgültigen medizinischen Beweise gibt, vermutet man, daß dieses abrupte Absinken des Östrogen- und Progesteronspiegels in Zusammenhang steht mit den für die Wochenbettdepression typischen Stimmungsschwankungen (siehe Seite 219).

Menstruation. Wird nicht gestillt, setzt wahrscheinlich sechs bis acht Wochen nach der Geburt die Periode wieder ein. Eine stillende Mutter kann aufgrund des hohen Prolaktinspiegels bis zu sechs Monaten oder bis zu einem Jahr keine Periode haben. Das Prolaktin unterdrückt die Funktion der Eierstöcke, doch ist dies keine zuverlässige Methode der Empfängnisverhütung!

Die Gebärmutter. Sobald das Baby geboren ist, beginnt die Rückbildung der Gebärmutter. Sie verkleinert sich innerhalb von sechs Wochen von einem Gewicht von ca. 800 Gramm auf ca. 40 Gramm. Die Rückbildung erfolgt auf zwei Wegen. Die Muskeln ziehen sich zusammen, um die offenen Blutgefäße, an denen die Plazenta an der Gebärmutterwand befestigt war, zu vernarben. Diese Kontraktionen, auch Nachwehen genannt, verhindern Blutungen und können recht intensiv sein, wenn Sie stillen. Das Saugen des Babys regt die Bildung von Oxytocin an, das sowohl den Milchspendereflex wie auch diese Nachwehen auslöst. Die Rückbildung erfolgt zusätzlich durch das Schrumpfen der Gebärmuttermuskelzellen, indem deren Eiweiß abgebaut und durch den Urin ausgeschieden wird.

Der Wochenfluß (Lochien). Dieser vaginale Ausfluß, ein Gemisch aus Blut, Schleim und Gebärmuttergewebe, dauert bis zu sechs Wochen nach der Geburt. Zunächst ist der Wochenfluß hellrot. Nach drei bis vier Tagen verändert er die Farbe und wird blasser, dann gelblich oder weiß. In den ersten beiden Tagen nach der Geburt spüren Sie vielleicht einen Schwall Ausfluß, wenn Sie aufstehen. Das ist normal.

Zwar kommt es selten zu richtigen Blutungen, aber wenn sie auftreten, sind sie lebensgefährlich. Bei jeder der folgenden Symptome sollten Sie sofort einen Arzt aufsuchen: eine Körpertemperatur über 38 Grad; sehr starke Blutungen, die häufiger als zweistündlich einen Bindenwechsel erforderlich machen; große Klumpen im Wochenfluß; ein unangenehmer Geruch des Ausflusses, der auf eine Infektion hindeuten kann; hellrotes Blut nach dem vierten Tag (im Gegensatz zu dem blutgefärbten Ausfluß, der normal ist).

Urin. Unregelmäßigkeiten bei der Urinausscheidung sind während der ersten vierundzwanzig Stunden nach der Geburt durchaus normal. Ein Grund hierfür besteht darin, daß Sie während der Wehen nur wenig trinken durften. In den acht Stunden nach der Geburt sollten Sie aber auf jeden Fall urinieren. Andernfalls riskieren Sie eine Infektion der Harnwege. Können Sie nicht urinieren, setzt man Ihnen vielleicht einen Katheter. Versuchen Sie dies zu verhindern, indem Sie einen extra langen Spaziergang zur Toilette unternehmen, viel Wasser trinken, den Wasserhahn aufdrehen, während Sie sich auf die Toilette setzen und dabei ein oder beide Beine auf einen Stuhl hochlegen (diese Stellung übt Druck auf die Blase aus); bespritzen Sie den Damm mit warmem Wasser.

Haben Sie erst einmal die Anfangsschwierigkeiten überwunden, werden Sie wahrscheinlich feststellen, daß Sie häufig Wasser lassen müssen, da sich der Körper nun selbst von übermäßiger Flüssigkeit befreit. Auch die während der Schwangerschaft um dreißig Prozent erhöhte Blutmenge wird nun wieder reduziert. Unabhängig davon, ob Sie stillen oder nicht, sollten Sie viel Flüssigkeit zu sich nehmen, um den Körper von Abbauprodukten und Giften zu reinigen. Wenn Sie wieder zu Hause sind und das Wasserlassen schmerzhaft oder schwierig ist oder Sie Untertemperatur haben, leiden Sie möglicherweise an einer Harnwegsinfektion. Konsultieren Sie auf jeden Fall Ihren Arzt.

Stuhlgang. Nach der Geburt ist es normal, wenn der Stuhlgang Probleme bereitet. Wenn Sie vor der Geburt einen Einlauf bekamen und nach der Geburt nur wenig gegessen haben, gibt es auch nicht viel auszuscheiden. Die Bauchmuskeln, die bei der Vorwärtsbewegung des Stuhlgangs beteiligt sind, können von den Mühen der Geburt geschwächt und überdehnt sein. Erschwerend kommt vielleicht hinzu, daß Sie Hämorrhoiden haben, die schmerzen, wenn Sie drücken. Außerdem haben Sie Angst, daß die Dammnaht platzt. Man mag kaum glauben, daß diese Angst unbegründet ist. Aber es stimmt. Vielleicht stört es Sie auch, daß Sie das Gefühl haben, »ewig« auf der Toilette zu sitzen, während draußen möglicherweise schon jemand wartet. Abhilfe schafft reichliches Trinken sowie der Verzehr von viel frischen und getrockneten Früchten (insbesondere Pflaumen und Rosinen), rohem Gemüse und Vollkornprodukten sowie etwas Kleie, die Sie dem Müsli zugeben können. Haben Sie große Probleme mit dem Stuhlgang, bitten Sie um ein Abführmittel.

Der Damm. Das Muskelgeflecht, das die Vagina, den After und die Harnröhre umgibt, ist nach der Geburt weich, geschwollen und gedehnt, egal ob Sie einen Dammschnitt hatten oder nicht. Die Kegel-Übung (siehe Seite 212), ein warmes Sitzbad, heiße Umschläge, Eisbeutel oder sterile Kompressen mit kalter Zaubernuß verschaffen etwas Linderung.

Muttermund. Es wird ungefähr vier Wochen dauern, bis sich der Muttermund, der durch den Kopf des Baby stark gedehnt wurde, schließt. Bis dahin ist die Gebärmutter anfällig für Infektionen. Aus diesem Grund sind Geschlechtsverkehr und die Verwendung von Tampons und Vaginalsprays bis zur Nachuntersuchung verboten.

Die Brüste. Egal ob Sie stillen wollen oder nicht, die Milch wird zwei bis vier Tage nach der Geburt einschießen. Das harte, schmerzhafte Anschwellen, das Sie in den Brüsten verspüren, wird durch die erhöhte Blutversorgung, das Anschwellen des Gewebes und den Druck der Milch verursacht. Wenn Sie stillen, helfen häufiges Anlegen, warme Umschläge und ein gut sitzender Büstenhalter. Wollen Sie nicht stillen, kann Ihr Arzt Hormone verschreiben, die die Milch versiegen lassen. Immer mehr Ärzte sind jedoch der Meinung, daß es besser ist, wenn die Milchbildung auf natürliche Weise zurückgeht. Sie empfehlen ein leichtes Schmerzmittel, um das Unbehagen zu lindern. In jedem Fall wird das Schlimmste in ein oder zwei Tagen überstanden sein. Viele Frauen fragen sich, ob das Stillen die Form oder die Größe Ihrer Brüste verändern wird. Tatsache ist, daß alle bleibenden Veränderungen das Ergebnis der Schwangerschaft und nicht des Stillens sind.

Haare. Während der Schwangerschaft wächst das Haar aufgrund des erhöhten Hormonspiegels schneller als normal. Es fällt auch nicht so schnell aus. Bei manchen Frauen kommt es vier bis sechs Monate nach der Geburt zu verstärktem Haarausfall. Dieser Haarausfall kann erschreckend sein, ist aber ganz normal – das Haar hatte ein übermäßig langes Leben und war überfällig. Der Haarausfall sollte ungefähr nach einem Monat aufhören.

Veränderungen der Haut. Bei manchen Frauen entsteht während der Schwangerschaft eine dunkle Linie vom Nabel bis zum Schambein, und/oder der Warzenhof wird dunkler. Bei anderen Frauen erscheinen dunkle Flecken auf den Backen, der Stirn und der Nase. Diese »Schwangerschaftsmaske« sollte innerhalb von einem oder zwei Monaten nach der Geburt verschwinden. Sonne verstärkt die Verfärbung; tragen Sie also ein Sonnenschutzmittel auf. Es gibt auch Hinweise, daß diese Flecken durch einen Folsäuremangel verursacht werden; in diesem Fall kann der Arzt ein entsprechendes Präparat verschreiben, das in Kapselform erhältlich ist. Nur wenige Frauen bekommen keine Dehnungsstreifen auf Bauch oder Brüsten. Nach einigen Monaten verblassen diese Streifen und gehen zurück, aber sie werden nie mehr ganz verschwinden. Das Einreiben der Haut mit Lanolin, Vitamin-E-haltigem Öl oder Pflanzenöl macht diese Streifen weich und geschmeidig.

Krampfadern. Krampfadern, die während der Schwangerschaft entstanden sind, gehen in der Regel zurück und verschwinden schließlich ganz. Unterstützende Maßnahmen sind viel Bewegung und das Strecken der Zehenspitzen, wenn Sie sitzen. Auch das Hochlegen der Beine mehrmals am Tag ist hilfreich.

Schwitzen. Diaphorese oder allgemeines Schwitzen ist eine weitere Art des Körpers, nach der Geburt übermäßige Flüssigkeit auszuscheiden. Es kann ein bis zwei Wochen anhalten. Trinken Sie viel, um diesen Prozeß zu unterstützen. Messen Sie Ihre Temperatur, wenn Sie nach der Rückkehr nach Hause immer noch viel schwitzen, und rufen Sie den Arzt, wenn Sie Fieber haben.

Der Dammschnitt: die Pflege der Naht

Bei den meisten Frauen wird bei der ersten vaginalen Geburt ein Dammschnitt durchgeführt. Dabei wird ein kleiner Schnitt zwischen die Scheiden- und die Afteröffnung gemacht, um den Geburtsring zu vergrößern und ein Einreißen zu verhindern. Während manche Frauen das Abheilen dieses Dammschnitts lediglich als etwas unangenehm und als unbequem empfinden, beschreiben andere Frauen die Naht, insbesondere, wenn sie auch Hämorrhoiden haben, als einen der unangenehmsten Aspekte der Geburt. Sie fragen sich, ob sie jemals wieder laufen, bequem sitzen oder Liebe machen können. Doch die Naht wird mit jedem Tag besser, und nach ungefähr zwei Wochen stellen die meisten Mütter fest, daß sie sich nicht mehr so übervorsichtig niedersetzen. In der Zwischenzeit können Sie das Unbehagen auf verschiedene Weise lindern – beachten Sie die folgenden Punkte:

- Waschen Sie sich immer die Hände, bevor Sie zur Toilette gehen.
- Wechseln Sie häufig Ihre Binden. Achten Sie beim Bindenwechsel darauf, die Binde nicht von hinten nach vorne abzunehmen, da dadurch Krankheitskeime aus dem Darm zur Scheide gelangen können.

○ Um Infektionen zu verhindern, ist es wichtig, den Damm nach dem Wasserlassen oder dem Stuhlgang mit klarem Wasser oder einer Desinfektionslösung, die vom Arzt verschrieben wird, zu säubern. Tupfen Sie den Damm dann mit einem sauberen Papiertuch trocken; achten Sie auch dabei wieder sorgfältig darauf, von der Scheide zum After zu säubern.

○ Eine hervorragende Behandlungsmethode ist Wärme. Dabei werden die Muskeln entspannt und die Durchblutung angeregt. Am besten ist ein Sitzbad. Füllen Sie die Badewanne einige Zentimeter hoch mit warmem Wasser. Setzen Sie sich zwanzig Minuten hinein und legen Sie Ihre Beine über den Badewannenrand, zwei- oder dreimal täglich. Oder duschen Sie heiß und richten Sie die Brause auf den Damm.

○ Diese Warmwasserbehandlung ebenso wie Umschläge mit kalter Zaubernuß helfen auch bei Hämorrhoiden.

○ Die sogenannte Kegel-Übung unterstützt die Kräftigung des überdehnten Beckenbodens und steigert die Durchblutung; dies fördert die Regeneration des Gewebes. Sie kennen die Übung sicher bereits aus der Schwangerschaftsgymnastik. Um die richtigen Muskeln zu lokalisieren, spreizen Sie Ihre Beine beim Wasserlassen und versuchen, den Urinstrahl willentlich zu stoppen und auszulösen. Die Fähigkeit, dies zu beeinflussen, ist ein Indikator für die Stärke der Muskelspannung, die nach einer vaginalen Geburt minimal sein kann. Zählen Sie am ersten Tag bis fünf und spannen und entspannen Sie dabei diese Muskeln einige Male; steigern Sie sich allmählich, soweit Sie mögen.

Gehen Sie viel spazieren

Das Spazierengehen ist eine hervorragende Möglichkeit, wieder in Form zu kommen. Die Vorteile liegen auf der Hand: Es verbessert die Spannkraft des Körpers, hilft Gewicht abzubauen und reduziert Spannungen, Angst und Blutdruck – das alles trägt zu einem positiveren Lebensgefühl bei. Nehmen Sie das Baby im Kinderwagen oder im Tragesack mit. Es wird durch die Bewegung beruhigt, die frische Luft tut ihm gut, die neuen Eindrücke und Geräusche verschaffen ihm Anregungen. Versuchen Sie eine andere Mutter mit Baby kennenzulernen, damit Ihre Ausflüge noch angenehmer werden.

Rückbildungsgymnastik

Wir wissen alle, welch wichtige Rolle diese Übungen spielen, um wieder in Form zu kommen; aber um ehrlich zu sein, die meisten von uns haben Probleme mit der Motivation. Welche Mutter, überfordert mit den Bedürfnissen Ihres Neugeborenen, hat Zeit, an sich selbst zu denken? Doch Sie müssen sich im klaren darüber sein, daß Ihre Muskeln nie mehr die gleiche Spannkraft erhalten werden, wenn Sie nicht einige Gymnastikübungen regelmäßig durchführen. Rückenprobleme, die während der Schwangerschaft durch geschwächte Bauchmuskeln verursacht werden, verschlimmern sich nach der Geburt meist noch. Denn nun werden Sie sich ständig beugen und Ihr Baby, das täglich schwerer und aktiver wird, hochheben müssen. Genauso wichtig ist, daß sich regelmäßige sportliche Betätigung positiv auf die mentale Gesundheit auswirkt. Mutterschaft bedeutet, sich selbst einem anderen menschlichen Wesen zu geben. Aber um dazu in der Lage zu sein, müssen Sie immer wieder selbst auftanken. Wenn Sie diese Übungen als etwas Gutes, das Sie verdienen, betrachten, erscheinen sie Ihnen vielleicht nicht als eine Last, die Sie auch noch erledigen müssen. Im folgenden finden Sie einige Übungen, die Sie auch schon vor der Nachuntersuchung durchführen können. Viele werden Ihnen bereits vertraut sein, wenn Sie einen Kurs zur Schwangerschaftsgymnastik mitgemacht haben.

Die Kegel-Übung. Diese Übung, bei der Sie die Beckenbodenmuskeln zusammenziehen und lockern, sollten Sie auch noch über die Zeit der Rückbildung hinaus, am besten das ganze Leben lang, immer wieder durchführen. Sie können in beinahe jeder Stellung üben – gebeugt, sitzend oder stehend – und sollten diese Gymnastik zu einem Teil der täglichen Routine machen.

Der Beckenaufzug. Legen Sie sich mit angezogenen Knien auf den Rücken, die Hände liegen an Ihrer Seite. Pressen Sie das Kreuz auf den Boden und zählen Sie bis fünf. Steigern Sie diese Übung allmählich bis zu zehnmal.

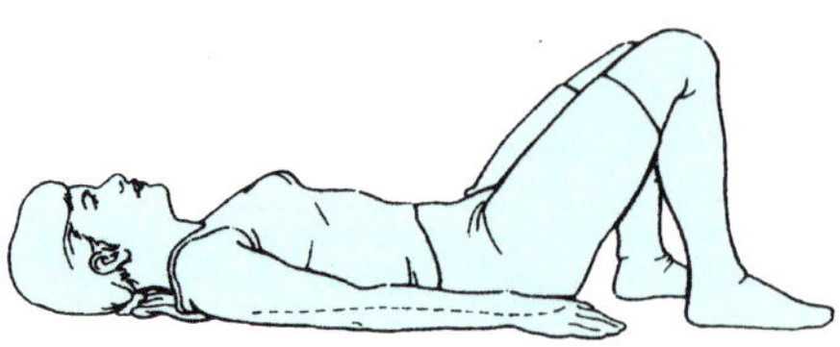

Knie zur Brust führen. Legen Sie sich auf den Rücken, umfassen Sie ein Knie mit beiden Händen und ziehen Sie das Bein gegen Ihre Brust, während Sie das andere Bein ausstrecken. Halten Sie diese Stellung und zählen Sie bis fünf. Entspannen Sie das Bein, wiederholen Sie die Übung dann mit dem anderen Bein. Steigern Sie sich allmählich bis zehnmal pro Bein.

Beide Knie zur Brust führen. Legen Sie sich auf den Rücken, umfassen Sie beide angewinkelten Beine und ziehen Sie sie zu Ihrer Brust, während Sie den Kopf zu den Knien heben. Steigern Sie sich bis zu zehn Durchgängen.

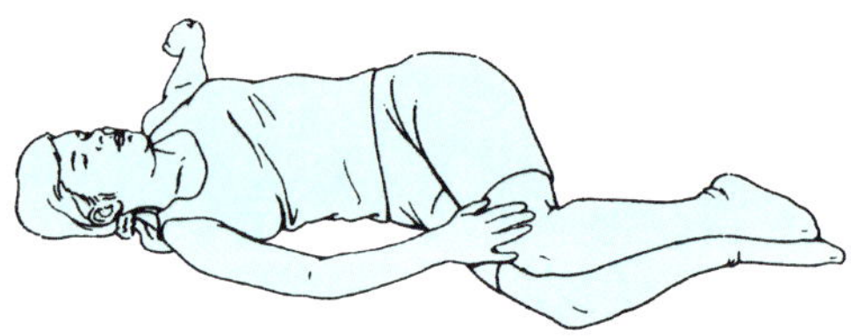

Zur Seite beugen. Legen Sie sich mit angewinkelten Knien auf den Rücken. Die Füße stehen auf dem Boden. Beugen Sie die angewinkelten Knie nach rechts und pressen Sie das linke Bein mit Ihrer rechten Hand nach unten, wobei der linke Arm auf dem Boden bleibt. Halten Sie diese Stellung einige Sekunden lang. Kehren Sie in die Ausgangsstellung zurück und wiederholen Sie dann die Übung auf der anderen Seite. Steigern Sie sich bis zu zehnmal auf jeder Seite.

Dehnung des unteren Rückens. Stehen Sie mit schulterbreit geöffneten Beinen und leicht gebeugten Knien. In einer rollenden Bewegung beugen Sie sich vor und zurück und dehnen die Hände zum Boden. Halten Sie die Stellung einige Sekunden. Führen Sie die Übung zweimal durch.

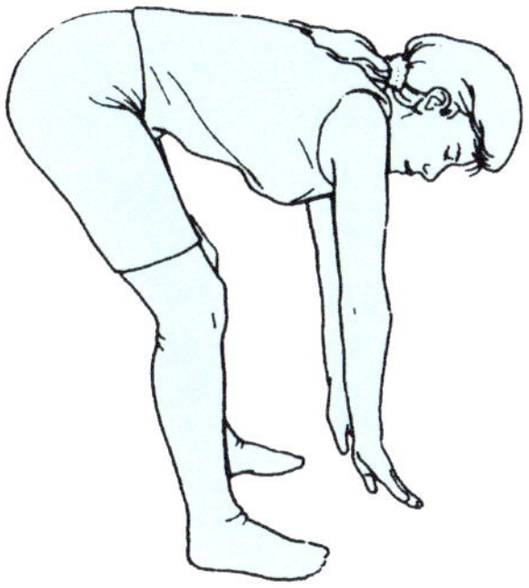

Zur Seite beugen. Stehen Sie mit schulterbreit geöffneten Beinen und an den Seiten liegenden Armen, mit dem Gesicht nach vorne. Beugen Sie sich langsam auf eine Seite, verharren Sie einige Sekunden in dieser Stellung, richten Sie sich dann wieder auf. Wiederholen Sie die Übung zur anderen Seite hin. Heben Sie Ihre Arme mit verschränkten Händen über den Kopf und wiederholen Sie die Übung. Steigern Sie sich bis zu zehnmal auf jeder Seite.

Aufrollen. Legen Sie sich mit angewinkelten Knien auf den Rücken. Die Füße stehen auf dem Boden. Kreuzen Sie die Arme über der Brust und heben Sie, während Sie ausatmen, Kopf und Schultern bis zu den Schulterblättern vom Boden. Atmen Sie ein, während Sie langsam wieder auf den Boden sinken; erheben Sie sich dann wieder, wobei Sie ausatmen. Steigern Sie sich bis zu zehn Durchgängen.

Gewichtsverlust nach der Geburt

Der Augenblick, auf den Sie so lange gewartet haben, ist endlich gekommen! Sie haben Ihr Baby bekommen und es von Kopf bis Fuß studiert. Sie haben es gestillt, gewickelt und es in Ihren Armen einschlafen lassen. Jetzt schläft es friedlich auf der Neugeborenenstation, und Sie erwarten die ersten Besucher. Es bleibt noch ein Moment Zeit, und so gehen Sie zu der Waage, die im Badezimmer steht. Nach allem, was Sie durchgemacht haben, sind Sie sicher, daß Sie viel an Gewicht verloren haben. Selbst wenn Sie noch aussehen wie im fünften Schwangerschaftsmonat, so fühlen Sie sich doch wie eine Elfe im Vergleich zu Ihrem Befinden vor einigen Tagen. Sie finden die Waage, stellen sich drauf und können es kaum glauben. Nur vier Kilogramm! Mit der Waage stimmt etwas nicht. Das sollte sofort behoben werden. Wo ist die Krankenschwester?
Hier einige Anhaltspunkte, welche Gewichtsverluste Sie in welchem Zeitraum erwarten können.

Während der Entbindung
3,2 kg Das »durchschnittliche« Baby
0,7 kg Plazenta
0,7 kg Fruchtwasserflüssigkeit

Eine Woche nach der Geburt
0,9 kg Andere Körperflüssigkeiten und Blut
1,35 kg Übermäßige Wassereinlagerungen

Sechs Wochen nach der Geburt
0,9 kg Wenn die Gebärmutter schrumpft

7,8 kg Insgesamt; der Rest sind Fettreserven für das Stillen.

Was nun? Wenn Sie nur neun bis zehn Kilogramm zugenommen haben, sind Sie nach sechs Wochen Wochenbett bereits auf dem Weg zur Elfenfigur. Aber wenn Sie 16 oder 18 Kilogramm zugenommen haben, die sich als dicke Ringe auf Ihrer Taille zeigen und als Pölsterchen an Po und Oberschenkeln, fühlen Sie sich wohl sehr entmutigt. Trotz allem, was manche Bücher Ihnen glauben machen wollen, und trotz der Tatsache, daß das Stillen täglich ca. 500 Kalorien verbraucht, fällt das Abnehmen nicht jedem leicht.

Es nervte mich allmählich, überall zu lesen, wie junge Mütter gleich nach der Geburt wieder ihre alte Figur bekamen. Denn bei mir war es nicht so. Ich wollte wieder schlank sein, aber das war nicht so einfach. Zum einen stillte ich und hatte einen riesigen Appetit. Ich war auch sehr müde und abgespannt. Ich sah immer gut aus, als ich noch arbeiten ging. Aber jetzt? Es war, als ob das Baby mich verschlingen würde. Ich hatte das Gefühl, immerzu nur zu geben. Ich glaube, das Essen wurde für mich schließlich eine Art Ersatzbefriedigung, bei der ich endlich einmal etwas für mich selber tun konnte.

Frage: Welche ist die beste Methode, die in der Schwangerschaft zugenommenen Pfunde wieder abzunehmen?
Antwort: Langsam und vernünftig, indem man sich auf energiereiche, nährstoffreiche Nahrungsmittel beschränkt, und auf Nahrungsmittel, die nur leere Kalorien enthalten, wie Süßigkeiten und Knabbereien, verzichtet. Der Körper einer stillenden Mutter ist darauf eingerichtet, äußerst effektiv Eisen zu speichern und Kalzium aufzunehmen. Die nichtstillende Mutter muß jedoch besonders darauf achten, diese Ernährungsbedürfnisse nach der Geburt angemessen zu befriedigen, und sollte eventuell den Arzt um ein Eisen- und Kalziumpräparat bitten. Sportliche Übungen, die den Stoffwechsel anregen, unterstützen nicht nur die Gewichtsabnahme, sondern verschaffen auch neuen Schwung und Optimismus.

Tips zur Vorbeugung von Rückenproblemen

Sie wog damals nur acht Pfund. Ich kniete gerade, beugte mich vor und drehte mich, um sie hochzunehmen, als mir etwas in den Rükken fuhr. Ich hatte während der Schwangerschaft unter Rückenschmerzen gelitten und vermutete, daß dies normal war. Ich machte keine Rückbildungsgymnastik, denn realistisch betrachtet, wer hat dazu schon Zeit und Energie? Ich hatte kaum die Zeit, mal ein Bad zu nehmen, wie sollte ich da erst Gymnastik machen? Um eine lange und schmerzhafte Geschichte kurz zu resümieren, ich lag im wahrsten Sinne des Wortes acht Tage lang flach auf dem Rücken und mußte Medikamente gegen diese entsetzlichen Schmerzen nehmen. Ich mußte jemanden finden, der sich um uns beide kümmerte, denn mein Mann mußte arbeiten gehen. Ich fühlte mich so verletzlich, und mir wurde deutlich bewußt, daß ich mir eine solche Hilflosigkeit nicht mehr leisten konnte, seit ich Mutter war.

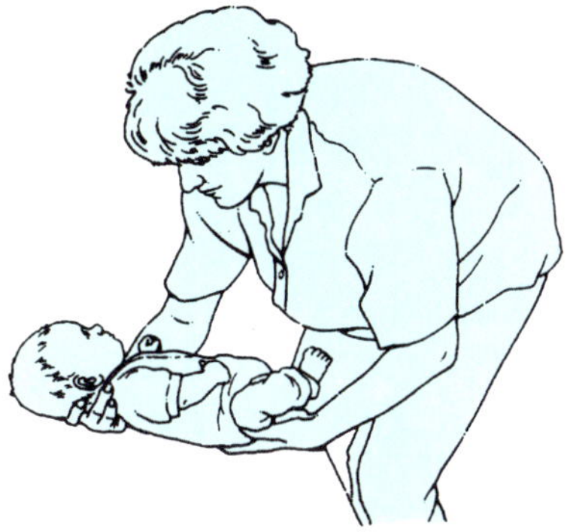

Gehen Sie in die Knie, wenn Sie das Baby hochnehmen.

Richtige Stellung:
Das Baby hoch und nah an der Brust tragen.

Vorschläge

○ Achten Sie auf die Art und Weise, wie Sie sich bewegen. Führen Sie Routinebewegungen, bei denen Sie sich beugen oder etwas hochheben müssen, wie das Kind in den Autositz setzen oder es aus dem Hochstuhl nehmen, immer langsam aus, um die Bewegung zu kontrollieren und nötigenfalls zu korrigieren.

○ Beugen Sie sich nie aus der Taille, ohne in die Knie zu gehen. Vermeiden Sie jede Stellung, in der Ihr Rücken gewölbt ist.

○ Tragen Sie Ihr Baby hoch und nahe an Ihrem Körper statt auf der Hüfte.

Falsche Stellung:
Tragen Sie das Baby nicht auf der Hüfte.

○ Verdrehen Sie nie Ihren Körper, um einen Gegenstand oder das Baby zu heben oder abzulegen. Stehen Sie dem Baby oder dem Gegenstand immer gerade gegenüber. Das ist schwer, wenn Sie das Baby in den Autositz oder in die Badewanne setzen, aber versuchen Sie es!

○ Beim Sitzen ist der Rücken in der Regel entspannter, wenn Ihre Knie höher sind als Ihre Hüfte und der untere Rücken fest abgestützt ist. Wenn Sie längere Zeit stehen, z. B. beim Kochen, können Sie Ihren Rükken teilweise entlasten, indem Sie einen Fuß auf einen Stuhl stellen. Sie werden auch einen Schaukelstuhl als angenehm empfinden, weil die Vor- und Rückbewegung die Muskulatur im unteren Rücken sanft anregt und einrenkt.

Wie war Ihr Geburtserlebnis?

Die Geburt eines Kindes ist einer der bedeutendsten Augenblicke im Leben einer Frau. Mit dieser Geburt treten wir in eine neue Ära ein. Während dieser wenigen, aber intensiven Stunden »verändern wir unsere Gattung« – wie es eine Mutter formuliert. Jede Mutter geht aus der Geburt nicht nur mit einem Baby hervor, sondern mit einem Wirrwarr an Gefühlen – von Stolz, Selbstbewußtsein und schierer Freude bis zur Erschöpfung, die an Verwirrung grenzt, einem Gefühl der Niedergeschlagenheit oder sogar richtiger Enttäuschung. Es braucht Zeit, diese Ereignisse und Gefühle zu verdauen, sie in die richtige Perspektive zu bringen und dann weiterzugehen.

Viele Frauen verarbeiten dieses so einschneidende Ereignis am besten, wenn sie die Geschichte dieser Geburt immer wieder erzählen, jedem der sie anhören mag. Das Sprechen darüber ist nützlich und wichtig, aber erwägen Sie auch einmal, alles aufzuschreiben. Später werden Sie sich freuen, daß Sie die Erlebnisse, solange sie noch frisch in Ihrer Erinnerung waren, aufs Papier gebracht haben. Bei jedem Geburtstag in unserer Familie überdenke ich aufs neue die Geburt dieses Kindes als den Beginn unseres gemeinsamen Lebens. Wenn Sie nicht schreiben mögen, überlegen Sie, ob Sie die Geschichte, während Sie sie jemandem erzählen, auf Kassette aufnehmen wollen. Wenn Sie wollen, können Sie folgende Fragen als Richtlinien verwenden.

○ Wo waren Sie, und wie spät war es, als die Wehen begannen? Wie erkannten Sie, was los war?

○ Wie lange dauerten die Wehen?

○ Wer war während der Wehen bei Ihnen? War diese Unterstützung hilfreich?

○ Hatten Sie ein Gefühl dafür, welches Ihre Bedürfnisse waren, und konnten Sie sie mitteilen?

○ Wie kamen Sie mit den Wehen zurecht? Welche Techniken funktionierten am besten? Bekamen Sie Medikamente, und wie wirksam waren sie?

○ Wie empfanden Sie den Moment der Geburt? Wie sah das Baby aus, und wie fühlten Sie sich, als Sie es in den Armen hielten?

Nach einem Kaiserschnitt

Eine Mutter, die durch Kaiserschnitt entbunden hat, erlebt alle die normalen Gefühle und körperlichen Veränderungen des Wochenbetts und muß zusätzlich mit den Folgen und Empfindungen, die eine größere Bauchoperation mit sich bringt, fertig werden. Die Rekonvaleszenz ist von Frau zu Frau verschieden und hängt hauptsächlich von der angewandten Anästhesie ab.

Wenn Sie eine Spinalanästhesie bekamen, werden Sie acht bis zwölf Stunden flach auf dem Rücken liegen und wahrscheinlich Kopfschmerzen haben. Eine Epiduralanästhesie wird schneller die Wirkung verlieren. Nach einer Vollnarkose werden Sie etwas umnebelt sein und sich kaum an die ersten 24 Stunden nach der Geburt erinnern. Egal welche Art der Narkose Sie bekommen haben, wenn die Wirkung nachläßt, wird die Naht schmerzen. Sie werden Schmerzmittel bekommen, die in so kleinen Mengen in die Muttermilch übergehen, daß Sie Ihrem Baby nicht schaden. Es besteht kein Grund, sich heldenhaft zu verhalten und diese Medikamente abzulehnen.

Auch wenn es zunächst unmöglich erscheinen mag, werden manche Frauen – abhängig von ihrer Verfassung und den Gepflogenheiten im Krankenhaus – innerhalb von acht Stunden nach der Geburt zum Aufstehen und Umhergehen ermutigt. Falls Sie sich schwach fühlen oder Ihnen schwindlig wird, hilft Ihnen eine Schwester beim Aufsitzen und Aufstehen. Es wird Ihnen schwerfallen, sich gerade hinzustellen. Während Sie nach vorne gebeugt mit schmerzhaften »Babyschritten« vorwärtstappen, werden Sie die Frauen, die vaginal entbunden haben, um ihre Geschwindigkeit und Behendigkeit beneiden. Aber verzweifeln Sie nicht. Wenn Sie das Krankenhaus verlassen, in ungefähr sieben Tagen, werden Sie sich genauso leicht bewegen können.

Sie werden vielleicht auch psychisches Unbehagen verspüren. Geburtsvorbereitungskurse haben der Kaiserschnittgeburt einiges von ihrem Mysterium genommen, und die Betreuung im Krankenhaus bietet viel Unterstützung. Dennoch kann ein Kaiserschnitt einen Schock und eine Enttäuschung für eine Frau bedeuten, die sich eine andere Art der Geburt vorgestellt hatte. Andere junge Mütter, von ihren erfolgreichen Geburten beflügelt, mögen diese Enttäuschung durch Ihre prahlerischen Wehengeschichten unabsichtlich noch nähren. Es ist wichtig, daß eine Mutter, die einen Kaiserschnitt hatte, eventuelle Gefühle der Enttäuschung nicht verleugnet. Aber sie muß auch daran denken, daß ihre Geburt eine genauso große Leistung war wie die jeder anderen Mutter. Auch sie ist eine Heldin.

Es kann noch andere, subtile Konflikte geben. Nach einem Kaiserschnitt braucht die Wöchnerin Pflege und ist von der Hilfe anderer abhängig. Abhängigkeit kann unangenehm sein, wenn Sie eigentlich erwartet hatten, sich gleich kompetent um das Baby kümmern zu können. Zum Beispiel fragt sich eine Mutter, die einen Kaiserschnitt hatte, vielleicht, ob ihr Bedürfnis, nachts durchzuschlafen, egoistisch ist und einen Mangel an »mütterlichem Instinkt« bedeutet. Hier gilt, wie bei allem, was die Mutterschaft anbelangt, daß Sie Ihr Baby keinesfalls vernachlässigen, wenn Sie sich auch um sich selbst kümmern.

Positiv betrachtet kann ein Kaiserschnitt dem Vater die Gelegenheit bieten, sich viel stärker in der Babypflege zu engagieren, als es sonst der Fall wäre. Wenn er viel Zeit im Krankenzimmer verbringen kann, vermag er der Mutter bei vielen Dingen, die sie zunächst nicht tun kann, zu helfen. Er kann das Baby von der Neugeborenenstation holen und es wieder hinbringen, er kann es wickeln, halten, mit ihm schmusen, es baden, das Fläschchen geben und es aufstoßen lassen. Wenn seine Frau stillt, kann er helfen, es richtig an die Brust anzulegen. Ein Vater, der von Anfang an ein kompetenter und verläßlicher Partner in der Babypflege ist, wird es wahrscheinlich auch in Zukunft bleiben.

Zu Hause braucht die junge Mutter alle ihre Energie, um selbst zu genesen und sich um ihr Baby zu kümmern. Daher ist in den ersten Wochen Hilfe beim Kochen und bei der Hausarbeit sehr wichtig. Es ist einfacher, wenn Ihr Baby in der ersten Zeit bei Ihnen im Schlafzimmer liegt. Sie können das Baby in Ihrem Bett füttern, wickeln und einschlafen lassen. Verwenden Sie als Wikkelunterlage ein Handtuch oder eine Unterlage fürs Kinderbett. Stellen Sie Windeln, Tücher oder eine kleine Schüssel mit Wasser neben sich. Stellen Sie gesunde, energiereiche Snacks und Getränke sowie ein Telefon auf Ihren Nachttisch und lehnen Sie Hilfsangebote nicht ab.

Wenn Mütter keinen Schlaf finden

Immer wieder hört die junge Mutter: »Ruhe dich bloß genug aus!«, aber dieser wohlgemeinte Ratschlag kann einem wie ein schlechter Witz vorkommen. Wie sollte das denn gehen? Die Anforderungen der Mutterschaft enden, im Unterschied zu denen in jedem anderen Job, nicht nach acht oder auch zehn Stunden am Tag. Sie dauern 24 Stunden täglich, sieben Tage in der Woche. Hilfreicher und realistischer mag es sein, wenn man genau weiß, wie sich Schlafmangel auf den Menschen auswirkt. Auf diese Weise können wir zeitweilig einige der unrealistischeren Erwartungen, die wir an uns selber stellen, beiseite legen und unsere Grenzen leichter akzeptieren. Damit ist die Schlacht schon halb gewonnen. Denken Sie daran: Sie werden nicht ewig so müde sein. Das erscheint nur im Moment so!

Frage: Welche Auswirkungen hat Schlafmangel?

Antwort: Wenn Sie sich nicht mehr wie Sie selbst fühlen, anscheinend kaum mehr Ihren Tag organisieren können, Ihre Bankangelegenheiten nicht mehr durchblicken oder die Späße anderer nicht mehr lustig finden, leiden Sie wahrscheinlich an den Folgen fehlenden Schlafs. Forscher haben bestätigt, was wir schon lange wissen: Schlafmangel kann zu Reizbarkeit, Humorlosigkeit, Paranoia und Wutausbrüchen führen. Er wirkt sich auf die Spontaneität, die Originalität und die Fähigkeit, mit unbekannten Situationen umzugehen, aus und führt dazu, daß wir in unserem Denken unbeweglicher werden. Anstatt kreative Lösungen für Probleme zu entwickeln, kleben wir an den eingefahrenen Verhaltensmustern. Die wohl schwerwiegendste Auswirkung des Schlafmangels ist seine Auswirkung auf den Zyklus des REM-Schlafs bzw. die Traumphase, die entscheidend ist für die Verarbeitung von Informationen und Gefühlen, die uns im Wachzustand blockieren. Unsere Träume helfen, Verschleißerscheinungen des Bewußtseins zu reparieren; dieses Reparatursystem benötigen wir selten dringender als dann, wenn wir

Mutter werden. Zu welchem anderen Zeitpunkt in unserem Leben werden wir mit mehr neuen Informationen, die solch komplizierte Gefühle verursachen wie eine Geburt, bombardiert?

Frage: Wie kann ich meinem Tag mehr »Ruhephasen« abgewinnen?

Antwort:

○ Nehmen Sie die Hilfe Ihres Mannes oder anderer Freiwilliger in Anspruch. Glauben Sie nicht, alles selbst tun zu müssen. Neugeborene akzeptieren es, auch von anderen umsorgt zu werden. Der einzige Grund dafür, daß Mütter im Umgang mit einem Baby so erfahren sind, ist, daß sie soviel Übung haben.

○ Wann immer es möglich ist, stellen Sie das Telefon ab und machen Sie ein Nickerchen. Versäumter Schlaf muß nicht am Stück aufgeholt werden. Als Testpersonen in einem Versuch die REM- bzw. Traumschlafphase entzogen wurde, wiesen ihre kurzen Nickerchen mehr REM-Phasen auf und hatten weit größeren Erholungswert als vergleichbare Perioden regulären Schlafs.

○ Wenn Sie Probleme mit dem Einschlafen haben, gönnen Sie sich eine kleine Zwischenmahlzeit. Trinken Sie Milch oder essen Sie etwas Käse, Hühnerfleisch oder Erdnußbutter – alles Nahrungsmittel, die L-Tryptophan enthalten. Wenn diese essentielle Aminosäure ins Gehirn gelangt, entsteht daraus Serotonin, ein natürliches Beruhigungsmittel. Warnung: Nehmen Sie L-Tryptophan nicht in Pillen- oder Kapselform zu sich. Es verursacht bei manchen Menschen starke Nebenwirkungen.

○ Machen Sie sich nicht verrückt und stellen Sie nicht zu hohe Ansprüche an sich, was Organisation und Effektivität angeht. Vielleicht kennen Sie andere Frauen, die scheinbar alles auf die Reihe bekommen. Vorausgesetzt das stimmt wirklich – der Schein kann trügen –, haben diese Frauen wahrscheinlich schon mehrere Monate Erfahrung.

○ Greifen Sie während des Wochenbetts auf Annehmlichkeiten zurück, die Sie sonst als Luxus betrachten – Wegwerfwindeln, Papiergeschirr, Fertigmahlzeiten.

○ Es mag kaum zu glauben sein, aber Babys wachsen und verändern sich. Es wird die Zeit kommen, da Sie nicht mehr so müde sein werden. Diese schwindelhafte Müdigkeit, die Sie jetzt empfinden, ist darin den Schmerzen bei der Geburt ähnlich; irgendwann werden Sie sich kaum noch daran erinnern.

Die Wochenbettdepression

Viele Frauen erleben kurz nach der Geburt eine Art leichter Depression. Typischerweise äußert sich dieser Zustand in plötzlichen Weinkrämpfen oder Traurigkeit, in Ärger oder Reizbarkeit, einer allgemeinen Ekstase oder auch einer leichten Form der Paranoia bzw. einem irrationalen Gefühl, daß sich niemand, aber auch gar niemand, um einen kümmert.

Diese Gefühle dauern in der Regel zwei Tage und verschwinden genauso mysteriös, wie sie gekommen sind. Man vermutete bisher, daß diese »Depressionen« in Zusammenhang stünden mit dem rapiden Zurückgehen der Östrogene und Progesterone und der Auslösung des Milchspendereflexes durch eine Anzahl anderer Hormone, die nach der Geburt produziert werden. Untersuchungen haben jedoch gezeigt, daß auch Adoptivmütter und sogar einige Väter diese Wochenbettdepressionen haben. Das hormonelle Durcheinander ist wahrscheinlich nur einer von vielen Faktoren, die zu einer emotionalen Labilität der jungen Mutter führen. Zu den anderen Faktoren zählen die Verarbeitung der Wehen, die Müdigkeit nach der Geburt, der Mangel an Privatleben im Krankenhaus, die andauernden Unterbrechungen des Schlafs und das wachsende Bewußtsein von der unerbittlichen Verantwortung der Elternschaft.

Weil die Geburt eines Babys gewöhnlich als ein freudiges Ereignis betrachtet wird, vor allem, wenn das Kind gewünscht und geplant war, können diese »negativen« Gefühle recht beunruhigend sein. Es ist schlimm genug, wenn man erschöpft oder auch deprimiert ist; noch schlimmer aber ist es, wenn man sich selbst wegen dieser Gefühle grollt. Die beste Art, mit diesen Wochenbettdepressionen umzugehen, ist, sie zuzulassen und diese Gefühle ohne Verlegenheit oder Schuldbewußtsein auszudrücken.

Mütter beschreiben die Wochenbettdepression

Mir ging es prima und ich war glücklich, bis man mir am zweiten Tag im Krankenhaus mein Abendessen brachte. Ich hob die Warmhalteglocke hoch. Mein Essen war voller Eiskristalle, denn man hatte vergessen, es in die Mikrowelle zu stellen. Ich brach in Tränen aus, denn ich nahm dies natürlich persönlich.

⁂

Ich war nach der Geburt so aufgedreht, daß ich in der ersten Nacht nicht schlafen konnte. Ich mußte immerzu mein Baby halten und bewundern und erzählte jedem, der es hören wollte, von ihrer Geburt. Zwei Tage später, als ich zu Hause war, stellte ich mich auf die Waage und schaute in unseren großen Spiegel. Das war total deprimierend. Ich sah aus wie im sechsten Schwangerschaftsmonat. Mein Rücken tat weh, und nachmittags um halb drei war ich immer noch im Nachthemd. Als ich dann noch auf Eleonore schaute, die endlich auf unserem ungemachten Bett eingeschlafen war, wurde es einfach zuviel. Sie hatte schon schmutzige Fingernägel und weiße Pickelchen auf der Backe. Sie war richtig dreckig. Ich war dreckig. Ich mußte heulen.

⁂

In den ersten Wochen heulte ich ziemlich viel. Ich war zwar nicht immer traurig, aber ich heulte, weil es gut tat, allen meinen Gefühlen freien Lauf zu lassen – meiner Freude, Liebe und Dankbarkeit. Und auch wenn ich an meine eigene Mutter dachte, mußte ich jedes Mal weinen. Ich glaube, ich wünschte, sie wäre bei mir, obwohl Peter zu Hause war und mir sehr half.

⁂

Ich fühlte mich so sterblich, zerbrechlich, und auch irgendwie als Teil der ewigen Wiederkehr. Auf der einen Seite wollte ich überleben, weil ich stark war und für dieses winzige, hilflose Baby sorgen mußte, aber ich wußte auch, daß sie David und mich überleben würde. Diese Tatsache deprimierte mich weniger, als sie mich bewegte und aufwühlte.

⁂

Ich war erfüllt von einer diffusen Angst. So, als ob etwas Schlimmes passieren würde.

⁂

Ich war hundemüde und gereizt. Wenn ich einen Witz hörte, lachte ich, lachte und lachte. Und plötzlich brach ich in Tränen aus.

Ich hatte wegen meiner Gereiztheit ein schlechtes Gewissen Fritz gegenüber. Er war so unglaublich toll und hilfsbereit, kochte, putzte, übernahm das Baby, damit ich schlafen konnte. Er kaufte mir einen Stillbüstenhalter, und ich fauchte ihn an, als er nicht paßte.

⁂

Ich fühlte mich wie umnebelt. Ich hatte das Gefühl, überhaupt nicht mehr in der Lage zu sein, irgend etwas zu planen. Sollte ich mit meiner Tochter jetzt in die Bücherei gehen, sollte ich sie im Wagen oder im Tragetuch mitnehmen, oder sollte ich besser warten bis zum Nachmittag? Aber was, wenn sie dann schlief? War es richtig, wenn ich sie dann aufweckte? Was, wenn sie unterwegs schrie und die Leute denken würden, ich kümmerte mich nicht richtig um sie? Und so weiter. Alles erschien mir als riesengroßes Problem.

Wie man eine wirkliche Depression erkennt

Gelegentlich hört man von Frauen, die versucht haben, ihr Neugeborenes und/oder sich zu töten. Diese Frauen haben drei bis zehn Tage nach der Geburt vermutlich unter einigen der Symptome der Wochenbettdepression gelitten, wie auch an Wahnvorstellungen, Halluzinationen, entweder einer extremen Depression und/oder einer Tendenz zu gewalttätigem Verhalten. Manche Frauen leiden an einer ernsthaften Form der Wochenbettdepression, die Puerperalpsychose genannt wird und eine sofortige psychiatrische Betreuung erfordert. Die meisten Wochenbettdepressionen weisen keine solch dramatischen Symptome auf. Eine solche ernste Depression schleicht sich oft langsam und unbemerkt in Form einer allgemeinen Niedergeschlagenheit ein, manchmal erst während der zweiten Hälfte des ersten Jahres. Die Mutter fühlt sich traurig, einsam und hoffnungslos, oder sie hat das Gefühl, das alles gehe sie nichts an. Vielleicht bekommt sie auch Wutanfälle und verliert das Interesse an allen angenehmen Dingen, auch am Sex. Verbreitet sind auch Gefühle der Unterlegenheit oder schwere Schuldgefühle bzw. Angst angesichts allem, was schief läuft. Diese trüben Gefühle können von körperlichen Symptomen wie Kopf-, Magen- oder Rückenschmerzen, Appetitlosigkeit, Durchfall, Verstopfung, Übelkeit, Angstanfällen, Schlaflosigkeit, geringer Selbstachtung, sogar zeitweiligem Blackout oder leichter Verwirrung begleitet werden. Manchmal flüchtet sich eine Mutter in dieser Situation auch in Alkohol, Drogen oder übermäßiges Essen.

Die meisten Mütter entwickeln einige dieser Gefühle als Reaktion auf den chronischen Streß der noch ungewohnten Elternschaft (siehe nächstes Kapitel). Erst wenn mehrere dieser Störungen zusammenkommen, handelt es sich um eine ernsthafte Störung. Leider finden die wenigsten Mütter, die sich in dieser Situation befinden, Hilfe. Sie wissen nicht, daß man sich nicht zwangsläufig so schlecht fühlen muß. Vielleicht schämen sie sich wegen ihrer »negativen« Gefühle, und es ist ihnen peinlich, sie zur Kenntnis zu nehmen. Doch Depressionen, eine bei Frauen besonders verbreitete Störung, können mit sehr guten Erfolgsaussichten behandelt werden.

Wer an Depressionen leidet, der nimmt die Welt wie durch einen dunklen Schleier wahr. Dieser Schleier trübt die ganze Welt und beraubt Sie der Vergnügungen, die es gibt. Leidet eine Mutter an einer Depression, ist nicht nur sie davon betroffen. Auch für das Baby bedeutet dieser Zustand einen

Verlust. Depressionen dämpfen das feinsinnige Zusammenspiel zwischen Mutter und Baby in hohem Maße. Die Reaktion der Mutter trägt zu der Wahrnehmung des Babys von sich selbst als geschätztes und liebenswertes menschliches Wesen bei. Jede Mutter muß in erster Linie darauf achten, ihre Gesundheit und ihren Optimismus zu bewahren, nicht nur um ihrer selbst willen, sondern auch wegen ihres Kindes. Jedes Baby trägt für sein weiteres Leben ein Stück von uns selbst in sich. Wir müssen darauf achten, daß dieses Teil stark und positiv besetzt ist.

Frage: Wann braucht eine junge Mutter Hilfe?

Antwort: Wenn eine depressive Stimmung sich nicht verändert oder bessert und sich auf die Fähigkeit der Mutter, für sich und ihr Kind zu sorgen, auszuwirken beginnt, braucht sie Hilfe. Hilfe ist vielerorts erhältlich. Wenden Sie sich an den Frauenarzt, an eine Beratungsstelle oder eine Selbsthilfegruppe. Auch die Leiterin der Stillgruppe ist zunächst eine gute Ansprechpartnerin, die weitere Adressen vermitteln kann.

Hilfreiche Bücher für die erste Zeit nach der Geburt

Dalton, Katharina: Mütter nach der Geburt. Wege aus der Depression, Fischer 1992.

Dix, Carol: Depressionen nach der Geburt. Hilfe für Mütter und Väter, rororo 1991.

Hirschmann, Jane R./Hunter, Carol H.: Schluß mit den Diät-Kuren! So überwinden Sie die Eßsucht in einer Welt des Überflusses, Kabel 1989.

Leibold, Gerhard: Postnatale Depressionen. Ursachen und Behandlung, Econ 1988.

Sanders, Deidre: Frauen und Depressionen. Ursachen und Möglichkeiten zur Selbsthilfe, Econ 1987.

Hineinwachsen in die Mutterrolle

Frauen erzählen von ihren Problemen mit dem Muttersein

Schon bevor Sie Ihr Baby bekommen, werden Ihnen viele Leute sagen, daß sich Ihr Leben grundlegend verändern wird. Sie haben recht. Und damit ist nicht nur gemeint, daß sich Ihr Leben ändern wird, sondern, bedeutender noch, daß Sie sich selber verändern werden. Doch sind diese Veränderungen Teil eines kontinuierlichen Prozesses, der so tiefgehend, weitreichend, komplex und geheimnisvoll ist, daß er schwer faßbar und noch schwerer zu beschreiben ist. Außerdem meinen die meisten Eltern, daß die Veränderungen, die von diesem winzigen Baby bewirkt werden, nur Ihnen allein widerfahren. Sie kennen das Syndrom: »Wenn eine so selbstverständliche und allgemein akzeptierte und gebilligte Erfahrung wie die Mutterschaft mir Probleme bereitet, dann liegt der Fehler wohl bei mir.«

Wir haben den Mythos, daß es der Inbegriff einer Ehe sein sollte, auf ewig glücklich miteinander zu leben, weitgehend aufgegeben; dagegen gilt der Mythos, daß die Mutterschaft eine erfüllende und freudvolle Pflicht ist oder sein sollte, in gewisser Weise immer noch. Doch besonders zu Anfang erleben viele Mütter diese Aufgabe durchaus nicht nur positiv. Die Geburt unseres ersten Babys verlangt von uns den größten Reifeschritt unseres Lebens. Innerhalb der Stunden, in der wir das Baby auf die Welt bringen, geben wir unsere Rolle als Tochter auf und werden selbst zur Mutter eines anderen Wesens. Es gibt nichts im Leben, das uns darauf angemessen vorbereiten könnte.

Was bedeutet es, Mutter zu sein? Es bedeutet, in einem Maße geben zu müssen, wie es zuvor noch nie von uns gefordert worden ist – wir müssen im wahrsten Sinne des Wortes die Bedürfnisse eines anderen über unsere eigenen stellen. Wir müssen ständig über uns hinauswachsen – mit unserem Körper, unserem Geist und unserem Herzen –, um uns auf das Kind einzustellen. Wir müssen immer richtig reagieren und die Bedürfnisse des Babys nach Nahrung, Trost und Kontakt verstehen und erfüllen, ungeachtet dessen, wie wir uns selbst fühlen mögen. Dies bedeutet, Millionen kleiner Entscheidungen zu treffen, die das Herz ebenso betreffen wie den Verstand. Es geht dabei nicht nur um Fragen wie: »Soll ich dem Baby dieses Unterhemd anziehen?«, sondern auch um Probleme wie: »Kann ich das Baby in der Obhut dieser Person lassen, die es weder kennt, noch es so liebt wie ich?« Es erfordert auch, viele logistische Probleme zu lösen, angefangen damit, wie man es zum Bäcker und wieder zurück schafft, bevor das Baby Hunger bekommt, bis zur Frage, wie man die Pflege eines kranken Babys organisiert, wenn man arbeiten geht. Elternwerden bedeutet zum Experten und zum Anwalt für das Baby zu werden, weil niemand es ebenso gut kennt oder sich ebenso um es kümmert wie Sie.

Als ob dies nicht schon genug wäre, stellen Sie darüber hinaus vielleicht fest, daß die Unterstützung, auf die Sie früher zurückgegriffen und die Sie als selbstverständlich betrachtet haben, sich radikal verändern oder sogar ausbleiben kann: eine Ehe, die glatt lief; vielleicht ein Job, der Befriedigung, Selbstwertgefühl und Geld einbrachte; ein Freundeskreis und/oder Verwandte, die die gleichen Interessen teilten und moralische Unterstützung lieferten; Mobilität, die Freiheit kommen und gehen zu können, ohne vorausplanen zu müssen; und Zeit – so viel Zeit – zu denken, zu tun, was Sie möchten, sich um sich selbst zu kümmern.

Als Frauen haben wir heutzutage viel mehr Wahlmöglichkeiten, was unsere Lebensplanung betrifft, als dies unsere Mütter oder unsere Großmütter hatten. Wir sind Frauen, die die Möglichkeit haben, »alles zu haben«, beides, die Liebe und die Arbeit, die Sigmund Freud als den Schlüssel zu mentalem und emotionalem Wohlbefinden betrachtete. Während diese erweiterte Definition des Frauseins eine Bereicherung darstellt, wirft sie jedoch auch Fragen auf, die Konflikte und Streß schaffen. Die Tatsache, außer Haus zu arbeiten, sei es freiwillig oder aus finanziellen Gründen, ist für viele von uns von zentraler Bedeutung. Aber: Wird es dem Baby schaden, wenn ich arbeiten gehe und das Baby in fremde Betreuung gebe? Und wird es auch mir weh tun? Wenn wir berufstätig sind, wird ein Teil von uns um den Verlust dessen trauern, was wir vielleicht versäumen, wenn wir nicht da sind. Eine berufstätige Mutter fragt sich immer wieder, ob sie sowohl ihrem Beruf wie auch ihrer Familie die Zeit, die gedankliche Beschäftigung und die Sorgfalt entgegenbringt, die jeder einzelne Bereich erfordert und verdient. Oft fühlt sie sich innerlich zerrissen und schuldig, weil sie keinem der beiden Bereiche die nötige Aufmerksamkeit schenkt.

Und auch die Frau, die nach der Geburt ihres Kindes zu Hause bleibt, indem sie ihren Job oder ihre Karriere aufgibt oder zeitweilig unterbricht, empfindet oft einen Verlust. Wird sie später wieder eine entsprechende Stelle finden? Wird sie ihre Fähigkeiten verlieren, und wird sie später noch in der Lage sein, kompetent und zuverlässig zu arbeiten? Kann die Mutterschaft ihre Phantasie, ihre Kreativität und ihr Selbstwertgefühl genügend fordern? Eine »hauptberufliche« Mutter entwickelt manchmal das Gefühl, eine Supermutter sein zu müssen und alle Aufgaben perfekt erledigen zu müssen, um ihre Stellung zu rechtfertigen. Sie strengt sich gewaltig an, jede freie Sekunde produktiv zu gestalten und gönnt sich keine Ruhe. Vielleicht hat sie sich, nun da sie ja zu Hause ist, tausenderlei Dinge vorgenommen, erlebt aber möglicherweise nie eine Erfüllung, weil alles, was sie anfängt, nur selten so schnell und zufriedenstellend zu Ende gebracht werden kann, wie sie es sich vorgestellt hatte.

Das Muttersein kann Ihr Selbstvertrauen erschüttern. Vielleicht fragen Sie sich, ob Sie noch eine interessante Persönlichkeit sind. Egal ob Sie arbeiten oder nicht, stellen Sie vielleicht Ihre Fähigkeit, eine »gute Mutter« zu sein, in Frage. Muttersein kann eine sehr einsame Aufgabe sein, wenn Sie feststellen, daß der Rest der Welt Ihre Wahl, die Sie getroffen haben, nicht unbedingt schätzt und Ihnen die Anerkennung, die Sie verdienen, nicht entgegenbringt.
Doch Belohnungen gibt es viele. Sie sind nur nicht so leicht greifbar wie die Opfer und schwerer zu beschreiben. Die scheinbaren Beschränkungen der Freiheit z. B. sind Teil eines tiefgehenden Wachstumsprozesses, der Ihren Horizont mehr als alles bisher Erlebte erweitern kann. Ich habe noch niemanden getroffen, der nicht das Gefühl hatte, durch die Elternschaft gewachsen und gereift zu sein und seine Persönlichkeit erweitert zu haben. Im Hinblick dessen, was man von seinem Leben erwartet, ist das Elternwerden ein höchst risikoreiches Unternehmen. Aber jedes Abenteuer, das große Belohnung verspricht, muß riskant sein. Obwohl nur wenige von uns sich leicht in das Elternsein fügen, würden wir dieses Kind nie mehr hergeben wollen.

Die schwierigen Seiten der Mutterschaft

Frage: Welches waren für Sie die schwierigsten Seiten der Mutterschaft?
Antworten: *Ich komme gar nicht dazu, eine Antwort aufzuschreiben!*

⁂

Ich habe mich verändert. Früher war ich glücklich, verspielt, voller Lebensfreude. Ich war wie ein 31jähriges kleines Mädchen. Heute bin ich eine Frau von 31 Jahren.

⁂

Die Verantwortung ist erschreckend. Ich bin total verantwortlich für das Wohlergehen meiner Tochter. Sie ist mit allen ihren lebensnotwendigen Bedürfnissen total abhängig von mir – für wie lange, weiß ich noch nicht.

⁂

Jeder erzählte mir, wie wunderbar ich mich als Mutter fühlen würde. Doch in den ersten beiden Monaten verspürte ich davon noch nichts und hatte deshalb Schuldgefühle.

⁂

Ich habe die Freundschaft meiner Schwiegermutter verloren. Sie hielt uns ständig vor, daß wir das Baby verwöhnen würden, daß wir es zu viel tragen würden, es zu oft fütterten und es nie schreien ließen. Ich muß mir ständig auf die Zunge beißen. Dafür spüre ich, daß mich jetzt mehr mit meiner Mutter verbindet und daß wir unsere Gefühle besser mitteilen können.

⁂

Ich habe erkannt, daß meine sogenannten Freunde nur für gute Zeiten da waren. Dies ist das erste Mal in meinem Leben, daß ich wirklich einsam bin.

⁂

Wenn ich überhaupt einmal schlief, hatte ich Alpträume, daß Andrea etwas passierte, z. B. daß sie ersticken würde oder jemand sie gestohlen hätte oder daß sie aus ihrem Bett gefallen wäre. Ich geriet immer in Panik.

Ein Baby zu bekommen, ist eine riesige Entscheidung. Es ist ein Privileg, die Entscheidung treffen zu können. Aber in gewisser Weise macht es alles nur noch schwieriger. Sie schieben eine Schwangerschaft hinaus, denn Sie glauben, sich erst noch selber finden zu müssen. Ein weiteres Jahr vergeht und noch eines. Sie denken viel darüber nach. Schließlich geben Sie sich einen Ruck und treffen diese rationale Entscheidung für ein Baby. Während der Schwangerschaft sind Sie ein Star. Das Leben geht weiter wie gewohnt. Sie sind gut ernährt, gut ausgeruht, machen Gymnastik und lesen Babybücher. Wenn Sie das Entbindungszimmer betreten, haben Sie sich vielleicht immer noch unter Kontrolle und sind obenauf. Dann ist es vorbei. Plötzlich können Sie keine Entscheidungen mehr treffen und haben nichts mehr unter Kontrolle. Es bleibt keine Zeit mehr, über Ihre Identität nachzudenken. Sie haben kaum noch die Zeit, sich die Zähne zu putzen!

⁂

Nach neun Jahren Berufsleben war für mich die schwierigste Umgewöhnung die relative Inaktivität. Ich vermißte auch die Anregungen, die ich beim Unterrichten von anderen Erwachsenen bekommen hatte. Aber zunächst war ich nach der Geburt meines Sohnes in einer solchen Hochstimmung, daß diese Gefühle erst allmählich hochkamen, als nach den ersten sechs Monaten unser Leben einigermaßen zur Routine geworden war. Ich finde es auch heute noch fürchterlich, um halb sechs Uhr in der Früh aufstehen zu müssen.

⁂

Ich hätte nie gedacht, wie unglaublich schwierig es sein würde, Ann-Katrin in die Obhut eines Babysitters zu geben – auch wenn ich noch so müde oder begierig darauf war, mal hinauszukommen. Ich habe noch keinen Babysitter gefunden, dem ich hundertprozentig vertraue.

Manchmal habe ich das Gefühl, daß ein Tag verloren ist. Paul kommt von der Arbeit und fragt mich, was ich heute getan habe. Ja, aber ich habe nichts getan außer dem Üblichen. Manchmal habe ich das Gefühl, daß nichts mehr passiert. Es gibt so wenig Ereignisse in meinem Leben. Es erfordert eine solche Anstrengung, Ereignisse zu schaffen!

⁂

Am schwersten konnte ich mich daran gewöhnen, daß mir niemand sagt, daß ich meine Sache im Grunde gut mache.

⁂

Ich habe keine Zeit, über meine Äußeres nachzudenken. Ich dusche jetzt jeden zweiten Tag. Mit meinen Haaren mache ich gar nichts.

⁂

Eigenartigerweise fiel es mir am schwersten, mich an die ständige Einmischung Fremder, bzw. den Verlust an Privatsphäre zu gewöhnen. (»Ist ihr zu kalt?«, »Wo sind ihre Handschuhe?«, »Sollte sie heute nicht mal hinauskommen?«) Die Leute meinen, sie hätten das Recht zu kritisieren, zu kommentieren, zu vergleichen (»Läuft sie noch nicht?«), wenn das Gespräch auf Babys kommt. Aber niemand dächte im Traum daran, sich in irgendeiner anderen Situation einzumischen.

⁂

Am schwersten fällt es mir, mich an die neuen Zeitverhältnisse anzupassen. Ich sehne mich so nach Zeit für mich selbst, daß dieser Wunsch manchmal sogar meine Freude, mit dem Baby zusammen zu sein, beeinträchtigt. Ich wünschte, ich könnte die Dinge einfach laufen lassen und mich voll auf meine Tochter einlassen, statt immer solche Angst zu haben, sie würde mich verschlingen.

Ich vermisse meine eigene Mutter, die vor zweieinhalb Jahren gestorben ist, so sehr. Wenn sie nur hier wäre, damit ich mit ihr sprechen könnte.

⁂

Mein Selbstwertgefühl ist total zusammengebrochen. Ich fühlte mich für nichts mehr kompetent. Früher leitete ich eine Abteilung mit zwanzig Leuten. Heute weiß ich nicht mehr, wie ich das geschafft habe. Kürzlich hatte ich eine interessante Diskussion mit einer anderen Mutter. Sie glaubt, daß die Babypflege eine Art Kampf der rechten Gehirnhälfte (wo Gefühle, Intuition ihren Sitz haben) mit der linken Gehirnhälfte (wo Logik, Vernunft usw. sitzen) ist. Wenn man ein Baby hat, harmoniert man mit ihm auf einer anderen Ebene. Das Hören verändert sich, das Berühren verändert sich, Sie empfinden körperlich mit dem Baby; sein Schreien kann Ihren ganzen Körper ansprechen – ganz klar eine Sache der linken Hemisphäre. Ihr Gehirn funktioniert ganz einfach nicht mehr auf die gleiche Weise wie vorher. Und vielleicht ist es dies, was mein Selbstvertrauen erschüttert hat. Der Teil von mir, der enorme Befriedigung daraus gewonnen hatte, in der Lage zu sein, Probleme genau zu durchdenken und zu lösen, ist völlig zuruckgedrangt.

⁂

Ich bin nicht eigentlich gelangweilt, wenn ich mit Thomas zu Hause bin, aber ich habe Angst, daß ich ein langweiliger Mensch werde.

⁂

Am schwierigsten für mich war es zu lernen, Unvollkommenheit zu akzeptieren und meine eigenen Grenzen anzunehmen: das heißt, zu erkennen, daß ich nicht alles selber so perfekt tun kann, wie ich es mir vorgenommen habe, und diese Unvollkommenheit auch bei anderen Menschen zu akzeptieren.

⁂

Der Verlust der Mobilität war der größte Schock. Ein kurzer Ausflug zur zehn Minuten entfernten Bäckerei muß schon richtig geplant werden. Ich denke, das ist nur kurze Zeit so, und eines Tages werde ich wieder soviel Zeit haben, wie ich brauche. Aber wann?

⁂

Es ist mir klar, daß die Geburt des ersten Kindes auch den Verlust des Kindes in einem selbst bedeutet. Wer kümmert sich nun noch um Sie? Mir fiel es unheimlich schwer, tatsächlich zu glauben, daß ich nun Mutter war. Trifft das nicht für uns alle zu?

Die schönen Seiten der Mutterschaft

Frage: Welches ist der Lohn dafür, ein Baby großzuziehen?
Antworten: *Der größte Lohn ist, daß ich flexibler geworden bin. Ich brauchte volle acht Monate, bis ich gelernt hatte, meine Prioritäten zu verändern und mich entsprechend zu verhalten. Nun bin ich endlich in der Lage, Linda zu genießen und mit ihr zu spielen, ohne mich um den Haushalt, das Kochen usw. zu sorgen.*

⁂

Bevor ich ein Kind hatte, habe ich noch nie über meine eigenen Werte nachgedacht. Dann stand plötzlich das, was in diesem Leben wichtig ist, im Brennpunkt. Für mich ist es meine Beziehung zu Gott und eine klare Sichtweise meiner eigenen Stärken und Schwächen.

Ich bin heute, wo ich Nadine habe, viel offener. Ich glaube, sie hat mir ein Gefühl für Zielstrebigkeit gegeben. Ich weiß heute nicht mehr, wie ich ohne sie klargekommen bin.

* * *

Ich habe mir diese Flut von Liebe, die einen aufrecht erhält, vorher nicht vorstellen können.

* * *

Mein Baby hat mich Geduld gelehrt. Ich bin geduldiger mit mir selbst und mit anderen.

* * *

Ich habe immer gewußt, daß es sich lohnt, aber an dem Tag, als Andreas und ich unseren ersten gemeinsamen Spaß hatten, wurde es bestätigt. Ich hatte gerade eine unglaublich volle Windel beseitigt – die vierte an diesem Tag. Normalerweise lasse ich ihn, wenn es kalt ist, nicht ohne Windel, aber ich saß gerade in völliger Verzweiflung auf dem Boden seines Zimmers, und er krabbelte weg, zog sich selber an seiner Kommode zum Stehen hoch – dann pieselte er. Während ich dachte: »Oh Andreas, wie kannst du mir das auch noch antun?«, stieß er einen Schrei des Entzückens aus. Er war so begeistert davon, wie sich dieser große Wasserstrahl quer durch das Zimmer ergoß, und von dem Geräusch, das er machte, als er auf dem Boden auftraf.
Er schaute mich an. Er wartete auf eine Reaktion. Ich fing an zu lachen. Und da lachte er auch, ging wieder auf die Knie und krabbelte zu mir, zog sich an meiner Schulter hoch und gab mir einen dicken Kuß. Ich werde diese Begebenheit nie vergessen, denn es war das erste Mal, daß ich wußte, daß er überlegte, wie ich empfand. Er kommunizierte wirklich. Dies ist das direkte Feedback, das wir alle brauchen, und wenn wir es schließlich bekommen, was in der Welt kommt dem gleich? Es reicht aus, um mich zum Weinen zu bringen.

* * *

Sara hat mir ein Gefühl der Erfüllung gegeben und meinen Horizont erweitert. Ich bin heute klarer, selbstbewußter, fühle mich erwachsener, jetzt wo ich jemanden beschützen muß, jemanden, der von mir abhängig ist.

* * *

Es besteht kein Zweifel, daß die Geburt meines Sohnes meine Freiheit eingeschränkt hat. Aber mein Sohn hat neue Aspekte meines Charakters hervorgebracht; ich bin heute altruistischer, geduldiger und verständnisvoller.

* * *

Ich glaube, Elena hat mich irgendwie geformt, ich bin bewußter geworden gegenüber meiner Verantwortung. Die Tatsache, daß jemand in allen Dingen von einem abhängig ist, ist eine sehr ernüchternde Erfahrung.

* * *

Ich fühle, daß das Baby meinen Sinn für Geradlinigkeit geschärft hat. Mein Tagesablauf ist jetzt ziemlich durchgeplant. Auf jeden Fall hat es meinen Organisationssinn und meine Kreativität, interessante Dinge für uns beide auszudenken, entwickelt. Mir ist aber auch klar, wie wichtig es ist, die eigenen Interessen zu bewahren.

* * *

Ich fühlte mich so mächtig, als ich Laura herauspreßte. Ich fühlte, daß dies meine Bestimmung auf Erden war und daß ich nichts Wichtigeres schaffen konnte. Mein Mann und ich weinten. Sie lag auf meinem Bauch, schaute mich an. Sie schien mich zu kennen und schaute sehr ruhig und neugierig.

Ich denke häufiger an meine Mutter und frage mich, wie sie zehn Kinder aufziehen und ihre Gesundheit bewahren konnte. Schon mit einem Baby frage ich mich manchmal, wie ich diesen Tag noch überstehen soll.

⁂

Ich habe nicht mehr länger die Haltung: »Zuerst komme ich.« Mein Kind kommt zuerst.

⁂

Seit ich ein Baby habe, bin ich ein stärker körperlich orientierter Mensch. Ich küsse und umarme schneller jemanden. Ich nehme heute auch alles viel leichter. Ich liebe es zu singen und zu tanzen, seit ich das so oft mit dem Baby getan habe.

⁂

Ich glaube, ich verstehe viel mehr vom menschlichlichen Überlebenswillen, seit ich Daniel einfach zusehe, wie er um die Beherrschung jeder neuen körperlichen Fertigkeit kämpft. Er übt – und wird frustriert – und versucht etwas immer wieder, bis er es kann. Man muß einfach beeindruckt und inspiriert sein von dieser Art der Entschlossenheit, dieser Energie und Neugierde.

⁂

Ich bin viel zärtlicher geworden. Höre ich eine Geschichte von Vernachlässigung oder Mißbrauch von Kindern, bin ich tief bewegt – obwohl mir heute klarer ist, woher solche Wut kommen kann.

⁂

Ich habe gelernt, die Dinge ein bißchen laufen zu lassen; dies bedeutet auch, das Baby jeden Tag ein Stück mehr loszulassen, in dem Maße, in dem es seine eigene Persönlichkeit entwickelt.

Natalie hat mich politischer gemacht, und ich bin stärker in meine Gemeinde integriert. Sie müssen keine militante Feministin sein, um wütend zu werden angesichts des Mangels an guten Möglichkeiten der Kinderbetreuung in einer Großstadt – wie auch auf dem Land. Ich habe mich einer politisch aktiven Gruppe angeschlossen, nachdem ich mein Leben lang passiv gewesen war.

⁂

Ich habe viele neue Freunde. Wir haben tatsächlich zwei Paare mit Babys getroffen, mit denen wir gerne zusammen sind.

⁂

Sie können nicht glauben, wie nahe ich mich heute meiner eigenen Mutter fühle. Sie kommt mir heute einfach als eine große Frau vor. Ich frage sie: »Mami, wie hast du das gemacht? Wie hast du fünf Kinder großgezogen, ohne vor die Hunde zu gehen? Wie brachtest du es fertig, daß sich jeder von uns als dein Lieblingskind fühlte?«

⁂

Eine Tochter zu haben, half mir den Wert meiner eigenen Zeit und meiner eigenen Arbeit zu erkennen. Ich verschwende heute keine Zeit mehr. Ich tue entweder etwas oder versuche einfach, genauso wie sie es tut, zu genießen – aus vollem Herzen.

⁂

Ich hatte das Gefühl, daß meine eigenen Eltern mich endlich als erwachsen betrachteten. Sie behandeln mich jetzt, wo ich Mutter bin, anders.

⁂

Ich war glücklich, nach acht Berufsjahren zu Hause bleiben zu können. Ich habe jedes gesetzte Ziel erfüllt. Nun war ich bereit, meinem Leben eine andere Richtung zu geben, weil ich wußte, zu was ich fähig war.

⁂

Mir gefiel es, diese fürsorgliche Seite an mir zu entdecken. Ich wußte nicht, daß es sie gab.

⁂

Alina war unser Überraschungsgeschenk! Ich habe noch vier Kinder im Alter von neun bis sechzehn. Als ich feststellte, daß ich schwanger war, war ich ehrlich gesagt ganz durcheinander. Ich bin 42 und hatte mich gerade entschlossen, noch einmal zur Schule zu gehen, um danach wieder in die Berufswelt zurückzukehren. Ich wußte, damit würde es nun nichts, und ich war enttäuscht. Doch welch ein Geschenk war sie! Ich nehme mir für sie viel Zeit und betrachte nichts als selbstverständlich. Ich weiß, wie schnell die Zeit vergehen wird. Ich trage sie viel. Ich bestaune ihre Vollkommenheit und weiß zu würdigen, welch ein wirkliches Wunder sie ist. Ich sage mir: »Ich kann nicht glauben, daß dieser Mensch in mir gewachsen ist« – als ob ich zum ersten Mal Mutter geworden wäre. Doch zu den liebenswertesten Dingen, die sich in unserer Familie in den kurzen sechs Wochen, seit sie zu uns gehört, vollzogen haben, gehört, daß wir alle dazu beigetragen haben, daß es ein freundlicherer Ort geworden ist. Es wird weniger gekämpft, und alle sind zärtlicher. Mein älterer Sohn sagte mir gestern: »Ich danke dir so, daß wir Alina haben.«

⁂

Der Lohn? Ganz klar. Die Geburt Ihres eigenen Babys ist ein Wunder. Das Lieben und Stillen eines Kindes ist eine außergewöhnliche Erfahrung!

Warum tun alle so, als sei Muttersein so einfach?

Ich wurde von einem Mann schwanger, mit dem ich mir keine gemeinsame Zukunft vorstellen konnte; aber ich wollte das Kind bekommen, hauptsächlich um meiner selbst willen. Ich war neugierig auf diesen Aspekt meiner Weiblichkeit. Ich verschlang alles, was jemals über die Geburt geschrieben wurde, und richtete mein Leben auf den Moment aus, in dem ein neues Leben aus meinem Körper entstehen würde.
Leider schenkte ich der Frage, was ich tun würde, wenn dieses Leben dann erst einmal da wäre, keinerlei Aufmerksamkeit. So waren die nächtlichen Mahlzeiten – um 22 Uhr, um 24 Uhr, um 2 Uhr, um 4 Uhr, um 6 Uhr – ein richtiger Schock für mich. Ich fütterte mein Baby mit der Flasche, und das bedeutete, daß ich die Mahlzeiten unter zornigem Hungergeschrei erst zubereiten und wärmen mußte.
In Augenblicken der Erschöpfung und Verzweiflung dachte ich daran, sie zur Adoption freizugeben. Es war einfach zu hart für mich, und ich war so allein. Egal was ich durchmachte, es gab wenig Mitgefühl für mich. Ich spürte, daß meine Familie und meine Freunde geradezu darauf warteten, daß ich zusammenbrach, und so behielt ich meinen Schmerz für mich.
Doch der Schmerz, den es bedeutet hätte, wenn ich meine Tochter weggegeben hätte, wäre bei weitem größer gewesen als die Belastung, die es bedeutete, sie ganz allein ständig versorgen zu müssen. Also hielt ich durch. Die ersten sechs Wochen waren die längsten meines Lebens; ich verbrachte sie hinter den geschlossenen Jalousien eines heruntergekommenen Billigapartments. Irgendwann im dritten Monat wurde ich langsam wieder fähig, Tag und Nacht zu unterscheiden. Ich öffnete die Jalousien und wußte, daß ich es schaffen würde.
Von nun an sah ich Mütter mit ganz anderen

Augen als zuvor. Sehe ich eine Mutter mit drei Kindern, frage ich mich, wie sie es geschafft hat, diese schreckliche Phase des unaufhörlichen Schreiens und des nächtlichen Aufstehens durchzustehen – und das dreimal. Ich betrachtete meine Freunde, die ältere Kinder hatten, und fragte mich, warum sie mir nicht gesagt hatten, daß es so hart sein würde. Warum tat jeder so, als ob es so leicht wäre, Mutter zu sein?

Das Muttersein stärkte mein vorher unterentwickeltes Selbstbild. Vom ersten Lebenstag meiner Tochter an stellte ich fest, daß ich mich in das Geschehen in der Welt draußen einmischte und wegen ihr aktiv wurde. Ich trat einer Gruppe für Alleinerziehende bei, ging noch einmal zur Schule und machte meinen Abschluß nach und stellte mir die ganze Zeit vor, wie die Leute sagten: »Schaut mal an, was sie alles noch tut, während sie allein ein Kind großzieht.« Ich bin stolz auf mich, wie weit ich es gebracht habe, seit ich Mutter geworden bin.

Wie Sie dem jungen Vater helfen können, in seine Rolle zu finden

Was Sie nicht tun sollten:

»Machen Sie sich nicht über die Fähigkeiten Ihres Partners oder seine Besorgnis, ein guter Vater zu sein, lustig. Halten Sie das Baby nicht von ihm fern. Weigern Sie sich nie, ihm das Baby zu geben, weil Sie auf ihn sauer sind. Zwingen Sie ihn nicht, sich »zur Strafe« um das Baby kümmern zu müssen, wenn Sie wütend auf ihn sind. Sprechen Sie nie dem Baby gegenüber Ihre Wut auf Ihren Partner aus.

Unterminieren Sie ihn nicht. Machen Sie sich nicht über ihn lustig. Greifen Sie ihn nicht wegen seiner Unsicherheit an. Nörgeln Sie nicht. Sie würden es auch nicht mögen, wenn sich Ihnen gegenüber das Krankenhauspersonal, Ihre Mutter oder Ihre Schwiegermutter herablassend benehmen würden. In diesem Zusammenhang sollten Sie auch etwaige Schuldgefühle nicht als Waffe einsetzen. Ein Beispiel: Nehmen wir an, Ihr Kind ist bei Ihrem Partner, während Sie ausgegangen sind. Hat das Baby bei Ihrer Heimkehr eine laufende Nase und brütet vermutlich eine Erkältung aus, sollten Sie nicht Ihren Partner dafür verantwortlich machen. Machen Sie sich klar, daß hinter einer solchen Schuldzuweisung wahrscheinlich Ihre eigenen Schuldgefühle darüber, daß Sie weggegangen sind, stekken.«

Was für Ihren Partner wichtig ist:

»Seien Sie verständnisvoll. Machen Sie ihm Komplimente. Ermutigen Sie ihn. Versuchen Sie Ihren Sinn für Humor und die Fähigkeit über sich selbst zu lachen, zu bewahren. Versuchen Sie, offensichtliche positive Aspekte der Beziehung zwischen Ihrem Partner und dem Baby herauszustreichen. Versuchen Sie, ihm die aufregenden Veränderungen, die das Baby durchläuft, bewußt zu machen. Machen Sie ihn z. B. darauf aufmerksam, daß das Baby genauso schaut wie er. Sagen Sie ihm, wie gut Sie es finden, daß er sich mit dem Baby abgibt. Ermutigen Sie ihn, es zu halten, mit ihm zu spielen, es anzulächeln oder sogar mit ihm zu tanzen. Ermutigen Sie ihn, dem Kind immer sein spezielles Lied vorzusingen. Bitten Sie ihn, zu den Vorsorgeuntersuchungen mitzugehen. Bitten Sie ihn, mit dem Baby spazierenzugehen. Betonen Sie, wie wichtig es für Sie ist, daß er sich um das Baby kümmert, daß es Ihnen nicht nur Entlastung bringt, sondern auch Freude macht, wenn Sie sehen, wie er mit dem Baby Spaß hat.

Denken Sie daran, daß Sie gegenüber Ihrem Partner in der Rolle eines Lehrers sind. Dies erfordert ein großes Maß an Energie, Geduld und Einfallsreichtum, und als entscheidenden Faktor – Humor.«

(Martin H. Greenberg: The Birth of a Father)

Bücher zum Thema Muttersein

Beck-Gernsheim, Elisabeth: Mutterwerden – der Sprung in ein anderes Leben, Fischer 1991.

von Kaltenbrunner, Gerd: Mutterschaft. Mythos und Zukunft, Herder 1987.

Bücher zum Thema Vatersein

Bonorden, Heinz: Mann wird Vater. Anmerkungen, Berichte, Nachfragen, Beck 1989.

Bullinger, Hermann: Wenn Männer Väter werden, rororo 1983.

Danziger, Denis: Die Kunst ein guter Vater zu werden, Kabel 1988.

Greenberg, Martin: Ein Vater wird geboren. Die Entfaltung der Vater-Kind-Beziehung, Quell-Verlag 1991.

Hoffmann, Bernward: Vater werden, Kösel 1988.

Leibold, Gerhard: Ich werde Vater! Ein Ratgeber für die Zeit vor und nach der Geburt, Humboldt-TB 1990.

Little, Peter: Das Babybuch für Väter, Lübbe 1988.

von Matschmann, Elisabeth (Hrsg.): Väter heute. Männer entdecken ihre Vaterrolle. Hänssler 1988.

Trimmer, Eric: Vater werden und Vater sein. Alles was ein Vater über Schwangerschaft, Geburt und die ersten Lebenswochen des Kindes wissen möchte, Hallwag 1985.

Probleme in der Partnerschaft

Das schwierige neue Leben mit dem Kind

Stellen wir eines ganz klar: Ein Baby kann verheerende Auswirkungen auf eine Partnerschaft haben. Wie jede bedeutende Phase des Lebens birgt der Übergang zum Elternsein sowohl Gefahren wie Chancen. Wenn Ihre Ehe oder Partnerschaft gut ist und Sie ihr dieselbe Liebe, Fürsorge und Aufmerksamkeit entgegenbringen wie Ihrem Baby, kann die Beziehung in einer Weise wachsen und sich vertiefen, wie es ohne dieses Ereignis nie der Fall gewesen wäre. Aber auch das Gegenteil kann eintreffen. Ein Baby kann eine schlechte Ehe nicht retten. Babys bringen eine Beziehung durcheinander, belasten sie und komplizieren die Dinge, selbst unter den besten Umständen.

Eltern können so fixiert sein auf ihre Vorstellung, daß ein Baby ihr Leben mit Freude erfüllen wird, daß sie nicht realistisch einschätzen, welche Umwälzungen zunächst einmal erfolgen werden. Durch die Geburt eines Kindes werden die Partner einander auf neue Art kennenlernen, nicht nur als Mann und Frau, sondern auch als Eltern dieses Babys. Jeder Partner muß sich mit vielen Veränderungen abmühen, sowohl äußerlichen wie innerlichen, die eine enorme Chance zur Weiterentwicklung und Vertiefung der Initimität bieten, die aber auch emotionale Distanz und Verwirrung schaffen können.

Babys verändern in den meisten Fällen das gemeinsame Leben eines Paares entscheidend – aus zwei Einzelkämpfern wird ein Team, in dem die Aufgaben anders verteilt sind als früher. Die Ehe oder Partnerschaft wird meist »traditioneller« und die Gefühle alltäglicher. Auch wenn die männliche und weibliche Rolle sich immer stärker angleichen, so sind es auch heute noch in erster Linie die Frauen, die sich um das Baby und das Heim kümmern, während der Mann unter größerem Druck steht, in finanzieller Hinsicht für die Familie zu sorgen. Dies gilt insbesondere, wenn die Frau ihre Berufstätigkeit aufgegeben hat. Der Verlust des zweiten Einkommens kann konkrete Opfer erfordern und dadurch Streß verursachen. Das Paar muß neu bestimmen, welchen Stellenwert in ihrer Familie das Geld und damit materielle Dinge einnehmen. Wenn es sich das Paar leisten kann und die Frau freiwillig zu Hause bleibt, kämpft sie vielleicht trotz einer gewissen Befriedigung durch das Muttersein mit den verschiedensten widersprüchlichen Gefühlen – von der wirtschaftlichen Machtlosigkeit, der Abhängigkeit und Einsamkeit bis zum Verlust des Selbstwertgefühls –, die für sie neu sind und sich auf ihre Partnerschaft auswirken werden.

Auch eine berufstätige junge Mutter unterliegt vielfachem Streß. Es ist zwar ungerecht, aber dennoch Tatsache, daß viele berufstätige Mütter an beinahe universalen Schuldgefühlen leiden, während sich Väter in der Regel überhaupt nicht darum sorgen, wie sich ihre Berufstätigkeit auf das Baby auswirkt. Auch hat die Mutter meist die Verantwortung, eine zufriedenstellende Betreuung zu finden und zu erhalten. In der Regel ist auch sie es, die letztendlich zu Hause bleibt, wenn das Baby krank ist und Karrierechancen sausen läßt, wenn damit eine noch längere Trennung von ihrem Baby verbunden wäre.

Und natürlich bleibt einem Paar, wenn es erst ein Baby hat, sehr wenig Zeit für ihre Beziehung und für gemeinsame Vergnügungen. Mann und Frau mögen als Familie Abend für Abend gemeinsam zu Hause verbringen – wobei er ihr beim gemeinsamen Abendessen das Fleisch kleinschneidet, während sie das Baby stillt – und dies in vielfältiger Hinsicht in dieser Phase ihres Lebens als richtig und gut empfinden. Doch was die Liebe und Leidenschaft anbelangt, gibt es viel weniger Gelegenheit zu Entspannung und Spontaneität. Und selbst wenn sich die Gelegenheit bietet, wer hat die Energie, sie noch zu nutzen? Wenn Sie seit Wochen nicht mehr als drei Stunden Ruhe am Stück hatten, wiegt Schlaf meist schwerer als Leidenschaft.

Auch der Kontakt zu Freunden, die früher ein wichtiger Teil des Lebens waren, kann gestört sein. Die Zeit ist einfach nicht da. Und wenn Ihre Freunde keine Babys oder Kleinkinder haben, entdecken Sie vielleicht – wenn auch vielleicht nur zeitweilig –, daß Sie wenig mit ihnen gemeinsam haben. Oder Ihre Freunde gehen davon aus, daß Sie nicht mehr verfügbar sind, oder, wenn doch, Sie zu ziemlich langweiligen Leuten geworden sind, bei denen sich alles um das Baby dreht.

Auch die Beziehung zu den Schwiegereltern kann sich verändern. Jetzt, wo sie Großeltern sind, nehmen sie vielleicht stärker am Leben des Paares teil. Dies kann positiv sein. Viele junge Eltern berichten von einer neuen Nähe und dem Respekt, den sie nun den Älteren gegenüber empfinden. Doch als Eltern sehen wir vielleicht auch die negativen Eigenschaften an unseren Eltern und Schwiegereltern deutlicher. Dies kann eine zusätzliche Belastung für eine Partnerschaft werden.

Es geht noch weiter: Nur wenigen von uns ist bewußt, mit welcher Wucht ein Baby verschüttete Kindheitserinnerungen wieder ins Bewußtsein bringen kann. Alte Sehnsüchte, Verluste und Wutgefühle können zutage treten. Bei einer Frau kann die Geburt die eigenen Wünsche, umsorgt, gehalten, berührt zu werden, wecken. Vielleicht versucht sie, in der neuen Beziehung zu ihrem eigenen Baby nicht dieselben Fehler zu machen wie die eigene Mutter, die ihre Bedürfnisse nie erfüllt hat. Wenn die Mutter sich in ihr Baby verliebt, ist dies eine sehr starke Erfahrung und kann ihr Bedürfnis nach Intimität auf eine einfache, direkte Weise befriedigen, die ganz anders ist als die erotische Beziehung zwischen Erwachsenen, bei der Streitereien unvermeidlich sind, um ein ausgewogenes Verhältnis von Nehmen und Geben zwischen Mann und Frau zu schaffen.

Der Mann kann die intensive emotionale Zuwendung seiner Frau zum Baby als eine Abweisung betrachten. Und auch er kann mit tief verschütteten Gefühlen aus seiner Kindheit konfrontiert werden. Das Erlebnis, wie seine Frau das Baby stillt, kann seine alte Sehnsucht nach Abhängigkeit und Umsorgtsein von der Mutter wachrufen. Egal wie reif, selbstbewußt und verantwortlich er in seinem »wirklichen« Erwachsenenleben sein mag – es ist normal, daß er Eifersucht dem Baby gegenüber empfindet und sich von seiner Frau nicht mehr so geliebt und beachtet fühlt wie früher.

Eine innere Stimme in uns neigt dazu, dem Baby wegen all diesem Streß zu grollen. Ein anderer Teil in uns weiß, daß dieser Vorwurf unakzeptabel ist – man kann ein winziges, hilfloses Baby nicht für diese neue Situation verantwortlich machen. Und da wir die wahre Ursache dieser Wut und Verwirrung nicht verstehen können oder wollen, neigen wir dazu, Menschen, die wir für rechenschaftspflichtig halten – wie unsere Partner –, als Verursacher dieser Probleme anzusehen. Wenn die Mutter so sehr mit der Babypflege ausgelastet ist, warum beschäftigt er sich nicht genauso intensiv mit etwas anderem? Manche Männer tun genau das. Sie vergraben sich in ihre Arbeit; diese Reaktion wird sogar gesellschaftlich gebilligt, nun, da er für seine Familie sorgen muß. Oder der Mann zieht sich auf sein Hobby zurück, zum Sport, zu abendlichen Treffen mit Freunden, flüchtet in den Alkohol oder in Drogen oder sogar in die Arme einer anderen, scheinbar verfügbareren und fürsorglicheren Frau.

Klingt dies traurig? Es muß nicht so kommen, wenn Paare sich diese Gefahren bewußt machen, daran arbeiten, einander ihre Gefühle mitzuteilen, und sich gleichzeitig anstrengen, die Situation des anderen zu verstehen. Wenn wir unsere Sichtweise ohne Angst vor Schuldzuweisungen darlegen können, ist es möglich, Probleme objektiv zu lösen und Veränderungen herbeizuführen. Wenn die Frau z. B. das Gefühl hat, daß sie den Löwenanteil der Babypflege erledigt und alle Opfer bringt, kann sie sehr wohl Wut verspüren – Wut auf ihr Baby, auf den Partner, auf die Gesellschaft, die diese Rollenteilung stärkt. Und da es wenig bringt, dieses kleine Baby oder die riesige soziale Gesellschaft zu beschimpfen, ist der wahrscheinlichste und geeignetste Sündenbock der Partner. Es ist leicht gesagt und schwer durchzuhalten, doch sollte die Frau, anstatt ihren Partner durch ihre Wut zu verschrecken, ihn in positiver Weise als Problemlöser angehen. Wie kann sie sich etwas freie Zeit verschaffen, um selbst ein wenig aufzutanken und nicht mehr so erschöpft zu sein? Wenn ihn dieses Mutter-Baby-Duo befremdet, kann er dies offen zur Sprache bringen, ohne sich »kindisch« vorzukommen? Kann sie seine Gefühle nachempfinden? Können sie eine gemeinsame Aktivität finden, die beiden Spaß macht?

Vermeiden Sie Streß und reden Sie miteinander!

Probleme in der Partnerschaft nach der Geburt eines Babys sind normal. Im folgenden einige Fragen, die sich jedes Elternteil stellen sollte, damit es nicht zur Explosion kommt:

1. Was will ich ganz konkret?
2. Was will mein Partner ganz konkret?
3. Warum empfindet mein Partner auf diese Weise?
4. Was gebe ich auf, wenn ich mich nicht durchsetze?
5. Habe ich dieses Problem zu einem Machtkampf werden lassen, in dem es wichtiger geworden ist, daß ich mich durchsetze, als daß ein vernünftiger Ausweg gefunden wird?
6. Welche alternativen Lösungen gibt es?

Eltern berichten, wie sich Ihr Leben nach der Geburt eines Babys verändert hat

Frage: Inwiefern hat sich Ihre Ehe nach der Geburt Ihres Babys verändert? Können Sie anderen Eltern einen Rat geben?

Antworten: *Dennis und ich schlafen kaum noch miteinander. Abends um halb neun bin ich schon müde und sinke nur noch ins Bett. Sex ist zu einer großen Angelegenheit geworden. Sex zu haben ist ein großes Thema, und ihn nicht zu haben ist auch ein großes Thema. Sex ist überhaupt nichts Normales oder Natürliches mehr.*

Ich kann nur jedem raten, die Tatsachen und Gefühle offen zur Sprache zu bringen. Dann können Sie entweder darüber streiten oder darüber lachen, aber was Sie damit machen – dem Sex – das weiß ich nicht. Man hat einfach keine Zeit mehr dazu.

Wir sind pleite. Das ist wirklich hart. Ohne meinen Job gibt es keine Extras mehr. Andererseits haben wir dieses wunderbare Baby, das wir anbeten und in das wir vernarrt sind, das wir gemeinsam gemacht haben und das uns beiden gehört. Sie hat seine Augen und die Hände von meinem Vater und meine Ohren, glaube ich. Das entschädigt für vieles.

* * *

Ich bin sehr traurig über die Distanz, die das Baby zwischen mir und meiner Schwiegermutter geschaffen hat. Offensichtlich meint sie, ich widersetze mich ihr absichtlich, weil ich ihre Ratschläge nicht befolge. Durch das Baby ist ihr Bedürfnis, sich einzumischen, besonders deutlich geworden. Jetzt ist sie beleidigt und will uns nicht einmal mehr besuchen kommen. Mein Mann steht zwischen uns beiden.

* * *

Mein Baby verstärkte in gewisser Weise meine Rivalität zu meiner Schwiegermutter, aber ich habe mich durchgesetzt, und nun kennt jeder seinen Platz. Wir brauchten Zeit dafür.

* * *

Wir lieben uns mehr, nicht nur wegen Benjamin, sondern auch infolge unseres individuellen Wachstumsprozesses, den das Kind in jedem von uns in Gang gesetzt hat.

* * *

Ich bekomme nicht mehr so viel Aufmerksamkeit von meiner Frau wie früher. Ich kann nichts daran ändern.

* * *

In unserer Ehe besteht das Problem darin, daß ich eigentlich erwartet habe, daß mein

Mann mir mehr helfen würde. Ja, er spielt mit ihr und wechselt die Windeln, aber er würde sie nicht baden oder füttern, auch nicht, wenn ich etwas zu tun habe. Seine Entschuldigung? »Ich kann es nicht!« Ich konnte es auch nicht, aber ich mach's halt. Dann kommt er heim und will wissen, was ich den ganzen Tag getan habe, und kann nicht verstehen, warum die Hausarbeit oder andere Dinge liegengeblieben sind. Ich sage ihm, daß ich das Baby den ganzen Tag herumgetragen habe. Aber sobald er da ist, ist sie glücklich – die reinste Schauspielerin.

⁂

Kürzlich hatte ich ein wunderbares Erlebnis. Martin gab mir einen Tag frei. Ja, einen Tag frei! Er stand mit dem Baby auf, sorgte dafür, daß es aß, badete es, spielte mit ihm und plante unser Abendessen. Ich ging aus und ließ mir eine Dauerwelle machen – das wollte ich schon seit Monaten – und verbrachte dann den Nachmittag mit dem Umtopfen meiner Pflanzen. Martin hatte vorher keine Vorstellung davon gehabt, was es bedeutete, einen Tag mit einem Baby zu verbringen. Er sagt, daß er nun wisse, wie einsam das sein kann und welchen Aufwand es bedeutet, ein fünfmonatiges Kind dreimal täglich zu füttern.

⁂

Lukas ist heute viel besorgter um unser finanzielles Auskommen. Er fühlt die ganze Verantwortung für die Familie auf seinen Schultern lasten. Ich sage ihm immer wieder, daß wir diese Verantwortung teilen, aber er kann das Gefühl, das Finanzielle sei seine Sache, nicht abschütteln.

⁂

Die größte Umstellung betrifft unser Sexualleben. Während der Stillzeit hatte ich kein Interesse an Sex (trockene Scheide); dann verschrieb mir der Frauenarzt ein Präparat, das half. Ich gab meinen Job auf, nicht weil ich ihn nicht perfekt ausführte oder ihn mit dem Baby nicht vereinbaren konnte, sondern weil mein Mann und ich uns entfremdeten.

⁂

Wir streiten öfters, und das erschreckt Claudia. Sie zittert dann richtig.

⁂

Unsere Beziehung hat gelitten. Wir bemühen uns jetzt, einmal im Monat zusammen auszugehen.

⁂

Am meisten ärgert mich, daß das Baby uns beiden gehört, aber 90 Prozent der Pflege auf mich entfallen, zusätzlich zu den 90 Prozent Haushalt und Einkaufen. Das ist nicht fair. Mein Mann ist jetzt eher ein Untermieter statt ein Partner. Ich nehme ihm manchmal seine Freiheit übel. Bei mir hat sich so viel Wut aufgestaut, weil ich so viel mitgemacht habe; ich bin heute ein anderer Mensch! Ich habe graue Haare und Falten bekommen! Er hat sich nicht so verändert wie ich, auch wenn er natürlich sagt, daß er sich verändert hat.

⁂

Irgendwas ist mit uns beiden passiert. Wir sind wie zwei todernste, mittelalterliche Menschen, niedergedrückt von der Last unserer Verantwortung. Wir haben keinen Spaß mehr! Alles, über das wir sprechen und nachdenken und für das wir planen, ist das Baby. Vor der Firma, in der ich arbeite, steht ein Springbrunnen. Einmal habe ich zu meiner Frau gesagt: »Wir müssen mal was Verrücktes tun, uns Luft machen. Laß uns in die Stadt gehen und in den Brunnen springen.«

⁂

Wir kleben irgendwie aneinander, weil wir keine Zeit mehr für Freunde haben. Unsere alten Freunde machen so verrückte Sachen, wie uns abends um acht anzurufen und uns zu fragen, ob wir mit Pizza essen gehen. Die haben ja keine Ahnung. Wir leihen dafür ein Video aus und schlafen dann nach zehn Minuten ein. Romantisch, nicht wahr?

* * *

Selbst wenn wir uns scheiden lassen, werden wir durch die Liebe und Hingabe zu unserem Kind immer verbunden sein. Das ist ein großes Gefühl.

* * *

Elisabeth war im Grunde der Beginn unserer Ehe, auch wenn sie erst fünf Jahre nach der Heirat kam. Bis zu ihrer Geburt hatten Karl und ich mehr oder weniger autonom in unseren Jobs und Interessen gelebt. Wir verbrachten viele Abende getrennt, weil er sich politisch betätigte und ich Theater spielte. Wir hatten viel Spaß zusammen, aber wir haben nie zusammen gearbeitet; nun, wo wir endlich alles mit dem Baby zusammen tun, erleben wir so viel gemeinsame Freude.

Gibt es einen Weg zurück zum Sex?

Fragen Sie sich, ob Sie nach der Geburt jemals wieder Sex haben werden? Sie stehen mit dieser Frage nicht alleine. Vielleicht waren Sie bereits bei der Nachsorgeuntersuchung. Der Arzt sagte Ihnen, daß »Sie wieder normale sexuelle Beziehungen aufnehmen können«, doch Sie haben es bisher noch nicht getan. Sie haben keine Zeit, oder Sie sind müde oder fühlen sich mit Ihren zehn Kilogramm Übergewicht nicht sehr sexy, oder der Verkehr bereitet Ihnen Unbehagen. Tatsache ist, daß alle neuen Eltern eine Veränderung Ihres Sexuallebens erleben. Für manche ist dies eine kurze Episode, eine Angelegenheit von einigen Wochen, abhängig davon, wann der Dammschnitt verheilt ist, das Stillen sich etabliert hat, das Schreien des Babys weniger wird oder wie ausgeruht Sie sind. Doch bei anderen kann es viel, viel länger dauern, die sexuelle Intimität wiederherzustellen.

○ Als Masters und Johnson das Verhalten von Frauen in den drei Monaten nach der Geburt untersuchten, stellten sie fest, daß beinahe die Hälfte wenig oder kein Interesse an Sex hatte. Müdigkeit ist die wichtigste körperliche Ursache dafür, daß der Sexualtrieb einer Mutter sehr schwach sein kann, aber auch das hormonelle Ungleichgewicht trägt dazu bei. Ein starkes Abfallen des Östrogen- und des Progesteronspiegels führt zu einer trockenen Scheide, die schmerzempfindlich ist. Eine stillende Mutter kann eine noch trockenere Scheide haben, da sie einen hohen Prolaktinspiegel hat. Zwar kann ein Gleitmittel Abhilfe schaffen, aber es kann gut sein, daß die Frau dabei nicht dasselbe Vergnügen empfindet wie früher.

○ Da der Mann keine vergleichbaren körperlichen Probleme hat, ist es wahrscheinlich, daß er ein normales sexuelles Verlangen verspürt. Laut einer Untersuchung unterscheidet sich der Grad der sexuellen Lust bei jungen

Müttern und Vätern nicht nur innerhalb der ersten vier Monate nach der Geburt, wie wir erwarten würden, sondern sogar noch nach zwölf Monaten.

○ Das Körperbewußtsein und das Selbstvertrauen einer Frau kann durch die Mutterschaft erschüttert werden. Auch die Gesellschaft erkennt die Bedeutung der Mutterschaft nicht in wahrem Maße an und trägt so zu einer weiteren Aushöhlung des Selbstwertgefühls bei. Auch eine leichte Depression kann die Libido dämpfen. Manchmal sind Freunde oder Selbsthilfegruppen (siehe Seite 239) genau das, was eine Mutter braucht, um sich besser zu fühlen. Männer haben nur selten die Chance, untereinander ebenfalls solche hilfreichen Bekanntschaften zu schließen. Zögern Sie nicht, professionelle Hilfe in Anspruch zu nehmen, wenn fehlendes sexuelles Interesse allmählich Ihre Ehe gefährdet. Beratungsstellen gibt es vielerorts.

Bücher für Paare

Bullinger, Hermann: Wenn Paare Eltern werden. Die Beziehung zwischen Frau und Mann nach der Geburt ihres Kindes, rororo 1986.

Langer, Marie: Mutterschaft und Sexus. Körper und Psyche der Frauen, Kore 1988.

Nitsch, Cornelia: Sexualität im Familienalltag, Mosaik 1992.

Hier finden Paare in Problemsituationen Hilfe

Deutsche Arbeitsgemeinschaft für Jugend- und Eheberatung (DAJEB)
Münchener Straße 20
9043 Unterföhring
Tel.: (0 89) 96 72 20.
Die DAJEB gibt eine kostenlose Broschüre für das Bundesgebiet mit Adressen von Ehe-, Partnerschafts-, Lebens- und Erziehungsberatungsstellen heraus.

Institut für Familien in Konfliktsituationen
Ludwigstraße 2
6630 Saarlouis
Tel: (0 68 31) 4 36 66

Praxis und Forschungsstelle für Psychotherapie und Beratung am Lehrstuhl für klinische Psychologie des Psychologischen Instituts der Universität Heidelberg
Hauptstraße 47–51
6900 Heidelberg
Tel: (0 62 21) 5 47 35 90

Psychosoziale Beratungsstelle in Familienkrisen
Güntertalstraße 41
7800 Freiburg
Tel: (07 61) 7 87 61

Familien-Notruf München
Pestalozzistraße 46
8000 München 5
Tel: (0 89) 26 91 94

Dies ist nur eine kleine Auswahl von Anlaufadressen. In vielen Städten gibt es Beratungsstellen für Eltern in Konfliktsituationen; auch die Caritas und andere katholische Organisationen bieten Sprechstunden für Paare in Problemsituationen an. Erkundigen Sie sich bei Ihrem Arzt, der Stadt oder Ihrer Kirchengemeinde.

WIE SIE IHR NEUES LEBEN IN DEN GRIFF BEKOMMEN

Informieren Sie sich über Selbsthilfegruppen und Elternkreise

Ich wünschte, Bernhard und ich hätten uns nicht nur auf eine natürliche Geburt, sondern auch auf die Schwierigkeiten, die das Leben mit einem Baby mit sich bringt, vorbereitet. Ich meine damit nicht Kurse über Säuglingspflege, in denen man lernt, wie man ein Baby badet, hält, Milchnahrung zubereitet oder Fläschchen sterilisiert, sondern ich meine eine Vorbereitung darauf, wie man Babys versteht und mit den realen logistischen und psychologischen Problemen, vor denen junge Eltern stehen, zurechtkommt.

Das Leben mit einem Baby wird weniger einsam und viel erfreulicher sein, wenn Sie Leute kennen, die Ihre Gefühle und Erfahrungen teilen – Leute, die die gleichen Fragen und Sorgen haben, Probleme, die nicht immer Sache des Kinderarztes sind.
Im folgenden beschreibt Phyllis Silverman, Leiterin einer Selbsthilfegruppe für Mütter mit Babys, ihre Erfahrungen mit der Gruppe. Im Anschluß daran finden Sie Hinweise, wie Sie selbst eine Gruppe finden oder eine ins Leben rufen können.

Als ich anfing, Elterngruppen zu organisieren, wollte ich das Wissen, das ich in meinem Beruf über frühkindliche Entwicklung erworben hatte, weitergeben. Ich war der Meinung, daß es für die Eltern interessant sein müßte, die neuesten Forschungen und Theorien über das Kleinkindalter kennenzulernen, damit sie ihre Babys, deren Wachstum und Entwicklung wie auch deren höchst individuellen Unterschiede und Persönlichkeiten verstehen könnten.
Z. B. hilft es den Eltern sehr, wenn sie erfahren, daß sich bei allen Kindern unter drei Jahren Phasen der Abhängigkeit mit Phasen der Unabhängigkeit abwechseln. Wenn die Eltern das starke Bindungsbedürfnis eines sechsmonatigen Babys verstehen und wissen, auf welche Weise dies mit der plötzlichen Anhänglichkeit in diesem Alter zusammenhängt, tun sie sich oft leichter bei der Suche nach einer angemessenen und dauerhaften Betreuung Ihres Babys. Sie haben weniger Schuldgefühle. Auch das Schmusebedürfnis eines achtmonatigen Babys, das gerade mobil wird, erhält in den Augen der Eltern seinen Sinn, wenn sie wissen, wie wichtig dieses »Berührungsreservoir« oder das Gehaltenwerden für das Baby ist, bevor es einen weiteren Sprung in Richtung Unabhängigkeit macht. Diese Verhaltensweisen können verkehrt interpretiert werden, und dann fragen

sich die Eltern vielleicht, ob sie ihr Kind mit zuviel Liebe, Sorge und Aufmerksamkeit überschüttet und es dadurch verwöhnt haben.

Es kommt auch vor, daß ein acht- oder neunmonatiges Kind scheinbar in den Hungerstreik tritt. Die Eltern sind ratlos und machen sich Sorgen. Aber die Erklärung ist ganz einfach: Bei manchen Babys kann das Bedürfnis nach Unabhängigkeit so stark sein, daß sie das Essen solange verweigern, bis die Mutter das Füttern aufgibt und das Baby mit den Fingern essen läßt. Sie fragen sich vielleicht auch, warum Ihr Baby kaum noch schlafen will. Zwar will ich keineswegs behaupten, eine Fachfrau für Schlafprobleme zu sein (ehrlich gesagt, glaube ich, daß es so etwas gar nicht gibt), aber ich denke, daß es viele Gründe gibt, warum sich ein Baby gegen das Schlafen wehrt. Hat es gerade laufen gelernt, kann es so aufregend sein, diese neue Welt zu erkunden, daß es im wörtlichen Sinne dagegen ankämpft, sie zu verlassen, nur weil es schlafen soll. Dies ist kein Trotz und keine Auflehnung gegen die Eltern, sondern einfach das vorrangige Interesse für eine neue Sache. Indem man über solche Dinge in der Gruppe spricht und diese Erfahrungen teilt, lassen sich neue Perspektiven und auch manche Lösung finden für den tagtäglichen Umgang mit einem Baby.

Eine zwanglose Gruppe, die an einem gemütlichen, freundlichen Ort zusammenkommt, bietet den Eltern darüber hinaus die Möglichkeit, einfach mal zu beobachten, wie andere Eltern und ihre Babys miteinander umgehen. Wenn es in der Gruppe Babys gibt, die schon krabbeln können, finde ich es hilfreich, wenn noch eine Betreuungsperson anwesend ist, die Erfahrung hat im Umgang mit Kleinkindern und sich in einem Nebenraum um die Kinder kümmert. Die Tür wird offen gelassen, damit die Babys hin- und herkrabbeln können, wenn sie wollen. Nach dem Treffen wird den Eltern berichtet, wie sich ihre Babys in der Kindergruppe verhalten haben. Wir waren immer wieder alle verblüfft zu hören, wie leicht die Babys untereinander Beziehungen aufbauen – und damit die Theorie widerlegen, daß eine Sozialisation frühestens im Alter von zwei Jahren stattfindet. Die Babys, mit denen ich gearbeitet habe, erkannten sich in den meisten Fällen durch diese wöchentlichen Kontakte wieder und schienen ganz eindeutig das Beisammensein zu genießen.

Eine weitere Erfahrung dieser Gruppenarbeit war für mich, daß es den Eltern nicht nur um Informationen ging oder um die Schaffung vergnüglicher, anregender sozialer Erfahrungen für die Säuglinge. Die Gruppen haben noch viele andere Funktionen. Hier haben junge Mütter, die häufig isoliert sind und weit entfernt von ihrer Familie leben oder zu ihr keine gute Beziehung haben, die Möglichkeit, andere Mütter zu treffen. Das ist besonders wichtig für eine Mutter mit einem ersten Kind. Oft zum ersten Mal aus dem Berufsleben gerissen und ohne einen verfügbaren oder einfühlsamen Bekanntenkreis, trifft sie hier auf Leute, die sie verstehen. In jeder Gruppe haben sich zwischen einigen Teilnehmern richtige Freundschaften entwickelt.

Diese Gruppen sind auch ein Forum, in dem grundlegende praktische Informationen ausgetauscht werden: die Zubereitung selbstgemachter Babynahrung; wo man Ausstattung kaufen oder Babysitter finden kann usw. Ebenso wichtig ist, daß so eine Gruppe gestörte Wahrnehmungen oder falsche Informationen korrigieren kann (»Alle Babys schlafen mit drei Monaten nachts durch«, oder »Das Umgewöhnen von der Brust zur Flasche erfordert einfach genügend Bestimmtheit und Durchsetzungskraft«). Das Miteinandersprechen zeigt, daß die möglichen Gefühle einer jungen Mutter – Unzulänglichkeit, Ängstlichkeit, Frustration, Müdigkeit oder sogar Wut – nicht ungewöhnlich sind.

Es ist für Eltern viel gesünder, ihre Gefühle ehrlich auszudrücken und offen Lösungen auszuarbeiten, als insgeheim auf ihre kleinen Kinder wütend zu werden oder sich wegen

solcher Gefühle wiederum schuldig zu fühlen, wie es so oft der Fall ist. Der Ansatz, Probleme offenzulegen, sie genau zu durchleuchten und Lösungen zu finden, wie es in einer Gruppe geschieht, hilft den Eltern auch dann noch, wenn die Gruppe längst auseinandergefallen ist.

Haben Sie Mut zur Selbsthilfe

Eltern-Kind-Gruppen gibt es in verschiedenen Ausrichtungen wie z. B. Elterngesprächskreise, Krabbelgruppen, Spielkreise, Seminare zu speziellen Fragen usw. Sie werden von verschiedenen Organisationen angeboten, z. B. von konfessionell gebundenen Einrichtungen, Mütterzentren, Volkshochschulen. Darüber hinaus gibt es Selbsthilfegruppen, die aus einer Elterninitiative entstanden sind. Grundlegende Informationen zum Aufbau einer Selbsthilfegruppe erhält man beim:

Bundesverband Neue Erziehung e. V.
Oppelner Straße 130
5300 Bonn
Tel. (02 28) 6 68 51 12

Hier erhalten Sie Auskunft

Informationen über bereits existierende Elterngruppen am Wohnort findet man oft in der örtlichen Presse. Auch bei den Kirchengemeinden oder den Stadtverwaltungen erhalten Sie Auskunft. Müttergesprächskreise, Seminare zu speziellen Themen werden auch von Bildungsträgern wie Volkshochschulen angeboten. Oft entwickeln sich solche Gruppen auch auf Eigeninitiative, z. B. als Weiterführung von Stillgruppen. Grundsätzlich zu unterscheiden ist zwischen Gruppen, die von einer Person geleitet werden, und Gruppen, die von betroffenen Eltern gemeinsam gestaltet werden.

Während in größeren Orten in der Regel ein gewisses Angebot vorhanden ist, kann es im ländlichen Raum etwas problematischer werden. In diesem Fall könnten Sie überlegen, selbst eine solche Gruppe ins Leben zu rufen. Vielleicht kennen Sie schon interessierte Eltern. Sprechen Sie mit der Stadtverwaltung oder mit kirchlichen Organisationen, ob Ihnen jemand einen Raum zur Verfügung stellt; Sie können in der Lokalpresse über Ihr Vorhaben informieren oder beim Kinderarzt einen entsprechenden Aushang machen. Ratschläge, wie man eine solche Gruppe ins Leben ruft, erhält man beim Bundesverband Neue Erziehung.

Recht verbreitet und auch gut in Eigeninitiative aufzubauen, sind sogenannte Mutter-Kind-Gruppen. Hier treffen sich Mütter mit Kleinkindern, meist einmal wöchentlich, zu gemeinsamen Aktivitäten. Die Zusammenkünfte werden entweder völlig frei gestaltet, d. h es steht etwas Spielzeug zur Verfügung, die Kinder beschäftigen sich nach Belieben, die Mütter können sich unterhalten. Oder es gibt ein Programm. Dabei stehen entweder die Kinder im Mittelpunkt, d. h. das Programm ist auf die Kinder abgestimmt und die Mütter beteiligen sich an diesen Aktivitäten. Oder aber die Mütter treffen sich, um ein bestimmtes Thema zu diskutieren, und die Kinder werden währenddessen von einer Betreuerin in einem Nebenzimmer beschäftigt. Diese Konzeption bietet den Vorteil, daß die Mütter untereinander leichter ins Gespräch kommen, sich konzentrierter mit Problemen, die ihnen am Herzen liegen, auseinander-

setzen können und von den Gruppen persönlich stärker profitieren. Allerdings wäre bei dieser Gruppengestaltung eine ausgebildete Leiterin wünschenswert.
Auch eine Gruppe ohne feste Themen bietet die Möglichkeit, praktische Informationen auszutauschen oder neue Impulse zu erhalten. Jedoch stehen bei solchen Zusammenkünften die Kontaktmöglichkeiten für Mütter und Kinder im Vordergrund. Wenn Sie tiefergehende Probleme haben, sollten Sie darüber hinaus auf jeden Fall professionelle Unterstützung in Anspruch nehmen. Hier bieten die Beratungsstellen Hilfe.
Die Größe einer Gruppe liegt im Idealfall bei ca. acht Müttern. Väter sind in der Regel zwar willkommen, nehmen aber nur selten teil, schon aus dem einfachen Grund, weil die Gruppen meist untertags stattfinden. Überlegen Sie also, ob sich nicht auch einige Abendtermine einrichten lassen, denn auch Väter brauchen ab und zu Unterstützung und den Kontakt zu anderen Eltern.

Zwei Mütter berichten von den Vorteilen einer Elterngruppe

Es fiel mir so schwer, mich daran zu gewöhnen, zu Hause zu bleiben, nachdem ich beruflich Karriere gemacht hatte. Ich litt unter dem »Superfrauen«-Syndrom. Weil ich kein Geld mehr verdiente, meinte ich, nun müßten mein Haus und die Mahlzeiten perfekt sein. Vorher gönnte ich mir keine Ruhe. Ich glaube, auch viele andere Frauen leiden an diesem Syndrom. Schließlich wurde mir klar, daß ich mit der Putzerei so beschäftigt war, daß ich mein Baby gar nicht richtig genießen konnte. Wir Frauen müssen uns immer wieder bewußt machen, daß wir zu Hause bleiben, um Mutter zu sein, nicht um Magd zu spielen. Meinen Putzfimmel rechtfertigte ich immer wieder damit, daß ich mir sagte: »Ich mache diese Arbeit für meinen Mann.« Doch in Wahrheit war es ihm ganz egal, ob ich ihm ein Feinschmeckermahl vorsetzte oder ein belegtes Brot. Er wollte nur eine glückliche Familie.
Inzwischen befolge ich den Rat aus Ihrem Buch. Ich bin in einer Müttergruppe, in der sich acht junge Mütter einmal wöchentlich treffen. Ich habe auch einen Babysitter und treffe mich immer wieder mit Freundinnen aus der Schwangerschaftsgymnastik. Das ist toll. Laura genießt das Zusammensein mit den anderen Babys. Außerdem sind wir nur noch so wenig zu Hause, daß unsere Wohnung kaum mehr schmutzig werden kann! Ich kann nicht oft genug betonen, welche Bedeutung diese Unterstützung für mich hat. Daß ich das Muttersein jetzt als glückliche, aufregende Erfahrung erleben kann, liegt zum großen Teil an der Müttergruppe.

⁂

Als Stefanie vier Monate alt war, machte sie mich mit ihrem unregelmäßigen Schlafrhythmus fast verrückt. Aus Verzweiflung schrieb ich einen Brief an fünf andere Mütter von Kleinkindern und fragte sie, ob sie nicht mit mir eine Selbsthilfegruppe gründen wollten. In unserer kleinen Gemeinde ist es praktisch unmöglich, eine professionelle Leiterin zu finden; aber unsere Gruppe hat sich ganz gut als informelles, monatliches Forum entwikkelt. Wir entscheiden uns jeweils im vorhinein für ein Gesprächsthema. Jede von uns bringt dann möglichst viel Materialien, Erfahrungen und Ideen zu diesem Thema mit. Wir haben uns z. B. mit den Problemen Schlaf, Wut und Disziplin beschäftigt. Wir treffen uns in einem Raum der Kirchengemeinde und haben einen Babysitter engagiert. Die Kinder, die ins Spielzimmer wollen, können das tun, und die noch unsichereren Babys können bei ihren Müttern bleiben. Manche Kinder gehen mal dahin, mal dorthin. Inzwischen kommen jeden Monat zwischen vier und zehn Frauen. Wir nehmen uns jeweils die Zeit, bei jedem Thema sowohl die freudvollen Seiten wie die Probleme anzusprechen. Und natürlich rufen wir einander auch außerhalb der Treffen mal an, wenn wir einen Rat, Informationen oder Unterstützung brauchen. Diese Frauen sind eine enorme Bereicherung für mich! Ich kann eine solche Gruppe nur wärmstens empfehlen.

Überlegtes Zeitmanagement ist alles

Nach Julias Geburt las ich insgeheim zum ersten Mal in meinem Leben Berichte in Frauenzeitschriften mit Titeln wie »Zehn Wege, wie Sie jeden Tag einige Stunden einsparen können und immer noch frisch, schlank, gesund, schön, interessant, eine tolle Mutter und sexy sind«. Ich gehörte nun zu der riesigen Leserschaft von Ratgebern – für die gequälte Hausfrau, die besorgte Mutter –, denn ich mußte ja irgendwie wieder meine Zeiteinteilung und mein Leben in den Griff bekommen. Ich wußte nicht, wo ich anfangen sollte.

Noch bevor Sie Ihr Baby bekommen, werden Ihnen Leute, die es wissen müssen, sagen, daß Schlaf und Zeit zu einer Mangelware in Ihrem Leben werden. Das Problem Schlafmangel kann man nur wenig beeinflussen. Doch Ihre Zeiteinteilung können Sie in den Griff bekommen. Der erste Schritt besteht in der Anerkennung der Tatsachen. Sie sind weder inkompetent noch verrückt oder faul, wenn Sie um zehn Uhr morgens noch im Nachthemd sind, obwohl Sie schon seit fünf Uhr auf sind. Und es ist auch keineswegs ungewöhnlich, wenn Sie nicht mehr über alles auf dem laufenden sind oder seit Wochen keine Zeitung bzw. seit Monaten kein Buch mehr gelesen haben. Wenn Sie damit keine Probleme haben, um so besser. Sie sind den meisten von uns einen Schritt voraus und sollten diesen Abschnitt überspringen. Auch wenn Ihr Baby noch jünger als sechs Monate ist, brauchen Sie nicht weiterlesen. Es ist noch zu früh, sich um Organisationsprobleme zu sorgen.

Eine Selbsthilfe-Übung

Es ist äußerst hilfreich, sich einmal genau den Tagesablauf aufzuschreiben. Versuchen Sie, die Stunden in Segmente von 15 Minuten zu unterteilen; nehmen Sie den Plan überallhin mit und notieren Sie jeweils, was Sie gerade tun. Schreiben Sie dabei auch Ihre Empfindungen und Gefühle auf (angenehm, gequält, müde, glücklich, wütend, entzückt, stolz, schuldbewußt, dankbar usw.). Später, wenn Sie Zeit haben, ergänzen Sie die Notizen durch Details und erläutern Ihre Gefühle genauer. Kennzeichnen Sie jede Eintragung, die negative Gefühle ausdrückt, mit einem **N**, selbst wenn es sich um etwas so beiläufiges wie das Wetter handeln sollte. Legen Sie die Aufzeichnungen einige Tage beiseite und nehmen Sie sie sich danach wieder vor.

Dabei werden Ihnen verschiedene Dinge klar werden. Es wird Ihnen bewußt werden, in welchem Maße Ihre Zeit zerstückelt ist. Sie werden erstaunt sein, wie viele Entscheidungen Sie jeden Tag treffen und wieviel körperliche Arbeit Sie verrichten. Sie sollten stolz darauf sein! Bei den **N**s wird sich ein Muster abzeichnen. Bei mir – und sicher auch bei Ihnen – hingen einige dieser negativen Eintragungen mit konkreten, praktischen Dingen zusammen – ein Schneeanzug, der sich schwer anziehen ließ, oder die Katze, die auch noch gefüttert werden mußte, oder das endlose treppauf, treppab. Aber genausoviele **N**s werden mit

Einstellungen zu tun haben. Ich entdeckte z. B., daß ich beträchtliche Zeit damit zubrachte, mich wegen trivialer Dinge zu sorgen, und außerdem mir gegenüber als Hausfrau und Mutter übermäßig kritisch war. Ich war genervt, weil ich keine Zeit hatte, mich mit meiner Arbeit oder meinen Interessen zu beschäftigen, dabei war mir im Grunde genommen ziemlich unklar, welches diese Interessen überhaupt waren. Im Grunde war es gar nicht eigentlich ein Job, den ich wollte, sondern vielmehr ein Ausgleich zum Muttersein. Ich gestand mir nicht genug Zeit zu, um Befriedigung aus dem bißchen Redaktionsarbeit zu gewinnen, die ich als Versuch, diesen Ausgleich zu schaffen, erledigte.

Was tun Sie dann? Gehen Sie die Punkte, die Sie belasten, an, aber nicht alle auf einmal. Machen Sie sich zwei Listen – auf der einen stehen die praktischen **N**s, auf der anderen die **N**s, die aus Ihrer Einstellung entstehen. Setzen Sie Prioritäten. Die beiden Gruppen hängen zusammen; verfallen Sie also nicht in den Irrtum, sich nur mit den praktischen **N**s beschäftigen zu wollen. Die **N**s, die aus Ihrer Einstellung entspringen, sind sogar noch wichtiger und erfordern am meisten Zeit und Anstrengung, um geändert zu werden. Diese Einstellungen und Verhaltensweisen sind tief in uns allen verwurzelt.

Bewahren Sie diese Schilderung von einem Tag Ihres Lebens mit dem Baby an einem sicheren Ort auf. Sie ist ein wertvolles Dokument, genauso wichtig wie ein Foto von Ihnen und Ihrem Baby und gehört in Ihr Familienarchiv.

Ein Tag mit einem achtmonatigen Baby

Im folgenden finden Sie meine minutengetreue Aufzeichnung eines Tages mit meiner ersten Tochter Caitlin, als sie acht Monate alt war. Ich habe damals verschiedene Tage aufgezeichnet, im Glauben, es müßte sich ein »typischer« Tagesablauf erkennen lassen. Aber dies war nicht der Fall. Diese Aufzeichnung entstand an einem der schlimmsten Tage, und ich gebe zu, daß ich sie absichtlich ausgewählt habe. Jeder, der das liest, wird das Gefühl haben, effizienter zu planen und besser organisiert zu sein. Ich hatte damals immer einen Kassettenrekorder bei mir, weil ich einen Artikel schreiben wollte, wie man Zeit sparen kann, wenn man ein Baby hat. Dadurch wurden diese detaillierten Aufzeichungen möglich. Diese Übung war extrem nützlich für mich. Ich war danach in der Lage, einige Veränderungen vorzunehmen, die mein tägliches Leben bedeutend angenehmer machten. Sie können im voraus nie wissen, welche Konsequenzen diese genaue Überprüfung Ihres Zeitablaufs, Ihrer Gefühle und Gedanken im Laufe eines Tages sonst noch haben kann. Ich z. B. entschloß mich damals, keinen Artikel, sondern dieses Buch zu schreiben, das wiederum den Lauf meines Lebens verändert hat.

6.35 Uhr: Höre Caitlin schreien, bin aber entschlossen, sie bis mindestens 7 Uhr in ihrem Bettchen liegen zu lassen, weil sie letzte Nacht zweimal aufgewacht ist. Ich denke, sie muß müde sein. Ich hoffe, sie interessiert sich für das Spielzeug, das ich ihr heute nacht um 2 Uhr ins Bettchen gelegt habe.

6.40 Uhr: Ich halte das Schreien nicht

mehr aus; gehe also, um in ihr Zimmer zu schauen. Heute morgen bin ich dran, und Charlie kann noch schlafen. Das Spielzeug liegt auf dem Boden. Caitlin hat sich im Leintuch verfangen und versucht aufzustehen. Hat Schluckauf. Ich bringe ihr eine Tasse Wasser; ich bin gerade dabei, sie an die Tasse zu gewöhnen. Sie würgt und spuckt den ersten Schluck aus. Ich gebe auf. Ich wickle sie und frage mich, ob die Eisentropfen ihre Verstopfung verursachen. Ich trage sie zum Telefon, um den Kinderarzt anzurufen. Als ich auf die Uhr schaue, wird mir klar, daß seine Sprechstunde erst um 7 Uhr beginnt.

6.50 Uhr: Ich nehme sie mit nach unten und setze sie mit ein paar Spielsachen in den Laufstall. Ich wärme ein Fläschchen, denn im Haus ist es eiskalt. Frage mich, ob es richtig war, sie in den Laufstall zu setzen; aber der Boden in der Küche ist noch kalt – außerdem schmutzig.

6.55 Uhr: Ich gebe ihr das Fläschchen, das sie selbst halten kann. Frage mich, ob das richtig ist. Vielleicht hat sie das Bedürfnis, gehalten zu werden. Frage mich, ob ich den Kinderarzt deswegen fragen sollte. Habe aber keine Zeit, sie zu tragen, weil ich Äpfel und Pfirsiche für das Müsli pürieren muß. Wir haben keine Bananen mehr. Setze das Kaffeewasser auf.

7.00 Uhr: Rufe den Kinderarzt an, um ihm zu sagen, daß ich vermute, daß die Eisentropfen bei ihr Verstopfung verursachen. Er empfiehlt, mehr Wasser und Obst zu geben. Entschließe mich, ihn besser nicht zu fragen, was er darüber denkt, daß sie ihr Fläschchen selber hält. Habe das Gefühl, er würde denken, daß das eine närrische Frage ist – und weil ich weiß, daß er empfehlen würde, die Tasse zu geben. Das hält er für sehr wichtig.

7.10 Uhr: Habe das Obst vorbereitet. Gebe ihr das Frühstück auf meinem Schoß. Das Tablett am Hochstuhl ist noch verkleckert vom letzten Abendessen. Schlechte Hausfrau! Nehme es ab und weiche es im Spülbecken ein. Sie läßt es sowieso immer wieder hineinrutschen.

7.25 Uhr: Trage sie zum Anziehen nach oben. Suche einen Pulli, stelle aber fest, daß er noch im Trockner ist, zwei Stockwerke weiter unten. Entschließe mich, ihr statt dessen zwei Unterhemden und ein Polohemd anzuziehen. Sie windet sich, rollt umher und fällt beinahe vom Wickeltisch. Ich blase auf ihren Bauch. Sie lacht. Ziehe ihr weiße Schühchen an, die an der Sohle grau sind. Habe wieder ein schlechtes Gewissen wegen des schmutzigen Küchenbodens.

7.30 Uhr: Nehme sie hoch, wir gehen wieder hinunter. Ich setze sie auf den Küchenboden, so daß ich den Kaffee fertig machen kann. Sie zieht sich selber am Tisch hoch, hangelt sich zum Stuhl hinüber und fällt mit ihm um. Ihr Kopf knallt auf den Boden. Sie weint. Nehme sie hoch, um sie zu trösten.

7.35 Uhr: Stelle fest, daß das Wasser auf dem Herd noch immer kocht. Setze sie auf den Boden. Schütte das restliche Wasser weg und fange noch einmal von vorne an. Baby hat auf dem Boden ein Pennystück gefunden und steckt es in den Mund. »Nein«, brülle ich, reiße ihren Mund auf, um das Geldstück herauszuholen. »Nichts in den Mund stecken!« Als ich sie wieder absetze, jammert sie, weil sie getragen werden will.

7.40 Uhr: Trage sie wieder hoch, um Charlie zu wecken. Denke daran, mich selber anzuziehen, da fällt mir ein, daß das Kaffeewasser wohl wieder kocht. Lasse das Baby auf dem Boden im Schlafzimmer beim Vater, der gerade aufwacht. Renne nach unten und gieße den Kaffee auf.

7.45 Uhr: Ziehe mich an, während Caitlin auf dem Boden mit meinen Schuhen spielt. »Nichts in den Mund stecken!« schreie ich und beobachte den Schuh. Frage Charlie, ob er sie im Auge behalten kann, während er seine Gymnastik macht, damit ich das Frühstück fertigmachen und die Wäsche aus dem Trockner holen kann. Er sagt okay.

8.05 Uhr: Entdecke, daß die Waschmaschine nicht funktioniert, und gerate in Panik. Rufe Charlie herunter, fühle mich sehr unwohl. »Wo ist die Kleine«, frage ich. »Im Wohnzimmmer« (das direkt rechts neben der Waschküche ist). »Hast du die hohen Polster vor die Treppe gestellt?« frage ich. Nein, sagt er, während ich losrenne und sie bereits daran geht, die erste Stufe hochzuklettern. Packe sie. Lege die Polster quer vor die Treppe. Setze sie wieder auf den Boden und gehe wieder zur Waschküchentür. Die Waschmachine ist nicht kaputt, der Schlauch ist geknickt, deshalb lief kein Wasser ein. Charlie ist gereizt, weil der kaputte antike Schreibtisch im Weg steht und wegen des abgegangenen Furniers das Holz austrocknet. Der Schreibtisch stünde nicht hier, wenn er ihn wie versprochen reparieren würde. Der Streit darüber wird wegen eines Krachs im Wohnzimmer abgebrochen. Renne hinaus. Das Telefon liegt auf dem Boden. Baby versucht zu wählen. Packe sie. Stelle das Telefon zurück. Suche im Spielzeugkorb nach ihrem Plastiktelefon. Gebe es ihr. Kein Interesse.

8.15 Uhr: Lasse das Baby bei Charlie und gehe hoch, um unser Frühstück fertig zu machen. Charlie ruft mich, damit ich mir anschaue, wie Caitlin auf der Turnmatte Gymnastikübungen mit ihm macht. Wir lachen. Er macht Liegestütze, sie auch – wenigstens versucht sie es. Höre im Radio, daß es mittags schneien wird und denke daran, daß ich den Schneeanzug in die Waschmaschine getan habe. Keine Möglichkeit, während der nächsten Stunden hinauszugehen.

8.20 Uhr: Setze mich alleine mit einer Tasse Kaffee hin, nehme Stift und Papier, um ein Liste zu machen, was ich heute alles tun will.

8.25 Uhr: Die Katze miaut nach ihrem Futter; stehe auf und füttere sie. Beginne die Küche zu putzen und schrubbe das Tablett des Hochstuhls.

8.40 Uhr: Charlie bringt Caitlin hoch und berichtet, daß es ihr großen Spaß gemacht hat, vor dem Badezimmerspiegel zu stehen und sich zu betrachten, während er geduscht hat. Sie hat im Wasser gepanscht. Ich nehme sie, sie fühlt sich ganz feucht an. Überlege, ob ich sie umziehen soll, entscheide aber, es nicht zu tun. Im Haus ist es jetzt warm. Sie hüpft in meinem Schoß hoch und nieder, lächelt, niest dann. Was, wenn sie sich erkältet?

8.50 Uhr: Setze sie in die Babyschaukel, die in der Küchentür hängt. Sie dreht sich herum und zieht die Katze am Schwanz, wenn sie vorbeigeht. Suche die Eisentropfen; habe vergessen, sie ihr beim Frühstück zu geben. Gieße die Pflanzen. Eine ist kaputt.

8.55 Uhr: Wärme den Kaffee auf und setze mich zum Frühstück mit Charlie hin. Wir sprechen beide mit dem Baby, das glücklich in der Tür hängt. Fragen uns, ob dieses viele Abstoßen gut ist für ihre Beine. Sollte den Kinderarzt fragen; will es aber eigentlich gar nicht wissen, wenn es schlecht für sie sein sollte. Sie liebt dieses Schaukeln so.

9.05 Uhr: Charlie geht. Ich könnte darauf schwören, daß ich gehört habe, wie sie »Tschüß« gesagt hat. Mache an meiner Liste, was zu erledigen ist, weiter: Rechnungen bezahlen, fürs Abendessen einkaufen, Putzmittel einkaufen, eine Monatskarte für den Bus besorgen, die Arznei für die Katze holen, den Untermieter an die Miete erinnern, sie auf der Bank einzahlen, das Buchmanuskript meiner Freundin bearbeiten. Mein Schreibtisch muß unbedingt repariert werden, damit ich meine ganzen Unterlagen irgendwo ablegen kann.

9.10 Uhr: Baby hat Schluckauf und ist unruhig. Gebe ihr die Eisentropfen, die sie auf ihr weißes Hemd spuckt. Sie schreit und reibt sich die Augen. Aber ich will sie nicht schlafen legen, bevor sie ihre Eisentropfen genommen hat, sonst vergesse ich sie wieder. Der Trockner brummt, die Wäsche ist fertig.

9.15 Uhr: Nehme sie mit hinunter zum Trockner. Bringe die Wäsche ins Wohnzimmer zum Sortieren. Stelle die großen Polster als Absperrung vor die Treppe. Gebe ihr gegen den Schluckauf ein Glas Wasser. Sie spuckt es aus und würgt. Wirft die Tasse auf das Polster. Trage sie wieder hoch, um ihr ein Fläschchen mit Fruchtsaft zu geben. Der Schluckauf hört auf. Gehe wieder hinunter, um die Wäsche weiterzusortieren.

9.25 Uhr: Baby beginnt zu schreien, nehme sie und bringe sie ins Bett, aber das Telefon klingelt. Gehe hin. Es ist meine Freundin, die wissen will, wie ich mit ihrem Manuskript weiterkomme. Sage ihr, daß ich noch nicht dazugekommen bin, mich aber heute ganz bestimmt daransetze. Habe einfach noch keine Zeit gehabt. Baby schreit, kann mich jetzt nicht unterhalten.

9.30 Uhr: Bringe sie in ihr Zimmer. Wickle sie und lege sie zum Schlafen hin. Lege eine Rassel und kleine Stofftiere zum Spielen in ihr Bettchen. Renne hinunter, um die Eisentropfen zu holen. Als ich mit ihnen zurückkomme, ist Caitlin eingeschlafen.

9.45 Uhr: Setze mich mit dem Manuskript hin. Das Telefon klingelt. Es ist Charlie. Berichte ihm, daß das Baby »Tschüß« gesagt hat – vielleicht. Wir sind einhellig der Meinung, daß sie ein kleines Genie ist. Charlie erinnert mich daran, daß ich die Raten für die Hypothek bezahlen soll. Steht auf meiner Liste.

9.50 Uhr: Setze mich, um wieder mit dem Redigieren zu beginnen. Kann das Manuskript kaum entziffern und fühle mich deprimiert. Warum mache ich das? Ich mag keine handgeschriebenen Manuskripte lesen.

9.55 Uhr: Stehe auf, um einen Duden zu holen. Erinnere mich, daß er im Kinderzimmer ist, das früher mein Büro war.

10.00 Uhr: Wieder beim Manuskript meiner Freundin.

10.45 Uhr: Es beginnt heftig zu schneien. Gehe hoch, um zu schauen, ob das Baby wach ist. Sie ist wach. Bringe sie hinunter.

Ziehe ihr mit großen Schwierigkeiten den inzwischen getrockneten Schneeanzug an, der Reißverschlüsse bis hinunter zu beiden Füßen hat. Ziehe ihr ein Paar Socken an, zwei Paar Schühchen, aber frage mich immer noch, ob das warm genug ist. Setze sie in den Laufstall und renne hoch, um ein Paar Socken von Charlie zu holen. Sie schreit, als ich gehe. Komme zurück und ziehe ihr große schwarze Strümpfe an. Sie sieht absurd aus. Bin fertig zum Gehen. Entschließe mich, erst noch in der Drogerie anzurufen, um sicher zu sein, daß die Arznei für die Katze fertig ist. Setze das Baby auf den Boden. Sie geht geradewegs auf die Katze los. Telefon in der Drogerie ist besetzt.

11.10 Uhr: Endlich zur Tür draußen.

12.00 Uhr: Komme heim, aber ohne Arznei für die Katze. Der Tierarzt hat das Rezept nicht weitergeleitet. Die Monatsfahrkarte habe ich ohne Ausweis nicht bekommen.

12.10 Uhr: Setze das Baby in den Hochstuhl. Gebe ihr Hühnchen mit Kartoffeln. Sie reibt das Essen in ihre Haare und rutscht immer wieder im Hochstuhl runter. Nehme sie heraus und setze sie auf meinen Schoß.

12.20 Uhr: Setze sie auf den Boden, damit ich die Einkäufe auspacken kann. Sie macht sich über das Katzenfutter her, das ich vergessen habe, wegzuräumen. Sie schiebt es in den Mund. »Nein«, schreie ich.

12.30 Uhr: Nehme sie mit hinunter, damit sie hilft, auf dem Polster die Wäsche zu sortieren. Sie zieht einen Stapel Handtücher herunter und lacht. Soviel zu den zusammengelegten Handtüchern. Sie krabbelt weg, ihr Ziel ist der Gummibaum. Nehme sie weg und setze sie vor den Spielzeugkorb, der ihr Interesse fesselt, bis ich die Wäsche fertig zusammengefaltet und in den Wäschekorb gelegt habe.

12.50 Uhr: Schaue mit ihr Bücher und Frauenzeitschriften an. Stelle fest, daß ihr die Babys in den Pampers-Anzeigen gefallen. Lacht sie an. Schaut auch immer wieder zum Fenster hinaus, wie der Schnee fällt. Zeigt darauf. Wir stehen am Fenster und unterhalten uns. Der Schnee liegt schon einen halben Meter hoch. Ich frage mich, wie ich noch einmal zu Fuß zur Drogerie kommen soll, um die Arznei für die Katze zu holen.

13.05 Uhr: Nehme sie mit nach oben und wickle sie. Lege sie ins Bettchen und will hinausgehen. Sie steht auf, schreit und schlägt gegen das Bett. Gehe zurück, lege sie hin. Ziehe das Musikmobile auf, decke sie zu und gehe wieder zur Tür. Sie steht auf, schreit und schlägt wieder gegen das Bett. Gehe zurück, lege sie hin, tätschle ihr auf den Rücken, schaukle das Bettchen vor und zurück. Ziehe das Mobile auf und gehe zur Tür. Sie schreit. Gehe zurück, ziehe das Mobile auf, gebe ihr einen Kuß. Gehe zur Tür, schließe sie dieses Mal hinter mir. Gehe hinunter. Drehe in der Küche das Wasser auf, damit ich sie nicht hören kann. Wasche ihr Geschirr vom Mittagessen und esse die übriggebliebenen Kartoffeln und das Fleisch. Trinke eine Tasse Kaffee. Das Baby ist ruhig.

13.20 Uhr: Setze mich wieder ans Manuskript meiner Freundin.

14.15 Uhr: Höre sie schreien. Bin entschlossen, sie wenigstens noch ein paar Minuten im Bett zu lassen, in der Hoffnung, daß sie mit den Spielsachen spielt.

14.20 Uhr: Halte das Schreien nicht mehr aus. Gehe hoch und nehme sie aus dem Bett. Setze sie im Schlafzimmer auf den Boden und telefoniere mit einer neuen Bekannten, die auch ein Baby hat. Frage sie, ob sie weiß, wie man verhindern kann, daß das Baby im Hochstuhl immer wieder nach unten rutscht. Sie schlägt vor, ein Stück Schaumstoff als Reibungsfläche unterzulegen. Erzähle ihr von meiner redaktionellen Arbeit. Sie sagt: »Oh, du kannst dich nicht die ganze Zeit ums Baby kümmern?« Ich habe das Gefühl, mich verteidigen zu müssen, und sage, daß ich nur daran arbeite, wenn sie mal schläft und nachts. Baby ist unters Bett gekrabbelt und stößt den Kopf an. Schreit. Stelle das Telefon hin, um sie zu fassen und herauszuziehen. Setze sie auf meinen Schoß und telefoniere weiter. Die Bekannte will wissen, wie ich es noch schaffe, während das Baby schläft, zu arbeiten. Sie ist zu müde, um irgend etwas zu tun. Sie plant, eine Teilzeitstelle anzunehmen, wenn ihr Kind im Kindergarten ist. Ich erkläre ihr, daß ich einen Babysitter für das Baby suchen will, damit ich mehr Zeit habe. Sie sagt, daß dies soviel kosten würde, wie ich verdiene, und daß es wegen der Fremdelphase ganz schlecht sei, das Baby mit acht Monaten an einen Babysitter gewöhnen zu wollen. Erkläre ihr, daß ich einen wunderbaren Babysitter finden werde und das Baby ganz allmählich an ihn gewöhnen werde. »Viel Glück«, sagt sie. Baby beginnt zu schreien, und ich nehme das als Vorwand, das Gespräch zu beenden. Streiche diese Bekannte aus der Liste möglicher neuer Freunde.

14.30 Uhr: Nehme das Baby mit hinunter und setze es in die Schaukel, während ich die Rechnung und die Kontoauszüge durchschaue. Spreche mit ihr, während ich Überweisungen ausstelle. Rufe den Tierarzt wegen des fehlenden Rezepts für die Katzenmedizin an. Sagt, er hat es am Morgen weitergeleitet.

14.55 Uhr: Rufe in der Drogerie an, um sicherzugehen. Sie haben die Medizin fertiggemacht.

15.00 Uhr: Ziehe ihr den Schneeanzug an. Suche Briefmarken für die Briefe an die Bank. Schaue zum Fenster hinaus. Es schneit immer noch. Kann den Kinderwagen nicht nehmen, sondern muß sie tragen. Nehme sie hoch, um hinauszugehen, stelle aber durch Strampelanzug und Schneeanzug hindurch fest, daß sie Stuhlgang gehabt hat und die Windel durchgelassen hat. Bin wütend auf die Windelhersteller. Mein Nachmittag ist gelaufen!

15.05 Uhr: Trage das Baby hoch. Ziehe alle ihre Kleidung aus und wasche sie im Waschbecken. Ziehe ihr drei Schichten Kleidung übereinander, weil der Schneeanzug gewaschen werden muß.

15.25 Uhr: Gehe endlich zur Tür hinaus, trage sie, in eine Decke gewickelt, unter meinem Umhang. Sie liebt den Schnee und streckt ihre Hände aus, um ihn anzulangen. »Kalt«, sage ich zu ihr.

16.00 Uhr: Komme mit der Katzenmedizin zurück. Mußte warten. Ziehe das Baby aus und setze es auf den Boden, während ich die kranke Katze suche. Versuche, ihr die Medizin in den Hals zu schieben, aber sie sträubt sich. Entschließe mich zu warten, bis Charlie heimkommt, damit er helfen kann, die Katze zu halten. Das Baby krabbelt auf die Heizung zu. Packe sie. Sage »Heiß!«

16.15 Uhr: Gebe ihr ein halbvolles Fläschchen, das sie im Laufstall trinkt, während ich die Katze füttere. Setze mich hin, um das Abendessen zu überlegen. Das Telefon klingelt. Es ist Charlie, der ankündigt, daß er Herbert mit nach Hause bringt, weil Herbert bei diesen Straßenverhältnissen kaum 60 Kilometer nach Hause fahren kann. »Kann Herbert nicht im Hotel übernachten?« Zu spät für diese Frage, weil Charlie ihn schon eingeladen hat. »Was ist mit den schmutzigen Böden und dem drekkigen Haus?« »Das macht Herbert nichts aus«, sagt Charlie. »Aber mir«, sage ich. Charlie sagt, daß er kochen wird. Ich sage okay. Dann fragt er nach dem Gehweg. Ist er freigeschaufelt worden? Er entschuldigt sich sofort für diese lächerliche Frage, aber es ist nun einmal Pflicht des Hausbesitzers. Streue wenigstens Salz.

16.30 Uhr: Nehme das Baby mit in die Waschküche, um Streusalz zu suchen. Finde es, wickle Caitlin in eine Decke und packe sie unter meinen Umhang. Gehe hinaus und streue Salz auf Bürgersteig und Treppen. Lasse auch das Baby ein bißchen streuen. Sie findet es toll und quietscht vor Vergnügen, wenn das Salz auf den Boden fällt. Wir hören auf und unterhalten uns mit einer Nachbarin; das Baby vergräbt den Kopf an meiner Schulter und weigert sich, die Nachbarin anzuschauen.

17.00 Uhr: Setze sie wieder auf den Küchenboden. Füttere die Katze; Caitlin läßt sie nicht fressen, sondern packt immer wieder ihren Schwanz. Bringe Katze und Futter in den Hausgang. Schließe die Tür. Baby schreit. Nehme sie hoch, um sie zu trösten.

17.15 Uhr: Wärme ihr Abendessen auf. Gebe ihr Töpfe und Pfannen auf den Boden zum Spielen, während ich die Spaghetti für unser Abendessen heraussuche.

17.30 Uhr: Nehme sie mit nach oben und ziehe sie aus, um sie zu baden. Drehe die Dusche auf, um das Badezimmer zu wärmen. Das Baden liebt sie. Sie sitzt in der Wanne und planscht, trinkt Wasser aus Meßbechern, und ich frage mich, ob es schädlich ist, wenn sie das Badewasser trinkt. Bin zu müde, um mit ihr zu streiten. Sie versucht aufzustehen und hält sich an der Seifenschale fest »Nein!« sage ich. Ich beuge ihre Knie und Beine, damit sie sich hinsetzt. »Du rutschst aus.« Sie steht wieder auf, ich lenke sie ab, indem ich das Wasser andrehe. Sie findet daran Interesse, die Meßbecher zu füllen, also kann ich die Toilette putzen, solange sie spielt. Stelle fest, daß ihre Haare gewaschen werden sollten. Eine schreckliche Szene folgt.

18.10 Uhr: Nehme sie aus der Wanne heraus und bringe sie in ihr Zimmer, um den Schlafanzug anzuziehen, den ich vergessen hatte ins Bad zu legen. Sie zittert. Habe Schuldgefühle. Während ich sie anziehe, klingelt das Telefon. Trage sie in unser Zimmer. Sie niest. Am Telefon ist der Kundendienst wegen der Garantie auf den Trockner. Das Baby ist nackt und krabbelt über unser Bett auf die Kante zu. Ich frage den Mann vom Kundendienst, wie er um eine solche Zeit anrufen kann. Ich werfe den Telefonhörer auf und fühle mich besser als den ganzen Tag über.

18.15 Uhr: Habe ihr den Schlafanzug angezogen. Das Telefon klingelt wieder. Es ist Charlie, sagt, daß er unterwegs sei, aber die Busse Verspätung hätten. Er meint, daß Herbert und er den restlichen Weg besser zu Fuß gehen würden. »Nein, bitte nicht«, flehe ich, »das dauert Stunden, und ich will, daß du heimkommst! Komm mit dem Bus.« Er sagt, okay, ich solle Caitlin aber noch nicht ins Bett bringen, Herbert will sie kennenlernen. Er sagt mir, ich solle mich einfach entspannen.

18.20 Uhr: Nehme seinen Rat an. Schalte den Fernseher an und schaue mit dem Baby auf dem Bett liegend die Nachrichten an. Spiele Verstecken mit den Kissen. Gebe ihr eine alte Fernsehzeitschrift, die sie zerreißt, während ich anfange, die Wäsche wegzuräumen. Warum mache ich das? Ich höre damit auf und lege mich wieder zum Baby auf das Bett. Wir spielen ein Spielzeug unter dem Kissen verstecken. Wir spielen Flugzeug. Ich halte sie an den Händen, während sie auf und nieder springt. Sie lacht. Ich springe zusammen mit ihr hoch und nieder.

18.55 Uhr: Höre, wie die Tür unten aufgeht. »Papi ist da!« Sichtbares Entzücken bei Caitlin. Trage sie hinunter und übergebe sie Charlie. Erinnere mich, daß ich die Schneeschaufel finden muß. Gehe hinunter in den Werkraum, um sie zu suchen.

19.05 Uhr: Komme mit der Schaufel hoch. Charlie und Caitlin schauen zum Fenster hinaus in den Schnee. Schlage vor, daß ich Schnee schippe, während Charlie und Herbert das Baby ins Bett bringen. Sie sind einverstanden. Ich gehe hinaus, glücklich alleine im Dunkeln und im Schnee zu sein. »Vergiß nicht ihre Eisentropfen. Sie sind rechts neben ihrer Wiege«, rufe ich Charlie zu.

19.45 Uhr: Komme wieder rein, stelle fest, daß das Licht in ihrem Zimmer aus ist. Sie muß eingeschlafen sein. »Meine eigentliche« Arbeit ist erledigt, für heute wenigstens.

Im Rückblick

Wie Sie sehen, halten Babys ihre Mütter auf Trab. Doch neben all der Arbeit boten sich jeden Tag so viele Möglichkeiten zur Interaktion, zum Lehren und Lernen, zum Spielen und zum Liebhaben, daß ich keinerlei Zweifel hatte, daß mein Baby glücklich war und Anregungen bekam. Doch für mich selber mußte ich das Leben leichter gestalten. Schließlich gelang es mir, verschiedene Veränderungen vorzunehmen, nicht alle auf einmal, sondern über einen Zeitraum von Monaten hinweg. Folgendes machte ich anders:

1. Ich entschloß mich, die Katze zu meinen Schwiegereltern zu geben, die auf dem Land wohnen. Bei mir bekam die Katze nicht die Aufmerksamkeit, die sie gewohnt war, und für mich bedeutete sie eine zusätzliche Verantwortung, über die ich nun nicht mehr nachdenken mußte. Ich lieh meinen Schwiegereltern auch meinen Gummibaum, der unter der glücklichen Hand meiner Schwiegermutter prächtig gedieh.
2. Da ich in einer großen Stadt wohnte und kein Auto hatte und das Baby überallhin zu Fuß mitnahm, war es unabdingbar, daß sie gegen die Kälte geschützt war. Ich lieh mir von einer Freundin, deren Kind schon älter war, einen weiteren Schneean-

zug aus. Diesen Schneeanzug konnte man leichter an- und ausziehen. Er hatte außen an den Beinen Reißverschlüsse und auch integrierte Schühchen. Den anderen Schneeanzug behielt ich für »Notfälle«.

3. Ich fand eine neue Drogerie, die ins Haus lieferte. Ich erfuhr auch, daß mein Lebensmittelhändler Bestellungen nach Hause brachte. Ich war früher nie auf den Gedanken gekommen, deshalb nachzufragen.

4. Ich entschloß mich, alle zwei Wochen einen Abend damit zuzubringen, soviel Babynahrung zuzubereiten und einzufrieren, daß sie für zwei Wochen reichen würde. Für den Notfall legte ich einen kleinen Vorrat an Gläschenkost an, für den Fall, daß ich einmal überhaupt keine Lust hatte, etwas zuzubereiten.

5. Wir machten das ganze Haus babysicher und brachten auch Schutzgitter an. Bisher hatten wir uns geweigert, das zu tun, weil wir wir in ein paar Monaten sowieso in die Wohnung unseres Untermieters ziehen wollten. Aber der Aufwand lohnte sich, selbst für diese kurze Zeit.

6. Ich machte mir klar, daß ich außer dem Frühstück meist den ganzen Tag nichts gegessen, dafür mehrere Tassen koffeinhaltigen Kaffee getrunken hatte. Ich ging gleich los und kaufte eine Dose Weizenkeime und Kräutertee und fühlte mich bei deren Anblick bereits gesünder.

7. Ich entschloß mich, für den Rest des Winters einige Pläne zu schmieden, damit ich mich nicht so isoliert fühlte. Dies bedeutete, daß ich meine Schüchternheit überwinden und einige Mütter in unserer Gemeinde, die ich kaum kannte, anrufen und sie einladen mußte. Ich achtete auch auf Programme, die öffentliche und kirchliche Einrichtungen für Mütter mit Kindern anboten. Im folgenden Frühjahr fand ich vier Mütter, mit denen ich eine Spielgruppe gründete.

8. Die Hausarbeit, insbesondere die Wäsche und die schmutzigen Böden, gaben mir immer das Gefühl, eine schlechte Hausfrau zu sein. Ich gelobte mir, daß wir nach unserem Umzug die Waschmaschine und den Trockner so nah wie möglich beim Schlafzimmer installieren würden, damit ich die Wäsche abends machen konnte. Charlie war einverstanden, den Küchenboden zu putzen, aber nur, wenn ihm danach war, und vorausgesetzt, daß ich nicht an ihm herumnörgelte. Die Böden sind immer noch oft schmutzig, aber ich sage mir, daß ich trotzdem ein netter Mensch bin, selbst wenn ich nicht die beste Hausfrau bin.

9. Da ich in einem mehrgeschossigen Stadthaus wohnen muß, versuche ich das viele treppauf, treppab ein wenig einzuschränken, indem ich auf jedem Stockwerk Windeln und Kleidung deponiere.

10. Wir beschlossen, daß wir den Morgen gemeinsam gestalten mußten. Wir versuchten, schon am Abend vorher alles zu organisieren. Wir gaben auch unsere Abmachung auf, bei der immer einer mit dem Baby aufstand und der andere im Bett bleiben durfte. Nur am Wochenende machen wir es noch so. Es ist für mich wichtiger, daß Charlie früh zur Arbeit geht und wieder früh nach Hause kommt, weil ich mich abends verzweifelt nach der Gesellschaft eines Erwachsenen sehne, statt daß er sich morgens um das Baby kümmert und dafür später geht. Wir arbeiten immer noch an unserem morgendlichen Arrangement. Es ist bei weitem noch nicht perfekt, aber wir versuchen zumindest, morgens noch nicht zu streiten.

11. Mir wurde klar, daß mir die richtige Unterstützung fehlt, um zu Hause arbeiten zu können. Zunächst kaufte ich einen Anrufbeantworter und ein Babyphon, damit ich sicher gehen konnte, Caitlin zu hören, wenn sie aufwachte. Ich brauchte auch einen Platz für meine Bücher und Arbeitsmaterialien. Ich ließ meinen Schreibtisch in einer Werkstätte reparieren, und als wir umzogen, forderte ich ein Arbeitszimmer für mich.

12. Ich kam mit meiner Arbeit immer noch nicht recht voran. Allmählich gestand ich mir ein, daß ich tagsüber einfach längere Zeitphasen brauchte, wenn ich irgend etwas schreiben wollte. Nachts war ich zu müde. Wenn ich mir meinen Tagesablauf anschaute, konnte ich sehen, daß ich allen Grund hatte, müde zu sein. Es war schon erschöpfend, das zu lesen! Ich brauchte eine Betreuung für Caitlin. Nach viel Suchen und einigen Mißerfolgen habe ich zwei gute Leute gefunden, die seither für uns arbeiten. Ich behandle sie wie Gold. Ich kämpfe immer noch mit manchen Schuldgefühlen wegen meiner Arbeit, sei es wegen der sechs Stunden pro Woche, die ich brauchte, als ich mit dem Verfassen von »Handbuch Baby« begann, oder wegen der fünfzig Wochenstunden, die ich in der Endphase dafür aufwandte.

13. Es wurde auch deutlich, daß Charlie und ich mehr gemeinsame Zeit miteinander verbringen müßten. Nun haben wir es uns als Ziel gesetzt, mindestens zweimal monatlich gemeinsam auszugehen – ohne Kind.

14. Ich versuche nun, alle wichtigen Aufgaben zuerst zu erledigen und nichts Wichtiges aufzuschieben. Außerdem überlege ich mir immer wieder aufs neue, wie ich meine Zeit sinnvoll einteilen kann.

Bücher zum Thema

von Lenthe, Sophie (Hrsg.): Das Lesebuch für Rabenmütter. Von den Schwierigkeiten, eine gute Mutter zu sein, dtv 1993.

Leyrer, Katja: Rabenmutter, na und? Essays und Interviews, rororo 1989.

Purves, Libby: Die Kunst (k)eine perfekte Mutter zu sein, Kabel 1987.

PROBLEM KINDERBETREUUNG

Trennungsängste und wie man sie bewältigt

Ein paar Worte zur Ermutigung

Den meisten Eltern fällt es sehr schwer, auch mal ohne Kind etwas zu unternehmen, ohne Schuldgefühle zu haben. Ganz tief im Inneren fragt sich jeder insgeheim, ob das Baby auch in der Obhut eines anderen Menschen, der es weder so gut kennt noch so sehr liebt wie man selbst, ohne Schaden zu nehmen, überleben kann.

In gewisser Weise fällt eine solche Umstellung am leichtesten, wenn man das Baby zwangsläufig regelmäßig verlassen muß, z. B. weil man berufstätig ist. Eine nicht berufstätige »Vollzeit«-Mutter tut sich gewöhnlich schwerer damit, ihr Baby einer anderen Person anzuvertrauen, um sich selbst ein paar Stunden Freizeit zu gönnen. Viele nichtberufstätige Mütter glauben, daß sie die Kosten für eine Kinderbetreuung nur dann rechtfertigen können, wenn Sie etwas »Dringendes« zu erledigen haben. Manche Frauen nehmen lieber eine kostenlose Betreuungsmöglichkeit in Anspruch, wie z. B. Babysitterdienste des Partners oder die Hilfe einer engen Freundin oder Verwandten.

In jedem Fall jedoch brauchen und verdienen Sie »Freizeit«, in der Sie einfach Ihrem eigenen Vergnügen nachgehen, auch wenn Sie in dieser Zeit nur allein in einem Café sitzen und eine Zeitschrift lesen. Sie haben wahrlich Anspruch auf Zeit für sich selbst, weil die Betreuung eines Babys und die damit einhergehenden Aufgaben eine körperlich und emotional anspruchsvolle Arbeit sind. Sobald Sie es einmal geschafft haben – d. h. jemanden zur Betreuung Ihres Babys gefunden haben und bei Ihrer Rückkehr festgestellt haben, daß das Baby tatsächlich noch lebt –, wird es immer einfacher werden. Es erfordert einige Übung, aber mit der Zeit werden Sie sich fragen, wie Sie jemals ohne etwas Freizeit auskommen konnten. Sie werden erstaunt sein, wie gut Sie sich fühlen und wie entzückend Ihr Baby sein kann.

Wie die Trennung für die Mutter einfacher wird

Wie wohl Ihnen dabei ist, wenn Sie das Baby in der Obhut eines anderen zurücklassen, hängt vor allen Dingen von der Person, die es betreut, ab. Sie müssen ihr vertrauen; fehlt dieses Vertrauen, lohnt es sich erst gar nicht, daß Sie fortgehen. Sie müssen mit dem Babysitter über die Bedürfnisse des Babys sprechen können, wie auch über Ihre Bedürfnisse und die des Babysitters selbst. Natürlicherweise fällt diese Verständigung leichter, wenn es sich um die Großmutter oder eine enge Freundin handelt; doch die wenigsten von uns leben in der Nähe ihrer Familie bzw. können die Hilfe von Freunden nur bis zu einem gewissen Punkt in Anspruch nehmen. Letztlich müssen wir meist auf Fremde zurückgreifen.

Echtes Vertrauen und klare Kommunikation entwickeln sich nicht schlagartig, sondern im Laufe einer gewissen Zeit. Deshalb hat man zunächst immer ambivalente Gefühle, wenn man das Baby zurückläßt. Alle Beteiligten brauchen hierin erst Übung, und üben läßt sich am besten, indem man sich verschiedene Male für kurze Zeit trennt, damit alle die Chance bekommen, einander kennenzulernen. Diese Vorgehensweise mag übervorsichtig und zögerlich erscheinen, aber seien Sie versichert, sie ist eine Investition, die Ihnen in der Zukunft viel Zeit und Sorgen erspart.

Wie die Trennung für das Baby leichter wird

Vieles spricht dafür, schon in den ersten Monaten kurze Trennungen zu praktizieren. Jetzt ist das Baby neuen Menschen gegenüber noch zugänglich. Später leidet es unter Trennungsangst und Fremdeln, die gewöhnlich in der Mitte des zweiten Lebensjahres ihren Höhepunkt erreichen, danach allmählich nachlassen und beim dreijährigen Kind in der Regel überwunden sind.

Es gibt keine einfache Erklärung für die Trennungsangst. Sie scheint mit der neuerworbenen Mobilität des Babys zusammenzuhängen. Diese neue Fähigkeit erfüllt das Baby mit einem Gefühl von Macht (toll, ich kann dir wegkrabbeln, Mami), aber auch mit einem Gefühl der Angst (wirst du noch da sein, wenn ich zurückkomme, denn es gibt für mich niemanden wichtigeren als dich, und ich brauche dich als festen Halt, damit ich »auftanken« und wieder losziehen kann).

Die Trennungsangst steht auch in Zusammenhang mit der wachsenden Fähigkeit des Babys, sich zu erinnern oder eine abstrakte Vorstellung im Kopf zu behalten. Mit sechs Monaten ist das Baby in der Lage, sich an einen Gegenstand zu erinnern, wenn er nicht mehr in Sichtweite ist. Es sucht z. B. nach einem Spielzeug, das unter einer Decke versteckt ist, und wird sichtbar aufgeregt, wenn es das Spielzeug nicht finden kann. Aber es ist noch kaum in der Lage, mit der Diskrepanz zwischen seiner Erinnerung an den Gegenstand und dessen Nichtvorhandensein umzugehen. Früher hätte es kein Interesse gehabt, diesen Gegenstand zu suchen, denn alles, was »aus den Augen« war, war im wörtlichen Sinne auch »aus dem Sinn« – einschließlich der Mutter.

Dieselben Sorgen überfallen es, wenn die Mutter z. B. ihren Mantel anzieht. Jetzt kann das Baby diese Handlung in Verbindung bringen mit der Erfahrung, die es beim letzten Mal gemacht hat. Es hatte beobachtet, wie die Mutter nach dem Anziehen des Mantels fortgegangen war. Woran es sich noch nicht erinnern kann, ist, daß die Mutter zurückkommen wird. Es ahnt also, daß ihm eine Trennung bevorsteht, und wird aufgeregt. Glücklicherweise neigt es dazu, in kurzer Zeit zu vergessen, daß seine Mutter weggegangen ist. Ein Baby denkt nicht sehr lange über solche Ereignisse nach, vor allem dann nicht, wenn die Betreuungsperson einfühlsam und vertraut ist, die Situation versteht und das Baby ablenkt.

Trennungen liebevoll gestalten

Unabhängig davon, ob Sie einen vertrauten Babysitter oder eine fremde Person beauftragen – eine Trennung von den Eltern muß in jedem Fall mit etwas Umsicht und Takt gehandhabt werden.

○ Die Angst, die mit der Trennung einhergeht, wird durch positive Erfahrungen leichter zu bewältigen sein, vor allem dann, wenn beide, Eltern und Baby, die Betreuungsperson kennen und ihr vertrauen. Beginnen Sie schrittweise. Machen Sie Ihr Kind allmählich mit dem Babysitter vertraut. Seien Sie in der ersten Zeit zugegen, wenn er kommt. Gehen Sie erst später für längere Zeit fort.

○ Versuchen Sie in schwierigen Phasen auf unnötige Trennungen möglichst zu verzichten. Wenn Ihr Baby eine Erkältung hat, zahnt oder gerade einen neuen Entwicklungsschritt gemacht hat, z. B. gelernt hat, sich selbst zum Stehen hochzuziehen, ist eine Trennung von Ihnen möglicherweise schwieriger zu verkraften als gewöhnlich. Auch das wird vorübergehen. Seien Sie geduldig, geben Sie der Anhänglichkeit des Babys nach und seien Sie so aufmerksam wie möglich.

○ Wenn Sie im Haus arbeiten, werden Sie sich freier und flexibler bewegen können, wenn Ihr Baby Sie im Auge behalten kann. Verschiedene Untersuchungen belegen, daß Babys eine körperliche Trennung von ihrer Mutter tolerieren und mit ihren Spiel-

Was Babys tröstet, wenn wir fort sind

Ein »Ersatzobjekt« kann helfen, den Streß der Trennung zu erleichtern. Eine bestimmte Decke, ein Lieblingsstofftier – sie werden oft nach wiederholtem Gebrauch mit einer Art magischer Bedeutung ausgestattet oder mit den wärmenden und umsorgenden Eigenschaften liebender Eltern gleichgesetzt.

Der Begriff Ersatzobjekt rührt von der Vorstellung her, daß ein Baby einen Prozeß durchläuft, in dem es von seiner ursprünglichen Wahrnehmung seiner selbst – bei der es sich als verschmolzen mit einem trostspendenden Elternteil erlebte – zu einem neuen Bild von sich selbst als einer unabhängigeren Person übergeht. Wenn das Baby etwa seinen geliebten Teddybären knuddelt und streichelt, benutzt es seine eigene Einbildungskraft, um die äußere Welt auszuschalten und sich auf einen beruhigenden Ort innerhalb seiner selbst zurückzuziehen. Dieser Mechanismus vollzog sich auch, als die Mutter es hielt, schaukelte und stillte. Der Vorteil eines Ersatzobjektes besteht darin, daß das Baby selbst Trost finden kann, wenn es seinen Streß oder seine Angst abbauen muß. Man kann es als den ersten kreativen Akt ansehen, wenn es seine Vorstellungskraft benützt, um sich selbst zu beruhigen – ein weiteres Beispiel für die Komplexität des menschlichen Säuglings! Auch wenn die Schmusedecke Sicherheit und Trost spendet und eine Art Ersatz für die Gegenwart der Eltern ist, heißt das nicht, daß es für das Kind diese Bedeutung entwickelt, weil die Mutter unzulänglich ist. Ganz im Gegenteil, damit der Säugling einen Gegenstand mit trostspendenden und liebenden Eigenschaften besetzt, muß es zunächst die wirkliche Unterstützung und Liebe seiner Eltern erfahren haben.

Was Fachleute zum Thema »Trennung« meinen

»Die Furcht des Babys vor einer Trennung von den Eltern und vor fremden Menschen sind echte Ängste. Babys, die nur wenig Anlaß haben, solche Angst zu empfinden, bewältigen sie am schnellsten. In den ersten Monaten ist die Liebe Ihres Babys zu Ihnen noch zu neu, als daß es sie als selbstverständlich und sicher betrachten könnte. Aber wenn Sie es auf einer Woge sicherer und umsorgender Hingabe durch diese Periode intensiver und ängstlicher Anhänglichkeit tragen können, wird es letztlich Ihre Liebe und Sicherheit als sicheres Fundament betrachten können. Erst wenn es sich Ihrer Liebe und Fürsorge ganz sicher ist, ist es bereit, auf neue Erwachsene und Kinder zuzugehen. Nur ein grundlegendes Vertrauen in seine Beziehungen zu Hause machen es frei und offen, seine Aufmerksamkeit mit zunehmendem Alter nach außen zu richten.«
(Penelope Leach: Your Baby and Child: From Birth to Age five)

»... Das Kuckuck-Spiel mit all seinen Varianten wird das Baby endlos beschäftigen. Es hält eine Windel oder sein Lätzchen über sein Gesicht und zieht es dann voll freudigem Entzücken weg. Es ist begeistert, wenn ein Erwachsener ein Spielzeug versteckt, beobachtet mit feierlicher Miene, wie es verschwindet und begrüßt es nach seinem Auftauchen mit freudigen Schreien. Es ist bei solchen Spielen viel ausdauernder als jeder Erwachsene.
Welche Faszination bieten diese Spiele? Wenn das Verschwinden und Wiederauftauchen geliebter Menschen für das Baby ein enormes Problem darstellt, warum sollte es dann diese Situation zu einem ausgelassenen Spiel werden lassen? Dieses Spiel hat eine mehrfache Funktion. Das Kind wiederholt das Verschwinden und Wiederauftauchen unter Bedingungen, die es kontrollieren kann (die vermißte Person wird nach kurzem Warten wiederentdeckt), und übt dadurch, seine Ängstlichkeit in dieser Situation selbst zu überwinden. Darüber hinaus erlaubt ihm das Spiel, eine Situation, die in der Realität als schmerzhaft erlebt würde, in eine angenehme Erfahrung zu verwandeln.
(Selma Fraiberg: The Magic Years: Understanding and Handling the Problems of Early Childhood)

sachen weiterspielen, wenn die Tür offenbleibt und die Mutter in Sichtweite ist.

○ Fördern Sie so früh wie möglich die Verwendung eines Ersatzobjektes – eine bestimmte Decke, eine Stoffwindel, ein Stofftier usw. –, damit das »Schmuseobjekt« Ihrem Baby Trost spenden kann, wenn Sie fort sind.

Trennung ist für Erwachsene ebenso wie für Babys ein emotional besetztes Thema. Als Eltern müssen wir unsere eigenen Gefühle kennen, weil unsere Einstellungen unsere Kinder beeinflussen. Wenn Sie sich weigern, einen Babysitter zu suchen, oder nach langer und gründlicher Suche niemand Ihren Ansprüchen genügt oder Sie dauerhaft Schwierigkeiten haben, jemandem, der eigentlich vertrauenswürdig erscheint, zu vertrauen, sollten Sie vielleicht einmal überlegen, ob Sie selbst unerfreuliche Erfahrungen mit Trennung gemacht haben. Je klarer Sie sich über Ihre eigenen Gefühle sind, um so hilfreicher wird dies für Ihr Kind sein. Wir sollten nicht unbewußt Verhaltensweisen, Ängste oder Einstellungen weitergeben, die unseren Kindern keineswegs zugute kommen.

Wer wird das Baby betreuen?

»Oh, such dir doch einfach einen Babysitter!« Es klingt so einfach, ist es aber nicht. Für die Eltern gehört die Suche nach einem guten Babysitter, egal ob es sich um eine gelegentliche Betreuung von zwei Stunden oder um eine Pflegestelle für 60 Stunden die Woche handelt, zu den schwierigsten Problemen überhaupt. Gute Babysitter sind rar. Auch wenn Sie eine Person oder eine Institution ausfindig gemacht haben, gibt es keine Garantie, daß diese Betreuung so lange Bestand haben wird, wie Sie sie brauchen werden. Kinderbetreuung wird nicht gut bezahlt, und sie ist bei weitem nicht so anerkannt wie sie sein sollte. Gute Leute geben sie oft zugunsten einer anderen Beschäftigung auf. Die Auswahl kann gering sein, so daß Sie vielleicht Kompromisse machen müssen, was die Qualität der Betreuung angeht.

Stellen wir den Gesichtspunkt der Dauerhaftigkeit einen Moment zurück und betrachten zunächst einige andere Punkte, die für viele Eltern bei der Suche nach einer Kinderbetreuung von Bedeutung sind. Das Wichtigste: Sie finden niemanden, der so ist, wie Sie selbst. Suchen Sie also gar nicht erst danach. Sie sind die Eltern des Babys, und es gibt niemanden, der die gleiche Bedeutung im Leben Ihres Babys haben wird wie Sie. In Wirklichkeit suchen Sie nicht den vielzitierten »Mutterersatz«. Sie suchen vielmehr einige wenige, beständige Menschen, die Ihr Baby kennen und denen es vertrauen lernt. Jeder Mensch hat seine eigenen positiven Eigenschaften und Erfahrungen, die er dem Baby weitergeben kann. Dies ist der Kern unseres Lebens – der Reichtum und die Verschiedenartigkeit der menschlichen Beziehungen und Erfahrungen.

Was wir suchen, sind warmherzige und vertrauenswürdige Menschen, mit denen wir sprechen können, die einen gesunden Menschenverstand haben, eine positive Einstellung zur Welt und einige Kenntnis von der kindlichen Entwicklung, sowie einen realistischen Blick dafür, was Babys zum Gedeihen brauchen. Denken Sie daran, daß niemand perfekt ist. Wenn die Betreuungsperson nur einige Stunden die Woche mit dem Baby verbringt, sind Sie vielleicht in der Lage, über eine Eigenheit hinwegzusehen, die man jedoch unmöglich hinnehmen könnte, wenn diese Person sich vierzig bis sechzig Stunden die Woche um das Baby kümmern würde.

Es gibt viele Fragen, die Sie einer Anwärterin stellen können; Sie sollten aber immer auch auf Ihre inneren Gefühle hören. Babys sind höchst sensible und verwundbare Wesen. Berichte über Vernachlässigung oder Mißbrauch von Kindern mögen uns bei der Suche nach einer Betreuungsperson nicht weiterhelfen; sie machen uns besorgt und vorsichtig. Aber anstatt diese Befürchtungen zu ignorieren, sollten wir sie nutzen, um unsere Wahrnehmung zu schärfen und zu erkennen, was gut und was nachteilig ist. Wenn diese vagen, komischen Gefühle, daß »etwas nicht stimmt«, aus unserem Unterbewußten auftauchen, sollten wir ihnen vertrauen. Beinahe jede Mutter, die ihr Kind einige Jahre lang von einer Tagesmutter oder einem Babysitter betreuen ließ, kann zumindest von einer negativen Erfahrung berichten, die hätte vermieden werden können, wenn sie wirklich auf ihre innere Stimme gehört hätte. Wenn Sie schon jemanden engagiert haben, ist es noch schwieriger. Vielleicht haben Sie Schuldgefühle: »Wie habe ich nur jemanden auswählen können, der dieser großen Verantwortung nicht gerecht wird?« Es ist schmerzhaft, über dieses Problem nachzudenken, und so verdrängen wir es. Vielleicht unterdrücken Sie die Zweifel über die Betreuungsperson aber auch deshalb, weil Sie Angst haben, diese Person entlassen und dann wieder eine neue Betreuung suchen zu müssen.

Um diese Situation zu vermeiden, sollten Sie sich bei der Suche Zeit lassen. Sprechen Sie mit mehreren Bewerberinnen. Sie werden dabei immer mehr Übung bekommen. Auf diese Weise können Sie auch eine Liste von Kandidatinnen erstellen, auf die Sie eventuell später einmal zurückgreifen können. Das folgende Kapitel enthält allgemeine Vorschläge von Eltern, die das Problem Kinderbetreuung bereits bewältigt haben, sowie eine Checkliste mit Fragen, die Sie Bewerberinnen stellen können. Darüber hinaus finden Sie weitere Details zu den verschiedenen Möglichkeiten der Kinderbetreuung.

Möglichkeiten der Kinderbetreuung

Jede Familie hat ihre speziellen Bedürfnisse hinsichtlich der Kinderbetreuung; die eine Familie braucht am späten Nachmittag ein zusätzliches Paar Hände, damit ein Elternteil unbehindert in der Küche arbeiten kann; die andere sucht nach einer Haushaltshilfe, die im Haus lebt und Tag und Nacht verfügbar ist. Egal, welches Arrangement Sie wählen, Sie sollten auf jeden Fall daran denken, daß dieses Verhältnis ein partnerschaftliches ist und von beiden Seiten ein gewisses Maß an Geben und Nehmen erfordert. Es hat nichts zu sagen, wie viele Stunden in der Woche jemand für Sie arbeitet oder wieviel Erfahrung er hat – niemand hat das Recht, die Rahmenbedingungen für die Erziehung Ihres Kindes zu diktieren. Andererseits liegt es an Ihnen, offen zu sein für das, was die Betreuungsperson sieht und fühlt. Jeder Mensch, der sich Ihrem Baby widmet, kann sein Leben bereichern, indem er ihm neue Erfahrungen, Empfindungen und Perspektiven bietet. Im folgenden einige der Möglichkeiten der Kinderbetreuung mit all ihren Vor- und Nachteilen.

Schüler/in im Teenageralter

Am späten Nachmittag brauche ich einfach Hilfe. Also traf ich mit einer Freundin, die eine dreizehnjährige Tochter hat, eine Übereinkunft. Meine Freundin arbeitet ganztags und kommt erst abends um sechs nach Hause. Ihre Tochter Felizitas besucht dreimal die Woche nachmittags bestimmte Kurse und Freizeiteinrichtungen. An den anderen beiden Nachmittagen ist sie hier bei mir mehr als willkommen und kann sogar eine Freundin mitbringen. Sie muß nicht mit dem Baby spielen, will es aber immer und geht ganz wunderbar mit ihm um. Jüngere Teenager sind manchmal besser als Babysitter geeignet als ältere. Sie können sehr gewissenhaft sein, sind aber selber noch Kinder. Sie spielen noch ganz natürlich.

Student/in

Einmal wöchentlich kommt nachmittags eine Studentin, so daß ich ausgehen oder mich mit irgend etwas anderem beschäftigen kann. Die erste Studentin engagierte ich, als Melissa ungefähr sechs Monate alt war. Allerdings hörte sie nach einem Monat wieder auf, gerade als wir uns aneinander gewöhnt hatten. Sie nahm statt dessen einen Job als Kellnerin an. Dann engagierte ich eine andere Studentin, die während ihres Examens aufgab. Jetzt habe ich wieder eine neue; bald beginnen jedoch die Sommersemesterferien. Sie waren alle sehr nett zu dem Baby, aber keine blieb länger. Inzwischen habe ich mich aber so an meinen freien Nachmittag gewöhnt, daß ich ihn nicht mehr missen möchte.

Student/in als Untermieter/in

Lisa lebt nun schon beinahe sechs Monate bei uns im Haus, und das Baby liebt sie. Bis dieses Zusammenleben funktionierte, mußte ich allerdings einiges aus Fehlern lernen. Denken Sie als erstes daran, daß Sie, ob Sie wollen oder nicht, von einem Mädchen abhängig sind, das zwischen Jugend- und Erwachsenenalter steht, und Sie daher Ihre Erwartungen entsprechend anpassen müssen. Lisa hatte anfangs Heimweh und vermißte ihre eigene Familie ziemlich. Ich stellte fest, daß ich sie sehr bemutterte – dabei hatte ich das Gefühl, daß ich es selbst nötig hätte, ein bißchen bemuttert zu werden. Legen Sie auch die Aufgaben sehr genau fest. Empfehlenswert ist, die Studentin nicht mehr als zehn bis fünfzehn Stunden die Woche in Anspruch zu nehmen, damit sie noch genügend Zeit für ihr Studium und ihre eigene Freizeit hat. Wir legten alles schriftlich fest, z. B. auch, wann wir gemeinsam essen wollten, die Telefonbenutzung, die Benutzung des Autos, Besuche usw. Wir setzen uns jede Woche zusammen, um alles zu bereden. Dies war sehr wichtig, denn Lisa ist etwas schüchtern und sagt es nicht, wenn ihr etwas nicht paßt. Ich empfehle auch eine Probezeit von mindestens einer Woche.

Au-pair

Wenn Sie sich vorstellen können, jemanden bei sich im Haushalt aufzunehmen, denken Sie doch einmal an ein Au-pair-Mädchen oder einen Au-pair-Jungen. Au-pairs sind junge Leute aus dem Ausland, die in der Regel ein halbes bis ein Jahr bei einer Gastfamilie bleiben, bei der Kinderbetreuung und eventuell im Haushalt helfen und nebenbei eine Sprachschule besuchen (siehe auch Seite 279).

Der Vater

Mein Mann hat sich kürzlich als Zahntechniker selbständig gemacht und kann seine Arbeitszeit selbst festlegen. Als Elisabeth acht Monate alt war, mußte ich wieder fest halbtags arbeiten. Seitdem kümmert sich mein Mann nachmittags um sie. Er geht großartig mit ihr um, ist genauso kompetent wie ich. Tatsächlich sucht sie oft nicht bei mir, sondern bei ihm Trost und Zuflucht. Ich muß zugeben, daß mir das wehtut. Ich bin glücklich, daß sie nach ihm verlangt, aber irgendwie wünschte ich mir, daß sie sich mir zuwenden würde. Sobald ich etwas mehr Geld verdiene, werden wir für mindestens einen Nachmittag in der Woche jemanden engagieren, damit mein Mann auch mal frei hat: Es ist zur Zeit ziemlich hart für ihn. Er muß nachts und am Wochenende arbeiten, um die Zeit der Babybetreuung wieder einzuarbeiten. Er ist ziemlich erschöpft. Aber die Aussicht, Unterstützung zu bekommen, ist ein wirklicher Lichtblick für ihn.

Verwandte

Ich bringe David zu meiner Schwiegermutter. Sie ist okay, aber ein bißchen nervös, und wir sind in manchen Dingen unterschiedlicher Meinung – einige Sachen würde ich bei einem bezahlten Babysitter nicht tolerieren. Was nicht? Z. B. ihre Einstellung zum Stillen und zur Ernährung. Meine Schwiegermutter meint, daß David nicht genug bekommt und zu alt ist, um noch gestillt zu werden. Sie gibt ihm z. B. Eiscreme. Er ist zehn Monate alt. Ich will nicht, daß er Eiscreme bekommt. Sie meint, daß man ihm die Haare schneiden müsse. Ich nicht. Sie kann die »zerlumpten« alten Kleidungsstücke, die ich ihm anziehe, nicht ausstehen. Ich ziehe sie ihm trotzdem an. Soll ich weitermachen? Mein Mann sagt, ich solle tolerant sein und keinen Streit vom Zaun brechen. Also versuche ich es. Ich weiß, sie liebt unser Baby, und das ist das Wichtigste. Aber jetzt bearbeitet sie mich, noch ein Baby zu bekommen, eine Schwester für David. Mein Gott, ich muß erst mal zur Ruhe kommen!

Wechselseitige Kinderbetreuung

Ich traf einen Hausmann – ja, ein solch rares Exemplar – im Park. Johannes lebt im gleichen Studentenwohnheim wie wir. Wir wechseln einander einmal wöchentlich in der Kinderbetreuung ab. Es ist ein bißchen anstrengend, sich um zwei Babys zu kümmern, aber ich muß sagen, es lohnt sich wirklich, wenn man an die gewonnene freie Zeit denkt. Wir haben auch eine lockere Absprache für abends. Seine Frau und mein Mann hüten unsere Kinder jeweils abwechselnd einmal in der Woche abends.

Einen Babysitter teilen

Ich gehe zwei Vormittage die Woche zur Schule. Eine Freundin von mir hat ein Baby, das ungefähr so alt ist wie Maria (dreizehn Monate). Ich habe jemanden gesucht, der wirklich gut mit Kleinkindern umgehen kann und der nach Möglichkeit die zwei Jahre, die es dauern wird, bis ich meinen Abschluß nachgemacht habe, bei der Stange bleibt. Ich konnte ein bißchen dafür bezahlen, aber es war schwer, jemanden für eine solche Teilzeitbetreuung zu finden. Jetzt habe ich die Lösung, die bei mir perfekt funktioniert. Ich teile Lena, eine ehemalige Lehrerin für Säuglingspflege, mit meiner Freundin. Lena arbeitet zweieinhalb Tage die Woche für mich und zweieinhalb Tage die Woche für Rosalia. Wir wohnen nah beieinander. Ein- oder zweimal die Woche betreut sie die Babys zusammen. Das macht allen großen Spaß. Natürlich ist Lena ein sehr flexibler Mensch. Viele Leute würden unter diesen Bedingungen nicht arbeiten.

Vollzeit-Kinderfrau

Monika begann bei uns, als Andrea vier Monate alt war, und arbeitet jetzt schon beinahe drei Jahre für mich. Ich bin glücklich, daß ich sie habe, denn sie liebt mein Kind wie ein eigenes. Ihre Kinder sind schon groß, und sie liebt nun mal kleine Kinder. Wir betrachten sie praktisch als Teil der Familie, und ich tue für sie, was ich kann, wenn sie mal Hilfe braucht. Genauso hilft sie mir nach Kräften, wenn ich in Bedrängnis bin. Sie hat z. B. bei uns übernachtet, wenn ich auf Geschäftsreise gehen mußte, und ich habe ihr freigegeben, wenn sie Zeit brauchte, um persönliche Angelegenheiten zu erledigen. Sie ist Spanierin, und zwischen uns bestehen viele kulturelle Unterschiede, die aber nie ein Problem dargestellt haben. Wir sind inzwischen höchstens zu eng befreundet. Wir wissen alles voneinander. Unser beider Leben sind in diesem Punkt sehr miteinander verflochten. Aber so bin ich nun mal. Ich nehme am Leben anderer Menschen anteil.

Am angenehmsten für Eltern und Kind ist ein Babysitter, der ins Haus kommt. In diesem Fall kann das Baby in seiner vertrauten Umgebung bleiben; diese Umgebung ist kindersicher und auf seine Bedürfnisse abgestimmt. Spielzeug, Kleidung und Ausstattung sind vorhanden; die Eltern müssen somit nicht das Baby und seine ganzen Habseligkeiten hin- und hertransportieren, im Regen oder Sonnenschein, was zusätzlichen Streß bedeutet. Wird das Baby zu Hause betreut, gibt es weniger Komplikationen, wenn es mal eine Erkältung hat; es ist hier weniger den Viren und Bakterien anderer Kinder ausgesetzt. Ein Babysitter, der zu Ihnen nach Hause kommt, ist vielleicht auch bereit, bei der Zeiteinteilung flexibel zu sein. Er bleibt, wenn nötig, vielleicht auch einmal länger oder kommt früher. Das Aufgabenfeld einer festangestellten Kinderfrau kann auch einige leichte Hausarbeiten beeinhalten; dadurch ist es berufstätigen Eltern möglich, nach ihrer Heimkehr mehr Zeit mit ihrem Baby zu verbringen und sich nicht auch noch um alle Haushaltspflichten kümmern zu müssen.

Es gibt aber auch Nachteile. Eine Kinderfrau, die nach Hause kommt, ist in der Regel teuer. Ist sie festangestellt, müssen Sie neben ihrem Lohn auch die Lohnnebenkosten wie Sozialversicherung und Urlaubsgeld usw. bezahlen – alles Leistungen, die Sie von Ihrem Arbeitgeber auch erhalten. Selbst dann gibt es keine Garantie, daß die Kinderfrau bleibt. Besonders zu Anfang mag es für die Eltern schwierig sein, völlig von dem physischen und mentalen Wohlergehen und der Laune eines anderen Menschen abhängig zu sein. Bis Sie eine vertrauensvolle, gut funktionierende Beziehung aufgebaut haben, wissen Sie nicht, was zu Hause während Ihrer Abwesenheit vor sich geht. Treten in der gegenseitigen Verständigung Schwierigkeiten auf, sind sowohl Sie wie auch Ihr Babysitter auf sich alleine gestellt.

Ihre Beziehung zu einer Kinderfrau oder einem Babysitter kann recht vielschichtig und kompliziert sein. Sie stehen ständig vor der Herausforderung, die jeweiligen Grenzen konstruktiv und ehrlich zu ziehen. Dies erfordert Reife und den Willen, sich seine wahren Gefühle einzugestehen. Achten Sie auf folgende Probleme:

- Eine berufstätige Mutter empfindet oft eine große Abhängigkeit von ihrer Kinderfrau, die sich um ihr Kind kümmert und den Haushalt auf dem laufenden hält. Es ist nicht ungewöhnlich, daß eine Kinderfrau die unerfahrene, berufstätige Mutter wie eine Tochter behandelt, insbesondere wenn sie älter und in der Kinderbetreuung erfahrener ist. Unbewußt können versteckte Ressentiments und Konkurrenzgefühle auftauchen und die Beziehung bedrohen. Manche Frauen sind eingeschüchtert und haben Angst, Forderungen zu stellen, weil der Babysitter kündigen könnte. Sie geben ihre Autorität ab; empfinden aber darüber wiederum Wut, selbst wenn sie diese Gefühle nicht bewußt realisieren.
- Es ist auch möglich, ins gegenteilige Extrem zu verfallen und dem Babysitter gegenüber übermäßig kritisch zu sein. Dann wird jeder kleine Unterschied zu den eigenen Verhaltensweisen überbetont. Bestehen unterschiedliche Auffassungen und Vorgehensweisen in wesentlichen Punk-

ten, muß natürlich eine Lösung gesucht werden. Hinter übermäßiger Kritik steht aber oft Eifersucht. Ein gewisses Maß an Eifersucht ist völlig normal – Sie haben Angst, daß Sie für Ihr Kind an Bedeutung verlieren. Berufstätige Mütter sind hierfür besonders anfällig, denn oft haben sie wegen ihrer Abwesenheit Schuldgefühle. Manche Eltern wirken unbewußt möglichen Eifersuchtsgefühlen von vornherein entgegen, indem sie bei der Qualität der Betreuung Kompromisse machen. Dadurch haben sie die Gewißheit, daß sie in der Babypflege überlegen sind.

○ Versuchen Sie, zu Ihren Gefühlen zu stehen, egal welcher Natur sie sein mögen. Vergessen Sie aber nicht: Babys sind in der Lage, zu mehr als nur einem Erwachsenen eine feste Bindung aufzubauen, und es gibt keinen Anhaltspunkt dafür, daß eine mehrfache Bindung die Intensität der Bindung des Babys an die Eltern verringert. Haben Sie Vertrauen in sich. Die Bindung Ihres Babys an seinen Babysitter ist ein positives Verhalten und ein Erfolg für Sie. Nur ein Baby, das geliebt und sicher gebunden ist, geht weitere enge Bindungen ein. Sie erweisen Ihrem Baby einen Liebesdienst, wenn Sie seine Zuneigung zu einem anderen Menschen befürworten und akzeptieren. Ihr Baby ist ein sensibles, verwundbares Wesen und braucht die Gewißheit, daß sich ein anderer liebender Mensch während Ihrer Abwesenheit um es kümmern wird.

○ Versuchen Sie, Ihre Kinderfrau als Partnerin zu betrachten, nicht als Rivalin. Scheint sie in manchen Bereichen tatsächlich kompetenter zu sein als Sie, sollten Sie ihre Überlegenheit nicht als Bedrohung, sondern als Gelegenheit, etwas zu lernen, betrachten. Planen Sie wöchentlich eine feste Zeit ein (während der bezahlten Arbeitszeit der Kinderfrau), um sich mit ihr in Ruhe über das Baby wie auch über etwaige Unstimmigkeiten zu unterhalten. Und achten Sie darauf, daß der Babysitter nicht nur alle vergnüglichen Aufgaben der Babypflege übernimmt, während Ihnen die unangenehmen Pflichten bleiben. In diesem Fall wäre es nur natürlich, wenn Sie einen Groll gegen die Kinderfrau hegen würden.

○ Denken Sie daran, daß die Kinderfrau versteckte Einstellungen haben kann, die Sie in einem Gespräch oder auch während einer Probezeit nicht herausfinden können. Vielleicht versucht sie, Sie in die Rolle einer Tochter zu drängen. Diese Gefahr besteht besonders, wenn sie älter ist und selber Kinder hat. Oder sie versucht auf subtile Weise Ihr Selbstbewußtsein zu untergraben, weil sie im Grunde der Meinung ist, daß eine Mutter nicht außer Haus arbeiten sollte. Hat sie selbst nur ein geringes Selbstbewußtsein, wird sie vielleicht eifersüchtig, wenn sie sieht, welche Macht und Einfluß Sie in Ihrem Beruf haben.

○ Sie können Ihre Kinderfrau nicht ändern. Aber Sie können bestimmte Einstellungen erkennen, denen Sie nicht zum Opfer fallen müssen. Darüber hinaus können Sie ganz klar zum Ausdruck bringen, wie sehr Sie ihre Arbeit schätzen – nicht nur durch Worte oder kleine Gesten der Anerkennung, sondern auch, indem Sie ihr ein angemessenes Gehalt bezahlen.

Betreuung kostet Geld – wieviel?

Die Art und Weise, wie Sie die »geschäftliche Seite« der Kinderbetreuung behandeln, ist ebenso wichtig wie persönliche Aspekte der Beziehung. Viele berufstätige Eltern sehen einen Konflikt darin, daß sie ihrem Babysitter für die Liebe und Fürsorge zu ihrem Kind weniger bezahlen, als sie für ihre beruflichen Aufgaben bekommen. Wir können versuchen, diese Diskrepanz wettzumachen, indem wir unseren Babysitter mit derselben Achtung und Wertschätzung behandeln wie unsere Arbeitgeber uns und ihm eine jährliche Prämie, ein Weihnachtsgeld und wenigstens eine oder zwei Wochen bezahlten Urlaub gewähren.

Frage: Wann muß ich einen Babysitter/eine Kinderfrau sozialversichern?

Antwort: Dies hängt davon ab, wieviel der Babysitter arbeitet, wieviel er verdient und wieviel man ausgeben kann. Sozialversicherungsfrei ist ein monatliches Einkommen von 530 DM. Damit können Sie natürlich keine festangestellte Kinderfrau entlohnen. Möglich wäre für diesen Betrag die stundenweise Betreuung durch einen Babysitter oder eventuell ein Arrangement mit einer Tagesmutter. Einen Anhaltspunkt dafür, wie hoch die Sätze für Tagesmütter sind, erhält man auf dem Jugendamt. Eine festangestellte Kinderfrau, die ganztags ins Haus kommt, kostet mit Steueranteil und Sozialversicherung mindestens 2200 DM im Monat. Sprechen Sie mit Ihrem Steuerberater über die Vor- und Nachteile einer Festanstellung.

Checkliste für den Babysitter

- ○ Nehmen Sie sich Zeit, um dem Babysitter zu zeigen, wie das Baby während einer Mahlzeit gehalten werden will, wie man es wickelt, wo seine Kleidung ist und wie das Zubettgeh-Ritual abläuft.
- ○ Machen Sie eine Fotokopie mit den wichtigsten Informationen für den Babysitter und hängen Sie sie gut sichtbar auf.
- ○ Geben Sie immer an, wo Sie während Ihrer Abwesenheit zu erreichen sind. Zeigen Sie dem Babysitter auch, wie der Ofen, der Thermostat, die Schlösser, der Feueralarm usw. funktionieren.
- ○ Geben Sie dem Babysitter einen Überblick über babysicheres Handwerkszeug und erprobte Taktiken im Umgang mit dem Baby und berichten Sie ihm von den neuesten Entwicklungsschritten des Babys.
- ○ Informieren Sie ihn über mögliche Besucher, erklären Sie ihm, wie der Fernseher und die Stereoanlage funktionieren und wo er was zu essen findet.
- ○ Schreiben Sie genau auf, wann und wie das Baby eventuelle Medikamente nehmen muß.

Wichtige Informationen für den Babysitter

Unser Name

Unsere Adresse

Telefon

Name des Kindes — Geburtstag

Telefonnummer der Arbeitsstelle des Vaters

Telefonnummer der Arbeitsstelle der Mutter

Im Notfall zu benachrichtigen

Name des Arztes

Telefonnummer des Arztes

Adresse des Arztes

Polizei

Feuer

Nachbarn

Vergiftungszentrale

Krankenhaus

Ambulanz

Spezielle Regeln im Haus

Besonderheiten bei den Mahlzeiten oder dem Schlafengehen

Für den ärztlichen Notfall

Name des Kindes

Name der Mutter

Dienstliche Telefonnummer

Name des Vaters

Dienstliche Telefonnummer

Name von Freunden oder Verwandten, die verständigt werden sollen, wenn Sie nicht erreichbar sind:

1.

Telefonnummer

2.

Telefonnummer

Arzt, der im Notfall zu benachrichtigen ist:

Telefonnummer

Ich ermächtige **(Name des Babysitters)**, alle medizinischen Notfallmaßnahmen, die zum Schutze meines Kindes als notwendig erachtet werden, durchführen zu lassen, während mein Kind in ihrer Obhut ist. Diese Ermächtigung beinhaltet, daß der oben genannte Arzt gerufen wird, daß seine Anweisungen durchgeführt werden und das Kind, ohne Rücksprache mit mir, in ein Krankenhaus oder eine Klinik gebracht werden kann.

Datum

Unterschrift der Eltern

Tagesmutter

Frau Glenn gilt in der Nachbarschaft als eine Institution. Sie weiß eine Menge über Kinder und hat fünf eigene Kinder, drei davon im Teenager-Alter. Außerdem betreut sie noch ein Baby und ein zweieinhalb Jahre altes Kind einer Frau aus der nächsten Straße. Ihre Honorare sind gering. Eine ihrer großen Töchter kümmert sich um einen Fünfjährigen und einen Siebenjährigen, die nach der Schule kommen. Was ich an ihr am meisten schätze, ist, daß sie Bernd in ihr Alltagsleben einbezieht. Sie nimmt die beiden Kleinen mit zum Einkaufen. Sie liest ihnen ein Buch vor, während sie Kaffee macht. Die zweieinhalbjährige Nora, die jeden Tag bei ihr ist, sagt immer, daß Bernd ihr kleiner Bruder sei. Ich bin glücklich über dieses Arrangement. Bernd ist Teil eines normalen Familienlebens, wo das Leben seinen täglichen Gang nimmt. Und doch ist er dort etwas Besonderes.

Viele von uns greifen, ohne es so zu nennen, auf eine Betreuung innerhalb einer Familie zurück. Tagespflege oder Tagesmutter bedeutet, daß sich jemand bei sich zu Hause um Ihr Baby oder um eine kleine Gruppe von Kindern kümmert. Dabei kann es sich um Verwandte, Freunde, Nachbarn oder eine Frau, die man über eine Anzeige kennengelernt hat, handeln. Eine allgemeingültige Definition einer Tagespflegestelle gibt es nicht. In der Regel hat die Tagesmutter selber Kinder und ihre Erfahrung im Umgang mit Säuglingen und Kleinkindern durch ein »Training on the job« erworben. Die Qualität der Tagespflege ist weitgehend von der Tagesmutter abhängig – von ihrem Engagement, ihrer Energie, Phantasie, ihrer Geduld und ihrem Verständnis für Babys. Wichtig sind auch ihre allgemeine Arbeitsbelastung und ihre Verankerung in ihrem Wohnort.

Es gibt eindeutige Vorteile dieser Betreuungsform. Eine gute Tagespflege ist klein und personenbezogen und verschafft dem Baby die Wärme und Flexibilität einer Familie; sie bietet Spielkameraden und »ältere Geschwister« – vielleicht ein siebenjähriges Kind, das nachmittags aus der Schule nach Hause kommt, oder eine Großmutter, die um die Ecke wohnt und immer mal zu Besuch kommt. Der flexible Rhythmus der Tagespflege und die vielfältigen Ereignisse – ein klingelndes Telefon, eine Nachbarin, die mal hereinschaut, Ausflüge zur Bank, in den Park usw. vermitteln genügend Abwechslung und Anregungen, die ein Baby braucht. Ein normaler Haushalt, vorausgesetzt, er ist kindersicher, ist ein sehr interessanter Lebensraum für ein Baby. Er ist voller erzieherisch wertvoller »Spielsachen« – Töpfe und Pfannen, Dekkel und Seiher, ein Spülstein für Wasserspiele, Schränke zum Öffnen und Schließen, Kissen, auf denen man kuscheln kann, und Decken, unter denen man sich verstekken kann – bietet aber auch einen ruhigen Schlafplatz, abseits vom Treiben des Haushaltsgeschehens.

Aber machen Sie sich auch mögliche Risiken bewußt. Sie sind abhängig von der Gesundheit und dem Wohlbefinden einer Person, die vielleicht im Krankheitsfall keinen Rückhalt hat. Auch wenn die Tagesmutter in Urlaub geht, müssen Sie eine Ersatzlösung finden. Wenn Ihr Baby krank wird, müssen Sie ebenfalls auf jemand anderen zurückgreifen oder selbst Urlaub nehmen.

Tagesmütter sollten beim Jugendamt angemeldet und überprüft worden sein. Für jedes einzelne Kind muß eine Pflegeerlaubnis beantragt werden. Empfehlenswert ist, daß Mutter und Tagesmutter einen Vertrag abschließen, der Entgelt, Pflegezeit, Urlaub, Kündigungsfrist usw. regelt. Formulare gibt es beim Jugendamt oder beim Verband der Tagesmütter und -väter. Oft jedoch werden Pflegestellen privat vermittelt und abgesprochen, d. h. nicht über das Jugendamt. Oft gehen die Beteiligten auch nur lockere Absprachen ein. In diesem Fall müssen sich die Eltern allein auf ihre Einschätzung der Pflegestelle verlassen, bei möglichen Problemen können sie sich auf keinen Vertrag berufen.

Wir haben alle schon Horrorgeschichten über schlechte Pflegestellen gehört: zu viele Kinder vor den Fernseher gepfercht oder einfach ins Bett gesteckt; minderwertige Ernährung und genervte Mütter. Doch genauso oft hören wir von warmherzigen, liebevollen Tagesmüttern, die eine gute Betreuung bieten. Wenn Sie Interesse an einer Tagesmutter haben und sich informieren wollen, können Sie sich mit dem Jugendamt oder der Zentralstelle für Tagesmütter in Verbindung setzen. (Adresse siehe Seite 279).

Großpflegestellen

Neben der üblichen Betreuungsform der Tagesmutter gibt es die sogenannte Großpflegestelle. Dabei werden in der Regel vier bis acht Kinder von einer Erzieherin und einer Helferin betreut. Sie entsteht oft aus dem Engagement einer Erzieherin und der Mitarbeit der Eltern. Die Erzieherin arbeitet praktisch als hauptberufliche, selbständige Tagesmutter. Die größte Schwierigkeit bei der Einrichtung einer Großpflegestelle stellt in der Regel die Suche nach geeigneten Räumlichkeiten dar. Elternarbeit ist bei der Großpflegestelle möglich, aber nicht vorgeschrieben. Rechtlich gesehen ist der Erzieher selbständig und dem Bezirksamt gegenüber verantwortlich.

Elterninitiativen

Elterninitiativen, oder auch »Kinderläden«, entstehen aus dem Engagement der Eltern. Aus Mangel an öffentlichen Einrichtungen, Krippen- und Kindergartenplätzen schließen sich Eltern zusammen, um eine eigene Form der Betreuung auf die Beine zu stellen. Grundsätzlich gibt es zwei Möglichkeiten: ein Kinderladen mit Mitarbeit der Eltern oder mit festangestellten Erziehern. Zunächst muß sich eine Elterngruppe zusammenfinden, dann geht die Suche nach geeigneten Räumlichkeiten los. Ist das Problem mit den Räumlichkeiten gelöst, ist schon viel gewonnen. Nun muß die Betreuung entweder auf die Eltern aufgeteilt werden, d. h. es wird reihum abgewechselt, oder es werden Erzieher gesucht. Da eine Elterninitiative eine sehr teure Form der Betreuung werden kann (Miete, Personalkosten), sollte man sich um öffentliche Zuschüsse bemühen. Gefahren liegen auch in der Elternarbeit. Sie sollten Umfang und Art der anfallenden Arbeiten genau festlegen, sonst kommt es leicht zu Reibereien. Auch Erziehungsgrundsätze sollten in etwa übereinstimmen. Für die Kinder bietet diese Einrichtung den Vorteil, daß die Gruppengröße überschaubar ist und sie individuell betreut werden.

Am einfachsten ist der Einstieg in einen bereits bestehenden Kinderladen. Wer selbst eine Elterninitiative gründen will, sollte sich nach Möglichkeit mit einer bestehenden Einrichtung in Verbindung setzen, um Tips und Hilfestellung zu bekommen.

Die Chancen, einen Platz in einem Kinderladen für ein Kind unter einem Jahr zu finden, sind allerdings gering. Wenn Sie es aber schaffen, hat diese Form der Betreuung einige Vorteile gegenüber einer Tagespflege. Die Kinder werden von ausgebildeten Erziehern betreut, die Einrichtung ist auf Kinder abgestimmt. Urlaubs- bzw. Krankheitszeiten der Erzieher können durch Kollegen ausgeglichen werden. Außerdem ist eine kontinuierliche Betreuung gewährleistet.

Kinderkrippen

Die naheliegendste Lösung wäre die Unterbringung eines Babys oder Kleinkindes in einer Kinderkrippe. In den alten Bundesländern ist dies jedoch ein beinahe aussichtsloses Unterfangen. Hier stehen für gerade 1,58 Prozent der Kinder Krippenplätze zur Verfügung. (Auch in den neuen Bundesländern verschlechtert sich die Situation zusehends.) In den Städten gibt es oft lange Wartelisten, im ländlichen Raum fehlen Krippenplätze nicht selten ganz. Daher kommt diese Form der Betreuung nur für sehr wenige Kinder in Frage. Melden Sie sich also so früh wie möglich in einer Kinderkrippe an, wenn Sie sich für einen Platz interessieren. Erkundigen Sie sich, welche Krippen es bei Ihnen in der Nähe gibt – auch die Caritas beispielsweise unterhält Kinderkrippen. Und lassen Sie sich nicht verunsichern, wenn Ihnen Bekannte oder Verwandte Horrorgeschichten über Kinderkrippen erzählen. Die meisten sind heute sehr viel besser als ihr Ruf (siehe auch Seite 275).

Betriebskindergärten

Seit die Frauenförderung in manchen Betrieben groß geschrieben wird, ist auch das Problem der Kinderbetreuung zunehmend ein Thema. In einigen großen Unternehmen gibt es angegliederte Kindergärten, die sich nach den Arbeitszeiten der Beschäftigten richten. Die Plätze dort sind allerdings begehrt, und es gibt oft lange Wartelisten. Oft werden auch erst Kinder ab drei Jahren aufgenommen. Für die Eltern hat ein Betriebskindergarten den Vorteil, daß sie Zeit und Wege sparen, schnell erreichbar sind und sie über betriebliche Sozialarbeiter Einfluß nehmen können. Die Kinder werden von qualifizierten Erziehern betreut und sind nicht übermäßig lange von den Eltern getrennt. Sprechen Sie das Thema in Ihrem Betrieb doch einfach mal an. Vielleicht stellt sich heraus, daß mehr Bedarf vorhanden ist, als Sie denken, und die Geschäftsleitung aufgeschlossener reagiert, als Sie vermutet haben.

Kriterien zur Beurteilung von Betreuungspersonen

Frage: Welche Eigenschaften erwarten Sie von einer Betreuungsperson?

Antworten: *In einem Gespräch läßt sich nur schwer beurteilen, wie gut sich jemand um ein Baby kümmern wird. Auf jeden Falll sollte während dieses Gesprächs das Baby wach und anwesend sein. Ich habe festgestellt, daß es ein guter Trick ist, das Zimmer unter dem Vorwand, einen Kugelschreiber zu holen, für einige Minuten zu verlassen. Gibt es während dieser Zeit keine großen Schwierigkeiten zwischen der Betreuungsperson und dem Baby, ist dies schon ein gutes Zeichen. Spricht die*

Frau mit dem Baby, ermuntert sie es, zu ihr zu kommen? Bei mir bewarb sich eine wunderbare Engländerin, die keine Arbeitserlaubnis bekommen hatte und die mit einem ausländischen Studenten verheiratet war. Sie kam herein, begrüßte mich und das Baby. Sie war ganz ungezwungen. Irgendwie schloß sie das Baby mit in das Gespräch ein. Sie schaute es an, während sie mit mir sprach. Sie fragte mich beinahe ebensoviel wie ich sie. Sie stellte sogar dem Baby Fragen! Ich hatte ihr gegenüber ein sehr gutes Gefühl. Sie war warmherzig und überzeugend. Sie war eine reife Perönlichkeit, die mit sich, und wie ich glaube, auch der Welt im reinen war. Und genau dies ist der springende Punkt.

Vorschlag: Viele Mütter, die meinen Fragebogen ausgefüllt haben, empfahlen, nach Möglichkeit ein zweites Gespräch mit einer Kandidatin bei ihr zu Hause zu führen. In ihrer eigenen Umgebung kann man viel leichter auf ihre Persönlichkeit schließen.

⁂

Unterschätzen Sie niemals die Vorlieben und Abneigungen Ihres Babys. Harald wird nur ganz langsam mit anderen Menschen warm, ist dabei ruhig und vorsichtig. Simone, die mir sehr empfohlen worden war und in die ich großes Vertrauen hatte, ist ein warmherziger, lebenslustiger Mensch. Aber für Harald ist sie zu überschwenglich. Er fühlte sich so von ihr überfahren, daß er den ganzen Abend, an dem wir fort waren, schrie. Jedes Mal, wenn sie versuchte, ihn zu beruhigen, machte sie es nur noch schlimmer.

⁂

Manche Leute lieben Babys, solange sie winzig und hilfsbedürftig sind, bekommen aber Probleme, wenn das Baby aktiver und anstrengender wird. Ein viermonatiges Baby läßt sich nicht mit einem vierzehn Monate alten Kleinkind vergleichen, das die Bücher aus dem Schrank räumt, die Tür öffnen will und seine Mahlzeiten nicht essen mag. Wenn Sie eine Frau suchen, die länger bei Ihnen bleibt, sollten Sie sie fragen, welche Bedürfnisse Babys ihrer Meinung nach in den verschiedenen Altersstufen haben – welche Einstellung sie zur Pantscherei oder zum Setzen bestimmter Grenzen hat. Auch wenn Sie eventuelle Referenzen überprüfen, sollten Sie speziell nach diesen Punkten fragen.

⁂

Ich sprach mit einer wunderbaren Kandidatin, die drei gute Referenzschreiben vorlegte. Sie wußte, daß ich noch nie einen Babysitter engagiert hatte und sagte mir: »Sie müssen die Referenzen immer durch einen Telefonanruf überprüfen. Überraschenderweise tun dies nur sehr wenige Eltern.« Ich dankte ihr für den Rat und überprüfte ihre Referenzen. Nachdem ich noch zwei andere Kandidatinnen getroffen hatte, stellte ich sie an. Von den beiden anderen Bewerberinnen hatte eine zwar eine gute Referenz, aber als ich mit der Mutter, die sie ausgestellt hatte, telefonierte, erzählte sie mir doch auch einiges Negative.

⁂

Zwingen Sie sich, auch alle »Was-wäre-wenn-Fragen« zu stellen, die Sie eigentlich nicht mögen. Was wäre, wenn das Baby vom Wickelplatz fiele, den Kopf aufschlagen und bewußtlos auf dem Boden liegen würde? Oder wenn das Baby einen Knopf verschluckt, der im Hals steckenbleibt, es aber noch atmet? Wissen Sie selbst die richtigen Antworten?

Vorschlag: Eltern wie Babysitter sollten einen Erste-Hilfe-Kurs mitmachen. Kurse bieten das Rote Kreuz und teilweise auch Volkshochschulen und Familienbildungsstätten an.

Ich finde eine allgemeine Frage sehr hilfreich. Etwa: »Erzählen Sie mir ein bißchen von Ihrem Leben.« Es ist wichtig zu wissen, wo und wie die Bewerberin aufgewachsen ist, ob Sie eine Steuerkarte hat. Ist sie verheiratet, hat sie Kinder? Wie steht ihre Familie zu ihrer Arbeit? So können Sie sich einen Eindruck davon machen, ob die Bewerberin ein ausgefülltes Leben hat. Schließlich wollen Sie nicht, daß Ihre Betreuungsperson in Wettstreit zu Ihnen tritt. Führt die Bewerberin selbst kein ausgefülltes Leben, soll Ihr Baby vielleicht ihr emotionales Bedürfnis nach Nähe erfüllen. Dies wäre keine gute Voraussetzung für ein angenehmes Verhältnis.

⁂

Kommt die Kandidatin zu der Verabredung pünktlich? Ist sie korrekt gekleidet? Fragt sie Sie einige Dinge über den Job? Solche Kleinigkeiten zeigen, ob eine Person Selbstbewußtsein hat oder nicht.

⁂

Eine Kandidatin schied aus, weil sie nicht bereit war, eine Probezeit zu absolvieren. Während dieser Zeit wäre ich auch anwesend gewesen. Ihre Haltung war: »Entweder Sie vertrauen mir oder nicht.« Ich bin Lehrerin und weiß, daß man das Lehren nur beurteilen kann, wenn man die Person dabei beobachtet. Ich wollte sehen, wie sie mit meinem Baby umgeht. Macht sie mit ihm Spiele, bei denen sie viel mit ihm spricht? Wenn der Babysitter nicht gesprächig ist, kann das eine Verzögerung im Spracherwerb mit sich bringen. Führt die Bewerberin das Baby an all die Verrichtungen des täglichen Lebens heran? Benennt sie Gegenstände: »Schau mal, ein Vogel.« Weist sie auf Ursache und Wirkung hin: »Laß uns das Licht ausmachen.« Kommentiert sie, was das Baby tut: »Du hebst den Ball auf.« Mit anderen Worten, greift die Person die lehrreichen Gelegenheiten auf?

Ich habe aus der Erfahrung gelernt, daß man mit einem potentiellen Babysitter von Anfang an darüber sprechen sollte, wie man sich bei Meinungsverschiedenheiten verhält, denn sie sind unvermeidbar. Anfangs ist es nur eine Kleinigkeit, und Sie meinen, es ist es nicht wert, darüber zu sprechen. Ein Beispiel: Es ist ein schöner Tag. Die Sonne scheint. Sie kommen heim und erfahren, daß das Baby den ganzen Tag im Haus war. Sie sagen nichts, denn Sie schaffen es auch nicht immer, hinauszukommen. Andere Kleinigkeiten fallen vor. Sie kommen heim, und das Baby sitzt im Laufstall. Sie wollen nicht, daß es passiv im Laufstall sitzt und an seiner Flasche nuckelt. Schließlich bezahlen Sie die Betreuerin dafür, daß sie sich um das Baby kümmert. Sie sagen nichts. Und bevor Sie es sich bewußt machen, sind Sie wirklich wütend auf Ihre Kinderfrau.

⁂

Man liest immer wieder, daß man mit einer Betreuungsperson über seine Erziehungsphilosophie sprechen sollte. Ich aber habe noch keine. Für mich war es hilfreich, herauszufinden, ob die Person flexibel oder starrköpfig ist. Wenn sie flexibel ist und Sie auch, können Sie sich aneinander gewöhnen. Wenn Sie etwas starrköpfig sind und sie flexibel ist, kann es auch noch gehen. Aber wenn Sie beide starrköpfig sind, können Sie es vergessen. Wichtig zu wissen ist auch, wie sich die Bewerberin in bestimmten Situationen verhalten würde: Was ist, wenn das Baby kein Schläfchen machen oder nicht essen will? Was würde sie tun, wenn das Baby schreit, wenn Sie zur Türe hinausgehen? Ist sie sauber, sauber, sauber? Manche Leute wünschen vor allem das. Es ist wichtig, daß die wichtigsten Vorstellungen erfüllt werden.

⁂

Fragen Sie die Bewerberin, ob sie raucht.

Checkliste zur Beurteilung von Tagesmüttern und Krippenplätzen

Unerläßlich ist ein Besuch »vor Ort«. Am besten ist es, eine Tagesmutter oder eine Krippe mindestens zweimal zu besuchen, einmal mit Baby und einmal ohne, und zwar zu verschiedenen Tageszeiten. Dabei sollte man sich folgende einfache, aber entscheidende Fragen stellen: Würde ich an diesem Ort selber meinen Tag verbringen wollen? Gehen die Betreuer auf die Kinder ein? Besteht zwischen Kindern und Betreuern ein verbaler Austausch, oder ignorieren die Betreuer die Fragen der Kleinen einfach?

Im folgenden finden Sie noch dreizehn weitere Fragen, die Sie stellen sollten. Sie können sie als Grundlage Ihrer eigenen Checkliste verwenden. Seien Sie nicht schüchtern. Wir Eltern müssen die strengsten Anwälte unserer Kinder sein, wenn es um gute Betreuungsmöglichkeiten für sie geht. Auch wenn die Wahl der richtigen Betreuung eine emotionale Angelegenheit ist, so können Sie bei Ihrer Entscheidung doch geschäftsmäßig und objektiv vorgehen. Nehmen Sie die Checkliste mit und machen Sie sich beim Gehen Notizen. Besucht man verschiedene Pflegestellen, kommt es leicht vor, daß man die verschiedenen Orte später durcheinanderbringt. Einige klare Aufzeichnungen über jede Pflegestelle sind dann von großem Wert.

1. Gruppengröße. Wie viele Kinder und wie viele Betreuer sind in einer Gruppe? Auf einen Erwachsenen sollten nicht mehr als drei Kinder kommen. Babys brauchen individuelle Zuwendung – sehr persönliche Beziehungen zu wenigen Betreuern, die auf die Kinder eingestimmt sind und bereit, sich die Zeit zu nehmen, um deren nichtverbale Forderungen zu entschlüsseln.

Es gibt noch weitere Gründe dafür, daß Babys, egal ob zu Hause oder in einer öffentlichen Einrichtung, in kleinen Gruppen betreut werden sollten. Kleine Babys verfügen über die Fähigkeit, einfach abzuschalten, um sich vor unangenehmen Stimulationen zu schützen. Doch mit zunehmendem Alter verlieren sie diese Schutzvorrichtung allmählich. Sind sie von zu vielen Menschen, Spielsachen, Aktivitäten und Lärm umgeben, werden sie launisch, reizbar, müde, fühlen sich verloren, erschöpft oder überfahren.

Fragen Sie auch bei einer Tagesmutter nach, wie viele Kinder im Laufe des Tages betreut werden. Wenn jeden Nachmittag nach der Schule noch vier Grundschulkinder kommen, kann das für ein Baby zuviel sein.

2. Philosophie. Welche Philosophie steht hinter der öffentlichen Einrichtung? Je nach Trägerschaft gibt es große Unterschiede. Man sollte Ihnen versichern, daß man Wert darauf legt, auf die individuellen Temperamentsunterschiede der Kinder einzugehen, und zwar auf eine warmherzige und doch anregende Art. Fragen Sie z. B.: »Was machen Sie mit einem launischen Baby oder einem Baby, das nicht schlafen will?« Babys brauchen Flexibilität; auch aus diesem Grund sollte ein Betreuer nicht mehr als drei Babys zu versorgen haben. Babys sind von Natur aus keine Konformisten. Sie müssen nicht zwangsläufig zur gleichen Zeit schlafen, essen, spielen oder zusammen sein wollen. Sie haben einzigartige Bedürfnisse und suchen nach individueller Aufmerksamkeit – sie wollen gehalten, geknuddelt werden, sie brauchen ihre Zeit zum Spielen, zum Matschen oder zum gemeinsamen Spiel.

3. Qualifikation. Welche Qualifikation hat der Betreuer? Sie wünschen sich Erfahrung, Reife und Stabilität. Fragen Sie nach Referenzen: andere Eltern, für die die Tagesmutter gearbeitet hat. In Krippen sollten Sie voraussetzen können, daß ausgebildete Erzieher für die Kinder da sind.

4. Ein typischer Tag. Kann man Ihnen den Ablauf eines typischen Tages skizzieren? Sie wünschen sich einen festen Rhythmus – eine ausgewogene Mischung zwischen ruhigen, individuell bestimmten Phasen und Gruppenaktivitäten, ebenso eine gewisse Ordnung bei den Mahlzeiten, Zwischenmahlzeiten und Schlafenszeiten. Gibt es einen separaten, ruhigen Raum zum Schlafen und genug Flexibilität von seiten der Betreuer, um auf Schlafrituale einzugehen?

5. Körperliche Aktivität. Wieviel körperliche Aktivität wird mein Kind haben? Die Räumlichkeiten sollten kindersicher sein, und Ihr Kind sollte sich zum Erforschen und Spielen frei bewegen können. Bitten Sie auch darum, den Spielplatz im Freien besichtigen zu dürfen. Die Kinder sollten auf ihre Größe ausgerichtete Möbel haben. Die ganze Ausstattung sollte kindergerecht sein.

6. Mahlzeiten und Ernährung. Welche Nahrungsmittel werden angeboten? Sorgen die Eltern für Haupt- und Zwischenmahlzeiten, oder werden sie von der Pflegestelle gestellt? Gibt es einen Mahlzeitenplan, und wer bereitet die Mahlzeiten zu? Wird das Baby auf Wunsch gehalten und gefüttert? Sind die Hochstühle und die Küche sauber?

7. Krankheiten. Was geschieht, wenn ein Kind krank wird? Krankheitskeime sind das größte Problem, wenn viele Kinder beisammen sind. Strenge Regelungen, nach denen kranke Kinder nicht betreut werden dürfen, helfen, Ihr Kind zu schützen.

8. Gesundheit der Betreuungsperson. Was geschieht, wenn die Tagesmutter krank ist oder Urlaub macht? Springt dann jemand für sie ein?

9. Gesundheit, Sicherheit und Notfälle. Welche Vorsichtsmaßnahmen hinsichtlich Gesundheit und Sicherheit werden getroffen? Sind die Räumlichkeiten wirklich kindersicher? Gibt es Notfallmaßnahmen bei Feuer? Was wird z. B. getan, wenn ein Kind verunglückt? In welche Klinik würde die Betreuerin im Notfall mit dem Kind gehen, wie würde sie dorthin gelangen, und wer würde sich solange um die anderen Kinder kümmern? Erkundigen Sie sich auch, ob die Kinder bei Autofahrten in Kindersitzen transportiert werden.

Gruppenbetreuung bedeutet Keime! Verschiedene Untersuchungen bestätigen inzwischen, was gemeinhin schon lange vermutet wird: Krippenkinder sind öfter krank als Kinder, die zu Hause aufwachsen. Das Spektrum der Erkrankungen reicht von Erkältungen bis zu Magen-Darm-Erkrankungen. Treffen Sie folgende Vorsorgemaßnahmen: Stellen Sie sicher, daß Ihr Kind geimpft ist, bevor es in die Gruppe kommt. Fragen Sie, wie das Wickeln gehandhabt wird. Wird der Wickelplatz nach jedem Gebrauch desinfiziert, und waschen die Betreuer nach jedem Windelwechseln sowohl ihre eigenen Hände wie auch die Hände des Babys? Wie werden Windeln entsorgt? Idealerweise sollten sie in Plastikbeutel verschlossen und in geschlossene Behälter geworfen werden. Wird das Spielzeug regelmäßig mit Wasser und Seife gewaschen? Sind die Böden immer sauber und desinfiziert?

10. Trennung und Gewöhnung an die Gruppe. Wie helfen die Tagesmutter bzw. die Gruppenerzieher bei der Eingewöhnung des Kindes? Sie sollten die Möglichkeit haben, anfangs dabei zu sein, um das Baby ganz allmählich mit der neuen Umgebung vertraut zu machen. Geben Sie Ihrem Kind einen Lieblingsteddy mit oder eine Schmusedecke. Erkundigen Sie sich nach Schlafgewohnheiten und Einschlafritualen.

11. Das Personal. Gibt es Aushilfskräfte, und wenn ja, ist es Ihnen recht, wenn Ihr Kind von diesen betreut wird? Sie sollten es z. B. wissen, wenn die Tochter der Pflegemutter nach der Schule aushilft. Sie sollten sie auch kennenlernen. Wenn Ihr Baby in einer Krippe betreut wird, fragen Sie, wie lange jeder Erzieher arbeitet. Wie viele teilzeitbeschäftigte Kräfte arbeiten dort? Seien Sie wachsam, wenn bei einer Institution viele unqualifizierte Teilzeitkräfte arbeiten. Auf diese Weise wird Geld gespart, und die Qualität der Betreuung wird entsprechend sein. Erkundigen Sie sich auch, welche Kontrollen des Personals, einschließlich des Küchenpersonals und der Hausmeister, durchgeführt werden.

12. Lizenz. Wenn die Tagesmutter vom Jugendamt empfohlen wird, erkundigen Sie sich, ob es bei vorhergehenden Pflegekindern Probleme gab. Wenn ja, wo liegen die Gründe hierfür? Können sie behoben werden?

13. Die Mitarbeit der Eltern. Was wird von Ihnen als Eltern erwartet? Hier geht es vom Bezahlungsmodus (Wie oft wird bezahlt? Müssen Krankheitstage bezahlt werden? usw.) bis hin zu Einschränkungen bei den Aufnahme- und Abholzeiten.

Bei einer Elterninitiative sollten Sie sich genau darüber informieren, welche Art der Mitarbeit man von Ihnen erwartet. Wird das Kind in einer Krippe betreut, sollte auch dort das Verhältnis ein persönliches sein. Als Eltern sollten Sie nicht das Gefühl haben, daß Sie ihr Baby einer Gruppe von Besserwissern übergeben. Sie müssen sich eingeschlossen fühlen. Bleibt z. B. Zeit, am Ende des Tages mit den Betreuern darüber zu sprechen, wie das Baby den Tag verbracht hat? Gibt es Diskussionsgruppen für berufstätige Eltern? Einer berufstätigen Mutter fehlt oft die Zeit, einen Freundeskreis zu finden und aufzubauen, durch dessen Unterstützung das Elternsein leichter, lustiger und weniger einsam wäre. Eltern, die ihre Kinder in der gleichen Krippe betreuen lassen, können eine solche Gruppe bilden.

Wie finden Sie die richtige Betreuung?

Wenn Sie erst einmal eine Vorstellung davon haben, welche Bedürfnisse Ihre Kinderbetreuung abdecken muß, und auch wissen, welche Eigenschaften Sie bei einer Betreuungsperson wünschen, besteht der nächste Schritt darin, die geeignete Person oder die richtige Einrichtung zu finden. Im folgenden einige Hinweise für Ihre Suche.

- Mundpropaganda ist eine der besten Möglichkeiten, jemanden zu finden. Sprechen Sie mit Freunden, Nachbarn, Geschäftsleuten am Ort und Mitgliedern der Kirchengemeinde. Wenn Sie berufstätig sind, fragen Sie Ihre Kollegen. Vergessen Sie nicht den Kinderarzt. In dessen Wartezimmer gibt es vielleicht ein Schwarzes Brett für entsprechende Aushänge.
- Schauen Sie auf dem Schwarzen Brett im Supermarkt, im Gemeindehaus, im Kindergarten, in der Bücherei oder der Volks-

hochschule nach. Bringen Sie selbst überall einen Aushang an.

○ Lesen Sie die Anzeigen in den Lokalzeitungen oder geben Sie selbst eine Anzeige auf.

○ Wenn Sie in der Nähe einer Universität, einer Fachhochschule oder einer Fachschule für Erzieherinnen wohnen, machen Sie auch dort einen Aushang am Schwarzen Brett.

○ Die Adressen von gemeldeten Tagesmüttern erfahren Sie auf dem örtlichen Jugendamt.

○ Die Adressen von Kinderkrippen erfahren Sie auf dem Rathaus oder bei der Kirchengemeinde.

○ Erkundigen Sie sich auch bei Ihrem Arbeitgeber, ob man Ihnen bei der Suche nach einer Betreuung für Ihr Kind weiterhelfen kann.

○ Fragen Sie bei der Volkshochschule an. Vielerorts gibt es spezielle Babysitterkurse für Teenager mit anschließender Vermittlung.

○ Auch Mütterzentren, die es vor allem in größeren Orten gibt, sind eine hervorragende Anlaufstelle.

Was Sie bei einer Anzeige beachten sollten

Wenn Sie eine Anzeige aufgeben oder einen Aushang machen wollen, um eine Kinderfrau, eine Tagesmutter oder einen Babysitter zu suchen, beachten Sie bitte folgendes:

○ Geben Sie Ihre Anzeige nicht nur samstags im Stellenmarkt der Lokalzeitung auf, sondern auch in den kostenlos verteilten Anzeigenblättern, die wöchentlich ausgetragen werden.

○ Formulieren Sie Ihre Anzeige deutlich. Auf Umschreibungen wie »fürsorglich«, »warmherzig«, »liebevoll« usw. können Sie verzichten und statt dessen zum Punkt kommen. »Eine erfahrene Frau zur Betreuung eines Babys, für den Haushalt ... gesucht«. Gehen Sie auf Bezahlung, Arbeitszeit, Arbeitsstätte usw. ein. Ratsam ist die Angabe einer Telefonnummer statt einer Chiffreanzeige. Falls Sie einen Anrufbeantworter besitzen, schalten Sie ihn ein. Auf diese Weise geraten Sie nicht in Zugzwang und können sich ein erstes, wenn auch vorläufiges, Bild von der Bewerberin machen.

○ Wenn Sie jemand anruft, der sich für eine Freundin über den Job erkundigt, bedeutet dies in der Regel, daß diese Person nicht sehr gut deutsch spricht. In diesem Fall können Sie sich Referenzen geben lassen und zunächst einmal dort nachfragen, bevor Sie sie zu einem Gespräch einladen.

Wie Sie Referenzen überprüfen

Verlassen Sie sich nie allein auf ein Referenzschreiben. Rufen Sie an und versuchen Sie herauszufinden, was derjenige wirklich denkt. Manche Leute schreiben hervorragende Referenzen, weil es Ihnen leid tut, daß Sie jemanden entlassen müssen. In einem persönlichen Gespräch ist es jedoch schwierig, enthusiastisch zu sein, wenn man es nicht wirklich ist. Wenn Sie anrufen, sagen Sie dem Referenzgeber, daß Sie sich kurz fassen wollen, und halten Sie sich dann auch daran! Bereiten Sie Ihre Fragen vor. Berücksichtigen Sie dabei folgende Punkte:

- Versichern Sie sich, daß diese Person keine Freundin der Kandidatin ist, sondern eine andere Mutter, für die die Bewerberin tatsächlich schon gearbeitet hat.
- Folgende Fragen sind wichtig: Welches waren ihre Aufgaben? Wie lange hat sie für Sie gearbeitet? Hatte ihr privates Leben Einfluß auf ihre Arbeit? Wann hat sie aufgehört? Würden Sie sie wieder einstellen? Konnten Sie gut miteinander sprechen? Hatte die Bewerberin Schwierigkeiten, Anweisungen oder Kritik anzunehmen? Gab es irgendwelche grundlegenden Unterschiede in Fragen, wie man ein Kind tröstet, wenn es schreit, bei den Mahlzeiten, den Schlafenszeiten, der Verwendung des Laufstalls, der Sauberkeitserziehung usw.?
- Wenn die Referenz zu überschwenglich ausgefallen ist, könnten Sie zum Schluß etwa fragen: »Johanna scheint zu perfekt zu sein. Es muß irgendeine Kleinigkeit geben haben, mit der Sie Probleme hatten?« Es hat bestimmt irgend etwas gegeben, und das kann auch völlig in Ordnung sein. Nur wissen sollten Sie's!

Organisationen, die Ihnen weiterhelfen

Mütterzentren Bundesverband e. V.
Hildegard Schooß
Erikastraße 11
3320 Salzgitter 51

Arbeitsgemeinschaft TAGESMÜTTER
Bundesverband für Eltern, Pflegeeltern und Tagesmütter e. V.
Bödekerstraße 85
3000 Hannover 1

Verein für Internationale Jugendarbeit e. V.
(Au-Pair Vermittlung)
Hauptgeschäftsstelle
Adenauerallee 37
5300 Bonn 1

Zwei Bücher zum Thema

Lachenmaier, Hannes: Elterninitiativen. Wir organisieren einen Kindergarten, Econ 1985.
Wieber, Monika: Modell Eltern-Kindergarten, Herder 1985.

BERUF UND BABY

Ein schlechtes Gewissen muß nicht sein

Arbeiten oder nicht arbeiten? Ist Ihr Kind noch im Babyalter, so fällt wohl jede Mutter diese Entscheidung erst nach beträchtlichen Überlegungen. Oft hegt sie große Befürchtungen und lebt mit Schuldgefühlen. Einen Ausgleich zu finden zwischen ihren persönlichen Bedürfnissen – finanzieller oder psychologischer Natur – und den Bedürfnissen des Babys ist ein Problem, dem sich immer mehr Frauen gegenübersehen. Das Dilemma ist komplex. Obwohl schon ein Großteil der Mütter berufstätig ist und viele davon sogar Kinder unter einem Jahr haben, herrscht noch immer die Vorstellung vor, der beste und einzig richtige Platz eines Babys oder Kleinkindes sei der zu Hause bei seiner Mutter.

Diese doppeldeutige Botschaft, gepaart mit den Fragen und Zweifeln, die die Mutter selber hat, verursacht häufig Unsicherheit und Schuldgefühle. Die Mutter quält sich mit bohrenden Fragen: Wird das Baby darunter leiden, wenn sie täglich viele Stunden abwesend ist? Kann sie ihre Abwesenheit durch die Qualität der gemeinsam verbrachten Zeit wieder wettmachen? Wann ist der beste Zeitpunkt, die Arbeit wiederaufzunehmen? Wie wird sie den Ausgleich zwischen den Anforderungen im Beruf und in der Familie bewältigen? Groß sind auch die Befürchtungen, daß nicht nur das Kind, sondern auch die Arbeit, die Ehe und nicht zuletzt auch sie selbst zu kurz kommen werden.

Jede Entscheidung, die sie trifft, wird Vor- und Nachteile mit sich bringen. Eine voll berufstätige Mutter muß akzeptieren, daß sie sich weder hundertprozentig ihrem Job noch voll und ganz ihrem Kind widmen kann. Eine Frau, die zu Hause bleibt, muß in der Regel einen finanziellen Verlust hinnehmen und auf beruflichen Einfluß verzichten. Teilzeitarbeit, die sowohl für das Baby wie für die Eltern die angenehmste Lösung sein mag, ist immer noch rar.

Egal, wie Sie sich entscheiden, Sie müssen Ihre Ansichten und Ihre Empfindungen niemanden gegenüber verteidigen, auch wenn sich Ihnen oft die Gelegenheit hierzu bieten wird. Entscheiden Sie sich für die Berufstätigkeit, wird es Leute geben, die so tun, als ob Sie und Ihr Baby ihnen leid tun. Manche werden sogar ganz offen Stellung gegen Ihre Entscheidung beziehen. Bleiben Sie zu Hause, wird es wiederum Men-

schen geben, die Sie für leicht verrückt halten, daß Sie sich in Ihrem Leben nun so beschränken.
Da immer mehr Frauen die Arbeitswelt erobern, wird es aber glücklicherweise immer leichter, die eigene Entscheidung über Beruf und Familie nüchterner zu treffen als noch vor zehn Jahren. Damals waren Mütter im Erwerbsleben noch Pioniere und mußten beweisen, daß sie alles konnten und es perfekt konnten, um ihre Entscheidung zu rechtfertigen. An den Arbeitsplatz zurückgekehrt, konnte die berufstätige Mutter es sich nicht leisten, irgendeine Unsicherheit hinsichtlich ihrer Entscheidung zu zeigen. Tatsächlich war es in manchen Jobs sogar am besten, gar nicht zu erwähnen, daß man überhaupt ein Kind hatte. Zu dieser Zeit kam auch der Begriff der »qualitativen Zeit« auf; er bedeutete, daß die »Superfrau«, die den ganzen Tag berufstätig war, ihre Schuld wegen ihrer Abwesenheit dadurch wettmachen konnte, daß sie nach dem Nachhausekommen ein Programm fördernder und lehrreicher Aktivitäten mit ihren Kindern absolvierte.
Glücklicherweise sind wir realistischer, toleranter und flexibler geworden. Wir sind bereit zu akzeptieren, daß unsere Babys uns verändern. Egal ob wir den Arbeitsplatz behalten oder nicht, die Mutterschaft bereichert und erfüllt unser Leben zusätzlich. Immer mehr Frauen erkennen auch, daß es Lebensphasen gibt, in denen ein Job mehr oder weniger wichtig sein kann. Frauen werden zunehmend erfinderisch und schaffen es, viele Lösungen zu finden, um Arbeit und Familie zu verbinden. Der traditionelle männliche Weg zum Erfolg ist nicht mehr der einzig gangbare. Wenn wir im Beruf eine Pause einlegen und nicht so schnell Karriere machen, wie es ohne Kinder möglich gewesen wäre, brauchen wir dennoch nicht zu stagnieren. Wir können auf anderen Gebieten wachsen und uns verändern, und uns in menschlicher Hinsicht weiterentwickeln.

Frage: Gibt es langfristige Risiken, wenn man ein Kind unter einem Jahr in eine Kinderkrippe oder zu einer Tagesmutter gibt und diese Betreuung außer Haus mehr als zwanzig Stunden in der Woche umfaßt?
Antwort: Experten stimmen weitgehend überein, daß eine qualitativ hochwertige Betreuung für ein Kind über einem Jahr eine positive Erfahrung sein kann. Man hat sich jedoch erst in neuester Zeit auch mit den Auswirkungen einer Fremdbetreuung bei jüngeren Babys beschäftigt. Viele Eltern befürchten, daß eine frühe Fremdbetreuung dazu führen kann, daß der Säugling keine sichere Bindung an seine Mutter entwickelt. Bindung entsteht im Laufe der Zeit durch die kontinuierliche, tägliche Betreuung, die Gedanken und Anstrengungen, die die Eltern machen, um die Bedürfnisse des Babys zu befriedigen. Die wachsende Sensibilität der Eltern gegenüber den Wünschen des Babys, die mit der Zeit klarer erkennbar werden, versetzen die Mutter in die Lage, das Kind zu kennen und sich vorstellen zu können, was es will. Jedes Mal, wenn sie es füttert, wenn es Hunger hat, es wickelt, wenn es ihm kalt ist oder sie es hält, wenn es sich einsam fühlt oder Schmerzen hat, lernt das Baby, daß es auf die Mutter zählen kann. Dies ist das Fundament für grundlegendes Vertrauen. Das Maß an Vertrauen, das der Säugling in seine Mutter hat, wirkt sich auf die Qualität aller zukünftigen Beziehungen in seinem Leben aus.
Die Forschungen darüber, wie sich die außerhäusliche Pflege auf Säuglinge auswirkt, haben noch keine schlüssigen Ergebnisse geliefert. Will man die Stärke der

Mutter-Kind-Bindung messen, so ist das im besten Fall ein grober und subjektiver Wert. Die Fachleute sind sich weder über die verwendeten Methoden noch über die Deutung der Ergebnisse einig. Manche Forschungen scheinen nahezulegen, daß ein kleiner Prozentsatz von außer Haus betreuten Kindern nicht sicher an ihre Mutter gebunden ist. Die Untersuchungen berücksichtigten jedoch nicht den familiären Hintergrund oder die Qualität der Betreuung.

Mehr und mehr Mütter von Babys arbeiten. Wenn Sie sich dafür entscheiden, hilft es nicht, immer wieder zu grübeln, ob dies für das Baby nachteilig ist. Es gibt keine schlüssigen Ergebnisse zu dieser Frage. Beschäftigen Sie sich statt dessen damit, wie Sie es einrichten können, daß Ihre Berufstätigkeit für jedes Familienmitglied zu einer möglichst positiven und wenig stressigen Erfahrung wird. Das bedeutet, daß man realistische Erwartungen an sich selbst als Mutter und als Berufstätige stellen muß. Es bedeutet auch, das beste Betreuungsarrangement zu finden, das man sich leisten kann.

Babys sind in der Lage, zu mehr als nur einem Menschen eine Bindung herzustellen. Wir selbst können feststellen, daß sie zu ihrem Vater und zu ihren Geschwistern eine Bindung aufbauen. In vielen Kulturen, in denen man nicht in einer Klein-, sondern in einer Großfamilie lebt, werden Babys von verschiedenen Menschen betreut und getröstet. Sie sollten nicht davon ausgehen, daß es negative Auswirkungen hat, wenn es andere wichtige, liebevolle Menschen im Leben Ihres Babys gibt. Betrachten Sie diese zusätzliche Betreuung nicht als Verlust, sondern als eine Bereicherung, die sie in Wirklichkeit auch darstellt. Lesen Sie weiter!

Frage: Haben Sie praktische Ratschläge, die es erleichtern, Berufstätigkeit und Muttersein zu vereinbaren?

Antworten: *Meine Tagesmutter hat nur wenig Platz zur Verfügung, um Ausstattung für die Kinder aufzubewahren, so daß ich nicht viel bei ihr lassen kann. Statt dessen habe ich mein Auto mit Extra-Windeln, Wischtüchern, Fläschchen, Schnullern und Kleidung vollgepackt, so daß ich fehlendes jederzeit ersetzen kann.*

⁂

Mit meinen Zwillingen habe ich mich gut organisieren müssen. Ich habe oft nicht genug Zeit, mich täglich mit dem Babysitter hinzusetzen und die kleinen Ereignisse des Tages zu bereden. Um die Kommunikation dennoch aufrechtzuerhalten, habe ich ein kleines Notizbuch gekauft, ich nenne es das Baby-Logbuch. Ruth, mein Babysitter, und ich schreiben jeden Tag bestimmte sachdienliche Informationen auf. Z. B. macht Ruth eine Notiz, wenn Jenny nur ein sehr kurzes Mittagschläfchen gehalten hat oder Paul kaum etwas zu Mittag gegessen hat oder einer von ihnen zum ersten Mal zum Abschied gewinkt hat. Und wenn ich möchte, daß Ruth eine extra Trommel Wäsche macht oder besonders auf Jennys Windelausschlag achtet, dann schreibe ich ihr das auf. Auf diese Weise geht bis zum Ende eines hektischen Tages nicht allzu viel unter. Ich empfehle ein solches Logbuch allen berufstätigen Müttern. Schreibt man Zettelchen, verliert man diese ja doch immer wieder. Und in dem Maße, in dem sich das Notizbuch füllt, klopfen Ruth und ich uns sozusagen gegenseitig auf die Schulter, weil wir sehen, wie viele kleine, aber bedeutsame Beobachtungen und Entscheidungen in die Babypflege eingehen.

⁂

Rationalisieren Sie das morgendliche Aus-dem-Haus-Gehen. Wenn ich morgens mit Beni im Arm loseilte, vergaß ich immer mal wieder die Tür abzuschließen, weil meine Schlüssel ganz unten in meiner Tasche versteckt waren. Ich habe nun ein Schnappschloß anbringen lassen, und diese einfache Lösung erspart mir morgens nicht nur wertvolle Minuten, sondern auch viel Ärger. Nun kann ich die Fahrt mit Beni zur Kinderkrippe genießen.

⁂

Ich bin zu müde, um abends zu kochen. Wir machen es uns einfach. Am Wochenende wasche ich viel grünen Salat, der als Beilage für zwei oder drei Mahlzeiten reicht. Am einen Abend gibt es dann einen Eintopf, am nächsten eine Eier- oder Käsespeise; am Mittwoch Reis oder Nudeln; am Donnerstag ein gegrilltes Hähnchen, das der Babysitter in den Grill steckt; am Freitag, wenn wir wirklich fertig sind, gibt es eine Fertigmahlzeit aus der Tiefkühltruhe oder der Dose oder eine Pizza zum Mitnehmen vom Italiener an der Ecke.

⁂

Teilen und siegen Sie. Wenn beide Elternteile arbeiten, ist es nur fair, den »Babydienst« am Morgen zu teilen. Mein Mann meinte, er könnte nicht an alles denken und noch rechtzeitig wegkommen. Deshalb machte ich ihm eine Checkliste, die an der Tür hängt. Darauf steht, was er zum Babysitter mitnehmen muß usw. Inzwischen ist er ein Profi geworden auf diesem Gebiet.

⁂

Wir bereiten so viel wie möglich am Abend vorher vor. Ich bereite das Mittagessen des Babys und unseres zu, packe die Windeltasche und lege seine und meine Kleider hin, egal wie müde ich bin. Wir haben eine Kaffeemaschine gekauft, die man so programmieren kann, daß sie morgens den Kaffee zu einer bestimmten Zeit macht.

⁂

Wir stehen 45 Minuten früher auf als gewohnt. Es ist noch dunkel, aber ganz friedlich! Wir frühstücken zusammen und lesen die Zeitung, bevor Hildrun aufwacht.

⁂

Ich bin alleinerziehend und habe sehr wenig Geld. Aber einen Luxus in der Woche gönne ich mir. In unserer Nachbarschaft lebt ein junges Mädchen, das gerade den Führerschein gemacht hat. Für ein kleines Taschengeld erledigt sie mir am Dienstag nach der Schule alle Besorgungen. Sie holt die Kleidung aus der Wäscherei, geht zur Post oder Bücherei usw. Auf diese Weise habe ich Zeit für Sarah.

⁂

Den ganzen Tag Hektik. Und dann, gerade wenn ich mit einem müden Baby im Arm in den Hausgang hereinkomme, klingelt das Telefon und alles, was ich im Haushalt erledigen sollte, kommt mir in den Kopf. Am Ende eines hektischen Tages fällt es sehr schwer, einen Gang runter zu schalten. Sie können nicht erwarten, daß Sie abschalten können, aber Sie können es sich einfacher machen, indem Sie ein oder zwei feste Regeln aufstellen, nach denen Sie leben. Ich z. B. stelle den Anrufbeantworter an und telefoniere erst, wenn das Baby im Bett ist.

⁂

Als Lucia sieben Monate alt war, habe ich wieder angefangen zu arbeiten – 50 Stunden in der Woche. Ich nehme jeden Tag, wie er kommt, und versuche immer daran zu den-

ken, daß jeder Tag ein neuer Anfang ist. Wenn der gestrige Tag nicht so toll war, bedeutet das nicht, daß es morgen auch schlecht sein wird. Mein Ziel ist es, mein Kind zu genießen, nicht, es als Last zu empfinden. Meine Mutter hat immer gearbeitet, und sie war eine wunderbare Mutter. Sie hat ein Tuch für mich gestickt, das in der Küche hängt. Es ist zu meinem Mantra geworden. Darauf steht:

Schweiget still, ihr Nichtigkeiten,
Aufregungen, leget euch,
ich wiege mein Baby,
und Babys scheren sich nicht um die Welt.

Arbeiten oder nicht arbeiten – eine Mutter berichtet

Vorher: Gerade versuche ich eine Entscheidung darüber zu treffen, ob ich wieder an den Arbeitsplatz zurückkehren soll oder nicht. Eigentlich wollte ich bald nach der Geburt wieder anfangen zu arbeiten, und meine Vorgesetzte rechnet fest mit mir. Ich könnte in Teilzeit arbeiten, aber ich habe meine Zweifel, ob es sich lohnt.

Nach der Geburt von Carolin war ich mir sicher, daß ich nach dem Mutterschutz wieder in die Redaktion zurückkehren würde. Diese ersten Wochen waren sehr hart für uns, weil sie an Koliken litt, nicht schlief und wir noch das Haus renovierten und ihr ein Zimmer einrichteten. Inmitten dieser Baustelle, den steigenden Handwerkerrechnungen, ihrem Geschrei und unserem Gestreite darüber, daß ich sauer war, die volle Verantwortung für Caroline zu tragen, während Bernhard jeden Tag in seinem schönen Anzug ins Büro durfte, war mein Job der hilfreiche Anker, an den ich mich klammerte, wenn es mal wieder zu schlimm wurde. Ich schämte mich natürlich, dies einzugestehen. Damals war ich zu beschäftigt und zu erschöpft, um mich nach einer Haushaltshilfe umzusehen.

Im Laufe der Wochen verschwanden die Koliken, Caroline begann, nachts durchzuschlafen und jetzt, mit vier Monaten, ist sie ein entzückendes, lächelndes, gurrendes Baby. Ich genieße sie wirklich. Der Umbau ist fertig, und Bernhard und ich streiten uns nicht mehr – kaum noch wenigstens. Ich versuche jetzt, die Entscheidung, ob ich wieder arbeiten soll, stärker rational zu treffen.

Während meiner Suche nach einer Haushaltshilfe habe ich festgestellt, daß ich viel klarere Vorstellungen von einer möglichen Betreuungsperson für Carolin habe, als ich zunächst geglaubt habe. Ich weiß, daß ich ein Perfektionist bin und sehr kritisch bin gegenüber Menschen, die die Dinge nicht genau so erledigen, wie ich es möchte. Ich habe mit verschiedenen Frauen, die für diese Stellung in Frage kommen, gesprochen. Die eine Frau war sehr freundlich und nett, aber sie redete kaum. Eine andere war so aggressiv und eigensinnig, daß sie mich buchstäblich wegdrängte, als ich versuchte, mein Baby hochzunehmen. Eine andere Frau war wunderbar, aber es stellte sich heraus, daß sie selber schwanger war und noch nicht wußte, was sie mit ihrem Baby machen würde, wenn es geboren wäre. Bernhard, der viel flexibler ist als ich (und ich glaube auch, leichter zufriedenzustellen), machte mir klar, daß mir vielleicht deshalb keine gut genug scheint, weil ich möglicherweise gar nicht mehr arbeiten will.

Das Geld könnten wir natürlich gebrauchen. Aber wenn ich in Teilzeit arbeite und gleichzeitig eine Haushaltshilfe beschäftige, bleibt mir finanziell bedeutend weniger. Also versuche ich mir darüber klar zu werden, was der Job mir persönlich bedeutet. Ich habe sechs Jahre darin gearbeitet, und die Verantwortung, das Ansehen und die Herausforderung haben mir eine enorme Befriedigung verschafft; aber natürlich hat jeder Job auch seine negativen Seiten. Im Journalismus muß man immer wieder bis spät in die Nacht hinein arbeiten, und ich habe Bedenken, ob ich als Teilzeitbeschäftigte ernst genommen werde. Wird es eine gerechte Aufgabentei-

lung mit den Vollzeitbeschäftigten geben, oder werden sie mir gegenüber überheblich sein? Und jetzt, wo wir ein Baby haben, wird der Job mir noch die Unabhängigkeit verschaffen können, die ich so genossen habe?
Aber, was mich noch mehr beschäftigt, ist, warum wir uns dafür entschieden haben, ein Baby zu bekommen, wenn der bloße Gedanke daran, es jemand anderem zu überlassen, in mir solche Schuldgefühle auslöst. Wie werde ich mich fühlen, wenn ich es tatsächlich tue? Wie wird sich das Baby fühlen? Wird sie weiterhin so gedeihen wie im Moment? Kann irgend jemand anders sich genausogut um sie kümmern, selbst wenn ich manchmal Fehler mache? Aber wenn ich immer zu Hause bleibe, werde ich dann das Gefühl haben, unterzugehen und in einer Falle zu sitzen? Werde ich mich nicht mehr weiterentwickeln und zu einer typischen »Hausfrau« werden? Werde ich in der Lage sein, in einigen Jahren in das Berufsleben zurückzukehren? Ich bin jetzt vierunddreißig.
Sie haben mich gefragt, wie ich die Frage, ob ich wieder arbeiten soll, durchdacht habe. Ich fürchte, ich habe diese Frage nicht sehr gut beantwortet. Für mich zumindest ist dies sehr kompliziert. Aber eines weiß ich ganz genau: Wenn ich mich dazu entscheide, wieder arbeiten zu gehen, bin ich entschlossen, dies als einen Versuch zu betrachten.

Nachher: *Wir haben miteinander gesprochen, als Carolin vier Monate alt war. Sie ist jetzt ein Jahr, und ich will Ihnen erzählen, was inzwischen geschehen ist. Zunächst einmal bin ich heute sehr viel ruhiger und viel weniger perfektionistisch als früher. Ich habe mich entschlossen, in meinem alten Job in Teilzeit zu arbeiten. Statt fünf Tage arbeite ich jetzt drei Tage und eine Spätschicht abends. Ich habe gewartet, bis Carolin neun Monate alt war. Es stellte sich heraus, daß meine Arbeitgeber flexibler waren als gedacht. Sie kamen mir entgegen, als ich erklärte, daß ich noch mehr Zeit für mein Baby bräuchte, mehr Zeit, um eine gute Betreuungsperson zu finden, und noch etwas Zeit, bis wir uns alle daran gewöhnt hätten.*
Ich habe eine wunderbare Frau gefunden, die zu uns nach Hause kommt. Es ist für andere bestimmt wichtig zu erfahren, daß es zwei Monate dauerte, bis alles schließlich reibungslos klappte. Nach einigem Herumprobieren konnten wir festlegen, welche Rolle Frau Braun bei uns spielt. Wir mußten beide kleinere Zugeständnisse machen, aber in grundlegenden Fragen stimmen wir überein.
Ihre erste Aufgabe ist es, für das Baby zu sorgen und Spaß mit ihm zu haben. Carolin läuft jetzt und erkundet alles. Es bleibt Frau Braun nicht viel Zeit, noch etwas anderes zu tun, außer sich mit Carolin zu beschäftigen. Sie macht noch ein bißchen Wäsche und hält Carolins Zimmer sauber. Unser Haus ist nicht so sauber, wie ich es gerne hätte. Aber wir können uns nicht auch noch eine Putzhilfe leisten. Doch ich habe das Gefühl, das gute Gewissen, das ich habe, weil ich weiß, daß Frau Braun Carolin wirklich liebt, ist es wert, die klebrigen Böden und Brotkrumen zu übersehen. Irgendwie teilen Bernhard und ich uns die Putzarbeit, wenn der Dreck zu unerträglich wird.
Ich war sehr besorgt darüber, daß ich an meinen Arbeitstagen nicht viel Zeit mit dem Baby verbringen kann; aber Carolin diktiert uns selber ihren verrückten Tagesrhythmus, und es funktioniert für uns alle ganz gut. Sie ist abends bis halb zehn oder zehn Uhr auf und schläft morgens bis neun. Das ist nicht so anstrengend, wie es sich anhört. Jetzt, wo sie läuft, unterhält sie sich selber ganz gut. Und schließlich ist ihr Vater abends ja auch zu Hause und hilft mit. Da sie so lange auf ist, haben Bernhard und ich abends natürlich nicht mehr viel Zeit füreinander, aber wir überleben es.
Heute ist unser Leben sogar einfacher organisiert als in der Zeit nach ihrer Geburt. Bernhard erledigt einmal in der Woche die ganzen Einkäufe. Früher gingen wir jeden Tag einmal einkaufen. Oft bereite ich von einer Mahlzeit die doppelte Portion zu und friere die Hälfte

ein. Wir haben nur sehr selten Gäste, und wenn, dann machen wir es uns dabei ganz leicht. Besorgungen erledige ich nach Möglichkeit während der Mittagspause in der Nähe meines Büros. Z. B. habe ich dort in der Nähe eine Wäscherei und einen Schuhmacher entdeckt. Wenn ich zum Friseur oder zum Zahnarzt muß, mache ich das auch während der Mittagspause. Ich setze es mir zum Ziel, jeden Tag zu einer bestimmten Zeit, um dreiviertel sechs, zu Hause zu sein, um Frau Braun zu entlasten. Das ist die härteste Zeit des Tages.

Was die Schuldgefühle, wahrscheinlich meine größte Sorge, bevor ich wieder arbeiten ging, anbelangt, so falle ich ihnen immer noch zum Opfer. Aber es ist lange nicht so schlimm, wie ich mir vorgestellt habe. Manchmal morgens, wenn ich sie zurücklasse und sie die Nase an die Fensterscheibe preßt und weint und ich wieder zu spät dran bin, im Haus das Chaos herrscht, es zum Dach hereinregnet und der Dachdecker wieder nicht, wie versprochen, gekommen ist und der Absatz meines Schuhes beinahe abfällt und meine Bluse zerknittert ist, frage ich mich, warum ich das tue.

Der erste Monat war die Hölle. Ich fiel jeden Abend um zehn ins Bett. Aber meine eingebildete Schuld war weit größer als meine wirklichen Schuldgefühle. Ich muß nur Carolin, mich und Bernhard anschauen, und dann sehe ich, daß wir, obwohl unser Lebensstil ein bißchen verrückt ist, alle glücklich sind.

In meinem Job mache ich jetzt die gleiche Arbeit wie früher statt in fünf Tagen in drei Tagen, natürlich für weniger Geld. Ich hatte befürchtet, als Teilzeitbeschäftigte nicht ernst genommen zu werden, aber, zumindest in meinem Fall, trifft das nicht zu. Innerhalb von drei Monaten nach meiner Rückkehr bin ich, was die Verantwortung anbelangt, befördert worden. Ich arbeite so effektiv! Berufstätige Mütter müssen das, wissen Sie. Die Gehaltserhöhung steht noch aus, aber sie ist versprochen.

So planen Sie die Rückkehr in den Beruf

Es gibt keine Zauberformel, die einem sagt, wann der beste Zeitpunkt für die Rückkehr in den Beruf ist. Jedes Alter stellt die Eltern wie auch das Baby vor andere Herausforderungen. Die Entscheidung hängt, abgesehen von finanziellen Gründen, von Faktoren ab wie dem Alter des Babys und seinem besonderen Temperament, seinen Schlaf- und Eßgewohnheiten, Ihrer körperlichen und emotionalen Verfassung nach der Geburt, wie auch von konkreten Erfordernissen – Ihrer finanziellen Situation, der Frage, ob Sie den Erziehungsurlaub ganz in Anspruch nehmen wollen und ob Ihr alter Arbeitsbereich gesichert bleibt oder ob die Suche nach einer guten Kinderbetreuung erfolgreich verlaufen ist. Besonders wichtig waren für viele Mütter folgende Punkte:

Ich betreibe zu Hause eine kleine Werbeagentur und habe mit 38 Jahren einen entzückenden kleinen Jungen geboren! Ich würde jedoch allen selbständigen Müttern, die zu Hause arbeiten, raten, so lange wie möglich mit ihrer Arbeit auszusetzen. Ich habe mir nur zwei Wochen Pause gegönnt, und das war ein Fehler – obwohl ich zu Hause arbeite. Babys brauchen einfach mehr Zeit. Ich hatte nicht geahnt, daß diese ersten Monate für mich so bedeutsam sein würden. Während der Schwangerschaft machte ich mir ständig Sorgen darüber, daß ich mich vielleicht nicht gerne mit dem Baby abgeben würde und sich die magische »Bindung« nicht einstellen würde, daß ich zu kühl und unabhängig wäre und nicht am Baby interessiert sein würde (ich dachte, ein Baby sei ja so langweilig). Doch, sei es Mutter Natur, die Hormone oder was auch immer – das Magische funktionierte. Auch Sie werden mit Ihrem Baby zusammensein wollen und Ihr Beruf wird Ihnen, für eine

Weile zumindest, zweitrangig erscheinen, auch wenn Sie darum kämpfen, beides zu vereinbaren.

***

Ich mußte nach dem Mutterschutz wieder arbeiten. Es war hart, denn Aaron hatte Koliken, schlief nachts nicht durch, und ich war vollkommen fertig. Ich hatte Schuld- und Verlustgefühle – als ob ich mich nicht schon genug um mein Baby kümmern würde. Manchmal wollte ich vor dieser ganzen Situation einfach davonlaufen. Und wenn ich erst bei der Arbeit war, hatte ich das Gefühl, ich konnte nicht mein Bestes geben, weil ich ständig an das Baby dachte. Meine Kinderärztin war mir eine große Hilfe. Auch sie hatte wieder arbeiten müssen, als ihr Baby noch ganz klein war. Sie sagte: »Sie sind eine gute Mutter; aber versuchen Sie nicht, in allem perfekt zu sein, denn das können Sie nicht schaffen. Sie wären jetzt lieber zu Hause, können es aber nicht sein. Egal was Sie tun, verleugnen Sie nicht Ihre Wünsche und Ihren Kummer. Diese Gefühle sind gerechtfertigt, und sie werden vorbeigehen. Sie werden da durchkommen.« Und wir kamen durch. Mein Leben läuft nun wieder glatt. Aaron ist beinahe fünf Monate alt und gedeiht prächtig. Ich bin stolz darauf, was ich alles geschafft habe.

***

Ich wollte wieder arbeiten gehen, wenn Jessica fünf Monate alt sein würde, und als sie drei Monate alt war, begann ich eine Betreuungsperson zu suchen. Ich glaubte, daß es Zeit brauchen würde, eine gute Person zu finden. Doch ich entschied mich schon bald für Elena, die allerdings gleich mit der Arbeit anfangen wollte. Daher gab es eine lange Überschneidungsperiode, in der wir beide zu Hause waren. Ich trug, stillte und spielte mit Jessica. Elena hatte nicht viel zu tun. Im Rückblick kann ich zugeben, daß ich auf sie eifersüchtig war. Es war ihr Verdienst, daß sie zu verstehen schien, wie wichtig es für mich war, die wichtigste Person in Jessicas Leben zu sein. Schließlich arbeitete ich zunächst in Teilzeit und dann jede Woche einige Stunden mehr. Als ich schließlich wieder ganztags arbeitete, war ich mit der ganzen Situation rundum zufrieden.

***

Heute, viereinhalb Monate nach der Geburt, würde ich sagen, daß die Rückkehr in den Beruf eigentlich reibungslos verlaufen ist. In den letzten zwei Wochen hat Christian einen regelmäßigen Schlaf- und Eßrhythmus entwickelt. Trotzdem ist es schwer. Ich muß mich immer richtig losreißen. Er ist so süß! Er beobachtet, wie ich im Zimmer herumgehe und meinen Haushalt erledige. Dann beginnt er mit seinen kleinen Schmatz- und Gurrlauten. Ich sage zu ihm: »Schau, ich muß noch die Wäsche wegräumen!« Doch bevor ich es mir bewußt mache, sitze ich schon auf dem Boden und spiele statt dessen mit ihm. Er strampelt und zappelt vor Vergnügen, als ob sein ganzer Körper lächeln würde. Mein Leben ist so hektisch, und so vieles bleibt liegen! Aber meine Einstellung ist: Was soll's! Die Wohnung ist ein Schlachtfeld, aber er ist nur einmal so klein. Seine Tagesmutter hat mir erzählt, daß er, wenn sie mit ihm Einkaufen geht, so lächelt, daß sich immer eine ganze Menschenmenge um ihn herum versammelt. Ich bin traurig, daß ich das versäume, aber dankbar, daß sie ihn so liebt und beinahe so stolz auf ihn ist wie ich.

***

Vor fünf Wochen, als ich wieder anfing zu arbeiten, war Annie genau sechs Monate alt. Ich bringe sie in eine Krippe, die von meinem Arbeitgeber bezuschußt wird. Die Krippe ist klein, nur drei Babys, und ich mag die Leute, die sie betreuen. Ich habe ein gutes Gefühl, aber es ist schwer, sie jeden Morgen dort schreiend zurückzulassen. Martha, ihre Be-

treuerin, versichert mir, daß sie längt aufgehört hat zu schreien, wenn ich am Parkplatz bin. In der Mittagspause gehe ich hin und stille sie und füttere ihr Beikost. Wenn ich gehe, schreit sie wieder. Ich weiß, daß dies nur eine Phase ist, aber trotzdem fühle ich mich deswegen hartherzig!

***

Ich übernahm Schreibarbeiten, als Georgia achteinhalb Monate alt war. Sie war gerade äußerst anhänglich und krabbelte mir überall hinterher und zerrte an meinem Bein, bis ich sie hochnahm. Ich hatte einen liebenswerten Babysitter, der schon seit drei oder vier Monaten regelmäßig kam und sie wirklich liebte. Das Problem bestand darin, daß Georgia meine Schreibmaschine hörte und dann sofort anfing zu schreien. Es erinnerte sie ständig daran, daß ich nicht bei ihr war. Ich fühlte mich so zerrissen. Wir fanden eine Lösung: Der Babysitter war einverstanden, sie mit zu sich nach Hause zu nehmen, statt sie bei uns zu betreuen.

***

Ich hatte vorgehabt, wieder arbeiten zu gehen, wenn Doris ein Jahr alt sein würde. Doch schon als sie zehn Monate war, fühlte ich mich bereit dazu und sie auch. Über meine Firma fand ich eine sehr gute Frau, die Kinder betreute. Wir brauchten zwei Wochen, bis alles funktionierte. Dann bekam Doris im Laufe einer Woche ihren ersten Zahn, die erste Mittelohrentzündung und machte die ersten Schritte. Ich hatte angefangen, sie abzustillen, hatte nun aber das Gefühl, langsam vorgehen zu müssen. Sie war anhänglicher als jemals zuvor. Um es kurz zu machen, ich kehrte dann doch erst drei Tage vor ihrem ersten Geburtstag an meinen Arbeitsplatz zurück. Ich rate allen Eltern, sich viel Zeit zu lassen, um alles zu organisieren und, wenn möglich, flexibel zu sein. Das Verhalten eines Babys ist nie vorhersehbar.

Erziehungsgeld und Erziehungsurlaub

Seit 1992 haben die Eltern nach der Geburt ihres Kindes Anspruch auf einen dreijährigen Erziehungsurlaub. Für Kinder, die ab Anfang 1993 geboren werden, wird Erziehungsgeld bis zum Ende des zweiten Lebensjahres gewährt.

Der Erziehungsurlaub, den entweder die Mutter oder der Vater nehmen kann bzw. der zwischen beiden aufgeteilt werden kann, soll Erwerbstätigen die Möglichkeit geben, sich intensiv um ihr Kind zu kümmern. Sorgen um ihren Arbeitsplatz brauchen Sie sich dabei nicht zu machen, denn es besteht ein weitgehender Kündigungsschutz. Der Erziehungsurlaub kann auch nur teilweise, z. B. für ein oder zwei Jahre genommen werden, allerdings muß man sich darüber genau mit dem Arbeitgeber verständigen. Auf jeden Fall muß der Erziehungsurlaub rechtzeitig und schriftlich beim Arbeitgeber eingereicht werden.

Das Erziehungsgeld beträgt derzeit 600 DM monatlich für jedes Kind. Ab dem siebten Lebensmonat gelten für die Höhe des Erziehungsgeldes Einkommensgrenzen. Nähere Informationen über Erziehungsurlaub und Erziehungsgeld gibt eine Broschüre des Bundesministeriums für Familie und Senioren, die über die Krankenkassen erhältlich ist.

Wie man den Arbeitgeber einbezieht

In den meisten Firmen gilt die Philosophie, daß man sein Privatleben zu Hause lassen sollte. Doch dies ist unrealistisch, wenn man ein Baby hat, das im Mittelpunkt des eigenen Lebens steht und mit dem man sich auch während einer Abwesenheit gedanklich viel beschäftigt. Ich wäre eine bessere Arbeitnehmerin, wenn man mir am Arbeitsplatz mehr Unterstützung gewähren würde und mir zugestände, daß für mich als berufstätige Mutter eben bestimmte drängende Probleme existieren, mit denen ich mich auseinandersetzen muß.

Eine gute Form der Kinderbetreuung ist nicht nur für unsere Babys und uns selber von entscheidener Bedeutung, sondern auch für unsere Wirtschaft als Ganzes. Immer mehr Untersuchungen bestätigen, was Eltern längst wissen: Die Produktivität leidet, Fehlzeiten und Verspätungen nehmen zu, und die Arbeitnehmer sind gestreßter, wenn die Familie Kompromisse bei der Qualität der Kinderbetreuung machen muß. Manche Berufstätige sind aufgrund unzulänglicher Betreuungsmöglichkeiten sogar gezwungen, ihren Beruf aufzugeben. Eine amerikanische Untersuchung geht davon aus, daß in den USA im Durchschnitt jede zweite Mutter in irgendeiner Form Schwierigkeiten mit der Kinderbetreuung hat. In Deutschland werden die Verhältnisse nicht besser sein. Immer wieder müssen Eltern während der Arbeitszeit Probleme mit der Betreuung regeln oder zwischendurch zu Hause anrufen. Natürlich kostet dies Zeit und Energie, die dem Beruf abgehen.

Manche Arbeitgeber reagieren darauf bereits. Es gibt erste betriebseigene Krippen und Kindergärten oder Zusammenschlüsse mit anderen Betrieben bzw. Kontingente für Kinder von Betriebsangehörigen an öffentlichen Einrichtungen. Auch bei den Arbeitszeiten sind Firmen vermehrt dazu bereit, Zugeständnisse zu machen und flexible Lösungen anzubieten.

Aber es liegt an den Eltern, ihre Bedürfnisse bei den Arbeitgebern nachdrücklich zu artikulieren. Da Frauenförderung immer mehr an Bedeutung gewinnt und viele Unternehmen einen Bedarf an qualifizierten Frauen haben, besteht durchaus die Chance, daß auch die Kinderbetreuung zu einem Thema wird, mit dem sich Arbeitgeber auseinandersetzen und für das sie Lösungen suchen müssen.

Wenn Sie sich in Ihrem Unternehmen in dieser Richtung engagieren wollen, befolgen Sie folgenden Ratschlag: streichen Sie die wesentlichen Vorteile einer solchen internen Regelung für das Unternehmen heraus. Führen Sie Ihrem Arbeitgeber vor Augen, wie positiv sich eine zufriedenstellende Betreuung der Kinder von Betriebsangehörigen auf längerfristige Unternehmensziele auswirkt – etwa auf die Verringerung von Fehlzeiten oder den Verlust qualifizierter MitarbeiterInnen. Vergessen Sie auch die Männer bzw. Väter nicht. In der Vergangenheit sind wir immer davon ausgegangen, daß das Problem der Kinderbetreuung eine Angelegenheit der Mütter sei. Doch dies ist falsch. Es betrifft die Männer genauso. Wenn Sie im einzelnen wissen wollen, was Arbeitgeber für Frauen tun, so erhalten Sie Auskünfte und Unterstützung z. B. bei den Gewerkschaften oder den Frauenbeauftragten Ihrer Stadt oder des Kreises. Auch in Frauenzentren kann man nützliche Tips bekommen.

Bücher für berufstätige Mütter

Brazelton T. Berry: Und was ist mit den Kindern? Beruf und Kinder. Beispiele, Erfahrungen, Hilfen für berufstätige Mütter und Väter, Piper 1989.

Dörpinghaus, Eva: Meine Kinder und mein Chef. Mütter im Beruf, Kreuz 1990.

Müller-Kaldenberg, Rieke: Mütter mit Beruf, rororo 1990.

Scarr, S.: Wenn Mütter arbeiten. Wie Kinder und Beruf sich verbinden lassen, Beck 1990.

Weidenbach-Janositz, Suse: Die berufstätige Mutter, Mosaik 1990.

Das baby und seine umwelt

DAS MOBILE BABY

Die folgenden Aufzeichnungen zeigen, wie sehr sich meine Einstellung zum Weggehen von meinem ersten zu meinem dritten Baby gewandelt hat. Den ersten Teil schrieb ich für die Erstausgabe von »Handbuch Baby«, den zweiten für die Neuauflage. Dazwischen liegen zehn Jahre.

Ich war furchtbar aufgeregt, als ich zum ersten Mal mit Caitlin weggehen wollte, aber ich wußte ja, daß es sein mußte. Zwei ganze Tage lang plante ich den Gang zum Supermarkt in der übernächsten Straße. Obwohl ich die Kleine vorher gefüttert hatte, befürchtete ich, sie könnte im Laden plötzlich Hunger bekommen. Ausgerechnet heute hatte ich ein Kleid mit einem Reißverschluß auf dem Rükken an, und ich stellte mir vor, wie ich das Baby beim Anstehen an der Fleischtheke stillen würde. Und was mußten die Leute von mir denken, wenn ich mein zwei Wochen altes Baby der Hitze, der verpesteten Luft und den Bakterien in der Großstadt aussetzte? Wie würde die Kleine in dem überheizten Supermarkt reagieren? Vielleicht hätte ich ihr doch lieber eine Mütze aufsetzen sollen? Und wenn wir unterwegs von einem Bus überfahren würden? Was würde Charlie nur ohne uns anfangen?

⁂

Mit Caitlin mußte ich mich jedesmal zum Weggehen überwinden. Erst beim dritten Baby merkte ich, daß diese Befürchtungen ausschließlich in meinem Kopf bestanden. Jetzt war das Weggehen für mich selbstverständlich geworden, denn ich mußte ja ständig mit meinen beiden anderen Kindern weg. Wir waren dauernd unterwegs. Außerdem wußte ich jetzt, daß es viel anstrengender werden würde, sobald das Baby einmal laufen könnte. Wenn ich etwas vergessen hatte, mußte es eben auch so gehen. Das Baby würde es überleben, wenn sein Mittagsschlaf einmal ausfiele. Wenn es brüllte, würde ich versuchen, es zu trösten, ohne mich um die anderen Leute zu kümmern. Babys schreien nun mal, damit muß man sich abfinden. Ich rate also jedem, so oft wie möglich mit seinem Baby wegzugehen. Nutzen Sie die kurze Zeit. Gehen Sie mit Freunden zum Essen, gehen Sie ins Museum, gehen Sie zum Einkaufen, denn wenn das Kleine erst laufen kann, dann ist es damit fürs erste vorbei. Dann werden Sie sich nicht einmal mehr in Ruhe mit jemandem unterhalten können. Denken Sie auch daran, daß Mobilität mit dem Baby ein ganz wichtiger Aspekt des Zusammenlebens mit ihm ist. Es erfordert nur ein bißchen Übung.

Ausgehen mit dem Baby – was Experten dazu sagen

Frage: Wann kann ich mit dem Baby zum ersten Mal weggehen?
Antwort: Sie haben das Baby vom Krankenhaus nach Hause gebracht. Das war schon das erste Mal. Die nächste Frage, bitte.

Frage: Sind klimatisierte Räume schädlich für ein Baby?
Antwort: Wahrscheinlich war das Kinderzimmer auf der Säuglingsstation klimatisiert, Ihr Krankenzimmer jedoch nicht. Das Baby hat den Wechsel von einem zum anderen Raum problemlos überstanden.

Frage: Kann man mit einem Baby auch bei sehr schlechtem Wetter aus dem Haus gehen?
Antwort: Für ein Baby ist es nie zu kalt, zu naß, zu verschneit, zu matschig oder zu windig – höchstens für Sie. Denn das Kind ist ja entsprechend angezogen und dadurch vor Wind und Wetter geschützt. Möglicherweise ist es ihm draußen aber zu heiß oder zu schwül.

Frage: Was heißt zu heiß oder zu schwül?
Antwort: Wenn es draußen so unangenehm ist, daß Sie selbst sich unwohl fühlen, dann ist es für ein Kleinkind zu heiß. In diesem Fall sind Sie beide in einem kühlen Haus besser aufgehoben.
(Virginia E. Pomeranz/Dodi Schultz: The First Five Years: The Relaxed Approach to Child Care)

Wenn die Natur uns für ein Leben in der heutigen Zeit bestimmt hätte, dann wären wir sicher wie ein Känguruh mit einem Tragebeutel für unsere Babys ausgestattet worden. Dort könnten seine Grundbedürfnisse nach Nahrung, Wärme, Körpernähe und Liebe befriedigt werden, ohne daß wir uns in unserem Radius einschränken müßten. Aber ganz so einfach ist das Leben mit einem Baby nicht. Unsere Mobilität wird zwar durch viele Hilfsmittel gefördert – es gibt Tragehilfen, zusammenklappbare Kinderwagen, Autositze usw. Trotzdem kostet es manchmal ungeheuer viel Nerven, sich selbst und das Baby zum Weggehen fertigzumachen. Kaum haben Sie es gefüttert, angezogen und eingepackt, haben endlich Ihren Mantel an und die Schlüssel parat, schon hat das Kleine wieder einmal in die Hose gemacht und ist von oben bis unten naß, oder das Wetter hat sich verschlechtert, oder die Sonne ist inzwischen weg, oder Sie haben Babys einzigen akzeptierten Schnuller verlegt, oder Sie sind inzwischen alle beide viel zu erledigt, um überhaupt noch aus dem Haus zu gehen.
Da fragt man sich dann wirklich, ob sich der ganze Aufwand lohnt. Aber er lohnt sich auf jeden Fall, auch wenn es manchmal einfacher ist, zu Hause zu bleiben. Für die Mutter ist der Kontakt zur Außenwelt überlebenswichtig. Machen Sie es sich zur Regel, wenigstens einmal am Tag wegzugehen. Mit einem Baby wird es so verlockend, sich einzuschließen; und ein Säugling fordert ja auch ständige und unaufschiebbare Zuwendung. Das darf keinesfalls dazu führen, daß Sie Ihre ganze Zeit, Ihre Gedanken und Ihre Energie allein auf das Baby konzentrieren, denn das schadet Ihnen beiden mehr, als es Ihnen nützt. Wenn Sie dauernd geben, dann muß auch einiges zu Ihnen zurückkommen, und sei es nur ein anregen-

der Spaziergang durch die Stadt. Außerdem vergeht die Zeit viel schneller, wenn Sie mit dem Baby unterwegs sind, als wenn Sie dauernd zu Hause sitzen, wo ohnehin nichts Aufregendes passiert. So waren Sie wenigstens draußen und konnten ein paar neue Eindrücke sammeln.

Auch für das Baby ist es gut, herauszukommen. Manche Kinderärzte empfehlen sogar, mit einem Baby das ganze Jahr über wenigstens zwei Stunden täglich an die frische Luft zu gehen. Allein schon die Bewegung, eine andere Perspektive, neue Leute, fremde Gerüche und Geräusche bedeuten eine Anregung für das Baby, das auch auf dem kurzen Weg zur Bank oder zum Supermarkt auf vielfältige Weise erfährt, wie die Welt funktioniert. Und sollte das Kleine daheim quengeln, obwohl es satt ist, sein Bäuerchen gemacht hat, Sie es gebadet, herumgetragen und ihm etwas vorgesungen haben, dann vergißt es vielleicht seinen Kummer, wenn Sie mit ihm nach draußen gehen.

Vorbereitung ist alles

Mit einem Baby kann man wirklich fast überall hingehen. Wichtig ist einzig und allein eine gute Vorbereitung. Dabei spielt es keine Rolle, ob sie nur einmal kurz um den Block gehen oder eine Weltreise machen. Im Grunde genommen hängt alles davon ab, wie viele Gedanken Sie sich vorher zu Ihrem Unternehmen gemacht haben. Hier sind einige Erfahrungen von Eltern, die den ersten Ausflug mit dem Baby schon hinter sich haben.

Jeder Ausflug mit einem Baby ist eine kleine Weltreise, und immer braucht man wenigstens einen Koffer und einen Reiseführer. Zuerst einmal überzeugt man sich davon, ob es dem Baby auch gut geht. Wie lange muß es unterwegs im Kinderwagen sitzen? Ist es besser, in der Bank zu warten oder die Überweisung nur einzuwerfen? Mit der Zeit war ich ganz gut darin, eine optimale Route zu planen. Ich vermied den Feierabendverkehr, erledigte das Wichtigste immer zuerst, kannte die Läden, in die ich mit dem Kinderwagen hineinfahren konnte, und wußte genau, in welchen Kaufhäusern es einen Wickelraum und eine Möglichkeit zum Stillen gab.

***

Wir nahmen Andrea überallhin mit. Dadurch wurde unser Freundeskreis immer kleiner. Am wohlsten fühlten wir uns bei Familien, die selber kleine Kinder hatten. Sie nahmen es uns wenigstens nicht übel, wenn wir wegen der Kleinen früher heimgehen mußten. Wir haben uns immer vorher abgesprochen, wer sich um das Baby kümmern würde. Einmal war Barbara dran, ein anderes Mal ich. So konnte wenigstens einer von uns in Ruhe mit den anderen seinen Nachtisch essen.

***

Albert und ich hatten beide große Schwierigkeiten, Bettina zu anderen Leuten mitzunehmen. Selbst wenn sie schlief, waren wir uns ihrer Anwesenheit ständig bewußt. Ich überlegte, wann sie wohl aufwachen würde und wie sie dann auf die fremde Umgebung reagieren würde. Was wäre, wenn ich nun etwas ganz Wichtiges zu Hause vergessen hätte? Im nachhinein glaube ich, daß ich selbst viel unflexibler war als das Baby, aber auch das muß ich respektieren.

***

Jakob wurde im Juni geboren, und wir nahmen ihn sofort zu allen möglichen Veranstaltungen, Picknicks und Konzerten im Freien mit. Das klappte immer sehr gut, aber vielleicht fühlten wir uns selbst mit ihm draußen wohler als drinnen. Und ihm ging es bald genauso.

⁂

Ich schob meinen Zahnarzttermin ständig hinaus, weil ich nicht wußte, wo ich Vanessa lassen sollte. Ein Babysitter kam nicht in Frage, da ich sie alle zwei Stunden stillen mußte. Ich hatte mir schon alles Mögliche überlegt – eine Freundin könnte mich vielleicht begleiten und sich um Vanessa kümmern, oder mein Mann könnte in der Mittagspause beim Zahnarzt vorbeikommen und auf sie aufpassen. Als ich der Arzthelferin von meinen Problemen erzählte, schlug sie vor, die Kleine einfach mitzubringen. Ich hätte es nie gewagt, diesen Vorschlag selbst zu machen, aber sie versicherte mir, sie sei froh, endlich wieder einmal auf ein Baby aufzupassen. Und es klappte wirklich prima. In der Praxis stand ein Aquarium, und Vanessa war von der Beleuchtung und dem Blubbern ganz begeistert. Sechzehn Wochen lang gingen wir einmal wöchentlich zum Zahnarzt. Am Ende der Behandlung konnte sie schon krabbeln. Zum Glück war das Wartezimmer absolut kindersicher. Lassen Sie sich also bloß nicht einschüchtern. Fragen Sie einfach – man kann ja nie wissen!

Was Sie mitnehmen müssen: Ausflugsplanung

Vergessen Sie auf keinen Fall eine wasserundurchlässige Tasche mit folgendem Inhalt:

○ Eine Wickelunterlage (eine kleine Wolldecke, ein Handtuch oder eine Stoffwindel reichen aus).
○ Ersatzwindeln und eine Plastiktüte für schmutzige Stoff- oder Wegwerfwindeln.
○ Ein feuchtes Tuch oder ein Waschlappen und ein kleiner Behälter mit Wasser.
○ Verschließbare Plastiktrinkflaschen mit Sauger oder eine gefüllte Thermosflasche mit einem Trinkbecher.
○ Strohhalme für Kinder, die schon sitzen können und ihre Flasche selbst halten.
○ Eine kleine Zwischenmahlzeit (die entscheidend dafür sein kann, ob Sie weiter unterwegs sein können oder aber nach Hause gehen müssen).
○ Ein Spielzeug zur Beschäftigung und Unterhaltung.
○ Einen Sonnenschutz, falls es zu heiß wird, und eine Mütze, wenn es kälter wird (Babys verlieren ihre Körperwärme am schnellsten über den Kopf).

Wenn Babys Nase läuft und es draußen sehr kalt ist, tragen Sie etwas Vaseline oberhalb der Lippen und auf Wangen und Kinn auf; dadurch wird das Rissigwerden der Haut verhindert.

Frage: Kann man mit einem Baby auch einmal ganz schnell aufbrechen?
Antwort: Es kommt darauf an. Dazu ein paar Tips:

○ Reservieren Sie sich in der Nähe der Haustür einen Platz (einen Haken oder ein kleines Regal), wo Sie Babys Tasche, seine Schuhe, den Schneeanzug, Handschuhe, Mütze, Schnuller usw. aufbewahren. Diese Dinge sind klein und werden leicht verlegt.
○ Schaffen Sie sich ein sicheres Plätzchen, wo Sie Ihr Krabbelbaby lassen können, solange Sie sich fertigmachen (für solche Zwecke ist ein Laufstall ideal).
○ Deponieren Sie ein paar Windeln, Ersatzkleidung, Flaschen und Schnuller in Auto und Kinderwagen.

○ Als allerletztes ziehen Sie das Baby an. Verlassen Sie dann sofort das Haus, auch wenn das Telefon klingelt.

Es gibt heute viele Tragehilfen für Babys. Dabei darf man aber nicht vergessen, daß diese Dinge meistens viel Geld kosten, daß alles sauberzuhalten ist und Platz zum Verstauen erfordert. Manches, was die Babyausstatter anbieten, ist recht nützlich, weil es mehrfach verwendbar und damit langlebiger ist. Was Sie sich schließlich anschaffen oder ausleihen, hängt von Ihren Bedürfnissen und Ihrer Lebensweise ab.
Beim Kauf von Babytragen (Rückentragen, Tragesitze oder Tragetücher) sollte die ganze Familie dabeisein. Probieren Sie aus, ob Sie die Trage ohne Hilfe an- und ausziehen können. Wichtig ist auch, daß sie sich auf mehrere Personen einstellen läßt. Und vor allem sollte sich das Baby darin wohlfühlen.
Kaufen Sie nichts ohne eine leicht verständliche Montage- und Gebrauchsanleitung. Wenn Sie etwas ausleihen, fragen Sie, wie es funktioniert. Ich selbst habe z. B. einen Monat lang einen Snuggli-Tragesitz unter allergrößten Schwierigkeiten und ohne jegliches Vergnügen auf dem Rücken getragen und konnte überhaupt nicht begreifen, weshalb jeder so begeistert davon war! Scheuen Sie sich ja nicht zu fragen, ob die Tragehilfe vollständig und funktionstüchtig ist, oder ob sie dem Baby in irgendeiner Weise gefährlich werden könnte.

Kindersitze

Mit einem Schalensitz, einer Wippe oder einem Baby-Swinger können Sie Ihrem Baby einen willkommenen Perspektivenwechsel und einen umfassenderen Ausblick auf seine Umgebung bieten. Die Sitze sind für Neugeborene bis zu vier oder fünf Monaten recht praktisch, und sie eignen sich auch für Babys, die sehr zappelig sind und nicht mehr ruhig sitzenbleiben wollen. Es gibt Sitze für die unterschiedlichsten Bedürfnisse. Manche Eltern stellen die leichten Kunststoffschalen in die Badewanne; so besteht keine Gefahr, daß das nasse, glitschige Baby mit dem Kopf unter Wasser kommt. Nach den Mahlzeiten kann die halbaufrechte Position Babys Verdauung fördern. Eine Wippe wirkt entweder beruhigend oder anregend auf das Baby. Die kleineren Autositzschalen passen noch gut in den Einkaufswagen im Supermarkt, und sie haben praktische Griffe, so daß Sie das Baby darin herumtragen können.

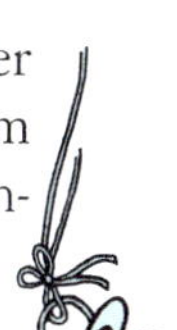

Einkaufstips

Die ganz leichten Modelle sind nicht sehr stabil. Beim Kauf eines Babysitzes sollten Sie darauf achten, daß das Rückenteil breiter als der Sitz ist und daß der Teil, der den Rücken stützt, gut einrastet. Überprüfen Sie selbst, ob der Sitz leicht umkippt. Wichtig ist außerdem eine rutschsichere Oberfläche, so daß das Baby nicht mit dem Sitz hin- und herrutschen kann. Auch ein leicht handhabbarer Sicherheitsgurt darf keinesfalls fehlen. Ein anderer Aspekt ist die Waschbarkeit des Überzuges. Schaumstoffpolster oder waschbare Stoffüberzüge haben sich gut bewährt.

Einkaufen mit dem Baby – Tips von Müttern

Ich bin Krankenschwester auf einer Notfallstation und möchte allen Eltern sagen, daß jedes Jahr Babys mit Gehirnerschütterung, Schädelbruch, Schürfwunden usw. bei uns im Krankenhaus landen, weil sie aus Einkaufswagen herausgefallen sind. Ich schnalle mein Baby immer mit einem speziellen Gurt im Einkaufswagen fest. Ein ganz normales Laufgeschirr, mit dem Babys im Kinderwagen angeschnallt werden, erfüllt denselben Zweck.

⁂

Beim Einkauf im Supermarkt nehme ich mein elf Wochen altes Baby immer im Autositz mit. Er paßt genau in den Einkaufswagen. Für die Einkäufe nehme ich dann einfach zusätzlich einen Einkaufskorb.

⁂

Denken Sie daran, daß in vielen Läden die Angestellten auf Anfrage bereit sind, Ihnen den Einkaufswagen zum Parkplatz zurückzufahren. Ich habe festgestellt, daß nur wenige Mütter mit Babys oder kleinen Kindern diesen Service in Anspruch nehmen.

⁂

Im Winter sehe ich im Supermarkt regelmäßig schwitzende Babys im Schneeanzug. Das ist weder bequem noch besonders gesund. Wenn ich mit Lisa zum Einkaufen gehe, ziehe ich sie schichtweise an. So kann ich ihren Anorak ausziehen und sie im warmen Pullover in den Laden mitnehmen. Das ist einfacher, als einen ganzen Schneeanzug auszuziehen.

Sicherheit

○ Benutzen Sie nie einen Kindersitz anstelle eines geprüften Autositzes. Erstens lassen sich Babysitze nicht im Auto befestigen, und außerdem sind sie nicht dafür vorgesehen, dem Aufprall bei einem Unfall standzuhalten.

○ Nach Auskunft von Verbraucherorganisationen passieren mit Babysitzen unzählige Unfälle. Meistens fallen sie irgendwo herunter, weil sich das Baby bewegt oder erschrickt oder weil das Gestell zusammenklappt. Schnallen Sie also Ihr Baby auf jeden Fall an. Selbst ein Neugeborenes kann zusammenzucken und herausfallen. Auch vibrierende Oberflächen von Waschmaschinen oder Wäschetrocknern lassen manchmal den Sitz wandern und herunterfallen. Am sichersten ist es, wenn Sie den Sitz auf den Boden stellen. Und wenn Sie ihn schon auf den Tisch stellen, gewöhnen Sie sich daran, ihn immer automatisch mit einer Hand festzuhalten.

Tragehilfen

Eine der ältesten, bequemsten und angenehmsten Transportarten für ein Baby ist, es auf Bauch, Hüfte oder Rücken zu tragen. Das kleine Baby kann so jederzeit ein Nickerchen machen oder seine Umgebung beobachten, während Sie beide Hände frei haben und umhergehen oder arbeiten können. Auf ein nervöses Baby wirken die ständige Bewegung, Ihre Körperwärme und Ihr vertrauter Herzschlag und Atem beruhigend. Auch bei schlechtem Wetter ist das eine ideale Transportmöglichkeit: Sie passen beide bequem unter den Regenschirm. Es gibt drei Arten von Stofftragesitzen, die alle ihre Vor- und Nachteile haben. In der

Regel behaupten die Hersteller, sie könnten für Kinder bis zu einem Gewicht von 30 bis 35 Pfund verwendet werden, das heißt bis zum Alter von etwa zwei Jahren. Für die Eltern ist es vielleicht gerade noch machbar, so große Kinder zu tragen. Die meisten Kinder lassen sich jedoch schon mit einem Jahr, bzw. sobald sie selber laufen können, nicht mehr allzulange in solche Sitze einsperren.

Der Tragesack

Das Baby wird in einen Beutel aus unterschiedlichen Materialien wie z. B. Cord oder leichtem Leinen gesteckt und vor der Brust getragen. Einer der ersten und immer noch bewährtesten Sitze dieser Art ist der Snuggli. In einem großen Außenbeutel steckt ein höhen- und weitenverstellbarer Stoffsitz. Der Kopf des Babys ruht auf einem auswechselbaren Molton-Spucktuch. Das Köpfchen des Neugeborenen wird im Snuggli gut gestützt, und das Kind sitzt fest und sicher am Körper. Außerdem bleiben beide Hände frei. Achten Sie darauf, daß die Schulterträger gut gepolstert sind und die Reißverschlüsse und Druckknöpfe gut funktionieren. Es lohnt sich wirklich, einen solchen Tragebeutel anzuschaffen, obwohl er leider nicht ganz billig ist.

Das Tragetuch

Auf Reisen ist ein Tragetuch recht praktisch. Jedes etwa drei Meter lange Tuch aus festgewebtem, nicht verziehbarem Material kann dafür verwendet werden. Natürlich gibt es auch spezielle Tragetücher zu kaufen. Wenn Sie es gerade nicht in Gebrauch haben, benützen Sie es doch als Decke oder als Wickelunterlage. Ein Tragetuch umzubinden hört sich komplizierter an, als es ist. Am besten lassen Sie sich den Umgang mit dem Tragetuch von jemandem zeigen; die Tücher sind inzwischen so beliebt, daß sich bestimmt eine Mutter oder ein Vater findet, der sich damit auskennt.

Das sehr kleine Baby kann bequem im Tragetuch liegen und sogar darin schlafen; sobald es etwas größer wird, lassen Sie einfach seine Beine heraushängen. Kann das Baby einigermaßen sitzen, benützen Sie das Tuch als Hüfttragetuch. Allerdings ist es sicher nicht jedermanns Sache, ein älteres Baby auf der Hüfte sitzend zu tragen. Diese Transportart ist zwar sehr sicher, aber nicht jeder findet sie bequem.

Offene Stofftragesitze

Neben den geschlossenen Tragehilfen gibt es auch offenere Tragesitze. Es handelt sich dabei um Stoffsitze, in denen das Baby wie in einer Hose aufrecht gehalten wird. Für Neugeborene gibt es dazu in der Regel eine gepolsterte Kopfstütze. Diese Tragesitze sind deutlich preisgünstiger als die Tragebeutel, haben aber auch einige Nachteile. Mit dem Anziehen kommt man ohne die Hilfe eines anderen kaum zurecht, denn man muß mit einer Hand das Baby immer festhalten. Außerdem sind sie seitlich so weit offen, daß das Baby leicht kippen oder sogar herausfallen kann. Man versucht immer instinktiv, das Baby mit einer Hand im Rücken zu stützen. Dadurch geht ein entscheidender Vorteil der Babytrage – nämlich beide Hände frei zu haben – zugunsten eines etwas größeren Sicherheitsgefühls verloren.

Tragegestelle für den Rücken

Eine Rückentrage ist erst für größere Babys sinnvoll, die schon gut sitzen können und kräftig genug sind, um die Bewegung, die beim Laufen entsteht, auszugleichen. Das Baby ist jetzt vielleicht schon so schwer, daß es nicht mehr bequem vorne oder auf der Hüfte getragen werden kann, ohne daß Sie Rückenbeschwerden bekommen. Im übrigen hat das größere Kind auf dem Rücken einen viel besseren Ausblick und kann Kopf und Hände frei bewegen. Vor allem Väter tragen ihre Kinder sehr gerne auf dem Rücken. Die meisten Rückentragen haben inzwischen einen ausklappbaren Ständer, so daß man sie leicht allein aufsetzen kann. Aber übernehmen Sie sich nicht und fangen Sie nicht gleich mit Gewaltmärschen an. An eine Rückentrage muß man sich erst gewöhnen, und etwas Kondition braucht man auch.

Einkaufstips

- Probieren Sie auf jeden Fall alles aus, bevor Sie es kaufen.
- Ein Tragegestell muß über einen leicht handhabbaren, festen Sicherheitsgurt verfügen, damit sich das Baby nicht aufrichten oder gar herausklettern kann.
- Der Sitz einer Trage sollte sich aus zwei Gründen etwa in der Mitte Ihres Rückens befinden: zum einen ist das für das Baby die sicherste Position, und zum anderen tragen Sie das Gewicht mit dem Rücken und nicht mit den Schultern.
- Überprüfen Sie, ob das Baby genügend Beinfreiheit hat. Es sollte seine Beine nicht seitlich, sondern bequem nach vorne herausstrecken können. Die Öffnung für die Beine darf ebenfalls nicht zu eng sein.
- Die Schulterriemen sollten gut gepolstert und verstellbar sein, sonst kann das Tragen zur Tortur werden.
- Achten Sie darauf, daß sich das Tragegestell auch unten feststellen läßt. Wenn das Baby beim Laufen hin- und herschwankt, ist das für Sie sehr unangenehm.
- Die Metallteile, mit denen das Baby in Kontakt kommt, müssen unbedingt gepolstert sein.
- Wenn Sie ein Tragegestell mit ausklappbarem Ständer kaufen, achten Sie darauf, daß der Verschlußmechanismus stabil genug ist und man sich damit nicht so leicht die Finger einklemmt.
- Vergessen Sie nicht, beim Bücken in die Knie zu gehen, sonst könnte das Baby herausfallen.

Ein Tragebeutel ist nichts für Autofahrten!

WARNUNG! Transportieren Sie Ihr Baby niemals im Tragebeutel im Auto! Bei einem Unfall würde es zwischen Ihnen und dem Armaturenbrett oder zwischen Ihnen und dem Vordersitz zusammengedrückt werden. Es nützt auch nichts, wenn Sie sich anschnallen. Ebenso gefährlich ist es, mit dem Baby im Tragesitz radzufahren.

Sportwagen

Nichts hat die Mobilität von Eltern und Kindern so sehr gefördert wie die Erfindung des leichten, zusammenklappbaren Sportwagens und des Buggys. Es sind verschiedene Varianten auf dem Markt, vom federleichten Buggy mit einfachem Stoffsitz, den man über dem Arm tragen kann und der problemlos in einem engen Garderobenschrank oder einem kleinen Kofferraum Platz findet, bis hin zur etwas ausladenderen Luxusversion mit gepolsterter und verstellbarer Rückenlehne, Stoßdämpfern und Doppelradbremsen.
Wofür Sie sich entscheiden, hängt letztlich von Ihrem Geldbeutel, Ihrem Stauraum, der Häufigkeit der Benutzung und dem Alter Ihres Babys ab. Im allgemeinen sind die weichen Stoffsitze für ein Neugeborenes nicht geeignet, denn sie zwingen das Baby in eine zusammengekauerte Position. Die bessere Alternative ist hier ein stabileres Modell mit einem festen Rahmen und verstärkten Seitenlehnen, so daß sich das Baby nicht herausdrehen kann. Außerdem ist es für kleine Babys wichtig, daß sich der Sitz in eine waagerechte Liegeposition bringen läßt. Am besten nehmen Sie Ihr Baby zum Einkaufen mit. Setzen Sie es in den Wagen und fahren Sie ein wenig herum. Bedenken Sie, daß Neugeborene und Kleinkinder unterschiedliche Bedürfnisse haben. Ein kleines Baby möchte z. B. bequem schlafen können. Ein Kleinkind dagegen braucht eine verstellbare Fußstütze, damit seine Füße beim Fahren nicht ständig herunterhängen.

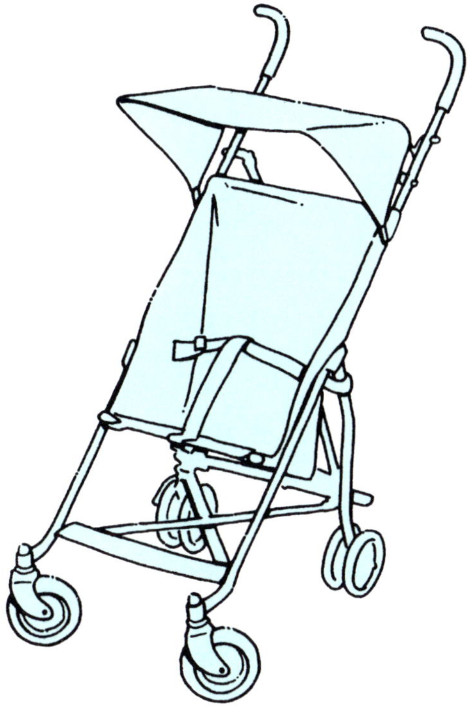

Buggy

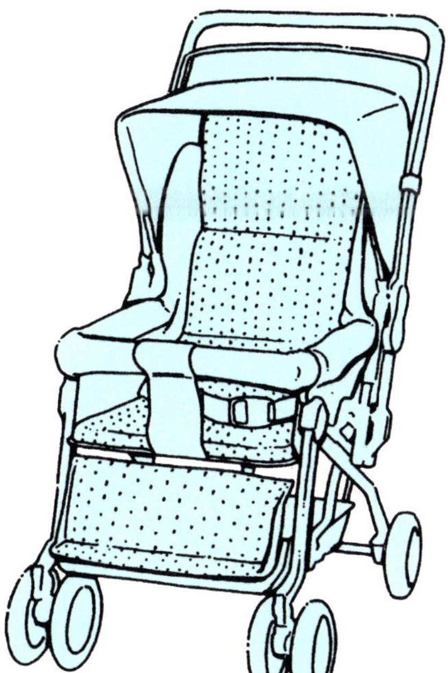

Sportwagen

Einkaufstips

○ Testen Sie auf jeden Fall den Sicherheitsgurt. Er darf dem Kind nicht zu locker um den Bauch sitzen und sollte im Schritt fest anliegen, damit das Baby nicht herausfällt oder selbst aussteigt. Schnappverschlüsse sind praktischer als Gurte zum Festschnallen.

○ Hat der Wagen gute Bremsen, und lassen sie sich leicht feststellen? Es gibt zwei unterschiedliche Bremssysteme: das eine übt Druck auf die Räder aus, beim anderen rastet die Bremse in einem der beiden Hinterräder fest ein. Am sichersten sind Bremsen für beide Hinterräder.

○ Läßt sich der Wagen gut steuern und drehen? Dabei sind vor allem die Räder entscheidend. Der Wagen schiebt sich um so leichter, je größer die Räder sind. Sie haben die Wahl zwischen einfachen und doppelten Rädern. Sie sollten jedoch auf jeden Fall festen Kontakt zum Boden halten, sonst fährt der Wagen nicht gut geradeaus. Probieren Sie das im Laden aus und schieben Sie den Wagen mit einer Hand. Manche Modelle haben schwenkbare Vorderräder, die sich bei Bedarf feststellen lassen. In dieser Position ist es leichter, den Wagen auf unebenen Straßen zu schieben. Das System bewährt sich, wenn Sie hin und wieder auf Waldwegen unterwegs sind. Überprüfen Sie die Stoßdämpfer. Eine Federung aller vier Räder garantiert ein stoßarmes Fahren.

○ Ist der Wagen stabil? Je breiter, niedriger und länger die Achse, desto kippsicherer ist er. Versuchen Sie, ihn nach hinten umzukippen. Bedenken Sie, daß schwere Einkaufstaschen, die Sie an die Griffe hängen, einen Wagen leicht zum Kippen bringen. Eine Lösung wäre ein Modell, bei dem Sie einen Ablagekorb in das Unterteil legen können. Achten Sie bei einem Wagen, der sich in Liegeposition bringen läßt, unbedingt darauf, daß er nicht umkippt, wenn sich das Kind hineinlegt.

○ Wie leicht läßt sich der Wagen zusammenklappen? Passen Sie auf, daß Ihr Baby oder Kleinkind Abstand hält, denn kleine Finger sind beim Zusammenklappen schnell eingeklemmt. Sind kleine Teile gut befestigt? Manche Griffe haben z. B. eine Plastikabdeckung, die ein Kleinkind ohne weiteres abmontieren kann und dann vielleicht verschluckt. Ist der zusammengeklappte Wagen handlich genug, daß er in einen Schrank oder in den Kofferraum paßt? Gelegentlich kommt es vor, daß ein Wagen von selbst zusammenklappt und das Baby dabei verletzt wird. Sie sollten also darauf achten, daß er nicht nur einen Mechanismus hat, der den Wagen in zusammengeklappter Position hält, sondern auch einen, der verhindert, daß er von selbst zusammenklappen kann.

○ Beim Kauf eines Wagens mit Zubehör wie z. B. Wind- und Sonnenschutz oder einem Regenverdeck überprüfen Sie, ob es sich ohne Schwierigkeiten anbringen läßt.

○ Ist der Wagen gut sauberzuhalten? Ein Neugeborenes ißt noch keine Kekse oder verschüttet Orangensaft, ein Kleinkind schon. Mit einem milden Waschmittel bekommen Sie zwar manche Flecken aus dem Stoff heraus, aber eine abwaschbare Kunstfaser ist auf jeden Fall unproblematischer.

○ Denken Sie auch an sich selbst. Sind die Griffe für beide Elternteile in bequemer Höhe? Ist der Wagen leicht genug, läßt er sich gut tragen und ohne allzu große Mühe bergauf und bergab schieben?

Sicherheit

○ Lassen Sie ein Baby oder Kleinkind niemals unbeaufsichtigt in einem Kinderwagen.
○ Schnallen Sie das Kind immer an.
○ Erlauben Sie Ihrem Kind nicht, den Wagen selber auf- oder zusammenzuklappen.
○ Lassen Sie das Kind nicht mit dem Wagen spielen.
○ Wenn Sie die Straße überqueren, denken Sie daran, daß der Wagen dem Straßenverkehr viel näher ist als Sie. Manche Autofahrer übersehen ihn, weil er so niedrig ist.

Fahrradsitze

Für gute Radfahrer ist das Radeln mit einem Baby ein großes Vergnügen, aber das Baby muß zumindest gut sitzen können. Andernfalls wird Babys Rückenmuskulatur überanstrengt; außerdem sind seine Nackenmuskeln noch nicht kräftig genug, um die Stöße und Schläge beim Radfahren auszugleichen. Fangen Sie mit kurzen Radtouren an.
Es gibt Fahrradsitze für vorne und für hinten. Bei den Sitzen vorne besteht zwar ein besserer Sichtkontakt zwischen Eltern und Kind, insgesamt aber sind sie trotzdem nicht zu empfehlen. Erstens ist das Auf- und Absteigen recht kompliziert, und außerdem ist es schwierig, das Fahrrad sicher zu lenken. Radfahren mit einem Baby ist ohnehin ein Risiko, und mit einem solchen Sitz wird es noch ein Stück gefährlicher. Entscheiden Sie sich also besser für einen Fahrradsitz, der hinten montiert ist.

Einkaufstips

○ Kaufen Sie nur einen Sitz, in dem Babys Füße wirklich sicher geschützt sind. Wenn der Fuß in die Speichen gerät, kann es zu schlimmen Verletzungen kommen.
○ Achten Sie darauf, daß die Montage einfach und klar beschrieben ist.
○ Der Sitz muß so hoch sein, daß er Babys Rücken gut stützt.
○ Ein fester Sicherheitsgurt ist unbedingt erforderlich.
○ Setzen Sie dem Kind einen Helm auf. Bei einem Unfall bleibt es dann vielleicht bei ein paar Schürfwunden und Schnitten statt einer ernsthaften Kopfverletzung. Es gibt inzwischen federleichte Helme aus dikkem, geformtem Styropor mit größenverstellbarem Futter, passenden Riemen und guter Belüftung. Wählen Sie die Sicherheitsfarben weiß oder gelb.

Autositze

Ein Autokindersitz ist Ihre wichtigste Anschaffung überhaupt. Kaufen Sie ihn, bevor das Baby geboren ist, damit Sie es sicher vom Krankenhaus nach Hause mitnehmen können. Sie sollten es sich von Anfang an zum obersten Gebot machen, Ihr Kind immer in einem angeschnallten Kindersitz zu transportieren. Gerade Säuglinge werden oft besonders nachlässig befördert; sie liegen im Kinderwagensitz oder in der Tragetasche unangeschnallt auf dem Rücksitz. Bei einem Aufprall oder nur bei einer scharfen Bremsung sausen sie wie Geschosse durch den Innenraum.
Bevor Sie einen Sitz kaufen, sollten Sie sich gründlich informieren. Es gibt über 50 verschiedene Modelle auf dem Markt. Dabei

müssen die teuersten Sitze noch lange nicht die besten sein. Als Grundsatz gilt: je fester das Kind mit dem Auto verbunden ist, desto besser der Schutz – unabhängig vom System. Inzwischen gibt es auch Autofirmen, die spezielle Kindersitze für ihre PKWs entwickelt haben. Informieren Sie sich darüber bei Ihrem Fahrzeughändler.

Einkaufstips

Beim Kauf eines Kindersitzes müssen Sie zuerst überlegen, ob Sie ein Modell für Babys unter zehn Kilogramm Körpergewicht wollen, in dem das Kind gegen die Fahrtrichtung sitzt, oder ob Sie sich für einen Sitz entscheiden, der sich sowohl gegen als auch in Fahrtrichtung einbauen läßt und der für Kinder bis zu 20 Kilogramm Körpergewicht zugelassen ist.
Das sehr kleine Baby muß in halbliegender Position gegen die Fahrtrichtung sitzen, damit bei einem Unfall der Aufprall von Babys Rücken, seinem kräftigsten Körperteil, aufgefangen werden kann. Mit einem Kombinationsmodell sparen Sie natürlich mehr Geld als mit einem ausschließlichen Babysitz. Allerdings ist es viel sperriger und in der Regel auch schwieriger einzubauen. Außerdem können Sie einen Babyautositz herumtragen und ihn zu Hause, im Flugzeug, im Einkaufswagen usw. als Kindersitz zweckentfremden.
Auf jeden Fall brauchen Sie für Ihr Baby einen Sitz in Fahrtrichtung, sobald es mehr als zehn Kilogramm wiegt und zwischen acht und zwölf Monaten alt ist. Die Auswahl an diesen Sitzen ist ungeheuer groß.

Frage: Woher weiß ich, welches der richtige Sitz ist?
Antwort: Informieren Sie sich gründlich. Sie müssen sich aber ebenfalls Gedanken darüber machen, wie Sie den Sitz verwenden wollen. Bei Ihrem Bemühen, ja nichts falsch zu machen, entscheiden Sie sich vielleicht für den besten Sitz in punkto Sicherheit, merken dann aber, daß er schlecht einzubauen oder unpraktisch im Gebrauch ist. Allzuoft werden Kindersitze nicht ordnungsgemäß benutzt; dadurch wird ihre eigentliche, lebensrettende Funktion natürlich ad absurdum geführt. Kaufen oder leihen Sie keinen Sitz, bei dem Sie einen Drei-Punkt-Gurt benötigen, aber in Ihrem Auto noch keine Vorrichtung dafür vorhanden ist. Bedenken Sie außerdem, daß sich ein Automatikgurt erst bei einem Aufprall strafft und der Sitz dadurch nicht dauernd fixiert ist. Um ein Hin- und Herrutschen des Sitzes zu verhindern, wird eine zusätzliche Klammer zum Befestigen mitgeliefert. Möglicherweise müssen Sie Ihren Sicherheitsgurt auch verlängern.

Ist Ihr Auto wirklich sicher?

- Wußten Sie, daß die meisten Unfälle bei niedriger Geschwindigkeit in unmittelbarer Umgebung des Wohnortes passieren und daß die Chancen, bei einem Unfall zu sterben, fünfundzwanzigmal höher sind, wenn Sie aus dem Auto herausgeschleudert werden? Das einzige Mittel dagegen sind verschlossene Türen und ein angelegter Sicherheitsgurt.
- Ist Ihr Auto mit einem Erste-Hilfe-Koffer, einem Warndreieck, Kleingeld zum Telefonieren und einer Taschenlampe ausgestattet?

Verschiedene Autositzvarianten

Jeder der im folgenden beschriebenen Autositze ist in vielen Variationen erhältlich. Bevor Sie sich endgültig für einen Sitz entscheiden, sprechen Sie mit möglichst vielen Eltern über deren Erfahrungen. Der Parkplatz beim Supermarkt ist für eine Meinungsumfrage ideal.

Liege- und Babyschale. Dieses Modell für Babys bis zu etwa neun Monaten bietet eine sehr große Sicherheit, besonders bei Swinger-Schalen, die bei einem Unfall an die Rücksitzlehne hochklappen, so daß das Baby zwischen Schale und Rückenlehne liegt. Das Baby kann ausgestreckt in der Schale liegen und ist beim Fahren der geringsten Wirbelsäulenbelastung ausgesetzt. Die Schale wird auf dem Rücksitz montiert und nimmt zwei Sitzplätze in Anspruch.

Reboard-Babyschale für Kinder bis ungefähr neun Monate bzw. Reboard-Kindersitz für Kinder von neun Monaten bis etwa drei oder vier Jahren. Beide Sitze können auf dem Beifahrersitz montiert werden, so daß eine bessere Überwachung des Kindes gewährleistet ist. Für Babys ist durch die halbsitzende Position die Wirbelsäulenbelastung in der Babyschale größer als in einer Liege-Babyschale.

Sitz mit Hosenträgergurt (Vier-Punkt-Gurt) für Kinder von neun Monaten bis etwa drei bis vier Jahren. Er bietet bei straff angezogenen Gurten einen recht guten Halt für das Kind. Allerdings kann es in liegender Position bei einem Aufprall nach unten durchrutschen. Inzwischen werden auch Sitze mit einem zusätzlichen Gurt zwischen den Beinen (Fünf-Punkt-Gurt) angeboten.

Sitz mit Fangkörper für Kinder von neun Monaten bis drei oder vier Jahren bzw. Sitzerhöhung mit Fangkörper für Kinder bis sechs Jahren. In diesem Sitz kann das Kind vornübergebeugt schlafen, und es hat außerdem einen sehr großen Bewegungsspielraum für Arme und Oberkörper. Wenn der Sitz hinten montiert wird, muß der Vordersitz weit nach vorne geschoben werden, damit das Kind bei einem Frontalaufprall nicht mit dem Kopf auf die Rückenlehne aufschlägt.

Sitz mit Drei-Punkt-Gurt für Kinder von neun Monaten bis sechs Jahren bzw. Sitzerhöhung mit Drei-Punkt-Gurt für Kinder von vier bis zehn Jahren. Diese Modelle sind schnell und einfach zu befestigen und sehr lange verwendbar. Allerdings bieten sie Kleinkindern nur wenig Halt und eignen sich deshalb eher für größere Kinder. Denken Sie auch daran, daß bei der Benutzung von Sitzerhöhungen der Kopf des Kindes meistens über die Rückenlehne des normalen Sitzes hinausragt. Sie sollten deshalb unbedingt auch hinten Kopfstützen anbringen – schließlich profitieren davon auch Ihre erwachsenen Mitfahrer!

Frage: Mein Baby haßt den Autositz. Was kann ich dagegen tun?

Eine andere Mutter zu demselben Thema: Ich gehöre bestimmt nicht zu den Müttern, die zulassen würden, daß sich ihr Baby nachts in den Schlaf weint. Mein Problem ist, daß der Kleine seinen Autositz haßt und jedesmal fürchterlich brüllt, wenn wir ihn hineinsetzen. Körperliche Schmerzen wären für mich fast leichter zu ertragen als der seelische Schaden, den wir ihm zufügen, wen wir nicht auf sein jämmerliches Geschrei reagieren. Obwohl ich weiß, daß es sehr gefährlich ist, nehme ich ihn manchmal, wenn es gar zu schlimm wird, in den Arm und setze mich mit ihm auf den Rücksitz.

Antwort: Manchmal können die besten Absichten der Eltern tödlich sein. Es ist unmöglich, ein Baby in einem fahrenden Auto zu schützen, auch wenn Sie es noch so fest im Arm halten. Tests haben gezeigt, welch gewaltige Kräfte bei einem Auffahrunfall mit geringer Geschwindigkeit wirken. In einem Test, bei dem Auffahrunfälle einmal bei 25 km/h und einmal bei 45 km/h simuliert wurden, hielten angeschnallte Testpersonen eine 17 Pfund schwere Babypuppe im Arm. Sie wußten vorher, wann der Aufprall erfolgen würde, und sollten die Puppe mit aller Kraft festhalten. Keine einzige männliche oder weibliche Testperson konnte das Baby halten. Bei einem Aufprall mit geringer Geschwindigkeit oder auch nur bei einem scharfen Bremsvorgang wird das Kind mit einer ungeheuren Kraft abhängig von der jeweiligen Fahrtgeschwindigkeit nach vorne geschleudert – so weit, bis es auf einen Widerstand stößt und aufprallt. Ein unangeschnalltes Kind prallt bei einem Unfall mit einer Fahrtgeschwindigkeit von 45 km/h mit einer Kraft von 150 Kilogramm auf das Armaturenbrett; das entspricht etwa einem Fall aus dem dritten Stockwerk eines Hauses. Ein unangeschnallter Erwachsener, der das Baby im Arm oder auf dem Schoß hält, prallt bei einem derartigen Unfall mit seinem eigenen Gewicht mit einer Kraft von ein bis zwei Tonnen auf das Baby.

Tips und Tricks für Autofahrten

Sehr kleine Babys merken es meistens gar nicht, wenn sie Auto fahren. Bei dem ständigen Brummen des Motors und durch die gleichmäßige Bewegung schlafen sie sofort ein. Sobald das Baby jedoch größer, aktiver und neugieriger wird, können längere Fahrten im Kindersitz für alle Beteiligten zu einer wahren Tortur werden.

Sie wissen wahrscheinlich bald, welche Fahrtdauer dem Baby zuzumuten ist; nur leider wird sie immer kürzer. Für längere Autofahrten muß man schon seine »Trickkiste« öffnen. Die folgenden Anregungen sind das Ergebnis tausender Kilometer Autofahrt unter denkbar schlechten Bedingungen: Sie sind allein, die Temperatur liegt bei über 35 °C, und die Fahrt ist unaufschiebbar.

○ Schnallen Sie Ihr Kind unter allen Umständen richtig in seinem Sitz fest. Das ist nicht nur aus Sicherheitsgründen entscheidend, sondern es ist auch wichtig, daß das Baby schon frühzeitig mit diesem Ritual vertraut gemacht wird. Babys lassen sich das gefallen, Kleinkinder nicht unbedingt.

○ Der sicherste Platz für den Kindersitz ist in der Mitte des Rücksitzes. Der Beifahrer sollte sich nach hinten neben das Baby setzen. Bei längeren Fahrten allein empfiehlt es sich jedoch, den Sitz auf dem Beifahrersitz zu montieren.

○ Lassen Sie nichts auf dem Rücksitz oder auf der hintersten Ablage herumliegen. Einkäufe und Koffer gehören in den Kofferraum. Bei einem Unfall können herabfallende Gegenstände leicht zur Gefahr werden.

○ Ziehen Sie das Baby im Sommer bequem an und verzichten Sie bei großer Hitze auf Schuhe. Zum Wickeln benützen Sie am besten die saugfähigsten Wegwerfwindeln. Im Winter empfiehlt sich ein Schneeanzug und ein zweites Paar Strümpfe statt der Schuhe. Bei längeren Fahrten ist es jedoch besser, das Kind schichtweise anzuziehen, damit Sie es nach und nach ausziehen können, sobald das Auto warm wird.

○ Für den Sommer beziehen Sie den Autositz mit einem leichten Stoffbezug. Decken Sie ihn mit einer Decke oder einem Handtuch ab, wenn Sie das Auto in der Hitze stehenlassen. So können sich die Metallteile nicht erhitzen.

○ Binden Sie ein oder zwei Spielsachen am Sitz fest, damit sie dem Baby nicht ständig herunterfallen. Das ist für das Kind ärgerlich und kann für den Fahrer gefährlich werden, etwa wenn das Spielzeug unter die Pedale rollt.

○ Musik lenkt phantastisch ab – das Autoradio, Kassetten oder Ihre Stimme.

○ Vergessen Sie nicht, dem Baby etwas zum Essen mitzunehmen. Wenn es sich nicht bekleckern soll, binden Sie ihm einfach einen großen Latz um; zum Abwischen nehmen Sie einen feuchten Waschlappen in einer Plastiktüte mit.

○ Übertreiben Sie nicht. Überlegen Sie sich vorher, wann und wo Sie eine Pause einlegen wollen. Es fällt Ihnen dann leichter, das brüllende Baby zu überreden, wenigstens bis zum nächsten Teilziel durchzuhalten.

Als unsere Kinder klein waren, haben wir prinzipiell keine längeren Fahrten mehr gemacht. Ließ sich eine Fahrt nicht vermeiden, haben wir uns beim Fahren abgewechselt, so daß immer einer hinten bei Sarah saß und sie beruhigte, fütterte und unterhielt.

⁂

Wir fanden heraus, daß der Schnuller die Fahrten im Kindersitz erträglicher machte. Allerdings mußten wir höllisch aufpassen, daß wir ihn nicht irgendwo verloren. Es empfiehlt sich auf jeden Fall, mehrere Schnuller für unterwegs einzustecken.

⁂

Wir fahren immer nachts. So können wir lange Strecken ohne anzuhalten hinter uns bringen.

⁂

Howie und ich machten früher nie Pausen. Wir wollten immer so schnell wie möglich ans Ziel kommen. Mit Benjamin mußten wir unseren Reisestil ändern, denn Benjamin konnten wir definitiv nicht ändern. Er hielt nie länger als eine Stunde durch, dann brüllte er wie am Spieß. Unter diesen Umständen war ein sicheres Fahren unmöglich. Heute wollen wir nicht mehr einfach nur irgendwo ankommen, sondern wir möchten unser Reiseziel entspannt erreichen. Wir halten oft an und fahren erst weiter, wenn das Baby wieder mitmacht. Auf diese Weise sehen wir unterwegs viel mehr, und inzwischen finden wir beide, daß das Reisen so viel angenehmer ist.

Flugreisen mit Babys

Es ist sicher angenehmer, mit einem Baby zu fliegen als Tausende von Kilometern mit dem Auto irgendwohin zu fahren. Der einzige Nachteil ist, daß das Fliegen ein öffentliches Ereignis ist. Es erfordert gründliche Planung, etwas Zeit, eine gute Portion Humor und eine ganze Menge Mut.

1989 erschien im »Wall St. Journal« ein Artikel von Cathy Trost mit dem Titel »Wikkelkinder überschwemmen Flugzeuge«. Wir stellen Ihnen den Artikel auszugsweise vor und sind gespannt, wessen Partei Sie ergreifen.

Die Schriftstellerin Nora Ephron hat einmal geschrieben: »Wenn Sie wissen möchten, wie es gewesen sein muß, im 14. Jahrhundert aussätzig zu sein, dann machen Sie einmal eine Flugreise mit einem Baby.«

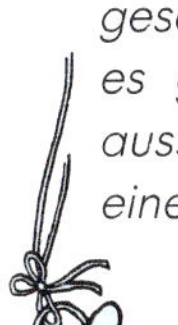

Heutzutage tobt der Kampf um die fliegenden Kinder genauso heftig wie der Kampf um die Flugpreise. Der freundliche Himmel füllt sich mit reisenden Winzlingen, die der Devise »der Kunde ist König« eine ganz neue Bedeutung gegeben haben.

»Ich saß einmal neben einem Geschäftsmann und mußte eine wirklich übel riechende Windel wechseln«, berichtet eine Lehrerin von einem Flug mit ihrer kleinen Tochter. »Im Flugzeug kann man sich nirgendwo zurückziehen. Ich mußte meine Kleine also auf den Sitz legen und anfangen. Dem Geschäftsmann wäre beinahe schlecht geworden.«

Jet Setter im Snuggli

Viele Reisende haben sich schon recht gut mit der Situation abgefunden. Andere dagegen würden den lieben Kleinen am liebsten den Garaus machen. Verschiedene Meinungen dazu:

»Sie haben über mich drübergespuckt, haben ihr Essen auf meine Kleidung geschmiert und stundenlang mit den Füßen gegen meinen Sitz getrommelt.«

»Ich bin jährlich wenigstens 120000 Kilometer unterwegs, und auf vielen Flügen werde ich von um sich schlagenden Kindern und brüllenden Babys belästigt.«

Der Konflikt verschärft sich, je mehr Kinder mit dem Flugzeug reisen. Obwohl die Fluggesellschaften übereinstimmend aussagen, daß immer mehr Kinder fliegen, haben sie sich noch nicht darauf eingestellt. Viele Eltern entstammen der Babyboom-Generation. Sie sind es gewohnt zu reisen und nehmen ihre Kinder schon früh auf Vergnügungs- und sogar Geschäftsreisen mit.

Was meint das Flugpersonal?

Die Fluggesellschaften behaupten diplomatisch, sie würden wenige offizielle Beschwerden über die lieben Kleinen erhalten. Das betroffene Flugpersonal ist da oft ganz anderer Meinung und beklagt sich, fliegende Kindermädchen zu sein. »Babys sind beim Flugpersonal bestimmt nicht gern gesehen«, so eine verbreitete Meinung unter Flugbegleitern. »An Babys und Krabbelkindern ist überhaupt nichts zu verdienen. Statt dessen verärgern sie die Mannschaft und die anderen Passagiere.«

Die Schriftstellerin Ann Hood berichtet von ihren seltsamen Erlebnissen während ihrer siebenjährigen Tätigkeit als Stewardess. Da wurde z. B. eine Katze von ihrer Besitzerin gesäugt. Am schlimmsten fand sie jedoch Kinder und deren Eltern. Auf einem Flug erlebte sie ein kleines Mädchen, das die anderen Passagiere so lange bearbeitete, bis sie ihr die ganzen Getränkebestellungen aufgaben, die sie dann dem geplagten Personal weiterreichte. »Dieses Kind verdient eine Tracht Prügel«, sagte Frau Hood schließlich zu dem Passagier, der sich als der Vater der lieben Kleinen entpuppte.

»Alle Eltern finden ihr Kind wundervoll«, sagt sie. »Sie vergessen, was es heißt, in einem Großraumflugzeug neben einem brüllenden Baby zu sitzen und jedesmal über fünf Leute hinübersteigen zu müssen, wenn man es nicht mehr aushält.« Schlimmer noch, »die Leute stecken die schmutzigen Windeln einfach in die Sitztaschen. Wir haben es uns längst abgewöhnt, mit der bloßen Hand hineinzufassen.«

Auf der anderen Seite beklagen sich die Eltern, daß das Flugpersonal für ihre Bedürfnisse oft nur wenig Verständnis aufbringt und daß es sich lieber um die gewinnbringenderen und in der Regel friedlicheren Erwachsenen kümmert.

Eine Reisekauffrau erinnert sich an einen fürchterlichen Rückflug aus Paris mit ihrer zwei Monate alten Tochter. Als es Zeit war, die Kleine zu füttern, weigerte sich die Stewardess, »mir die Dose zu öffnen. Sie behauptete, es sei nicht gestattet, einen Dosenöffner an Bord zu haben.« Ein Geschäftsmann lehnte es ab, den Platz mit ihr zu tauschen, so daß die Familie nicht zusammensitzen konnte. Natürlich war das Baby dann quengelig und schrie die ganze Zeit.

Als Gipfel der Unverschämtheit empfand sie

es, als eine Frau ihr am Ende des Fluges auch noch vorwarf, »sie sei eine Rabenmutter«.

Eine Mutter von drei Kindern berichtet von einem besonders unangenehmen Vorfall. Auf dem Rückflug vom Urlaub verkündete ihre dreijährige Tochter unmittelbar nach dem Start, sie »müsse mal«. Die Stewardess war »außer sich« und sagte, die Kleine müsse sich »ein Weilchen beherrschen«. Die Mutter erwiderte wütend: »Das Kind muß auf die Toilette. Es wird sein Geschäft entweder gleich hier auf dem Sitz oder dort erledigen. Es liegt an Ihnen.«

Die Stewardess ließ sie schließlich hinaus, war aber für den Rest der Reise, so die Mutter, »sehr kurz angebunden und unfreundlich«. Die Fluggesellschaften betonen, sie hätten für die Sicherheit ihrer Passagiere zu sorgen. Kinderfeindlichen Geschäftsreisenden ist selbst das noch zu wenig. Manch einer würde den Kindern das Fliegen am liebsten ganz verbieten. Andere sind der Meinung, man sollte die Kleinen wenigstens nicht in die Erste Klasse hineinlassen oder ihnen spezielle Kinderabteile einrichten. Auch vielen Eltern, die mit ihren Kindern unterwegs sind, wäre es angenehmer, in eigens für sie reservierten Abteilen zu reisen. Leider halten die meisten Fluggesellschaften solche Vorschläge für »nicht praktikabel«.

Manche Gesellschaften versuchen immerhin, die kleinen Kunden mit Unterhaltungsangeboten bei Laune zu halten. So gibt es in manchen Flugzeugen schon einen eigenen Kinderkanal und spezielle Spielebücher. Der Chefredakteur eines Reisemagazins, der selbst häufig mit seinem dreijährigen Sohn unterwegs ist, meint dazu: »Wahrscheinlich dauert es nicht mehr lange, bis eine clevere Fluggesellschaft mit einem familienfreundlichen Programm auf den Markt drängt.« Ihm schwebt eine von den übrigen Passagieren abgetrennte Eltern-Kind-Sektion mit viel Stauraum, einem eigenen Waschraum und einer Videothek vor. Warten wir's ab, ob aus seinem Traum mal Wirklichkeit wird.

Tips und Tricks für Flugreisen

Inzwischen kennen Sie ja die Reaktionen Ihrer Mitreisenden beim Anblick eines Babys im Flugzeug. Bereiten Sie deshalb den Flug sehr sorgfältig vor. Als erstes sollten Sie die Hälfte von dem, was Sie für unbedingt notwendig halten, wieder auspacken. Denken Sie daran, daß automatische Rollbahnen für Passagiere noch nicht zum Standard jedes Flughafens gehören und daß Sie bis zu Ihrem Sitz möglicherweise über einen Kilometer weit laufen müssen. Das sind keine erfreulichen Aussichten, besonders wenn Sie mit einem Baby, Ihrem Mantel, der Handtasche, einem Wickelbeutel und vielleicht noch einem Buggy beladen sind. Hängen Sie sich Wickelbeutel und Handtasche über die Schulter. Wenn Sie unbedingt einen Mantel brauchen, entscheiden Sie sich für den dünnsten, den Sie haben, denn ins Schwitzen geraten Sie ohnehin. Und tragen Sie bloß keine hochhakkigen Schuhe! Ziehen Sie lieber weniger modische, dafür aber bequemere flache Schuhe oder Turnschuhe an. Achten Sie auch auf bequeme und abwaschbare Kleidung. Am besten packen Sie den dicken Roman, zu dem Sie schon zu Hause nie Zeit hatten, gar nicht erst ein. Zum Lesen kommen Sie sowieso nicht. Wickeln Sie das Baby vorsichtshalber noch einmal vor dem Einchecken. Finden Sie sich rechtzeitig vor dem Abflugschalter ein, damit Sie wenigstens in den Genuß einer der wenigen Vorteile kommen, den Eltern mit Kindern haben – als erste an Bord gehen zu dürfen. Lassen Sie das Baby während des An- und Abfluges an einer Flasche, dem Schnuller oder Ihrer Brust saugen. Durch das Schlukken wird verhindert, daß die Ohren blokkiert werden, wenn sich durch den Höhenunterschied der Luftdruck im Flugzeug ändert. Werden Sie nicht nervös, falls das Baby nicht saugen oder trinken mag und statt dessen schreit. Auch Schreien hält die Ohren frei.

Manche Eltern lassen sich für ihr Baby vom Kinderarzt ein Schlafmittel geben. In diesem Fall empfiehlt es sich, das Mittel schon vor dem Flug auszuprobieren. Medikamente können nämlich unterschiedlich wirken und das Baby unter Umständen aufputschen. Falls der Platz neben Ihnen frei bleibt und Ihr Baby schon gut sitzen kann, ziehen Sie ihm den Klapptisch heraus. Auf ihm läßt sich prima spielen, draufklopfen und essen, zumindest für eine kurze Zeit.

Tips für die Flugreservierung

○ Sagen Sie, daß Sie mit einem Kind reisen. Fragen Sie nach Flügen, die nicht voll ausgebucht sind. Vielleicht kann dann der Sitz neben Ihnen freibleiben.

○ Finden Sie heraus, ob Sie den Flug telefonisch reservieren können. Versuchen Sie, einen Platz in der ersten Sitzreihe zu bekommen, denn dort haben Sie die größte Beinfreiheit und die Möglichkeit, das Baby auf den Boden zu legen. Einige Fluggesellschaften bieten sogar eine Art Wiege für das Kind, die entweder von der Decke herunterhängt, an der Wand befestigt wird oder auf den Boden gestellt werden kann. Auch das müssen Sie natürlich vorher absprechen.

○ Fragen Sie, ob Sie den Kinderwagen als Handgepäck mitnehmen dürfen. Vielleicht stellt die Fluggesellschaft sogar einen Kinderwagen zur Verfügung. Wenn ja, reservieren Sie ihn rechtzeitig und finden Sie heraus, wo Sie ihn abholen müssen.

○ Erkundigen Sie sich, ob das Bordpersonal Babys Flasche oder Gläschen wärmt und ob im Flugzeug Windeln zur Verfügung stehen. Auf Langstreckenflügen ist das manchmal der Fall. Fragen Sie außerdem, ob man Ihnen eine Dose öffnet oder ob Sie einen eigenen Dosenöffner mitbringen müssen.

Was müssen Sie mitnehmen?

Nehmen Sie eine geräumige Handtasche für Geldbeutel und Papiere mit, die Sie sich über die Schulter hängen, damit Sie die Hände für das Baby frei haben. Folgende Dinge sollten darin zu finden sein:

○ Kleingeld für Trinkgeld, Telefongespräche usw.

○ Wegwerfwindeln und Plastiktüten zum Einpacken (rechnen Sie damit, daß Sie pro Stunde eine Windel brauchen).

○ Einen feuchten Waschlappen.

○ Wundsalbe und Zinksalbe, falls das Baby längere Zeit in seiner schmutzigen Windel liegen muß.

○ Reichlich Ersatzkleidung für das Baby, einschließlich Pullover und Latz.

○ Decke oder Handtuch als Wickelunterlage.

○ Schnuller plus zwei Ersatzschnuller (packen Sie den dritten Schnuller in Ihren Koffer).

○ Kalter Fruchtsaft in einer gut schließenden Flasche oder Saftpulver plus eine Flasche mit abgekochtem Wasser oder Mineralwasser (geben Sie dem Baby im Flugzeug kein Leitungswasser).

○ Für lange Flüge nehmen Sie sich Ersatzkleidung oder eine Schürze mit, falls das Baby Sie naß macht oder vollspuckt.

- Ein Absauggerät, wenn das Baby erkältet ist.
- Ein paar Lieblingsspielsachen mit hohem Unterhaltungswert (für eine Weile ist wahrscheinlich alles, was in den Sitztaschen steckt, interessant).
- Eine Kleinigkeit zum Essen sowohl für das Baby als auch für Sie selbst (vielleicht kommen Sie aber gar nicht zum Essen!).

Bus- und Zugreisen

Für Bus- und Zugreisen gilt im Prinzip dasselbe wie für Flugreisen. Bereiten Sie soviel wie möglich vorher vor, reisen Sie mit wenig Gepäck und verzweifeln Sie nicht gleich. Kindersitze sind sowohl im Bus als auch im Zug erlaubt; allerdings gibt es natürlich keine Sicherheitsgurte zum Festschnallen. Plazieren Sie den Sitz gegen die Fahrtrichtung. Das ist sicherer als in Fahrtrichtung.

Was tun, wenn das Baby unterwegs krank wird?

Wie sollen Sie nur ohne den Kinderarzt zurechtkommen? Wer außer ihm weiß denn, ob ein verspeister Korken lebensgefährlich ist oder nicht, ob das Baby nun wirklich Durchfall hat, wieso seine Augen plötzlich so verklebt sind, und ob die roten Flecken auf seinem Rücken einer harmlosen entzündeten Miliaria entsprechen oder etwa Ausdruck einer Frühform des syphilitischen Exanthems (Roseola) sind? Ein krankes Baby ist so schrecklich hilflos, und seine Pflege ist immer nervenaufreibend. Sollte es unterwegs einmal krank werden, und es ist gerade kein Arzt in der Nähe, dann verlassen Sie sich ruhig auf Ihren gesunden Menschenverstand und vertrauen Sie auf Ihre Intuition.

Vor Ihrer ersten Reise mit dem Baby ist es empfehlenswert, spätestens eine Woche bevor es losgeht, noch einmal beim Kinderarzt vorbeizuschauen. Sie sind dann sicher, daß das Baby gesund ist, und Sie haben die Möglichkeit, Ihre Bedenken mit dem Arzt zu besprechen. Sind Impfungen erforderlich, dann sind eventuelle Impfreaktionen bis zur Abfahrt ausgestanden.

Wenn Ihr Baby anfällig für Mittelohrentzündungen oder Magenbeschwerden ist und schon öfter deswegen in ärztlicher Behandlung war, dann sollten Sie sich vor allem bei Auslandsreisen die entsprechenden Medikamente verschreiben lassen.

Geben Sie dem Baby Beruhigungs- oder sonstige Wundermittel gegen Reisekrankheit nur auf ärztliche Anweisung; hüten Sie sich vor den klugen Ratschlägen anderer Leute und lassen Sie vor allem die Finger von irgendwelchen Medikamenten für Erwachsene, die Sie in Ihrem Arzneischrank gefunden haben. Falls Sie die Trinkflaschen sterilisieren und Ihr Baby inzwischen älter als drei Monate ist, fragen Sie den Arzt, ob das wirklich noch notwendig ist. So hätten Sie nämlich ein Problem weniger. Seien Sie aber vorsichtig, welches Wasser Sie dem Baby zu trinken geben. Nehmen Sie kein Wasser aus dem Flugzeug, Zug oder Bus, sondern ausschließlich Mineralwasser.

Reisen mit Medikamenten

- Schauen Sie nach, ob das Verfalldatum des Medikamentes auch am Ende der Reise noch nicht überschritten ist.
- Fragen Sie bei Medikamenten, die »nur

gekühlt haltbar« sind, ob das auch wirklich stimmt. Manchmal bleiben sie nämlich auch bei Zimmertemperatur bis zu einer Woche haltbar. Allerdings sollten Sie sie natürlich nicht an einem heißen Ort wie z. B. dem Handschuhfach des Autos aufbewahren.

○ Medikamente, die nicht in einer Plastikflasche mit kindersicherem Verschluß aufbewahrt sind, sollten Sie in Ihrer Apotheke umfüllen und nochmals etikettieren lassen.

○ Bitten Sie Ihren Kinderarzt vor allem vor Auslandsreisen, Ihnen ein Mittel gegen Durchfall und ein krampflösendes Mittel bei schweren Erkältungen zu verschreiben. Nehmen Sie ein Fieberthermometer, Fieberzäpfchen, ein Buch über Kinderkrankheiten, Vitaminpräparate, ein nicht fettendes Sonnenschutzmittel und eine gute Wundcreme mit. (Ihr Baby wird durch das ungewohnte Essen, die Luftveränderung, das andere Wasser und die möglicherweise selteneren Windelwechsel unterwegs vielleicht schneller wund). Stecken Sie auch die Telefonnummer Ihres Arztes und den Auslandskrankenschein ein.

○ Vergessen Sie nicht: im Notfall können Sie jederzeit ins nächste Krankenhaus oder in eine Arztpraxis gehen.

Mit einem Baby im Restaurant

Es war schon sechs Uhr, und als wir endlich ein Restaurant fanden, hatte Katja wirklich Hunger. Das Restaurant hieß »Hühnchengrill«, und von außen sah es aus wie ein Selbstbedienungsrestaurant. Weit gefehlt! Die Gäste waren alle sehr gut gekleidet. Wir mußten 20 Minuten auf einen Tisch warten. Unsere Kleine hatte ihre Flasche schon im Auto leergetrunken und bekam jetzt vom Kellner ein Bonbon nach dem anderen. Schließlich fanden wir einen Platz und holten den Kinderstuhl. Von da an wußte ich, daß wir Probleme bekommen würden, denn der Stuhl hatte keine Gurte zum Festschnallen. Das ging eine ganze Weile lang gut. Katja saß still da, zerriß die Papierservietten und machte alle Tüten mit Salzgebäck auf, die auf dem Tisch standen. Sie stopfte sich das Gebäck in den Mund, spuckte es wieder aus und aß schließlich ein paar Eiswürfel. Als unser Hühnchen endlich kam und ich es gerade aufschneiden wollte, stand Katja auf und warf den Wasserkrug um. Der Kellner rutschte aus und wäre fast mit seinem Tablett hingefallen. Die Kleine war inzwischen damit beschäftigt, sich das Hühnchen und den Kartoffelbrei ins Haar zu schmieren. Wir verlangten die Rechnung, ließen ein großzügiges Trinkgeld liegen und machten, daß wir wegkamen.

Sie haben Ihr Baby noch nie in ein Restaurant mitgenommen, wissen aber, daß es im Urlaub nicht anders geht. Lassen Sie sich nicht einschüchtern, versuchen Sie es einfach! Wenn Sie längere Zeit nicht essen waren, probieren Sie es vor der Reise noch einmal aus. Vielleicht ist inzwischen alles ganz anders. Mit einem zufriedenen Baby im Autositz kann das Essen richtig Spaß machen. Selbst ein acht Monate altes Baby, das vor sich hinplappert und begeistert mit einem Löffel spielt, ist oft eine angenehme Begleitung. Erst mit etwa einem Jahr wird es unter Umständen wirklich schwierig.

Suchen Sie vor allem ein geeignetes Restaurant aus. Gehen Sie früh und nehmen Sie für das Baby etwas zu essen und ein paar Spielsachen oder Bücher mit. Stecken Sie etwas zum Anschnallen ein – manche Hochstühle haben keine Gurte. Fragen Sie, ob Sie einen Tisch in einer Ecke bekommen können.

So macht Reisen Spaß – Ratschläge von Eltern

Statt Museen zu besichtigen, waren wir letztendlich nur noch damit beschäftigt, Spielplätze für Anna ausfindig zu machen. Nächstes Mal würden wir unsere Auslandsreise wahrscheinlich lockerer gestalten und auf Campingplätzen übernachten, um eher Familien mit kleinen Kindern zu treffen. Dann müßten wir auch nicht dauernd ins Restaurant zum Essen gehen.

⁂

Mit einem Baby, das sich schon allein fortbewegen kann, sollten Sie darauf achten, daß das Haus Ihrer Gastgeber kindersicher ist. Kopieren Sie ihnen vielleicht am besten das entsprechende Kapitel in diesem Buch. Ich habe zu meiner Mutter immer einiges selbst mitgebracht, z.B. ein zusammenklappbares Treppengitter, eine Rolle Klebeband, um Küchenschränke zuzukleben, und einen ganzen Beutel Steckdosensicherungen.

⁂

Ich bin jetzt schon eine Woche lang mit Jessika unterwegs, und sie hält sich, ganz im Gegensatz zu mir, wirklich gut. Die Mahlzeiten sind eine Qual. Es ist so anstrengend, dreimal am Tag ein zappeliges zehn Monate altes Baby auf dem Schoß zu füttern. Wenn wir nicht morgen wieder nach Hause gingen, würde ich ganz sicher einen Hochstuhl leihen oder stehlen.

⁂

Ich wünschte, wir hätten unser Auto nicht so vollgestopft - wir haben den Hochstuhl, einen Laufstall und den Buggy dabei. Das meiste ist völlig überflüssig. In einer Großstadt gibt es Hochstühle und Reisebetten zu leihen. Schauen Sie in den gelben Seiten des Telefonbuches nach.

Meine Kinder essen auswärts weit weniger als daheim, und sie haben es alle überlebt. Pro Mahlzeit gibt es immer nur eine Sorte Gläschen. Sebastian bekommt ein Obstgläschen zum Frühstück, eine Fleischmahlzeit zum Mittagessen und abends Gemüse. Reste werfe ich weg.
Außerdem habe ich für unterwegs einen Plastiklatz, den ich einfach nur abspülen muß.

⁂

Auf Reisen habe ich immer eine Knoblauchpresse in der Handtasche. So kann ich für das Baby kleine Portionen von meinem Teller nehmen und pürieren.

⁂

Wenn ich eine Reise mit meinen acht Monate alten Zwillingen plane, mache ich mir eine Liste von den Dingen, die ich mitnehmen muß. Diese Liste wird im Kofferdeckel festgeklebt. Beim Packen kann ich dann alles nacheinander abhaken. Ich wäre mir sonst nie sicher, ob ich alles, was ich brauche, auch wirklich eingepackt habe.

Frage: Mein Mann und ich nehmen unsere neun Monate alte Tochter Clarissa sonntags regelmäßig zum Brunch ins Restaurant mit. Hinterher sehen Tisch und Fußboden immer entsprechend verschmiert aus. Sind wir verpflichtet, alles wieder sauberzumachen?

Antwort: Ein großzügiges Trinkgeld entschädigt nicht unbedingt für eine große Unordnung. Man kann vom Kellner nicht erwarten, daß er hinter einem Baby oder Kleinkind herputzt. Am besten nehmen Sie ausreichend Küchenrolle und vielleicht sogar einen feuchten Schwamm und eine Plastiktüte mit, in die Sie dann alles stecken können. Tun Sie, was Sie können, und entschuldigen Sie sich für den Rest. Ein gutes Trinkgeld stimmt sicher auch jeden gleich freundlicher.

Was Mütter raten, damit der Restaurantbesuch nicht im Desaster endet:

Beim dritten Baby war mir schließlich klar, daß es sich unterwegs am besten bewährt, im Restaurant zu frühstücken. Das Baby ist dann noch ausgeruht und hungrig, und das Essen – Brötchen, Eier, Fruchtsaft – eignet sich hervorragend für Babys. Zum Mittagessen halten wir bei schönem Wetter immer unterwegs an und picknicken. Abends bekommt Benni ein Gläschen im Hotelzimmer, während die anderen zum Essen gehen. Hinterher gehe ich dann immer allein ins Restaurant.

⁂

Als Tobias noch ganz klein war, kaufte ich für ihn einen speziellen Babyspiegel. Seit er im Hochstuhl sitzt, beschäftigt er sich im Restaurant immer damit, das Baby im Spiegel zu betrachten und sich mit ihm zu unterhalten. Wir hatten nie Schwierigkeiten in Restaurants, und ich denke, das liegt ausschließlich an diesem phantastischen Spielzeug. Wir haben es natürlich nur für Restaurantbesuche reserviert.

Was zieht das Baby auf die Reise an?

Unterwegs ist es ganz praktisch, einen Waschsalon in der Nähe zu haben. Die folgenden Vorschläge stammen von Eltern, die mit ihrem Baby Tausende von Kilometern unterwegs waren. Denken Sie daran, daß helle Kleidung viel schneller schmutzig aussieht als dunkle Sachen.

Hanna ist im Auto nur mit Keksen zufriedenzustellen, die dann irgendwann zu einem schmierigen Brei werden. Ich ziehe ihr entweder einen Kittel – ein langärmeliges T-Shirt von mir – oder einen Plastiklatz an. Andernfalls wäre ich dauernd am Wäschewaschen.

⁂

Meine Mutter hat ihre eigene Methode, auf Reisen sparsam mit Wäsche umzugehen. Sie sagt, es gäbe vier Arten, ein T-Shirt zu tragen: richtig herum, falsch herum, auf links gedreht und richtig herum, und auf links gedreht und falsch herum.

⁂

Auf unseren Reisen hatten wir kaum Jeans oder Cordhosen, sondern nur ganz leichte Sachen dabei. Sie waren einfacher zu packen und nach dem Waschen schnell trocken.

⁂

Fragen Sie im Reisebüro, in welchen Ländern Sie Wegwerfwindeln kaufen können. Wir haben Unmengen davon im Flugzeug mitgenommen und stellten dann fest, daß es sie am Urlaubsort in jedem Laden gab.

***

Je älter ein Baby wird, desto mehr Schwierigkeiten hat es, anderswo als zu Hause zu schlafen. Sie brauchen mehr Zeit, das Baby zum Einschlafen zu bringen. Eine Lieblingsdecke, ein Stofftier, Babys Spieluhr oder eine gern gehörte Kassette sind dabei sicher sehr hilfreich. Ich nehme außerdem immer unsere eigenen Leintücher mit.

***

Stillen Sie Ihr Baby nicht vor einer Reise ab. Gerade in einer fremden Umgebung ist es wichtig, ihm seine vertrauten Gewohnheiten zu lassen.

***

Meine Mutter hat mich gewarnt. Sie sagt immer, sie habe zum ersten Mal richtig Urlaub gemacht, als meine Schwester und ich mit zehn und elf Jahren in ein Ferienlager gingen. Glauben Sie, daß wir wirklich so lange warten müssen?

Ja, das glaube ich allerdings!

Ein Buch zum Thema

Weidenbach-Janositz, Suse/Janositz, Paul: Urlaub mit Kindern und wie er allen Spaß macht, Mosaik 1993.

Die kindersichere Wohnung

Ändern Sie Ihre Gewohnheiten

Machen Sie zum Wohl und Schutz Ihres Babys und zu Ihrer eigenen Beruhigung Ihre Wohnung kindersicher, bevor das Baby zu krabbeln beginnt. Jetzt sind Sie nämlich noch schneller als das Kleine (später ist das nicht unbedingt der Fall) und können Gefahren für das Baby und Frustrationsquellen für Sie selbst in aller Ruhe beseitigen. Für ein Baby, das gerade krabbeln gelernt hat, ist einfach alles faszinierend, von der Möbelpolitur über das Feuerzeug, von Aspirintabletten bis hin zum Inhalt Ihres Nähkästchens. Es hat keinerlei Unterscheidungskriterien, dafür aber jede Menge Phantasie. »Wasserspiele« in der Toilette, Herumkauen auf dem durchgescheuerten Toasterkabel, mit Büroklammern in Steckdosen stochern, schillernde Glasscherben aus dem Mülleimer fischen – all das übt einen unwiderstehlichen Reiz auf das neugierige Baby aus und kann tödlich enden.

Die meisten Unfälle, in die Kinder verwikkelt sind, passieren zu Hause, und sie hätten in neun von zehn Fällen vermieden werden können, wenn die Eltern ihr Haus wirklich auf das Kind ausgerichtet hätten. Eine kindersichere Umgebung ist nicht nur für die körperliche Sicherheit des Kindes entscheidend, sondern auch für sein seelisches Wohlbefinden. Ein Kind, das von gereizten, ängstlichen Eltern ständig geschimpft wird, nur weil es in seinem unendlichen Forscherdrang alles und jedes untersuchen will, erleidet mit Sicherheit einen seelischen Schaden. Dabei ist es völlig sinnlos, jemanden auszuschimpfen, der es nicht besser weiß, wo doch Eltern und Baby im Grunde nichts anderes wollen, als Freude aneinander zu haben.

In den ersten Lebensjahren unseres Kindes müssen wir auf einiges verzichten. Dazu gehört zuallererst eine »erwachsene« Umgebung. Machen Sie es sich und dem Baby leicht und beseitigen Sie gefährliche Einrichtungsgegenstände. Es ist allemal besser, die Quelle der Versuchung zu entfernen, als unnötig Energie im Kampf darum zu verschwenden. Räumen Sie den Mülleimer in der Küche entweder ganz weg oder stellen Sie ihn außer Reichweite. Füttern Sie den Hund, solange das Baby weg ist. Sichern Sie die Treppen.

Von der Neugierde unseres Babys können wir einiges lernen, anstatt sie als unangenehmes Ärgernis zu betrachten. Wir müssen nur sichere Alternativen für das Kind suchen. Wenn es z. B. mit großer Begeisterung schwere Türen auf- und zumacht und sich dabei leicht die Finger einklemmen könnte, dann überlassen Sie ihm doch einen »sicheren« Schrank mit unzerbrechlichen Plastikschüsseln. Babys Interesse am Wassernapf des Hundes oder der Toilette läßt sich vielleicht am ehesten mit etwas mehr Zeit zum Spielen in der Badewanne kompensieren.

Lernen Sie aber auch, die eigenen Grenzen realistisch einzuschätzen, und geben Sie Ihren Bedürfnissen nach. In einer Situation, in der Sie gestreßt und erschöpft sind, Ihre Gedanken woanders haben, sich nicht wohl fühlen oder einfach nur das Mittagessen kochen müssen, ist ein Baby, das ständig irgend etwas will, ein zusätzlicher Streßfaktor. Es ist dann wirklich am besten, sich eine kleine Verschnaufpause zu gönnen und das Baby in den Laufstall zu setzen.

Eltern und ihre Vorstellungen zum Thema Sicherheit

Das babysichere Haus hat einen abwaschbaren Fußboden, der ungefähr einen Meter an der Wand hochgezogen wird. Die Möbel aus waschbarem Schaumstoff sind niedrig und am Boden angenagelt. Ein Regal in Schulterhöhe verläuft rund um das Zimmer und bietet Platz für wertvolle oder gefährliche Gegenstände. Selbstverständlich ist ein professioneller 24-Stunden-Service zum Staubsaugen in ständiger Rufbereitschaft.

***

Ich habe die ständige Befürchtung, daß ich nie vorsichtig genug sein kann. Als Jan noch ganz klein war, kamen wir eines Abends nach Hause und sahen, daß der Babysitter ihm seinen Schnuller mit einer Schnur um den Hals gebunden hatte. Ich war entsetzt. Als er krabbeln konnte, ging der Kampf erst richtig los. Alles konnte noch so sauber sein, Jan fand auf dem Boden immer etwas Übles, Rostiges und steckte es in den Mund. Dann lernte er stehen und fiel dauernd auf den harten Holzfußboden. Ich war mir sicher, daß er bleibende Hirnschäden davontragen würde. Vor zwei Wochen noch schien es mir kaum vorstellbar, daß es Eltern geben sollte, die die Knöpfe vom Herd abschraubten. Heute sehe ich das ganz anders ... An schlimmen Tagen wundere ich mich, daß die menschliche Gattung überhaupt überleben konnte.

***

Manchmal denke ich mir, daß es vielleicht nicht so aufreibend und mühsam geworden wäre, Sabrina großzuziehen, wenn Robert und ich – ich war damals 41 – jünger gewesen wären. Ein elfeinhalb Monate altes Kleinkind, das gerade laufen gelernt hat, kann eine Wohnung in einer Viertelstunde in eine Rumpelkammer verwandeln. Abends falle ich regelmäßig halbtot und völlig apathisch ins Bett. Robert sagt, die Grundausbildung bei der Marine sei dagegen ein Klacks gewesen.

Als Sarah elf Monate alt war und noch nicht laufen konnte, wurden meine schlimmsten Befürchtungen wahr. Irgendwie schaffte sie es, auf ein niedriges Regal unter dem Schlafzimmerfenster zu steigen, das sich eigentlich nur einen Spalt weit öffnen läßt. Von dort kletterte sie nach draußen auf die Feuerleiter. Sarah hat es überlebt, ich bin vor Angst fast gestorben. Das Fenster ließ sich nicht öffnen, und ich mußte sie überreden, wieder zurückzukommen. Ich hatte wirklich panische Angst und ungeheure Schuldgefühle.

Was Experten meinen

»Nichts ist für eine gesunde Entwicklung entscheidender als ungebremste Neugier.«
(Burton L. White: The First Three Years of Life)

»Eltern können nicht alle Unfälle verhindern. Und wenn sie es versuchen, dann wird ihr Kind überängstlich und unselbständig.
(Benjamin M. Spock / Michael B. Rothenburg: Dr. Spock's Baby and Child Care)

»Irgendwie müssen Sie es als Eltern schaffen auf der Seite Ihres Kindes zu stehen, das Beste aus jedem einzelnen Tag zu machen und über die kleinen Mißgeschicke zu lachen. Das ermöglicht einzig und allein Ihre Entschlossenheit, Freude aneinander zu haben. Genießen Sie die Herausforderung, Ihr Kind zu führen, ohne daß es etwas davon merkt, lenken Sie es ab, bevor es zum Streit kommt, und schützen Sie es, bevor es einen Unfall hat. Lernen Sie, das Leben mit den Augen Ihres Kindes zu betrachten, ohne dabei den eigenen Standpunkt zu vernachlässigen. Lieben Sie Ihr Kind und lassen Sie sich ungehindert von ihm lieben. Das Kind möchte Ihnen nur Freude bereiten. Sie sind sein Gott. Allerdings wird es noch eine Weile dauern, bis es weiß, was Ihnen Freude macht. Denn Ihre Freuden sind nicht seine Freuden. Sie mögen keine Sauce auf dem Teppich.«
(Penelope Leach: Your Baby and Child: From Birth to Age Five)

In einem Babybuch haben wir gelesen, daß wir unsere Wohnung auf allen Vieren erkunden sollten. Das haben wir getan. Eine Stunde lang sind wir wie die Idioten herumgekrabbelt. Am Ende waren wir nicht nur unbeschreiblich schmutzig, sondern wir fanden auch ein wahres Schatzkästchen mit Streichhölzern, Kleingeld, Deckeln von Parfümflaschen und Zahnpastatuben, Haarnadeln, Büroklammern, Reißnägeln, Metallfedern, verlorenen Ohrringen, Krawattennadeln, Hemdkragen, Busfahrkarten, Vitamintabletten, Batterien, Feuerzeugen, Pfeifenreinigern und Bonbonpapier. Eine Stehlampe und das Trinkgefäß unserer Katze fielen um, und wir bekamen von der rauhen Unterseite von Tischen und dem Klavierhocker einige Kratzer ab. Mein Mann schlug sich an der Ecke unseres gläsernen Couchtisches den Kopf an. Ich warf den wackeligen Telefontisch um. Daraufhin haben wir beide Möbelstücke hinausgeworfen.

Frage: Wann passieren die meisten Unfälle?

Antwort:

○ Wenn das Baby irgendeiner Versuchung – sei es ein scharfes Messer, eine verkehrsreiche Straße, ein Röhrchen mit Aspirin usw. – einfach nicht widerstehen kann.

○ Wenn das Baby und/oder ein Elternteil müde oder hungrig sind. Die meisten Unfälle passieren zwischen drei und sechs Uhr nachmittags. Gegen Ende der Woche passiert ebenfalls mehr. Die gefährliche Zeit beginnt am Donnerstag und erreicht am Samstag ihren Höhepunkt.

○ Wenn die Familie es eilig hat und wenn es keine festen Gewohnheiten gibt.

○ Wenn die Mutter krank, schwanger oder kurz vor ihrer Menstruation ist, oder wenn andere Familienmitglieder entweder krank sind oder im Zentrum der mütterlichen Aufmerksamkeit stehen.

○ Wenn Spannungen zwischen den Eltern auftreten oder wenn es andere familiäre Konflikte wie Scheidung, Krankheit oder Tod gibt.

○ Wenn auf das Kind nicht sorgsam genug aufgepaßt wird.

○ Wenn das Kind keinen sicheren Platz zum Spielen hat.

○ Wenn Eltern oder Erzieher nicht wissen, mit welchen neuen Aktivitäten sie in einer bestimmten Entwicklungsphase ihres Kindes rechnen müssen.

○ Wenn das Kind von einer unbekannten Person oder von einem Geschwisterkind versorgt wird, das dieser Verantwortung noch nicht gewachsen ist.

○ Wenn sich ein Kind in einer fremden Umgebung befindet, z. B. in den Ferien oder bei einer neuen Tagesmutter.

Nützliche Sicherheitsvorrichtungen

Es gibt heute ein verwirrend großes Angebot von Sicherheitsvorrichtungen zum Schutze Ihres Kindes. Manches ist sicher sinnvoll, anderes wiederum entweder so kompliziert oder so schlecht verarbeitet, daß es wenig hilfreich ist. Bevor Sie irgendwelche Kindersicherungen kaufen, überprüfen Sie, ob Sie sie in Ihrer Wohnung auch wirklich brauchen. Im folgenden haben wir eine Reihe von Sicherheitsvorrichtungen aufgelistet, um Ihnen einen Überblick über das Marktangebot zu geben.

Wenn Sie Ihre Wohnung auf Kindersicherheit überprüfen, nehmen Sie Papier und Bleistift und einen Meterstab zur Hand. Denken Sie aber immer daran, daß selbst die besten Sicherheitsvorrichtungen kein Ersatz für Ihr aufmerksames Auge sind.

Sicherheitsriegel für Herd- und Kühlschranktüren. Er verriegelt die Backofentür, damit Ihr Baby sich nicht die Finger verbrennt, und er verhindert, daß das Baby den Kühlschrank öffnet, wenn dieser auf dem Boden steht.

Herdschutzgitter mit oder ohne Schalterabdeckung. Neugierige Babys drehen gern an den Herdknöpfen. Eine Schalterabdeckung verhindert das. Manche Eltern schrauben auch einfach die Knöpfe ab. Ein Herdschutzgitter, das mit Saugnäpfen befestigt wird, verhindert, daß Babys heiße Töpfe vom Herd ziehen können. Im übrigen empfiehlt es sich, auf den hintersten Platten zu kochen und die Griffe und Stiele von Töpfen nach hinten zu drehen.

Schrank- und Schubladensperren. Sie bestehen aus einem langen, flexiblen hakenförmigen Kunststoffteil, das in seinem Widerpart eingerastet wird. Eine Schublade läßt sich gerade so weit öffnen, daß ein Erwachsener zwei Finger durchstecken und die Befestigung lösen kann.

U-förmiges Schrankschloß. Mit ihm lassen sich Schränke verschließen, deren Griffe etwa sechs bis elf Zentimeter auseinanderstehen. Hier ist die Geschicklichkeit eines Erwachsenen erforderlich, um das Schloß gleichzeitig zusammenzudrücken und die Sperre zu lösen. Eine sinnvolle Alternative für unterwegs besteht darin, Griffe an Schränken und Schubladen mit gefährlichem Inhalt fest zusammenzubinden oder mit einem straff angezogenen Gummi zu sichern.

Türbremse. Die Pneumatik bremst die Tür vor dem Zuschlagen ab, so daß kleine Finger und Hände nicht eingeklemmt werden können.

Steckdosensicherungen. Sie sind in mehreren Varianten erhältlich und werden entweder in die Steckdosen eingesteckt und dann mit einem Spezialschlüssel entfernt oder aber dauerhaft eingeklebt.

Eckenschutz. Mit diesen Vorrichtungen werden scharfe Kanten an Möbeln abgerundet. Denken Sie aber auch daran, daß manche Schutzklappen so klein sind, daß

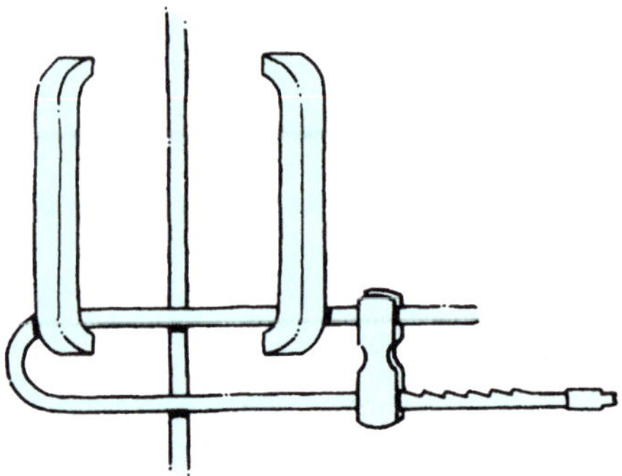

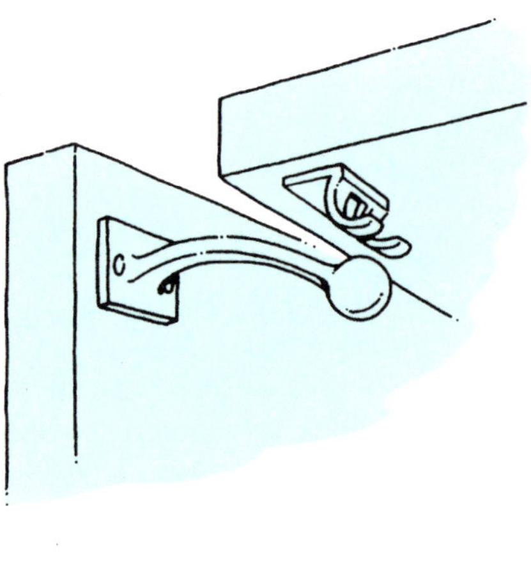

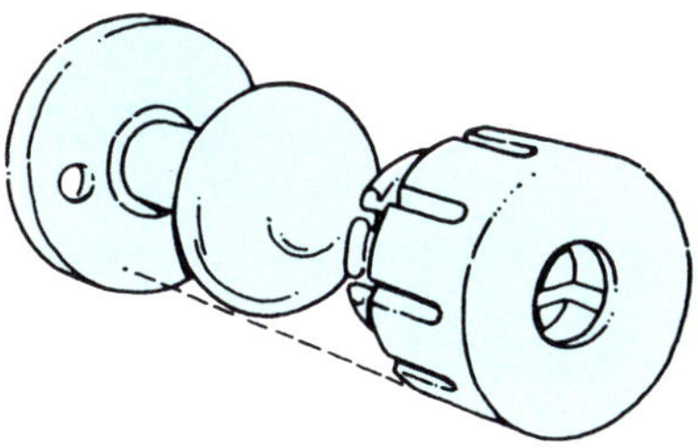

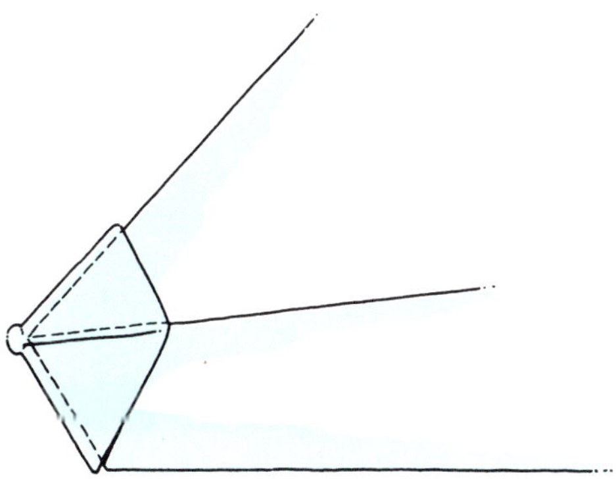

das Baby sie leicht verschlucken kann. Überprüfen Sie ab und zu, ob die Kappen noch sicher sitzen.

Schutzgitter. Sie sind gut dazu geeignet, die Bereiche abzusperren, die für das Baby gefährlich werden können. Leider vermitteln sie auch ein trügerisches Sicherheitsgefühl, denn keines der gebräuchlichen Modelle bietet eine hundertprozentige Sicherheit. Die stabilen Schutzgitter aus Holz werden in die gewünschte Breite auseinandergezogen und im Türrahmen oder vor Treppen arretiert. Manche Gitter lassen sich mit einem kindersicheren Mechanismus wie eine Tür öffnen. Allerdings können selbst diese stabilen Gitter vor einer Treppe leicht zu einer Gefahr werden. Achten Sie bei jedem Modell darauf, daß es keine scharfen Kanten aufweist und daß keine kleinen Teile abbrechen können, die das Baby eventuell verschluckt. Lassen Sie keine großen Spielsachen in der Nähe des Gitters herumliegen, denn das Baby könnte sie dazu benutzen, um über das Gitter zu klettern. Halten Sie sich genau an die Gebrauchs- und Montageanleitung.

Sobald das Gitter drei Viertel der Größe Ihres Kindes ausmacht d. h. wenn Ihr Kind etwa 80 Zentimeter groß oder etwa 15 Kilogramm schwer ist – bauen Sie das Gitter besser ab.

Alternativen zu Schutzgittern: Natürlich können Sie sich Ihre Schutzvorrichtung auch selber machen. Befestigen Sie auf jeder Seite des Türrahmens ein gefalztes Brett und passen Sie ein Stück Sperrholz ein, das Sie dann bei Bedarf wieder entfernen. Oder Sie bauen eine Zweittür oder eine Halbtür, bei der sich das Schloß außerhalb von Babys Reichweite befindet. Zweifellos erfordern solche selbstgebauten Gitter und Türen mehr Überlegung, Zeit, Mühe und eventuell auch Kosten als der Kauf von ein paar Schutzgittern. Bedenken Sie aber, daß es sich um eine Investition für mindestens zweieinhalb bis drei Jahre handelt. Und sollten Sie sich noch weitere Kinder wünschen, dann halten solche Vorrichtungen sogar noch länger.

Achtung Feuergefahr!

Haben Sie gewußt, daß ein Feuer, das eine Minute lang brennt, in dieser Zeit dreimal so groß wie am Anfang wird? In vier Minuten wird es elfmal so groß, und in nur sechs Minuten fünfzigmal so groß. Nehmen Sie ein Feuer also ja nicht auf die leichte Schulter! Lesen Sie die folgenden Hinweise und sprechen Sie mit jedem darüber, der sich entweder bei Ihnen zu Hause oder anderswo um Ihr Baby kümmert.

- Das Vorhandensein von sorgfältig gereinigten und gut funktionierenden Rauchmeldern kann das Sterberisiko bei Feuer um die Hälfte reduzieren. Es empfiehlt sich mindestens ein Rauchmelder pro Stockwerk. Kontrollieren Sie einmal im Monat die Batterien und ersetzen Sie sie jährlich. Zeigen Sie Ihrem Babysitter, wo die Rauchmelder angebracht sind.
- Halten Sie in der Küche einen Feuerlöscher und etwas Natriumbikarbonat (Soda) griffbereit. Zeigen Sie dem Babysitter, wo sich beides befindet.
- Achten Sie darauf, daß alle Heizgeräte wenigstens einen Meter von brennbaren Gegenständen entfernt sind.
- Bewahren Sie Streichhölzer, Feuerzeuge und Aschenbecher außerhalb von Babys Reichweite auf. Rauchen Sie niemals im Bett!
- Haben Sie einen Fluchtplan? Gibt es aus jedem Zimmer zwei Ausgänge, z. B. eine Tür und ein Fenster? Bestimmen Sie außerhalb des Hauses einen Treffpunkt, an dem Sie sich im Notfall wiederfinden. Falls Sie in einer Wohnung wohnen, kennen Sie alle Notausgänge des Mietshauses?
- Wenn jemand anders auf Ihr Kind aufpaßt – entweder bei Ihnen zu Hause oder bei der entsprechenden Person – vergessen Sie nicht, mit ihr genau zu besprechen, was in einem Notfall zu tun ist. Das ist besonders dann wichtig, wenn sich eine Pflegeperson um mehr als ein Kind zu kümmern hat.

Schadstoffe im Haushalt

Es vergeht kaum ein Tag, an dem wir nicht von neuen Gefahren für unsere Gesundheit und die unserer Kinder hören – sei es in der Nahrung, die wir essen, der Kleidung, die wir tragen, dem Wasser, das wir trinken, oder der Luft, die wir in unseren Räumen einatmen. Zu diesem Thema gibt es spezielle Ratgeber wie z. B. »Chemie im Haushalt« oder »Chemie im Kinderzimmer«, beide erschienen bei Rowohlt. Besorgte Eltern bekommen dort einen genauen Überblick über Gefahrenquellen.
An dieser Stelle sei vor allem auf die Gefahren, die Putz- und Waschmittel für Kinder darstellen, hingewiesen. Bewahren Sie diese Chemikalien, wie auch Medikamente, Körperpflegemittel und anderes, immer außer Reichweite von Kindern auf. Ich rate Ihnen außerdem, falls Sie in einem alten Haus wohnen und die Möglichkeit besteht, daß der Bleigehalt Ihres Trinkwassers gefährlich hoch ist, weil es durch Bleileitungen fließt, dieses so schnell wie möglich durch einen Umweltschutzexperten testen zu lassen. In der Zwischenzeit verringern Sie selbst den Bleigehalt Ihres Trinkwassers, indem Sie den Wasserhahn ungefähr drei Minuten lang laufen lassen, bevor Sie Wasser trinken, und zum Anrühren von Babyfertignahrung nie warmes Leitungswasser benutzen. Nähere Informationen erhalten Sie bei dem Umweltbeauftragten Ihrer Gemeinde bzw. bei der nächsten BUND-Geschäftsstelle.

Vorsicht vor Knopfbatterien!

Diese winzig kleinen Batterien werden immer häufiger für Uhren, Spielzeug, Computerspiele und klingende Glückwunschkarten verwendet. Falls Ihr Baby eine Batterie verschluckt, hat es vielleicht Glück, und sie verläßt seinen Körper unverdaut und ohne irgendwelche Schwierigkeiten. Wenn es Pech hat, bleibt die Batterie in Babys Speiseröhre stecken. Lassen Sie Ihr Baby also auf keinen Fall mit Spielsachen spielen, die mit Knopfbatterien betrieben werden und für größere Kinder gedacht sind. Schließen Sie Ersatzbatterien weg und entsorgen Sie alte Batterien umgehend. Bei dem Verdacht, Ihr Baby könnte eine Batterie verschluckt haben, kontaktieren Sie sofort die Giftzentrale.

Ein kleiner Sicherheitsrundgang durch das Haus

Machen Sie sich bei Ihrem Rundgang durch das Haus ruhig ein paar Notizen. Denken Sie auch daran, sämtliche Fenster zu überprüfen. Verlassen Sie sich nicht darauf, daß ein Fliegengitter Ihr Baby vor Gefahren schützt. Installieren Sie eine Fenstersicherung, mit der sich das Kind nicht die Finger einklemmt. Entfernen Sie auch alle Möbelstücke, auf denen das Baby auf die Fensterbank klettern könnte. Kürzen oder entfernen Sie die Schnüre von Gardinen oder Rollos, mit denen sich das Kind eventuell strangulieren könnte.

Machen Sie große Glastüren oder Spiegelglasfenster durch Bekleben in Kinderhöhe sichtbar, damit das Baby nicht versehentlich hineinrennt. Achten Sie bei Balkonen und Treppengeländern darauf, daß die Gitterstäbe den vorgeschriebenen Abstand haben. Stellen Sie Heizlüfter und Ventilatoren nie in Babys Reichweite auf.

Wohnzimmer, Eßzimmer und Schlafzimmer

- Schauen Sie jedesmal beim Betreten dieser Räume nach, ob auf Boden, Tischen oder Betten kleine Gegenstände herumliegen, an denen das Baby ersticken könnte.
- Entfernen Sie alle Möbelstücke, die so zerbrechlich oder instabil sind, daß sie umkippen, wenn sich das Baby an ihnen hochzieht.
- Seien Sie vorsichtig mit Schwingtüren und Türangeln im allgemeinen.
- Installieren Sie in allen diesen Räumen ausreichende Rauchschutzvorrichtungen.
- Rauchen Sie nicht in der Nähe Ihres Babys und bewahren Sie Rauchutensilien wie Tabak, Streichhölzer und Aschenbecher außerhalb seiner Reichweite auf. Feuerzeuge, vor allem die bunten Einwegfeuerzeuge aus Plastik, sind auch von einem Baby recht leicht zu bedienen.
- Passen Sie auf, daß alkoholische Getränke einschließlich Wein unerreichbar für das Baby in einem speziellen Weinregal aufbewahrt oder sogar ganz weggeschlossen werden.
- Schirmen Sie offene Kamine oder Kaminöfen ausreichend ab und decken Sie das Feuerholz entweder ab oder stellen Sie es weg.
- Achten Sie darauf, daß Bücher und Schallplatten fest und sicher in ihren Regalen stehen und bewahren Sie alle zerbrechlichen Gegenstände außerhalb von Babys Reichweite auf.
- Denken Sie daran, daß Tischdecken ideal zum Hochziehen sind.

○ Seien Sie vorsichtig mit Schaukelstühlen, Liegestühlen und Klappbetten; kleine Hände und Füße sind schnell eingeklemmt.

○ Stellen Sie Steckdosen mit Möbeln zu oder sichern Sie sie mit speziellen Steckdosensicherungen.

○ Sichern Sie die Kabel von Tischlampen in Babys Reichweite mit Klemmen.

○ Achten Sie vor allem im Schlafzimmer darauf, daß Schuhputzzeug, Parfum und Schmuck sicher aufbewahrt sind. Hängen Sie Krawatten, Schals und Gürtel außerhalb der Reichweite Ihres Kindes auf. Werfen Sie alle Plastikhauben aus der Reinigung sofort weg.

○ Vorsicht mit Schnüren von Gardinen und Jalousien; das Baby könnte sich strangulieren.

○ Entfernen Sie rutschende Teppiche und Brücken.

Die Küche

Die Küche ist der gefährlichste Raum in Ihrem Haus. Gleichzeitig ist es wahrscheinlich auch der Raum, in dem Sie und Ihr Baby die meiste Zeit verbringen und in dem Sie am meisten abgelenkt sind. Manche Sicherheitsexperten empfehlen deshalb, Babys und Kleinkinder gar nicht erst in die Küche zu lassen. Aber für die meisten Eltern ist dieser Vorschlag völlig unrealistisch. Seien Sie statt dessen lieber extrem wachsam und überprüfen Sie Ihre Küche gelegentlich anhand folgender Liste.

○ Schauen Sie bei jedem Betreten der Küche nach, ob kleine Gegenstände wie Flaschendeckel, Büroklammern, Kleingeld usw. auf dem Boden liegen.

○ Bewahren Sie alle giftigen Haushaltsreiniger absolut unzugänglich auf, entweder in einem abschließbaren Küchenschrank oder auf einem hohen Regal, das ein Kleinkind auf keinen Fall erreichen kann.

○ Entfernen Sie sämtliche Mittel gegen Ameisen, Küchenschaben, Mäuse und Ratten. Sie sind einfach zu gefährlich. Borsäure, der Hauptbestandteil vieler handelsüblicher Mittel gegen Ameisen und Schaben, ist hochgiftig und unter Umständen sogar tödlich.

○ Achten Sie darauf, daß alle Schubladen fixiert sind und beim Herausziehen nicht auf den Boden fallen.

○ Bewahren Sie scharfe Küchenmesser und spitze Kochutensilien in abschließbaren Schubladen auf. Stellen Sie zerbrechliches Geschirr auf hohe Regale und lassen Sie in den untersten Schränken nur unzerbrechliche Küchengegenstände.

○ Mehrere übereinanderliegende Schubladen bleiben verschlossen, wenn Sie einen langen Holzkochlöffel durch die Griffe schieben.

○ Bewahren Sie Streichhölzer an einem sicheren Ort auf.

○ Stellen Sie schwere Konservendosen, Geräte, Töpfe und Pfannen entweder hoch oder außer Reichweite.

○ Bringen Sie am Mülleimer unter dem Spülbecken entweder eine Sperre an oder stellen Sie ihn hoch.

○ Wischen Sie Glassplitter mit einem Stück feuchter Küchenrolle sofort auf oder saugen Sie sie mit dem Staubsauger weg.

○ Achten Sie darauf, daß Backofen und Mikrowellenherd sicher verschließbar sind. Außerdem müssen sie gut isoliert sein, damit die Türen von außen nicht zu heiß werden.

○ Kochen Sie am besten in großen Töpfen auf den hinteren Herdplatten und drehen Sie die Griffe und Stiele immer nach hinten.

○ Entfernen Sie, wenn nötig, die Schalter am Herd oder bringen Sie eine Schutzvorrichtung am Herd an.

○ Denken Sie an Ihre heiße Kaffee- oder Teetasse. Gewöhnen Sie es sich an, sie hochzustellen. Lassen Sie sie nie am Tischrand stehen. Tragen Sie nie gleichzeitig Ihr Baby und ein heißes Getränk.

○ Bewahren Sie einen funktionstüchtigen Feuerlöscher in der Küche auf. Halten Sie ausreichend Natriumbikarbonat (Soda) bereit; damit läßt sich ein kleines Feuer leicht ersticken.

○ Füllen Sie nie Spülmittel in den Geschirrspüler, solange das Baby in der Nähe ist. Geschirrspülmittel wirken ätzend auf Mund und Schleimhäute.

○ Lassen Sie keine Elektrokabel von Kaffeemaschinen, Kaffeemühlen, Toastern usw. herunterhängen. Wickeln Sie die Kabel entweder auf oder befestigen Sie sie mit Isolierband an der Wand.

○ Stellen Sie den Eimer mit heißem Putzwasser nicht auf den Boden.

○ Passen Sie auf, daß sich nichts Gefährliches wie z. B. Filme, Medikamente oder Alkohol im Kühlschrank befindet.

○ Schließen Sie Plastiktüten weg. Hier droht Erstickungsgefahr.

○ Rollen Sie ein langes Telefonkabel zusammen oder hängen Sie es an einem hohen Haken auf.

Treppen

○ Sichern Sie alle Treppen oben und unten durch Schutzgitter ab und achten Sie auf ausreichende Beleuchtung.

○ Bohnern Sie Ihre Treppen lieber nicht. Teppichläufer auf Treppen müssen unbedingt rutschfest angebracht sein. Passen Sie auf, daß nichts auf der Treppe herumliegt.

○ Sichern Sie offene Treppen mit einem Geländer ab.

Das Badezimmer

Wahrscheinlich ist das Badezimmer nach der Küche der zweitgefährlichste Raum im Haus.

○ Lassen Sie Ihr Kind nie unbeaufsichtigt im Badezimmer. Schließen Sie es entweder von außen ab oder lassen Sie innen ein paar Glöckchen von der Decke herunterhängen, damit Sie wissen, daß das Kind das Bad betreten hat.

○ In den ersten Lebensjahren können Sie nicht vorsichtig genug mit Medikamenten, Putzmitteln und Kosmetikartikeln sein. Schließen Sie alles weg oder bewahren Sie es außerhalb von Babys Reichweite auf. Achten Sie auf kindersichere Verschlüsse bei Medikamenten, aber denken Sie daran, daß auch sie nicht narrensicher sind. Manche Kinder schaffen es, sie zu öffnen.

○ Bewahren Sie Rasierklingen sicher auf.

○ Lassen Sie elektrische Geräte nie in der Nähe von Wasserhähnen in der Steckdose angeschlossen. Bewahren Sie den Haarfön, elektrische Lockenwickler und Lockenscheren besser im Schlafzimmer auf. Ein Baby kann einen tödlichen Stromschlag erhalten, wenn solche Geräte in ein Waschbecken oder beim Baden in die Badewanne fallen. Ein interessiertes Baby kommt vielleicht auch auf die Idee, ein Gerät in die Toilette zu werfen.

○ Lassen Sie ein Kleinkind nie allein im Badezimmer. Sollte das Telefon oder die Türglocke klingeln, lassen Sie es klingeln oder nehmen Sie das Baby mit. Vertrauen Sie auch nicht allzusehr auf die Sicherheit von Badewannensitzen. In ihnen sitzt das

Baby nur etwas sicherer in der Wanne, eine Garantie bieten sie aber keineswegs.
○ Drehen Sie immer zuerst das heiße Wasser ab, denn ein Baby kann sich sehr leicht verbrühen. Außerdem interessieren sich alle Babys brennend für Wasserhähne. Halten Sie Ihre Brauchwassertemperatur unter 55 °C. Denken Sie daran, daß es bei steigender Wassertemperatur schnell zu schweren Verbrennungen kommt. Bei 50 °C treten sie nach drei Minuten auf, bei 60 °C dauert es nur fünf Sekunden, bei 70 °C und darüber gar nur eine Sekunde.
○ Legen Sie auf den Boden der Badewanne eine rutschfeste Matte.
○ Halten Sie den Toilettendeckel stets geschlossen.
○ Polstern Sie beim Baden hervorstehende Wasserhähne ab.

Betreten verboten!

Verbieten Sie Ihrem Kind, die Waschküche, den Hauswirtschaftsraum, den Keller und die Garage zu betreten. Muß das Baby doch einmal dorthin mitgenommen werden, nehmen Sie den Laufstall mit und setzen Sie es hinein.

Der Garten

○ Zäunen Sie Spielplatz, Swimming-pool, Brunnen, Regentonnen und andere Wasserbehälter ein.
○ Decken Sie tieferliegende Lichtschächte um das Haus herum ab.
○ Decken Sie Holzstöße ab. Schließen Sie Gartengeräte einschließlich Rasenmäher und Benzinkanister weg. Bewahren Sie Insektenvernichtungsmittel, Unkrautvertilger, Düngemittel und Sämereien an einem sicheren Ort auf.
○ Sichern Sie Außensteckdosen mit Kindersicherungen und vergessen Sie nicht, Verlängerungskabel nach dem Gebrauch sofort wieder wegzuräumen.
○ Überprüfen Sie, ob es in Ihrem Garten giftige Pflanzen gibt, und beseitigen Sie alle Arten, die für das Kind gefährlich sein könnten.
○ Alles in allem ist es unmöglich, einen Garten völlig frei von Dingen zu halten, die ein Kind möglicherweise in den Mund steckt. Lassen Sie deshalb Ihr Baby oder Kleinkind nie unbeaufsichtigt draußen im Garten spielen.

Babys und Haustiere

Fast alle Kinder toben gern, und dafür eignet sich ein Haustier hervorragend. Lassen Sie aber aus Sicherheitsgründen Ihren Hund oder Ihre Katze nie mit dem Baby allein. Selbst ein gutmütiges Tier kratzt und beißt manchmal oder erstickt ein Neugeborenes völlig unbeabsichtigt. Im folgenden geben wir Ihnen einige Anregungen, wie Sie das Baby vor Ihrem Haustier am besten schützen.

○ Schenken Sie Ihrem Haustier nach der Geburt des Babys ebensoviel Aufmerksamkeit wie vorher; andernfalls leidet es vielleicht unter emotionalem Entzug und verhält sich dem Neuankömmling gegenüber abweisend. Manche Experten empfehlen sogar, Babygeschrei auf eine Kassette aufzunehmen und dem Tier vorzuspielen, damit es sich frühzeitig an das Geräusch gewöhnen kann.

○ Wenn Ihre Katze rollig ist, lassen Sie sie wenigstens zwei Wochen vor der Geburt Ihres Babys sterilisieren. So wird ängstliches oder aggressives Verhalten auf ein Minimum reduziert. Außerdem besteht so keine Gefahr, daß ein Kater die Sachen des Babys verunreinigt.

○ Hunde und Katzen sind Überträger aller möglicher Krankheiten, z. B. Tollwut, Würmer, Toxoplasmose und Streptokokkeninfektionen. Sollte Ihr Haustier schon längere Zeit nicht mehr untersucht worden sein, lassen Sie sich auf jeden Fall einen Termin beim Tierarzt geben, bevor das Baby aus dem Krankenhaus kommt. Frischen Sie die Impfungen auf und untersuchen Sie das Tier regelmäßig auf Flöhe, Milben und Zekken.

○ Entscheidend ist die Hygiene. Waschen Sie nach dem Umgang mit dem Tier regelmäßig Ihre und Babys Hände. Halten Sie die Kiste mit dem Streu sauber und außerhalb von Babys Reichweite. Dasselbe gilt für den Futternapf und das Trinkgefäß Ihres Haustieres.

Besonders gefährliche, weitverbreitete Pflanzen

Zimmerpflanzen: Alpenveilchen, Begonie, Dieffenbachie, Oleander, Philodendron, Weihnachtsstern.

Gartenpflanzen: Buchsbaum, Christrose, Efeu, Eibe, Flammendes Herz, Goldregen, Herbstzeitlose, Hortensie, Hyazinthe, Lorbeer, Maiglöckchen, Mandelbaum, Narzisse, Pfaffenhütchen, Rhododendron, Roter Fingerhut, Seidelbast, Stechapfel.

Gemüsepflanzen: Kartoffeln, Rhabarber (Blätter), Spargel (unreife Stengel), Tomaten (Blätter).

Wildpflanzen: Aaronstab, Bittersüß, Eisenhut, Fingerhut, Hanf, Hahnenfuß, Herbstzeitlose, Mistel, Schierling, Schlüsselblume, Schöllkraut, Sumpfdotterblume, Tabak, Tollkirsche, Wacholder, Weißer Germer, Wolliger Fingerhut, Zypresse, Zypressenwolfsmilch.

Vorsicht vor Vergiftungen

Viele beliebte Zimmer- und Gartenpflanzen sind gefährlich und können zu schlimmen Verletzungen führen. Besonders giftig sind oft die Beeren der Pflanzen. Aber auch Blätter und Blüten stellen eine Gefahr dar. Die Reaktionsweisen reichen von Irritationen der Haut über Reizungen der Mund- und Rachenschleimhäute oder des Magen-Darm-Traktes bis hin zu tödlichen Vergiftungen.

Erste Hilfe bei Vergiftungen

Haben Sie immer die Telefonnummer einer Vergiftungszentrale bereit, damit Sie bei einem Notfall dort sofort nachfragen können.

Speziell für Kinder:
Berlin (030) 302022
Freiburg (0761) 27043001 und
(0761) 27043001

Bleivergiftungen

Die schlimmen Folgen von akuten und chronischen Bleivergiftungen sind schon lange bekannt. Dazu gehören Anämie, geistige Zurückgebliebenheit, Blindheit, Krampfanfälle und Tod. Neuere Forschungen haben ergeben, daß auch eine gering dosierte Aufnahme von Blei zwar weniger offenkundige, dafür aber um so heimtückischere Auswirkungen hat. Es sind dies u. a. Hyperaktivität, ein verlangsamtes Wachstum des Gehirns, verminderte Lernfähigkeit und größere Krankheitsanfälligkeit.

Bleivergiftungen sind keineswegs auf die Bewohner von Großstädten beschränkt. Eine über vier Jahre dauernde wissenschaftliche Untersuchung, die vom amerikanischen Gesundheitsministerium in Auftrag gegeben wurde, ergab, daß in den USA annähernd 675000 Kinder zwischen sechs Monaten und fünf Jahren eine gefährlich hohe Bleikonzentration im Blut haben. Außerdem weisen die Ergebnisse darauf hin, daß Kinder aller geographischen und gesellschaftlichen Schichten gefährdet sind. Dabei wird Blei hauptsächlich über bleihaltige Farben aufgenommen, und das trotz der Tatsache, daß der Bleigehalt in Wandfarben und Farben, die für Kindermöbel und Spielzeug verwendet werden, inzwischen drastisch eingeschränkt wurde.

Wenn Sie also ein Kinderbett, einen Laufstall oder anderes Mobiliar aus den fünfziger oder frühen sechziger Jahren besitzen, auf dem Ihr Baby mit großer Wahrscheinlichkeit herumkauen wird und bei dem Sie annehmen, es könnte mit bleihaltiger Farbe gestrichen worden sein, sollten Sie die Möbelstücke abschleifen und mit schadstofffreier Farbe neu streichen. Schauen Sie sich in Ihrer Wohnung um und entfernen Sie vor allem abblätternde Farben, etwa von Fensterbänken oder älteren Heizkörpern. Überprüfen Sie auch den Außenputz Ihres Hauses und machen Sie einen Rundgang durch Ihren Garten.

Lassen Sie Ihr Baby nicht mit den farbigen Seiten von Zeitungen spielen oder gar auf ihnen herumkauen: diese Werbeseiten enthalten nämlich bleihaltige Farben.

Um Vergiftungen zu vermeiden

- Gewöhnen Sie es sich an, beim Kauf von Haushaltsreinigern die Deklaration der Inhaltsstoffe zu lesen.
- Bewahren Sie alle Medikamente und Haushaltsreiniger entweder auf hohen Regalen, außer Sichtweite oder aber in verschließbaren Schränken auf. Drehen Sie den Deckel nach Gebrauch sofort wieder zu.
- Bewahren Sie Medikamente und Reinigungsmittel nie in der Nähe von Lebensmitteln auf.
- Lassen Sie Medikamente und Reinigungsmittel in ihren Originalbehältern. Viele Unfälle passieren, weil der letzte Rest Terpentin oder Bleichmittel in eine Sprudelflasche umgefüllt und dann für ein Getränk gehalten wurde.
- Räumen Sie hin und wieder Ihren Arzneischrank aus. Werfen Sie alte Medikamente weg bzw. bringen Sie sie zur entsprechenden Sammelstelle. Denken Sie daran, auch Vitaminpräparate wegzuschließen bzw. verfallene Produkte zu entsorgen.
- Denken Sie an gefährliche Zimmerpflanzen. Wenn Sie nicht ganz sicher sind, welche Pflanzen Sie haben, lassen Sie ein Blatt der entsprechenden Pflanze in einer Gärtnerei oder einem Blumenladen identifizieren. Machen Sie sich eine Liste und kennzeichnen Sie jede Pflanze mit ihrer korrek-

ten botanischen Bezeichnung und den Reaktionen, die sie eventuell verursacht. Stellen Sie giftige Pflanzen nur dort auf, wo das Baby nicht an sie herankommt.

○ Denken Sie daran, immer eine kleine Flasche mit Ipecac-Sirup und etwas granulierte Aktivkohle im Haus zu haben.

Was tun, wenn Ihr Kind eine giftige Substanz zu sich genommen hat?

1. Bei einem Atemstillstand beginnen Sie sofort mit einer Mund-zu-Mund-Beatmung (siehe dazu Seite 133).

2. Rufen Sie umgehend eine Informationszentrale für Vergiftungen an. Folgende Informationen sollten Sie bereithalten:

○ Alter und Gewicht Ihres Kindes.

○ Was es verschluckt hat (am besten nehmen Sie den Behälter, die Beere usw. mit zum Telefon, um alles genau zu beschreiben).

○ Wann das Kind die Substanz verschluckt hat.

○ Wieviel es verschluckt hat.

○ Wie sich das Kind im Augenblick gerade fühlt bzw. wie es reagiert.

○ Ihren Namen und Ihre Telefonnummer.

3. Nur wenn Sie von der Giftzentrale die Anweisung erhalten, geben Sie Ihrem Kind ein Glas oder eine Flasche mit Wasser oder Milch.

4. Wenn man Ihnen sagt, sie sollen das Kind zum Erbrechen bringen, benutzen Sie dazu Ipecac-Sirup.

○ Für ein kleines Kind: mischen sie 15 ml Ipecac mit 250 ml Wasser und verabreichen Sie es gemäß der Packungsbeilage.

○ Wiederholen Sie das nach zwanzig Minuten, wenn das Kind bis dahin nicht erbrochen hat und man Ihnen von der Giftzentrale dazu geraten hat.

5. Bringen Sie das Kind nie ohne Anweisung der Giftzentrale zum Erbrechen und lassen Sie es nur erbrechen, wenn es bei Bewußtsein ist. Einige Substanzen verätzen beim Erbrechen die Hals- und Lungenschleimhäute. Regen Sie das Erbrechen auf keinen Fall an, wenn

○ das Kind bewußtlos ist,

○ Sie um den Mund oder auf der Hand Verbrennungen feststellen,

○ Sie Benzingeruch wahrnehmen,

○ das Kind krampft oder sehr erschöpft ist.

Bücher zum Thema Sicherheit

Öko-Test Sonderheft Kleinkinder.
Seiber, Thomas: Erste Hilfe bei Säuglingen und Kindern, TRIAS 1989.

Kleine Sicherheitskunde

○ Sie können absolut gar nichts dagegen unternehmen, daß Ihr Baby alles und jedes in den Mund steckt. Versuchen Sie also, Ruhe zu bewahren und dem Ganzen nicht allzuviel Beachtung zu schenken. Lenken Sie Ihr Baby lieber ab, indem Sie z. B. den Zahnpastadekkel durch ein sicheres Plastikspielzeug ersetzen. Suchen Sie den Fußboden jedesmal, wenn Sie ein Zimmer betreten, automatisch nach gefährlichen Versuchungen ab und bringen Sie Ihrem Baby bei, »aah« zu sagen. So bekommen Sie die Gelegenheit, in Babys Mund zu schauen und herauszuholen, was es verschluckt hat.

○ Machen Sie dem Baby unbedingt die Bedeutung des Wortes »heiß« klar. Wahrscheinlich genügt dafür eine einzige kontrollierte Erfahrung mit einem Heizkörper oder der Backofentür.

○ Sicher brauchen Sie Ihrem Baby nicht zu zeigen, wie es die Treppe hinaufsteigt, sehr wohl aber, wie es sicher wieder hinunterkommt. Am besten bringen Sie ein Schutzgitter auf der zweiten oder dritten Stufe an, polstern den Fußboden mit Kissen ab und lassen das Baby üben.

○ Seien Sie mit der Verabreichung von Medikamenten und Vitaminpräparaten äußerst vorsichtig und lassen Sie es das Baby oder Kleinkind nicht sehen, wenn Sie regelmäßig Medikamente einnehmen.

○ Eine einfache Methode, dem Baby etwas aus der Hand zu nehmen, ist, ihm ganz leicht über den Handrücken zu streichen.

○ Legen Sie das Baby nie zusammen mit Stofftieren, die Kassetten oder Batterien enthalten, ins Bett. Es könnte sich an herausgezogenen Bändern strangulieren oder kleine Batterien verschlucken.

Informationen für den Notfall

Photokopieren Sie die folgenden Informationen für den Notfall und legen Sie sie neben Ihr Telefon. Falls Sie arbeiten, nehmen Sie sich eine Kopie mit an den Arbeitsplatz. Machen Sie vor allem die Personen, die auf Ihr Kind aufpassen, auf die Liste aufmerksam.

Name Ihres Arztes ______________________

Krankenhaus ______________________

(einschließlich der Adresse und Anweisungen, wie man von Ihnen aus am schnellsten hinkommt)

Telefonnummer der nächsten Vergiftungszentrale ______________________

Telefonnummer der nächsten Apotheke

____

Telefonnummern der Eltern am Arbeitsplatz

____

Name der Nachbarn ______________________

Telefonnummer der Nachbarn ______________________

Adresse der Nachbarn ______________________

Feuernotruf ______________________

Polizeinotruf ______________________

Krankenwagen ______________________

Telefonnummer eines Taxiunternehmens

____

Name der Eltern ______________________

Name des Kindes ______________________

Genaue Adresse ______________________

Spielen und Lernen

Das Baby braucht Anregung

Noch vor ein oder zwei Generationen war es gang und gäbe, ein Baby sehr streng zu behandeln. Man mußte es nur ruhig und sauber halten und es vor Lärm, übertriebener Zuwendung und störenden Außenreizen schützen. Es wurde streng nach Plan gefüttert, gelegentlich spielte man mit ihm, und natürlich ging man regelmäßig mit ihm spazieren. Den Rest des Tages sollte es möglichst allein verbringen und friedlich mit ein paar blitzblank gescheuerten Spielsachen im Laufstall spielen. Mit dieser Methode meinte man, das Baby selbständiger zu machen und es vor allem nicht zu verwöhnen. Die Hauptaufgabe der Eltern, und besonders natürlich der Mutter, bestand darin, aus dem Baby einen berechenbaren, wohlerzogenen Menschen zu machen, mit dem sich die Familie nicht blamieren muß.

Heute denken wir anders. Durch zahllose Forschungsarbeiten zum Thema Kindheit und nicht zuletzt durch unsere eigenen Beobachtungen wissen wir, daß Babys bestens gedeihen, wenn man sie herumträgt, mit ihnen schmust, ihnen etwas vorsingt und mit ihnen spricht. Wir wissen, daß sie schon sehr früh auf das menschliche Gesicht und die menschliche Stimme reagieren. Forschungen zur kindlichen Sprachentwicklung haben gezeigt, daß sich Neugeborene vom ersten Tag an synchron zur Sprache der Erwachsenen bewegen. Videoaufnahmen von den Bewegungen und Gesten eines Babys lassen erkennen, daß es mit einem ganz bestimmten Muster auf die Bewegungen, Gesten, den Sprachrhythmus, die Tonhöhe und das Intonationsschema reagiert. Das heißt, daß das Baby keineswegs das passive, in sich zurückgezogene Wesen ist, für das man es lange Zeit gehalten hat, sondern daß es von Anfang an in der Lage ist, über seine Körpersprache mit anderen Menschen in Kontakt zu treten. Wir wissen heute auch, daß Babys visuelle Reize brauchen. Blasse Pastellfarben sind passé. Das moderne Kinderzimmer ist der vielleicht am seltensten genutzte, aber auf jeden Fall der farbenfrohste Raum im ganzen Haus. Die Zeit, in der das Baby wach ist, verbringt es mit seinen Eltern im Haus oder draußen in der Welt. Vielleicht wird es lange vor seinem ersten Geburtstag zu einigen kulturellen Veranstaltungen wie einer Ausstellung oder einem Konzert mitgenommen. Vielleicht hat es auch, sobald es laufen kann, schon seine eigenen gesellschaftlichen Kontakte. Das geschieht vor allem dann, wenn die Mutter mit ihm in eine Krabbelgruppe geht. Ein Baby ist also alles andere als eine zerbrechliche Puppe; es ist vielmehr ein sehr anpassungsfähiges, waches, empfindsames, neugieriges und kontaktfreudiges Wesen. Babys Phantasie, seine Neugierde, Energie und der unbedingte Wille, alles auszuprobieren, zu entdecken, selber zu machen und die Welt draußen zu begreifen, versetzen uns als Eltern in Erstaunen. Tatsächlich entwickelt sich ein Baby nie mehr so rasend schnell wie in den ersten 12 bis 16 Monaten, wo es lernt, nach etwas zu greifen, sich umzudrehen, etwas festzuhalten, zu krabbeln, zu sitzen, zu stehen und schließlich zu laufen und zu sprechen.

Je genauer wir wissen, was ein Baby alles kann, desto größer ist unser Bedürfnis, Methoden zu entwickeln, mit denen wir das Baby stimulieren und es spielerisch möglichst viel lernen lassen können. Es ist zwar sinnvoll und faszinierend, sich damit auseinanderzusetzen, wie bei einem Baby die Entwicklung der Motorik, der Sprache und des Sozialverhaltens verläuft. Gleichzeitig darf uns dieses Wissen nicht verunsichern. Die Frage: »Haben Sie Angst, daß Sie Ihrem Baby nicht genügend Anregungen bieten?« beantworten viele Eltern ziemlich unsicher mit »Ja«. Selbstverständlich wollen wir alle das Beste für unsere Kinder. Hin und wieder jedoch nimmt der Wunsch nach einem Superkind etwas seltsame Formen an. Es gibt tatsächlich Computerprogramme, mit denen schon kleine Kinder lesen und rechnen lernen können. Solche Programme sind nicht nur überflüssig und langweilig, sondern auch ausgesprochen schädlich. Denn durch sie wird die Zeit, die Eltern und Kind gut gelaunt gemeinsam miteinander verbringen könnten, in Arbeit verwandelt.

Heutzutage geben wir viel auf die Analyse von Experten – Kinderärzten, Psychologen, Erziehern und Soziologen –, die uns lehren, perfekte Eltern zu werden. Auch die Medien schüren unsere Angst, als Eltern zu versagen. Dabei gibt es eigentlich gar keinen Grund, uns ständig hinterfragen und verunsichern zu lassen. Eltern, die sich jede Minute mit ihrem Baby auseinandersetzen, wissen trotz aller Experten, Studien und Büchern selber recht gut, wie sie ihrem Baby die nötigen Anregungen verschaffen. Denn schließlich sind sie rund um die Uhr mit ihm zusammen und können jeden winzigen Schritt in seiner Entwicklung genau beobachten und begeistert feiern. Wir spielen intuitiv und ohne weiter darüber nachzudenken die Spiele, für die das Baby bereit ist, und wir überlegen dabei sicher nicht, ob wir damit die Koordination zwischen Augen und Händen oder die Feinmotorik trainieren.

Die meisten Eltern denken nicht daran, ihr Baby ständig in einen Laufstall zu sperren. Statt dessen lassen sie es in einem idealen Labor, dem kindersicheren Heim, seine Experimente machen. Hier findet das von sich aus neugierige Baby eine Vielfalt an Dingen von unterschiedlicher Größe, Farbe, Material und Gewicht, Gegenstände – oder didaktisches Spielzeug –, die unterschiedlich klingen, je nachdem, ob man auf sie schlägt, sie drückt, schüttelt, umstößt, rollt oder auf den Boden wirft. Und wenn das Baby mit uns spazierengeht, lernt es auf einer ganz elementaren Ebene, wie die Welt draußen funktioniert.

Die meisten Eltern wissen – oft zu ihrem großen Bedauern –, daß Babys selten Lust haben, länger als ein paar Minuten allein mit einem teuren Spielzeug zu spielen, das

Lieben Sie Ihr Baby, statt es zu drillen

Was spricht gegen Lernprogramme für Kleinkinder? Der Pädagoge David Elkin schrieb dazu im Oktober 1987 in der amerikanischen Zeitschrift »Parents« folgendes:

Inwieweit kann eine Erziehung im ersten Lebensjahr Kindern langfristig Schaden zufügen? Um diese Frage zu beantworten, unterscheiden wir zwischen »warmer« und »kalter« Interaktion mit einem Kind. Eine warme Interaktion stärkt das Selbstwertgefühl und Selbstvertrauen eines Kindes, eine kalte Interaktion verhindert dies. Da wir unser Kind lieben und uns an ihm freuen, sind unsere Interaktionen mit ihm in der Regel warm und spontan, und sie kosten uns keinerlei Mühe. Kalte Interaktionen sind dagegen bewußt gesetzt und nicht selten mit Anstrengung verbunden.

Bei den täglichen Verrichtungen wie dem Füttern, Wickeln, Baden und Trösten des Babys kommt es automatisch zu warmen Interaktionen: wir begleiten unser Tun mit Sprechen, Schmusen, Singen und Spielen. Das Baby erfährt auf vielfältige Weise, daß wir es als Person lieben und uns freuen, daß es da ist. Durch unsere spontane, warme Zuwendung verstärken wir in dem Baby sein Selbstwertgefühl und das Vertrauen in die Welt.

Kalte Interaktionen orientieren sich dagegen eher an einer Aufgabe als an dem Kind. Dabei handelt es sich immer um Anforderungen, strenge Blicke und Worte, der Androhung von Strafe oder, schlimmer noch, von Liebesentzug. Selbstverständlich sind kalte Interaktionen manchmal unvermeidlich, besonders wenn sich das Baby in Gefahr bringt. Dann entspringen unsere harten Worte der Sorge um Babys Wohlergehen.

Kalte Interaktionen mit Kindern sind immer ein falsches und überflüssiges Erziehungsmittel, wenn sie nur dazu dienen, dem Kind beizubringen, Worte, Bilder oder Zahlen zu erkennen. Das Kind wird so in seinem Selbstwertgefühl und dem grundsätzlichen Vertrauen in die Welt beeinträchtigt. Dieses Vertrauen aber ist entscheidend für sein späteres Lernen. Eltern, die mit kalten Interaktionen ihrem Kind einen späteren schulischen Vorteil verschaffen wollen, erreichen in der Regel das Gegenteil. Das Kind ist benachteiligt, weil sein Selbstwertgefühl und sein Selbstvertrauen, die für sein späteres Lernen entscheidend sind, früh gestört wurden.

eigens dafür angeschafft wurde, ihm etwas beizubringen. Das Baby lernt viel mehr durch unsere liebevolle Zuwendung, durch Ermutigung und Bestärkung seiner eigenen Entdeckungen als durch didaktisches Spielmaterial. Wir sprechen ja mit dem Baby nicht, um seine sprachliche Entwicklung zu fördern, sondern weil es uns Spaß macht. Und ganz offensichtlich ist das auch für das Baby sehr befriedigend.

Was man uns vielleicht öfter sagen sollte, ist nicht, wie man dem Baby etwas beibringen kann, sondern vielmehr, wieviel das Baby bereits kann und wie wir das am besten verstärken. Befolgen wir doch nur den einfachen, praktischen Rat, dem natürlichen Instinkt zu gehorchen und uns ganz entspannt an unserem Baby zu erfreuen. Außerdem müssen wir uns davor hüten, unser Baby mit dem Baby nebenan oder irgendeinem anderen Baby zu vergleichen. Babys sind individuelle Persönlichkeiten mit unterschiedlichem Temperament, und sie lernen und entwickeln sich unterschiedlich schnell. Hin und wieder sollten wir uns auch einmal über unsere eigene Entwicklung Gedanken machen. Ein Baby stellt ungeahnte Herausforderungen an uns und ermöglicht uns die Erfahrung, uns selbst neu zu entdecken und über uns hinauszuwachsen.

Das Neugeborene in den ersten acht Wochen

Das Neugeborene empfindet noch kein Bedürfnis nach einer Vielfalt von Außenreizen. Es braucht vielmehr Ihre behutsame Hilfe, um sein unkoordiniertes Verhalten zu organisieren und sich an das Leben außerhalb des Mutterleibes zu gewöhnen. Seine Bewegungen sind noch ruckartig, und oft fällt ihm das Atmen schwer. Es ist nur sehr begrenzt aufnahmefähig und scheint ganz in sich selbst zurückgezogen zu sein. Lernen Sie, auf das Baby zu reagieren. Wenn es seinen Blick abwendet, hat es wahrscheinlich genug und möchte in Ruhe gelassen werden. Es ist zwar hauptsächlich mit Essen, Schlafen und Schreien beschäftigt, aber trotzdem hat es schon erstaunliche Fähigkeiten entwickelt. Innerhalb weniger Wochen verändert sich bereits sein Verhalten; die Bewegungen sind nicht mehr so ruckartig, es erlangt die Kontrolle über seinen Kopf und kann ihn im Liegen hin- und herbewegen. Am Ende des ersten Monats, wenn erschöpfte Eltern das »grundlose Schreien«, die durchwachten Nächte und chaotischen Fütterungszeiten fast nicht mehr ertragen, kommt ihnen dann schließlich die Natur zur Hilfe: das Baby fängt an zu lächeln. Vielleicht ist sein Lächeln am Anfang noch ungezielt; bald aber wird es zu einem dauerhaften Phänomen, und Sie werden hingerissen sein.

Frage: Welche Anregungen bieten Sie Ihrem Neugeborenen?

Antworten: *Ich habe für Tims Bettchen bunte Polster genäht. Wir haben ein »lachendes Gesicht« über den Wickeltisch gehängt.*

⁂

Mein Mann stellte fest, daß Matthias gern seine gepunktete Krawatte anschaute, wenn er ihn auf dem Schoß hielt.

⁂

Babys sind immer angezogen, obwohl ihr Körper äußerst sensibel auf Berührungen reagiert. Peter legt sich manchmal im Bett das Baby auf seine nackte Brust und deckt sich mit ihm zusammen zu. Nach dem Baden massieren wir den Kleinen gelegentlich mit Babyöl. Das beruhigt ihn.

⁂

Hängen Sie das Mobile seitlich über das Bettchen, da Babys selten direkt nach oben schauen.

⁂

Ich habe »Schlaf Kindchen, schlaf« und andere Wiegenlieder auf eine Kassette aufgenommen. Wir spielen sie, sobald wir das Baby ins Bett legen.

⁂

Ich trage Natascha häufig im Snuggli herum, da sie sich so am ehesten beruhigen läßt. Außerdem habe ich gelesen, daß Babys, die viel herumgetragen werden, aufgeweckter und weniger schwierig sind. Ich habe da zwar meine Zweifel, aber der Versuch schadet ja nicht.

⁂

Seit Theresa richtig lächeln kann, wickelt sie uns um den Finger. Wir »reden« und brabbeln viel miteinander.

**
*

Ich schüttle rechts von Philips Kopf eine Rassel, und er schaut in diese Richtung. Dann rassle ich auf der anderen Seite, und er dreht den Kopf in diese Richtung.

Das erstaunliche Neugeborene

Wußten Sie, daß das Neugeborene

- gern den Klang menschlicher Stimmen hört und auf sprachliche Zuwendung mit verstärktem Saugen reagiert?
- schon wenige Stunden nach der Geburt die Stimme seiner Mutter von anderen weiblichen Stimmen unterscheiden kann?
- am liebsten das menschliche Gesicht betrachtet, besonders wenn es sich bewegt und spricht?
- das Gesicht der Mutter länger anschaut als das einer anderen Frau?
- die Mutter auch am Geruch erkennt und die Stilleinlage der Mutter von der anderer stillenden Frauen unterscheidet?
- einen Gegenstand am besten sieht, der seitlich etwa 20 bis 30 Zentimeter von den Augen entfernt ist. Das entspricht ungefähr der Entfernung zwischen dem Gesicht einer stillenden Mutter und ihrem Baby.
- bunte Muster und starke farbliche Kontraste, vor allem schwarz und weiß, bevorzugt?
- einen Gegenstand länger und mit größerem Interesse betrachtet, wenn es aufrecht gehalten wird (etwa gegen Ihre Schulter) als in liegender Position?

Das Baby im dritten und vierten Monat

Von nun an wird es herrlich. Die Koliken sind überstanden. Der Eß- und Schlafrhythmus ist vielleicht noch nicht ganz regelmäßig, scheint sich aber langsam einzupendeln. Das Baby setzt sich ganz entschieden mit der Welt auseinander. Sein häufiges Lächeln bildet den fröhlichen Hintergrund für die gurgelnden, blubbernden und lachenden Laute, die charakteristisch für seine soziale Interaktion sind.

Mit Bewegungen drückt es seine Begeisterung über die Welt und seine Verbundenheit mit ihr aus. Beim Liegen strampelt es kräftig mit Armen und Beinen; schließlich wird es sich zuerst auf die Seite, dann auf den Bauch drehen (einige Babys drehen sich zuerst vom Bauch auf den Rücken). Von jetzt an heißt es aufpassen: das Baby darf nun nicht mehr unbeaufsichtigt auf dem Sofa oder im Bett gelassen werden. Am sichersten ist es in seinem Kindersitz oder auf einer Decke auf dem Boden aufgehoben.

Einer der rührendsten Aspekte eines Babys in diesem Alter ist die Faszination, die seine Hände auf es ausüben. Zuerst führt es sie ganz nahe ans Gesicht und betrachtet sie aufmerksam, als ob sie ein besonders interessantes Spielzeug wären. Anfangs ist es sich nicht darüber im klaren, daß seine Hände zu ihm gehören. Aber es arbeitet an dieser Vorstellung und bringt die Hände immer wieder in sein Blickfeld. Bis jetzt waren seine Fäuste immer geschlossen, und es konnte recht wenig mit ihnen anfangen. Nun aber öffnen sie sich, sobald das Baby nach einem Gegenstand greift und auf ihm herumschlägt. Es wird ihn sogar eine kleine Weile lang festhalten, wenn er in seine Reichweite gerät, ihn aber gleich wieder loslassen.

Mit der Zeit gelingt es ihm schließlich, einen Gegenstand mit immer größerer Treffsicherheit zum Mund zu führen. Dieser Schritt erfordert die Koordination zwischen Augen und Händen, und er ist ein komplizierter Prozeß, der für das Baby eine gewaltige Leistung ist: Es muß einen Gegenstand anschauen, einschätzen, wie weit er entfernt ist, dann Arm und Hand so koordinieren, daß es nach ihm greifen, ihn festhalten und ihn schließlich noch zum Mund führen kann. In dieser Entwicklungsphase sollte man den Schnuller eher weglassen, damit das Baby geeignete Gegenstände ungehindert mit dem Mund untersuchen kann.

Frage: Womit beschäftigt sich Ihr drei bis vier Monate altes Baby, und welche Aktivitäten und Spiele machen ihm besonderen Spaß?

Antworten: *Ich pruste unserem 13 Wochen alten Baby ins Gesicht, und es lacht laut und prustet zurück. Das Kleine hat seine Hände entdeckt und hält sie sich so nahe vor das Gesicht, daß es sie richtiggehend anschielt. Das bringt uns regelmäßig zum Lachen. Außerdem steckt es sich beim Schlafen die Hand in den Mund und saugt an ihr. Beim Aufwachen ist sie immer ganz rot.*

⁂

Mark hat jetzt eine recht gute Kontrolle über seinen Kopf und kann ihn selbst halten. Sein Vater läuft öfter mit ihm durch das Haus, zeigt ihm die Fische im Aquarium und läßt ihn aus dem Fenster schauen. Am liebsten liegt er auf meinem Schoß und strampelt mit den Beinen gegen meinen Bauch. Außerdem läßt er sich gern an beiden Armen vom Rücken in die sitzende Position ziehen. Dann quietscht er immer vor Vergnügen und sagt »oooh!«

⁂

Es ist beinahe so, als ob Max (vier Monate alt) schon sprechen könnte. Er wird manchmal ganz aufgeregt und plappert vor sich hin, ist dann wieder still und schaut mich an, als ob er sagen wollte: »Jetzt bist du dran, Mama.« Dann plappere ich los, bis er wieder an der Reihe ist. Er redet auch mit unserem Vogel, der direkt neben seiner Wippe im Käfig sitzt.

⁂

Hannes hat sich diesen Monat vom Rücken auf den Bauch gedreht. Jetzt versucht er gerade, sich vom Bauch auf den Rücken zu drehen.

⁂

Für unser Baby habe ich ein ganz einfaches Spielzeug gemacht, daß es sehr gern hat. Ich habe etwas Butterbrotpapier zu einer Kugel zusammengeknüllt und diese dann mit einem roten Tuch umwickelt. Die losen Enden habe ich eingeschlagen. Das Baby kann diesen Ball alleine halten und findet sein Knistern sehr interessant. Sobald das Papier aufhört zu knistern, tausche ich es aus und wasche dann immer gleich das Tuch mit.

⁂

Kevin ist fast fünf Monate alt. Zur Zeit ist er unzufrieden, weil er noch nicht alleine sitzen kann und nicht mehr nur liegen mag. Im Kindersitz fühlt er sich zu eingeengt und strampelt jedesmal, um herauszukommen. Von seiner neuen Babyschaukel ist er ganz begeistert.

⁂

Tobias mag das Mobile über seinem Bett besonders gern. Er schlägt mit beiden Händen darauf herum und kickt mit den Füßen danach.

***

Ich habe einen Spiegel neben dem Wickeltisch aufgehängt. Wir spielen dann immer »Wo ist das Baby im Spiegel?«, ein Spiel, für das Marko immer zu haben ist.

***

Das Baby im fünften und sechsten Monat

Allmählich wird Ihr Baby immer beweglicher. Vielleicht rollt es jetzt auf ein interessantes Objekt zu, oder es robbt auf dem Bauch durch die Wohnung. Am liebsten würde es krabbeln, und es übt schon fleißig, indem es seine Arm-, Bein- und Rükkenmuskulatur stärkt. Die Vertikale ist nun seine bevorzugte Stellung, denn so kann es viel mehr sehen und besser greifen. Jetzt gefällt es ihm z. B. auch, wenn Sie es an den Armen in eine sitzende Position hochziehen. Diesen Wunsch macht es bald jedem mit ausgestreckten Ärmchen unwiderstehlich und unmißverständlich klar. Wenn es dann sitzt, will es vielleicht bald stehen. Mit ein wenig Unterstützung unter den Armen kann es sicher auf Ihrem Schoß auf und ab hüpfen.

Das Baby kann jetzt schon sitzen, wenn Sie ihm ein wenig helfen und bei ihm bleiben. Setzen Sie es mit gespreizten Beinen fest auf den Boden. Um das Gleichgewicht zu halten, lehnt es sich sofort nach vorne und stützt sich mit beiden Händen zwischen den Beinen auf dem Boden ab. Das ist sehr anstrengend und gefällt dem Baby sicher nicht allzulange. Möglicherweise kippt es auch leicht um. Am besten legen Sie einige Kissen daneben. Lassen Sie es nicht aus den Augen, denn wenn es umfällt, könnte es mit dem Gesicht auf die Kissen fallen und ohne Hilfe nicht mehr herauskommen.

Vielleicht haben Sie Glück und erleben Ihr Baby in einer der niedlichsten Stellungen überhaupt – es schaukelt mit weit ausgebreiteten Armen und Beine hin und her. Diese »Fliegerposition« und seine Versuche, den Oberkörper wie ein kleiner Seehund nach oben zu drücken, sind wichtige Vorstufen zum Krabbeln. Es dauert nun nicht mehr lange, bis es zusätzlich noch den Rücken hochheben kann. Manche Babys schaukeln in diesem Vierfüßlerstand hin und her und bewegen sich dann nach vorne.

In diesem Alter werden Babys immer geschickter mit den Händen. Sie streicheln und berühren gerne unterschiedliche Oberflächen – Ihr Gesicht, Ihre Haare, Knöpfe und Schmuck, das Gitterbett, den Teppich, Gras oder ein Handtuch, und sie interessieren sich für die verschiedensten Materialien. Sie packen jetzt fester zu, und manche Babys können sogar schon mit der hohlen Hand Gegenstände einschließlich Nahrungsmitteln aufnehmen, um sie dann in den Mund zu stecken. Das Baby beginnt jetzt vielleicht auch, Gegenstände zu schütteln, mit ihnen zu rasseln, zu quietschen und zu schlagen, um so auf seine Umwelt einzuwirken.

Ein fünf- bis sechsmonatiges Baby ist dauernd am Plappern, entweder mit Ihnen oder mit irgendwelchen Dingen. Das sanfte Gurren der ersten Monate wird allmählich mit Konsonanten durchsetzt. Sie hören jetzt zunehmend Lautverbindungen wie »ma«,

»pa«, »da« und »ba«. Über die Monate ist es immer klarer geworden, daß Sie der Glanzpunkt im Leben Ihres Babys sind. Jetzt besteht kein Zweifel mehr an seiner Bindung an Sie. Es grüßt Sie eindeutig mit freudigen Gesten, und wenn Sie es allein lassen, dann »ruft« es Sie vielleicht sogar schon zurück.

Frage: Was tut Ihr Baby im fünften oder sechsten Monat, und welche Aktivitäten machen ihm besonderen Spaß?

Antworten: *Alexander ist gerade fünf Monate alt. Am liebsten liegt er nackt auf einer großen Decke draußen im Garten, strampelt und schaukelt hin und her und schaut zu den Bäumen hinauf.*

⁂

Wir haben jetzt großen Spaß miteinander. Unsere Kleine spielt gern »Das ist der Daumen...« und »Hoppe, hoppe, Reiter...«, denn da kann sie auf meinem Schoß auf und ab hüpfen.

⁂

Sabrina interessiert sich vor allem für Leute, besonders für ihre beiden älteren Brüder, die zehn und elf Jahre alt sind. Wenn sie die beiden kommen sieht, quietscht sie vor Vergnügen. Die beiden Großen tragen sie im ganzen Haus herum, kitzeln sie und werfen sie auf das Bett. Manchmal bekomme ich richtiggehend Angst, weil sie so wild sind, aber dem Baby scheint das überhaupt nichts auszumachen.

⁂

Thomas ist beinahe sechs Monate alt, und für ihn ist Baden das größte. Wir baden ihn immer noch im Spülbecken in der Küche. Natürlich bin ich hinterher jedesmal klatschnaß. Seien Sie vorsichtig mit der Seife – Babys in diesem Alter essen alles!

Elisabeth ist nicht besonders mobil. Dafür liebt sie Bücher. Ich habe ihr aus einem kleinen Photoalbum ein eigenes Buch gebastelt, in das ich Bilder von Katzen, Hunden, Vögeln, Autos und Babys eingeklebt habe – also alles Dinge, die sie täglich sieht. Ich habe ihr auch ein Buch mit unterschiedlichen Materialien gemacht, das sie sehr gern untersucht, und zwar nicht nur mit den Händen, sondern natürlich auch mit dem Mund.

⁂

Mit sechseinhalb Monaten sitzt Dominik gern in seinem Hochstuhl und schaut mir beim Kochen zu. Ich lasse ihn dann immer wieder von dem Essen probieren. Ich empfehle jedem, dem das Gemantsche nichts ausmacht, dem Baby fein zerriebene Brotkrümel auf seinen Hochstuhltisch zu legen. Es kann damit herumspielen, und es ist nicht schlimm, wenn es etwas davon in den Mund steckt.

⁂

Mit ihren sechs Monaten ist Vera ein richtiger Wonneproppen. Ihr Lieblingsspiel ist »Das sind deine Augen, das ist deine Nase usw.«.

⁂

Jürgen ist überaus aktiv. Innerhalb weniger Tage konnte er alles: sitzen, krabbeln und sich irgendwo hochziehen. Seither habe ich keine ruhige Minute mehr. Ich bin zwar erst 25 Jahre alt, manchmal komme ich mir aber mindestens doppelt so alt vor!

Gutes Spielzeug für die ersten sechs Monate

Mobiles

Ein Mobile, das sich bewegt und gleichzeitig Musik macht, ist für Ihr Baby auch in Zeiten interessant, in denen es wach ist. Außerdem kann es als Teil eines Einschlafrituals sehr beruhigend wirken. Schauen Sie sich das Mobile aus der liegenden Position Ihres Babys an. Wählen Sie leuchtende Farben mit starken Kontrasten, einschließlich schwarz und weiß, und hängen Sie das Mobile in einer Höhe von ungefähr 20 bis 35 Zentimetern über dem Baby auf. In den ersten drei Monaten kann es Gegenstände in dieser Entfernung am besten fixieren. Untersuchungen haben ergeben, daß Babys unter drei Monaten am häufigsten auf die rechte Seite schauen. Später können Sie das Mobile abwechselnd auf die rechte und linke Seite hängen. Sobald sich das Baby aber selbst hochziehen kann, müssen Sie es außerhalb seiner Reichweite befestigen. Denken Sie auch daran, daß Mobiles nicht zum Anfassen gedacht sind, da sie meistens aus Schnüren und leicht verschluckbaren kleinen Teilen bestehen. Das Baby könnte sich damit strangulieren oder daran erstikken.

Musikmobile zum Aufziehen

Spieluhren

Die Anschaffung einer robusten Spieluhr aus Kunststoff, die am Kinderbett befestigt werden kann oder die einen Griff zum Festhalten hat, ist sicher empfehlenswert. Dem Baby gefällt sie bestimmt, und sie kann Teil eines Einschlafrituals werden, das Sie überallhin mitnehmen können. Achten Sie darauf, daß die Spieluhr eine Melodie spielt, die Ihnen auch dann noch gefällt, wenn Sie sie zum hundertsten Mal hören!

Spiegel

Spiegel interessieren Babys von Anfang an, und sie sind eine willkommene Ablenkung, wenn sich ein zappeliges Baby nicht gern wickeln läßt. Es gibt heute sehr schöne, unzerbrechliche Spiegel für Babys und Kleinkinder, die entweder am Kinderbett oder der Wand befestigt werden oder frei stehen. Diese Anschaffung lohnt sich auf jeden Fall. Das Baby erkennt sich zwar zunächst nicht selber darin, aber es wird trotzdem von den Licht- und Schattenspielen, den wechselnden Mustern und dem Bild seines bewegten Körpers fasziniert sein. Später glaubt es dann, im Spiegel sei ein anderes Baby. Allzulange läßt es sich jedoch nicht hinters Licht führen und durchschaut bald den Illusionscharakter des Spiegels.

Rasseln

Alle Babys lieben Rasseln. Eine Rassel vermittelt nicht nur die Erfahrung des Greifens, sie ist auch eine der ersten Lektionen zum Thema »Ursache und Wirkung«: wenn man sie schüttelt, passiert etwas. Das Baby, das diese Verbindung herstellt, bekommt das Gefühl, einen Gegenstand unter Kontrolle zu haben. Für kleine Babys eignen sich Rasseln in Form einer Hantel oder eines Telefonhörers am besten. Aber auch quietschende Gummitiere und Beißringe machen ihnen großen Spaß. Achten Sie auf die Sicherheit und überprüfen Sie, ob sie der Beschreibung entsprechen.

Puppen und Stofftiere

Wahrscheinlich bekommt Ihr Baby unzählige Puppen, Stofftiere, Handpuppen usw. geschenkt, und sicher wird eines davon zum Lieblingsspielzeug und besten Freund. Im Augenblick jedoch, wo das Baby ja wirklich alles in den Mund nimmt, sollten Sie darauf achten, daß es nur die ganz sicheren, unzerbrechlichen und waschbaren Spielsachen bekommt. Ausgestopftes, weiches und besticktes Spielzeug ist jetzt besser geeignet als solches mit Knöpfen, Bommeln, Wollhaaren, langen Schwänzen und Zungen; lange Haare oder ein Fell sind zwar sehr schön, bergen aber auch die Gefahr des Erstickens in sich. Denken Sie daran, daß das Baby, das gerade lernt zu stehen, vielleicht auf die Idee kommt, sein Stofftier als Schemel zu benutzen, um allein aus seinem Bett oder Laufstall zu klettern.

Selbstgebasteltes Spielzeug

Patchworkdecke

Material
- 10 × 10 Zentimeter große bunte Stoffreste aus unterschiedlichem Material wie z. B. Frotteestoff, Leinen, Cordstoff, Wolle, Samt, Velour oder Leder, Satin und Taft.
- Stoff zum Füttern.

Babys erfahren die Welt mit ihren Sinnen. Eine Patchworkdecke sieht interessant aus und fühlt sich interessant an. Nähen Sie die Einzelteile einfach zu einem großen Rechteck oder Quadrat zusammen. Nach dieser Vorlage schneiden Sie den Futterstoff zu. Dafür eignet sich ein weiches, kunststoffbeschichtetes Material recht gut, denn so können Sie die Decke zusammengefaltet auch als Wickelunterlage für unterwegs benutzen. Legen Sie beide Teile von links aufeinander und nähen Sie sie dann auf drei Seiten zusammen. Lassen Sie eine genügend große Öffnung, damit Sie die Decke bequem auf rechts drehen können, und nähen Sie dann die Öffnung mit kleinen Stichen zu.

Ein lachendes Gesicht und eine lachende Puppe

Material
- Weiße Pappteller.
- Lösungsmittelfreie Filz- oder Farbstifte.
- Klebestreifen.

Neugeborene betrachten am liebsten das menschliche Gesicht. Zeichnen Sie ein ganz einfaches Gesicht auf einen Pappteller und befestigen Sie ihn seitlich oder unten in Babys Bett oder beim Wickeltisch. Noch

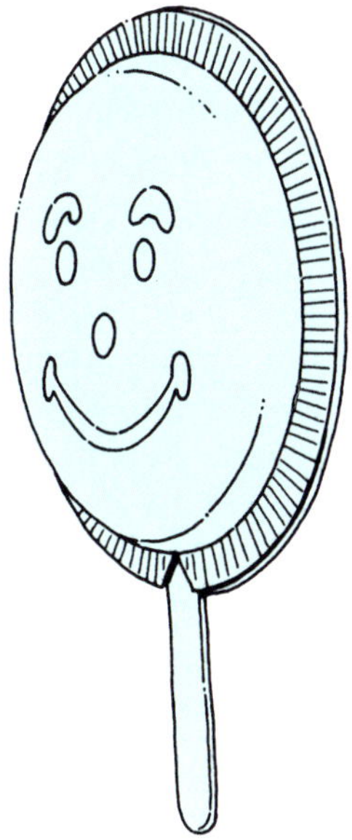

Lachende Puppe

interessanter sind Gesichter, die sich bewegen. Für eine einfache Puppe kleben Sie zwei Pappteller mit der Unterseite nach außen zusammen. Schneiden Sie dann ein keilförmiges Stück heraus, das so groß ist, daß Sie ein Holzstäbchen oder einen Zungenspatel durchstecken und ihn innen in den Tellern festkleben können. Lassen Sie die Puppe vor Babys Gesicht tanzen. Vielleicht stellen Sie dazu Musik an. Nach drei Monaten merken Sie möglicherweise, daß das Baby im Rhythmus der Musik mitstrampelt.

Einfache Rasseln

Material

○ Eine kleinere Plastikflasche, die aber so groß ist, daß das Baby sie nicht verschluckt.
○ Kontaktkleber.
○ Glöckchen, bunte Perlen, Sand, Büroklammern usw.

Wählen Sie ein Material zum Füllen – auch gefärbtes Wasser eignet sich dazu – und kleben Sie die Flasche dann fest zu.

Gefüllte Stoffbeutel

Material

○ Bunt gemusterter Stoff.
○ Füllmaterial: getrocknete Bohnen, Zellophan, Seidenpapier, Glöckchen usw.

Babys betasten solche Stoffbeutel mit Begeisterung und stecken sie auch gern in den Mund. Außerdem klingen sie äußerst interessant, je nachdem, womit man sie füllt. Schneiden Sie zwei gleich große Stoffstücke zu und nähen Sie sie von links mit ganz kleinen, festen Stichen zusammen. Lassen Sie ein Stück zum Füllen offen. Achten Sie darauf, daß die Nähte wirklich gut halten, damit vom Füllmaterial nichts herausfällt. Drehen Sie den Beutel auf rechts, füllen Sie ihn und nähen Sie ihn zweifach mit festen Stichen zu.

Das Baby vom siebten bis neunten Monat

Sie stehen nun am Anfang einer sehr aktiven Zeit, die einige Jahre andauert. Erholen Sie sich also, wann immer Sie dazu kommen! Das Baby kann jetzt schon allein sitzen und in dieser Position nach Gegenständen greifen und sie aufheben. Setzen Sie es auf den Boden und legen Sie Spielzeug von unterschiedlichen Gewichten und Formen, aus unterschiedlichen Materialien und mit Öffnungen zum Greifen in seine Reichweite. Eine Weile beschäftigt es sich damit allein, es hebt die Gegenstände auf, untersucht sie genauestens, nimmt sie von einer Hand in die andere und schlägt sie schließlich wie einfache Werkzeuge oder Musikinstrumente aufeinander. Am Ende des neunten Monats beherrscht es sämtliche Varianten seines Spielboards: Es bedient das Telefon, klingelt mit der Glocke, drückt alle Knöpfe und dreht die Trommeln. Es hat jetzt auch Spaß daran, alle möglichen Gefäße zu füllen und zu leeren. Am besten stellen Sie ihm ein eigenes Fach im Schrank mit kindersicheren Gegenständen zur Verfügung.

Babys sind in dieser Zeit besonders empfänglich für Musik und drücken ihre Freude an Lieblingsliedern, die Sie ihm vorsingen oder auf Schallplatten oder Kassetten vorspielen, sichtbar aus. Sie entwickeln eine Begabung zum Nachahmen, und sie werden zu aufmerksamen Zuhörern, die so tun, als verstünden sie, was Sie sagen. Bei Ihrer Ankündigung »Papa kommt«, zeigt sich das Baby höchst erfreut und begrüßt den Papa vielleicht sogar mit »Ada«.

Die Zeit, die das Baby nicht mit »ruhigen« Aktivitäten verbringt, nutzt es höchstwahrscheinlich dazu, sich auf irgendeine Weise fortzubewegen. Manche Babys können gegen Ende des siebten Monats schon sehr gut krabbeln, andere üben es im neunten Monat immer noch. Es gibt ganz unterschiedliche Krabbelstile. Das eine Baby macht so etwas Ähnliches wie Liegestützen, entweder auf allen Vieren, oder zuerst mit dem Oberkörper und dann mit dem Hinterteil, um vorwärtszukommen. Viele Babys krabbeln erst einmal rückwärts. Andere drücken den Bauch vom Boden weg und krabbeln steifbeinig wie ein kleiner Bär auf allen Vieren. Und natürlich gibt es Babys, die überhaupt nicht normal krabbeln, sondern wie Krabben seitwärts im Sitzen auf dem Boden entlangkriechen.

Das Baby, das krabbeln lernt, fängt jetzt vielleicht gleichzeitig damit an, sich zum Stehen hochzuziehen und sich seitlich an Möbelstücken entlangzuhangeln. Wahrscheinlich quietscht es vor Vergnügen über diesen neuen Trick. Schwierig wird es erst, wenn es sich wieder hinsetzen will und nicht weiß, wie es das anstellen soll, ohne hinzufallen. Und uns selbst tut es ja auch weh, ständig mitansehen zu müssen, wie das Baby auf den Boden plumpst, obwohl Kinderärzte versichern, der immer noch flexible Kopf eines Babys würde durch solche Stürze keinen Schaden nehmen. Für Babys Übungen ist ein Teppichboden ideal. Sie können aber auch eine Decke auf den Boden legen und sie mit Möbelstücken sichern, damit sie nicht wegrutscht. Außerdem können Sie Ihrem Baby auch spielerisch beibringen, wie man sicher fällt. Halten Sie es um die Taille fest und beugen es nach vorn; dann ziehen Sie es langsam nach hinten und lassen es sicher auf seinem Hinterteil landen.

Seltsamerweise schläft das Baby in dieser Phase oft schlechter als sonst, obwohl seine Krabbel-, Steh- und Gehversuche so viel

Energie kosten. Es findet keine Ruhe zum Schlafen mehr und wacht dann vielleicht alle paar Stunden wieder auf. Babys in diesem Alter stehen durch ihre Begeisterung für die Umwelt ständig unter Hochspannung. Sie wollen keine Minute vom Trubel in der Welt und von ihren geliebten Mitmenschen verpassen. Jede Trennung von ihnen ist schmerzlich für das Baby; nehmen Sie also sein ängstliches Gebrüll und seine extreme Anhänglichkeit ernst. In dieser Phase sind festgelegte Einschlafrituale oder etwas Zeit zum Schmusen vor dem Schlafen unbedingt notwendig. Eine gute Möglichkeit, ein überaktives Baby zur Ruhe zu bringen, besteht darin, gemeinsam ein Buch anzuschauen. Die körperliche Nähe und die ausschließliche Beschäftigung mit dem Buch wirken beruhigend und geben gleichzeitig Sicherheit.

Mit jedem Tag erobert sich das Baby neue Gebiete innerhalb der Wohnung. Bald kann es Schränke auf- und zumachen, Schubladen herausziehen und blitzschnell ganze Bücherregale ausräumen. Es entdeckt Gefahrenquellen, von deren Existenz Sie keine Ahnung hatten. Machen Sie es sich also zur Gewohnheit, jedesmal, wenn Sie ein Zimmer betreten, zuerst den Boden abzusuchen. Und vergessen Sie nicht, Ihre Handtasche hochzuhängen. Babys Feinmotorik ist jetzt nämlich so weit entwickelt, daß es problemlos die kleinsten und interessantesten Staub- und Schmutzpartikel, Büroklammern, Münzen usw. aufheben kann, um sie dann sofort in den Mund zu stecken.

Genau dieselben Fertigkeiten braucht es zum selbständigen Essen, und das tut es von nun an mit wachsender Begeisterung und Geschicklichkeit. Es gibt Babys, die sich auf gar keinen Fall mehr füttern lassen wollen. Verzweifeln Sie nicht dabei. Schließlich ist das ein Riesenschritt in seiner Entwicklung. Lesen Sie dazu das Kapitel über Ernährung auf Seite 113. Auf Seite 132 bekommen Sie außerdem einige Anregungen für gesunde Speisen, die das Baby mit den Fingern essen kann. Lassen Sie sich nicht aus der Ruhe bringen, wenn das Baby das meiste Essen oder sonstige Gegenstände wie Teller, Tassen oder Spielzeug von seinem Hochstuhl aus auf den Boden wirft. Schließlich hat es gerade erst gelernt, Dinge mit Daumen und Zeigefinger aufzuheben, und das ist genau die Fertigkeit, die den Menschen über andere Gattungen heraushebt. Jetzt lernt das Baby auch, daß es die Macht hat, Dinge wieder loszulassen. Man beachte nur die Wirkung, die es erzielt, wenn es eine Tasse auf den Boden wirft. Das Baby interessiert sich allmählich für zeitliche Zusammenhänge: Wie lange dauert es, bis der Löffel auf dem Boden ankommt? Es wartet gespannt und entdeckt dabei gleichzeitig, daß ein Löffel, der auf den Boden fällt, anders klingt als eine Tasse.

Wasser ist eines der Dinge, für die sich alle kleinen Kinder begeistern. Das Spielen mit Wasser – Spritzen, Schütten, Umfüllen, Trinken, untergetauchtes Spielzeug einfangen – gibt dem Baby das Gefühl, ein Element zu beherrschen. Wasser ist außerdem entspannend und wirkt vielleicht beruhigend auf das Baby, so daß es am Ende eines – auch für Sie – aufregenden Tages problemlos in den Schlaf findet. Denn von nun an braucht jede Mutter regelmäßige Erholungspausen, sofern sie es bis jetzt noch nicht geschafft hat, ab und zu allein auszugehen.

Frage: Ist ein Laufstall schlecht für ein Baby?

Antwort: Es ist schon verlockend, ein neugieriges Baby in diesem Alter in einen Laufstall zu stecken. Übertreiben Sie es aber nicht. Benutzen Sie ihn nur, wenn Sie einen sicheren Platz für das Baby brauchen, während Sie sich zum Weggehen fertigmachen oder das Auto ausladen oder die Haustüre öffnen müssen und das Baby nicht mitnehmen können. Wenn es Sie im Laufstall nicht sehen kann, sagen Sie ihm, daß Sie gleich zurück sind.

Eltern beschreiben ihre sieben, acht und neun Monate alten Kinder

Gabriel ist mit siebeneinhalb Monaten ganz begeistert von seinem Spielboard, das wir an seinem Bettchen festgemacht haben. Ich höre, wie er die kleinen Türen auf- und zumacht, damit quietscht, mit den Glöckchen klingelt. So ist er zumindest eine kleine Weile lang beschäftigt.

⁂

Lauras Lieblingsspielzeug war mit acht Monaten ein großer Plastikball mit einem Glöckchen darin.

⁂

Lisa ist körperlich nicht so aktiv wie damals ihre Schwestern. Mit siebeneinhalb Monaten sitzt sie am liebsten ruhig da und beobachtet, was um sie herum vorgeht. Sie hat herausgefunden, daß sie ihre Schwestern zum Lachen bringen kann, wenn sie voller Ekel ihr Essen ausspuckt. Sie stacheln sie dazu an, und der Kleinen gefällt das.

⁂

Daniel ist achteinhalb Monate alt, und wir glauben, er ist sehr musikalisch. Er schlägt im Takt der Musik auf seinem Hochstuhltischchen herum. Am liebsten mag er Volksmusik.

⁂

Wenn Jenny, die fast neun Monate alt ist, nicht gerade damit beschäftigt ist, sich um den Couchtisch herumzuhangeln, läßt sie am liebsten ihre großen, bunten Holzperlen in eine winzige Kaffeekanne fallen und schüttet sie dann wieder aus. Außerdem ist sie von unserem Hund und allem, was ihm gehört, restlos begeistert. Erst gestern ist sie mit seinem Spielzeugknochen im Mund herumgekrabbelt!

⁂

Jürgen ist von dem Baby im Spiegel fasziniert. Er küßt und streichelt es, und er sagt »oooh« und »aaah« zu ihm. Auch beim Spaziergang im Park habe ich schon festgestellt, daß er tatsächlich mit anderen, »wirklichen« Babys in Interaktion tritt. Er möchte gern ihr Gesicht streicheln.

⁂

Mein Baby schüttelt die ganze Zeit den Kopf. Ich habe deswegen sogar schon unseren Kinderarzt zu Rate gezogen. Er meinte jedoch, das sei normal – der Kleine würde nur die verschiedenen Blickwinkel und Perspektiven auf die Welt ausprobieren.

⁂

Thomas wird nächste Woche zehn Monate alt, und er liebt Lichtschalter über alles. An keinem Schalter kommt er vorbei. Er macht dann das Licht an und aus, und es scheint ihm nie langweilig zu werden.

⁂

Turn- und Schwimmkurse für Babys

Turn- und Spielkurse, die regelmäßig von Sportvereinen und Volkshochschulen angeboten werden, erfreuen sich wachsender Beliebtheit. Zweifellos macht es Spaß, außer Haus zu gehen, sich auf eine Matte zu legen und zusammen mit anderen Eltern mit seinem Baby zu spielen. Nötig ist es sicher nicht, und es gibt auch keine Hinweise darauf, daß dieses frühe Training bleibende Wirkung hat. Tatsächlich sind Babys ja von sich aus ständig in Bewegung. Denken Sie nur daran, wieviel Energie das Baby bei einem einzigen Windelwechsel verbraucht. Machen Sie auf keinen Fall Übungen, die die motorische Entwicklung Ihres Kindes beschleunigen sollen, denn das könnte gefährlich werden. Jedes Baby ist eine einzigartige Persönlichkeit und entwickelt sich auf seine Weise. Achten Sie auch auf Ihre eigenen Reaktionen. Es ist völlig unnötig, Druck auf das Baby auszuüben oder es mit anderen Kindern zu vergleichen. Ihre Enttäuschung über seine »Fortschritte« kann Babys Selbstwertgefühl ganz subtil unterminieren.

Schwimmkurse: Sobald das Baby die Neugeborenenphase hinter sich hat, gehört das Baden vielleicht zum Höhepunkt seines Tages. Es fühlt sich im Wasser ausgesprochen wohl und spielt begeistert darin. Das veranlaßt Sie möglicherweise, einen Babyschwimmkurs in Erwägung zu ziehen. Bevor Sie sich jedoch dafür entscheiden, überprüfen Sie sorgfältig das Programm.

Das Hauptziel besteht sicher darin, dem Baby Spaß am Wasser zu vermitteln. Es gibt aber auch einige Risikofaktoren. Zum einen frieren Babys sehr leicht, zum anderen besteht die Gefahr, daß sie sich im Bad eine Mittelohrentzündung holen. Das Schlucken von zu viel Wasser kann zu einer Vergiftung führen, deren Symptome von erhöhter Reizbarkeit über Lethargie bis zu Desorientiertheit, Erbrechen und Krampfanfällen reichen. Schwächere Auswirkungen treten oft erst nach mehreren Stunden auf, und die Eltern denken dann in der Regel, das Baby sei einfach nur müde und überanstrengt. Außerdem ist das Wasser in dem Becken, in dem sich Babys und Kleinkinder aufhalten, die noch nicht trocken sind, oft entweder sehr verschmutzt oder stark gechlort.

Lassen Sie sich nicht unter dem Vorwand zur Teilnahme an einem Babyschwimmkurs verlocken, dies sei Ausdruck Ihrer besonderen Verantwortlichkeit als Eltern. Ihre Hauptaufgabe besteht sicher nicht darin, Babys das Schwimmen beizubringen, denn das rettet sie in diesem frühen Alter im Wasser bestimmt nicht vor Gefahren. Viel wichtiger ist Ihre eigene Wachsamkeit und Anwesenheit. Sollten Sie sich also für einen Kurs entscheiden, überprüfen Sie die folgenden Punkte:

- Wie lange dauert der Kurs? Er sollte eine halbe Stunde nicht überschreiten.
- Wird im Kurs getaucht? Ein Baby kann zwar unter Wasser den Atem anhalten, öffnet aber beim Auftauchen den Mund und schluckt dann möglicherweise viel Wasser.
- Wie sauber ist das Wasser, wie stark ist es gechlort?
- Babys frieren leicht. Ist das Wasser wenigstens 30 °C warm?
- Zu guter Letzt: Ist ständig jemand anwesend, der sich mit der Lebensrettung von Kleinkindern auskennt und die Erste Hilfe bei Kleinkindern beherrscht?

Mein neuneinhalb Monate alter Bernd mag Bücher sehr gern, besonders solche, die ich ihm aus Pappe gebastelt habe. Er kann schon selbst die Seiten umblättern.

⁂

Ich weiß nicht mehr, ob ich lachen oder weinen soll. Mein Baby, das morgen zehn Monate alt wird, läuft seit drei Tagen. Es zieht sich selbst hoch und stolpert von der Couch zum Tisch und dann weiter zum Bücherregal. Es erinnert mich an ein winziges Matchboxauto, das immer gerade in Gefahr schwebt, außer Kontrolle zu geraten.

Das Baby vom zehnten Monat bis zu einem Jahr

Mit Babys zehntem Lebensmonat beginnt für Sie eine Phase, in der Ihnen, solange das Baby wach ist, wenig Zeit für ein vernünftiges Gespräch mit Erwachsenen bleibt. Und die wenigen Momente, die Sie haben, sind von hektischen Entschuldigungen unterbrochen, weil Sie ständig angsterfüllt wegrennen, um nachzusehen, was das Baby gerade wieder anstellt. Andauernd hören Sie selbst Ihr energisches »Nein!«, wenn das Baby es wieder einmal geschafft hat, hinter das Sofa zu klettern und sich genau das Kabel zu schnappen, das Sie so sorgfältig versteckt haben. Das Kleine benutzt jetzt seinen Zeigefinger am liebsten dazu, ihn in wirklich jede Steckdose innerhalb seiner Reichweite hineinzustecken. Außerdem wird das Baby immer geschickter im Klettern und ist mittlerweile vielleicht schon auf die Idee gekommen, daß es den Hocker benutzen kann, um erst auf den Küchenstuhl, dann auf den Tisch und schließlich auf den Schrank zu steigen. Es kann Sie jetzt auch erstaunlich gut imitieren und hat sicher schon beobachtet, welche Knöpfe Sie drücken, um die Küchenmaschine einzuschalten. Das ist zweifellos gefährlich für das Baby, und es bleibt Ihnen nichts anderes übrig, als solche Aktivitäten mit einem energischen »Nein!« zu unterbinden. Überprüfen Sie also weiterhin Ihre Wohnung auf mögliche Gefahrenquellen und überlegen Sie, wo kleine Babyhände überall hineinpassen.

Wenn es sich machen läßt, montieren Sie in der Höhe von zwei oder drei Stufen ein Schutzgitter auf der Treppe. So kann das Baby das Treppensteigen gefahrlos üben. Wahrscheinlich müssen Sie ihm zuerst zeigen, rückwärts die Treppe hinunterzusteigen. Vielleicht geht es ab und zu blitzschnell auf Entdeckungsreise oder schiebt eine selbst erfundene Gehhilfe in Form eines Küchenstuhls vor sich her. Manchmal lassen Babys ihren Halt für kurze Zeit los und stehen einige Augenblicke allein da, oder sie üben das Laufen an der Hand der Eltern. Dieses Lauftraining kann mehrere Monate dauern. Es gibt Babys, die schon mit zehn Monaten steifbeinig laufen und dabei mit weit ausgebreiteten Armen um ihr Gleichgewicht ringen. In der Regel laufen Kinder aber erst um ihren ersten Geburtstag herum oder sogar noch später.

Auch dann werden sie noch oft hinfallen und sich den Kopf anschlagen. Gestalten Sie also Babys Umgebung so weich und sicher wie möglich. Das hilft Ihnen auch, Ruhe zu bewahren und das Baby nicht ständig übermäßig zu behüten. Denn mit Ihrer Übervorsicht vermitteln Sie dem Kind die Botschaft, daß die Welt ein gefährlicher und beängstigender Ort ist. Anstatt also das Baby im Laufstall einzusperren, versuchen Sie lieber, wenigstens einen Raum im Haus, in dem Sie sich dann überwiegend aufhalten, babysicher zu gestalten. Geben Sie dem Baby seinen eigenen Schrank mit Kaffeetassen, Plastikbehältern und ein paar Pappbechern. Letztere eignen sich bestens dazu, sie ineinanderzustellen. Zeigen Sie ihm, wie sie zusammenpassen. Vielleicht hat das Baby auch Spaß daran, kleinere, ungefährliche Gegenstände in eine Tasse fallenzulassen. Dabei können Sie unauffällig beobachten, ob es inzwischen gelernt hat, seine Hände unterschiedlich zu gebrauchen. Es hält z. B. ein Gefäß mit der linken Hand fest und füllt die Gegenstände mit der anderen Hand ein oder umgekehrt, je nachdem, welche Hand es allmählich bevorzugt.

Jetzt kommt auch bald ein weiterer, eher frustrierender Entwicklungsschritt auf Sie zu. Das Baby, das früher beim Einkaufen ganz ruhig und zufrieden mit Schauen beschäftigt war, hat jetzt vielleicht überhaupt keine Lust mehr, im Einkaufswagen sitzen zu bleiben. Es dreht und windet sich, versucht aufzustehen und protestiert ärgerlich gegen eine solche Behandlung. Zweifellos ist das für die Eltern sehr anstrengend, aber es läßt sich gar nichts dagegen tun, außer das Baby bei jemandem zu Hause zu lassen oder die Einkäufe schnellstens hinter sich zu bringen.

Gegen Ende des ersten Lebensjahres ist die Feinmotorik des Babys so weit entwickelt, daß es recht gut allein essen kann. Sie sollten das auch unbedingt fördern, obwohl viele Eltern sich Sorgen machen, daß das Baby dabei zu wenig ißt. Doch Kinderärzte versichern, daß diese Phase genau mit dem Zeitpunkt zusammenfällt, wo das Kind ohnehin langsamer wächst und deshalb weniger Kalorien braucht.

Sicher stellen Sie auch fest, daß sich das Geplapper Ihres Babys in seiner Betonung mehr und mehr der Erwachsenensprache angleicht. Ganz gewiß hat es sich gerade eben genau wie Sie über das Wetter geäußert, und zweifellos hat es wie Sie vorhin Ihren Mann gebeten, ihm das Salz zu reichen. Besonders aufregend wird es, wenn Sie Babys erstes Wort hören. Vielleicht versteht man es – wie z. B. »ada«, »Papa«, »Wau-wau« oder »Ball«, vielleicht ist es aber auch gar kein richtiges Wort. Das spielt eigentlich keine Rolle. Wichtig ist nur, daß das Baby Sprache benützt, und zwar nicht nur, um damit interessante Geräusche zu machen, sondern um mit Ihnen zu kommunizieren.

Zu Babys erstem Geburtstag müssen Sie damit rechnen, daß es jetzt immer wieder ausprobiert, wo seine Grenzen sind. Es läuft oder krabbelt, z. B. zum Telefontisch hinüber, schaut Sie schelmisch an und legt die Hand auf den Hörer. Sie sagen dann wahrscheinlich »Nein!«, worauf das Kleine Sie spitzbübisch anlächelt, den Hörer abnimmt und anfängt zu plappern oder sogar so etwas Ähnliches wie »Hallo« zu sagen. Setzen Sie es dann woanders hin und drehen sich einen Augenblick um, krabbelt es sofort wieder zum Telefon zurück, hebt den Hörer ab und versucht, falls Sie immer noch nichts bemerkt haben, einen Wählton zu bekommen. Dann strahlt es Sie an und sagt »Nein, nein!«. Das Baby vergißt wahrscheinlich das Telefon, sobald Sie es mit einem interessanten Spielzeug ablenken. Vielleicht gelingt das aber auch nicht, und Sie erleben den ersten von unzähligen Wutausbrüchen.

Wichtig ist, zwischen ärgerlichem und gefährlichem Verhalten zu unterscheiden. Sie müssen sich überlegen, wie Sie auf beides reagieren, denn das Baby wird Sie immer öfter damit konfrontieren. Eines der schwierigsten Probleme in der Kindererziehung besteht darin, dem Kind einerseits feste Grenzen zu setzen und andererseits auf seine Bedürfnisse einzugehen. Die Frage, wer wen unter Kontrolle hat, wird Sie und Ihre Flexibilität in den kommenden Jahren auf eine harte Probe stellen. Natürlich ist uns klar, daß wir mit Wutausbrüchen, Disziplin und eisernem Training ein Kind nie dazu bringen, etwas zu tun, das seinem Entwicklungsstand vielleicht noch nicht entspricht. Diese Art der Erziehung läßt Freude und Neugierde gar nicht erst aufkommen, und sie gibt dem Kind keinerlei Möglichkeiten, Situationen zu meistern und erfolgreich zu sein. Außerdem ist es für die Eltern nahezu unmöglich, immer alles unter Kontrolle zu haben und jederzeit einzuschreiten. Die Energie, die das erfordern würde, kann produktiver für andere Dinge aufgewandt werden.

Gegen Ende dieses ersten Lebensjahres, wo die Probleme noch relativ überschaubar sind, sollten Sie anfangen, sich selbst in den Situationen zu beobachten, in denen Sie Ihrem Kind Grenzen setzen müssen. Am besten bringen Sie Ihrem Kind, egal, wie alt es ist, partnerschaftliches Verhalten bei, wenn Sie herausfinden, wo seine Interessen liegen und wozu es fähig ist. Dann können Sie sein Umfeld beeinflussen, die Grenzen festlegen und Ihre eigenen Erwartungen entsprechend anpassen. Das klingt einfach, nicht wahr? Das ist es ganz und gar nicht, besonders wenn Sie selbst als Kind nicht so behandelt worden sind.

Es gibt eine Unmenge von Büchern über Kindererziehung. Ihnen steht eine turbulente Zeit bevor, in der Sie wahrscheinlich zu müde sind, allzu viele davon zu lesen. Wenn Sie Zeit haben, schauen Sie sich einmal in einer Buchhandlung um. Einige Tips finden Sie darüber hinaus auf Seite 361.

P. S. Sobald das Baby laufen kann, kommt es uns viel erwachsener vor, als es wirklich ist. Dieser Eindruck entsteht besonders auch dann, wenn die Kleinen anfangen zu sprechen und mit viel Phantasie wie größere Kinder spielen. Es macht ihnen jetzt Spaß, so zu tun, als würden sie kochen oder eine Puppe oder ein Stofftier mit der Flasche füttern oder wie Mama und Papa einen Hut aufsetzen. Gleichzeitig kann diese neugewonnene Mobilität und Freiheit zusammen mit der wachsenden Phantasie ein Kind erschrecken und überfordern. Viele Kinder erleben eine neue Phase von Furchtsamkeit, Trennungsängsten und schlechtem Nachtschlaf. Jetzt müssen wir ihnen mehr denn je ein Gefühl der Sicherheit geben. Sie brauchen unbedingt die Erfahrung, daß sie Babys bleiben dürfen, solange sie wollen.

Eltern beschreiben ihre zehn und zwölf Monate alten Kinder

David ist zehneinhalb Monate alt, und am liebsten spielt er auf der Treppe. Wir haben das Gitter auf der dritten Stufe montiert und unten alles mit Kissen gepolstert, damit er üben kann. Dabei juchzt er vor sich hin.

⁂

Simon will die ganze Zeit nur stehen. Jetzt muß ich ihn sogar im Stehen an- und ausziehen. Das mache ich manchmal im Bett, weil es da sicherer ist. Am ehesten läßt er sich durch folgendes Spielchen ablenken: »Da sind deine Augen, wo ist deine Nase, wo ist der Mund?«, usw. Außerdem hat er einen unzerbrechlichen Spiegel, in dem er sich gern betrachtet. Da zeigt er dann auf seine Augen, seine Nase usw. Manchmal nimmt er den Spiegel auch in den Arm und drückt ihn liebevoll.

⁂

Jenny ist die geborene Schauspielerin – sie ist einfach hinreißend. Ich habe einen großen, rosafarbenen Strohhut mit einer Rose, den sie am liebsten aufsetzt. Sie zieht ihn über die Augen und schaut ganz kokett darunter hervor. Dabei singt sie zu ihrer Spieluhr und tanzt vor ihrem bewundernden Publikum – uns Eltern. Wir klatschen und rufen »Bravo«, und sie klatscht sich dann selbst Beifall. Dann setzt sich ihr Vater den Hut auf, und wir müssen noch mehr lachen. Sie findet das ausgesprochen komisch. Es ist immer viel witziger, wenn er den Hut trägt, als wenn ich es tue.

⁂

Amanda hat von ihrer Großmutter ein großes blaues Schmuckkästchen aus Leder bekommen. Mit Begeisterung macht sie das Kästchen auf und zu, um ihre Schätze darin zu verstauen. Ihr Wort für das Kästchen ist »kadi«. Ihre älteren Schwestern tragen ihr auf, das Kästchen zu holen, und schnell wie der Blitz krabbelt sie los und sucht es in der Spielzeugkiste. Sie unterhält sich oft sehr liebevoll mit ihrem »kadi«, und manchmal legt sie sich auf ihre Decke und benutzt das Kästchen als Kopfkissen. Amandas Schwestern hatten beide eine Schmusedecke. Wir fanden es sehr originell, daß sie sich als Lieblingsspielzeug ausgerechnet ein Schmuckkästchen ausgesucht hat.

⁂

Leni kann jetzt ganz allein essen. Sie füttert auch uns – mich, meinen Mann und den Hund – mit Begeisterung. Ich fürchte, daß sie so nicht genug zu essen bekommt, aber unser Kinderarzt hat uns beruhigt und versichert, daß sie in Größe und Gewicht völlig normal sei. Sie sollten nach den Mahlzeiten unseren Fußboden sehen! Ich empfehle jedem, der ein Baby hat, auch gleichzeitig einen Hund.

⁂

Sarah ist heute elf Monate alt geworden. Sie läuft entweder an der Hand oder schiebt einen Stuhl vor sich her. Im Augenblick trainiert sie gerade ihr Gleichgewichtsgefühl; sie läßt ihren jeweiligen Halt los und steht so lange frei, bis sie schließlich umfällt. Beim Treppensteigen krabbelt sie problemlos hoch, nur beim rückwärts Hinuntersteigen hat sie etwas Schwierigkeiten. Jedesmal, wenn sie eine Kuh sieht oder wenn wir sie fragen: »Wie macht die Kuh?«, sagt sie »Muh« (allerdings sagt sie auch zur Katze »Muh«). Für Pferde hat sie eine »Muh-ha«-Variante erfunden, und im Augenblick arbeitet sie gerade an einem Geräusch für »Hund«. Am liebsten ißt sie mit dem Löffel. Ich gebe ihr einen vollen Löffel, und sie schafft es, etwa die Hälfte davon in den Mund zu balancieren. Aus ihrer Schnabeltasse kann sie schon trinken; allerdings schüttet sie die Milch lieber auf ihren Hochstuhltisch und spielt mit ihr herum. Außerdem spielt sie recht gern in der Toilettenschüssel!

⁂

Julia liebt ihre Babypuppe über alles. Sie streichelt sie, redet mit ihr, läßt sie Bäuerchen machen und singt ihr etwas vor, so wie ich es mit ihr tue. Auch ihre Bücher hat sie gern, besonders das Photoalbum mit Photos von ihr. Nackt zu sein und zu baden ist für sie das größte.

⁂

Aaron spielt am liebsten mit meinen Tupperschüsseln. Er benutzt die Behälter wie Bauklötze, stellt zwei oder drei aufeinander und wirft sie dann um. Er hat einen kleinen Holzlastwagen, den er auf dem Eßtisch hin- und herschiebt und dabei wie ein Auto brummt. Seine beiden größeren Schwestern haben das als Babys nie gemacht.

⁂

Mit elfeinhalb Monaten krabbelt Jakob unglaublich schnell und hat dabei noch die Schnur von einem Spielzeug im Mund, das er hinter sich herzieht.

***

Rebekka ist ein Jahr alt, läuft, plappert und kann schon die Schutzgitter aufmachen. Sie steckt ihr Gesicht gern ins Wasser und spielt am liebsten mit einem nur halb aufgeblasenen Wasserball. Sie liebt ihr Spielzeugtelefon und ist ganz versessen darauf, sämtliche Türen und Schränke auf- und zuzumachen. Bücher mag sie sehr gern, besonders solche mit einer reliefartigen Oberfläche, die sie betasten kann.

***

Unser Kleiner stößt sich dauernd irgendwo an oder fällt hin. Ich wünschte, es gäbe Sturzhelme für Babys!

***

Unser kleines Mädchen ist gerade ein Jahr alt. Wer behauptet, Jungen seien viel aktiver als Mädchen, dem kann ich einiges erzählen.

Zum Schlafengehen: Ein paar Worte zum Trost

Wenn das Schlafengehen bisher kein Problem war, so kann es gegen Ende des ersten Lebensjahres sehr wohl zu einem werden. Es ist gerade so, als ob das Baby mit seinem übergroßen Lebenshunger den Tag nicht nur nicht loslassen will, sondern dies auch ganz einfach nicht kann. Anstatt abends müde zu werden, hält es sich mit aller Kraft wach und dreht noch einmal auf. Der Versuch, es doch ins Bett zu bringen, führt zu heftigen Protesten, so daß die erschöpften Eltern oft versucht sind, nachzugeben und das Baby aufzulassen.

Hat das Kind sein morgendliches Schläfchen noch nicht aufgegeben, dann sollte es das jetzt tun. Die meisten Babys schaffen es mit etwa einem Jahr, bis nach dem Mittagessen wachzubleiben. Besonders schlimm ist ein quengeliges Baby am Spätnachmittag. Wenn Sie aber diese schwierige Tageszeit überstehen, ohne es schlafen zu lassen, dann haben Sie die Chance, Ihr Kind am Abend zu einer annehmbaren Zeit ins Bett zu bekommen.

Machen Sie nicht den Fehler, ein aufgedrehtes Baby übermäßig lange aufzulassen. Das tut weder Ihnen noch dem Baby gut. Sie brauchen und verdienen auch eine Verschnaufpause und etwas Zeit für sich und Ihren Partner, sonst werden Sie mit Recht bald ablehnend auf Ihr Kind reagieren.

Frühe Sprechversuche

Je mehr Sie mit Ihrem Kind reden, desto stärker regen Sie seine Sprachentwicklung an. Wann das Baby tatsächlich anfängt zu sprechen, erkennen Sie daran, daß es für eine Person oder ein Ding dasselbe Wort benützt. Das mag zwar nicht immer das korrekte Wort für die Person oder Sache sein. Trotzdem sollten Sie es nicht verbessern, sondern ihm zeigen, daß Sie mit seiner Phantasie mitgehen und es verstehen. Ihre Freude und Ihr Interesse wirken als positive Verstärker, die das Baby dazu ermuntern, weiterhin eine Verbindung zwischen Worten und Vorstellungen und den Dingen und Vorgängen in seiner Welt herzustellen.

Es besteht keinerlei Notwendigkeit, Ihrem Baby das Sprechen formal beizubringen. Falls Sie jedoch Spaß daran haben, können Sie ja Bilder von irgendwelchen Gegenständen ausschneiden, sie auf einen Karton kleben und gemeinsam mit dem Baby anschauen. Sie können auch zusammen ein Buch betrachten. Denken Sie daran, daß das Baby praktisch von Geburt an der menschlichen Stimme am meisten Aufmerksamkeit schenkt und daß es vor allem Ihre Stimme mit Freude und Vergnügen in Verbindung bringt. Die meisten Eltern kommentieren ohnehin unbewußt alles, was sie im Haushalt gerade tun: »Hör mal, der Hund bellt.« »Hoppla, jetzt ist mir der Schwamm runtergefallen.« »Oh, das Wasser ist viel zu kalt.« »Hier sind die Strümpfe.« usw. Während Sie sprechen, berührt das Baby vielleicht gerade das glatte Fell des Hundes, den Schwamm, das kalte Wasser oder die weichen Strümpfe. Dieser Zusammenhang zwischen dem Aussprechen und dem gleichzeitigen »Fühlen« der Worte in ihrem realen Kontext wirkt positiv auf die Sprachentwicklung. Dasselbe gilt, wenn Sie ein Buch zusammen lesen oder Bilder anschauen.

Gutes Spielzeug für ältere Babys

Meistens überhäufen wir ein Baby mit viel zuviel Spielzeug. Erst später merken wir, daß es kein Spielzeug gibt, mit dem sich ein Baby lange allein beschäftigt. Beim Kauf von Spielsachen für Babys über sechs Monate sollten Sie darauf achten, daß sie robust und waschbar sind und daß das Baby sie gut greifen und trotz seiner begrenzten motorischen Fähigkeiten problemlos mit ihnen umgehen kann. Ideal sind Spielsachen, die den Zusammenhang zwischen Ursache und Wirkung demonstrieren; das Baby kann etwas bei ihnen bewirken, indem es sie drückt, schüttelt, an ihnen zieht, auf ihnen herumschlägt oder sie fallenläßt. Denken Sie auch daran, daß die Dinge in Ihrem Haushalt mindestens ebenso interessant sind wie die Sachen, die Sie im Spielzeugladen kaufen: Töpfe, Pfannen, Löffel zum Draufschlagen; Plastikschüsseln oder Meßbecher zum Türmebauen, Umwerfen, Füllen, Ineinanderstellen oder unters Wasser Drücken; Meßlöffel zum Klappern; leere Pappkartons zum Umwerfen; Kaffeedosen zum Füllen, Runterwerfen und Rollen; Pappbecher und -röhren von WC-Papier; Zeitschriften; ein ganz großartiges Spielzeug sind sogar Papiertüten oder Zeitungen, die man zerknüllen und zerreißen kann. Der Lichtschalter ist ein augenfälliges Beispiel für den Zusammenhang von Ursache und Wirkung und bietet endlose Unterhaltung, ebenso wie Spiele mit Wasser. Und natürlich sind Sie selbst das allerbeste Spielzeug, wenn Sie mit dem Baby »Das ist der Daumen...« spielen oder Seifenblasen machen oder singen und tanzen und so albern mit ihm herumtoben, wie Sie es früher nie getan hätten.

Der Babyspiegel

Vielleicht haben Sie schon einen kindersicheren Spiegel, den Sie am Kinderbett befestigt haben oder der frei auf dem Wickeltisch steht. Ein unzerbrechlicher Handspiegel, den das Baby selbst in die Hand nehmen kann, bietet für lange Zeit unerschöpfliche Unterhaltung und Ablenkung.

Kleine, leichte Bauklötze

Bauklötze sind vielseitig, halten ewig, und das Baby fängt viel mit ihnen an; es kann sie greifen, in den Mund stecken, aufeinanderschlagen, sie in eine Kiste stecken, werfen, runterfallen lassen und zu guter Letzt auch mit ihnen bauen.

Bunte Riesenperlen

Spielsachen, die man auf mehr als nur eine Art benutzen kann, fördern kreatives Spielen. Diese riesigen Perlen lassen sich gut in den Mund nehmen, herumwerfen, mit Wasser füllen und schließlich zu Haarreifen, Halsketten, Schnüren, »Schwänzen« und »Zügen« zusammenstecken.

Musikinstrumente

Xylophon, Tambourin, Glöckchen, Trommeln und natürlich Töpfe, Pfannen und Löffel sind Instrumente, die sich bestens für ein Baby eignen.

Einfaches Spielboard

Ein Spielboard fördert Babys Feinmotorik. Es macht ihm Spaß, einen Knopf zu drükken, an einem Telefon zu wählen oder einen Hebel zu bewegen. So bekommt das Baby reichlich Gelegenheit, seine manuelle Geschicklichkeit zu üben. Dasselbe gilt für den Steckkasten.

Bälle

Bälle sind ideal für Babys. Es gibt alle möglichen Arten von Bällen – Stoffbälle, Bälle, die mit Glöckchen oder einer Flüssigkeit gefüllt sind, Wasserbälle, Tennisbälle, usw. Geben Sie Ihrem Baby aber auf keinen Fall Bälle, die kleiner als ein Tischtennisball sind. Es könnte daran ersticken.

Bücher

Ihr Baby findet es sicher herrlich, auf Ihrem Schoß zu sitzen und mit Ihnen zusammen ein Buch anzuschauen. Das Reden über die Bilder fördert seine Sprachentwicklung, und es macht großen Spaß. Babys erste Bücher sollten einfach sein und bunte, vertraute und realistisch dargestellte Dinge enthalten. Unterschätzen Sie dabei aber nicht Babys Interesse an Handlung oder seine Begeisterung für Situationskomik. Nichts ist witziger für ein Baby als das Bild eines anderen Babys, das versucht, selber zu essen, oder das eines Erwachsenen, der hinfällt oder etwas fallenläßt – kleine Katastrophen also, die dem Baby selbst tagtäglich widerfahren. Das Angebot an guten Bilderbüchern, schon für die Kleinsten, ist groß. Es lohnt sich, einmal in einer Buchhandlung zu stöbern.

Spielgruppen machen Spaß – Müttern wie Babys

Irgendwann haben Sie vielleicht das Bedürfnis, eine Spiel- und Krabbelgruppe mit zwei oder drei gleichaltrigen Kindern und deren Müttern zu gründen. Das macht nicht nur den Erwachsenen Spaß und entlastet sie. Die Wissenschaftlerin Jacqueline Becker untersuchte das Verhalten von zwei neun Monate alten Babys zueinander. Sie fand heraus, daß zwischen den Babys mehr positive als negative Interaktionen abliefen; sie schauten sich an, lächelten einander zu, berührten sich gegenseitig, »redeten« miteinander und zeigten einander sogar ihre Spielsachen. In zehn Sitzungen über einen Zeitraum von zwanzig Tagen konnte sie beobachten, wie die Babys immer vertrauter miteinander wurden und regelrecht »zusammenwuchsen«.
Eine Gruppe, die einmal pro Woche etwa eine Stunde lang regelmäßig zusammenkommt, ist vielleicht die Grundlage für feste und dauerhafte Freundschaften. Auf jeden Fall aber erweitert sie die eigene Perspektive. Halten Sie den Spielkreis eher klein und treffen Sie sich jedesmal bei jemand anderem. So haben alle Kinder die Möglichkeit, eine neue Umgebung und anderes Spielzeug zu erforschen. Vorteilhaft ist sicher auch, daß Ihr Baby die anderen Mütter kennenlernt. So können Sie später vielleicht gegenseitig babysitten.
Sobald die Babys größer werden, müssen Sie dafür sorgen, daß immer genügend Spielzeug vorhanden ist. Es wäre völlig unrealistisch, von einem Kleinkind zu erwarten, daß es mit anderen teilt. Vielleicht überlegen Sie jetzt auch, ob Sie sich nicht länger als eine Stunde treffen und etwas zusammen essen, einen gemeinsamen Ausflug machen oder bei schönem Wetter ins Freibad gehen.

Spielzeugkörbe schaffen Ordnung

Einige Körbe an strategisch wichtigen Punkten im Haus verteilt eignen sich hervorragend zur Aufbewahrung von Spielzeug. Wechseln Sie öfters ihren Standort. Auch ein paar niedrige, offene und stabile Regale ermöglichen dem Baby freien Zugang zu seinen Spielsachen. Sollten Sie den Kauf einer besonderen Spielzeugkiste in Erwägung ziehen, nehmen Sie keine mit einem schweren Deckel, der von selbst zufallen kann und das Baby dadurch unter Umständen verletzt. Entscheiden Sie sich für eine Kiste, die einen leichten Deckel und vor allem Luftlöcher hat, falls das Baby oder Kleinkind einmal hineinklettert und allein nicht mehr herauskommt. Denken Sie auch daran, daß krabbelnde und laufende Babys eine Spielzeugkiste als Leiter zweckentfremden können. Stellen Sie sie also nie in die Nähe eines Fensters oder neben ein höheres Möbelstück.

Selbstgebasteltes Spielzeug

Streichholzschachtelspielzeug

Material

○ Eine Streichholzschachtel.
○ Bilder aus Zeitschriften oder eigene Bilder.
○ Lösungsmittelfreier Klebstoff.
○ Durchsichtige Klebefolie.

Babys lieben es, Streichholzschachteln aufzumachen und darin ein festgeklebtes Überraschungsbildchen zu finden. Wenn Sie dafür Bilder aus Zeitschriften verwenden, überkleben Sie sie mit Klarsichtfolie, denn der dort verwendete Vierfarbdruck enthält giftige bleihaltige Farbstoffe.

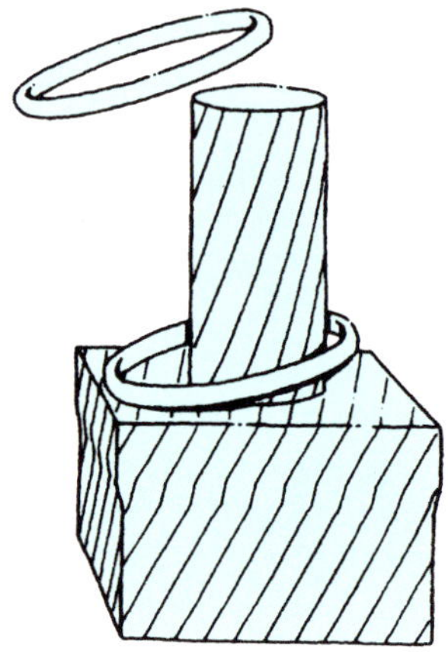

Einfache Wurfspiele

Material

○ Eine kleine Pappschachtel mit Deckel oder ein Schuhkarton.
○ Eine Küchenpapierrolle.
○ Mehrere Gardinenringe aus Holz (entfernen Sie vorher die Schrauben) oder billige Plastikarmreifen oder selbstgemachte Reifen aus Pfeifenreinigern.
○ Selbstklebende Folie.
○ Klebstoff.

Bekleben Sie die Schachtel und die Papierrolle mit bunter Folie. Schneiden Sie dann ein Loch in den Kartondeckel und kleben Sie die Papierrolle auf dem Boden des Kartons fest. Zeigen Sie dem Baby, wie es die Ringe über die Rolle werfen kann und wie es sie wieder herunterbekommt. Mit neun bis zehn Monaten sind Babys Finger für diese komplizierte Tätigkeit geschickt genug. Anfangs eignen sich am besten große Ringe aus Pfeifenreinigern. Sobald das für das Baby zu einfach ist, benützen Sie kleinere Ringe.

Bauklötze

Material

- ○ Pro Klotz zwei leere, saubere Milchtüten.
- ○ Klebestreifen.
- ○ Bunte selbstklebende Folie oder bunte, mit Klarsichtfolie beklebte Bilder, z. B. aus Zeitschriften.

Diese leichten Klötze sind ganz einfach selber zu machen, und vor allem kann sich das Baby nicht verletzen, wenn es sie umwirft. Sie brauchen die leeren Milchtüten nur in der gewünschten Höhe abzuschneiden. Dann fügen Sie die beiden Tüten ineinander, so daß ein Würfel entsteht. Schneiden Sie die spitzen Ecken ab. Dann kleben Sie die Tüten mit Klebestreifen zusammen und bekleben sie mit Folie. Natürlich können Sie die Tüten vor dem Zusammenkleben auch mit etwas zum Klappern füllen.

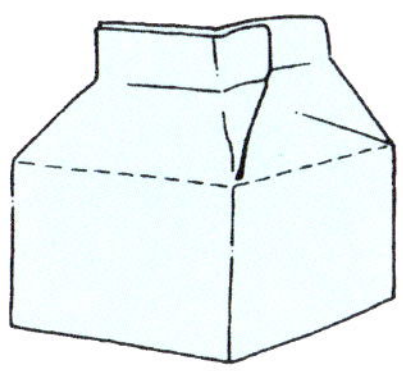

Schritt 1

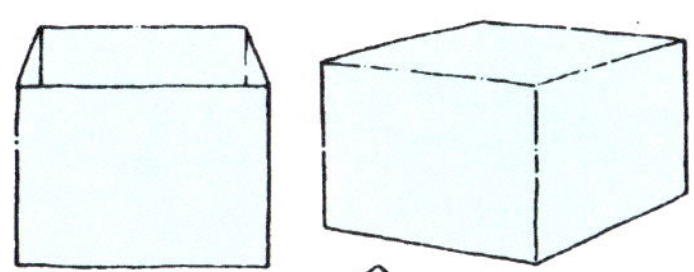

Schritt 2

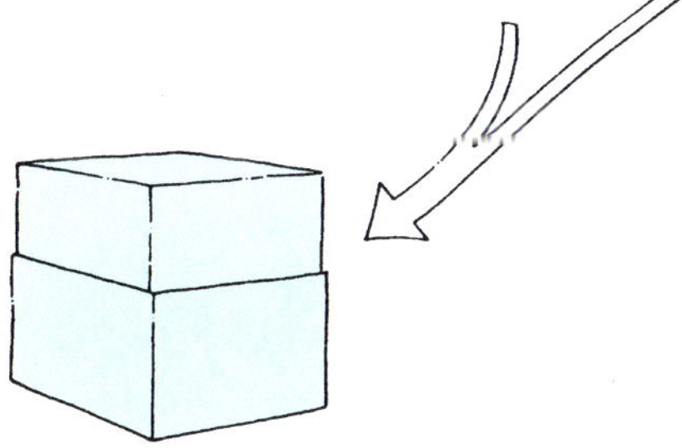

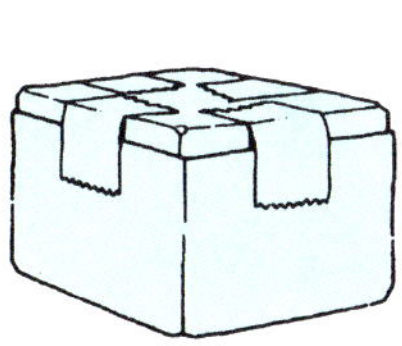

Schritt 3

Schritt 4

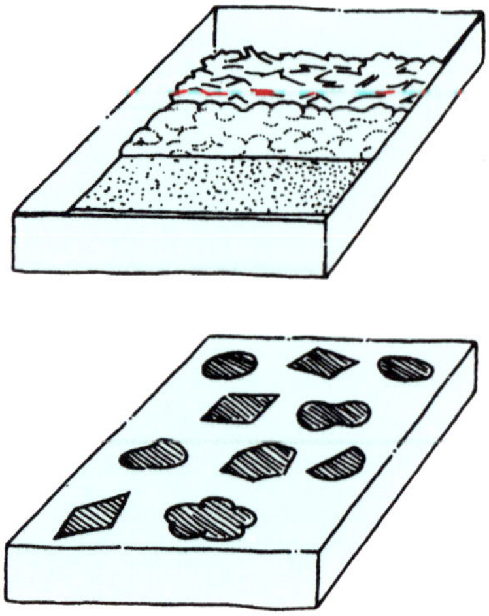

Schachteln zum Tasten und Fühlen

Material

○ Ein sehr flacher Karton, z. B. von einem Herrenhemd.
○ Klebestreifen.
○ Lösungsmittelfreier Klebstoff.
○ Mehrere unterschiedliche Materialien wie z. B. feinkörniges Sandpapier, Baumwollstoff, Rupfenstoff, Samt oder knisterndes Seidenpapier.

Höchstwahrscheinlich hält eine solche Fühlbox nicht allzulange. Das Baby wird die ertasteten Dinge bald herausziehen wollen. Zuerst teilen Sie die Schachtel der Breite nach in vier oder fünf gleiche Teile, dann übertragen Sie diese Einteilung auch auf den Deckel. Schneiden Sie vier oder fünf unterschiedliche Materialien auf die Größe der jeweiligen Teile zu und kleben Sie sie in der Schachtel fest. Als nächstes schneiden Sie im Deckel je zwei bis drei verschieden große und unterschiedlich geformte Öffnungen aus. Kleben Sie den Deckel auf der Schachtel fest und geben Sie sie Ihrem Baby. Es weiß bestimmt sofort, was es damit anfangen soll, ohne daß Sie es ihm zeigen müssen.

Schuhkartonspiel

Material

○ Ein Schuhkarton.
○ Klebestreifen.
○ Selbstklebende Folie.
○ Mehrere Gegenstände aus unterschiedlichen Materialien von verschiedener Farbe, Form, usw., wie z. B. ein kleiner Schwamm, ein Pappbecher, ein Bauklotz, ein Stück Stoff oder zusammengeknülltes Papier.

Babys lieben Überraschungen, und sie holen gern Dinge aus irgendwelchen Behältern heraus. Schneiden Sie in den Kartondeckel ein Loch, durch das die verschiedenen Gegenstände hineinpassen. Dann kleben Sie den Deckel auf dem Karton fest und bekleben den ganzen Karton mit bunter Folie. Reden Sie mit dem Baby über die Dinge, die es aus dem Karton herausholt.

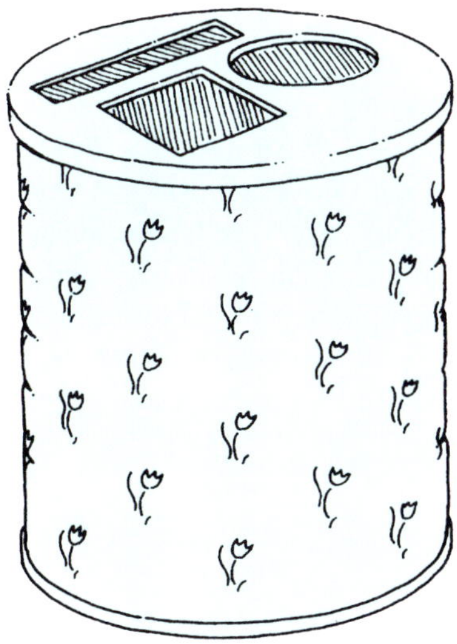

Steckspiel aus einer Kaffeedose

Material

- Eine Kaffeedose mit mehreren zusätzlichen Plastikdeckeln.
- Ein scharfes Messer oder eine Rasierklinge.
- Kleine Klötze, Deckel von Marmeladengläsern usw.

Dieses Spielzeug ist in abgewandelter Form auch für das größere Baby eine Herausforderung. Schneiden Sie zuerst einmal ein einfaches, großes Quadrat in den Plastikdeckel. Zeigen Sie dem Baby, wie es einen Klotz durch die Öffnung stecken kann. Sobald es das beherrscht, nehmen Sie einen anderen Deckel und schneiden eine schlitzförmige Öffnung hinein, in die das Baby dann Deckel von Marmeladengläser stecken kann. Es bleibt Ihnen überlassen, welche komplexeren Formen von Gegenständen und passenden Öffnungen Sie für Ihr Baby sonst noch finden.

Selbstgemachter Knet

Material

- 400 g Mehl.
- 200 g Salz.
- 10 g Alaun.
- Ein halber Liter Wasser.
- 3 Eßlöffel Öl.
- 1 Eßlöffel Lebensmittelfarbe.

Mischen Sie alle Zutaten zusammen und kneten Sie sie so lange, bis eine glatte Knetmasse entsteht. Nach Bedarf geben Sie etwas Wasser, Mehl oder Salz dazu. Bewahren Sie den Knet in Plastiktüten oder fest verschließbaren Dosen auf, damit er nicht austrocknet.

Selbstgemachte Bücher

Material

○ Fester Karton in verschiedenen Farben für die Buchseiten.

○ Bilder, einschließlich Fotos von Familienmitgliedern und dem Baby selbst – beim Schlafen, Essen, Anziehen, Autofahren, usw.

○ Durchsichtige Klebefolie (so können Sie die Bilder schützen und gleichzeitig sicher sein, daß das Baby nicht auf gesundheitsschädlichen Zeitschriftenillustrationen herumkaut oder sie verschluckt).

○ Lösungsmittelfreier Klebstoff.

○ Ein Locher.

○ Nähgarn, um die Seiten zusammenzubinden, oder lose Ringbuchblätter oder ein kleines Ringbuch (die Größe von Adreßbüchern ist dafür ideal), damit das Baby die Seiten leicht selber umblättern kann.

Herstellung des Buches

1. Schneiden Sie die Seiten auf die gewünschte Größe zurecht und runden Sie die Ecken ab.

2. Bekleben Sie die Buchseiten beidseitig mit Bildern.

3. Bekleben Sie die Seiten mit Klarsichtfolie.

4. Runden Sie nochmals die Ecken ab.

5. Lochen Sie die Seiten.

6. Binden Sie die Seiten mit Nähgarn zusammen oder legen Sie sie in ein Ringbuch ein. Wechseln Sie die Bilder öfters aus.

Ein Versteckbuch

Ein Baby, das gern Spielzeug versteckt, hat wahrscheinlich großen Spaß an einem »Umschläge-Buch«. Statt festem Karton für die Seiten nehmen Sie dafür größere Din-A4-Umschläge. Kleben Sie auf die Außenseite ein Bild und schützen Sie es mit Klarsichtfolie. In den Umschlag stecken Sie ausgeschnittene Bilder, die Sie vorher auf Karton geklebt und mit Klarsichtfolie bedeckt haben.

Das Bild auf dem Umschlag könnte mit dem im Umschlag in Zusammenhang stehen. Vielleicht kleben Sie das Bild eines Kinderwagens auf den Umschlag und legen ein Bild von einem Baby in den Umschlag, oder aber Sie tun einen Baum nach außen und einen Apfel hinein, oder ein Huhn und ein Küken, usw. Dem Baby macht es sicher Spaß, das Bild aus dem Umschlag herauszuangeln.

Sonstiges Zubehör

Lauflernhilfen

Eine Lauflernhilfe bietet Abwechslung, eine aufrechte Perspektive und Mobilität für Babys, die schon sitzen können und mit Füßen und Zehen das Gerät umherschieben. Allerdings sind solche Hilfen ebenso wie ein Laufstall eher eine Erleichterung für die Eltern – das Baby ist versorgt und abgelenkt, aber es macht keinesfalls entwicklungsfördernde Erfahrungen. Gleichgültig was die Hersteller Ihnen versprechen – Ihr Baby wird auch mit einer Lauflernhilfe keinen Tag früher laufen können. Tatsächlich erfordert das Gerät einen völlig anderen Bewegungsablauf als selbständiges Krabbeln oder aufrechtes Gehen. Solange das Baby in der Lauflernhilfe steckt, bewegt es sich nicht frei und kann das selbständige Gehen nicht üben. Allein schon aus diesem Grund sollten Sie Ihr Baby nicht allzuoft in eine Lauflernhilfe stecken.

Außerdem müssen Sie wissen, daß Gehhilfen gefährlich sein können. Das geht sogar so weit, daß in manchen Ländern wie z. B. Kanada ein Verkaufsverbot gefordert wird. Auch in Deutschland raten Kinderärzte von Lauflernhilfen eher ab.

Die amerikanischen Verbraucherschutzorganisationen berichten, daß in den USA jährlich über 24000 Kinder in Lauflernhilfen verunglücken und sie so zu den unfallträchtigsten Produkten für Babys gehören. Sie können sich an Türschwellen verfangen und umkippen, das Baby kann seine Hände einklemmen und die kleinen Finger sogar abtrennen, es kann in einer Lauflernhilfe Treppen hinunterstürzen und auf heiße Öfen und eingeschaltete Heizstrahler fallen.

Falls Sie sich trotzdem eine Lauflernhilfe anschaffen wollen, überprüfen Sie ihre Stabilität. Nehmen Sie ein Gerät mit breitem Unterteil und achten Sie darauf, daß es allen Sicherheitsbestimmungen entspricht. Bedenken Sie, daß die spinnenartigen Geräte mit einem x-förmigen Rahmen weit weniger stabil sind als solche mit rundem Gestell. Bei einer Lauflernhilfe mit x-förmigem Rahmen prüfen Sie, ob alle Teile, mit denen sich das Baby einklemmen kann – also Federn und scherenartige Verbindungsstücke –, gut geschützt sind, und ob der Verschlußmechanismus, mit dem das Gerät in die aufrechte Position gebracht wird, auch wirklich fest sitzt. Ältere Geräte, die Sie vielleicht auf dem Flohmarkt finden oder die Sie geschenkt bekommen, verfügen nicht über solche Sicherheitsvorkehrungen.

Lassen Sie Ihr Baby nie unbeaufsichtigt in der Gehhilfe. Achten Sie darauf, daß es mit beiden Füßen den Boden berührt und daß es sicher im Sitz angeschnallt ist. Tragen Sie das Gerät nicht herum, solange das Baby darin sitzt, und vor allem – stellen Sie es nie in der Nähe von Treppen oder erhöhten Türschwellen auf.

Babyschaukeln

Babyschaukeln oder Hopser sind für Babys gedacht, die noch nicht laufen können. Es sind Schaukelsitze, die man mit einem Klemmbügel am Türrahmen befestigt oder an einem Haken aufhängt. Das Baby sitzt in seinem Stoffsitz, berührt mit den Füßen den Boden und hüpft auf und ab. Manchen Babys gefällt dieses Hüpfen und die Möglichkeit, sich ohne Hilfe hin und her drehen zu können. Die Eltern haben mit diesem Gerät die Möglichkeit, in Ruhe zu kochen, während ihr Baby spielt. Natürlich gibt es Babys, die diese Hopser hassen und überhaupt nichts damit anfangen können. Wahrscheinlich lassen Sie sich nicht gern einsperren und mögen es nicht, frei in der Luft zu hängen. Bevor Sie sich also eine Babyschaukel zulegen, empfiehlt es sich unbedingt, zunächst eine auszuleihen und sie auszuprobieren. Vergessen Sie auch nicht, daß es leicht zu Unfällen kommen kann, etwa wenn das Baby sich in einem engen Türrahmen den Kopf anstößt. Außerdem ist es gar nicht so einfach, das Baby in die Schaukel hinein- und wieder herauszubekommen. Es könnte sich auch kratzen, anschlagen oder sich in lose hängenden Teilen verfangen. Achten Sie darauf, daß das Gerät keine kleinen Teile hat, die ein Baby leicht verschlucken kann. Im übrigen fördern Babyschaukeln ebenso wie Lauflernhilfen Beinbewegungen, die für das Baby zum Krabbeln völlig nutzlos sind.

Laufställe

Die meisten Eltern betrachten den Laufstall mit gemischten Gefühlen. Er mag recht nützlich sein, wenn es darum geht, das Baby sicher aufzubewahren, während Sie beispielsweise in Ruhe den Autoschlüssel suchen, Ihren Mantel anziehen und Ihre Sachen zusammenpacken. Im übrigen finden wir wohl alle, daß ein Laufstall sperrig ist, nur für kurze Zeit taugt und das Baby einengt. Eine Mutter berichtet treffend: »Endlich nutzen wir unseren Laufstall auf perfekte Weise. Julia findet ihn furchtbar, und deshalb haben wir unsere Stereoanlage mit ihren interessanten Knöpfen und verlockenden Lichtern sicher darin deponiert.«

Die üblichen Netzlaufgitter mit einem leichteren Aluminiumgestell oder die etwas altmodischeren Holzlaufställe sind ein recht sicherer Aufbewahrungsort für ein Baby. Dennoch kommt es auch dort immer wieder zu Verletzungen. Die schlimmsten Unfälle passieren in Netzlaufgittern, in denen sich eine Seite herunterklappen läßt, um so das Baby problemlos herausheben zu können. Dabei vergißt man leicht, die Seite wieder hochzuklappen, und es entsteht so eine Art Tasche, in die das kleine, noch unbewegliche Baby hineinrollen und ersticken kann (siehe Abbildung). Einige Hersteller haben daraufhin Modelle entwickelt, bei denen man nur beim Aufstellen eine Seite herunterklappen kann. Es gibt auch Modelle mit festen Verstrebungen, wo diese gefährliche Tasche gar nicht erst entstehen kann.

Wenn Sie sich einen Laufstall anschaffen, achten Sie darauf, daß er allen gängigen Sicherheitsbestimmungen entspricht. So muß z. B. das Netz so dicht sein, daß kleine Finger oder Kleiderknöpfe sich nicht darin verfangen; das Material muß so dick sein, daß ein Baby nicht kleine Stücke davon abreißt und verschluckt; der Laufstall darf keine scharfen Ecken oder Verbindungsstücke haben, an denen das Baby sich einklemmt; er sollte über einen sicheren Verschlußmechanismus verfügen. Achten Sie darauf, daß der Laufstall das GS-Zeichen für Geprüfte Sicherheit trägt. Immer aber sollten Sie den Laufstall nur für kurze Zeit benutzen und das Baby nie unbeaufsichtigt darin lassen.

Nützliche Bücher zum Thema

Elkind, David: Wenn Eltern zuviel fordern. Die Rettung der Kindheit vor leistungsorientierter Früherziehung, Hoffman und Campe 1989.
Montessori, Maria: Kinder sind anders, dtv 1987.
Münchmeier, Anne-Bärbel: Spielen mit kleinen Kindern und Babys, rororo 1985.
Nitsch, Cornelia: Das andere Spielebuch, Mosaik 1989.
Stoppard, Miriam: So fördere ich mein Kind, Ravensburger 1992.

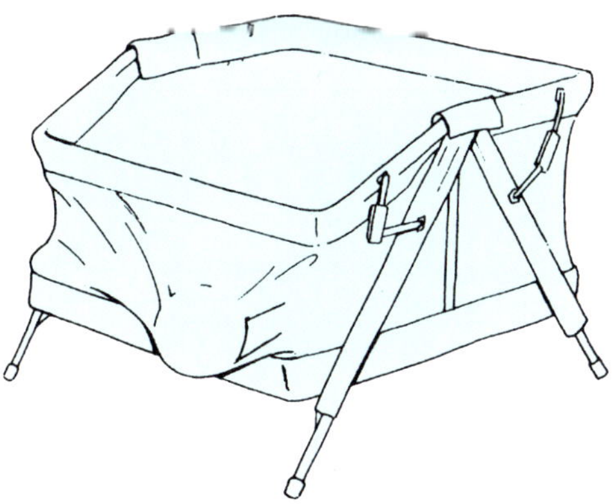

Gefährliche Stellung eines Laufstalls: Das Baby kann unbemerkt in die »Seitentasche« rollen und ersticken. Klappen Sie die Seite immer sofort wieder hoch.

DIE GESUNDHEIT IHRES BABYS

Die richtige ärztliche Betreuung

Wählen Sie mit Bedacht

Sicher ist es empfehlenswert, sich schon vor der Geburt Gedanken darüber zu machen, zu welchem Kinderarzt Sie gehen werden. Denn die Beziehung, die Sie mit der jeweiligen Person aufbauen, gehört zu den wichtigsten, die Sie im ersten Lebensjahr Ihres Kindes haben. Sie gehen ja nicht nur regelmäßig zu den Vorsorgeuntersuchungen, sondern es kann durchaus vorkommen, daß Sie manchmal täglich mit Ihrem zuständigen Arzt telefonieren. Mit einem Baby müssen Sie sich auf so viel Neues einstellen, daß Sie kaum Zeit haben, auch noch einen neuen Arzt zu suchen. Kümmern Sie sich also unbedingt rechtzeitig darum.

Dabei ist eine fundierte medizinische Ausbildung das mindeste, was Sie für Ihr Baby erwarten können. Entscheidend ist außerdem, daß Sie sich bei der entsprechenden Person oder der Gruppe von Leuten gut aufgehoben fühlen, und zwar nicht nur in Ihrer Rolle als jemand, der medizinischen Rat sucht, sondern auch in Ihrer Funktion als Elternteil bzw. als Experte für Ihr Baby. Dazu gehört beim Arzt unbedingt die Fähigkeit, gut zuhören zu können. Außerdem sollte der Arzt Ihrer Wahl immer bereit sein, Ihnen alles ausführlich zu erklären und seine Informationen weiterzugeben. Auch wenn Ihnen jegliches medizinisches Vorwissen abgeht, sollten Sie nie das Gefühl vermittelt bekommen, ausgesprochen dumme Fragen zu stellen.

Wenn wir uns um die ärztliche Versorgung eines Babys Gedanken machen, fällt uns immer sofort der Kinderarzt ein – der Arzt also, der sich auf die Behandlung von kleinen und großen Kindern spezialisiert hat. Im folgenden machen wir Ihnen ein paar Vorschläge, wer sich außerdem noch um die Gesundheit Ihres Babys kümmern könnte.

Der Allgemeinarzt. Falls es in Ihrem Wohnort keinen Kinderarzt gibt, können Sie auch überlegen, ob Sie Ihr Baby von Ihrem Hausarzt behandeln lassen wollen. Haben Sie eine vertrauensvolle Beziehung zu ihm und verfügt er als Allgemeinarzt über eine große Erfahrung, ist Ihr Baby bei ihm vielleicht ebenfalls in guten Händen. Ein Allgemeinarzt hat eine mehrjährige Ausbildung auf chirurgischen und inneren Stationen im Krankenhaus hinter sich, wo er vielfältige Erfahrungen gesammelt hat.

Aufgrund dieser Ausbildung kann der Allgemeinarzt die meisten Krankheiten selbst behandeln und weiß zumindest, welche Fälle er zum Spezialisten überweisen muß.

Die Hebamme. Bis zum zehnten Tag nach der Geburt haben Sie einen Anspruch auf den Besuch einer Hebamme. Sie ist Ihnen im alltäglichen Umgang mit dem Baby behilflich, kann Routineuntersuchungen durchführen, beantwortet alle möglichen Fragen Ihrerseits und leistet in der schwierigen Phase nach der Geburt psychische Unterstützung. Nehmen Sie dieses Angebot ruhig wahr und ergreifen Sie die Gelegenheit, mit der Hebamme über Ihre persönlichen Probleme zu sprechen.

Das Krankenhaus. Die Kinderstation im Krankenhaus bzw. die Kinderklinik sind keine Alternative zu niedergelassenen Ärzten. Ambulante Vorsorgeuntersuchungen werden dort nicht durchgeführt. Nur die allererste Vorsorgeuntersuchung gleich nach der Geburt und die zweite Untersuchung fünf Tage später erfolgen im Krankenhaus.

Sobald Sie sich ein paar Namen und Adressen herausgesucht haben, rufen Sie bei den betreffenden Ärzten an, um sich ein erstes Bild zu machen. Halten Sie sowohl Papier und Bleistift als auch Ihren Fragenkatalog bereit, so daß Sie von dem jeweiligen Arzt bzw. seiner Arzthelferin die für Sie wichtigen Informationen erfragen können. Erkundigen Sie sich nach seiner Ausbildung und seinen Verbindungen zum nächsten Krankenhaus und lassen Sie sich über seine Impfempfehlungen informieren. Fragen Sie ihn ruhig auch, ob Sie ihn vorher einmal zur Beratung aufsuchen dürfen. Falls er das für überflüssig hält, bitten Sie um eine Begründung, bevor Sie gleich zu einem anderen Arzt gehen.

Ein informativer Besuch vorab sollte für den Arzt ebenso wichtig sein wie für Sie selbst. Je genauer er Sie kennt und je mehr er über Sie und Ihre individuellen Vorstellungen weiß, desto leichter wird es ihm fallen, auf Ihre Bedürfnisse einzugehen. Während Sie im Wartezimmer sitzen, sehen Sie auch gleich, wie es in der Praxis zugeht – etwa welche Rolle die Arzthelferin spielt oder auf welche Weise Telefonanrufe beantwortet werden.

Wie Sie den für Sie richtigen Arzt finden

- Am besten holen Sie bei den Leuten Auskünfte ein, die häufig einen Arzt brauchen: andere Eltern, vor allem solche, die sowohl Sie als auch den Arzt gut kennen. Kommentare wie »etwas unzugänglich« oder »ein bißchen zu tüchtig« oder »nicht spezialisiert genug und zu unpräzise« sind aufschlußreich. Freunde wissen auch oft recht genau, wie es in der Praxis zugeht, wie bereitwillig der Arzt Telefonanrufe entgegennimmt, wie gut er mit größeren Kindern zurechtkommt, usw.
- Ihr Gynäkologe ist möglicherweise eine zuverlässige Informationsquelle für die Wahl des Kinderarztes.
- Sie können im nächstgelegenen Krankenhaus Erkundigungen einziehen und eine Liste der niedergelassenen Kinderärzte anfordern. Setzen Sie sich mit den Ärzten in Verbindung, die Ihrem Wohnort am nächsten liegen. Ein Kinderarzt gab mir den Rat, im Krankenhaus anzurufen und den Chefarzt der Kinderstation um eine Empfehlung zu bitten.
- Auch im Telefonbuch finden Sie eine Liste der niedergelassenen Kinderärzte.

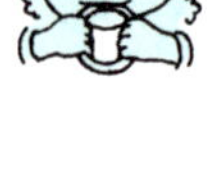

Fragen Sie ruhig!

Zu manchen der folgenden Themenkreise haben Sie sich vielleicht noch gar keine eigene Meinung gebildet. Das ist nicht weiter tragisch. Es geht hier nicht ausschließlich darum, auf Fragen eine Antwort zu bekommen, sondern auch darum, wie der Arzt auf Ihre Fragen reagiert.

○ Wenn der Arzt allein praktiziert, wer vertritt ihn in seiner Abwesenheit? Arbeitet er in einer Gemeinschaftspraxis, und wenn ja, wie viele Partner sind beteiligt? Der Vorteil einer größeren Praxis besteht in der Vielfalt der verfügbaren medizinischen Meinungen. Ein Nachteil ist möglicherweise die Schwierigkeit, eine Beziehung zu einem bestimmten Arzt aufzubauen. Ist es möglich, regelmäßig oder zumindest für die Vorsorgeuntersuchungen denselben Arzt zu konsultieren?

○ Wie werden Routinefragen beantwortet? Gibt es z. B. eine spezielle Beratungssprechstunde, oder können Sie bei Routinefragen jederzeit in der Praxis anrufen und einen späteren Rückruf mit dem Arzt vereinbaren. Wie erreichen Sie den Arzt bei einem Notfall? Wer nimmt seine Anrufe entgegen, und wie werden sie ihm ausgerichtet?

○ Fragen Sie nach der Funktion des medizinischen Personals in der Praxis. Manchmal übernimmt es die Rolle des Vermittlers zwischen Ihnen und dem Arzt. Die Angestellten nehmen z. B. Anrufe entgegen, stellen Fragen und beantworten Ihre Fragen, wiegen und messen das Baby und beraten Sie bei bestimmten Schwierigkeiten. Das Ergebnis einer wissenschaftlichen Untersuchung überrascht kaum: Eltern, denen beim Personal einer Arztpraxis als Ansprechpartner eine Krankenschwester zur Verfügung steht, haben deutlich weniger Hemmungen, Fragen zu stellen; gleichzeitig nehmen sich die betreffenden Schwestern mehr Zeit für die Beantwortung der Fragen als der praktizierende Arzt.

○ Wie steht der Arzt zum Thema Stillen? Ist er kompetent bei Stillproblemen, oder verweist er Sie an Ihren Gynäkologen? Einige Kinderärzte verfügen über medizinisches Personal, das stillende Mütter in problematischen Situationen berät. Sie können Ihren Arzt auch fragen, ab wann er die Einführung fester Nahrung empfiehlt und wie er seine Entscheidung begründet. Wenn er Ihnen dazu vor dem Ende des vierten Monats rät, dann versteht er möglicherweise nicht allzu viel vom Stillen.

○ Wenn Sie arbeiten, finden Sie heraus, was Ihr Arzt davon hält. Das empfiehlt sich besonders dann, wenn er schon etwas älter und männlichen Geschlechts ist. Sie brauchen in dieser Situation nämlich jemanden, der Sie bei Ihrer Entscheidung unterstützt und etwas flexibel in den Sprechzeiten ist. Fragen Sie, ob der Arzt für Vorsorgeuntersuchungen eine Abend- oder Wochenendsprechstunde anbietet.

○ Wenn Sie Anhänger einer bestimmten Lebensphilosophie sind oder ein besonderes medizinisches Problem haben oder einen etwas ausgefalleneren Lebensstil pflegen, der zu Differenzen führen kann, oder Sie von Ihrem Arzt spezielle Informationen oder Dienstleistungen erwarten, dann sprechen Sie das unbedingt bei Ihrem ersten Arztbesuch an. Wenn Sie z. B. Vegetarier sind und vorhaben, auch Ihr Baby vegetarisch zu ernähren, fragen Sie den Arzt, was er davon hält. Informieren Sie sich auch unbedingt, wenn in Ihrer Familie schon Allergien aufgetreten sind oder wenn Sie nicht wollen, daß Ihr Baby geimpft wird.

Dumme Fragen können klug sein

Der Kinderarzt Dr. Spock veröffentlichte vor einigen Jahren folgenden ausgezeichneten Rat, der auch heute noch Gültigkeit hat.

»Ich würde, wenn ich mein erstes Kind erwarten würde, meinem behandelnden Arzt sagen, daß ich eher ein ängstlicher Typ bin (selbst wenn das gar nicht stimmt) und daß ich ihm in den ersten paar Lebenswochen meines Babys sicher eine Unmenge Fragen stellen würde. Daraufhin würde ich seine Reaktion beobachten. Wirkte er bei der Aussicht auf unzählige zeitraubende und oft unnötige Fragen verkrampft? Oder beruhigte er mich lächelnd und versicherte, am Anfang würde er nichts anderes als eine Unzahl von Fragen erwarten? Ich möchte hier besonderen Wert auf sogenannte »dumme« Fragen legen, denn sie sind für die meisten Eltern in den ersten zwei bis drei Lebensmonaten ihres Babys ein ausgesprochen heikles Thema. Es ist gewiß nicht übertrieben zu behaupten, daß sich die Hälfte aller Fragen, die Ihnen wichtig sind, in eben diesem Zeitraum stellt, und ihre Beantwortung steht Ihnen zu. Lassen Sie sich ja nicht einreden, daß Sie mit Ihren Fragen lästig werden, denn sonst werden Sie Ihres Lebens nicht mehr froh ...
Ich rate Ihnen deshalb, den Arzt Ihrer Wahl auf dieses Problem anzusprechen. Sollte er ungeduldig reagieren, wechseln Sie am besten den Arzt. Falls Sie schon bei ihm mit Ihrem Baby in Behandlung sind, versuchen Sie, das Problem in den Griff zu bekommen. Sagen Sie ihm, Sie hätten den Eindruck, Ihre Fragen seien ihm lästig. Ist er ein guter Arzt, wird er sich entschuldigen und Sie zu weiteren Fragen ermutigen. Sollte er Ihnen allerdings zu verstehen geben, daß Sie wirklich zu viele Fragen stellen, dann würde ich Ihnen in der Tat raten, sofort den Arzt zu wechseln.«
(Aus der Zeitschrift »Redbook«, November 1983)

Vorsorgeuntersuchungen

Die neun Vorsorgeuntersuchungen, die in regelmäßigen Abständen bis zum 64. Lebensmonat Ihres Kindes angeboten werden, dienen dem Wohl des Kindes und Ihrer eigenen Sicherheit. Durch sie wird gewährleistet, daß Ihr Kind mehrfach gründlich untersucht wird und die wichtigsten Impfungen erhält. Etwaige Probleme werden früh erkannt. Außerdem haben die Eltern so die Möglichkeit, die drängendsten Fragen beantwortet zu bekommen und ein paar medizinische Informationen zu erhalten. Scheuen Sie sich nicht, Ihrem Arzt viele Fragen zu stellen. Sie können sich dazu immer wieder Notizen machen. Der Kinderarzt unserer Familie, Dr. Irwin Rappaport, erläutert im folgenden, was zu einer guten Vorsorgeuntersuchung gehört.

Frage: Worauf achten Sie bei einer Vorsorgeuntersuchung?
Dr. Rappaport: Bei einer Vorsorgeuntersuchung ist es zunächst nicht so wichtig, das Baby zu berühren, als vielmehr, es anzuschauen und zu beobachten.
Zuerst schauen wir, ob das Baby seit dem letzten Besuch gewachsen ist und wie es sich seither entwickelt hat. Dabei gibt es viel zu sehen; entscheidend ist vor allem, wie alt das Baby ist und ob es voll ausgetragen wurde oder ob es zu früh zur Welt kam. Wir müssen bei der Beurteilung der Entwicklung eines Babys unbedingt die Dauer der Schwangerschaft miteinbeziehen. Ein Baby, das schon nach acht Monaten geboren wurde, wird in seiner Entwicklung immer etwas hinter einem Baby zurückbleiben, das neun Monate lang ausgetragen wurde. Erst im Laufe des ersten Lebensjahres wird es diesen Rückstand einholen.
Bei aller Berücksichtigung des Alters sind

Wachstum und Entwicklung aber höchst individuelle Faktoren. Die Grenzen des Normalen sind weit gesteckt. Sie selbst mit Ihrer begrenzten Erfahrung können nicht einfach Ihr Baby mit den Babys Ihrer Freunde vergleichen und wissen, was normal ist und was nicht. Es ist wichtig, daß sich Eltern über viele Unterschiede, die größer scheinen als sie sind, nicht allzu viele Gedanken machen. Auch im weiteren Verlauf der Untersuchung sehen wir uns das Baby eher an, als daß wir es berühren. Wir achten z. B. auf seine Hautfarbe, seine Atmung und seine Reaktionen. Es ist sehr wichtig zu sehen, wie ein Baby auf äußere Reize reagiert. Das beobachten wir etwa bei der Interaktion zwischen Mutter und Kind, oder dabei, wie sich das Kind bei einer Stimulation durch die Eltern verhält. Wir sagen z. B. zu der Mutter: »Sie haben aber ein hübsches Baby«, und achten dann darauf, ob sie sich umdreht und ihr Baby anschaut. Die meisten Mütter wenden sich bei dieser Äußerung tatsächlich ihrem Baby zu. Wir versuchen uns auch ein Bild über die emotionale Interaktion zwischen Mutter und Kind zu machen – ob das Baby lächelt oder wie es auf den Blickkontakt seiner Mutter reagiert. Gegen Ende des ersten Lebensjahres beobachten wir, ob die Mutter das Baby zur Nachahmung animiert – eine Fähigkeit, die unerläßlich für das Lernen ist.

Manchen Müttern gelingt das ausgezeichnet und völlig natürlich. Andere wiederum sind weniger ausdrucksstark. Dabei lieben sie ihr Baby ebensosehr, können es nur nicht ausreichend stimulieren. In solchen Fällen raten wir den Eltern, mehr mit dem Baby zu spielen und ihm etwas mehr Zeit zu widmen, etwa beim Füttern oder Wikkeln eine Pause einzulegen oder es länger als sonst zu baden. Außerdem schlagen wir ihnen vor, öfter mit dem Baby wegzugehen und ihm die Welt draußen zu zeigen.«

Frage: Können Sie es während einer Untersuchung wirklich feststellen, wenn Eltern ihr Kind nicht genügend stimulieren?

Dr. Rappaport: Natürlich. Wir sehen ganz genau, ob zwischen Mutter und Kind eine gute Beziehung besteht. Das ist extrem wichtig. Ebenso wichtig ist es, den Vater miteinzubeziehen, denn das Kind hat ja zwei Elternteile. Bei einer Vorsorgeuntersuchung sind wir gar nicht so sehr an der körperlichen Verfassung eines Kindes interessiert.

Als nächstes wollen wir etwas über die Ernährung wissen. Das ist natürlich auch wieder eine ganz individuelle Sache. Das Stillen halten wir für die optimale Ernährung und raten unbedingt dazu. Aber wir werden auch immer wieder zu den neuesten Trends in der Ernährung gefragt. Die Eltern lesen von Vollwertkost, Vitaminen, niedrigen Cholesterinwerten usw. Selbstverständlich bleibt für einen individuellen Ernährungsstil genügend Raum, aber wir wollen immer auch sicherstellen, daß das Baby seinen Bedürfnissen entsprechend ernährt wird. Ich erkundige mich immer danach, denn ich habe z. B. schon Eltern erlebt, die ihr Kind mit nichts anderem als zwei Litern Milch pro Tag ernährt haben, so daß es richtig aufgebläht war.

Jetzt kommen wir zur körperlichen Untersuchung. Das Baby wird ganz ausgezogen – auch die Windel. So können wir die Hautfarbe, seine Bewegungen und die Atmung beobachten. Wir ermitteln Gewicht und Größe sowie den Kopf- und Brustumfang. In der Regel beträgt der Unterschied zwischen Kopf- und Brustumfang etwa vier Zentimeter. Ist der Kopf im Verhältnis zur Brust zu groß, vermuten wir einen Hydrocephalus, ist er zu klein, einen Mikrocephalus.

Das Verhältnis zwischen Längenwachstum und Gewichtszunahme sollte dem jeweiligen Körperbau des Kindes entsprechen. Der Körperbau ist genetisch angelegt. Zur Überprüfung werden die Werte für Gewicht und Längenwachstum in ein Somatogramm im Untersuchungsheft eingetragen. Bei einer größeren Abweichung in der Längenkurve wird festgestellt, ob sich das Baby normal entwickelt.

Ebenso wichtig sind genetische Faktoren. Beim ersten Besuch erheben wir eine vollständige Familienanamnese; auch später achten wir auf eventuell genetisch bedingte Störungen. Sobald wir das Baby gemessen und gewogen haben, untersuchen wir seine Augen. Dabei ist es wichtig, daß beide Augen richtig funktionieren, daß sie beide gut beweglich sind und daß die Konvergenzfähigkeit beider Augen in Ordnung ist. Das wird dann wichtig, wenn das Kind lesen lernt. Sollten Probleme auftreten, beginnen wir sofort mit korrektiven Maßnahmen.

Wir achten außerdem auf die Symmetrie der Ohren – d.h. der Ohrmuscheln. Die Ohren sollten einander ähneln, jedoch nicht unbedingt identisch sein. Diese Untersuchung wird vorgenommen, weil wir wissen, daß eine eventuelle Fehlbildung der Ohren mit einer Fehlbildung der Nieren korrespondieren kann, denn beide werden zum selben Zeitpunkt der embryonalen Entwicklung angelegt. Wir machen dann eine Urinanalyse und legen eine Kultur an, um sicherzustellen, daß dem Baby sonst nichts fehlt.

Als nächstes wenden wir uns den Fontanellen zu. Wir überprüfen, ob beide Fontanellen vorhanden und bis zum vierten Monat offen sind und ob sich die hintere Fontanelle nach dem vierten Monat schließt. Außerdem wird die Beweglichkeit des Nakkens untersucht, und wir schauen, ob das Baby den Mund öffnen kann und ob der Gaumen intakt ist. Dazu müssen wir den Gaumen manchmal ganz vorsichtig mit dem Finger abtasten und überprüfen, ob eine bestimmte Öffnung im Gaumen mit einer Hautschicht bedeckt ist. Außerdem tasten wir die Schilddrüse auf eventuelle Anomalien ab. Beim ersten Besuch überprüfen wir, ob das Schlüsselbein intakt ist, da diese Knochen bei einer vaginalen Geburt am häufigsten brechen.

Die Untersuchung mit dem Stethoskop ist für uns eher von geringerer Bedeutung. Bei den meisten Babys reicht es aus, Atmung und Hautfarbe zu beurteilen; diese sollte rosig und nicht blau sein. Außerdem erkennt man an der Atemfrequenz, ob ein Baby Schwierigkeiten mit der Atmung hat. Jetzt erst verifizieren wir unsere Beobachtungen mit dem Stethoskop. Dabei stellen wir oft Herzgeräusche fest, die aber bei vielen Babys auftreten und später von selbst wieder verschwinden. Danach erfolgt die Untersuchung der Bauchorgane auf eine eventuelle Leber- oder Milzvergrößerung oder sonstige pathologischen Befunde. Auch die Wirbelsäule wird auf mögliche Deformierungen untersucht; die einzelnen Wirbel werden abgetastet, um Spaltbildungen auszuschließen.

Es folgt eine Untersuchung der Geschlechtsorgane und der Hüftgelenke. Liegt eine Hüftluxation vor, sollte sie am besten in den ersten drei Monaten korrigiert werden. Außerdem überprüfen wir die neurologischen Reflexe – den sogenannten Moro- oder Umklammerungsreflex – sowie die Fähigkeit zu saugen und zu schreien. Die meisten anderen frühkindlichen Reflexe sind weniger wichtig.«

Stellen Sie Seh- und Hörprobleme rechtzeitig fest!

Bei den Vorsorgeuntersuchungen stellt der Arzt u. a. fest, ob Ihr Baby Seh- oder Hörschwierigkeiten hat. Allerdings verbringen die Eltern die meiste Zeit mit dem Baby, und ihnen fallen eventuelle Probleme wahrscheinlich am ehesten auf. Dabei gilt: Je früher, desto besser. Nur dann können Korrekturmaßnahmen ergriffen werden, die in vielen Fällen entscheidend zur Besserung des Leidens beitragen. Im folgenden einige Merkmale, auf die Sie achten sollten.

Hinweise, die auf eine verminderte Sehkraft hindeuten:

- Das Baby reagiert nur schwach auf visuelle Reize.
- Es hält Gegenstände sehr nah vor die Augen.
- Es läuft häufig in größere Hindernisse hinein.
- Es kann kleinere Gegenstände nicht sicher greifen.
- Es fixiert Gegenstände immer nur mit einem Auge.
- Ein oder beide Augen drehen sich für längere Zeit nach innen oder nach außen.
- Das Baby schielt oder schließt häufig ein Auge.

Hinweise, die auf Schwierigkeiten mit dem Gehör hindeuten:

- Ein Neugeborenes erschrickt nicht, wenn in einer Entfernung von ein bis zwei Metern laut in die Hände geklatscht wird.
- Ein drei Monate altes Baby wendet seine Augen einer Geräuschquelle nicht zu.
- Ein acht Monate bis ein Jahr altes Kind dreht sich bei dem Geräusch einer flüsternden Stimme, einer Rassel oder eines Löffels, mit dem in einer Tasse gerührt wird, nicht um, wenn diese Geräusche in etwa einem Meter Entfernung erzeugt werden.
- Ein zweijähriges Kind kann einen Gegenstand nicht identifizieren, von dem es nur den Namen hört, oder es kann ein Wort nach einmaligem Hören nicht nachsprechen, oder es kann einen Satz nicht wiederholen, oder es spricht noch nicht in kurzen Sätzen.
- Das Kind wacht bei lauten Geräuschen nicht auf und erschrickt auch nicht; es antwortet nicht, wenn man es ruft, reagiert nicht auf die normalen Geräusche seiner Umgebung, es äußerst seine Bedürfnisse fast ausschließlich nonverbal mit Gesten, oder es beobachtet aufmerksam das Gesicht seiner Eltern.
- Das Kind erkrankt häufig an Infektionen der oberen Atemwege oder leidet an chronischer Mittelohrentzündung.

Frage: Überprüfen Sie das alles bei jeder Vorsorgeuntersuchung?

Dr. Rappaport: »Selbstverständlich. Ich werde das an einem Beispiel erläutern. Ein Baby hat bei der Erstuntersuchung geschrien, es schien aber völlig gesund. Als das Baby einen Monat später zur nächsten Untersuchung kam, schrie es nicht und hatte die Augen geöffnet. Die Untersuchung ergab beidseitige Katarakte (Grauer Star). Es ist fast unmöglich, einem schreienden Baby die Augenlider zu öffnen.

Natürlich versuchen wir, jedesmal alles so gründlich wie möglich zu untersuchen, ohne das Baby allzusehr zu beunruhigen. Manchmal ist das jedoch nicht möglich. Es erfordert z. B. eine Menge Routine, bei einem Baby eine Untersuchung des Herzens oder der Brustorgane vorzunehmen. Dabei wirkt ein Schnuller oft sehr beruhigend. Manchmal hilft es auch, wenn die Mutter das Baby auf den Schoß nimmt. Auf jeden Fall müssen wir jedesmal wirklich alles untersuchen und hoffen, daß wir in der Vergangenheit nicht etwas Wesentliches übersehen haben; und falls das der Fall sein sollte, daß es uns dieses Mal auffällt. Die ständige Wiederholung dient nicht nur der Sicherheit des Babys und seiner Eltern, sie ist auch für den Arzt sehr wichtig. Wiederholt gründliche Untersuchungen tragen dazu bei, menschliche Irrtümer, die immer wieder auftreten, vermeiden zu helfen, denn schließlich ist niemand unfehlbar. Die einzige Möglichkeit für uns ist also, die kleinen Patienten immer und immer wieder zu untersuchen.«

Frage: Sind deshalb die Vorsorgeuntersuchungen so wichtig?
Dr. Rappaport: »Genau.«

Impfungen

Vor hundert Jahren erfaßte die hohe Säuglingssterblichkeit fast jede Familie. Die alten Friedhöfe sind voll von kleinen Grabsteinen mit den Namen von Kindern, die qualvoll an Krankheiten wie Pocken, Diphterie, Keuchhusten, Tetanus, Polio, Masern und Meningitis starben – tödliche Krankheiten, die heute dank frühzeitiger und umfassender Impfprogramme praktisch ausgerottet sind.
In letzter Zeit tendieren immer mehr Eltern aus verschiedenen Gründen dazu, ihre Kinder nicht impfen zu lassen. Viele halten die entsprechenden Krankheiten irrtümlicherweise für ausgerottet und wollen ihren Kindern deshalb die Impfung ersparen. Andere lassen sich von Berichten über das Impfrisiko bei einigen Impfungen negativ beeinflussen. Diese Einstellung führte in Deutschland zu einer besorgniserregenden Zunahme von Infektionskrankheiten bei Kindern. Nach Angaben der Weltgesundheitsorganisation sind heute weltweit bereits 80 Prozent aller Kinder gegen Masern, Diphterie, Keuchhusten, Tetanus, Polio und Tuberkulose geimpft. Nicht aber in Deutschland. Hier werden diese hohen Quoten nur bei Diphterie, Polio und Tetanus erreicht. Die Raten aller anderen Immunisierungen schwanken zwischen 15 und 65 Prozent.
Für die Eltern ist es ungeheuer wichtig zu wissen, was bei einer Impfung genau geschieht, woraus die möglichen Impfrisiken bestehen und unter welchen Umständen es besser ist, eine Impfung zu verschieben. Nur so sind sie in der Lage, die Vor- und Nachteile einer Impfung gegeneinander abzuwägen und treffen ihre Entscheidung nicht aufgrund fehlender Informationen oder unbestimmten Ängsten.

Frage: Was geschieht bei einer Impfung?
Antwort: Ein Impfstoff enthält die jeweiligen Krankheitserreger in abgeschwächter oder abgetöteter Form. Sobald der Impfstoff in die Blutbahn eintritt, reagiert das körpereigene Abwehrsystem: Es bildet spezifische Antikörper zur Bekämpfung der entsprechenden Krankheit. Bei einem späteren Kontakt mit dem tatsächlichen Erreger erkennen die im Blutkreislauf befindlichen Antikörper den Angreifer sofort wieder und können ihn erfolgreich bekämpfen.

Frage: Kann sich ein Kind trotzdem an der Krankheit anstecken, und kann die Impfung gefährliche Nebenwirkungen haben?
Antwort: Das Risiko ist äußerst gering. Lesen Sie bitte weiter.

Frage: Wie ist es mit der Keuchhusten-Impfung?
Antwort: Der Keuchhusten-Impfstoff, der Teil der kombinierten Dreifachimpfung gegen Diphterie, Pertussis (Keuchhusten) und Tetanus ist, stieß in letzter Zeit auf beträchtliche Kritik. In seltenen Fällen wurde er als Verursacher von Hirnschäden und Auslöser von epileptischen Anfällen angesehen. Da Keuchhusten nur für Babys unter sechs Monaten gefährlich ist, raten viele dazu, nur besonders gefährdete Kinder wie Krippen-Kinder oder Babys mit Kindergarten-Geschwistern zu impfen, deren Ansteckungsgefahr größer ist.
In den USA gibt es allerdings Studien, die eher für eine Keuchhusten-Impfung sprechen. Eine Untersuchung der Mayo-Klinik beziffert etwa das Risiko, an Keuchhusten zu sterben, mit 1 zu 1000, während das Risiko, Schäden am Gehirn davonzutragen, bei 1 zu 10000 liege. In derselben Untersuchung wird festgestellt, daß in den siebziger Jahren in England ungefähr 70 Prozent der Babys nicht gegen Keuchhusten geimpft wurden. 1979 und 1980 traten über 100000 Fälle von Keuchhusten und davon 36 Todesfälle auf. Auch in der Bundesrepublik werden bis zu 100000 Erkrankungen pro Jahr bekannt. Daher wird diese Schutzimpfung inzwischen wieder offiziell empfohlen. Das Risiko, an einer ernsthaften Nebenwirkung zu erkranken, wird weitgehend geringer eingeschätzt als das Risiko, an den Folgen des Keuchhustens dauerhafte Schädigungen davonzutragen.

Die Dreifachimpfung gegen Diphterie, Pertussis und Tetanus

Dieser Impfstoff schützt vor drei der bösartigsten Erkrankungen: der extrem ansteckenden Diphterie, die durch hohes Fieber, Halsschmerzen, erschwerte Atmung und, in manchen Fällen, Lähmung der Atemmuskeln und Herzversagen gekennzeichnet ist; er immunisiert gegen Tetanus oder Wundstarrkrampf, einer nicht ansteckenden Erkrankung, die mit schmerzhaften Muskelkrämpfen einhergeht und in 40 Prozent aller Fälle aufgrund von Thrombosen mit Lungenemboliegefahr und Lungenentzündung tödlich endet; und er schützt vor Pertussis oder Keuchhusten, einer äußerst ansteckenden und langwierigen Krankheit, bei der der Kranke so heftig hustet, daß er kaum essen, trinken und schlafen kann. Zu den häufigsten Komplikationen gehören Lungenentzündung, epileptische Anfälle und dauerhafte Hirnschäden.

Impfplan. Die Dreifach-Impfung wird für Kinder unter sieben Jahren empfohlen. Im ersten Lebensjahr gibt es drei Impftermine – mit vier, fünf und sechs Monaten. Eine vierte Impfung sollte zwischen dem 15. und 18. Lebensmonat erfolgen. Eine Auffrischimpfung wird zwischen sechs und sieben Jahren vorgenommen. Wenn Ihr Baby sich nicht hundertprozentig wohl fühlt, besprechen Sie mit Ihrem Kinderarzt, ob die Impfung nicht besser verschoben werden sollte.
Mögliche Nebenwirkungen. Zu den häufigsten Nebenwirkungen gehören eine geringe Rötung und Schwellung der Injektionsstelle, etwas Fieber und allgemeine Reizbarkeit bis zu 48 Stunden nach der Impfung. Selten auftretende Nebenwirkungen sind ein verminderter Muskeltonus,

Schock, ständiges, untröstliches Weinen, schrilles Schreien, extreme Schläfrigkeit, eine blasse Hautfarbe, fehlender Muskeltonus oder epileptische Anfälle bis zu drei Tagen nach der Impfung. Sollte bei Ihrem Baby eines dieser Symptome auftreten, konsultieren Sie sofort Ihren Arzt.

Wann sollte die Dreifach-Impfung unterbleiben? Lassen Sie Ihr Kind nicht impfen, wenn es bei einer der früheren Dreifach-Impfungen zu ernsten Nebenwirkungen gekommen ist; wenn das Kind schon öfter gekrampft hat oder der Verdacht auf eine Nervenkrankheit besteht bzw. bestätigt wurde; oder wenn es bereits wegen Karzinomen, Leukämie, Lymphomen u. ä. in Behandlung ist und dadurch das körpereigene Immunsystem ohnehin geschwächt ist. Der Kinderarzt wird Sie von Fall zu Fall beraten, ob statt der Dreifachimpfung nur eine Zweifachimpfung vorzunehmen ist, also auf die Keuchhustenimpfung verzichtet werden kann.

Die Polio-Schluckimpfung

Aufgrund der Polio-Schluckimpfung, die für Säuglinge und Kleinkinder empfohlen ist, konnte diese extrem ansteckende Viruserkrankung nahezu ausgerottet werden. Ihre Symptome umfassen Fieber, allgemeine Mattigkeit bis hin zu schweren Lähmungen und Tod durch Ersticken.

Impfplan. Die Polio-Schluckimpfung erfolgt im vierten, sechsten und ungefähr achtzehnten Lebensmonat, und im Alter von etwa zehn Jahren.

Mögliche Nebenwirkungen. Bei der Polio-Schluckimpfung gibt es praktisch keine Nebenwirkungen. Das Risiko einer Lähmung liegt bei etwa eins zu 8,1 Millionen, und es steigt bei Patienten, die an Krankheiten leiden oder Medikamente einnehmen, die die Immunabwehr schwächen. Diese Patientengruppe sollte deshalb auf Totimpfstoff ausweichen, der das Immunsystem weniger schwächt. Dabei werden als mögliche Nebenwirkungen lediglich eine Rötung und Schwellung im Bereich der Injektionsstelle beschrieben. In einem von fünf Millionen Fällen kann man sich bei engem Kontakt zu einer frisch geimpften Person an Polio infizieren und sogar das Vollbild der Erkrankung mit Ausbildung von Lähmungen entwickeln.

Wann sollte die Polio-Schluckimpfung unterbleiben? Krebspatienten oder Patienten, deren Immunabwehr durch Medikamente geschwächt ist, Schwangere und alle, die mit Personen aus einer dieser Gruppen zusammenleben, sollten mit ihrem Arzt abklären, ob für sie nicht eher eine Immunisierung mit Totimpfstoff in Frage kommt.

Die Masern-Mumps-Röteln-Impfung

Es ist kaum zu glauben, aber Masern gehören zu den gefährlichsten Kinderkrankheiten überhaupt. Bei dieser äußerst ansteckenden Viruserkrankung kommt es zu einem roten, juckenden Ausschlag, hohem Fieber, Husten und Bindehautentzündung. Sie kann zu Komplikationen wie Mittelohrinfektionen, Lungenentzündung und Hirnschäden führen. Für Mumps oder Ziegenpeter ist das schmerzhafte Anschwellen der Speicheldrüsen symptomatisch; in seltenen, besonders schlimmen Fällen kann er zu bleibenden Gehörschäden, Sterilität bei männlichen Patienten und Hirnschäden führen. Röteln verursachen Ausschlag,

Lymphknotenschwellung und, in extrem seltenen Fällen, Hirnschäden mit Todesfolge. Erkrankt eine Frau während der ersten drei Monate einer Schwangerschaft an Röteln, kann es zu einer Fehlgeburt kommen bzw. bei dem ungeborenen Kind zu Mißbildungen.

Impfplan. Die Masern-Mumps-Röteln-Impfung sollte zwischen dem 15. und 18. Lebensmonat erfolgen.

Mögliche Nebenwirkungen. Ein bis zwei Wochen nach der Impfung kommt es bei einem von fünf Kindern zu einem Ausschlag oder zu leichtem Fieber, das ein paar Tage anhält, Lymphdrüsenschwellungen und gelegentlich zu Gelenkschmerzen an Fingern und Zehen. Gefährliche Nebenwirkungen einschließlich Enzephalitis treten in einem von einer Million Fällen auf.

Wann sollte die MMR-Impfung unterbleiben? Kinder mit einer Hühnereiweißallergie sollten den Impfstoff nicht erhalten, da die Masern-Mumps-Komponente des Impfstoffs eventuell geringe Mengen an Hühnereiweiß beinhaltet. Kranke Patienten oder Patienten, die Immunsuppressiva einnehmen, dürfen ebenfalls nicht geimpft werden.

Die HIB-Impfung

HIB ist ein relativ neuer Impfstoff, der seit 1990 von der Impfkommission empfohlen wird. Er immunisiert gegen durch HIB-Bakterien hervorgerufene Infektionen wie Meningitis, Lungenentzündung, Epiglottitis, septische Arthritis, Osteomyelitis und Cellulitis.

Impfplan. Die Impfung sollte ab dem dritten Lebensmonat erfolgen. Eine zweite Injektion wird im Abstand von sechs Wochen vorgenommen. Eine dritte erfolgt nach Ablauf eines Jahres.

Mögliche Nebenwirkungen. Derzeit sind die einzigen bekannten Nebenwirkungen eine gelegentliche Rötung und Schwellung der Injektionsstelle und leichtes Fieber.

Wann sollte die HIB-Impfung unterbleiben? Die Impfung darf auf keinen Fall erfolgen, wenn es schon einmal zu einer lebensbedrohlichen Reaktion auf Thimerosal, einem quecksilberhaltigen Konservierungsstoff, gekommen ist.

Auch Erwachsene müssen geimpft werden

- Alle Erwachsenen sollten im Abstand von zehn Jahren ihre Dreifach-Impfung auffrischen lassen. Wer noch nie gegen Diphterie, Pertussis und Tetanus geimpft worden ist, sollte eine dreimalige Impfung im Abstand von ein bis zwei Monaten vornehmen lassen.
- Für Frauen im gebärfähigen Alter empfiehlt sich ein Rötelntest. Bei unzureichendem Titer ist eine Impfung wenigstens drei Monat vor der geplanten Empfängnis unbedingt erforderlich, da eine Impfung während der Schwangerschaft nicht möglich ist.
- Für die meisten Erwachsenen besteht nur ein minimales Risiko, sich an Polio anzustekken. Nicht geimpfte Erwachsene sind über den Stuhl von geimpften Säuglingen oder Kleinkindern möglicherweise lebenden Polioviren ausgesetzt. Für sie empfiehlt sich unter Umständen eine Impfung mit Totimpfstoff.

Wenn das Baby krank ist

Es gibt kaum etwas Traurigeres als ein krankes Baby – außer vielleicht seine besorgten Eltern. Die ungeheure Verantwortung, die ohnehin schon auf uns lastet, wächst ins Überdimensionale, sobald wir die Verletzbarkeit und Not eines hilflosen Säuglings erleben. Es ist vielleicht ein schwacher Trost, aber am schlimmsten ist es das erste Mal, wenn wir mit einer Erkrankung des Babys konfrontiert werden. Von da an werden wir erfahrener im Umgang mit Erkältungen, Fieber und Ohrenschmerzen, und auch selbstbewußter.

Bereiten Sie Ihren Anruf beim Kinderarzt gut vor. Halten Sie Papier und Bleistift bereit, und machen Sie sich vorher ein Bild von Ihrem kranken Baby (siehe auch Seite 380). Sie sollten außerdem die Adresse und Telefonnummer der nächsten Apotheke parat haben. Wenn es sich um einen Notfall handelt, sagen Sie das unbedingt sofort. Dann geben Sie Namen, Alter und Gewicht Ihres Kindes an. Sollten Sie den Arzt nicht erreichen, hinterlassen Sie eine Nachricht auf dem Anrufbeantworter oder bei der Arzthelferin; dann allerdings sollten Sie die Telefonleitung für einen Rückruf freihalten. Während des Gesprächs mit dem Kinderarzt empfiehlt es sich, Notizen zu machen, da man hinterher alles leicht durcheinanderbringt und Nummern, Zeit und Mengenangaben vergißt. Wiederholen Sie, falls nötig, die Informationen.

Die Kunst der Diagnose – Ratschläge von Eltern

Am Anfang dauert es eine Weile, bis man das richtige Maß findet. Ich wollte auf keinen Fall lästig werden, deshalb habe ich versucht, mich auf die Fragen zu beschränken, die für mich lebenswichtig waren – und das waren sie fast alle! Ich wußte z. B., daß Durchfall für ein kleines Baby tödlich sein kann, und überreichte dem Arzt deshalb tatsächlich einmal eine von Philips schmutzigen Windeln. Der Arzt reagierte zwar sehr nett, meinte aber, er hätte sich durchaus mit einer telefonischen Beschreibung der Lage zufriedengegeben. Bei einem Windelausschlag wiederum war ich viel zu nachlässig und bin erst nach zwei Wochen zum Arzt gegangen. Zu diesem Zeitpunkt hatte Philip bereits eine ganz schlimme Pilzinfektion.

Keiner ist unfehlbar. Ich hatte bereits zwei Stunden lang versucht, Teresa zu füttern. Sobald ich ihr die Flasche gab, fing sie erst an zu trinken und brüllte dann sofort los. Ich war völlig verzweifelt, rief dann beim Arzt an und schilderte ihm die Situation. Ich war ganz sicher, daß er bei der Untersuchung irgend etwas an ihrem Hals übersehen hatte. Schließlich stellte sich heraus, daß der Sauger kein Loch hatte.

⁂

Ich möchte an dieser Stelle einmal dem guten alten Mutterinstinkt das Wort reden. Ich selbst habe mich auch erst beim zweiten Kind richtig darauf verlassen. Seien Sie sicher, daß Sie Ihr Kind besser kennen als alle anderen. Sie haben es dauernd im Arm und wissen, wie sich sein Körper an Ihrem Körper anfühlt. Sie wissen, wie es aussieht, wenn es ihm gut geht, und ob es beim Essen wie immer reagiert oder nicht – selbst wenn Sie keine deutlichen Krankheitssymptome entdecken. Jedes Baby ist anders. Mein zweites Kind hatte kein Fieber und jammerte kaum und hatte doch eine schlimme Mittelohrentzündung. Trotzdem wußte ich genau, daß etwas nicht stimmte, denn es war irgendwie anders als sonst.

⁂

Ich bin eine alleinerziehende Mutter und fand die Zeiten, als Matthias krank war, am schlimmsten. Für mich war die ungeheure Verantwortung ebenso bedrückend wie das Gefühl des Alleingelassenseins. Es war einfach keiner da, der einmal sagte: »Du, dieses Kind sieht irgendwie krank aus. Aber mach dir keine Sorgen, es wird schon wieder werden. Wir gehen zum Arzt, und der wird uns weiterhelfen.« Es dauerte lange, bis ich mich auf mich allein verließ. Es dauerte auch lange, bis ich offen zugeben konnte: »Es ist schwer, und ich muß nicht jede Minute schön finden.« Keinem gefällt es, wenn sein Kind krank ist, ob er nun allein ist oder nicht.

Zwei häufig gestellte Fragen

Frage: Kann man ein krankes Kind baden?
Antwort: Ja, vorausgesetzt das Wasser ist warm genug. Baden Sie das Kind nur ganz kurz und trocknen Sie es hinterher sofort ab. Ziehen Sie ein fiebriges Kind nicht zu warm an.

Frage: Darf man mit einem kranken Kind nach draußen gehen?
Antwort: Ja, sofern es der Witterung entsprechend angezogen ist.

Erste Hilfe bei Erkältungen

Wenn Ihr Baby erkältet ist und kaum noch durch die Nase atmen kann, wenn es beim Essen und Trinken beinahe erstickt oder fast nicht mehr schlafen kann, dann empfiehlt Ihnen Ihr Kinderarzt vielleicht den Gebrauch eines Verdampfers oder eines Kaltverneblers, um Babys Atembeschwerden zu lindern.
Ein Verdampfer setzt heißen Dampf frei. Er ist besonders gut dafür geeignet, Medikamente zu zerstäuben. Allerdings kann es zu Verbrennungen kommen, falls das Gerät, das mit kochendem Wasser gefüllt ist, einmal umfällt. Achten Sie also darauf, daß Sie einen Apparat in doppelwandiger Ausführung bekommen, mit einem niedrigen, breiten Fuß zur Erhöhung der Stabilität und einem verschließbaren Deckel.
Eine gute Alternative zu einem Verdampfer ist die Luftbefeuchtung mit einem Kaltvernebler. Allerdings muß er, solange er in Gebrauch ist, täglich sorgfältig gereinigt werden, da sich sonst Pilze und Bakterien schnell vermehren und in die Luft, die Ihr

Baby einatmet, versprüht werden. Im Handel sind spezielle Reinigungstabletten erhältlich; Sie können das Gerät aber auch mit einem Geschirrspülmittel auswaschen und mit einem chlorhaltigen Bleichmittel und Wasser ausspülen. Es gibt inzwischen sogar Geräte auf Ultraschallbasis, die zwar etwas mehr kosten, dafür aber einen hohen Wirkungsgrad haben, leise und gesundheitlich unbedenklich sind, wenn sie mit gefiltertem oder destilliertem Wasser gefüllt werden.

Temperaturmessen bei Babys

Babys Körpertemperatur kann entweder rektal oder axillar (in der Achselhöhle) gemessen werden. Die rektale Methode ist genauer und schneller. Sie brauchen dafür ein Rektalthermometer, sei es ein batteriebetriebenes Digitalmodell oder das konventionelle Glasthermometer. Für die axillare Messung eignet sich sowohl ein Oral- als auch ein Rektalthermometer. Eine andere, jedoch wenig aussagekräftige Temperaturmeßmethode ist der Gebrauch eines selbstklebenden Fieber-Schnellteststreifens, der flach auf die Stirn des Kindes gepreßt wird. Das genaueste Bild haben Sie, wenn Sie die Temperatur zweimal im Abstand von einer halben bis einer Stunde messen.

Welche Methode Sie auch bevorzugen, Sie müssen das Thermometer vorher immer gründlich mit Wasser und Seife reinigen, und dann herunterschütteln. Zwei bis drei schnelle Schüttelbewegungen aus dem Handgelenk heraus drücken die Quecksilbersäule deutlich unter die normale Körpertemperatur von 37 °C.

Die Rektalmessung

1. Machen Sie das Thermometer immer erst mit etwas Vaseline gleitfähig; es läßt sich so leichter einführen.

2. Setzen Sie sich mit dem Baby in einem gut ausgeleuchteten Raum bequem auf einen Stuhl.

3. Sprechen Sie beruhigend auf das Baby ein und legen Sie es sich bäuchlings und mit herunterhängenden Beinen auf den Schoß. Sie können dem Baby auch ein kleines Kissen unter den Bauch schieben, so daß der Po etwas erhöht ist.

4. Drücken Sie nun mit einer Hand Babys Pobacken vorsichtig auseinander, um den After gut zu sehen.

5. Schieben Sie mit der anderen Hand das Thermometer etwa zwei, drei Zentimeter tief in den Po. Die Temperatur wird in etwa einer Minute angezeigt.

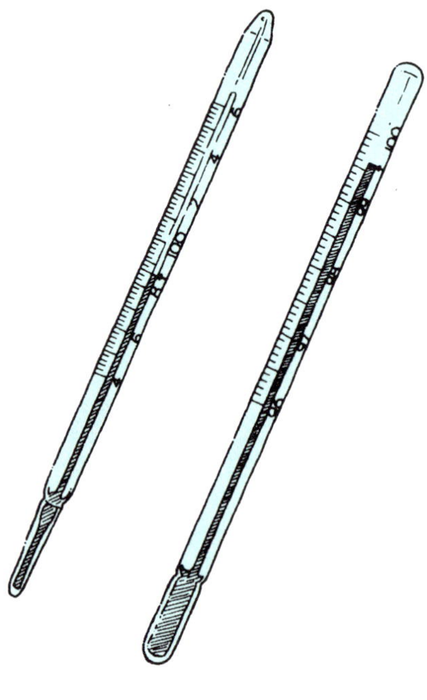

6. Zur Beachtung: Rektale Messungen sind höher. Bei axillarer und oraler Meßmethode sollten 0,5 °C hinzuaddiert werden. Die normale Rektaltemperatur liegt um 37 °C, zwischen 37 und 38 °C spricht man von subfebrilen Temperaturen, über 38 °C von Fieber.

Die Axillarmessung

1. Messen Sie nach dieser Methode, wenn Sie kein Rektalthermometer zur Hand haben, wenn Ihr Baby Durchfall hat oder die Rektalmessung nicht toleriert.
2. Setzen Sie sich Ihr Baby mit nacktem Oberkörper auf den Schoß und legen Sie die Thermometerspitze in die Achselhöhle.
3. Lassen Sie es dort wenigstens vier Minuten lang. Eine normale Axillartemperatur liegt um 36,5 °C.

Ein paar Fakten zum Thema Fieber

Selbstverständlich ängstigt uns ein fiebriges Baby. Vielleicht erinnern wir uns an irgendeine Schreckensmeldung von einem kranken Kind mit hohem Fieber, das einen dauerhaften Schaden davontrug. Vielleicht assoziieren wir hohes Fieber auch sofort mit Fieberkrämpfen (siehe Seite 382). Oder aber wir denken einfach an die eigene Kindheit zurück, als unsere besorgte Mutter uns dazu überreden wollte, das Fieberthermometer schön brav im Mund zu lassen. Aus den unterschiedlichsten Gründen halten viele Leute Fieber für eine Krankheit und folglich für etwas Schlimmes, das es so schnell wie möglich mit Medikamenten loszuwerden gilt.
Dabei ist das nicht unbedingt sinnvoll. Schon die Ärzte der Antike, allen voran Hippokrates, wußten, daß das Fieber dem Körper bei der Bekämpfung von viralen und bakteriellen Infekten hilft. Wenn sich die weißen Blutkörperchen auf ihren »Feind« stürzen, bilden sie einen Stoff namens Pyrogen, der den Gehirnzellen den Befehl gibt, den körpereigenen Thermostat frisch einzustellen. Die Körpertemperatur wird erhöht, um die krankmachenden Angreifer bekämpfen zu können. Der Körper produziert bei einer Temperaturerhöhung von nur zwei Grad über der Normaltemperatur bis zu zwanzigmal mehr Antikörper. Es kann also durchaus sein, daß eine vorschnelle oder zu häufige Gabe von fiebersenkenden Mitteln (Paracetamol) Ihrem fiebrigen Kind eher schadet als nützt. Im folgenden ein paar Informationen, die weiter zur Versachlichung des Themas Fieber beitragen:

- In den ersten sechs Lebensmonaten funktioniert die Wärmeregulation des Neugeborenen nur schlecht. Bei Säuglingen und Kleinkindern kann es ohne ersichtlichen Grund sehr schnell zu einer heftigen Temperaturerhöhung kommen, die dann ebenso schnell wieder abklingt. Gefährliches Fieber bedeutet für einen Säugling oder ein Kleinkind etwas anderes als für einen Erwachsenen. Manchen Kindern scheint eine Temperatur von über 39 °C überhaupt nichts auszumachen, während sie einen Erwachsenen stark schwächt.
- Rufen Sie einen Arzt, wenn Ihr Baby länger als sechs Stunden eine Temperatur von über 38,5 °C hat; wenn Ihr zwei Monate altes Baby Fieber hat; wenn Ihr Kind krampft, rote Flecken auf der Haut erscheinen, es Nackensteife hat, schwer atmet, untröstlich wimmert oder schreit oder wenn die Temperatur 40 °C übersteigt. Eine Temperatur von 41 °C ist gefährlich und muß

notfallmäßig behandelt werden. Versuchen Sie, das Fieber zu senken (siehe unten) und rufen Sie sofort einen Arzt.

○ Nicht jede erhöhte Körpertemperatur ist schon Fieber. Gegen Abend erwärmt sich unser Körper von selbst. Körperliche Aktivitäten sowie zu warme Kleidung oder eine überheizte Wohnung können zu erhöhter Temperatur führen. Auch beim Schreien erhöht sich Babys Temperatur.

○ Ein fieberndes Kind sollte nicht zu warm angezogen werden. Lassen Sie es nicht im Schlafsack schlafen und ziehen Sie ihm nur einen dünnen Schlafanzug an.

○ Wie Sie das Fieber am besten senken: Ziehen Sie das Baby dünn an. Bieten Sie ihm viel Flüssigkeit an, damit der Flüssigkeitsverlust ausgeglichen wird. Dehydratation, angezeigt durch einen ausgetrockneten Mund, seltenes Wasserlassen und/oder eine teigige Hautoberfläche, ist für ein Baby gefährlich. Mit dem alten Hausrezept, bei einer Erkältung viel zu essen und bei Fieber zu hungern, sind Sie schlecht beraten. Ein fiebernder Körper verbrennt die Kalorien sehr schnell. Bieten Sie dem Baby deshalb die Brust oder Flasche und leicht verdauliche Nahrung an, aber zwingen Sie es nicht zum Essen. Es wird schon essen, wenn es Hunger hat. Eine gute Möglichkeit, hohes Fieber zu senken, ist, den Körper mit einem lauwarmen, nassen Schwamm abzureiben. Nehmen Sie zum Abreiben aber auf keinen Fall Alkohol, denn ein Kleinkind kann durch die Alkoholdämpfe bewußtlos werden und dann ersticken. Geben Sie Säuglingen unter zwei Monaten keine fiebersenkenden Medikamente wie z. B. Paracetamol, ohne vorher mit dem Arzt gesprochen zu haben. Auch bei älteren Kindern sollten Sie vor der Verabreichung von Medikamenten zuerst mit dem Arzt sprechen. Dabei ist Paracetamol besser als Acetylsalicylsäure (etwa in Aspirin). Es gibt Hinweise darauf, daß nach der Verabreichung von Aspirin bei Erkrankungen wie Windpocken oder bei viralen Infekten das Reye-Syndrom auftreten kann, eine schwere Erkrankung, die unter Umständen dauerhafte Hirnschäden nach sich zieht.

Beobachten Sie das kranke Baby, bevor Sie zum Arzt gehen

Allgemeinbefinden. Verhält sich das Baby in irgendeiner Weise ungewöhnlich? Ist es z. B. reizbarer als sonst, weint oder schläft es mehr oder weniger als üblich? Ist es schläfrig oder lethargisch? Ist seine Körperhaltung schlaffer als sonst? Zieht das Baby an den Ohren? Zittert es oder hat es Schüttelfrost? Gibt es irgendwelche motorischen Symptome? Hat es z. B. Schwierigkeiten, die Gliedmaßen oder den Nacken frei zu bewegen?

Haut und Augen. Welche Hautfarbe hat das Baby? Ist sie blaß, gerötet oder bläulich? Hat das Baby einen Ausschlag? Wenn ja, wo und wie würden Sie ihn beschreiben? Sind seine Augen gerötet, teilnahmslos oder wässerig? Scheint das Lid halb geschlossen zu sein? Liegen die Augen tief in den Höhlen, oder hat das Baby dunkle Augenringe? Wird Sekret abgesondert, und wenn ja, wie würden Sie es beschreiben?

Fieber. Bevor Sie Babys Temperatur messen, fühlen Sie erst einmal selbst. Fühlen Sie mit Ihrem Handrücken oder Ihren Lippen auf Babys Stirn und an seinem Nacken zwischen den Schulterblättern. Denken Sie daran, daß auch heftiges Schreien zu einer Temperaturerhöhung führen kann. Dasselbe gilt für eine überheizte Wohnung und zu warme Kleidung

wie z. B. einen gefütterten Schlafsack. Achten Sie auf die Temperaturunterschiede bei rektaler bzw. axillarer Messung und sagen Sie dem Arzt, nach welcher Methode Sie gemessen haben.

Appetit und Verdauung. Ißt das Baby mehr oder weniger als sonst? Erbricht es? Wenn ja, wie oft? Erbricht es heftig oder im Schwall? Wie sieht das Erbrochene aus? Hat das Baby normalen Stuhlgang? Wenn nicht, wie würden Sie die Stühle beschreiben? Sind sie häufiger, lockerer oder übler riechend als sonst? Läßt das Baby mehr oder weniger Wasser als gewöhnlich, und hat der Urin eine andere Farbe als sonst, ist er z. B. von einem dunkleren Gelb oder sogar etwas rötlich gefärbt?

Atmung, Mund, Nase und Rachen. Atmet das Baby normal, oder ist die Atmung mühsam oder blockiert? Hustet es? Läuft Babys Nase, und wenn ja, wie sieht das Sekret aus? Wenn Sie dem Baby in den Mund schauen können, achten Sie darauf, ob der Rachen rot oder weiß ist und ob auf Zunge, Gaumen oder Zahnfleisch weiße Flecken sind.

Die Grundausstattung des Medizinschrankes

Folgende Dinge sollten Sie griffbereit haben, damit Sie beim ersten Fieber oder der ersten Erkältung nicht erst eine Apotheke, die Nachtdienst hat, aufsuchen müssen. Natürlich dürfen Sie diese Medikamente nicht in Reichweite von Babys und Kleinkindern aufbewahren.

- Ein Rektalthermometer.
- Vaseline, um das Thermometer einzufetten.
- Fiebersenkende Mittel (parecetamolhaltiger Sirup oder Zäpfchen).
- Ein Absauggerät für die Nase (es besteht aus einen kleinen Gummiballon mit einer Kunststoffspitze und dient dazu, den Schleim aus Babys verstopfter Nase abzusaugen).
- Medikamente bei Vergiftungen: Ipecac-Sirup induziert Erbrechen; granulierte Aktivkohle mit Milch wird verabreicht, wenn das Kind ätzende Säuren verschluckt hat, die nicht erbrochen werden dürfen. Das Kohle-Milch-Gemisch neutralisiert die Chemikalien im Mund.
- Creme gegen Wundsein (hier hilft eine schützende Zinkoxid-Salbe).
- Ein Antihistamin-Gel gegen Insektenstiche.
- Eine antiseptische Lösung zur schmerzlosen Wundreinigung.
- Eine stumpfe Nagelschere.
- Eine Pinzette.
- Eine Auswahl an Binden, Verbandsmull usw.
- Kaltvernebler oder Verdampfer (wahlweise, aber sehr nützlich).

Was tun bei Fieberkrämpfen oder Krampfanfällen?

Fieberkrämpfe sind zwar sehr beängstigend, aber auch recht häufig. Sie sind nicht vorhersehbar (d. h., Sie tragen überhaupt keine Schuld daran), und in der Regel sind sie für Ihr Baby unschädlich. Krampfanfälle treten meistens bei rasch ansteigendem Fieber auf. Dadurch wird das Gehirn in seiner Funktion beeinträchtigt und sendet Falschmeldungen an Nerven und Muskulatur aus – nämlich sich zusammenzuziehen. Das führt zu einer Starre und zu ruckartigen Bewegungen mit starkem Grimassieren. Die Augäpfel des Kindes rollen nach oben, es bekommt vielleicht etwas Schaum vor den Mund und verliert das Bewußtsein.

○ Verlieren Sie nicht die Nerven! Halten Sie Ihr Baby bequem im Arm, am besten auf einem Bett oder einer weichen Decke. Passen Sie auf, daß es sich beim Hinfallen nicht verletzen kann.

○ Betten Sie das Kind auf die Seite, falls es zum Erbrechen kommt.

○ Versuchen Sie nicht, Babys Mund gewaltsam zu öffnen oder ihm etwas in den Mund zu stecken.

○ Wenn der Krampfanfall vorbei ist, schläft das Baby wahrscheinlich ein. Lassen Sie es dann auf der Seite liegen.

○ Rufen Sie sofort den Arzt.

○ Wenn der Arzt nicht gleich kommen kann, fangen Sie an, Babys Gesicht, Arme, Hals und Rücken mit einem lauwarmen, nassen Schwamm abzukühlen. Decken Sie das Baby nur leicht zu.

Rufen Sie bei folgenden Notfällen sofort den Arzt

○ Bei einer ernsthaften Wunde oder Verletzung (bei Vergiftungen rufen Sie unbedingt bei einer Giftzentrale an).

○ Unstillbare Blutungen.

○ Bewußtlosigkeit.

○ Ernsthafte Atembeschwerden wie z. B. Krupphusten; das ist ein lauter, trockener Husten, der häufig mit Atembeschwerden einhergeht. Charakteristisch ist der bellende Husten.

○ Starker Durchfall: häufige, dünne Stühle (das ist bei einem gestillten Baby oft schwer zu beurteilen); wässrige Stühle, die leicht nach Fisch oder einfach anders als sonst riechen (bei Kindern unter zwei Monaten sind schon drei bis vier solcher Stühle pro Tag häufig).

○ Schwarzer oder blutiger Stuhl.

○ Krampfanfälle: das Baby verkrampft sich und macht ruckartige Bewegungen, die Augäpfel rollen nach oben, die Atmung ist erschwert, und das Baby ist bewußtlos.

○ Kopfverletzungen, besonders wenn Symptome einer Gehirnerschütterung oder einer Schädelfraktur auftreten – Blutungen aus Nase, Mund und Ohren; Bewußtlosigkeit; Veränderungen der Pupillen; Erbrechen.

○ Erbrechen im Schwall, vor allem bei Babys unter zwei Monaten (das Erbrechen ist so heftig, daß der Mageninhalt regelrecht herausgeschleudert wird. Hier besteht der Verdacht auf eine Pylorusstenose, einer Verengung des Magenpförtners, die sofort operiert werden muß).

○ Eine deutliche Zustandsverschlechterung bei einem bereits erkrankten Baby.

○ Jegliches Fieber bei einem Neugeborenen. Bei älteren Babys: eine Tempratur von 40 °C nach rektaler Messung, oder 38 °C (rektal) beim älteren Baby, das vorher noch nie krank war.

○ Zwei oder drei unerklärliche Symptome jeglicher Art.

○ Zeichen von Austrocknung: Erschöpfung oder teilnahmsloser Blick; beides kann mit einer ernsthaften Darminfektion einhergehen (Anzeichen dafür sind auch weiche oder wässrige Stühle, Eiter oder Blut im Stuhl, oder Fieber und Erbrechen).

Ein Wort zu Arzneimitteln

Zu irgendeinem Zeitpunkt werden Sie gezwungen sein, Ihrem Kind Arzneimittel zu geben. Vielleicht ist Ihnen dabei eine Liste von fünf Fragen hilfreich, die Sie als Konsument von Arzneimitteln Ihrem Arzt oder Apotheker stellen sollten, bevor Sie Medikamente einnehmen oder Ihrem Kind zum Einnehmen geben. Gewöhnen Sie sich daran, diese Fragen immer zu stellen.

1. Wie heißt das Medikament, und wie wirkt es?
2. Wie, wann und wie lange muß das Baby das Medikament einnehmen?
3. Welche Nahrungsmittel, Getränke, andere Arzneimittel oder Aktivitäten sollte das Baby während der Einnahme dieses Medikaments besser meiden?
4. Gibt es irgendwelche Nebenwirkungen, und was ist zu tun, wenn diese auftreten?
5. Gibt es zu diesem Medikament irgendwelche schriftlichen Informationen, die über den Beipackzettel hinausgehen?

Zur Dosierung von fiebersenkenden Mitteln

Paracetamolhaltige Arzneimittel gibt es in unterschiedlichen Darreichungsformen, die sich in ihrer Stärke unterscheiden. Lesen Sie also immer sorgfältig den Beipackzettel. Tabletten sind z. B. stärker als Zäpfchen und deshalb nicht beliebig austauschbar. Dosieren Sie die Medikamente für Ihre Kinder eher nach dem Körpergewicht als nach dem Alter. Fragen Sie zur Sicherheit immer Ihren Arzt oder Ihren Apotheker.

Hinweise zum Gebrauch von Antibiotika

Antibiotika sind Stoffwechselprodukte von Mikroorganismen, die Bakterien entweder abtöten oder deren Vermehrung verhindern. Diese Substanzen lindern die Symptome einer Erkrankung also nicht direkt, sondern verringern die Anzahl der Krankheitserreger. Die verbleibenden Erreger werden dann von den körpereigenen Abwehrstoffen bekämpft, und der Körper ist von der Infektion geheilt. Antibiotika wirken nicht bei viralen Infekten. In der Regel werden sie bei Mittelohrinfektionen, bakteriellen Mandelentzündungen, Bronchitis und Lungenentzündung verordnet. Manchmal gibt man Antibiotika auch zur Vorbeugung, etwa wenn ein Kind einer schweren bakteriellen Infektion wie z. B. Meningitis ausgesetzt war oder wenn es an chronischer Mittelohrentzündung leidet. Bedenken Sie:

○ Die wahllose Einnahme von Antibiotika führt unter Umständen zur Entstehung neuer, resistenter Bakterienstämme. Bei

allzu häufigem Gebrauch eines Antibiotikums werden die nichtresistenten Bakterien im Körper des Kindes vollständig abgetötet. Die verbleibenden resistenten Bakterien vermehren sich später ungehindert.

○ Die Wirksamkeit eines Antibiotikums hängt entscheidend davon ab, ob es während der ganzen Zeit, für die es verordnet wurde, eingenommen wird. Wenn der Arzt sagt, zehn Tage, dann heißt das auch zehn Tage. Manchmal fühlt sich das Baby schon nach wenigen Tagen besser, und die Eltern lassen sich durch die falsche Annahme, wenig Medizin sei besser als viel Medizin, dazu verleiten, das Medikament frühzeitig abzusetzen. Das ist Unsinn. Die Krankheit verschlimmert sich durch die zu kurze Einnahmedauer des Antibiotikums. Das Ergebnis ist dann vielleicht eine unvollständig ausgeheilte oder chronische Infektion, die auf das Medikament nicht mehr anspricht und es so unwirksam macht.

○ Antibiotika können Durchfall verursachen. Bei einem Baby, das schon feste Nahrung zu sich nimmt, hilft dagegen vielleicht etwas Yoghurt, andernfalls konsultieren Sie Ihren Arzt.

○ Bei manchen Kindern kommt es durch die Einnahme von Antibiotika zu allergischen Reaktionen. Bei Auftreten von Nesselausschlag, Schwellungen im Gesicht und Atembeschwerden rufen Sie umgehend den Kinderarzt an.

○ Werfen Sie übriggebliebene Antibiotika weg, d. h. bringen Sie sie zur entsprechenden Giftmüllsammelstelle. So geraten Sie nicht in Versuchung, sie wahllos und ohne ärztlichen Rat einzunehmen.

Die richtige Art, Medikamente zu verabreichen

Mary Poppins schaffte es spielend, ihre kleinen Schützlinge dazu zu bringen, brav ihre Medizin einzunehmen. Wir finden das oft gar nicht so einfach, da die meisten Kinder, egal wie alt sie sind, nur sehr ungern Medikamente schlucken. Diese Aufgabe läßt sich zu zweit immer leichter bewältigen: einer hält das zappelende Kind fest, und der andere mißt die Medizin ab und flößt sie dem Kind ein. Zwei Paar Hände sind jedoch ein Luxus. Mit den folgenden Tricks wird das Verabreichen vielleicht etwas einfacher, egal, ob Sie nun allein oder zu zweit sind.

1. Überprüfen Sie zuerst das Verfallsdatum der Arznei, beachten Sie die Dosierungshinweise und schauen Sie nach, ob Sie das Medikament korrekt aufbewahrt haben. Verabreichen Sie Medikamente nie im Dunkeln. Wenn Ihr Babysitter dem Baby seine Medizin geben muß, schreiben Sie ihm oder ihr die Instruktionen genau auf. Am besten halten Sie dafür ein Heft griffbereit. Dort können Sie auch genau festhalten, welche Medikamente Sie Ihrem Baby geben, wie lange es diese bekommt, bei welchen Krankheiten sie verordnet wurden und ob es zu Nebenwirkungen kam oder nicht.

2. Wenn Sie allein sind, dosieren Sie das Medikament vorher und halten Sie es dort griffbereit, wo Sie es dem Baby geben wollen.

3. Seien Sie ruhig und selbstsicher. Es wird schon nichts schiefgehen. Sie müssen schnell und genau sein.

4. Setzen Sie sich das Baby auf den Schoß, so daß es von Ihnen weg nach vorne schaut. Als Rechtshänder drücken Sie mit dem

rechten Arm beide Arme des Kindes nach unten. Mit der linken Hand drücken Sie Babys Kopf sanft nach hinten und pressen seine Backen leicht zusammen, damit sich sein Mund etwas öffnet. Dann flößen Sie ihm die Medizin mit der rechten Hand ein (der rechte Arm drückt immer noch Babys Arme nach unten). Drücken Sie in Windeseile und mit viel Selbstvertrauen die Pipette aus, stecken Sie den Löffel in Babys Mund...

Nur ein Teelöffelchen Medizin...

Richtig oder falsch? Der Teelöffel aus Ihrer Küchenschublade ist für die Dosierung von Medikamenten genau das Richtige? Falsch! Nach Meinung von Kinderärzten ist der typische Teelöffel für die Dosierung völlig ungeeignet. Der Inhalt eines Teelöffels variiert von drei Kubikzentimeter bis zu beinahe acht Kubikzentimeter! Sie haben verschiedene Alternativen:

- Benutzen Sie den Meßlöffel, der der Medikamentenpackung beiliegt. Sie können dann die Medizin in jeden beliebigen Löffel umfüllen.
- Zur Not können Sie die Medizin in einen Flaschensauger geben. Sobald das Baby sie eingesaugt hat, lassen Sie es mit einem Schluck Wasser aus demselben Sauger nachspülen. So sind Sie sicher, daß es auch den letzten Rest der Medizin geschluckt hat.
- Als letzte Rettung fragen Sie Ihren Arzt, ob Sie die Medizin mit einer kleinen Menge wohlschmeckender, fester Nahrung mischen dürfen.
- Falls das Baby die Medizin ausspuckt, verzweifeln Sie nicht gleich. Beherzigen Sie die nebenstehenden Hinweise!

Nasentropfen, Ohrentropfen, Augentropfen und Zäpfchen

Nasentropfen. Bitten Sie Ihren Apotheker, Ihnen die Nasentropfen in eine kleine Sprühflasche aus Plastik umzufüllen. So können Sie die Flasche mit einer Hand umdrehen und die Menge tropfenweise dosieren.

Ohrentropfen. Sie lassen sich leicht ins Ohr träufeln. Das Baby sträubt sich wahrscheinlich weniger, wenn Sie die Flasche leicht unter heißem Wasser erwärmen.

Augentropfen: Im Idealfall werden sie zu zweit verabreicht: Der eine hält das Baby fest, der andere zieht das Unterlid leicht nach unten und träufelt die Tropfen zwischen Augapfel und Lid. Sobald Sie das Lid loslassen, zwinkert das Baby, und die Tropfen sind genau dort, wo sie hingehören.

Zäpfchen. Sie sollten Zäpfchen im Kühlschrank aufbewahren und ungefähr eine Stunde vor dem Gebrauch herausholen. Selbst auf die Gefahr hin, albern zu klingen, achten Sie darauf, die Folienumhüllung des Zäpfchens, die dem Überzug einer Tablette manchmal zum Verwechseln ähnlich sieht, vollständig zu entfernen. Machen Sie das Zäpfchen mit Vaseline gleitfähig. Sprechen Sie beruhigend auf das Baby ein und legen Sie es sich mit herunterbaumelnden Beinen über Ihre Knie. Sie können ein kleines Kissen unter seinen Bauch legen, um so seinen Po etwas zu erhöhen. Dann drücken Sie die Pobacken leicht auseinander und führen das Zäpfchen etwa zwei, drei Zentimeter tief in das Rektum ein. Drücken Sie Babys Pobacken ungefähr fünf Minuten lang zusammen.

Häufige Fragen zur Verabreichung von Medizin

Frage: Wenn der Arzt dem Kind eine Medikamenteneinnahme von drei- bis viermal am Tag verordnet, heißt das dann, alle sechs bis acht Stunden, oder heißt das drei- bis viermal während Babys Wachphasen?
Antwort: Das bedeutet in der Regel, außer der Arzt sagt etwas anderes, daß das Baby die Medikamente in seinen bzw. Ihren eigenen Wachzeiten einnimmt, und zwar morgens so früh und abends so spät wie möglich.

Frage: Und wenn das Baby die Medizin teilweise wieder ausspuckt?
Antwort: Am besten versuchen Sie, die ausgespuckte Menge in etwa abzuschätzen und sie dem Baby noch einmal zu verabreichen. Bei Antibiotika und Paracetamol ist ein großer Sicherheitsspielraum einkalkuliert. Bei Arzneimitteln gegen Erkältungen, Husten und Atembeschwerden müssen Sie vorsichtiger sein: Sie wirken toxischer.

Frage: Was ist, wenn das Baby eine Unmenge Medizin ausspuckt?
Antwort: Spuckt das Baby die Medizin erst nach etwa einer halben Stunde aus, können Sie davon ausgehen, daß die ganze Dosis absorbiert wurde (das spricht wiederum dafür, sich den Zeitpunkt der Medikamenteneinnahme genau zu notieren). Aus diesem Grund sind Arzneimittel oft grellbunt gefärbt. Wenn diese Farbe im Erbrochenen nicht sichtbar ist, können Sie sicher sein, daß das Medikament absorbiert wurde.

Frage: Muß man die Pipette von Nasen- oder Augentropfen nach dem Gebrauch jedesmal reinigen, bevor man sie in die Flasche zurückgibt? Was passiert, wenn man dies nicht tut?
Antwort: Was steht auf dem Beipackzettel? Tatsächlich ist es sinnvoll, eine Pipette nach dem Gebrauch zu reinigen. Mit einem Löffel tun wir das ja auch automatisch. Allerdings denken wir kaum jemals daran. In Arzneimitteln befinden sich Konservierungsstoffe, die das Bakterienwachstum verhindern. Wenn Sie jedoch mehr als ein Kind haben, empfiehlt es sich, für jedes Kind eine eigene Flasche mit Nasen- und Augentropfen bereitzuhalten.

Häufige Gesundheitsprobleme

Ausschläge

Hautausschläge sind bei kleinen Babys ein häufiges Übel. Im folgenden eine Auswahl der wichtigsten und ihre Behandlungsmöglichkeiten.

Ausschlag durch Hefe- oder Moniliapilze

Dieser Ausschlag besteht aus kleinen, hellroten Flecken, die zu vollständigen roten Flächen zusammenfließen können. Vielleicht verordnet Ihnen Ihr Arzt telefonisch eine lokal wirksame Wundcreme. Vielleicht möchte er Ihr Baby aber auch zur Bestätigung seiner Diagnose sehen. Dieser Ausschlag kann auftreten, wenn das Baby oder die stillende Mutter Antibiotika einnehmen. Antibiotika greifen sowohl körperschädigende Bakterien wie auch die körpereigene Bakterienflora an. Hefepilze wachsen bevorzugt, wenn die körpereigene Bakterienflora fehlt bzw. zerstört ist.

Impetigo

Dieser Ausschlag ist durch viele kleine Bläschen und/oder eine gelbliche Kruste gekennzeichnet und wird von Bakterien hervorgerufen. Der Arzt empfiehlt zunächst wahrscheinlich eine lokal wirksame antibiotische Salbe. In schlimmen Fällen braucht das Baby vielleicht eine systematische Antibiotika-Therapie.

Frieselausschlag (Miliaria)

Miliaria ist ein feiner, rosaroter, hirsekorngroßer Ausschlag, der in der Regel im Nacken- und Schulterbereich beginnt und sich über Rücken und Bauch ausbreitet; er wird durch Überhitzung verursacht. Das zu warm eingepackte Baby im Winter ist dafür genauso anfällig wie das schwitzende Baby im Sommer. Das Baby wird durch den Ausschlag nicht allzusehr belästigt. Ziehen Sie es dünner an, pudern Sie die betroffenen Hautpartien mit einem frischen Wattebausch und behandeln Sie den Ausschlag zwei- bis dreimal täglich mit einer Lösung aus Natriumbicarbonat (Soda) und Wasser – ein Teelöffel Soda auf eine Tasse Wasser.

Kopfgneis: Wenn das Baby Schuppen hat

Kopfgneis ist eine gelbliche, schuppige Verkrustung auf Babys Kopf und manchmal auch hinter den Ohren. Er ist weniger eine Krankheit als vielmehr eine lästige Angelegenheit. Er entsteht durch Stimulation der kindlichen Talgdrüsen; diese erfolgt pränatal durch die Ausschüttung mütterlicher Hormone. Kopfgneis ist möglicherweise eine langwierige Angelegenheit, und er tritt unter Umständen genau dann wieder auf, wenn Sie glauben, Sie hätten ihn unter Kontrolle. Zur Behandlung von Kopfgneis brauchen Sie Babyöl, eine weiche Bürste, einen feinen Kamm und, für besonders hartnäckige Fälle, ein mildes Antischuppenshampoo. Zuerst bürsten Sie Babys Kopf kräftig mit einer weichen Babyhaarbürste. Bei starkem Kopfgneis reiben Sie die verkrusteten Kopfpartien mit warmem Babyöl ein und umwickeln, wenn es geht, Babys Kopf zehn bis fünfzehn Minuten lang mit einem Handtuch. Dann entfernen Sie mit einem feinen Kamm möglichst viele Schuppen. Zuletzt waschen Sie falls nötig, Babys Kopf mit einem milden Antischuppenshampoo.

Schluckauf

Neugeborene haben häufig Schluckauf. Es scheint sie weniger zu stören als ihre besorgten Eltern. Versuchen Sie, das Baby zum Aufstoßen zu bringen. Ein paar Schlucke aus einer Wasserflasche helfen vielleicht. Aber übertreiben Sie nicht bei Ihren Bemühungen, dem Baby zu helfen; flößen Sie ihm nicht zu viel unnötige Flüssigkeit ein. Und verwirren Sie ein gestilltes Kind besser nicht erst mit der Einführung eines Fläschchens und machen ihm dadurch vielleicht den Gebrauch des Flaschensaugers schmackhaft.

Erkältungen

Erkältungen bei Babys sind wirklich kein Vergnügen. Durch die Mutter haben sie zwar einen gewissen Impfschutz gegen bestimmte Viren mitbekommen, aber Erkältungen gehören leider nicht dazu. Sie müssen also darauf gefaßt sein, daß Ihr Baby zwei, drei oder mehr Erkältungen pro Jahr bekommt, sofern es viel mit anderen Kindern zusammenkommt. Haben Sie deshalb kein schlechtes Gewissen! Betrachten Sie jede Erkältung als eine Chance, Punkte in der Immunitätsbörse gegen Erkältungen zu sammeln.

Wichtig ist zuerst eine exakte Diagnose der Erkältung. In der Regel beginnt sie mit einer laufenden Nase. Die Flüssigkeit ist wässrig und klar und wird im Laufe der nächsten Tage etwas dicker. Das Baby hat keinen rechten Appetit. Es wird reizbar und hat manchmal sogar etwas Fieber. Eine Erkältung dauert drei bis zehn Tage. Bei Babys unter drei Monaten sollten Sie Ihren Arzt um Rat fragen. Achten Sie auch sorgfältig auf Komplikationen, bei denen Sie den Arzt anrufen und vielleicht sogar aufsuchen müssen. Ein gelblich-grünliches und/oder übelriechendes Sekret kann auf eine bakterielle Infektion in Nase oder Nasennebenhöhlen hinweisen. Außerdem sind nach einer Erkältung immer auch Mittelohrinfektionen möglich. Bei einem Kleinkind sind die Eustachschen Röhren, die das Ohr mit Nase und Rachenraum verbinden, noch klein und verstopfen leicht mit Schleim, und das kann zu einer Entzündung führen. Manche Babys werden bei einer Mittelohrentzündung deutlich übellauniger, schreien und ziehen an ihren Ohren und lassen Sie so wissen, daß sie Schmerzen haben; andere reagieren kaum und überlassen es dem Scharfsinn ihrer Eltern, die richtigen Schlüsse zu ziehen. Eine weitere mögliche Komplikationen bei einer Erkältung ist eine Infektion der unteren Atemorgane (Bronchitis), bei der eine pfeifende oder erschwerte Atmung auftritt. Krupp, eine Kehlkopfentzündung, geht mit einer keuchenden Atmung und einem rauhen, bellenden Husten einher. Im folgenden einige Hilfsmaßnahmen.

○ Es ist nicht zu unterschätzen, daß ein erkältetes Baby nicht gleichzeitig durch den Mund atmen und saugen kann. Wir können ihm auf unterschiedliche Weise Erleichterung verschaffen. Solange die Nase nur läuft und nicht verstopft ist, kann es wenigstens atmen. Um das Nasensekret flüssig zu halten und um harten Schleim weicher zu machen, besorgen Sie sich aus Ihrer Apotheke 0,9prozentige Kochsalzlösung. Andere Nasentropfen, Sprays oder sonstige schleimverflüssigende Mittel lassen Sie sich nur vom Arzt verschreiben.
○ Sollten Sie mit Nasentropfen keinen Erfolg haben, versuchen Sie es einmal mit einem Inhalator (es kann aber auch sein, daß das Baby den Inhalator ablehnt, schreit und noch mehr Schleim absondert!).
○ Eine andere Alternative, besonders für nachts, ist die feuchte Luft aus einem Kaltvernebler oder einem Verdampfer. Als wirklich letzte Rettung setzen sich manche verzweifelten Mütter auf den geschlossenen Toilettensitz oder den eiskalten Badewannenrand, stellen die Dusche an und füttern ihr Baby in einer Wolke heißen Wasserdampfes.
○ Legen Sie Ihr Baby zum Schlafen mit dem Gesicht zur Seite ins Bett. So kann Flüssigkeit im Mittelohr besser über die Eustachschen Röhren abfließen.
○ Bieten Sie dem Baby ausreichend Flüssigkeit an, um den Flüssigkeitsverlust durch eine laufende Nase und Fieber auszugleichen. Stillen Sie wie üblich oder geben Sie die Flasche wie immer; nur bei Babys, die schon feste Nahrung zu sich nehmen, sollten Sie Milchprodukte etwas einschränken, die eine zusätzliche Verschleimung begünstigen. Geben Sie dem Baby lieber Vitamin-C-haltige Nahrung. Das empfiehlt sich auch für Sie selbst, sofern Sie noch stillen.

Zahnen

Zahnen hat einen schrecklichen Ruf. Wir müssen schon sehr aufmerksam und geduldig sein, um dem Zahnen nicht, ähnlich wie dem Stillen, die Schuld für jedes unerklärliche Verhalten und sämtliche Beschwerden zu geben, die vielleicht auf ganz andere Ursachen zurückzuführen sind.
Zuallererst ist das Zahnen eine individuelle Angelegenheit. Der erste Zahn (oft der mittlere untere Schneidezahn, siehe Seite 390) kommt in der Regel zwischen dem fünften und siebten Monat; die zeitliche Streuung ist jedoch groß. Bei manchen Babys bricht der erste Zahn schon mit drei Monaten durch, andere sind bis zu ihrem ersten Geburtstag zahnlos. Der Zeitplan des Zahnens scheint erblich zu sein. Großmütter, die die Entwicklung ihrer Babys dokumentiert haben, dienen hier als zuverlässige Informationsquelle.
Zweitens besteht überhaupt keine Veranlassung, sich auf eine langwierige, schmerzhafte Zeit für das Baby (oder für Sie selbst) einzustellen. Manche Babys haben zwar mit dem Durchbruch eines neuen Zahns tatsächlich Schwierigkeiten, besonders beim ersten Zahn und den Backenzähnen. Sie werden dann quengelig, haben kaum Appetit, schlafen nachts schlecht oder alles

Die durchschnittlichen Zahnungszeiten eines Babys

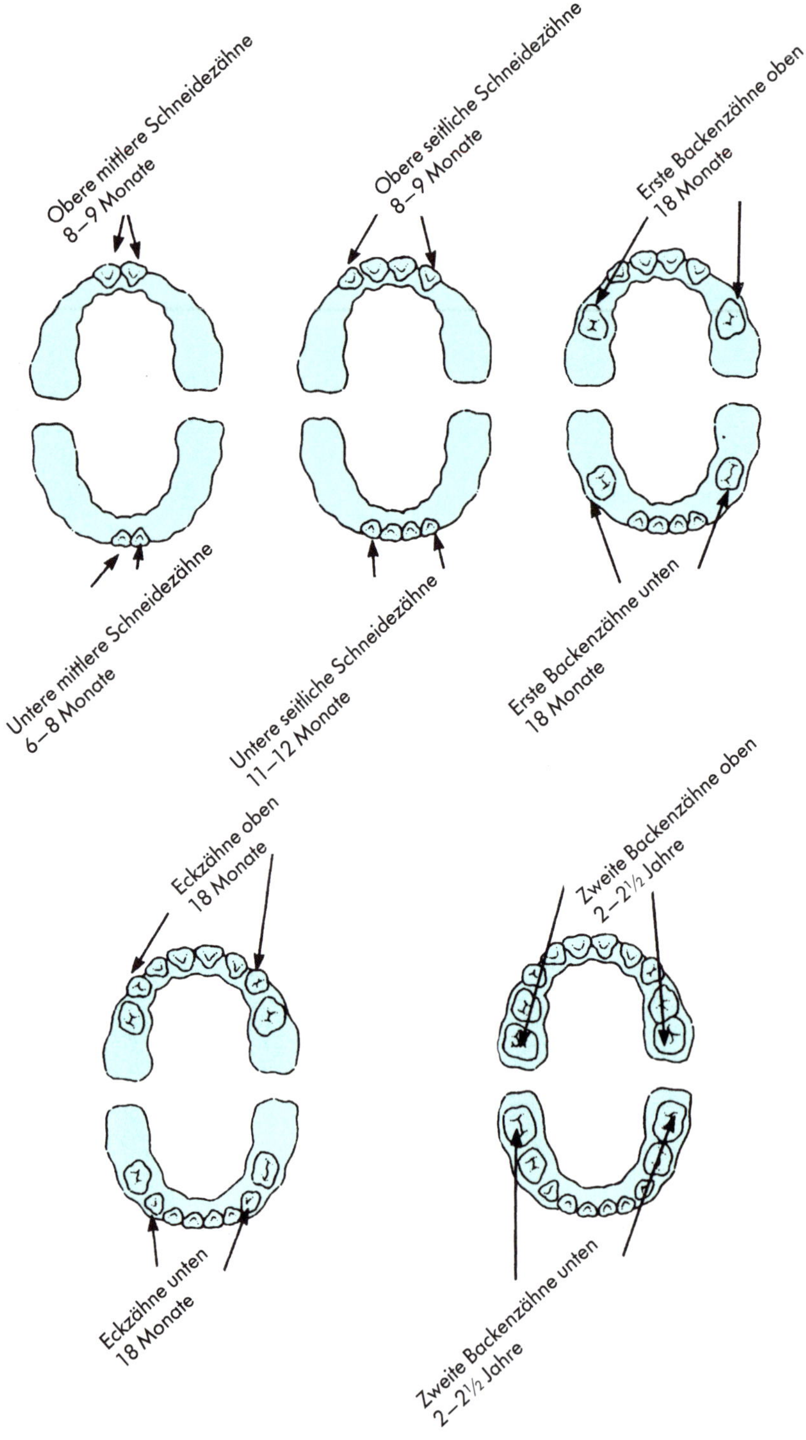

zusammen. Andere Kinder haben nur vermehrten Speichelfluß, stecken alles in den Mund, beißen in den Tisch oder beißen sogar ihre Eltern, aber sie schaffen es, alle zwanzig Milchzähne ohne jegliches Jammern zu bekommen.

Frage: Woher weiß man, daß das Baby zahnt?

Antwort: Zahnen ist keine Krankheit. Manche Babys sind während dieser Zeit zwar quengelig und reizbar, sie sollten aber dadurch nicht krank werden, d. h. weder Fieber haben noch sollte es zu Durchfall oder Erbrechen kommen. Der erste Hinweis darauf, daß Ihr Baby zahnt, ist vielleicht ein zarter weißer Schimmer am Gaumen. Fünf weitere typische Merkmale sind:

Vermehrter Speichelfluß. Er wird oft mit dem Zahnen in Verbindung gebracht; vergessen Sie aber nicht, daß er mehrere Monate vor dem Durchbruch des ersten Zahnes auftreten kann. Manche Babys sabbern kaum, andere sabbern monatelang und ununterbrochen, so daß Kind, Kleidung und Bettwäsche ständig naß sind. Durch den Speichel wird die zarte Haut im Mundbereich gereizt, rötet sich und wird rissig.

Halten Sie das Baby so trocken wie möglich und wischen Sie das Kind häufig mit einem weichen, trockenen Waschlappen oder einer Stoffwindel ab. Ein saugfähiger Frotteelatz schützt die Kleidung vor Nässe. Nachts können Sie ein Handtuch am Kopfende des Bettes über das Laken legen, damit die Nässe aufgefangen wird. Wenn es draußen kalt ist, sollten Sie die rissigen Bereiche »versiegeln« und mit etwas Vaseline schützen. Vielleicht hustet das Baby durch die vermehrte Speichelproduktion ein wenig. Das ist nicht weiter bedenklich, außer Sie finden auch sonst Anzeichen für eine Erkältung oder eine Allergie.

Geschwollenes, empfindliches Zahnfleisch. Oft schafft sich das Baby selbst Erleichterung und kaut auf allem herum, was ihm in die Hände fällt. Je kühler der Gegenstand ist, desto besser betäubt und lindert er die Schmerzen. Gleichgültig was Sie dem Baby anbieten, achten Sie unbedingt darauf, daß es sich in aufrechter Position befindet, und halten Sie es stets im Auge, damit es sich nicht verschluckt oder erstickt. Sie sollten auch wissen, daß ein Belag auf Babys Zahnfleisch die Schmerzen verstärkt. Um das zu verhindern, halten Sie seinen Mund so sauber wie möglich und reinigen Sie das Zahnfleisch mit einem weichen Mulläppchen. Manche Eltern tun das nach jeder Mahlzeit. Das ist sehr gut, solange das Baby dabei mitmacht. Im übrigen ist es auch eine erste vorbeugende Zahnpflege.

Weiche Stühle. Ein weicher Stuhl (nicht Durchfall) entsteht dadurch, daß das Baby beim Zahnen vermehrt Speichel produziert, diesen dann teilweise wieder schluckt und so die Ausscheidungsprodukte im Darm verwässert. Bieten Sie dem Baby zur Erleichterung eiskalte Getränke, vorzugsweise Wasser, an. Außerdem wird so Flüssigkeit ersetzt, die beim Sabbern verlorengeht.

Ein wunder Po. Beim Zahnen schläft das Baby nachts vielleicht weniger lange und unruhiger als sonst, so daß es aufwacht und Wasser läßt. Bei jedem Aufwachen wird die Windel nasser, und morgens ist Babys Po dann wund. In diesem Fall cremen Sie den Po vor dem Schlafengehen mit einer extra dicken Schicht Vaseline oder einer zinkoxidhaltigen Salbe ein.

Die Weigerung, an Brust oder Flasche zu saugen oder feste Nahrung zu sich

zu nehmen. Manche zahnenden Babys wollen vermehrt an Brust oder Flasche saugen, fangen aber vor Schmerzen und Enttäuschung an zu schreien, sobald sie die Brustwarze oder den Flaschensauger im Mund haben. Versuchen Sie es vor der Mahlzeit einmal mit den Zahnungshilfen (siehe unten), um dem Baby das Saugen zu erleichtern. Meistens sind die Babys alt genug, um kleine Mengen kalter Flüssigkeit aus dem Becher zu trinken. Wenn ein Baby, das schon feste Nahrung zu sich nimmt, jedes Interesse am Essen verliert, machen Sie sich nicht allzu viele Sorgen. Erst wenn dieser Zustand zu lange anhält, sollten Sie mit dem Kinderarzt sprechen.

Mütter und ihre Zahnungshilfen

Vielleicht hilft eine eisgekühlte Karotte (mit abgeschnittener Spitze), ein Eiswürfel oder ein gekühlter Apfelschnitz, eingepackt in ein Taschentuch mit einem Gummiband verknotet.

⁂

Tauchen Sie Ihren eigenen (sauberen Finger) in Eiswasser, oder wickeln Sie ihn in einen eisgekühlten Waschlappen und reiben Babys Zahnfleisch sanft ein.

⁂

Meine Großmutter riet mir, einen Tropfen Obstwasser auf meinen Finger zu träufeln und dann Babys Zahnfleisch damit einzureiben.

⁂

Ich schwöre auf die guten alten Gummibeißringe. Bei den modernen Ringen, die mit einer ungiftigen, gefrierbaren Flüssigkeit gefüllt sind, muß man immer aufpassen, daß sie durch Babys Kauen und Beißen nicht beschädigt werden und Löcher bekommen.

⁂

Ich kaufe im Naturkostladen gesunde Kekse zum Knabbern, die Jessica sehr gern mag. Aber denken Sie daran, daß auch diese sogenannten gesunden kohlenhydratreichen Nahrungsmittel, besonders wenn sie stundenlang geknabbert werden, Zahnverfall verursachen können.

⁂

Ich gebe Lukas eine Flasche mit eisgekühltem Mineralwasser oder Saft. Der kalte Sauger zusammen mit dem gekühlten Getränk verschaffen ihm Erleichterung.

⁂

Weiche, kalte Nahrungsmittel wie Yoghurt oder püriertes Obst linderten Daniels Schmerzen.

⁂

Maria war so quengelig, daß ich schließlich den Kinderarzt fragte, ob ich ihr ein leichtes Schmerzmittel geben dürfe. Als er sich versichert hatte, daß ihr sonst nichts fehlte, gab er seine Zustimmung.

Vorbeugende Zahnpflege

Manche Kinder haben schon Karies, bevor sie richtig laufen können und alle Zähne haben. Das ist sehr ungünstig. Es sind zwar nur die Milchzähne, aber trotzdem sind ihre Gesundheit und Pflege wichtig. Schwierigkeiten mit den Milchzähnen schaffen ungesunde Voraussetzungen für die zweiten Zähne, die sich im Kiefer be-

reits bilden. Außerdem vergessen wir gerne, daß einige Milchzähne dem Kind bis ins zwölfte Lebensjahr erhalten bleiben. Der frühzeitige Verlust eines Zahnes kann zu Platzproblemen für die bleibenden Zähne führen. Schützen Sie also Babys Zähne:

○ Achten Sie auf gesunde Ernährung. Im allgemeinen sind die Nahrungsmittel, die für die Gesunderhaltung von Zahnfleisch und Zähnen wichtig sind, dieselben wie die, die den ganzen Körper gesund erhalten. Ausreichende Mengen von Kalzium und Phosphor sind wichtig für die normale Entwicklung von Zähnen und Knochen. Die Vitamine A und D helfen dem Körper, diese Mineralien aufzunehmen und zu verwerten. Vitamin C ist wichtig für gesundes Zahnfleisch und den gesamten Stoffwechsel. Fluor wird für das wichtigste Element der Zahnpflege gehalten. Wenn Ihr Trinkwasser nicht mit Fluor versetzt ist, lassen Sie sich vom Arzt einen Fluorzusatz verschreiben.

○ Lassen Sie Ihr Kind nicht zu oft zucker- und stärkehaltige Nahrungsmittel essen, wie z. B. Knabberkekse und Toastbrot bei Zahnungsproblemen. Bedenken Sie auch, daß Fruchtsäfte, selbst die ungesüßten, reinen Säfte, sehr viel Zucker enthalten. Verdünnen Sie sie mit Wasser.

○ Wischen Sie nach jeder Mahlzeit Babys Zähne mit einem weichen Mulltuch sauber, um Essensreste zu entfernen, die das Bakterienwachstum fördern.

○ Wenn Sie Ihrem Kind nachts eine Flasche geben, gewöhnen Sie es daran, nur Wasser zu trinken. Sowohl Milch als auch Saft enthalten Zucker, der ideale Nährboden für Bakterien. Falls das Baby sich nachts schon an seine Milch- oder Saftflasche gewöhnt hat, verdünnen Sie sie mit Wasser. Verringern Sie allmählich den Milch- oder Saftanteil, so daß am Ende nur noch Wasser übrigbleibt.

Verdauung

Nie zuvor in Ihrem Leben (und hoffentlich niemals wieder!) hat die Darmtätigkeit eines anderen Menschen Sie so beschäftigt und zuweilen verwirrt wie die Ihres Babys – wie oft hat es Stuhlgang, in welchen Zeitabständen, wie sieht er aus, welche Farbe, welche Konsistenz hat er ...? Natürlich machen wir uns Gedanken darüber, denn schließlich läßt das, was aus dem Baby herauskommt, darauf schließen, was im Inneren des Babys vorgeht. Vergessen Sie aber nicht, daß das, was als »normal« gilt, Sie durchaus in Erstaunen versetzen kann, bis Sie sich daran gewöhnt haben. Bedenken Sie auch, daß Babys Stuhl eine sehr individuelle Angelegenheit ist, die von Mal zu Mal, von Tag zu Tag und von Baby zu Baby eine ungeheure Variationsbreite hat.

Der allererste Stuhl

Am ersten Tag nach der Geburt scheidet das Baby das Mekonium oder Kindspech aus, eine klebrige, schwarzgrüne Masse, die aus abgestorbenen Zellen von Babys Leber, der Bauchspeicheldrüse und der Gallenblase besteht und die bis zur Geburt seine Därme füllt. Wenn das Baby während der Wehen Mekonium ausscheidet (dies ist ein Hinweis auf Streß bei der Geburt), dann sind seine ersten Stühle sogenannte Übergangsstühle. Lesen Sie bitte weiter.

Übergangsstühle

Nach der Entleerung des Kindspechs produziert das Baby mehrere lockere Übergangsstühle; sie sind grün-gelblich oder braun, möglicherweise etwas schleimig oder körnig, und sie enthalten gelegentlich leichte Blutspuren, die daher kommen, daß das Baby während des Geburtsvorganges ein wenig mütterliches Blut geschluckt hat. Beim Flaschenkind dauern diese Übergangsstühle in der Regel nicht länger als drei bis vier Tage. Übrigens haben gestillte Babys ähnlich aussehende Stühle oft so lange, bis sie feste Nahrung bekommen.

Der Stuhlgang des gestillten Babys

Machen Sie sich von vornherein darauf gefaßt, daß der Stuhlgang eines gestillten Babys jedem, der sich nicht damit auskennt, zuerst einmal einen gehörigen Schrecken einjagt! Die Beschreibung all seiner Varianten erfordert viel Phantasie. So oder ähnlich kann er aussehen: ein kleiner, zartgelber bis hellgrüner Fleck in der Windel, flockige Rühreier, geronnener gelber Hüttenkäse, graugrünlicher französischer Senf, hellgelber Delikatessensenf, oder aber wie Quark, kleine Klumpen, Körner, Schleim, Creme oder sogar Gelatine. Was die Häufigkeit angeht, so ist fast alles möglich. Manche gestillten Babys haben nach jeder Mahlzeit Stuhlgang; andere ein- bis zweimal am Tag; wieder andere alle ein bis zwei Tage. T. Berry Brazelton beschreibt ein völlig gesundes Baby, das nur alle zwölf Tage Stuhlgang hatte. Nur darüber sind sich alle einig: der Stuhl eines ausschließlich gestillten Babys hat einen leicht säuerlichen, nicht unangenehmen Geruch.

Der Stuhlgang des Flaschenkindes

Der Stuhlgang eines Flaschenkindes ist etwas fester und dunkler als der eines gestillten Babys. Die Farbskala reicht von hellgelb bis braungrün. Wenn das Baby ein Eisenpräparat einnimmt, eine mit Eisen angereicherte Flaschennahrung trinkt oder eine Spezialnahrung bekommt, dann ist der Stuhl etwas dunkler – von einem dunklen Grünbraun bis Schwarz.

Grünlicher Stuhl

Wahrscheinlich sind Sie bei diesem Anblick schockiert, es besteht aber kein Grund zur Sorge. T. Berry Brazelton schreibt dazu in seinem Buch »Differences in Development« (New York, 1983): »Die Farbe des Stuhls ist für jeden, der sich um ein Baby kümmert, von großem Interesse. Die häufig auftretende grüne Farbe kommt von der Galle aus dem oberen Verdauungstrakt. Beim Durchgang durch den unteren Verdauungstrakt verändert sich die Farbe: sie wird zuerst gelb, dann orangerot und zuletzt braun: Auch schwarzgrünlicher Stuhl enthält unverdaute Galle. Die Färbung entspricht dann der Geschwindigkeit, mit der er den Verdauungstrakt passiert.

Der Stuhl absorbiert im Dickdarm oder Kolon Flüssigkeit; ein flüssiger Stuhl weist also auf eine schnelle Dickdarmpassage hin. Lockere, wässrige, grüne Stühle lassen ebenfalls an eine kurze Durchgangszeit denken. Muttermilch hat in der Regel eine leicht abführende Wirkung auf den Verdauungstrakt des Babys. Auch Zucker wirkt abführend. Neu eingeführte feste Nahrungsmittel sind so lange für lockere, grüne Stühle verantwortlich, bis sich das Verdauungssystem daran gewöhnt hat.

Infektionen und Allergien des Magen-Darm-Traktes sind pathologisch und dürfen nicht auf die leichte Schulter genommen werden. Bei häufigem Stuhlgang (d. h. fünf oder mehr Entleerungen pro Tag bei Flaschenkindern bzw. gestillten Babys) und wässrigen, übelriechenden, grünen Stühlen müssen Sie Ihren Arzt konsultieren. Mit diesen allgemeinen Richtlinien lassen sich bedeutende und weniger bedeutende Darmerkrankungen voneinander unterscheiden. Leichter Durchfall tritt recht häufig auf. Länger anhaltender Durchfall ist möglicherweise ein Zeichen für eine Unverträglichkeit bestimmter Nahrungsstoffe. Bei voll gestillten Babys besteht kein Grund, sich Sorgen zu machen – Muttermilch ist für den Säugling sehr leicht verdaulich.«

Schwarzer Stuhl

Er kann durch Flaschennahrung verursacht werden, die mit eisenhaltigen Substanzen versetzt ist, und im allgemeinen hat das nichts zu bedeuten. Entgegen unseren Erwartungen haben Untersuchungen gezeigt, daß Eisen nicht zu Magenbeschwerden führt.

Blut im Stuhl

Hellrote Blutbeimischungen in einem harten Stuhl kommen meistens von einem kleinen Riß um den Anus herum. Zur Behandlung empfehlen Kinderärzte, den Stuhl weichzumachen. Dazu eignet sich bei Babys, die schon feste Nahrung zu sich nehmen, entweder etwas Backpflaumensaft oder leicht abführende Nahrungsmittel wie z. B. Dörrpflaumen. Um das Gewebe um den Anus herum zu schützen, cremen Sie es zwei- bis dreimal täglich mit Vaseline ein. Sollte der Einriß nicht schnell verheilen, konsultieren Sie den Arzt. Bei dunkler gefärbtem Blut könnte es sich um verdautes Blut aus dem oberen Verdauungstrakt handeln. Das deutet auf etwas Gravierendes hin und sollte unbedingt dem Kinderarzt gemeldet werden.

Schleim im Stuhl

Schleim im Stuhl ist ein Zeichen für eine Irritation im Magen-Darm-Trakt, die möglicherweise durch ein neu eingeführtes Nahrungsmittel verursacht wird, das vom Baby noch nicht vollständig verdaut werden kann. Das ist nur dann problematisch, wenn es nicht bald von selbst aufhört. Dann sollten Sie versuchen, das störende Nahrungsmittel zu bestimmen. Falls Sie es nicht herausfinden, fragen Sie ruhig Ihren Kinderarzt um Rat.

Die Einführung fester Nahrungsmittel

Sobald Sie Ihrem Baby feste Nahrungsmittel zu essen geben, verändert sich sein Stuhl. Das Ende der Stillzeit bedeutet automatisch auch das Ende des angenehmen, weichen, säuerlich riechenden, zart gefärbten Stuhles. Jetzt kommt ein dunkleres, festeres und keineswegs wohlriechendes Produkt, das manchmal Substanzen enthält, die in Farbe und Konsistenz den Dingen erstaunlich ähnlich sehen, die Sie dem Baby vor ein bis zwei Stunden gefüttert haben. Erschrecken Sie nicht, wenn Babys Stuhl die Farbe von Karotten oder Roten Beeten annimmt. Sobald das Baby allein ißt, können Sie sich darauf gefaßt machen, unverdaute Speisebrocken und manchmal sogar etwas Schleim zu entdecken. Das bedeutet aber keineswegs, daß Sie nun wieder dazu übergehen müssen, dem Baby das Essen in pürierter Form mit dem Löffel zu füttern. Seien Sie beruhigt: das Baby holt sich, was es braucht. Es ist viel wichtiger für das Wohlbefinden Ihres Kindes, daß es lernt, alleine zu essen, so daß es auf ein paar unverdaute Nahrungsreste wirklich nicht ankommt.

Wundsein

Es gibt auf der ganzen Welt keinen einzigen Babypopo, der nicht wund werden kann, wie vorsichtig wir auch sein mögen. Babys zarte Haut wird in eine scheuernde Windel gepackt – schlecht durchlüftet, feucht und voller Keime und Reizstoffe aus Urin und Stuhl –, und das Resultat ist ein wunder Po. Früher dachte man, daß Wundsein auf bestimmte Ursachen zurückzuführen sei, wie z. B. das Zahnen, gewisse Nahrungsstoffe oder Ammoniak im Urin. Diese Dinge mögen zwar zum Wundsein beitragen, die Hauptauslöser sind aber nach Meinung der Experten Feuchtigkeit und Reibung.

Manchmal verschwindet das Wundsein ohne medizinische Behandlung nach einigen Stunden von selbst wieder. Ein Sitzbad, frische Luft, eine neue Windel und vernünftige Wickelmethoden reichen schon aus. Hilft all das nicht, kann sich das Wundsein so sehr verschlimmern, daß sich äußerst schmerzhafte, offene Wunden vom Po bis zum Rücken, Bauch und den Oberschenkeln ausbreiten.

Diese schlimme Form tritt häufiger bei Babys auf, die feste Nahrung zu sich nehmen, die oft Stuhlgang haben (besonders, wenn die schmutzige Windel nicht rechtzeitig gewechselt wird) und die Antibiotika einnehmen. Wenn das Wundsein nicht innerhalb von zwei bis drei Tagen besser wird, sollten Sie vielleicht den Arzt um Rat fragen. Möglicherweise leidet Ihr Baby an einem hartnäckigen Ausschlag, der in ärztliche Behandlung gehört.

Vernünftige Wickelmethoden zur Verhinderung von Wundsein

- Wickeln Sie das Baby häufig.
- Benutzen Sie keine alkoholhaltigen Reinigungstücher, denn sie reizen die Haut und trocknen sie aus. Waschen Sie Babys Po beim Windelwechsel lieber mit Wasser und einer milden Seife. Tupfen Sie alles gut trocken, besonders die Hautfalten.
- Setzen Sie Babys nackten Po so oft wie möglich der frischen Luft aus. Lassen Sie das Baby ruhig dreimal am Tag bis zu 20 Minuten lang nackt strampeln. Bei warmem Wetter legen Sie das Baby, das noch nicht krabbelt, auf eine Windel und zusätzlich auf eine wasserundurchlässige Unterlage.
- Benutzen Sie keine Windelhosen mit einer Kunststoffolie, denn sie schließen die Feuchtigkeit ein. Wenn Sie mit Wegwerfwindeln wickeln, machen Sie ein paar kleine Löcher in die Folienumhüllung, um die Luftzirkulation zu verbessern.
- Wenn Sie Ihre Stoffwindeln selbst waschen, können eventuelle Waschmittelrückstände Babys Wundsein begünstigen. Spülen Sie die Wäsche deshalb mit einer halben Tasse Essig oder einer besonderen Windelspülung nach.
- Schützen Sie Babys Po mit einer zinkoxidhaltigen Spezialsalbe.

Bücher, die weitere Informationen geben

Bunn, David / Graham-Jones, Susanne (Hrsg.): Kinderkrankheiten von A–Z, Herder 1991.

Fenwick, Elisabeth: Alles über Kinderkrankheiten, Ravensburger 1991.

Herbst, Vera: Unseren Kindern helfen. Was tun, wenn Kinder krank werden? Kiepenheuer und Witsch 1991.

Leibold, Gerhard: Ratgeber Kinderkrankheiten. Humboldt 1989.

Scott, Julian: Damit Ihr Kind gesund wird. Krankheiten natürlich behandeln mit Heilpflanzen, Homöopathie, Bach-Blüten und Massage, Mosaik 1990.

Stanway, Penny: Kursbuch Eltern. Gesunde Babys. So schütze ich mein Kind, Heyne 1992.

Stellmann, H.-Michael: Kinderkrankheiten natürlich behandeln, Gräfe und Unzer 1991.

Stoppard, Miriam: Das große Buch der Kinderkrankheiten, Ravensburger 1990.

Prof. Trendelenburg, Prof. Sitzmann, Dr. Grenner u. a.: Das gesunde Kind. Ein Elternratgeber des Instituts für Präventivmedizin, Econ 1990.

Register